转型与发展

迈入“十三五”的中国保险业

2016

Transformation and Developement

Chinese Insurance Industry Entering the 13th Five-Year Plan Period

朱进元　张承惠　姜　洪 ◎主编

中国财经出版传媒集团
中国财政经济出版社

图书在版编目（CIP）数据

转型与发展：迈入“十三五”的中国保险业/朱进元，张承惠，姜洪主编．
—北京：中国财政经济出版社，2016.8
ISBN 978－7－5095－6899－6

Ⅰ.①转…　Ⅱ.①朱…②张…③姜…　Ⅲ.①保险业－经济发展－研究－中国　Ⅳ.①F842

中国版本图书馆CIP数据核字（2016）第187739号

责任编辑：胡　懿　　　　责任校对：杨瑞琦
封面设计：春天设计　　　　版式设计：北京诚智博天文化有限公司

中国财政经济出版社出版
URL：http：//www.cfeph.cn
E－mail：cfeph@cfeph.cn

社址：北京市海淀区阜成路甲28号　邮政编码：100142
营销中心电话：88190406　北京财经书店电话：64033436　84041336
北京时捷印刷有限公司印刷　各地新华书店经销
787×1092毫米　16开　28.5印张　500 000字
2016年8月第1版　2016年8月北京第1次印刷
定价：98.00元
ISBN 978－7－5095－6899－6/F·5538
（图书出现印装问题，本社负责调换）
本社质量投诉电话：010－88190744
打击盗版举报热线：010－88190492　QQ：634579818

编委会名单

主　编： 朱进元　张承惠　姜　洪

副主编： 王　敏　阎建军　田　辉　张孝礼

梁小英　何大勇

序一　面向“十三五”的中国保险业

在“十二五”的收官之年，中国保险业交出了一张靓丽的成绩单，全行业实现保费收入24 282.52亿元，同比增长20%，实现利润2 823.6亿元，同比增长38%，资金运用实现收益7 803.6亿元，同比增长45.6%，平均投资收益率达到7.56%。保险业服务经济发展的能力不断提高，对社会各个领域的渗透度不断提升。2015年保险业的逆势增长，得益于“新国十条”、“健康险税优政策”等一系列政策红利的释放，这些政策的实施扩展了保险的社会需求，提高了保险的社会影响，提升了保险的社会认知。

“十三五”期间，还会有“养老险税延政策”、“住房反向抵押养老险”等一系列新政策出台，进一步刺激全社会保险需求的增长，为行业发展创造更加良好的环境。但是，这并不意味着保险业未来发展将一帆风顺。“新常态”下经济发展的不确定性、全球货币“放水”造成的低利率环境、居民财富管理观念的滞后、国际同业竞争的加剧、监管体系改革的影响都将对行业的健康、稳定、可持续发展提出挑战。中国保险业要想在“十三五”期间完成从保险大国到保险强国的转变，就要从深化改革上下功夫、找动力、苦练内功、精耕细作。

首先，产品服务要上台阶。“十三五”全面建成小康社会的总目标为保险业发展带来了新机遇，如何将保险供给与经济社会发展连接起来，是需要特别关注和思考的问题。在我看来，可以从三个方面来考虑：一是要吃透国家对于保险服务社会治理体系现代化建设的希望。在政府简政放权的大背景下，行业要主动研判，保险这一市场化的风险管理手段能够承接哪些政府职能，深入分析在承接政府职能中的短板并迅速加以弥补。二是要关注居民财富管理过程中的真实需求。准确把握居民财富配置的偏好，满足他们的个性化需求，是提升保险业地位，发挥保险业功能的必由之路。三是要不断提升保险的产品创新能力和服务满意水平。在互联网化的语境下，产品和服务的可获得性大大增加，更加快速的产品创新和更加贴心的服务是建立竞争优势，防止客户流失的不二法门。

其次，企业经营要上层次。产品服务能力的提升，深层次的原因是企业经营能力的改善和提高。目前来看，虽然保险企业均已建立起现代企业制度，但离国际先进水平仍有较大差距。未来保险企业要从三个方面着手，提升经营能力。一是转变思维。高现价产品的急剧膨胀反映出我们保险经营理念的落后，仅仅关注保费规模的扩大，忽略产品结构的优化，这是我们需要首先补上的一课。二是规范制度。保险企业，特别是寿险企业，具有较强的外部性，在进行经营决策时需要全面考量消费者、投资者、管理者等多方利益。因此，建立完善高效的现代企业制度刻不容缓。三是提升专业能力。过去在严格的前端监管之下，企业经营自主性不足，近年这种情况开始好转。但是，企业自主性的提高，必须以企业的专业能力提升为基础，否则企业的经营风险将不再可控，这应该是未来行业尤其需要关注的问题。

最后，监管体系将更灵活。监管部门秉持“放开前端、管住后端”的理念推动监管体系改革，已经取得了初步成效。寿险三大费率改革于2015年完成，“偿二代”2016年开始全面实施，商业车险费率改革将在2016年完成，资金运用渠道不断放开。这些改革措施将极大激发保险业活力，也会进一步促进市场的充分竞争，提升资源配置效率。监管体系更加灵活、更加贴近市场，将会对保险企业的风险控制能力和合规能力提出更加高标准的要求。

“十三五”是中华民族走向伟大复兴的关键时期，也是由保险大国迈向保险强国的战略机遇期。在这样一个机遇与挑战并存，合作与矛盾共生的时期，如何准确把握时代脉搏，谋划长远发展是整个行业需要共同面对的任务。中国保险行业协会急行业之所急，想行业之所想，汇集业内外专家力量，完成了《转型与发展：迈入“十三五”的中国保险业》研究。与前两次相比，此次研究选题更加全面，针对性更强，专业水平更高。保险强国评价体系、寿险业转型、“偿二代”下风险控制、费率市场化、相互保险等子课题既兼顾战略层面的研究，又兼顾实操层面的需要，观点新颖、论证充分、资料翔实、意义重大，具有较高的参考借鉴意义。希望未来中国保险行业协会能够继续努力，收获更加丰硕的研究成果，为行业发展贡献力量。

是为序！

2016年7月

序二　坚定不移推进保险业的改革和转型

我主要从事宏观经济和政策研究，对保险业介入不多，但深知保险业在国民经济中的重要地位和作用。“十二五”时期，我国保险业发展取得重大成就，保费规模和保险资产迅速壮大，业务结构不断优化，盈利能力大幅提升，保险业综合实力显著增强，对经济社会发展的保驾护航功能进一步凸显。“十三五”时期是全面建成小康社会、实现第一个百年奋斗目标的决胜阶段，也是我国经济转型的关键时期。我国正在推进的经济转型，是世界经济史上规模最大的经济转型，面临的挑战和阵痛前所未有，特别是在全球经济持续低迷，金融市场动荡加剧，新兴市场脆弱性增加的背景下，经济转型中的结构性矛盾和财政金融风险进一步凸显。要解决这些问题，唯有通过深化改革，矫正价格和市场扭曲，提高资源配置效率，推动经济在更高水平上重构新平衡。对于保险业来说，要主动适应引领经济发展新常态，有效应对增速换挡、结构调整和动力转换带来的新挑战，更好地支持经济社会建设，就需要下决心深化内部改革，创新发展体制机制，转变保险业发展方式，切实提高发展质量和效益，进一步释放内生发展活力和动力。

在“十三五”开局之年，中国保险行业协会组织撰写的《转型与发展：迈入“十三五”的中国保险业》一书即将面世，这是一件十分有意义的事情。本书系统总结“十二五”时期我国保险业发展的成就与经验，深入分析“十三五”时期保险业的发展环境、机遇与挑战，紧紧围绕“十三五”时期保险业发展的主要目标和重点任务，聚焦保险强国评价体系、保险费率市场化改革、国际保险中心发展、中国保险企业创新模式、寿险业转型升级和保险公司风险管理等重大课题，提出了许多有重要参考价值和政策含义的对策建议。我相信，本书的出版对“十三五”时期保险业深化改革和转型发展将起到积极的推动作用。

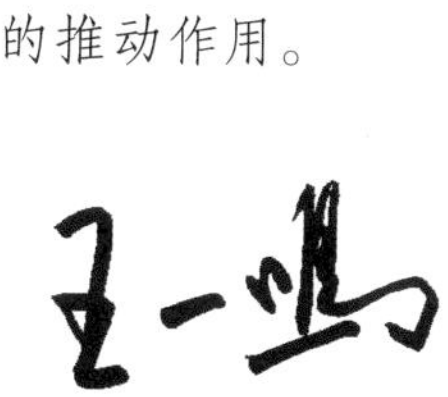

2016 年 7 月

序三　去杠杆要综合施策

国际金融危机的影响持续深化，将全球经济拖入长期停滞的泥沼。美联储在加息问题上的逡巡以及不久前英国的“脱欧”，更给全球经济的复苏增加了不确定性。在这样的国际背景下，今后一个时期我国实体经济的主要风险将集中体现为经济增长速度下滑，产能过剩、房地产库存增加、企业困难加剧的风险将因此凸显。与之对应，今后一个时期我国主要的金融风险将集中体现为杠杆率攀升、债务负担加重和不良资产增加。因此，密切配合实体经济去产能、去库存和处理“僵尸企业”的步伐，以处理不良资产为抓手，稳步“去杠杆”，防止债务问题触发系统性金融危机应成为我国今后一段时期金融工作的中心任务。

一、中国的杠杆率：总量及结构

截至 2015 年底，我国债务总额为 168.48 万亿元，全社会杠杆率（债务对 GDP 之比）为 249%。与美、英、法、日等主要国家相比，这一水平并不算高。

在结构上，居民部门的杠杆率为 39.9%，金融部门为 21%，政府部门为 57.1%（含地方融资平台债务 17.7%），非金融企业为 131%。通过国际比较可见：非金融企业杠杆率过高，是中国债务的一个尤为突出的问题。在企业债务中，国企部分占比高达 65%。可以认为，国企杠杆率过高，是中国债务问题的一个关键所在。

需要特别指出，将融资平台债务计入地方政府，在方法论上存在着一定缺陷。在中国，地方融资平台及其债务的产生、功能和角色具有多样性，其法律地位也不甚清晰。若强调它们与政府的关系，则可能忽略其作为企业法人的地位；若强调它们的独立法人地位，则可能看漏其与地方政府千丝万缕的联系，以及由此产生的复杂特性和多重功能，亦难提供有效的监管框架。为了从根本上约束地方融资平台债务“野蛮生长”，我们主张借鉴各国成熟的经验，针对其政府发起、独立法人、承担部分公共功能，并在一定程度上实行市场化经营的特征，可考虑专设“政府机构债务”券种，并制定相关法律，明确专门机构施以监管，并由全国人大实施监督。

二、中国尚不存在债务危机

国内外关于中国债务问题的讨论大多集中于债务规模及其对 GDP 的比率（杠杆率）。这种分析十分重要，也有其优势，如数据比较充分，可以进行跨国比较等，但也存在较大缺陷。首先，以存量（债务）同流量（GDP）相比，其经济意义比较模糊；其次，负债总有缘由，而且债务资金的使用通常还会有产出。因此，不联系资产来分析债务，显然失之片面。

联系资产来分析债务，于中国尤为重要。如果说发达经济体的政府从事债务融资主要是弥补其公共消费亏空、弥合养老体系缺口和进行收入再分配，中国政府的债务融资则主要是为各类公共投资筹集资金。用途的不同会导致经济后果霄壤之别：债务资金用于消费，则偿债资金仍须另行筹措，这无疑会加重政府未来的负担；而债务资金若用于投资，这些投资形成的资产便可能有现金流产生，并构成偿债的基础。

截至 2014 年底，按宽口径匡算，中国主权资产总计 227.3 万亿元，主权负债 124 万亿元，资产净值为 103.3 万亿元。按窄口径匡算，即扣除行政事业单位国有资产 13.4 万亿元，并以 2014 年的土地出让金 4 万亿元替代当年的国土资源性资产 65.4 万亿元，中国的主权资产将由 227.3 万亿元减少到 152.5 万亿元，由此窄口径的主权资产净值为 28.5 万亿元。这些资产主要由外汇储备、黄金等贵金属储备以及在全球主要资本市场上市的中国企业资产等高流动性资产构成。

在资产负债表的框架内分析中国的债务，合乎逻辑的结论便是，中国发生债务危机是小概率事件。退一步说，即便出现大规模的债务违约，中国也可以在不对国民经济造成较大负面冲击的条件下予以妥善处理。

我们说中国尚不存在债务危机，还有另外两个重要原因。其一，中国一向以高储蓄率著称，即便是在储蓄率已有所下降的 2015 年，储蓄率依然将近 50%。这意味着，中国债务融资来源主要是国内储蓄。统计显示，外币计价的外债只占总债务的不到 3%。这种“左口袋欠右口袋”的债务/债权格局，使得我们可以不受外部干扰，平滑处理自己的债务。其二，中国是一个间接融资为主的国家，这使得中国债务的融资主要来自相对稳定的银行存款，而非波动性很大的货币市场和资本市场资金，这决定了中国金融业的风险点主要集中于流动性风险，偿债能力则位居其次。基于这种金融结构，只要高储蓄率得以延续并支撑着巨额的资金流动，债务问题就很难演化为系统性金融危机。

三、关键是处理好不良债务

不能不加分析地将杠杆视为洪水猛兽。因为倚重对外融资，即从事杠杆操作本就是工业社会正常运行的题中应有之义，所以管理债务的要义，其实是保持债务的可持续性。

在微观层面，可以使用“债务/息税前利润”来衡量企业债务偿付的能力及其安全性。换言之，只要企业仍在创造利润，且其规模大于债务支付，该债务便具有可持续性。在宏观层面，一般用“债务/可付息收入流”来衡量债务的可持续性。由于涉及多主体，亦可对“可付息收入流”有不同的界定，衡量债务可持续性的方法可有多种，而且彼此相互补充。最简化的衡量是“利率/经济增长率”，即将利息支付和经济增量相比较，这种分析认为，只要债务支付的利率水平低于经济增长率，使得运用债务所产生的现金流能够支撑利息偿还，债务便具有可持续性。另外经常使用的就是“利息/债务保障率”，亦即国民储蓄对债务余额之比。其基本含义是，对于国家而言，能用于支付利息的资财来自该国的国民储蓄，因此储蓄对债务余额之比可以有效衡量该国债务的可持续程度。无论如何衡量，我们需要看到的是，当下保证我国债务可持续的宏观条件依然存在，但随着经济增长速度下滑，我国可承载的债务水平也在不断下降。

倘若出现不良债务，债务风险无疑陡然增大。为了“挤掉”这些在过去粗放式增长过程中产生的“水分”，我们需要拿出一些优良资产来进行冲抵。由此，国民财富便会有净损失。显然，可用于冲抵不良资产的优良资产的规模构成债务承载能力的上限。前已述及，经历了30余年的高速增长，中国经济积累了巨额的净财富，这构成我们处理不良债务的深厚基础。

四、“去杠杆”六途和“杠杆转移”三法

在实践中，去杠杆主要有六条途径，即促进经济增长、造成通货膨胀、用优良资产冲销不良债务、债务核销、资产积累，以及现有金融资产价值重估。

仔细分析便不难看出，去杠杆的方法虽有数种，却没有一种能立竿见影，更没有一种是无代价的，唯有扎扎实实地保持一定速度的经济增长，即不断做大杠杆率的分母，才是去杠杆的治本之道。然而，以目前的情况看，要促进经济增长，不可避免要增加贷款和（或）增加赤字，而两者均有提升杠杆率的副作用，这无疑陷我们于两难之中。因此，在去杠杆和保持经济稳定增长之间寻找合适均衡点是对我们智慧的极大考验。正因如此，去杠杆将是一个长期的过程，我们必须做好打持久战的准备。

现实中，我们还可在结构层面，在不同主体之间对杠杆率进行一定程度的调整，即“杠杆转移”。概括而言，央行承接、政府承接、债转股和不良资产证券化，是杠杆转移的三条路径。

央行和（或）政府承接，固然可免除某些部门杠杆率上升过快之虞，但决不意味着这些债务已经消失，其实质只是将问题推到了未来。因此，由央行或政府介入来推行杠杆转移，必须处理好当下和未来的关系。

实施债转股和不良资产证券化更须谨慎。债转股的对象机构应有可持续经营的前景，必须有重整财务和治理机制的缜密计划，必须有对债权人实施保护的安排。发展不良贷款的交易市场，应成为不良贷款证券化的前提条件。资产池的多样化，不良贷款池的多样化，债权人的积极参与，以及不良债券公司的重组等，均属推行不良资产证券化的重要条件。总之，在实施债转股和不良资产证券化的操作过程中，必须严格遵循市场规则，在法治框架下组织实施，防止“僵尸企业”鱼目混珠等行为发生，是其成功的要点。

五、具体操作务须把握要点、协调配合

就金融与实体经济的关系而言，不良资产对应的是实体经济中的过剩产能、过多的库存以及“僵尸企业”。换言之，去产能、去库存和清除“僵尸企业”，事实上同减债务、去杠杆和处置不良资产等构成同一枚硬币的两面。正因如此，实施去杠杆，在战略层面必须由中央做出逻辑清晰、协调配合的顶层设计。在操作上，则须强调如下五个要点：

第一，处理债务的过程应当同时成为深入推进企业特别是国企改革的过程；第二，鉴于本轮债务处置的目的是改善企业经营环境，管理金融风险，推进经济结构调整，在去杠杆的过程中，应当同等对待国有企业和民营企业；第三，当前中国正在全面深化改革，确立市场在资源配置过程中发挥决定性作用的体制机制，去杠杆的过程必须认真落实党的十八届三中、五中全会精神，严格遵循市场化原则；第四，中国正在全面深化法治建设，去杠杆的过程，必须认真落实党的十八届四中、五中全会精神，严格坚持“于法有据”的原则；第五，中国正致力于建设开放型经济体，我们的处置债务和去杠杆必须更加重视国际投资者的作用。因此，坚持市场化、法治化的方向，提高债务处置的透明度和政策的可信度，应成为必须遵循的原则。

最后，简单谈一下保险业在去杠杆中的作用。保险业是社会保障体系的重要支柱，大力发展养老保险、健康保险和农村小额保险，可帮助中低收入家庭做好生命周期规划，稳定持久收入预期，提高消费能力，促进经济增长。保险是工商

企业进行风险转移和风险分散的重要机制，发展中小微企业贷款保证保险，可缓解企业融资难问题；发展企业火灾保险、产品质量保险、安全生产责任保险等，可提高企业风险管理水平，稳定企业生产和投资。保险还是一种筹集长期储蓄的金融机制，可以为经济建设筹集更多长期资金，稳定国民储蓄率。

李扬

2016 年7 月

前　言

2014 年 8 月发布的《国务院关于加快发展现代保险服务业的若干意见》明确提出到 2020 年基本建成现代保险服务业，“努力由保险大国向保险强国转变”，从服务国家治理体系和治理能力现代化的高度，对“十三五”时期保险业的发展进行了顶层设计和全新定位。

《中华人民共和国国民经济和社会发展第十三个五年规划纲要》于 2016 年 3 月发布。相比于“十二五”规划纲要强调保险业“服务实体经济，防范系统性风险”，“十三五”规划纲要从两个互补的角度提出了新时期保险业发展的大政方针，一是把保险业作为金融体系的重要组成部分，提出要“加快金融体制改革”“扩大金融业双向对外开放”，可以预期，“十三五”期间的保险业改革和开放将会有重大进展。二是把发展保险业作为经济结构服务化转型的一部分，提出“以产业升级和提高效率为导向”，加快发展现代保险服务业。

“十三五”时期，保险业发展面临与以前不同的经济金融环境，走老路没有出路，创新是保险业发展的第一动力。

综上所述，对于“十三五”时期如何建设保险强国这一复杂命题，本书从三个视角加以展开，分别是产业升级和提高效率的视角、改革开放的视角和创新发展的视角。

如何构建保险强国评价体系？这是一项亟待解决的重大课题。从传统保险服务业向现代保险服务业升级是“后工业化社会”经济结构服务化转型的一部分。各国进入中等收入阶段后，经济结构都开始了服务化转型，有人称为第二次转型，即从农业社会向工业化社会转变为第一次转型，从工业化向经济结构服务化称为第二次转型。经济结构服务化转型遵循生产效率改进定律，提升服务业效率是发展中国家进入中等收入阶段之后经济结构二次转型的根本。我们基于经济结构服务化转型逻辑，结合保险业自身特性，从三个维度对保险强国评价指标进行考察。一是总体水平，包括保险密度、保险资产等传统指标，反映商业保险功能的发挥程度；为了更准确地刻画保险业的发展水平，还使用“潜在保障水平达成度”作为衡量指标，消除了经济发展水平的影响，将不同收入水平国家的保险业放在相同尺度下进行比较。二是竞争力指标，现代保险服务业属于典型的技术密集和劳动密集型行业，“承保技能”指标可用于反映一国保险业的技术优势。“承保效率”指标，也就是保险从业人员人均保费可用于反映一国保险业的劳动力竞争优势。信用是保险业的生产要素，基于信用的品牌形象是保险业的无形资本，“诚信度”指标可用于反映一国保险业无形资本优势。传统保险服务业向现代保险服务业转型，要通过提质增效来实现，以技术、品牌、劳动生产率为核心提高要素竞争力，向专业化和价值链高端延伸。三是贡献度指标，分别反映了保险服务业在经济结构服务化转型中对就业、国内生产总值和出口的贡献，也反映了保险服务业对社会治理体系现代化的贡献。从综合评分结果来看，中国保险行业发展水平仍有待提高，在包含22个国家的保险行业排名中仅为第19位，高于波兰、匈牙利等东欧国家，但低于同属东亚的韩国，更远低于世界保险强国。从单项得分来看，中国保险业近年来取得了重要进步，但离保险强国对行业的要求还有较大差距。

如何看待“十三五”时期保险业发展环境？我们认为，外部环境整体上有利于保险业走以提质增效为核心内容的集约发展之路，加快保险强国建设步伐。第一，经济新常态下传统保险业发展方式难以维系。在经济高速增长期，规模导向型发展模式的弊端容易被掩盖。新常态下，经济增速换挡，粗放型扩张难以支撑保费规模的较快增长，这将迫使保险业改变原有的重数量、轻质量效益的发展模式。第二，经济社会变迁为保险服务业转型升级提供了机遇。广义恩格尔定律决定了经济转型的需求规律。一国居民消费中，食品消费所占比例随着收入的增长而逐渐降低，这个规律被称为恩格尔定律。进一步推广这个定律，可以发现在各国经济发展过程中，农业部门需求下降，资源转向制造业，当进入中等收入阶段后，对制造业部门的衣食住行等产品需求下降，资源开始转向娱乐、游玩、信息、养老、健康、风险保障等服务业部门，保险业恰是提供风险保障的部门，也是养老产业和健康产业的重要组成部分。经济增速下降导致财政压力加大，限制了政府在社会保障体系中的责任扩张，为寿险业向“以保障功能为基础”转型提供了机遇。“十三五”时期，我国经济新的发展动能逐步增强，新型工业化、城镇化、农业现代化将打开保障型业务的发展空间。互联网、大数据、云计算等新技术的快速发展将为保障型业务的发展带来规模效应。当然，经济发展方式转型具有一定的不确定性，政府与市场的关系有待完善，保险在金融业中的竞争力有待提升，保险行业自身发展基础较为薄弱，这些构成了“十三五”期间保险业发展面临的挑战。

建设保险强国应当扩大保险业双向对外开放，走国际化发展道路，重要的抓手是建设上海国际保险中心。经过几百年的发展，国际保险市场已经形成了几个著名的国际保险中心，本书第四章对它们的发展路径和模式加以比较，寻找国际保险中心的发展规律；基于比较研究提出上海国际保险中心建设的中长期战略目标和举措，到2020年，基本具备国际保险中心核心功能，提升再保险、航运保险、保险资金运用等领域的定价权和话语权，将上海发展成为有特色的国际保险中心。再用30年时间，到2050年，上海要涌现一批能够吸引境外居民的险种，成为国际重要的保险服务贸易出口地，成为国际保险资本、保险人才、保险机构、保险中介和保险信息的重要集聚地，跨国保险机构总部集聚效应明显，保险市场与资本市场、银行市场、外汇市场深度融合，基础设施健全，发展环境优化，创新驱动发展走在全国保险业前头、走到世界保险业前列，尤其是在保险规则制定和制度创新方面发挥国际影响力，最终建成具有全球影响力的离岸保险中心和保险创新中心。

建设保险强国应当让市场在资源配置中起决定性作用，重点是费率市场化改革。本书第三章提出了费率市场化路径。首先，强化中国保险行业协会（以下简称“中保协”）在费率厘定中的作用，由中保协制定行业基准费率，各公司费率标准在基准费率的基础上小范围浮动。其次，为了增强保险产品定价的灵活性，放松对保险费率浮动范围的限制，建立和实行多层次的弹性费率体系。最后，强化保险公司分公司在产品定价中的话语权，建立和实行体现地域差别的费率制度。

使市场在资源配置中起决定性作用的同时，也要更好地发挥政府作用，按照“放开前端、管住后端”的要求加强监管体系现代化建设。“偿二代”的实施无疑是监管体系现代化的关键环节，通过严守风险底线，有力推动各大保险集团及保险公司的风险管理文化建设，助力行业应对因业务复杂程度增加而加剧的经营风险，实现风险与价值并重的现代经营管理模式。各大保险集团及保险公司应当积极应对“偿二代”对传统管理模式的挑战。一是转变经营思路，推行风险管理文化。梳理公司层面的分散管理、多头管理，更有效、精准地评估风险，基于风险绩效来整合公司资源。形成主动风险管理，特别是要将风险管理流程更多地嵌入业务经营，在董事会、管理层建立一种强势的风险管理文化，以此主导影响其他的文化体系建设。二是大力推进风险政策及风险偏好落地。作为一个经营风险的行业，公司应该对整体风险有一定的实施偏好倾向性。对于各类专项风险，都应该有一个明确的限额，才能以此为据，制定风险政策，对各类业务的开展做到心中有数，风险可控。

创新是建设保险强国的第一动力，“十三五”期间，应当大力推进保险业发展模式、组织形式和业务模式等方面的创新。

第一，推动寿险业发展模式创新。2015 年，我国寿险市场保费收入高达 1.63 万亿元，增速超过 23%，对整个中国保险行业的贡献较为突出。但是，目前寿险业在我国社会保障体系中的地位有待加强，寿险业供给体系的质量和效率有待提高。第七章总结了美国寿险业转型升级的经验，以及日本和印度寿险业的发展教训。我们认为，寿险业要塑造关注长期价值的发展理念、注重平衡业务推动方式和盈利模式、动态调整多元化销售模式以及大力推动资产管理市场化改革。

第二，支持相互保险组织发展，推动保险组织形式创新。相互保险是较为古老的保险形式之一，经过数百年的发展演变，至今仍在全球保险业占据重要地位，在一些国家的保险市场尤其是非寿险市场中发挥着重要作用。伴随着互联网时代的到来，相互保险与互联网技术融合，正在焕发出新的生命力。相互保险公司是现代相互保险的主要组织形式。我国相互保险公司发展面临的问题包括：于法无据，资本补充机制欠缺，偿付能力监管制度不匹配，对非营利性公司课税不当，长期激励机制难以构建，市场行为监管难度大等。本书第五章提出应对之策，包括：强化法律制度顶层设计，完善监管体系，稳步推进“互联网 + 相互保险”模式探索，以供给短缺险种为切入点推动相互保险加快发展。

第三，保险企业加快商业模式创新步伐、争取实现跨越式发展。通过对全球市场创新最佳实践的广泛研究，我们发现国内外保险企业主要从价值链条重塑和业务范围拓展两大维度开展创新。其中，价值链条重塑指的是保险企业凭借新技术、新数据、新产品、新体验等手段重塑以“产品开发—市场营销—核保定价—保单管理与理赔服务—客户服务与增值服务”五大环节为核心的传统保险价值链条。业务范围拓展指的是保险企业开展多元化经营，从保险业务拓展至非保险业务如健康医疗、养老地产、汽车服务、综合金融等。总结上述创新突破的两大维度，国内外保险业形成了四大差异化创新模式：深耕传统业务、重塑保险链条、突破行业边界、跨界颠覆创新。借鉴上述模式，我们相信中国的保险业在创新方面将会呈现“百花齐放”的局面，围绕价值链重塑维度的“数字化”和业务边界拓展维度的“跨界”两个核心词汇，孕育出各类创新变革。

第四，探索寿险证券化，推动寿险公司资产负债管理模式创新。国际经验表明，寿险证券化可以帮助寿险公司应对发展过程中出现的保险资本不足、融资成本过高以及特定风险难以控制等问题，一方面为寿险公司提供强大的融资支持，拓宽融资渠道，提升承保能力，另一方面巧妙地把难以控制的死亡率风险和长寿风险等转移到资本市场，促进传统再保险市场价格机制的有效形成，推动保险市场和资本市场的互动融合发展。积极试点寿险证券化对于解决我国寿险业面临的资产负债管理问题和长寿风险问题具有重要意义。目前，我国引入寿险证券化面临保险精算技术、资本市场和监管法律上的限制。建议如下：构建多层次法律法规体系和监管框架，完善会计和税收制度，选择合适的寿险证券化方式，推动保险业和证券业深化合作，培育完善的资本市场，鼓励发展相关的中介服务机构。

最后需要说明的是，本书系中保协“转型与发展”系列研究的第三份年报，课题组成员包括中国社会科学院金融研究所、国务院发展研究中心金融研究所、北京保险研究院、平安产险及寿险、波士顿咨询公司等机构的专家。希望我们的成果能够为保险强国建设尽绵薄之力。

本书编委会

2016 年 7 月

目　录

第一章 保险强国评价体系

阎建军 陆明涛

2014 年 8 月发布的《国务院关于加快发展现代保险服务业的若干意见》（以下简称“新国十条”）明确提出了到 2020 年我国要努力由保险大国向保险强国转变，把建设保险强国作为重要战略目标。保险强国评价体系是目前保险理论研究的空白，具有重大现实意义。

第一节 保险强国的评价维度

保险强国是一个新名词，在国内外学术研究和商业报告中并无对应概念。“强国”在英语中一般译为 power，而将 power 和产业进行结合的分析基本上没有，主要原因是在西方国家，“强国”主要意味着较强的军事实力和经济实力。经济实力方面的衡量主要采用国内生产总值（GDP）总量和人均 GDP 两个指标进行衡量，但基于行业的强国概念是很难通过行业增加值总量或人均增加值来进行衡量的，这不仅是因为还有很多其他行业发展指标更为重要，还因为这两个指标并不能与强国这个关键词进行充分联系。因此，需要另辟蹊径探讨保险强国的内涵。

现代保险服务业的形成是“后工业化社会”经济结构

服务化转型的一部分（罗伯特和彼得，2009），我们基于经济结构服务化转型逻辑，结合保险业自身特性，拟从三个维度对保险强国评价指标进行考察。

一、总体水平

（一）保险密度

从现有文献看，一国保险密度（人均保费收入）和保险深度（保费收入占当期 GDP 的比例）是衡量保险业总体发展水平的常用指标（参见 Sigma 统计数据库、经济合作与发展组织统计数据库）。二者作为保险行业总体水平指标，可以反映商业保险功能的发挥程度。一国保险业总体发展水平在国际上居于领先地位，是成为保险强国的必要条件。

从评价体系的最小信息熵原则出发，在保险密度和保险深度之间我们只需要保存一个变量即可。从保险密度和保险深度的定义来看，保险密度事实上是一种保险人均消费，与收入水平一样呈现出鲜明的指数趋势；而保险深度是保费水平与 GDP 即国民收入水平的商，保费和国民收入二者存在协调关系，二者的指数趋势被消除，从而保险深度要具有更为平稳的特征。保险密度保留了收入增长的指数化特征，更能体现发展中国家和发达国家之间的非线性变化趋势，也更能反映保险业的发展特点，因此保险密度要比保险深度更能反映保险业的发展水平，更适合作为保险强国的重要指标。

（二）保险资产

保险资产规模反映了保险业积累长期储蓄、进行长期投资的能力（帕特里克，2007）。这种能力使得保险业区别于银行业，后者擅长借短贷长，也使得保险业作为机构投资者区别于资本市场上的众多着眼于短期回报的投资者，对完善现代金融体系具有重要意义。因此，保险业的资产规模也应看成保险强国的重要指标。类似的研究，比如英国保险行业协会的《英国保险业发展年报》、美国寿险业协会的《美国寿险业发展年报》等，也都把这一指标作为行业总体水平的衡量标准。

（三）潜力发挥

发达国家和发展中国家的人均 GDP 存在较大差异，而保险深度和保险密度与人均 GDP 之间存在紧密的相关关系，因此直接比较保险深度和密度并不能完全反映保险行业的发展水平。为了更为准确地刻画保险行业的服务能力，我们将使用潜在保障水平达成度作为衡量指标。潜在保障水平达成度，是指现实保险行

业发展水平（可用保费衡量）相对于由人均 GDP 水平所决定的理想发展水平之间的比，即

$$G = \frac{P}{P^*} = \frac{P}{F(y)} \tag{1.1}$$

其中，P 为现实保费水平，P^* 为由人均 GDP（y）决定的理论保障水平。如果这一比例达到 1，说明潜在的保险服务能力得到了发挥；如果这一比例低于 1，则表明该国保险行业的发展潜力尚未得到充分发挥，保险行业发展水平相对于经济水平而言有所滞后。这一指标消除了经济发展水平的影响，将不同收入水平国家的保险行业数据放在同一尺度下进行比较，与保险密度一起构成了更为全面的保险行业发展水平的衡量标准。

二、竞争力

（一）保险强国是保险行业国际竞争力较强的国家

保险作为一个行业，与 power 所代表的综合国力最相关的是竞争力（competitiveness）。竞争力研究在国内外非常常见，特别是国家竞争力已有大量研究文献和报告，如世界经济论坛（WEF）的全球竞争力报告（Schwab，2015）等，行业竞争力的研究也较多，如陈卫平（2005）、陈立敏与谭力文（2004），许召元与胡翠（2014），Bayoumi、Saito 和 Turunen（2013）等的研究。可以将保险强国定义为保险行业国际竞争力较强的国家。

国内从竞争力角度分析保险强国的研究较少，主要有影响力的研究为《中国保险业竞争力报告（2014）》（项俊波等，2014）。该报告主要从保险行业业务增长、在金融中的地位、在服务贸易中的地位、保险服务贸易的竞争力等角度分析中国保险行业的国际竞争力，对保险强国进行了富有意义的论述。

（二）行业的国际竞争力分析

虽然广义上的竞争力还可以追溯到亚当·斯密等人的贸易优势理论，但从竞争力分析来看，最早的专门论述行业竞争力的理论是波特提出的钻石模型。竞争力对于贸易有解释作用，但贸易不是竞争力的主要目的。因此，我们着重探讨竞争力理论。

波特的钻石模型将产业竞争力归结为由生产要素、需求条件、相关产业和支持产业的表现、企业的战略结构和竞争对手四个基本决定因素及机会和政府行为两个辅助因素所决定（波特，2007），这些决定因素的相互作用构成了著名的产业国际竞争力"钻石体系"，成为后续研究的重要理论基础。在波特的"钻石体

系”基础上，许多学者进一步增加、调整、重新归类了产业国际竞争力的指标体系。如陈立敏与谭力文（2004）提出，竞争力可分为环境、生产率、市场份额、利润四个层次，分别对应竞争力的来源、实质、表现和结果，但很显然这种分析方法忽视了行业技术等内生因素。

（三）保险行业竞争力分析框架

本文采用波特钻石模型，基于数据可得性，结合现代保险服务业特性，选用保险业生产要素指标来分析保险行业竞争力。

现代保险服务业属于典型的技术密集和劳动密集型行业，是现代服务业特征的主要表征体，也是现代经济的重要标志（卓志、孙正成，2014）。因此，“承保技能”指标可用于反映一国保险业的技术优势。另外，“承保效率”指标，也就是保险业从业人员人均保费，可用于反映一国保险业的劳动力竞争优势，“承保效率”指标也为经济合作与发展组织（OECD）工业与服务业统计数据库采用①。

保单是对未来或有事件的承诺，因此保险服务业发展的基础是信用。遵循最大诚信原则是保险业可持续发展的基础，就此而言，信用是保险业的生产要素，基于信用的品牌形象是保险业的无形资本。“诚信度”指标可用于反映一国保险业无形资本优势（见图1－1）。

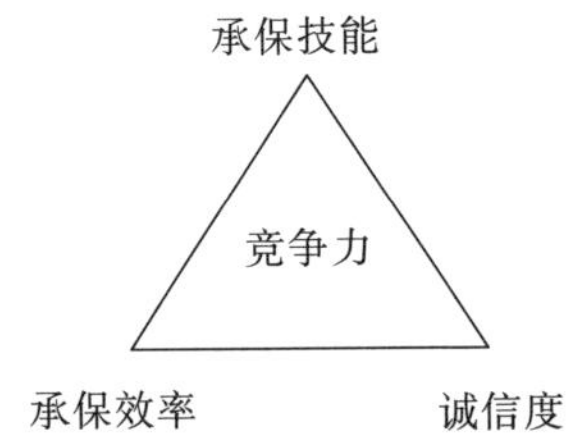

图1－1　保险行业竞争力分析框架

值得强调的是，上述指标可以成为现代保险服务业基本成形的标志。各国进入中等收入阶段后，经济结构都开始了服务化转型，有人称为第二次转型，即从农业社会向工业社会转变为第一次转型，从工业化向经济结构服务化转型称为第二次转型。在第一次转型过程中，工业部门和传统农业部门有着巨大的效率差，工业部门的效率数十倍于农业部门，因此只要能够快速发展工业部门，工业化发

① OECD：（2008），*Understanding Economic Statistics：An OECD Perspective*，OECD Publishing，Paris. DOI：http：//dx. doi. org/10. 1787/9789264046986 – en.

展就能成功带动整体经济结构向现代化过渡，逐步消除二元经济结构，突破贫困陷阱。二次转型则不然，因为大量的服务业的效率都比工业低，特别是后发国家的服务业效率往往只有工业部门效率的一半多（裴长洪，2012）。如中国的服务业统计中主要包括的批发零售、餐饮住宿、铁道交通运输、邮政、房地产服务等一般生活服务很多都是劳动密集型行业，效率低，而且大多为不可贸易部门，缺少"规模效率"，因此如何提升服务业效率成为发展中国家进入中等收入阶段之后经济结构二次转型的根本（张平，2016）。承保技能、承保效率和诚信度等指标可以综合反映保险服务业效率提升。传统保险服务业向现代保险服务业转型，要通过提质增效来实现，以技术、品牌、劳动生产率为核心提高要素竞争力，向专业化和价值链高端延伸。

包括现代保险服务业在内，现代服务业通过人力资本的积累和无形资本的外部性效应，摆脱了规模报酬递减或不变的约束，在一定程度上实现了规模报酬递增，从而大幅提高了生产效率，成为众多发达国家经济结构成功转型的重要标志（Acemoglu，2009）。相比之下，农业受到土地规模的限制，表现出规模报酬递减的特征，其生产率非常低；工业部门摆脱了土地的外生约束，通过资本快速积累可以迅速提升劳动生产率，从而工业化过程实现了相对于农业生产效率的大幅提升，但由于工业生产过程需要大量的中间品投入，生产效率仍有较大改进空间。

许多国家在进入中等收入阶段后，由于现代服务业并没有得到快速发展，低效率和低劳动生产率的传统服务业使得经济发展丧失了活力，从而使得经济陷入中等收入陷阱（袁富华，2012）。因此，大力发展包括保险业在内的现代服务业是实现经济顺利转型、避免堕入中等收入陷阱的重要抓手。

三、贡献度

保险业属于服务业，已有文献研究了如何评价服务业对于经济发展的贡献，尤其是强调了现代服务业在发达经济体中的支柱地位（江小娟，2011；裴长洪，2012；Berthold，etc，2013），也研究了伦敦、百慕大等地保险业在本国经济中的支柱地位（LMG BCG 2014；AXCO. 2015a，2015b.）。据此，可以认为，保险业在国民经济中享有支柱地位是成为保险强国的必要条件。除了经济贡献之外，还应考察现代保险服务业对于社会发展的贡献。

（一）就业贡献

就业是各国经济政策的重要目标，关系到经济的增长发展与社会的稳定繁荣，因而促进就业是宏观经济政策中的中心内容（Prachowny，1994）。就业贡献即某行业能吸纳多少就业，可以反映该行业对整个经济中就业的贡献程度。一个行业在整个经济中就业比例越大，就意味着这个行业对就业的贡献越大。随着经济的增长与发展，各国经济体的就业结构都经历了从以农业为主导向工业和现代服务业转型的结构变迁，包括保险业在内的现代服务业成为发达国家的主要就业吸纳部门（Herrendorf，Rogerson & Valentinyi，2014），现有文献已经把就业贡献作为反映保险业在本国经济中支柱地位的指标（LMG BCG 2014；AXCO. 2015a），据此，可以把保险行业的就业贡献作为衡量保险强国的重要指标。

（二）增加值贡献

各行业的增加值构成了整个行业的 GDP，因此各行业的增加值占 GDP 的比例是各行业对于经济增长贡献的最好度量，也可以看成各行业在国民经济中重要性的良好测度。与就业类似，三次产业的增加值比例演化也是各国经济发展与结构变迁的重要特征（Herrendorf，Rogerson & Valentinyi，2014）。由于不同行业对于增加值有着不同的促进作用，各国在不同发展阶段多采用各种不同的产业政策，通过获取更高的增加值贡献促进经济增长（Shapiro，2008）。由结构变迁理论可知，在经济由工业化向现代服务业转型的阶段，各国经济转型升级的重要经验是降低制造业和固定资产投资在 GDP 中的占比，提高服务业对于 GDP 的贡献（Acemoglu，2009）。因此，保险行业增加值对 GDP 的贡献比例可以作为保险行业促进经济增长的重要衡量指标（LMG BCG 2014）。OECD 统计数据库、中国国家统计局也公布了保险业的增加值。

（三）出口贡献

现代保险服务业具有重要的规模报酬递增效应和外部性效应，逐渐成为世界贸易的重要内容。在现代信息通讯科技（ICT）的帮助下，发达国家的现代保险服务业迅速成为全球可贸易行业，打破了传统保险服务业不可贸易的束缚，成为第二次世界大战后特别是进入 21 世纪以来全球化的重要特征（毛艳华与李敬子，2015）。发达国家的现代保险服务业通过对外出口充分发挥了其不断积累的人力资本、无形资本与研发优势，反过来又进一步促进了这些国家保险服务业的现代化，构成了发达国家保险服务业持续增长的良性循环。由于现代服务业出口产品具有高附加值和难以替代性，现代保险服务业出口额成为保险强国的重要衡量指标（王恕立与胡宗彪，2012；AXCO. 2015a）。

（四）社会治理贡献

美国经济学家埃莉诺·奥斯特罗姆凭借其公共事务治理理论获得 2009 年经

济学诺贝尔奖以来，社会治理、经济事务治理等在国内外得到空前关注，人们逐渐发现，可以通过设计良好的机制来避免囚徒困境和公共的悲剧等集体行动的悲观结果（奥斯特罗姆，2000）。社会治理和国家治理逐渐成为国内外重要的学术概念与政策目标，并写入中国近年来的多个重要文件，成为中国经济社会发展的重要内容（王浦劬，2014）。

根据王浦劬的概述，西方国家的治理理论，本质上即以理性经济人为基础的社会自我治理理论。在我国，社会治理是指在执政党领导下，由政府组织主导，吸纳社会组织等多方面治理主体参与，对社会公共事务进行的治理活动，是"以实现和维护群众权利为核心，发挥多元治理主体的作用，针对国家治理中的社会问题，完善社会福利，保障改善民生，化解社会矛盾，促进社会公平，推动社会有序和谐发展的过程"。

跨越中等收入陷阱国家的经验表明，伴随"后工业化"和"经济服务化"的是中等收入群体的崛起、公民权利意识的觉醒、消费者保护主义的兴起、企业的社会责任加重、社会政策对弱者的保护取向加强、侵权法律制度的日益完善（Sigma，2005；Sigma，2014；胡宁生，2014）。相应地，社会治理出现了由政府机构、社会组织、企业机构、公民团体等多主体构成的多元治理结构（Ericson，Doyle & Barry，2003）。

现代保险服务业在创新社会治理机制方面发挥了两方面的重要作用。

第一，责任保险成为维护公民合理合法权益的重要机制，体现为三个方面，（1）能够通过事前风险预防和事中风险控制降低侵权事件的发生率。（2）能够用经济杠杆和多样化的责任保险产品化解民事责任纠纷，上述民事责任纠纷发生于雇主对员工的工伤赔偿责任、环境保护、医疗责任、产品质量与产品安全、公众安全责任等领域。（3）通过事前汇聚责任保险赔偿基金，保证公民在权利受到侵害时获得及时有效的民事赔偿（Sigma，2014；阎建军，2015）。

第二，运用保险机制创新公共服务提供方式。政府通过向商业保险公司购买服务等方式，在公共服务领域充分运用市场化机制，鼓励具有资质的商业保险机构开展各类养老、医疗保险经办服务，提升社会管理效率（参见"新国十条"）。

综上所述，保险机制有助于完善社会治理体系，可以将保险行业对社会治理的贡献作为保险强国的重要评价指标。

四、保险强国评价指标体系

在上述分析的基础上，我们可以将保险强国评价体系总结如下（见表1-1）：

表1－1　保险强国评价体系

一级指标	二级指标	编号
总体水平	保险密度	V1
	保险资产	V2
	潜力发挥	V3
竞争力	诚信度	V4
	承保技能	V5
	承保效率	V6
贡献度	就业贡献	V7
	增加值贡献	V8
	出口贡献	V9
	社会治理贡献	V10

第二节　评价方法与数据来源

根据研究目的，本报告将采用综合评价法根据表1－1的评价体系对各国保险行业发展状况进行评价。其中，在评分过程中，将采用标杆法选取OECD国家作为主要样本进行分析，以找出中国与其他保险强国的发展差距。在得到各指标分数后，将采用主成分分析法得到权重，以避免任何主观因素对评价产生干扰。

一、综合评价法

传统的评价方法主要表现为简单的数量比较，虽然这种方法的优点表现为灵活、简单、约束条件少、适用范围广，但难以应对多个指标变动方向不一致、多指标、多变量等复杂情况。综合评价方法就是人们在实践中总结出的系统规范的对于多个指标、多个单位同时进行评价的多变量综合评价方法。本文将采用指标综合评价法进行分析。参照郭亚军（2007）等有关介绍，综合评价法一般按照如下步骤进行。

（一）确定综合评价的目的和内容

根据项目要求，合理确定评价的内容。综合评价的目的是评估和监测，因而不仅关注评价对象的优点和发展成就，而且关注其弱点和发展差距，特别是需要与期望目标进行比较。只有在理解上述目标的基础上，选用合适的指标体系、预处理方法、打分方法、权重水平和综合评分汇总方法，才能构成符合项目需要的综合评价体系。

（二）确定评价指标和评价指标体系

评价指标是评价体系的基础组成部分，选择哪些指标对于评价结果而言至关重要。在确定评价指标这个步骤中，关键在于评价指标在评价中所起作用的大小。一般原则应是以尽量少的“主要”评价指标用于实际评价，但在初步建立的评价指标集合当中也可能存在着一些“次要”的评价指标，这就需要按某种原则进行筛选，分清主次，合理组成评价指标集。对于具体的实际评价问题，如何确定评价目标及选择评价指标是一个很重要的问题，应该慎重考虑。在实际应用中，通常选用包括专家调研法、个人经验法等主观方法和包括方差法、离差法或回归法在内的客观方法进行指标选择。

本报告主要根据经济结构服务化转型理论，并结合保险业自身特性确定主要的评价内容。

（三）确定样本范围，搜集数据

在根据评价指标搜集数据时，我们将采用标杆法，将中国与主要发达国家进行比较，以找出中国在各个指标上与发达国家之间的差距。由于保险强国一般都是发达国家，发达国家都是 OECD 国家，我们将样本范围确定为中国和所有OECD 国家。保险行业在发展中国家往往发展相对落后，而且发展中国家的数据质量也参差不齐，因此我们只能在各个指标进行标杆分析与比较时尽可能列举各个国家，但由于数据缺失严重，大多数发展中国家难以成为最终的分析样本。

（四）确定评价指标的无量纲化

为了使得指标体系能够进行比较和综合评分，我们需要对各指标进行无量纲化。无量纲化的目的主要在于确保如下目标：

第一，使所有指标都从同一角度说明总体，这就提出了如何使指标同向化的问题。

第二，所有指标可以相加，这就提出了如何消除指标之间不同计量单位（不同度量）对指标数值大小的影响和不能加总（综合）的问题，即对指标进行无量纲化处理——计算单项评价值。无量纲化处理过程也就是计算单项指标评价值的过程。

（五）确定各个评价指标的权重

在多指标综合评价中，权数具有举足轻重的作用。目前关于如何确定权数的研究取得了不少成果，其确定方法也有数十种之多。这些方法根据计算权数时原始数据的来源不同，大体上可分为主观赋权法和客观赋权法两大类。这两种方法各有利弊：主观赋权法往往没有统一的客观标准，它是研究者根据其主观价值判断来指定各个指标权数的一种方法，主要有专家评判法。专家评判法是由专家根据经验主观判断而得到。其基本思想是，首先选择 n 个专家组成一个评判小组，并分别由每个专家独立地给出一套权数，形成一个评判矩阵，最后对每个专家给出的权数进行综合处理，从而得出综合权数。这种方法研究较早，也较成熟，但客观性较差。客观赋权法在一定程度上弥补了主观赋权法的不足。

客观赋权法是与主观赋权法相对而言，它是直接根据指标的原始信息，通过数学或统计方法处理后获得权数的一种方法。常用的方法主要有主成分分析法、因子分析法、相关法、回归法等。这类方法客观性较强，但许多方法由于研究较晚，有的还不完善，计算方法也比较烦琐。本报告采用专业统计软件，根据主成分分析法确定各个评价指标的权重。

（六）求综合评价值——将单项评价值综合而成

确定合成方法就是确定综合评价函数的形式，本质上是给出高维空间中多个点（样本）的排序规则问题。目前常见的方法可以归为两类：线性合成方法和非线性合成方法。线性合成方法常见的是加权线性和，非线性合成方法常见的有乘法（几何平均）、TOPSIS（逼近理想点的排序方法）、相对接近度、投影法等。本报告将根据主成分分析法得到的权重，采用加权线性和的方式直接计算综合评价得分作为保险强国的最终得分。

二、标杆法

在选定指标之后，本文将根据标杆法对各指标变量进行分析。标杆法的英文为 benchmarking，也被译为标杆管理、定标比超、基准管理、定点超越、标杆瞄准、竞争基准、标杆制度等，是一种通过衡量比较来提升企业竞争力的过程。标杆分析强调的是以卓越公司作为学习的对象，通过持续改善来强化自身的竞争优势。所谓标杆，即 benchmark，最早是工匠或测量员在测量时作为参考点的标记，Frederick Taylor 在他的管理实践中采用了这个词，其含义是衡量一项工作的效率标准，后来这个词渐渐衍生为基准或参考点（林新奇，2013）。

Brelin（1993）给出了标杆法的经典定义与方法，将标杆管理理解为根据企业目标选择领先企业进行比较以找出本企业的优劣，在分析数据的基础上制定和实施行动计划，因此将标杆管理分为选择目标、确定项目、选择对象、收集数据、确定行动、实施计划等阶段。

本报告将在确定各指标的基础上，采用标杆法将中国保险行业与世界主要发达国家进行比较，通过无量纲化方法确定中国与主要发达国家之间的发展差距，为我国未来迈向保险强国提供数据支持。

三、主成分分析法

在多元统计分析中，主成分分析（Principal Components Analysis，PCA）是一种分析、简化数据集的技术。主成分分析是最简单的以特征量分析多元统计分布的方法，通常情况下，这种运算可以看作揭露数据的内部结构，从而更好地解释数据的变量的方法。如果一个多元数据集能够在一个高维数据空间坐标系中被显现出来，那么主成分分析就能够提供一幅比较低维度的图像，这幅图像即在信息最多的点上原对象的一个“投影”。

具体说来，主成分分析主要通过对协方差矩阵进行特征分解，得出数据的主成分（即特征向量）与它们的权值（即特征值）。其结果可以理解为对原数据中的方差做出解释：哪一个方向上的数据值对方差的影响最大。换言之，PCA 提供了一种降低数据维度的有效办法，如果分析者在原数据中除掉最小的特征值所对应的成分，那么所得的低维度数据必定是最优化的（也即，这样降低维度必定是失去信息最少的方法）。

第三节　保险强国指标的选择

一、总体水平

（一）保费收入、保险深度与保险密度

在保险统计数据中，保费收入是最为基础的统计数据。我们从 OECD 统计数据库中整理出主要 OECD 国家的保险密度和保险深度进行观察（见表 1－2）。可以看出，保险深度和保险密度与国家发达程度密切相关，发达国家都拥有较高的保险深度与保险密度。比较而言，中国的保险深度和保险密度仍处于较低水平。

表 1－2　　世界主要国家保险深度与保险密度

国家	密度——全行业	密度——非寿险	密度——寿险	深度——全行业	深度——非寿险	深度——寿险
澳大利亚	3 711.68	1 375.55	2 336.13	6.01	2.23	3.78
奥地利	2 665.93	1 622.80	1 043.12	5.19	3.16	2.03
比利时	3 274.14	1 363.76	1 910.37	6.95	2.90	4.06
智利	615.77	208.42	407.34	4.23	1.43	2.80
捷克	711.12	385.32	325.81	3.65	1.98	1.67
丹麦	6 571.55	2 109.53	4 462.02	10.64	3.42	7.22
爱沙尼亚	636.62	443.61	193.01	3.16	2.20	0.96
芬兰	2 545.80	1 066.78	1 479.02	5.11	2.14	2.97
法国	4 083.88	1 417.57	2 666.31	9.29	3.23	6.07
德国	3 129.40	1 673.72	1 455.68	6.55	3.50	3.05
希腊	438.39	219.36	219.02	2.12	1.06	1.06
匈牙利	360.92	161.35	199.57	2.57	1.15	1.42
冰岛	1 333.62	1 221.80	111.82	2.54	2.33	0.21
爱尔兰	11 174.40	1 915.12	9 259.28	20.54	3.52	17.02
以色列	1 755.30	847.92	907.38	4.70	2.27	2.43
意大利	3 089.06	703.58	2 385.48	8.86	2.02	6.84
日本	2 617.32	0.00	2 617.32	7.22	0.00	7.22
韩国	3 524.52	1 442.11	2 082.41	12.60	5.16	7.45
卢森堡	57 520.13	3 570.24	53 949.90	44.02	2.73	41.29
墨西哥	224.17	117.98	106.19	2.09	1.10	0.99
荷兰	2 827.07	1 457.80	1 369.26	5.44	2.81	2.63
新西兰	1 180.39	1 180.39	0.00	2.66	2.66	0.00
挪威	5 150.95	2 303.36	2 847.59	5.29	2.36	2.92
波兰	453.06	214.30	238.76	3.16	1.50	1.67
葡萄牙	1 729.64	424.42	1 305.22	7.83	1.92	5.91
斯洛伐克	542.94	244.06	298.89	2.93	1.32	1.62
斯洛文尼亚	1 195.92	887.47	308.44	4.98	3.70	1.29
西班牙	1 518.32	807.68	710.64	5.11	2.72	2.39

续表

国家	密度——全行业	密度——非寿险	密度——寿险	深度——全行业	深度——非寿险	深度——寿险
瑞典	3 030.73	1 352.65	1 678.08	5.15	2.30	2.85
瑞士	7 964.88	3 546.25	4 418.63	9.16	4.08	5.08
土耳其	152.14	132.82	19.32	1.47	1.28	0.19
英国	5 177.21	1 337.84	3 839.38	11.02	2.85	8.17
美国	5 965.39	3 492.16	2 473.23	10.96	6.42	4.55
哥斯达黎加	5.78	5.07	0.71	2.33	2.04	0.29
拉脱维亚	0.54	0.43	0.11	2.19	1.74	0.45
马来西亚	64.35	23.04	41.32	4.98	1.78	3.20
尼加拉瓜	87.10	71.63	15.47	1.51	1.24	0.27
南非	350.27	61.82	288.45	14.40	2.54	11.86
乌拉圭	24.52	17.28	7.24	2.27	1.60	0.67
中国	201.30	110.20	110.20	3.00	1.36	1.64

资料来源：OECD Stats.

（二）保险资产

我们将保险公司资产占 GDP 的比例作为保险资产的衡量指标，以剔除 GDP 总量带来的规模影响，使得经济大国与小国都能统一比较。

也有研究者认为，可以采用"保险资产占金融资产的比例"指标，但鉴于金融创新导致金融资产的汇总统计容易出现纰漏，这一指标失去了实用价值。

如表 1－3 所示，英国、法国、德国、瑞士等国家的保险资产在经济中都有较大的相对比例，保险行业在这些国家都具有较大的影响力。比较而言，中国的保险公司资产占 GDP 的比例仍然较低，仅在 10% 左右。

表 1－3　　保险公司资产占 GDP 的比例

国家/地区	2006 年	2007 年	2008 年	2009 年	2010 年	2011 年	2012 年	2013 年
阿根廷	2.58	2.44	2.17	2.89	2.79	2.85	3.14	—
澳大利亚	36.60	35.49	28.23	29.98	28.76	26.92	28.56	—
奥地利	33.33	32.06	32.05	35.37	35.35	33.48	33.89	33.08
比利时	64.74	65.42	62.18	69.21	69.82	69.20	75.54	74.60

续表

国家/地区	2006 年	2007 年	2008 年	2009 年	2010 年	2011 年	2012 年	2013 年
玻利维亚	4.19	3.92	3.74	3.90	3.51	3.12	—	—
巴西	7.00	7.70	7.60	9.00	9.18	9.04	10.43	—
加拿大	37.51	36.22	32.41	37.58	38.51	39.17	39.36	—
智利	16.45	17.84	15.38	20.92	19.62	16.81	18.67	20.19
中国内地	8.87	10.16	10.07	11.05	12.03	12.20	—	—
哥伦比亚	3.78	3.78	6.01	6.43	5.55	5.42	5.71	5.98
哥斯达黎加	1.52	1.74	1.85	2.29	6.05	6.48	6.54	6.59
古巴	—	—	—	—	—	—	—	—
捷克	9.63	9.42	9.59	10.55	11.25	11.39	12.20	12.34
丹麦	70.93	70.83	71.53	81.49	85.08	92.27	100.45	102.59
萨尔瓦多	17.98	19.29	21.24	24.01	25.55	23.77	24.38	26.13
爱沙尼亚	—	5.19	4.57	8.27	9.40	8.23	8.16	7.88
芬兰	27.92	25.75	22.60	27.04	28.39	25.31	28.84	31.31
法国	86.04	88.21	82.35	93.34	97.85	93.76	102.44	105.32
德国	60.64	58.74	55.94	59.62	59.67	58.19	62.62	62.69
希腊	5.63	5.92	5.57	5.96	6.31	6.36	7.26	8.04
危地马拉	1.47	1.37	1.31	1.39	1.40	1.79	1.69	1.74
中国香港	30.34	45.01	43.42	53.53	54.02	53.79	—	—
匈牙利	8.24	8.88	8.21	9.50	9.53	8.60	8.77	8.59
冰岛	14.43	12.07	8.16	8.61	8.89	8.83	9.00	—
印度	14.77	15.08	17.40	15.97	18.29	18.49	17.93	—
印度尼西亚	2.84	3.30	2.74	3.20	3.63	3.70	—	—
爱尔兰	78.90	81.39	72.39	99.25	113.81	—	—	—
以色列	29.05	29.90	27.40	32.06	33.65	32.77	34.28	—
意大利	36.52	32.64	30.65	35.41	33.52	32.24	34.98	—
日本	76.44	73.15	71.27	77.30	78.39	82.45	87.84	—
韩国	36.15	38.01	38.64	42.22	42.98	45.37	48.76	58.17
卢森堡	—	—	—	—	—	—	—	—
马来西亚	18.18	18.40	17.01	20.85	20.84	20.14	20.77	21.20
墨西哥	3.61	3.93	4.34	4.90	4.93	5.25	5.36	5.76
荷兰	61.98	61.06	57.56	61.95	66.09	69.21	73.33	—
新西兰	—	—	—	—	—	—	—	—

续表

国家/地区	2006 年	2007 年	2008 年	2009 年	2010 年	2011 年	2012 年	2013 年
尼加拉瓜	0.34	0.35	0.38	0.49	0.56	0.58	—	—
挪威	35.95	37.12	34.16	38.61	39.44	38.75	39.19	—
巴拿马	5.16	4.77	4.98	5.53	5.14	5.33	—	—
巴拉圭	0.96	0.97	1.02	1.29	1.21	1.50	1.72	—
秘鲁	3.25	3.26	3.42	3.70	3.99	4.07	4.23	5.15
波兰	10.24	10.79	10.81	10.34	10.25	9.56	10.21	10.27
葡萄牙	31.16	32.37	32.97	37.54	38.07	34.77	35.95	—
俄罗斯	2.35	2.14	1.89	2.12	1.84	1.67	1.68	—
新加坡	45.28	44.24	38.80	44.68	42.76	41.76	44.13	43.66
斯洛伐克	5.33	5.22	—	10.39	10.36	9.93	10.20	10.10
斯洛文尼亚	11.33	13.15	12.32	14.37	15.32	15.75	17.25	—
南非	35.47	—	61.54	60.37	60.31	58.51	62.08	—
西班牙	24.44	23.04	22.87	25.03	24.95	26.09	26.84	29.02
瑞典	84.11	82.90	75.95	87.63	88.00	84.16	—	—
瑞士	85.48	86.27	76.15	83.99	84.45	86.68	90.47	—
泰国	10.65	11.20	11.38	13.31	14.23	21.77	20.24	—
土耳其	2.31	2.62	1.52	1.70	3.20	3.15	3.59	—
英国	98.20	98.73	86.53	94.93	92.02	89.28	94.23	—
美国	43.32	43.69	39.60	43.06	43.67	43.46	43.57	—
乌拉圭	3.74	3.65	3.72	4.07	4.20	4.49	5.01	5.47

资料来源：世界银行金融发展数据库（GFDD）。

（三）潜力发挥

评估各国保险行业潜力发挥的水平，其中理想保费可通过保险密度或保险深度与人均 GDP 之间的关系进行计算。一般说来，用得最多的是保险密度的计算方法（Lloyd'S，2012；The Swiss Re，2015）。我们同时采用保险密度和保险深度进行计算。首先从《中国保险年鉴（2014）》中提取出 87 个国家和地区的保险密度、保险深度及人均 GDP 信息，并按照陆明涛、袁富华与张平（2016）的方法剔除掉人口在 100 万人以下、WDI 数据库中 2014 年石油租金高于 40% 的产油国，以消除规模和产油国因素带来的影响。随后，我们得到一个包括 67 个国家相关信息的完整数据库，略大于 OECD 的保险数据库。我们将保险密度和保险深度与对数人均 GDP 制成散点图（见图 1－2）。

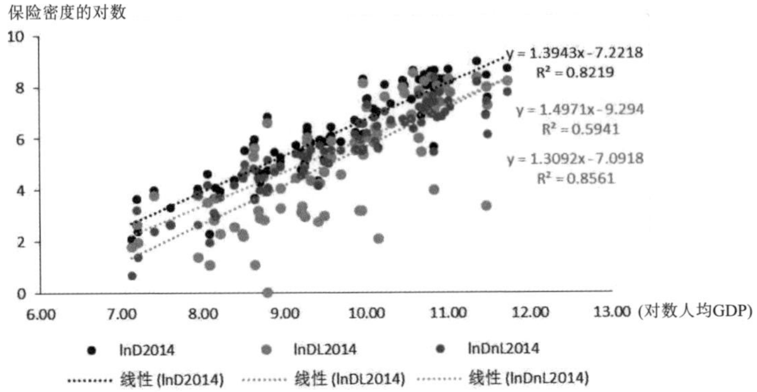

(a) 保险密度

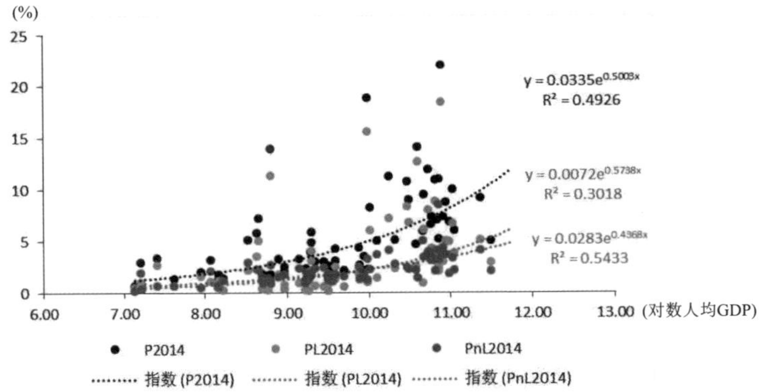

(b) 保险深度（对数）

图 1－2　各国保险深度与保险密度对人均 GDP 的散点图

资料来源：《中国保险年鉴（2014）》。

注：横轴为对数人均 GDP；保险密度为对数形式；保险深度单位为百分之一。

由图 1－2 可以看出，保险深度、密度与人均 GDP 之间存在非常紧密的相关性，特别是保险密度和人均 GDP 呈现出非常典型的直线相关关系，尤其是总保费和非寿险保费的线性方程解释力达 80% 以上。

保险深度与人均 GDP 之间的关系相对复杂。Enz（2000）提出保险深度与人均 GDP 之间存在 S 型关系，但其给出的 S 型公式非常复杂，为一个包含指数函数多项式的倒数，这种函数从计量经济学上来说进行符合统计推断公理的估计是极为困难的。对指标内涵和公式进行简单的推导可知，保险深度与人均 GDP 之间的关系实际上就是保费与人均 GDP 之间的关系，二者都可以用柯布—道格拉斯生产函数进行模拟，因此他们的商也可以是一种柯布—道格拉斯生产函数，从而可以简单用指数函数来进行模拟。图 1－2（b）给出了模拟结果，从拟合度来看，总保费和非寿险模拟拟合度达50%，效果令人满意。

接下来，我们根据图1－2的估计结果计算出各国由人均GDP决定的保险密度与保险深度，并将现实值与这一理论值进行比较求得商，将大于1的值都取为1，以表明该国保险行业潜力都已发挥，计算结果如表1－4所示。可以看出，虽然有许多国家的指标达到了100%，但仍有相当一部分国家的潜在保障水平达成度低于100%。值得注意的是，中国的保障程度也达到了100%，这充分说明，虽然中国目前的保费水平相对于发达国家而言要低得多，但对于中国现有的发展阶段和国民收入水平而言，保险行业的保障水平已经充分发挥了现有的潜在水平，这与近年来保险行业的快速发展密切相关。

表1－4　各国家/地区保险行业潜在保障水平达成度比较　（单位:%）

国家/地区	密度保障水平			深度保障水平		
	综合	寿险	非寿险	综合	寿险	非寿险
阿根廷	96.29	80.28	100.00	79.48	34.95	100.00
爱尔兰	100.00	100.00	100.00	100.00	100.00	100.00
奥地利	95.43	92.44	99.71	68.45	56.49	97.82
澳大利亚	96.10	99.27	93.77	71.57	94.32	61.90
巴西	100.00	100.00	100.00	100.00	100.00	100.00
比利时	100.00	100.00	99.97	100.00	100.00	99.73
波兰	95.76	95.00	98.96	76.26	75.70	94.30
丹麦	100.00	100.00	99.45	100.00	100.00	95.86
德国	98.78	98.42	100.00	90.46	88.82	100.00
俄罗斯	83.34	55.39	92.96	35.35	9.00	68.05
法国	100.00	100.00	100.00	100.00	100.00	100.00
芬兰	100.00	100.00	94.10	100.00	100.00	64.76
哥伦比亚	96.92	89.28	100.00	84.52	61.24	100.00
哥斯达黎加	93.45	67.51	100.00	68.13	19.76	100.00
韩国	100.00	100.00	100.00	100.00	100.00	100.00
荷兰	100.00	95.13	100.00	100.00	69.18	100.00
加拿大	99.11	97.23	100.00	92.89	81.09	100.00
捷克共和国	95.46	95.05	98.13	73.04	73.86	89.18
马来西亚	100.00	100.00	100.00	100.00	100.00	100.00
美国	99.20	97.17	100.00	93.46	80.46	100.00
秘鲁	91.60	93.79	91.63	64.62	76.46	68.81

续表

国家/地区	密度保障水平			深度保障水平		
	综合	寿险	非寿险	综合	寿险	非寿险
墨西哥	91.94	92.31	93.38	62.28	67.93	71.28
南非	100.00	100.00	100.00	100.00	100.00	100.00
挪威	92.05	93.22	91.45	47.95	55.96	49.01
葡萄牙	100.00	100.00	99.95	100.00	100.00	99.63
日本	100.00	100.00	98.34	100.00	100.00	89.19
瑞典	97.96	100.00	92.01	84.07	100.00	54.45
瑞士	99.24	100.00	100.00	93.25	100.00	100.00
斯洛伐克	91.66	92.00	92.76	56.61	61.79	64.64
斯洛文尼亚	99.50	91.71	100.00	96.38	58.97	100.00
泰国	100.00	100.00	100.00	100.00	100.00	100.00
土耳其	85.31	58.91	95.22	42.02	12.60	78.18
乌拉圭	89.69	80.78	96.04	50.93	33.31	79.59
西班牙	98.15	98.05	100.00	87.00	87.59	100.00
希腊	88.57	87.22	90.37	45.07	45.42	55.21
新加坡	100.00	100.00	100.00	100.00	100.00	100.00
新西兰	98.15	82.79	100.00	86.22	28.77	100.00
匈牙利	92.72	96.28	90.88	63.04	81.39	60.26
以色列	95.67	97.16	96.16	71.12	81.60	76.38
意大利	100.00	100.00	97.36	100.00	100.00	83.34
印度	100.00	100.00	98.84	100.00	100.00	97.14
印尼	96.57	100.00	84.59	86.38	100.00	57.76
英国	100.00	100.00	100.00	100.00	100.00	100.00
中国香港	100.00	100.00	90.14	100.00	100.00	49.93
中国内地	100.00	100.00	100.00	100.00	100.00	100.00

二、竞争力

（一）诚信度

我们采用赔付率作为诚信度的衡量指标。这是因为根据保险精算假定，赔付率由赔付和保费收入的比例决定，而赔付是从保费中剔除管理费用、佣金和利润等得到的，因此过高的赔付率意味着企业经营效率较低，过低的赔付率则意味着过高的管理费用、佣金和利润，因而是缺乏诚信的。从数据统计来看，由于寿险具有长期储蓄性质，在统计中难以得到长期赔付数据与保费之间口径一致的数据，直接比较寿险赔付率是没有意义的，因此只有非寿险赔付率是较为可靠的诚信度计算依据。表1－5列示了各国家/地区各类型保险的赔付率，可以看出，各国家/地区的非寿险赔付率多分布在40%～80%之间，相应地，中国内地非寿险的赔付率为55%左右，与发达国家比较接近。

表1－5　各国家/地区各类型保险赔付率比较　（单位:%）

国家/地区	寿险		非寿险		综合		综合				合计	
							寿险		非寿险			
	2013年	2014年	2013年	2014年	2013年	2014年	2013年	2014年	2013年	2014年	2013年	2014年
澳大利亚	95.59	98.52	63.90	70.81	—	—	—	—	—	—	81.31	87.75
奥地利	51.40	89.36	28.69	47.11	81.56	79.61	104.61	109.11	66.10	61.16	69.60	74.28
比利时	53.66	73.32	79.97	78.22	96.27	96.91	115.85	112.72	64.69	71.58	93.37	94.33
加拿大	26.01	—	69.07	—	21.70	—	14.96	—	33.31	—	44.51	—
智利	95.78	97.75	45.88	12.16	. —	—	—	—	—	—	79.06	68.50
捷克	108.54	106.17	59.69	72.54	62.29	64.12	67.58	79.33	57.72	51.36	64.28	66.51
丹麦	9.19	88.17	74.24	69.34	—	—	—	—	—	—	12.20	82.09
爱沙尼亚	59.15	—	55.81	56.03	—	—	—	—	—	—	56.79	39.04
芬兰	70.26	63.43	67.33	64.89	—	—	—	—	—	—	69.00	64.05
法国	73.86	67.63	68.36	92.50	91.35	74.78	93.38	—	74.71	—	81.07	78.89
德国	76.48	81.43	70.50	44.51	—	—	—	—	—	—	72.66	57.78
希腊	111.37	87.53	29.03	38.96	60.25	54.65	92.61	71.79	38.91	40.15	62.44	59.76
匈牙利	80.99	68.90	59.98	59.07	72.21	63.56	92.13	79.37	55.90	50.76	73.45	64.53
冰岛	34.01	36.06	66.73	68.38	—	—	—	—	—	—	64.13	65.73
爱尔兰	107.26	87.75	76.24	71.58	—	—	—	—	—	—	101.25	105.01
以色列	0.42	21.04	73.25	85.24	51.68	57.01	47.49	52.06	57.00	63.01	52.86	58.59
意大利	86.53	58.14	63.33	62.54	74.98	62.53	75.54	59.63	73.73	70.85	76.79	61.34
日本	97.24	93.90	—	—	—	—	—	—	—	—	97.24	93.90
韩国	47.69	55.78	38.63	36.79	—	—	—	—	—	—	44.00	47.57
卢森堡	68.65	51.99	77.65	62.80	48.22	1 374.47	55.84	805.55	40.79	-43.91	69.30	53.24
墨西哥	46.99	52.84	50.99	39.15	57.00	50.58	56.71	55.54	57.27	45.63	55.54	49.29
荷兰	134.13	145.93	70.88	72.25	—	—	—	—	—	—	100.89	107.43
新西兰	—	—	72.44	87.34	—	—	—	—	—	—	93.23	108.99

续表

国家/地区	寿险		非寿险		综合		综合				合计	
							寿险		非寿险			
	2013 年	2014 年	2013 年	2014 年	2013 年	2014 年	2013 年	2014 年	2013 年	2014 年	2013 年	2014 年
挪威	56. 38	50. 14	63. 32	71. 12	—	—	—	—	—	—	59. 56	59. 52
波兰	73. 85	71. 02	51. 55	52. 59	—	—	—	—	—	—	63. 60	62. 21
葡萄牙	81. 95	83. 63	74. 24	71. 10	101. 60	89. 81	115. 85	98. 16	74. 27	71. 64	88. 98	84. 41
斯洛伐克	46. 48	51. 53	37. 30	35. 88	57. 72	56. 11	63. 25	63. 92	51. 48	47. 78	56. 07	54. 97
斯洛文尼亚	47. 15	44. 87	76. 52	72. 51	67. 03	67. 40	73. 52	76. 14	64. 42	63. 89	69. 23	68. 05
西班牙	94. 41	107. 49	67. 90	66. 10	73. 58	76. 06	88. 89	103. 60	64. 44	61. 70	77. 59	82. 21
瑞典	69. 95	59. 89	81. 52	78. 03	—	—	—	—	—	—	75. 48	68. 63
瑞士	84. 19	84. 40	57. 58	59. 85	—	—	—	—	—	—	70. 40	71. 77
土耳其	60. 03	63. 57	46. 55	49. 86	66. 90	61. 76	30. 54	45. 10	67. 78	62. 19	49. 40	51. 95
英国	116. 85	118. 68	59. 49	59. 32	123. 52	76. 09	131. 18	78. 86	63. 51	48. 00	102. 08	97. 90
美国	41. 93	40. 59	65. 19	63. 24	—	—	—	—	—	—	56. 23	55. 04
阿根廷	12. 35	12. 30	57. 53	63. 16	42. 54	46. 64	24. 15	22. 42	46. 26	41. 98	44. 73	49. 11
哥伦比亚	43. 19	51. 37	45. 22	41. 89	—	—	—	—	—	—	44. 18	46. 39
哥斯达黎加	—	—	46. 53	67. 44	49. 45	50. 55	46. 98	45. 03	49. 83	51. 33	49. 43	50. 73
萨尔瓦多	30. 40	31. 92	51. 98	54. 69	41. 58	45. 53	30. 32	44. 19	44. 65	48. 85	43. 74	46. 61
危地马拉	—	—	13. 60	4. 51	49. 41	49. 34	42. 03	38. 63	51. 34	52. 31	48. 02	47. 50
洪都拉斯	12. 41	—	0. 19	—	3. 56	—	4. 02	—	3. 36	—	3. 69	—
中国香港	—	—	44. 34	46. 31	—	—	—	—	—	—	6. 36	6. 08
印度尼西亚	66. 60	62. 58	40. 78	42. 83	—	—	—	—	—	—	58. 32	57. 88
拉脱维亚	68. 93	53. 17	53. 32	55. 06	—	—	—	—	—	—	56. 28	54. 67
马来西亚	59. 11	57. 36	46. 04	48. 15	55. 88	60. 62	58. 92	61. 35	46. 03	58. 36	53. 83	56. 15
尼加拉瓜	—	—	—	—	34. 41	31. 31	31. 40	34. 66	35. 04	30. 58	34. 41	31. 31
巴拿马	22. 44	—	—	—	25. 38	—	34. 46	—	19. 86	—	25. 29	—
秘鲁	47. 68	48. 34	52. 67	44. 00	39. 88	38. 22	40. 83	40. 64	39. 10	36. 05	45. 73	42. 76
俄国	—	16. 26	—	51. 29	—	53. 95	—	—	—	—	—	47. 52
新加坡	60. 58	63. 77	69. 72	46. 61	80. 67	66. 71	75. 89	65. 94	98. 71	69. 89	70. 70	60. 88
南非	85. 13	91. 44	56. 22	64. 17	74. 79	63. 98	73. 69	66. 83	76. 15	60. 41	78. 99	85. 90
乌拉圭	13. 51	26. 50	53. 78	48. 72	35. 81	33. 66	23. 53	22. 94	40. 46	38. 29	36. 24	34. 12
中国内地	25. 19	26. 31	55. 36	52. 59	—	—	—	—	—	—	36. 07	35. 66

资料来源：OECD Stats；中国内地数据根据中国保监会保费收入与赔付支出进行计算。

（二）承保技能

新型、复杂、特殊、大型风险对于承保技能要求较高，原保险公司通常把此类风险分保给再保险公司。因此，可以把接受（分入）再保险占毛保费比例作为保险企业承保技能的衡量指标。OECD 数据库提供了各国接收的再保险占总毛保费的比例，这一比例为衡量各国保险市场所分入的再保险的重要性提供了衡量标准。如表 1 – 6 所示，各国接收再保险比例相差较大，德国、美国、新加坡、瑞士等国家在接收再保险比例方面表现突出，与我们通常的感受非常一致。在这方面，中国内地接收再保险发展迅速，从 2012 年的 5% 左右迅速增长到 14%，主要原因在于中国内地对再保险业务的对外开放，英国劳合社（劳合社）、瑞士再保险公司（瑞再）、慕尼黑再保险公司（穆再）等国际再保险巨头进入中国，以中国分公司的形式接受了大量业务，推高了中国境内接收再保险的比例。

表 1 – 6　　各国家/地区接收再保险的比例　　（单位:%）

国家/地区	总计			寿险			非寿险		
	2012 年	2013 年	2014 年	2012 年	2013 年	2014 年	2012 年	2013 年	2014 年
澳大利亚	11.14	10.89	10.12	7.65	8.13	7.48	15.18	14.24	14.28
奥地利	—	12.05	9.58	—	0.24	0.23	—	18.16	14.72
比利时	2.70	3.23	3.53	0.22	0.36	0.37	7.26	7.14	7.63
加拿大	8.45	9.73	—	8.77	9.73	—	8.30	9.73	—
智利	0.46	0.52	0.59	0.04	0.05	0.09	1.25	1.45	1.55
捷克	1.87	1.80	1.62	0.00	0.00	0.00	3.52	3.32	2.95
丹麦	0.75	84.91	0.75	0.61	88.98	0.49	1.08	1.11	1.29
爱沙尼亚	—	—	—	—	—	—	—	—	—
芬兰	1.88	1.50	1.37	0.13	0.14	0.18	3.72	3.27	2.98
法国	10.69	10.07	10.50	9.07	8.04	8.91	13.34	13.44	13.33
德国	23.23	22.40	22.44	0.75	0.69	0.62	35.59	34.64	34.68
希腊	1.99	2.28	1.19	0.23	0.22	0.17	3.32	3.72	2.18
匈牙利	1.05	1.35	0.87	0.02	0.02	0.02	2.21	2.94	1.91
冰岛	2.33	2.32	2.46	0.00	0.00	0.00	2.51	2.53	2.68
爱尔兰	2.00	1.83	1.86	1.18	1.07	1.12	5.34	4.99	5.31
以色列	—	—	—	—	—	—	—	—	—
意大利	2.54	2.36	1.80	2.60	1.95	1.31	2.44	3.40	3.44
日本	9.93	7.37	5.52	9.93	7.37	5.52	—	—	—
韩国	4.86	5.17	4.99	1.14	1.10	1.11	10.22	11.08	10.08

续表

国家/地区	总计			寿险			非寿险		
	2012 年	2013 年	2014 年	2012 年	2013 年	2014 年	2012 年	2013 年	2014 年
卢森堡	1.30	0.95	1.20	1.30	1.01	1.27	1.31	0.31	0.24
墨西哥	1.79	1.71	1.78	0.51	0.55	0.68	2.88	2.69	2.75
荷兰	1.35	1.50	1.47	0.05	-0.02	0.03	2.53	2.87	2.78
新西兰	1.29	0.62	0.64	—	—	—	1.29	0.62	0.64
波兰	1.01	1.20	1.04	0.08	0.07	0.07	2.30	2.53	2.09
葡萄牙	4.05	3.46	3.34	0.03	0.00	0.01	11.00	11.73	12.33
斯洛伐克	0.99	0.94	1.41	0.00	0.00	0.00	2.15	2.11	3.08
斯洛文尼亚	12.28	11.31	11.29	—	—	—	15.77	14.58	14.64
西班牙	2.62	7.69	7.79	0.15	1.26	1.64	4.76	12.86	12.60
瑞典	7.94	6.26	6.54	2.26	0.16	0.10	14.60	12.91	13.46
瑞士	13.50	14.51	13.75	1.11	1.51	1.39	24.88	26.60	25.40
土耳其	2.89	2.67	4.97	1.60	2.14	1.55	3.13	2.77	5.44
英国	8.11	9.72	9.94	7.10	9.29	8.96	11.23	10.87	12.65
美国	20.73	21.45	21.77	9.76	11.28	10.39	28.16	27.82	28.22
阿根廷	0.51	0.34	7.20	1.12	0.61	3.01	0.35	0.28	8.03
玻利维亚	0.58	—	—	0.41	—	—	0.62	—	—
巴西	—	—	0.02	—	—	0.00	—	—	0.05
哥伦比亚	1.06	1.26	1.87	0.09	0.04	0.09	1.91	2.53	3.48
哥斯达黎加	0.21	0.32	0.26	0.07	0.01	0.00	0.23	0.36	0.29
危地马拉	2.90	2.73	2.68	2.06	0.99	1.57	3.11	3.16	2.97
中国香港	4.86	4.70	4.82	1.01	1.13	1.60	26.24	26.04	26.12
印度尼西亚	4.23	4.88	2.48	0.00	0.00	—	14.37	15.20	7.34
拉脱维亚	1.41	0.03	0.03	0.00	0.00	0.00	1.71	0.04	0.04
马来西亚	7.15	7.39	7.50	1.16	1.33	1.41	16.38	16.50	16.73
尼加拉瓜	—	0.00	—	—	0.00	—	—	0.00	—
巴拿马	6.70	6.16	—	5.09	5.49	—	7.70	6.60	—
巴拉圭	2.04	1.46	—	—	0.81	—	2.20	1.55	—
秘鲁	1.42	1.05	0.70	1.56	1.16	0.61	1.30	0.95	0.79
俄国	—	—	3.48	—	—	0.00	—	—	4.98
新加坡	20.61	19.64	19.17	11.76	10.89	10.84	37.59	38.12	37.26
南非	—	2.30	2.26	—	0.00	0.00	—	10.78	11.56
中国内地	5.71	6.91	14.53	—	—	—	—	—	—

资料来源：OECD（2014）；中国内地数据根据中国保监会保费收入与赔付支出进行计算。

（三）承保效率

保险业从业人员人均保费是一种保险行业的劳动生产率衡量指标，可以反映保险业的产出效率。我们从 OECD 数据库中取得各国保险行业（不含保险中介等附属行业）保费和从业人数数据，计算出各国劳均保费（如表 1-7 所示），美国、英国、意大利、德国等国家的保险劳均产出要远高于其他国家，这与我们对各国保险行业经营效率的直观感受也比较一致。相比之下，中国的劳均保费水平远低于其他国家，这说明中国保险行业的生产率仍处于较低水平。

表 1-7　　各国劳均保费比较　　（单位：美元）

国家	2008 年	2009 年	2010 年	2011 年	2012 年	2013 年	2014 年
澳大利亚	—	—	—	955.71	908.60	910.58	—
奥地利	916.68	—	—	—	—	877.57	862.99
比利时	1 649.67	1 528.09	1 518.24	1 588.69	1 632.43	1 464.98	1 501.78
加拿大	1 104.77	736.81	810.38	859.10	951.20	965.01	—
捷克共和国	504.34	515.51	546.00	594.91	518.80	544.87	547.83
丹麦	1 547.59	—	—	1 695.94	1 724.16	11 285.87	1 764.61
芬兰	954.63	986.47	1 209.91	1 065.47	984.88	1 418.98	1 567.39
法国	1 653.52	1 662.93	1 659.41	1 578.05	1 429.57	1 522.77	—
德国	1 515.03	1 252.80	1 254.26	1 351.55	1 602.48	1 774.24	—
希腊	883.54	872.36	932.69	914.98	849.21	770.05	730.93
匈牙利	424.76	279.52	290.76	325.56	316.06	334.91	314.34
爱尔兰	3 931.04	2 139.85	2 125.80	2 105.86	2 406.25	2 194.21	2 525.71
意大利	3 317.44	3 666.97	3 763.75	3 524.02	3 107.67	3 628.04	—
韩国	384.01	368.28	443.65	498.14	587.18	638.38	730.01
卢森堡	5 176.98	7 266.78	8 437.19	5 836.76	7 525.04	7 165.71	8 259.49
荷兰	1 006.51	946.06	717.80	901.44	814.11	824.48	809.01
新西兰	—	—	—	—	—	523.92	396.84
挪威	2 195.61	844.26	1 870.73	2 163.10	2 575.96	2 552.89	—
波兰	411.92	215.71	251.65	272.51	265.27	223.29	198.11
葡萄牙	2 164.37	1 848.60	1 946.70	1 439.54	1 254.23	1 656.89	—
斯洛伐克共和国	405.26	399.09	400.80	411.38	408.91	449.38	452.66
西班牙	1 570.73	1 494.20	1 345.92	1 519.17	1 299.66	1 377.51	—

续表

国家	2008 年	2009 年	2010 年	2011 年	2012 年	2013 年	2014 年
瑞典	1 256.25	1 061.21	1 068.45	1 170.06	987.64	1 088.27	—
瑞士	1 461.98	1 393.11	—	—	—	—	—
英国	3 147.44	2 569.07	2 679.26	2 708.30	2 997.59	2 839.38	3 063.35
美国	800.28	833.13	843.23	892.65	935.50	867.72	911.29
中国	238.48	314.21	354.86	423.22	462.76	444.20	526.35

资料来源：OECD Stats；中国保费收入数据根据中国保监会统计的保费收入按照 WDI 的官方汇率进行折算，保险行业从业人数按照中国保监会统计，不含保险经纪等附属行业人数。

三、经济贡献

（一）就业贡献

就业贡献是行业发展的一个重要指标，也是各种研究中衡量某一行业对整个经济贡献的重要指标。我们选择保险行业从业人数占全部劳动力比例作为各国保险行业的就业贡献指标。OECD 提供了各国根据第四版国际产业分类标准（ISIC rev4）进行统计的各行业就业人数，我们可以计算出保险行业（V65：Insurance, reinsurance and pension funding, except compulsory S. S.；不含保险经济等附属行业）占总就业人数的比例（见表 1－8）。可以看出，美国、韩国、瑞士、爱尔兰等国保险行业对就业有较大的贡献，与我们一般感受比较一致，而中国的保险行业从业人数占比远低于这些发达国家，这说明中国保险行业仍有较大发展潜力。

表 1－8　　各国保险行业从业人数占全部劳动力比例　　（单位：%）

国家	2008 年	2009 年	2010 年	2011 年	2012 年	2013 年	2014 年
澳大利亚	—	—	—	0.782	0.8266	0.8313	—
奥地利	0.7009	0.7022	0.6933	0.6827	0.6792	0.6753	0.6806
比利时	0.5816	0.5826	0.5767	0.5667	0.5646	0.5647	0.5605
加拿大	0.5925	0.6007	0.6091	0.6198	0.5721	0.5657	—
中国	0.0781	0.0684	0.0795	0.0686	0.0691	0.0813	0.1117
捷克	0.312	0.2873	0.2961	0.2925	0.2992	0.289	0.2718
丹麦	0.7216	0.7439	0.7252	0.7257	0.6934	0.7291	0.7595
爱沙尼亚	0.2803	0.4509	0.3649	0.274	0.3707	0.3828	0.2642
芬兰	0.3707	0.3838	0.3865	0.3777	0.3744	0.3651	0.3605

续表

国家	2008年	2009年	2010年	2011年	2012年	2013年	2014年
法国	0.6184	0.6738	0.6655	0.6751	0.6655	0.6655	—
德国	0.4871	0.4818	0.4681	0.4546	0.4494	0.4442	—
希腊	0.181	0.1713	0.1583	0.1718	0.1659	0.1773	0.1743
匈牙利	0.2937	0.3643	0.3486	0.3113	0.2669	0.2645	0.2693
爱尔兰	1.0371	1.1112	1.1311	1.1438	1.0309	1.0969	1.0856
以色列	—	—	—	—	—	—	—
意大利	0.1704	0.1825	0.1821	0.1791	0.1797	0.1825	—
日本	—	—	—	—	—	—	—
韩国	1.693	1.6007	1.5438	1.5306	1.4962	1.3822	1.2876
卢森堡	0.8768	0.8991	0.9047	0.8869	0.8828	0.8929	0.8847
荷兰	0.7965	0.8033	0.8316	0.7341	0.713	0.7082	0.6866
新西兰	—	—	—	—	—	0.4311	0.5809
挪威	0.4203	0.4223	0.4245	0.4183	0.3726	0.3686	—
波兰	0.3801	0.4839	0.4645	0.458	0.4691	0.5303	0.5588
葡萄牙	0.2044	0.216	0.2219	0.2272	0.2361	0.2305	—
斯洛伐克	0.3285	0.3284	0.3234	0.3297	0.3069	0.3002	0.2964
斯洛文尼亚	0.6355	0.6623	0.6704	0.6712	0.685	0.6827	0.6756
西班牙	0.2725	0.2852	0.2887	0.2972	0.3059	0.3146	—
瑞典	0.5476	0.5387	0.5336	0.5224	0.5403	0.5351	—
瑞士	0.8576	0.9003	1.0308	1.014	1.0074	1.011	0.9984
英国	0.486	0.4579	0.415	0.4268	0.4153	0.399	0.3888
美国	1.7258	1.7133	1.7074	1.6978	1.6836	1.8052	1.7965
拉脱维亚	0.3234	0.3473	0.3236	0.2998	0.2893	0.2562	—

资料来源：根据 OECD 数据库计算；产业划分标准依据 ISIC rev4，其中保险行业为 V65：Insurance，reinsurance and pension funding，except compulsory S. S.；中国数据来自中国保监会统计数据。

（二）增加值贡献

我们从 OECD 数据库中导出各国根据第四版国际产业分类标准进行统计的各行业增加值，计算出保险行业（不含保险经纪等附属行业）的增加值占 GDP 的比例（见表 1－9）。可见，瑞士、美国、英国、爱尔兰等国保险行业对经济增长的促进作用是最大的，这也与我们的感觉基本一致，但包括中国在内的许多国家，保险业增加值贡献都较低，这一指标表明，保险行业发展体现出向部分国家集聚的特征。

表 1－9　**各国保险业增加值占 GDP 的比例**　（单位：%）

国家	2010 年	2011 年	2012 年	2013 年	2014 年
澳大利亚	—	—	—	1.14	—
奥地利	0.91	0.90	0.98	0.99	1.01
比利时	1.19	1.46	1.45	1.15	—
中国	—	—	0.45	—	—
捷克	0.85	0.77	0.65	0.80	0.67
丹麦	0.95	0.97	0.92	0.97	1.03
爱沙尼亚	0.49	0.29	0.41	0.47	0.45
芬兰	0.73	0.82	0.81	0.78	0.90
法国	0.65	0.71	0.57	0.72	—
德国	0.94	0.92	1.00	1.00	—
希腊	0.54	0.60	0.57	0.54	0.55
匈牙利	0.54	0.58	0.47	0.49	0.30
冰岛	1.14	1.07	1.06	0.97	0.86
爱尔兰	2.42	1.67	2.08	1.66	2.15
意大利	0.35	0.45	0.57	0.61	—
日本	—	—	—	—	—
韩国	1.16	1.20	1.39	1.30	—
卢森堡	2.19	2.18	2.30	2.19	2.18
墨西哥	0.29	0.33	0.35	0.36	0.35
荷兰	1.66	1.79	2.03	1.55	1.33
新西兰	—	—	—	—	—
挪威	0.81	0.82	1.01	0.87	—
波兰	0.50	0.66	0.53	0.70	0.62
葡萄牙	1.42	1.68	1.41	1.27	—
斯洛伐克	0.48	0.61	0.31	0.45	0.44
斯洛文尼亚	1.30	1.46	1.54	1.51	1.14
西班牙	0.78	0.84	0.93	0.80	—
瑞典	1.00	1.11	1.08	1.06	—
瑞士	4.26	4.53	4.65	4.61	4.20
英国	1.45	1.55	1.82	2.32	2.52
美国	2.61	2.60	2.69	2.65	2.75
巴西	—	—	—	—	—
拉脱维亚	0.57	0.16	0.40	0.33	—

资料来源：OECD Stats；中国数据来自国家统计局公布的 2012 年投入产出表。

（三）出口贡献

我们选择各国保险业出口占服务出口的比例，既反映了保险业的出口贡献，也反映了保险业对于一国经济从制造业出口向服务业出口转型的贡献度。我们从联合国贸发促进会（UNCTAD）获得了各国保险行业出口占服务出口的比例（见表1－10），英国、瑞士、爱尔兰等国的出口率较高，也与我们对各国保险行业的国际竞争力认识比较一致。相比之下，中国的保险业出口仍然远低于许多发达国家，比例不到2%。

表1－10　各国家/地区保险业出口占服务出口的比例　（单位：%）

国家	2005年	2006年	2007年	2008年	2009年	2010年	2011年	2012年	2013年	2014年
阿根廷	—	—	—	0.10	0.10	0.12	0.27	0.35	0.88	0.96
澳大利亚	0.88	0.69	0.68	0.76	0.61	0.66	0.81	0.88	0.92	0.90
奥地利	—	1.67	2.49	2.12	2.30	2.31	1.69	2.09	1.80	1.39
比利时	—	—	—	1.86	1.85	1.69	1.77	1.64	1.62	1.42
玻利维亚	5.38	5.81	5.92	6.52	7.87	8.02	6.96	8.63	8.86	9.69
巴西	0.87	1.75	2.27	2.72	1.34	1.32	1.32	1.36	1.21	1.66
加拿大	1.27	1.36	1.50	1.51	1.90	2.53	2.58	2.09	2.09	1.87
智利	2.28	2.41	2.49	2.17	2.68	2.56	2.56	2.83	2.58	—
中国内地	0.62	0.49	0.61	0.83	1.11	1.01	1.63	1.54	1.92	1.96
中国香港	1.08	0.84	1.08	0.86	0.96	1.07	0.93	0.95	0.97	1.09
哥伦比亚	—	—	—	—	—	0.00	—	0.01	0.09	0.03
哥斯达黎加	—	—	—	—	—	—	—	0.01	0.01	—
捷克	0.49	0.49	0.52	0.64	0.68	1.07	1.15	1.28	1.09	1.12
丹麦	0.54	0.44	0.40	0.38	0.47	0.33	0.33	0.37	0.42	0.39
萨尔瓦多	2.19	2.29	2.38	2.96	4.41	1.95	1.72	2.62	3.09	1.74
爱沙尼亚	0.08	0.11	0.14	0.11	0.09	0.10	0.07	0.16	0.06	0.06
芬兰	—	—	—	0.52	0.58	0.38	0.16	0.50	0.68	—
法国	—	—	—	1.53	2.21	2.40	3.75	2.35	3.14	2.56
德国	2.15	4.13	3.77	3.28	4.72	3.28	2.36	2.38	2.53	3.59
希腊	—	—	—	—	1.17	1.09	1.42	1.53	1.52	1.45
危地马拉	1.06	1.21	1.20	—	0.11	0.79	0.15	－0.15	0.27	0.12
匈牙利	0.06	0.11	0.13	0.14	0.10	0.16	0.15	0.15	0.17	0.12
冰岛	—	—	—	—	—	—	—	—	0.74	0.55

续表

国家	2005 年	2006 年	2007 年	2008 年	2009 年	2010 年	2011 年	2012 年	2013 年	2014 年
印度	1.80	1.60	1.74	1.47	1.63	1.52	1.87	1.55	1.44	1.46
印度尼西亚	0.11	0.28	0.15	0.13	0.16	0.13	0.11	0.10	0.11	0.11
爱尔兰	—	—	—	13.20	11.87	11.72	10.69	10.51	9.77	9.28
以色列	—	—	—	—	—	0.12	0.11	0.09	0.09	0.08
意大利	—	—	—	2.59	2.89	2.43	1.94	2.30	1.94	1.89
日本	0.85	1.44	1.11	0.67	0.72	0.97	1.21	-0.29	0.13	1.12
韩国	0.33	0.48	0.58	0.51	0.47	0.62	0.57	0.47	0.62	0.64
卢森堡	6.15	5.13	4.66	4.33	4.68	4.43	4.33	4.15	3.86	3.65
马来西亚	1.41	1.37	1.23	1.21	1.34	1.04	1.22	1.43	1.55	1.59
墨西哥	9.85	7.94	11.59	11.38	10.75	12.02	14.52	12.48	13.89	16.89
荷兰	—	—	—	—	—	—	—	—	—	—
新西兰	0.27	0.27	0.25	0.26	0.30	0.31	0.31	0.30	0.32	0.71
尼加拉瓜	0.53	0.65	0.56	0.49	0.55	0.46	0.34	0.39	0.38	0.40
挪威	1.23	0.88	0.64	0.55	0.56	0.51	0.61	0.28	0.62	0.61
巴拿马	0.99	1.10	1.12	1.70	1.74	1.91	1.72	1.66	1.48	1.36
巴拉圭	5.83	7.73	6.35	4.11	3.90	3.32	3.00	2.42	2.17	2.09
秘鲁	5.17	3.85	9.16	6.23	7.45	4.50	5.39	7.35	6.88	9.18
波兰	0.76	0.68	0.52	0.75	0.70	0.64	1.01	0.68	0.74	0.52
葡萄牙	0.68	0.58	0.59	0.59	0.65	0.56	0.52	0.54	0.45	0.45
新加坡	3.00	2.62	2.25	2.24	3.22	3.51	2.85	2.71	2.74	2.80
斯洛伐克	—	—	—	0.47	1.11	0.60	0.35	0.76	0.43	0.64
斯洛文尼亚	—	—	—	1.59	1.44	1.59	1.61	1.53	1.32	1.45
南非	1.05	1.16	1.44	1.79	1.69	1.69	1.84	1.68	1.56	1.43
西班牙	—	—	—	—	—	—	—	—	—	—
瑞典	—	2.02	1.73	1.75	1.66	1.48	1.39	1.30	1.25	1.26
瑞士	4.85	5.59	6.30	6.91	6.79	5.75	5.74	6.05	6.05	6.26
泰国	0.20	0.13	0.21	0.46	0.25	0.19	0.38	0.77	0.39	0.15
土耳其	1.16	2.00	2.14	2.03	1.89	1.98	2.02	1.98	2.12	2.30
英国	8.51	9.03	7.40	8.17	9.25	8.69	10.99	10.72	10.65	9.86
美国	2.03	2.27	2.22	2.52	2.84	2.56	2.41	2.52	2.34	2.32
乌拉圭	0.32	0.26	0.22	0.13	0.37	0.26	0.25	0.27	0.36	0.38

资料来源：联合国贸易促进会（UNCTAD）。

（四）社会治理贡献

社会发展的转型对国家治理体系提出了新的要求。以责任保险的发展为标志，现代保险服务业较深地参与了国家治理体系和治理能力现代化建设。"责任保险占 GDP 的比例"指标可用于反映保险服务业对于国家治理体系和治理能力现代化的贡献。我们将采用责任保险占 GDP 的比例作为保险行业对社会治理贡献的衡量指标。这是因为责任保险的发展往往意味着侵权法律制度的发展、社会政策对弱者的保护取向、中等收入群体的崛起、产权意识的觉醒以及消费者保护主义的兴起（Sigma，2005；Sigma，2014），责任保险的发达程度体现了保险业服务国家治理体系现代化的综合能力。我们从 OECD 数据库中导出各国责任保险占 GDP 的比例（见表 1－11），可以看出，在美国、英国、爱尔兰等保险业非常发达的国家，责任保险占 GDP 的比例都达到了较高水平，中国的责任保险水平则仍然处于低于 0.05% 的低水平。

表 1－11　各国责任保险占 GDP 比例　（单位：%）

国家	2005 年	2006 年	2007 年	2008 年	2009 年	2010 年	2011 年	2012 年	2013 年	2014 年
澳大利亚	0.44	0.40	0.37	0.37	0.37	—	0.32	0.33	0.33	0.34
奥地利	0.23	0.23	0.23	0.23	0.25	0.24	0.24	0.24	0.25	0.25
比利时	0.18	0.18	0.17	0.19	0.19	0.18	0.18	0.19	0.19	0.19
加拿大	0.34	0.35	0.28	0.27	0.28	0.27	0.27	0.27	0.26	—
智利	—	—	—	—	0.05	0.05	0.06	0.06	0.04	0.04
中国	0.02	0.03	0.02	0.03	0.03	0.03	0.03	0.03	0.04	0.04
捷克	0.28	0.28	0.27	0.28	0.29	0.30	0.30	0.30	0.31	0.30
丹麦	0.09	0.09	0.12	0.12	0.10	0.09	0.10	0.11	0.11	0.12
爱沙尼亚	—	—	—	—	0.03	0.05	0.05	0.03	0.08	0.08
芬兰	0.10	0.09	0.10	0.09	0.09	0.09	0.10	0.10	0.12	0.19
法国	0.23	0.24	0.24	0.25	0.25	0.23	0.23	0.22	0.21	0.21
德国	0.33	0.32	0.31	0.30	0.32	0.29	0.29	0.29	0.30	0.30
希腊	0.03	—	0.03	0.03	—	—	—	—	0.04	0.04
匈牙利	0.07	0.07	0.06	0.06	0.06	0.06	0.06	0.06	0.06	0.06
冰岛	0.18	0.21	—	0.15	0.15	0.15	0.16	0.17	0.14	0.13
爱尔兰	1.04	0.82	0.75	0.72	0.67	0.67	0.62	0.66	0.63	0.69
以色列	—	—	—	0.28	0.29	0.27	0.25	0.25	0.24	0.25
意大利	0.21	0.21	0.20	0.20	0.21	0.18	0.18	0.18	0.18	0.17

续表

国家	2005 年	2006 年	2007 年	2008 年	2009 年	2010 年	2011 年	2012 年	2013 年	2014 年
日本	0.09	0.09	0.09	0.10	0.10	0.10	0.11	0.10	0.12	0.12
韩国	0.05	—	—	—	0.04	0.04	0.04	0.04	0.04	0.04
卢森堡	0.29	0.26	0.24	0.25	0.27	0.26	0.25	0.25	0.23	0.19
墨西哥	0.04	0.04	0.04	0.03	0.04	0.04	0.04	0.04	0.04	—
荷兰	—	—	0.19	0.20	0.18	0.18	0.16	0.16	0.16	0.15
挪威	0.08	0.06	0.05	0.04	0.02	0.02	0.02	0.06	—	0.05
波兰	0.08	0.08	0.08	0.08	0.08	0.09	0.09	0.11	0.11	0.11
葡萄牙	0.05	0.05	0.05	0.05	0.05	0.05	0.05	0.05	0.05	0.05
斯洛伐克	0.07	0.09	0.08	0.09	0.08	0.10	0.09	0.09	0.10	0.10
斯洛文尼亚	—	—	0.12	0.13	0.13	0.13	0.13	0.15	0.15	0.15
西班牙	0.18	0.18	0.18	0.16	0.15	0.11	0.11	0.10	0.09	0.08
瑞典	0.16	0.12	0.13	0.15	0.12	0.10	0.11	0.10	0.10	0.10
瑞士	0.37	0.37	0.33	0.31	0.33	0.32	0.31	0.31	0.31	0.30
土耳其	0.02	0.02	0.02	—	—	—	—	0.03	0.03	0.04
英国	0.77	0.51	0.47	0.52	0.48	0.47	0.45	0.46	0.52	0.50
美国	0.81	0.79	0.74	0.68	0.65	0.62	0.61	0.62	0.63	0.64

资料来源：OECD Stats.

注：这里的责任保险是指除机动车责任保险、航空器责任保险和船舶责任保险之外的其他所有责任保险。

第四节　无量纲化与评价结果

一、各指标的无量纲化

根据上述分析，我们建立了一个较为完整的指标体系，包括了许多重要的变量。接下来的问题是由于各个变量单位、规格不统一，为了采用主成分分析等方法实现综合评价，我们需要通过无量纲化方法将各指标转换为统一度量的指标。

（一）线性无量纲化方法

对于大多数最大化指标，即取值越大越好的统计指标，我们根据通常的无量纲化方法，采用如下极值处理公式，将全部数据转换成0—100的标准分值，以消除不同的单位和方向对得分的影响。

$$x_{ij}^{*} = \frac{x_{ij} - \min X}{\max X - \min X} \cdot 100 \tag{1.2}$$

（二）对数线性无量纲化

虽然郭亚军（2007）等的研究多认为分析应尽量采用线性无量纲化方法，但我们的数据特点并不服从线性分布，呈现出指数分布的特征，如保险深度指标。在通常的分析中，我们必须将其取对数，才能得到适合分析的数据。因此，我们采取最为简单的对数功效系数法对有关变量进行无量纲化处理，即将数据进行对数化处理后再进行线性无量纲化操作（苏为华，1993）。

（三）区间型指标无量纲化方法

对于指标体系中的一些区间型指标，即某些指标存在一个合理区间，则根据郭亚军（2007）提出的方法，采用如下方程进行无量纲化：

$$x^{*} = \begin{cases} 1 - \dfrac{q_1 - x}{\max\{q_2 - m,\ M - q_2\}}, & 若\ x < q_1 \\ 1, & 若\ x \in [q_1,\ q_2] \\ 1 - \dfrac{x - q_2}{\max\{q_2 - m,\ M - q_2\}}, & 若\ x > q_2 \end{cases} \tag{1.3}$$

（四）保险强国评价体系各指标的无量纲化方法

根据我们的评估目标，我们需要选择最能体现保险行业发展实力的指标来构建评价体系，因此对于任意指标而言，我们只能选择最有代表性的变量作为衡量标准。因此，我们需要对上一节列举的大量变量进行取舍，每一个指标只留下一个代表性的变量。我们甄选的标准是参照国内外有关研究文献与报告，如保险发展的总体水平只留下保险密度而放弃保险深度指标，这是因为保险密度比保险深度更能反映保险行业的发展水平。在研究中，我们尽量选用近3年的平均数据，在近3年平均数不可得的情况下，我们将选择最近可获得的数据进行分析。同时，在某些特殊情况下，为了确保分析数据的平稳性，个别国家的个别年份出现的较大程度的偏离将被剔除，以避免极端值的影响。

根据上述甄选标准和无量纲化方法，可将本评估体系所选择的变量、类型及所采用的无量纲化方法列示如表1－12所示：

表 1 – 12　　保险强国评价指标体系各变量及无量纲化方法

一级指标	二级指标	选择变量	变量名	变量类型	无量纲化方法
总体水平	保险密度	全行业保险密度	V1	极大型指标	对数功效系数法
	保险资产	保险总资产占 GDP 比例	V2	极大型指标	对数功效系数法
	潜力发挥	潜在保障水平达成度	V3	偏离型指标	直接使用
发展质量	诚信度	平均赔付率	V4	合理区间型	直接使用
	承保技能	接收（分入）再保险比例	V5	极大型指标	对数功效系数法
	承保效率	劳均保费	V6	极大型指标	—
经济贡献	就业贡献	保险行业从业人数占总人口比例	V7	极大型指标	对数功效系数法
	增加值贡献	保险业增加值占 GDP 比例	V8	极大型指标	对数功效系数法
	出口贡献	保险出口占服务业出口比例	V9	极大型指标	对数功效系数法
	社会治理贡献	责任保险占 GDP 比例	V10	极大型指标	对数功效系数法

通过上述无量纲化，我们将所有数据都转换成了 0—100 之间、均值在 60—80 之间的数据矩阵。

二、发展水平的决定因素

（一）主成分分析

我们采用 SPSS 进行主成分分析，将 10 个变量进行因子分析降低维度发现，共有 4 个因子，最后通过因子和方差贡献率的计算，折算出综合得分模型的系数，最终结果将这些模型系数标准化为取值为 0—1 之间且总和为 1 的数值，即指标权重。

（二）保险强国评价体系的权重

主成分分析结果如表 1 – 13 所示：

表 1 – 13　　保险强国评价体系及其权重

变量名	选择变量	权重（%）
V1	全行业保险密度	11.45
V2	保险总资产占 GDP 比例	14.16
V3	潜在保障水平达成度	15.76
V4	平均赔付率	11.26
V5	分入再保险占毛保费比例	4.99
V6	劳均保费	10.87

续表

变量名	选择变量	权重（%）
V7	保险行业从业人数占总人口比例	5. 17
V8	保险业增加值占 GDP 比例	10. 14
V9	保险出口占总出口比例	7. 66
V10	责任保险占 GDP 比例（责任保险是对复杂风险的转移）	8. 54
	合计	100. 00

三、保险强国评价结果

在上述评价体系的基础上，我们就能根据各指标得分和权重计算出世界各国的综合评价得分，其结果如表 1－14 所示：

表 1－14　　世界保险强国各指标及综合评价得分

国家	V1	V2	V3	V4	V5	V6	V7	V8	V9	V10	得分	排名
瑞士	83	95	99	100	94	92	81	100	88	81	92	1
英国	79	96	100	100	89	80	89	72	96	93	91	2
爱尔兰	86	100	100	91	69	93	87	67	95	100	90	3
美国	80	77	95	100	99	100	76	80	74	98	87	4
德国	75	86	96	100	100	82	83	41	75	81	82	5
丹麦	81	98	99	96	58	88	95	40	49	61	80	6
比利时	75	90	100	80	76	85	82	51	69	71	80	7
法国	77	98	100	77	90	87	82	24	78	73	80	8
荷兰	74	90	94	97	66	88	75	60	59	66	79	9
意大利	75	72	97	100	72	70	91	20	71	69	76	10
芬兰	73	69	93	100	67	79	80	34	56	71	74	11
西班牙	69	68	95	100	84	77	81	35	68	52	74	12
葡萄牙	70	73	100	94	77	73	81	53	50	40	74	13
澳大利亚	76	67	86	100	91	90	39	46	60	84	73	14
韩国	76	84	100	62	81	97	72	53	55	37	73	15
奥地利	73	71	85	63	86	87	76	41	70	77	72	16
挪威	79	75	72	100	40	79	88	39	55	42	69	17
捷克	62	47	87	100	69	76	70	27	63	81	68	18
中国	51	47	100	98	89	60	69	9	71	35	64	19
波兰	58	43	89	94	63	84	61	22	57	59	63	20
匈牙利	56	39	81	100	63	75	65	7	36	46	57	21
希腊	58	37	69	54	69	69	75	18	68	34	54	22

表1－14的综合评分结果表明，瑞士、英国、爱尔兰、美国和德国的综合评分居于世界前五名，可以将这五个国家视为典型的保险强国。一个亟待解释的问题是：为何美国保险业名落三甲。

需要说明的是，本报告仍然是一个初步的结果。首先，由于数据缺失，很多OECD国家的数据很难整理完备，比如日本由于缺乏保险行业增加值和劳动就业的统计数据，最后三个统计指标缺失，因而难以进行评分，只能用中国与一部分OECD国家进行比较。其次，我们采取的是对数方法进行无量纲化，较高水平之上的差距被压缩，因此中国的近70分与美国、英国的88分之间的差距，实际上仍是较大的差距。最后，由于数据统计口径的差异与数据的可得性问题，许多与保险强国内涵非常相关的指标难以获得一致的国际可比数据，还有一些数据可能存在一定程度上的口径不一致问题，这都可能对我们的分析结论有一定的影响。在未来的研究中我们期待能够尽量弥补缺陷，构建更高质量的评估体系。但是，即便如此，上述评分结果对于中国建设保险强国依然具有借鉴意义。

第五节　评价结果解读及启示

一、为何美国保险业名落三甲

从评分结果看，导致美国保险业国际排位名落三甲的主要原因是美国保险服务的出口贡献较低，也就是美国保险服务的可贸易性较低。进一步细究原因，有以下两个方面（裴光，2016）：

（一）体制性问题：封闭的州监管体系

百年来，美国是由各州政府主要负责保险监管，州保险监管体制存在着对保单费率和条款的严格管制，很多州采取保单费率事先报批的法规，也有一些州的监管部门开发了标准化的保单条款。保单费率和条款分别代表着交易价格和交易标的，严格管制虽然有利于保护消费者，但是也抑制了美国保险业的供给能力，尤其是在与新型、复杂、特殊和大型风险有关的险种领域，严格的管制导致把上述险种的创新和市场主导权拱手让给了海外的保险交易市场，例如伦敦劳合社市场和百慕大市场。伦敦劳合社之所以在美国获得成功并建立了"世界保险人"的商誉，部分是由于美国市场不能提供美国居民和外国居民所需要的新型、复杂、特殊和大型风险保障。

（二）纽约建设国际保险中心以失败告终[①]

20世纪70年代中期，美国财产险市场爆发承保能力危机。为了应对危机，美国纽约州采取了放松管制的监管改革，举措有二：一是纽约州1978年设立"保险自由贸易区"，二是1979年通过纽约保险交易所立法。

"保险自由贸易区"（见《纽约州保险法》第63条，保险条例86）允许纽约州持牌照的保险商不受费率和条款的约束，承保大型或难以安排的商业风险。

设立纽约保险交易所主要是为了提高纽约保险市场的承保能力，吸引原本流向英国劳合社的美国居民保费和海外保费。纽约保险交易所1980年3月31日开业，于1987年11月23日停止新保单签发和续保业务，以失败告终。此后，纽约州财产险业和再保险业的出口业务（包括进口替代业务）再也没有恢复元气，纽约保险业和美国其他各州保险业一样只能以本州居民业务为主。

纽约保险交易所的倒闭标志着纽约州建设"保险自由贸易区"，进而建设国际保险中心的努力以失败告终，个中原因复杂，至少包括以下三个方面：第一，没有建立比较优势，没有实现错位发展。进入20世纪70年代，美国已经属于英国劳合社的核心市场和成熟市场，纽约保险交易所的目标客户属于英国劳合社同一客户群。纽约保险交易所的保险机构作为劳合社后起的竞争对手，没有任何比较优势，只能进行价格竞争，在"红海"里"血拼"。第二，保险交易所扮演的市场推进者和自律监管者两个角色之间的界限模糊。第三，交易所设备处理信息的积压滞后阻碍了交易所对偿付能力信息的有效管控。

二、综合评分结果对中国建设保险强国的启示

从表1-14的综合评分结果来看，中国保险行业发展水平仍有待提高，在22个国家的保险行业排名中居第19位，仅高于波兰、匈牙利等东欧国家，不仅低于同属东亚的韩国，更远低于世界保险强国。

从单项得分来看，中国保险行业近年来取得了重要进步，但离保险强国对行业的要求还有较大差距。

中国保险行业的潜在保险水平达成度、赔付率、分入再保险等指标表现较好，体现了中国保险行业近年来取得的进步。首先，潜在保障水平达成度为

---

① 本节原始资料主要参考：Peter H. Bickford.（2004），What Ever Happened to the New York Insurance Exchange（And Why Do We Care）? www.pbnylaw.com/articles/New York Insurance Exchange...2012-7-22.

100%，反映了与同等人均 GDP 水平的国家相比，中国保险深度和保险密度处于较高水平，行业总体规模已经充分发挥了现有的潜在水平。其次，与样本内的其他国家保险业相比，中国保险业赔付率指标处于中等偏上水平，表明保险监管部门近年来打击“销售误导、理赔难”等痼疾、推动行业诚信建设的努力取得了一定成效（项俊波，2016）。最后，与样本内的其他国家保险业相比，中国保险业分入再保险处于中等偏上水平，反映了行业承保技能取得的进步。中国再保险市场准入开放度较高，英国劳合社、瑞士再保险集团等世界主要的再保险机构都在华设立了法人分支机构，带动了行业整体承保技能的提高。

中国保险行业的劳均保费（劳动生产率）、增加值贡献和社会治理贡献等指标明显落后，在单项排名中，分别居于倒数第一、倒数第二和倒数第二位。劳均保费和增加值贡献这两个指标的水平较低，这表明行业发展主要依靠粗放式增长，某些保险公司仍然依靠设机构、铺摊子，通过高成本、高投入、高消耗谋求外延式扩张（项俊波，2016）。保险业的社会治理贡献水平较低，表明国家治理体系和治理能力现代化建设任重道远，保险业在完善社会治理体系中的作用有待引起立法机构、行政部门等有关方面的重视。

差距指明了中国保险强国建设的努力方向：一是加强专业化建设，提高劳动生产率；二是走集约化发展道路，提升保险业对 GDP 的贡献；三是积极参与社会治理体系创新，在国家治理体系和治理能力现代化建设中取得更大发展。

第二章 改革发展中的中国保险业："十二五"回顾与"十三五"展望

田 辉 朱俊生 朱鸿鸣

对于中国保险业而言，似乎还没有哪个发展阶段像刚刚过去的"十二五"时期与刚刚到来的"十三五"时期那样拥有如此承上启下的紧密联系：党的十八届三中、四中、五中全会精神和相关决议为保险业未来5年的发展指明了基本方向；2014年颁布的保险业"新国十条"作为国家层面的顶层设计勾勒了保险业在"十三五"期间的发展蓝图和行动纲领；"十二五"期间，中国保险业高举改革与发展的大旗，取得了一系列不凡的业绩，筑牢了保险大国的根基，在社会经济生活中扮演着越来越重要的角色，而"十三五"期间，保险业必将继续以改革与发展为关键词，肩负保险大国向保险强国跨越的重任，锐意进取、披荆斩棘，力争为实现2020年全面建成小康社会的目标做出自己独特的贡献。

第一节 "十二五"时期中国保险业发展绩效评估

刚刚过去的"十二五"（2011—2015年）是中国成为

全球第二大经济体之后的首个5年规划时期[①]。在这期间，中国面临的外部发展环境和内部发展动力产生了明显变化，经济步入新常态，全面改革不断深化推进，经济增长和结构转型均取得了显著成效，但同时经济下行压力增大、部分经济风险凸显等问题日益突出。“十二五”同样也是中国保险业发展历史上至关重要的5年，不仅保费规模的全球排名由第六位跃升至第三位，稳固奠定了保险大国的地位，而且在许多方面取得了历史性突破，行业地位和影响力大幅提高，然而，发展的同时也积累了一些不容忽视的问题和风险，需要在未来加以解决和应对。在“十三五”规划的开局之年，有必要在宏观社会经济背景下对“十二五”中国保险业的发展绩效进行全面评估，以期立足现实，总结经验，认清问题，更好地抓住机遇，迎接未来挑战。

一、“十二五”期间中国保险业取得的主要成就

（一）从各项增长指标看，保险业综合实力显著增强

1. 保费规模和保险资产快速壮大。从保费规模看，全国保险市场原保费收入从2010年的1.4万亿元增长到2015年的2.4万亿元，绝对值增长了1万亿元左右，平均增长率约13%，保费收入的全球占比由5%提高到7%，全球排名从第六位跃升为第三位。

从保险资产看，保险业总资产从2010年的5万亿元跃升到2015年的12万亿元，绝对值增长了2.5倍，几何平均增长率高达20%左右；由银行存款和投资资产构成的保险资金运用总额从2010年的4.6万亿元跃升为2015年的11.2万亿元，增长的绝对值和速度与保险资产类似。

与保险资产大幅增长相对应，保险业占整个金融体系的相对比重也有所提升。2010年，保险业总资产占银行业总资产的比重为5.3%，2015年这一指标超过了6.4%。

表2-1　2010年、2015年中国保险业综合实力指标

	2010年	2015年
原保险保费收入（亿元）	14 528	24 283
保费收入全球排名（位）	6	3
保险业总资产（亿元）	50 482	123 598
保险业资金运用总额（亿元）	46 047	111 796
保险业总资产占银行业总资产的比重	5.3%	6.4%

资料来源：中国保监会网站、中国银监会网站。

① 2010年中国名义GDP总量超过日本4 044亿美元，一跃成为全球第二大经济体。

2. 业务结构进一步优化。在人身险方面，"十二五"期间，人身险业务占据保险市场全部业务的2/3左右，影响举足轻重。人身险业务结构在过去几年间得到了明显优化，健康险规模由2010年的677亿元提高到2015年的2 410亿元，保持了远高于市场平均水平的增长速度，占整个人身险业务的比重由6.4%显著提升为14.8%（见表2－2和图2－1）；意外险规模由2010年的275亿元提高到2015年的636亿元，占整个人身险业务的比重由2.6%显著提升为3.9%；寿险业比重则由91.0%下降为81.3%，其中普通寿险占人身险业务的比重由9.8%跃升为41.2%。由此，2010年到2015年间人身险市场中保障型业务比重合计由18%跃升为接近60%。

表2－2　2010年、2015年中国人身保险业务结构　（单位:%）

	2010年	2015年
人身险业务占整个业务比重	73.2	67.1
寿险业务占人身险业务比重	91.0	81.3
普通寿险业务占人身险业务比重	9.0	41.2
健康险业务占人身险业务比重	6.4	14.8
意外险业务占人身险业务比重	2.6	3.9
小计：保障型业务比重	18.0	59.9

资料来源：中国保监会网站。

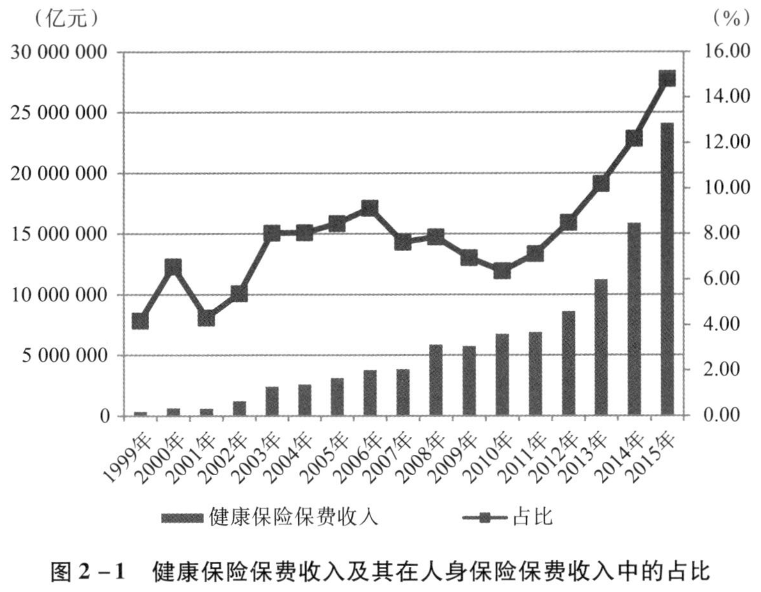

图2－1　健康保险保费收入及其在人身保险保费收入中的占比

相比人身险市场，"十二五"期间财产险市场业务结构并没有发生非常明显的变化，2010—2014年，车险在整个财产险业务中占据73%左右的比重，绝对主导地位并没有发生动摇。亮点在于与国计民生有更密切关系的农业险、责任险有快速发展（见表2-3）。

表2-3　2010—2014年全国非寿险保费收入结构　（单位：%）

险种	2010年	2011年	2012年	2013年	2014年
车险	74.6	73.3	72.4	72.8	73.1
企财险	6.7	6.9	6.5	5.8	5.1
货运险	2	2.1	1.8	1.6	1.3
意外险	2.1	2.2	2.3	2.3	2.3
责任险	2.9	3.1	3.3	3.3	3.4
其他	11.7	12.4	13.6	14.1	14.9

资料来源：转引自中国人民银行《2015年金融稳定报告》。

在资金运用方面，保险资金运用结构在"十二五"期间发生了很大变化。2011—2015年，银行存款占比由31.9%降为21.8%；债券市场投资有显著下降，股票和基金投资有所上升，另类投资则由"十二五"首年的8.9%跃升为"十二五"末年的28.7%（见表2-4）。保险资金运用结构的变化受到经济、金融、监管等环境变化的影响，背后有其深刻的演变逻辑，不过仅就银行存款占比显著下降而言，可以视为保险业资金运用结构得到了优化，因为这至少表明被动地依附银行渠道所管理的保险资金在相对缩小，而根据宏观经济和市场变化主动进行的保险投资活动日趋活跃。

表2-4　"十二五"规划期间保险资金运用结构　（单位：%）

年度	银行存款	各类债券	股票和证券投资基金	另类投资
2011	31.9	47.1	12.1	8.9
2012	33.6	44.7	11.8	9.9
2013	29.5	43.4	10.2	16.9
2014	27.1	38.2	11.1	23.7
2015	21.8	34.4	15.2	28.7

资料来源：中国保监会网站。

3. 盈利能力大幅提升。2010—2015年，保险业整体经营效益得到了显著改善，行业利润从837亿元增长到近2 824亿元，增加了约2.37倍。其中，承保利润和投资收益都有所提升，特别是投资收益，过去几年保持了不断增加的态势。

2015 年保险资金运用实现收益 7 803.6 亿元，同比增长 45.6%，平均投资收益率 7.56%，远远高于 2010 年的 4.84%（见图 2－2）。

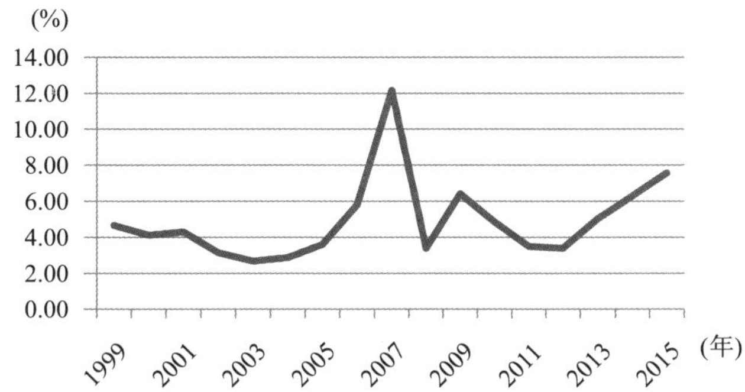

图 2－2 历年保险投资收益率

（二）从服务范围和能力看，保险业在社会经济生活中扮演的角色日益重要

"十二五"期间，保险业为全社会提供保险赔款与给付 3.1 万亿元，较好地发挥了经济补偿和社会风险管理作用。服务能力相比之前有显著扩大，在支持"三农"发展、建立更加均衡的多层次社保体系、服务公共管理、提供出口风险保障、支持国家重大投资项目建设等方面发挥了积极作用（见表 2－5）。

表 2－5 "十二五"期间保险业在一些重点领域的服务情况

重点领域	保险业发挥作用的方式	保险业发挥作用的情况
支持"三农"发展	农业保险	累计为 10.4 亿户次农户提供风险保障 6.5 万亿元，向 1.2 亿户次农户支付赔款 914 亿元；2015 年承保主要农作物 14.5 亿亩，占全国主要农作物播种面积的 59%、三大主粮作物平均覆盖率超过 70%
建设更加均衡的多层次社保体系——养老保险	商业性养老保险产品（年金产品）	一直保持较快发展速度，2014 年保费收入 2 822 亿元，有效保单 6 943.3 万件，覆盖 1 亿人次，保额达到 1.4 万亿元
	担任企业年金业务的基金管理人角色	保险资产管理公司、养老保险公司等承担了受托管理人、账户管理人和投资管理人等多种角色，是年金管理机构中活跃的参与者
	参与基本养老保险经办管理	截至 2014 年末，保险业承接了江苏宜兴市等地的新农保经办服务工作，共计服务 132 万人

续表

重点领域	保险业发挥作用的方式	保险业发挥作用的情况
建设更加均衡的多层次社保体系——医疗保险	商业健康保险	包括疾病险、医疗险、护理险和失能收入损失险四大类保险在内的商业健康保险一直保持快速发展，2015 年保费收入 2 410 亿元，占人身险收入的 14.8%，赔付支出为 763 亿元，占人身险支出的 17.0%
	承办城乡居民大病保险业务	2015 年末，覆盖全国 31 个省（自治区、市），覆盖人口 9.2 亿人，报销比例普遍提高了 10% ~ 15%，345 万名大病患者直接受益，有效缓解了“因病致贫、因病返贫”现象
	参与基本医疗保障管理	在全国 327 个县市参与经办新农合和城镇居民医保，服务人数达 8 547 万人，受托管理资金 80.3 亿元
服务公共管理	责任保险	涵盖公共管理各领域，2015 年保费收入 302 亿元，提供风险保障 91 万亿元
提供出口风险保障	出口信用保险	累计提供出口风险保障近 1.6 万亿美元，支持 7.3 万家出口企业获得融资额度 1.8 万亿元，有力促进了外向型经济发展
支持国家重大投资项目建设	保险资金运用	截至 2015 年底，保险业共发起债权、股权和项目资产支持计划 499 项，合计备案注册规模 1.3 万亿元，有力支持了京沪高铁、南水北调、中石油管道等一批有影响力的国家重点投资项目

“十二五”期间保险普及度持续提高。通常用保险深度（保费收入占 GDP 的比重）和保险密度（人均保费）来衡量保险在社会经济生活中的整体普及度。“十二五”规划末期，我国保险深度和保险密度分别为 3.59% 和 1 766.49 元/人（271.77 美元/人），相比 2010 年均有较大提高（见图 2 - 3）。在一些细分产品领域，投保率有显著上升。例如，我国交强险投保率从 2010 年的 79% 提升至 2015 年的 92%，购买保险已成为多数车主的必然选择。

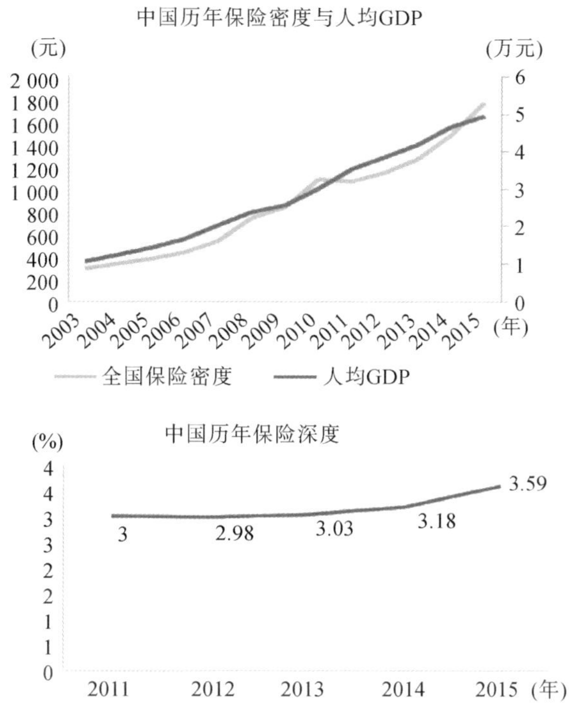

图 2－3　中国历年保险密度和保险深度

资料来源：李忠献，http：//xw. sinoins. com/2016－03/03/content_ 186564. htm.

二、"十二五"期间保险业大发展的主要经验总结

"十二五"期间，我国保险业无疑取得了不凡的业绩。在刚刚结束的 2015 年，保费收入增速高达 20%，创 7 年来新高，在经济整体下行压力增大的背景下，成绩无疑十分亮眼。这一业绩的取得当然不能归功于任何单一因素，而是多种综合因素共同作用的结果。

回顾过去 5 年来保险业发展的基本情况，可以总结出以下几条重要的发展经验。

（一）在全面金融改革框架内，坚定不移地促改革、谋发展

不断推进改革是过去几十年来中国经济取得骄人业绩的宝贵经验。这一经验同样适用于保险业。"十二五"期间，保险业进一步加快改革步伐，全面推进有利于行业发展的各项工作。"十二五"期间保险改革具有如下鲜明特点：

1. 全方位推进改革。保险业的改革措施体现在机构、产品、费率、监管等

各个领域，贯穿于准入、退出、定价、销售、理赔、投资等各个环节。表2－6总结了过去5年来保险改革取得的主要突破。不难发现，保险改革涉及面很广，是名副其实的全方位改革，为保险业创造"十二五"佳绩奠定了牢固基础。

表2－6　"十二五"期间主要的保险改革突破

项目	主要措施
市场准入	扶持创新性主体发展，允许自保、相互、互联网等新型主体进入市场
	对不同所有制的内资保险企业适用统一的审批标准
	在一定条件下允许单一股东持股比例由20%提高到51%
市场退出	制定出台了《保险公司收购合并管理办法》，支持引导市场化退出，优化市场配置
定价机制改革	人身险产品费率市场化改革和商业车险条款费率管理制度改革
保险资金运用体制改革	进一步拓宽保险资金运用领域和业务范围
	推动基础设施投资计划等产品发行注册制改革
保险监管改革	建设中国第二代偿付能力监管制度体系
	加强行为监管、公司治理监管等

2. 改革与发展同步进行。我国金融市场存在的很多问题，有些看似发展问题，有些则看似改革问题，似乎不能同日而语，但实际上，改革与发展密不可分，需要高度同步，没有发展作为目标，改革可能无的放矢，流于表面，没有改革在前面开路，发展也会缺乏动力，成效不显。"十二五"期间保险改革的一大鲜明特点是改革与发展高度融合。例如，普惠金融是金融行业面临的一个重要发展问题，不论从国家政策导向，还是建设小康社会的实际需要出发，金融体系都肩负着为"三农"和小微企业为代表的两大实体经济薄弱领域提供金融服务的重大发展任务。保险业也不例外。在"三农"领域，中国保监会一方面协同各相关部门加强农业保险顶层设计、大力推动价格保险等创新性产品试点（发展工作），另一方面则着手完善农业保险市场准入制度、推进条款标准化、格式化和规范化建设（改革工作），改革与发展同时进行。另一个例子是在汽车保险领域：一方面，业界积极将互联网和大数据技术引入经营环节，一些财产险公司已尝试推出所谓UBI模式，即"基于驾驶行为的保险"①，以便帮助保险公司精准定价，同时增加消费者福利（发展工作）；另一方面，这一创新只能在车险市场

① 在UBI下，客户只需在自己的车中安装一款装置，让保险公司可以了解汽车的行驶里程，以及司机驾驶习惯的安全程度。UBI通过分析车载设备采集到的驾驶行为数据和环境数据，在传统车险定价因子的基础上增加了一些非常关键的风险信息，从而使车险定价变得更加准确。

化定价机制下才能实现。由此，中国保监会在2015年适时启动了商业车险费率市场化试点，放开对车险定价的管制，为保险公司创造了引入UBI模式进行风险定价的空间（改革工作）。

3. 改革措施启动较早，因而进展相对较快。一个典型例子是，2015年7月，人民银行等十部门发布《关于促进互联网金融健康发展的指导意见》（以下简称《指导意见》），为我国互联网金融发展设计了整体框架。有了整体框架还不够，还需要相关监管部门的实施细则。中国保监会在《指导意见》发布后很快出台了相关管理细则——《互联网保险业务监管暂行办法》，以"规范互联网保险经营行为，保护保险消费者合法权益，促进互联网保险业务健康发展"。互联网保险管理细则的出台速度远远快于银行业（P2P）和证券业（众筹）。部分受这一较快出台的改革措施的推动影响，2015年全年互联网保险获得了长足发展。

（二）坚持市场化的改革取向

党的十八届三中全会确定了市场在资源配置中起决定性作用这一基本要求。"十二五"期间，保险改革贯彻了这一要求，甚至可以在一定程度上讲，保险改革始终围绕建立运转良好的保险市场体系而展开。一系列市场化改革赋予经营主体更多自主权，大幅提升了行业活力。主要的市场化改革包括：

1. 费率市场化。在人身险市场上，2013年以来，中国保监会按照"普通型、万能型、分红型"三步走的顺序推动费率市场化改革，内容包括取消原来2.5%的最低保证利率限制，预定利率在一定水平以下的产品无须中国保监会审批等；在财产险市场上，先后分两批推进18个地区的商业车险条款费率管理制度改革试点①，内容包括赋予保险公司确定自主核保系数的权利，扩大车险费率的浮动范围等。保险市场费率市场化改革体现了"放开前端、管住后端"的基本思路，取得了较为显著的成效。市场化定价程度的提高有利于激励保险公司创新产品和服务，不仅向市场提供质优价廉的保险产品，更好地满足客户需求，而且有助于产品结构的调整和优化。改革实施以来，不仅人身保险业保费收入实现了高速增长，行业效益极大提升②，而且业务结构有明显优化，保障性功能更强的普通型人身险保费收入占比大幅提高，而且主流产品价格降幅在20%左右，万能险、

---

① 经国务院同意，2015年6月商业车险改革试点在黑龙江、山东、广西、重庆、陕西、青岛6个地区全面落地，商业车险条款费率管理制度改革正式启动。2016年1月1日，第二批商业车险改革试点在天津、内蒙古、安徽等12个省、自治区、直辖市正式实施。

② 2013—2015年，人身保险业保费收入分别为1.38万亿元、1.67万亿元和2.38万亿元，增速分别为17.2%、20.4%和43.1%，行业总利润也实现了"三级跳"，2015年高达1 731亿元。

分红险产品的价格降幅也在15%左右，消费者从改革中普遍受益。在商业车险领域，从第一批商业车险改革试点结果看，保费收入平稳增长，投保率显著提升，财产险公司的经营绩效明显改善。与人身险市场类似，改革也使消费者获得了实惠。第一批车险改革试点地区的单均保费同比下降约9%，约77%的消费者保费同比有所下降。

2. 准入退出机制市场化。一是积极发展自保、相互、互联网等新型保险组织。例如，2013年我国内地第一家自保公司中石油专属财产保险公司开业；当年中国保监会还批准设立了金融业第一家纯网络业态的机构（众安保险）；2015年初，中国保监会颁布《相互保险组织监管试行办法》，使得相互保险获得了较为宽松的准入资质。二是对各类投资主体一视同仁，不同所有制的保险企业适用于统一的审批标准，鼓励民营企业投资保险业。近年来，中国保监会新批设的保险法人机构大部分主发起人为民营资本。三是完善市场化退出机制。2014年6月1日实施《保险公司收购合并管理办法》，大幅放松了保险公司并购行为中的几个关键禁止性或限制性规定，支持引导市场化退出，优化市场配置。

3. 保险资金运用市场化。一是进一步拓宽保险资金运用领域和业务范围，例如提高保险资金投资权益类资产的上限为30%，达到30%比例上限的，可进一步增持蓝筹股票10%，增持后权益类资产余额不高于上季度末总资产的40%；放开对创业板、VC/PE市场的投资限制等。二是推动基础设施投资计划等产品发行注册制改革。2013年，中国保监会推进包括基础设施投资计划、不动产投资计划、股权投资计划、资产支持计划、组合类资管产品五大类系列资管产品由核准制向注册制改革，大幅度提升了产品发行效率，扩大了保险资金的影响力及服务实体经济的能力。截至2015年底，保险业累计发起设立各类债权、股权和项目资产支持计划499项，合计备案（注册）规模1.34万亿元，两年多以来的注册规模已经是过去7年的4倍。此外，改革以来，保险资金资产错配问题得到一定缓解，投资收益水平持续提升，从2012年的3.39%提高到2015年的7.56%。

（三）对外在环境变化反应敏锐，能积极开展相关创新活动

保险业的发展对外在环境十分敏感，一系列经济、社会、技术、政策等外在因素都会对行业发展产生重大影响。"十二五"期间，保险业能够屡创佳绩的一个重要原因在于不论是业界还是监管机构都保持了对外在环境变化的灵敏反映，并落实在行动上，积极开展/容忍各类有益的创新，使得保险业与社会、经济、技术、政策等的最新进展保持同步，为行业在"十二五"期间的发展持续注入活力。

1. 技术环境变化与互联网保险。互联网及其技术更深层次的普及和应用使其逐渐成为社会经济生活中不可或缺的基础设施，对产业的影响也日益凸显。保险业当然也处于互联网辐射的范围内。与欧美保险业在电子商务的应用方面略显迟滞相比①，以 1997 年底首个消费者通过中国保险信息网签发投保意向书为标志而启动的中国互联网保险，似乎被中国保险界投入了更大的热情。2002 年的一份调查结果显示，当年国内已有 60% 的保险公司开通了自己的网站，其中有 20.8% 的保险公司已经实现了某些险种的网上销售②。其后，尽管公众投保意识缺乏、技术条件不成熟等原因导致互联网保险发展不尽如人意，但相关努力并未停滞。2011 年以来，借助《电子签名法》等法律法规的推动，同时也借助电子商务市场的强劲增长、消费者网上咨询和网上投保意识的提高等因素的推动，中国互联网保险出现了加速发展态势。保险公司加大了投入力度，在机构、产品、服务等方面的相关创新层出不穷，舆论和监管机构均给予了高度关注，中国保监会更是于 2015 年 7 月 27 日公布了金融行业首个互联网业务监管实施细则——《互联网保险业务监管暂行办法》，并于 2015 年 10 月 1 日起实施。互联网保险与 P2P、第三方电子支付等一起构成了中国互联网金融活动蓬勃发展的浪潮。根据中保协的数据，2015 年中国互联网保险保费收入 2 223 亿元，比 2011 年增长近 69 倍，互联网保险保费在总保费收入中的占比从 2011 年的 0.2% 上升到 2015 年的 9.2%。其中，财产险公司互联网业务保费收入 768.4 亿元，比 2011 年增长 34.4 倍，占财产险公司全部业务的 9.1%，上升 8.6 个百分点；人身险公司互联网业务保费收入 1 465.6 亿元，比 2011 增长 141 倍，占人身险公司全部业务的 9.2%，上升 9.1 个百分点。互联网保险的蓬勃发展反映了中国保险业希望借助互联网加快实现转型和突破的热望，也是整个业界及时应对技术环境变化、锐意开拓创新的结果。

2. 目标价格制度改革与农业价格保险。我国已经实行了逾 10 年的以最低收购价、临时收储政策为主要内容的价格支持政策近年来遭遇了越来越多的问题，包括农产品价格形成机制扭曲、国内外粮价倒挂、库存压力巨大、财政资金占用严重等，改革已经刻不容缓。在此背景下，2014 年以来，我国提出逐步建立农

---

① 在世纪之交的英美等发达保险市场上，尽管保险公司投入了很大的精力和资源建设信息系统，但对互联网对保险业的功效存在很多怀疑。Arora（2003）认为，与银行、证券经纪商等其他金融服务业相比，保险业在电子商务的应用方面略显迟滞。一个例证来自于德勤公司的调查结果显示，在电子商务异常火爆的 1999 年，只有 10% 的保险公司认为应该在互联网在线服务方面进行巨额投入。许多研究都评价欧美保险业，特别是寿险业在互联网应用上逊于其他行业。

② "互联网保险十年观"，http：//finance.sina.com.cn/money/insurance/bxfw/20131014/105216981901.shtml.

产品目标价格制度，这是“我国未来农业支持保护制度改革创新的一个重要方向和必然选择”①。农产品目标价格制度有三种实现形式，即农产品目标价格差价补贴制度、农产品目标价格贷款制度、农产品目标价格保险制度。由此可知，价格保险是我国农产品目标价格制度改革的有机组成部门。尽管直至2014年，中央政策层面才明确提出发展我国农产品价格保险的任务，但来自地方政府和保险市场的零星探索早已开始。例如，为稳定绿叶菜的淡季供应，2011年上海推出了“冬淡”和“夏淡”青菜成本价格保险产品；2012年北京市农委和安华农业保险公司首次推出生猪价格指数保险等。2013年以后，随着农业现代化进程的进一步推进以及农产品市场价格形成机制改革的启动，农产品价格保险发展提速。中国保监会积极协调财政、发改委、农业等部门，就实施地方特色优势农产品以奖代补政策、开展价格调节基金保费补贴试点、生猪大县奖励资金保费补贴试点等工作进行充分沟通，争取各方政策资金支持。相关保险公司积极开展各类产品创新，产品形式包括产值型、收入型、指数型等类别，承保对象从蔬菜、生猪、马铃薯、中药材等特色经济作物到玉米、水稻等主粮作物。2015年农产品价格保险试点扩展到26个省份，承保农作物增加到18种，参保农户达到63.96万户次，实现保费收入6.08亿元，较2014年翻了一番。农产品价格保险试点的稳步推进是我国农业保险市场进一步深化的集中体现，更是保险业在农业现代化建设进程中对我国目标价格制度改革的推进做出的宝贵探索和贡献。

3. 气候/环境变化与巨灾保险、环境污染责任保险。近年来，由于全球气候变暖、环境变坏等引发的灾害性天气、环境事件逐渐增多，造成了巨额财产和人身损失。如何在全球气候变化背景下积极应对频发的自然灾害和有效管理灾害风险，如何在环境污染不断加剧的背景下积极应对环境损害，以推动经济社会的可持续发展，是世界各国共同面临的重大挑战。我国同样面临重大自然灾害风险和环境污染风险。自党的十八届三中全会以来，党中央、国务院高度重视保险机制在应对这两大类风险方面的作用，着力推动巨灾保险制度建设和环境污染强制责任保险（环责险）建设。我国保险业勇担重任，积极探索，在巨灾保险和环责险发面都取得了可喜进展。例如，在巨灾保险方面，中国保监会、财政部会同其他相关部门，初步形成了我国巨灾保险制度顶层设计，推动地震巨灾保险制度实施方案的落地；鼓励有需求、有条件的地区先行先试，深圳、宁波、云南大理等地区已经相继开展了巨灾保险试点工作。2015年，宁波保监局组织行业采用

① 秦中春：“国外农产品目标价格制度的分析与借鉴”，《区域经济评论》2015年第3期，第41—51页。

"集中报案、抽样复查、统一标准、简化手续"的方式，做好巨灾理赔工作，共支付赔款近 8 000 万元，惠及 14 万户受灾家庭；云南地震保险赔付 753.8 万元，为大理州当地 963 户受灾农户提供保险保障。

（四）明确"放开前端、管住后端"的监管思路，不断推动监管转型

"十二五"以来，中国保监会"放开前端、管住后端"的监管思路进一步清晰。"放开前端"，就是尽可能减少通过行政审批、核准等前置性管制手段来防范风险，让市场主体享有更大的经营和投资自主权，增强发展的内生动力；"管住后端"，就是强化事中事后监管，加强对保险资金运用风险的持续性监测和监管，守住不发生系统性、区域性风险的底线"①。以人身险产品费率市场化改革为例，这一监管思路体现为：将前端产品定价权交还保险公司，产品预定利率（或最低保证利率）由保险公司根据市场供求关系自主确定；后端的准备金评估利率由监管部门根据"一揽子资产"的收益率和长期国债到期收益率等因素综合确定，通过后端影响和调控前端合理定价，管住风险。在前文市场化改革部分，已经对"放开前端"有所论述，这里重点讨论中后端的监管转型。

过去 5 年，保险监管转型同时围绕微观审慎监管和宏观审慎监管发力，前者主要关注非系统性风险的防范，后者则着眼于系统性风险的防范。在微观审慎监管方面，重点沿着第二代偿付能力体系建设（C－ROSS）、行为监管、公司治理监管 3 条主线展开；宏观审慎监管则沿着集团监管、系统性重要机构、国际合作等展开。表 2－7 列示了"十二五"期间主要的监管改革措施。在微观审慎监管和宏观审慎监管不断取得突破的背景下，保险业经营秩序明显好转，抗风险能力不断加强，并且在国际保险监管领域的话语权不断增强。2014 年保险公司偿付能力溢额达 7 207 亿元，仅有一家公司偿付能力不达标。2015 年，保险行业偿付能力总体充足，偿付能力溢额 9 382.8 亿元，财产险公司偿付能力全部充足，市场运行安全稳健，没有发生大的风险事件。

三、"十二五"期间尚未解决的关键问题和积累的风险

就像任何事物都有两面性一样，"十二五"期间，保险业的发展也不全是亮眼的成绩。过去 5 年，虽然保险业在高速发展、不断取得突破，但一些行业痼疾仍然没有得到完全根治，同时新的问题不断涌现，甚至累积成不容忽视的风险。

① 陈文辉："全面深化保险资金运用领域市场化改革"，http://theory.people.com.cn/n/2015/0923/c40531－27622439.html.

表2－7　“十二五”期间主要的监管措施

	监管改革措施	实施情况及效果
微观审慎监管	第二代偿付能力体系	2012年启动，2015年正式进入偿二代的实施准备期，已发布偿二代17项监管规则，并开展过渡期试运行
	市场行为监管	开通12378维权热线，开展诉调对接，综合治理车险理赔难和人身险销售误导，行业经营秩序持续明显转好
	公司治理监管	颁布出台了《保险公司控股股东管理办法》、《保险公司董事会运作指引》、《保险公司内部审计指引》等一系列规范性文件，以强化股东股权监管、加强董事会建设、完善内控体系、探索规范薪酬管理
宏观审慎监管	加强集团监管	继续完善金融保险集团监管制度框架，出台保险集团并表监管办法，在单一法人监管基础上，对保险集团的资本、财务以及风险进行持续监管，全面监控和评估集团总体风险状况
	系统性主要保险机构	积极参与全球系统重要性保险机构监管，防范风险跨市场跨境传递；中国平安入选首批9家全球系统重要性保险机构（G－SII）名单；制定国内系统重要性保险机构（D－SII）监管制度，针对D－SII提出额外监管要求
	加强国际监管合作	当选亚洲保险监督官论坛轮值主席，主导通过《科伦坡宣言》，不断加强我国在国际保险监管领域的话语权

保险业已经启动的一些改革措施并没有彻底完成，还有一些保险业外部的宏观改革进展较慢，拖累了保险业自身的改革步伐，影响了保险业改革的成效。这些问题和风险都需要在“十三五”规划时期加以解决和应对。重点主要包括以下几方面：

（一）保险业粗放的发展模式并没有发生实质性改变

这一观点可以用以下两个指标予以佐证。

一是原保险保费收入在规模保费中占比偏低。从2013年开始，中国保监会细化保费统计口径，要求所有寿险公司将保费按照“原保险保费收入”、“保户投资款新增交费”、“投连险独立账户新增交费”三项分类计算，三者合计称为“规模保费”，其中后两者属于投资账户的保费已不再计入原保费收入。原保险保费收入占规模保费比重越高，表明保险业的保障功能体现越充分，保险业更像“保险业”；相反，投资账户保费占比越高，表明保险业越偏离其经营本质，保险公司更类似于一个“投资理财机构”。表2－8总结了过去3年全行业、中资公司、外资公司、几家典型的大保险公司、几家典型的中小保险公司的原保费收入占规模保费的比重。可以发现，不同公司之间这一比例差距极大，个别人身险公司保费收入占规模保费的比重极低，整体上人身险保费占比逐年下降，表明整体上人身保险业"重规模"的倾向并没有扭转，甚至有愈加严重的态势。

表 2－8　2013—2015 年人身险市场原保险保费占规模保费的比重　（单位：%）

年份	2013	2014	2015
全行业平均	76. 52	75. 11	65. 58
中资公司平均	76. 27	74. 73	65. 08
外资公司平均	81. 00	81. 85	74. 11
国寿股份	96. 72	92. 95	89. 36
太保人寿	97. 18	95. 77	94. 26
平安人寿	66. 18	68. 97	70. 39
华夏人寿	10. 18	4. 49	3. 32
幸福人生	85. 76	66. 02	39. 83
安邦人寿	14. 29	85. 44	57. 36
前海人寿	2. 75	9. 69	22. 30
友邦寿险	92. 54	92. 90	90. 30

资料来源：中国保监会网站。

二是退保率居高不下。2015 年，为了防范化解满期给付和退保风险，中国保监会加强了退保风险的监测预警和应急处置，全年非正常给付与退保群体性事件较 2014 年大幅减少 83%①，但过去几年人身险市场的退保率整体呈上升趋势。表 2－9 总结的近年来几大上市寿险公司的退保率变化足以说明这一点。退保率上升会给保险公司带来较大的现金给付压力，影响保险公司的经营稳定性，这从一个侧面体现出保险市场粗放的经营模式。

表 2－9　近年来主要上市保险公司的退保率

年份	2012 年 6 月	2013 年 6 月	2014 年 6 月	2015 年 6 月
国寿股份	1. 4%	2. 1%	3. 3%	4. 0%
平安人寿	0. 5%	0. 6%	0. 7%	1. 3%
新华人寿	2. 5%	3. 2%	3. 8%	7. 2%
太保人寿	1. 9%	2. 2%	3. 3%	3. 1%
太平人寿	1. 6%	1. 9%	3. 6%	11. 0%

资料来源：上市公司年报。

① http：//money. people. com. cn/insurance/n1/2016/0125/c59941－28083031. html.

（二）保险业积累的风险在增加，风险防范的难度在加大

最典型的例子是，近年来一些中小保险公司为了快速取得业务突破，采取了较为激进的业务发展战略，即所谓的“资产驱动负债”模式。在该模式下，在负债端，保险公司发行高收益的短期万能险等理财产品，向客户承诺较高的预期回报率，以便短时间内集聚大量现金流（包括保费收入和投资账户资金流入），有的产品对应的资金成本甚至接近10%，包括5.5%的保户收益，2%的渠道费和2%的管理费[①]。在资产端，为了覆盖高额资金成本，保险公司不得不采取更为激进的投资策略，包括通过频繁举牌二级市场等方式加大股权投资力度，增加基础设施、房地产等另类投资的比重。这种模式建立在短期产品匹配长期投资基础上，大大增加了资产负债错配的期限风险。此外，在经济下行、利率下行期间，好的投资项目较少，取得高额回报率的难度加大，也使得保险企业面临的利差损风险加大。

在投资渠道拓宽、投资结构改变、资本市场波动等因素的影响下，与投资活动有关的风险在不断加大。例如，保险另类投资的快速增加意味着配置于基础设施、房地产等方面的保险资金数额快速增加，而另类资产流动性低，不易变现，更容易受到经济低迷和宏观调控的影响，相比保险证券投资，保险另类投资显然蕴含着更大的风险。

此外，资产负债模式还可能增加流动性风险。由于负债端期限缩小，一旦新单销量下降或者出现保单持有人集中退保的现象，期限较长的资产端变现困难，大量短期产品集中支付、满期兑付的风险大大增加。

（三）保险业的经营能力需要进一步提升

1. 保险公司的专业性不足。以健康险为例，目前商业健康保险的经营主体既有财险公司，也有寿险公司，还包括几家专业的健康保险公司。专业健康险公司在实际运营中并不占据显著优势，专业能力也并不十分突出。综合性的人身保险公司长期将商业健康保险和寿险、意外险混合经营，将寿险的经营模式套用在商业健康保险上，专业化经营能力较弱。在其他业务领域以及保险中介等领域，专业能力不足的现象也十分突出。

2. 保险人才方面存在突出问题，如人才结构不合理。截至2015年10月底，

---

① 东吴证券研究报告，2016年1月，http：//finance. sina. com. cn/roll/2016 - 01 - 07/doc - ifxnkeru4704006. shtml.

保险从业人员已经达到近600万人，然而高级管理人员仅为9.1万人。此外，营销员高流失率问题没有解决，导致企业的招聘和培训成本居高不下，也影响保险公司的销售成本和效率。根据中保协的数据统计，2012—2014年全行业保险营销员（含代理人）流失率逐年递减，从原来的38.11%下降到34.01%，但行业队伍不稳、大进大出的现象仍然比较严重，2011—2013年，全国有508万人次加入保险营销员行列，同时段有502万人次流失。

3. 保险业有关的金融基础设施薄弱，影响了产品开发能力。例如，价格保险在试点推广过程中面临着信息获取困难、信息质量不高等问题；由于社会信用体系不健全保险公司在查询企业信用记录方面存在困难[①]，限制了信用保证保险业务的大面积推广。此外，知识产权第三方估值体系不健全也影响了专利保险的推广。由于金融基础设施的不健全，国内保险机构在开发和推广创新型产品等方面存在针对性不强、保障范围过窄、保障额度过低、定价不合理等问题，制约了企业的参保积极性。

4. 保险机构风险管理能力有待完善，在风险管理的组织架构、管理工具应用等方面存在很多不足。

（四）保险业改革开放进程还远没有完成

"十二五"期间已经启动的一系列改革并没有完成。例如：商业车险改革试点还没有铺向全国；意外险产品的费率市场化尚未启动；"偿二代"监管体系还没有正式实施；资金运用的市场化改革、准入退出机制改革、巨灾保险、强制性环境污染责任保险等都有待进一步推进。

在开放方面，中国加入世界贸易组织多年，充分履行了承诺，但并不意味着开放进程的结束。保险业在对外开放方面还存在许多管制。中国美国商会2015年度白皮书《美国企业在中国》集中讨论了外资保险公司在市场准入、销售和服务、建立分支机构、监管合规成本等许多方面遇到的管制问题。如寿险公司50%的外资股权限制是外资反应非常强烈的问题，不仅被认为是引发中外股东矛盾、促使外资寿险公司股权变动频繁，甚至导致部分外资股东退出中国市场的根本原因，也是外资对中国保险市场进一步开放的最大诉求。寿险业对外开放面临着很大压力。

在对外开放的同时，还存在着一个对内如何进一步开放的问题。仍然以股权

① 目前尽管已经有少数几家保险公司，如人保、平安等公司已与央行的征信系统实现了对接，但多数保险公司还被排除在征信系统之外。

管理为例，目前外资股权限制虽然是一个非常重要的管制，但并不具有独特性。中资保险公司同样面临类似问题。根据现行监管规定，在中资保险公司中，一般情况下保险公司单个股东（包括关联方）出资或者持股比例不得超过保险公司注册资本的20%；经中国保监会批准，符合特别条件的股东，出资或者持股比例可以超过20%，但不得超过51%。就单一股东的持股比例而言，外资寿险公司中的外国单一股东可以持有高达51%的股权，比许多中资股东持股要求还要宽松。在单一股东持股比例限制下，股权纠纷并不仅仅出现在外资寿险公司中，中资寿险公司同样面临股东理念不合的问题，股权变动也相当频繁。如何彻底按照相同的规则统一内外资相关监管规定，为中外资保险公司的竞争提供公平、透明、开放的市场环境是中国保险业不容忽视的一个难题。

（五）保险发展获得的必要财税支持力度不够

以农业保险市场为例：我国农业保险市场的大发展，一个关键撬动因素在于政府保费补贴政策的启动，特别是2007年中央政府补贴政策的启动。目前，中央财政对15种农产品的农业保险实施保费补贴。不过，根据2015年2月中国保监会、财政部、农业部联合发布的《关于进一步完善中央财政保费补贴型农业保险产品条款拟订工作的通知》，“保险金额应覆盖直接物化成本或饲养成本”。换句话说，目前中央财政补贴险种只针对成本保险而设定，在价格保险这一类新型险种中，保险金额考虑了物化成本以外的因素，因此并未纳入中央财政保费补贴范围。这影响了价格保险等创新性农业保险品种的推广。

另外一个例子是在商业养老保险发展方面：我国的个税递延型养老保险经过长时间的酝酿，至今尚未落地。早在2008年，该产品试点已经进入中央政策文件——2008年12月国务院颁布的《关于当前金融促进经济发展的若干意见》（简称“金融30条”）。“金融30条”提出“研究对养老保险投保人给予延迟纳税等税收优惠”。然而，时至今日，税优政策仍未推出，从2009年天津市滨海金融创新园区个税递延型养老保险方案到2012年上海推出的试点方案均未能落地。

（六）监管方面存在的问题

一是监管协调机制有待加强。“十二五”期间，由于金融创新速度加快，我国涌现了一些新兴金融业态和综合性金融产品，银行、证券、保险等业务边界进一步融合，交叉领域进一步增多。在这一背景下，我国当前分业监管的框架无法充分满足现实需要，再加上法律中缺乏清晰界定，实践中又缺乏明确职责授权，导致出现不少监管空白，监管套利、监管信息缺乏整合等问题也十分突出。综合经营所形成的跨业、跨市场投融资业务迫切呼唤更紧密的监管协调。

二是保险监管力量不足。当前保险业已有超过200家保险法人机构、8万多家各类分支机构，从业人员持续增加，业务规模不断扩大，但目前市县一级没有设立保险监管机构，存在监管力量真空，监管配备与实际需要不匹配，一定程度上削弱了监管的有效性。

三是监管机构的能力有待进一步提高。目前，保险产品、保险投资、保险销售渠道等领域的内容与经营方式与以往相比发生了许多质的变化，涌现了许多新的风险隐患，保险业与实体经济之间的联系在加强、与其他金融部门业务交叉、风险传染的概率在增加。这些新现象、新风险无疑增加了监管难度，对保险监管部门的监管能力也提出了更高要求。

第二节 "十三五"时期保险业发展的环境

过去30多年来，中国保险业高速成长。但是，在发展过程中，中国保险业也存在发展模式粗放、发展质量不高、蕴含较大风险等不协调、不平衡、不可持续问题。无论是从行业自身可持续发展，还是从更好满足社会需求以发挥保险功能出发，都需要大力推动保险业的进一步可持续发展。"十三五"时期，世情国情继续发生深刻变化，我国经济社会发展呈现新的阶段性特征。综合判断国际国内形势，我国发展仍处于可以大有作为的重要战略机遇期，但同时面临诸多问题和挑战。这构成了保险业"十三五"时期发展的基本环境，具体包括经济转型、金融转型、互联网化、人口老龄化以及风险导向的监管。

一、经济转型：保险业"十三五"时期发展的经济背景

中国经济正处在"三期叠加"[①] 的特定阶段，经济发展步入新常态。"认识新常态、适应新常态、引领新常态，是当前和今后一个时期我国经济发展的大逻辑[②]"，也是推动保险业"十三五"时期发展的大逻辑、大背景。从中央经济工

① "三期"即经济增速换挡期、结构调整阵痛期和前期刺激政策消化期。

② "中央经济工作会议：认识、适应、引领新常态是我国经济发展大逻辑"，新华网，2014年12月11日。

作会议关于新常态的九个方面的内涵界定看[①]，经济转型就是新常态的核心。就保险业“十三五”时期的发展而言，我们需要关注的经济转型内涵主要是增速换挡和结构调整。它们既决定了保险业不得不转型升级，也为保险业转型升级创造了一个适宜的经济环境。

（一）经济增速换挡对规模导向型模式构成了直接挑战

1. 经济增速换挡，难以重返之前的高增长阶段。经济增速换挡是新常态下经济转型的关键特征。所谓增速换挡，就是经济发展阶段由过去的高速增长转变为中高速增长[②]。

近年来，中国经济增速显著下滑。2011 年以来，中国经济持续下行，2015 年 GDP 增速已经下滑至 6.9%，较 2010 年增速下降 3.7 个百分点（见图 2－4）。尽管经济增速下滑有经济周期性因素[③]的作用，但主要还是趋势性或结构性因素使然。

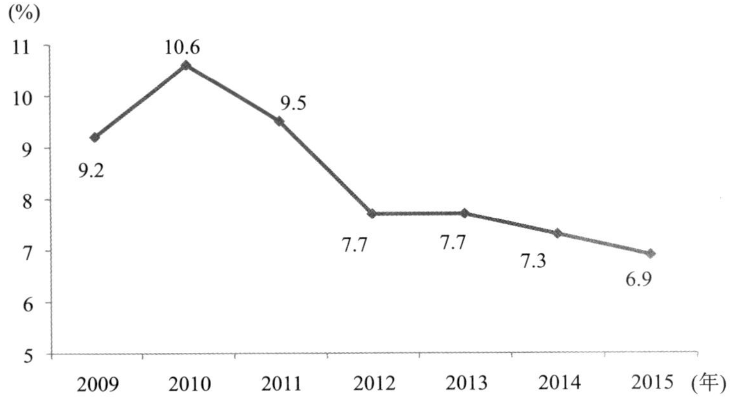

图 2－4　近年来中国经济增速

资料来源：国家统计局。

---

① 2014 年 12 月召开的中央经济工作会议，从消费需求、投资需求、出口和国际收支、生产能力和产业组织方式、市场竞争特点、资源环境约束、经济风险积累和化解、资源配置模式和宏观调控方式 9 个方面阐释了“新常态”内涵与之前一段时期发展特征的差异。

② 所谓中高速增长是指从纵向比较看，为中速增长；但从横向国际比较看，仍属于高速增长。

③ 赵昌文和朱鸿鸣（2016a）指出，“三期叠加”的“三期”是并列关系，结构调整阵痛期和前期刺激消化期均意味着当期经济增速受到当期政策和之前政策的负面影响，一旦“三期叠加”演变为“两期叠加”或仅存“一期”，则经济增速会有所反弹。换言之，承认“三期叠加”及其阶段性，实际上也就承认了当前经济增速的下滑一定程度上有经济周期的因素。林毅夫（2014）认为，当前经济增速下滑主要是周期性因素使然。参见林毅夫：《解读中国经济》（增订版）第二版，北京大学出版社 2014 年版。

不可否认，中国仍然具有较强的后发优势。若以人均 GDP 来衡量经济体的整体技术及产业发展水平①，中国与美国之间差异巨大。值得注意的是，基于后发优势讨论潜在经济增速时，我们既要关注由人均 GDP 差异度量的后发优势总量，也要关注受工业化阶段影响的后发优势的释放节奏。追赶型经济体的"挤压式"增长通常与工业化快速推进息息相关，改革开放前 30 年中国经济的高速增长是例子，日本、韩国、中国台湾在人均 GDP 达到美国 1/5 后仍经历了 20 年左右的高速增长也是例子②。由于中国在 2012 年左右已进入工业化后期③，尽管中国仍具有较强的后发优势，但工业化阶段变换所带来的后发优势释放节奏的变慢也会导致经济增速的换挡或下降。

刘世锦等人④的开创性研究也得出类似结论。他们梳理了日本、韩国、中国台湾地区等成功追赶型经济体的国际经验，发现这些经济体经历二三十年高速经济增长以后，人均 GDP 达到 11 000 国际元（购买力评价指标），经济增速均出现了显著回落。目前，中国人均 GDP 已达到 11 000 国际元，这也意味着中国经济增速换挡是趋势使然，未来不可能恢复至改革开放前 30 年的高增长水平。从关于中国未来经济潜在增速的定量测算看，即便最乐观的估计（增长 8.4%）也较改革开放前 30 年年均增速（增长 10% 左右）有显著下降（见表 2－10）。

根据权威机构的预测，未来一段时间中国经济增速较改革开放前 30 年有明显下降（见图 2－5）。根据国务院发展研究中心课题组（DRC）的预测，2015—2024 年，中国经济平均增速为 6.2%（刘世锦，2015）。根据国际货币基金组织（IMF）的预测，2015—2020 年，中国年均经济增速为 6.3%⑤（见图 2－5）。总之，中国正在经历经济增速换挡期，未来难以重返之前的高增长阶段。

---

① 林毅夫：《新结构经济学——反思经济发展与政策的理论框架》，北京大学出版社 2012 年版。

② 赵昌文、朱鸿鸣："后发优势、体制可改革性与政治—经济生态——关于新常态下持久战的一个分析框架"，2016 年，未发表。

③ 赵昌文、许召元和朱鸿鸣："工业化后期的中国经济增长新动力"，《中国工业经济》2015 年第 6 期。

④ 刘世锦："增长速度下台阶与发展方式转变"，《经济学动态》2011 年第 5 期。

刘世锦："从增长阶段理解发展方式转型"，《改革》2011 年第 10 期。

刘世锦：《陷阱还是高墙？中国经济面临的真实挑战与战略选择》，《中信出版社》2011 年版。

刘世锦："我国增长阶段转换与发展方式转型"，《国家行政学院学报》2012 年 2 月。

刘世锦："加快经济增长动力结构和机制转换"，《人民日报》2012 年 8 月 22 日。

刘世锦："正视阶段新变化　用好战略机遇期　坚持稳中求进"，《求是》2012 年第 18 期。

刘世锦、张军扩、侯永志、刘培林、许伟："中国经济潜在增长速度转折的时间窗口测算"，《发展研究》2011 年第 10 期。

⑤ 由于未来存在诸多不确定性，这些预测与实际情况相比会存在一定偏差。

表 2－10　　相关文献关于中国潜在经济增速的测算结果

序号	潜在增速或增长潜力	时期	文献
1	8.40%	2014 年以后 5 年	张军（2015）
2	8.00% 左右	从 2008 年起的后 20 年	林毅夫（2012，2014）
3	7.10%	"十三五"期间	刘世锦等（2011）
4	6.65%	"十三五"期间	白重恩和张琼（2015）
5	6.10%	"十三五"期间	蔡昉（2012）

资料来源：林毅夫：《解读中国经济》（增订版）第二版，北京大学出版社 2014 年版。

林毅夫：《新结构经济学——反思经济发展与政策的理论框架》，北京大学出版社 2012 年版。

刘世锦、张军扩、侯永志、刘培林、许伟："中国经济潜在增长速度转折的时间窗口测算"，《发展研究》2011 年第 10 期。

蔡昉："中国'潜在增长率'趋势"，《人民论坛》2012 年第 34 期。

白重恩、张琼："中国经济增长前景"，《新金融评论》2015 年第 6 期。

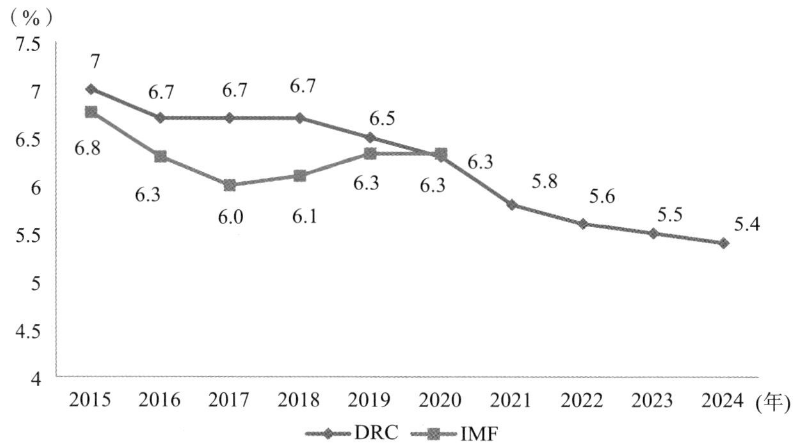

图 2－5　中国经济增速预测

资料来源：国务院发展研究中心课题组，IMF 世界经济展望数据库。

2. 规模导向型发展模式将受到严峻挑战。在经济高速增长期，规模导向型发展模式具有一定的"合理性"，其弊端容易被掩盖。即便服务质量不提升，甚至一定程度上牺牲业务品质，仅借助于经济快速增长的"水涨船高"效应，保险业的规模在较长一段时期内也能得到快速扩张。

分解近 10 年中国保险业发展的因素，可以发现名义 GDP 的快速增长是主因。以寿险业为例，2015 年，寿险业保费收入 16 287.55 亿元，比 10 年前增长了 3.41 倍，增加了 12 590.08 亿元。若按名义 GDP 规模扩张和保险深度提高对保费收入增量进行因素分解，可以发现名义 GDP 规模扩张带来的保费收入增加额为 9 767.27 亿元，贡献度高达 77.54%；保险深度提高带来的保费收入增加额为 22 827.80 亿元，贡献度仅为 22.46%。

新常态下，由于经济增速换挡以及通货膨胀率走低，难以再仅靠名义 GDP 规模的扩张来实现保费规模的较快增长。未来，保险业保费规模的较快增长既需要一定的经济增速，也需要保险深度的提升，而保险深度的提升更多依赖于业务品质的提升。这将迫使保险业改变原有的重数量、轻质量的发展模式，转型为以提升业务品质为基础推动业务发展。

（二）风险集中暴露对保险业投资与理财产品发展构成挑战

1. 金融风险暴露速度显著加快。风险集中暴露也是新常态下经济转型的重要特征。中国存在着典型的速度效益型特征，经济增速下滑会带来企业效益的大幅下滑。受金融产品期限限制、金融机构运营模式转型滞后以及可能存在的政府干预的影响，金融资源配置的结构转换通常滞后于经济结构的调整。这意味着增速换挡和结构调整必然带来存量金融资产质量下降，会导致金融风险的集中暴露。中央经济工作会议也指出，"伴随着经济增速下调，各类隐性风险逐步显性化，风险总体可控，但化解以高杠杆和泡沫化为主要特征的各类风险将持续一段时间"。

从实际情况看，近年来中国金融风险暴露的速度显著加快。银行体系方面，不良贷款率和关注类贷款占比已经连续多个季度反弹（见图 2-6）。截至 2016 年第一季度末，商业银行不良贷款率已反弹至 1.75%，个别大型银行的不良贷款率已经超过 2.3%；商业银行关注类贷款占比已反弹至 4.01%。考虑到未来一段时间僵尸企业的清理、产能过剩的治理以及"去杠杆"的实质性推进，且不良贷款率仍处于较低水平，银行业的风险还会继续暴露。

金融市场方面，随着债券市场的扩容以及债券发行主体资质的下沉，在"三期叠加"和企业效益普遍下滑的背景下，债券违约事件显著增多，"刚性兑付"逐渐被打破。根据 Wind 资讯的数据，年初至 2016 年 5 月 24 日，债券市场已发生 16 家发行主体债券违约事件，涉及债券数量 30 只，涉及本金超过 200 亿元，无论从涉及的企业数量、债券数量，还是从债券金额看，都已经超过 2015 年全年[①]。未来一段时间，债券市场的违约事件还将进一步增加。

---

① 见"债券'塌方'式违约：前 5 月违约规模已超去年全年"，凤凰财经，2016 年 5 月 26 日，http://finance.ifeng.com.

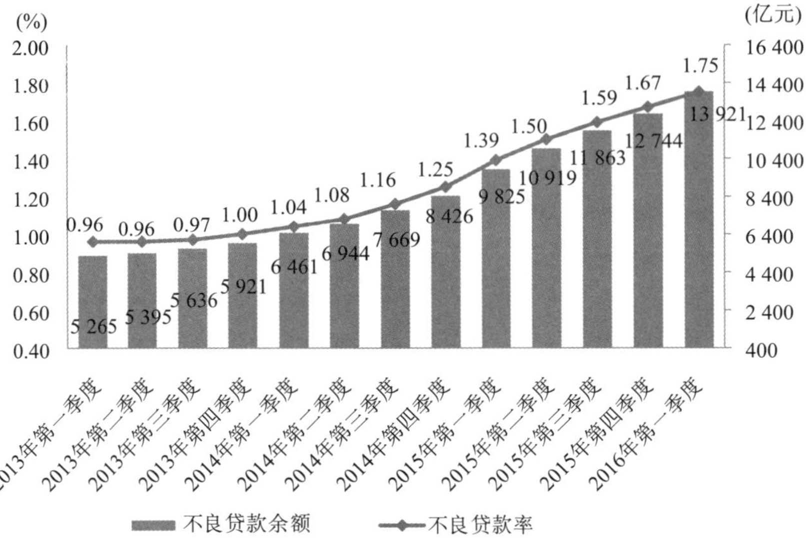

图 2－6　商业银行不良贷款率及不良贷款余额

资料来源：中国银监会。

2. 风险加速暴露背景下，保险投资面临信用风险。金融风险加速暴露，这使得保险投资与资金运用的信用风险不断加剧。这突出表现在两个方面：一是部分金融产品信用风险加剧。在经济新常态下，经济去杠杆压力大，金融市场“刚性兑付”将逐步打破，某一区域或行业的信用风险已不断爆出，部分金融产品信用风险增大。另外，随着银行理财在债券市场沉淀的资金量越来越大，优质债券供应相对减少。保险资金配置低评级债券存在潜在的中长期信用风险。二是地方融资平台风险不确定性增大。新《预算法》以及《国务院关于加强地方政府性债务管理的意见》的印发进一步规范了地方政府举债融资机制，地方融资平台风险变数增大，一些融资能力不强、负债率较高、支柱产业产能过剩、环保压力大的区域或行业，风险值得高度关注。保险资金配置的债权计划和信托计划等非标产品涉及房地产、地方政府融资平台等投资，过去几年规模快速提升，存在潜在的信用风险。

3. 理财产品发展遭遇挑战。从产品结构看，之前一段时间寿险业的发展模式具有明显的理财产品驱动型特征，突出表现为，通过与银行理财、信托、基金等金融产品比拼收益率，通过短期理财保险争夺居民储蓄，获取保费收入。这种单纯的价格竞争是寿险业规模导向、“刚性兑付”普遍存在、投资者片面追求高收益率的金融生态背景下的畸形产物，已经导致高负债成本倒逼高风险投资困境。由于风险尚未集中暴露，寿险业这种理财驱动型发展模式的弊端尚未充分显现。

不过，随着金融风险的集中暴露，这种发展模式的风险将会显露无疑。比如，若债券市场违约事件频发并伴随相应的流动性风险，由于理财驱动型模式下一些寿险公司已将相当比例资金配置到高风险资产中，寿险业资产运用的收益率很可能会显著下降，从而导致投资亏损并对寿险公司的偿付能力造成负面影响；同时，由于交叉补贴和"刚性兑付"能力弱于银行，又会导致在收益率竞争上处于下风，既不利于承保业务的开展，又会导致退保的大幅增加，给寿险公司带来流动性风险。

可见，在金融风险集中暴露的背景下，寿险业迫切需要转型，改变以短期理财产品为主的产品结构，降低业务风险，增强发展的可持续性。

（三）就业及财政压力加大为寿险业向"以保障功能为基础"转型提供了机遇

1. 企业效益下滑导致财政压力和就业压力加大。改革开放 30 多年来，中国经济运行总体上呈现出明显的速度效益型特征，一旦经济增速下滑到一定水平，企业效益就将显著下降。尽管目前经济增速仍维持在 7% 左右，但是企业利润已经出现负增长[①]。2015 年 1—12 月，工业企业利润增速和国有及国有控股企业利润总额分别较 2014 年同期下降 2. 3 个和 6. 7 个百分点（见图 2 –7）。

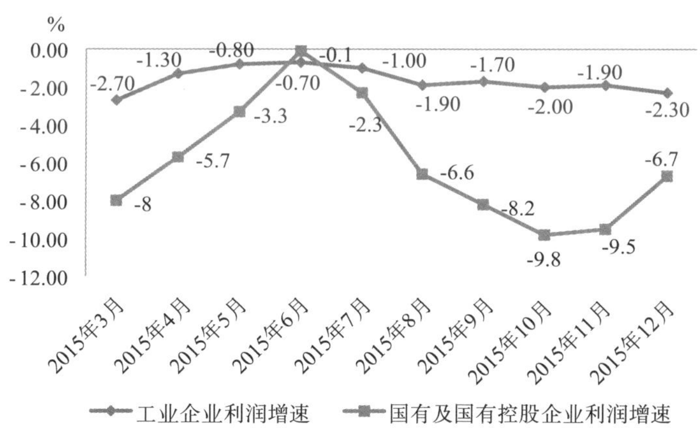

图 2 –7　企业利润增速

资料来源：国家统计局、财政部。

企业效益下滑会对财政收入带来较大的负面影响。一方面，受预期盈利下滑

① 进入 2016 年以来，企业效益有所回升。

的影响，企业生产活动放缓，这会导致间接税增速下降。另一方面，企业效益的下滑会直接导致直接税增速的下滑。2015 年，全国公共财政收入增速同口径增长 5.8%，低于同期名义 GDP 增速，较 2014 年同期回落 2.8 个百分点。

基本养老保险已遭遇现金流困境（王忠民，2016）[①]，将给财政带来较大压力。在经济增速换挡、结构调整阵痛期，企业效益下滑，基本养老保险征缴收入增速下滑明显。受人口老龄化以及支付水平提高的影响，基本养老保险支出却快速增加，2014 年和 2015 年的增速分别达到 17.7% 和 19.7%。

目前，当期征缴收入低于基金总支出，基本养老保险已遭遇现金流困境。2015 年，全国基本养老保险基金征缴收入与基金总支出的缺口达到 4 212 亿元，接近 2014 年的 2 倍；征缴收入占基金总收入的比例为 73.7%，较 2014 年下降 2.7 个百分点；征缴收入对基金总支出的覆盖率下降至 84.9%，较 2014 年下降 5.6 个百分点（见表 2－11）。可见，基本养老保险对财政的依赖程度越来越大。在财政收入增速下降背景下，基本养老保险对财政依赖程度的增加将给财政带来较大压力。

表 2－11　　全国基本养老保险基金收支情况

年份	2011 年	2012 年	2013 年	2014 年	2015 年
基金总收入（亿元）	16 895	20 001	24 733	27 620	32 195
征缴收入（亿元）	13 956	16 467	19 270	21 100	23 717
基金总支出（亿元）	12 765	15 562	19 819	23 326	27 929
现金流缺口（征缴收入－基金总支出）（亿元）	－1 191	－905	549	2 226	4 212
征缴收入/基金总收入（%）	82.6	82.3	77.9	76.4	73.7
征缴收入/基金总支出（%）	109.3	105.8	97.2	90.5	84.9

资料来源：2011—2015 年度《人力资源和社会保障事业发展统计公报》。

受企业效益下滑影响，就业压力将会凸显。"稳增长"举措要达到"稳就业"的目标，企业效益是中介变量。若企业效益下滑明显，即便通过增加政府投资等手段确保了经济增速的稳定，就业压力或失业风险仍然较大。

2. 就业及财政压力的增加有利于寿险回归"以保障功能为基础"。保险业"国十条"的提出让"保险成为政府、企业、居民风险管理和财富管理的基本手段"。在财政和就业压力增加的大背景下，这一理念更容易深入人心。

---

① 王忠民："现金流困境迫在眉睫"，新浪财经，2016 年 3 月 19 日。

首先，财政压力的增加将会推动保险成为政府风险管理的基本手段。在第一支柱基本养老保险"一柱独大"的情况下，财政压力的加大将会使政府弱化第一支柱，并有充分的激励通过税收递延[①]和税收抵扣等政策推动第二支柱和第三支柱的发展。实际上，之前一段时期寿险产品之所以以理财产品为主或过于注重理财功能，就在于缺乏税收递延和税收抵扣等政策，使得寿险产品不得不与其他金融产品比拼收益。

其次，就业压力的增加和风险偏好的下降会推动保险成为居民风险管理和财富管理的基本手段。一方面，就业压力的增加将会从整体上增加居民就业及收入的不确定性，激发居民的风险管理需求。在这种情况下，金融产品风险管理属性的相对重要性上升，低风险保险产品的投资吸引力提高。另一方面，风险偏好的下降以及"刚性兑付"的破除将有利于寿险业摆脱与其他替代性金融产品拼收益的承保业务模式。

二、金融转型：保险业"十三五"时期发展的金融背景

与经济转型相伴随的是金融转型。从"十三五"时期保险发展的视角看，应主要关注新常态下金融转型的三个方面内涵。一是"去杠杆"，使经济摆脱信贷密集型增长模式（特纳，2016）[②]。二是金融结构转型或直接融资比重提高，突出体现为政府类债券市场的大发展。三是以市场化和对外开放为重要特征的金融体制改革。

（一）"去杠杆"有利于改变高度依赖于利差的发展模式

高杠杆是"原罪"，是金融高风险的源头（权威人士，2016）[③]。全球金融危机爆发以来，中国的杠杆率快速提高[④]（见表2－12）。为此，2015年末召开的中央经济工作会议将"去杠杆"列为"五大歼灭战"之一，"去杠杆"也将成为未来金融领域工作的一条主线。

---

① 中国保监会主席项俊波在"2016陆家嘴论坛"的主题演讲中明确提出"顺应人民群众'老有所养'的期待，推动个人税收递延型养老保险落地"。见项俊波主席在"2016陆家嘴论坛"上的主题演讲，2016年6月12日，中国保监会官方网站。

② 阿代尔·特纳：《债务与魔鬼：货币、信贷和全球金融体系重建》，中信出版社2016年版。

③ 权威人士："开局首季问大势——权威人士谈当前中国经济"，《人民日报》2016年5月9日。

④ 尽管针对中国杠杆率的不同测算给出了不同的测算结果，但均显示全球金融危机后中国的杠杆率有显著提高。

表 2－12 中国全社会杠杆率及各部门杠杆率测算结果 （单位：%）

年份	2008	2009	2010	2011	2012	2013	2014	2015
全社会杠杆率	139.1	168.9	174.5	171.2	183.5	197.0	212.2	233.3
金融部门杠杆率	17.2	19.6	17.5	18.9	20.3	21.4	22.6	25.4
非金融部门杠杆率	133.5	161.9	169.4	165.2	177.4	190.4	204.9	223.9
政府部门杠杆率	49.2	60.0	59.9	55.8	63.5	68.4	73.7	76.8
其中：中央政府	31.7	34.0	33.7	32.7	33.7	34.6	36.0	37.4
地方政府	17.6	26.0	26.2	23.1	29.7	33.8	37.7	39.5
非金融企业杠杆率	87.9	97.5	98.2	93.0	94.7	98.1	105.0	122.1
居民部门杠杆率	18.0	23.7	27.6	28.2	30.4	34.4	38.0	41.2

资料来源：朱鸿鸣、薄岩：中国全社会及各部门杠杆率测算。

王一鸣、陈昌盛：《重构新平衡》，中国发展出版社 2016 年版。

“去杠杆”至少包括两个层面的内涵。一是总量意义上的去杠杆，二是内嵌杠杆意义上的去杠杆。总量意义上的“去杠杆”意味着金融资产供给增速的下降，既可能导致边际上的优质资产“资产荒”，也可能会导致高收益高风险资产供给的下降。由于减少了杠杆资金的运用，内嵌杠杆意义上的“去杠杆”也会降低使用了杠杆的理财产品的收益率。

“去杠杆”有利于改变寿险业高度依赖利差的发展模式。在寿险业的发展过程中，一些公司不惜以费差损和死差损为代价来获取高额投资资金。这种模式能否持续高度依赖于是否可以获取高的投资收益。获取高投资收益主要有两个途径：一是投资高风险资产，二是“加杠杆”。在“去杠杆”背景下，由于投资收益将会受到显著的负面影响，无论是通过投资高风险资产，还是使用杠杆资金来提高收益率，可行性均将面临严峻挑战。同时，其风险还会充分暴露，可能导致利润的大幅下滑和偿付能力出现比较大的问题。

此外，“去杠杆”有利于规范各类理财产品之间的竞争。“去杠杆”过程中不可避免的风险释放会带来“刚性兑付”的打破和实质性的投资者风险教育，有利于改变寿险产品与其他类理财产品单纯比拼收益率的业务拓展模式。

（二）金融结构转型：政府债券市场大发展

发展资本市场，提高直接融资比重是中国金融业改革发展的重要目标。总体上看，在未来一段时间，考虑到“去杠杆”及地方政府债务置换等因素，直接融资比重的提高将主要体现为债券市场，特别是政府类债券市场的发展。

“去杠杆”在结构意义上内涵主要体现为“换杠杆”，即政府部门“加杠杆”和非政府部门“去杠杆”。由于政府融资方式主要是债券融资，“去杠杆”背景下的"杠杆转换"将会带来政府类债券市场的大发展。

从国际经验看，20 世纪 90 年代日本实施"换杠杆"以来，其政府债券市场飞速发展，政府债券余额与 GDP 之比由 1997 年的 65.71% 上升至 2013 年的 184.26%（见图 2-8）。

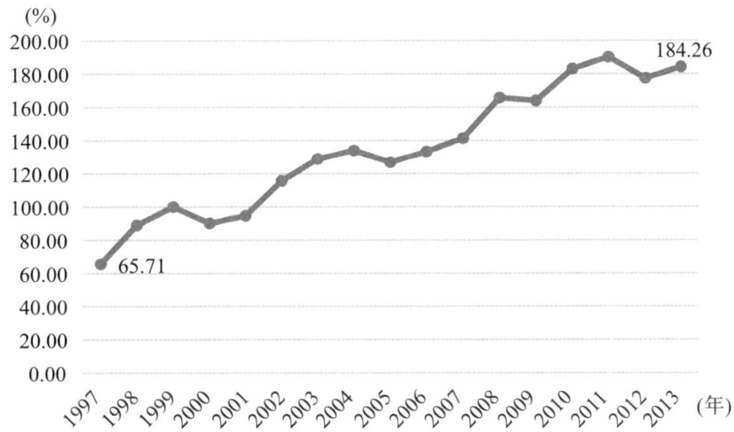

图 2-8 日本政府债券余额与 GDP 之比

资料来源：国际货币基金组织。

从国内的实际情况看，由于地方政府债务置换因素[①]叠加，政府债券市场[②]特别是地方政府债券市场规模快速扩张（见图 2-9）。截至 2016 年 5 月底，政府债券余额达到 18.25 万亿元，较 2014 年末增长 69.7%；其中，地方政府债券余额达 7.21 万亿元，较 2014 年末和 2015 年末分别增长 420.7% 和 49.5%。未来几年，仅考虑地方政府债务置换因素，地方政府债券市场规模便可能进一步增加 10 万亿元左右。

政府债券市场大发展将推动保险业资产结构的变化。"十三五"时期，政府债券市场规模的快速扩张将为保险业增加数以 10 万亿元计的低风险金融资产。相比其他债券品种而言，政府债券的收益率较低，但风险也更低，这将提高保险业的资产组合中低风险、较低收益的政府债券的配置比例。

（三）金融体制改革：市场化和对外开放

1. 市场化导向的金融改革为"十三五"时期保险业的发展创造有利的金融

① 这实际上也是一种特殊的"换杠杆"，以地方政府替代地方政府融资平台作为负债主体。

② 本报告仅考虑国债与地方政府债。

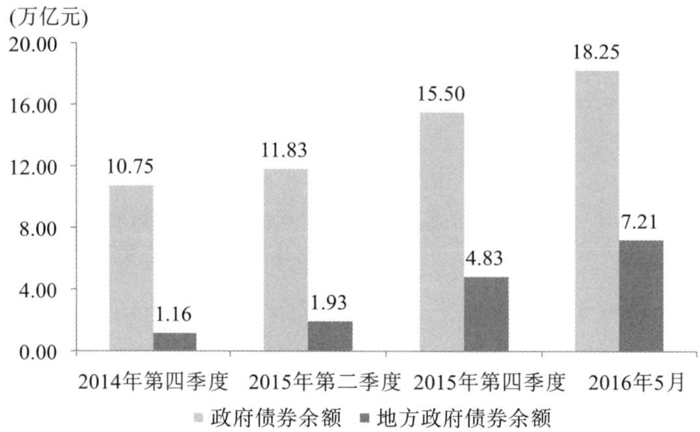

图 2－9　中国政府债券市场规模

资料来源：Wind 资讯。

环境。市场导向金融改革至少包括 3 个方面的内涵。一是建立统一开放、竞争有序的金融市场体系。这意味着在监管方面应实施基于业务实质的功能监管或行为监管，不同类别的金融机构开展同一业务实质的金融业务应适用同一监管标准；意味着要打破“刚性兑付”，使各类金融产品在“买者尽责、买责自负”的原则下开展竞争。考虑到保险公司在“刚性兑付”能力、销售渠道方面的相对劣势，统一开放、竞争有序的金融市场体系的建立有利于增强保险产品相对于银行理财产品、信托产品的竞争力，有利于避免保险产品与其他类型理财产品单纯比拼收益率的恶性竞争。

二是利率市场化。利率市场化将进一步推动保险产品的费率市场化改革，这既有利于保险产品的创新，也有利于提升保险产品的竞争力。

三是投资管理限制的放宽，这有利于提升保险公司的专业投资能力。

2. 对外开放倒逼“十三五”时期保险业的发展。一是对外资保险机构的开放。这会直接加大国内保险业的竞争程度，通过竞争的加强倒逼保险业不断提高业务品质，摆脱重数量、轻品质的发展模式。二是资本账户开放。资本账户开放程度的提高意味着境内居民去境外购买保险产品的便利度不断提高。从目前的情况看，境外优质保险产品对境内居民有着较强的吸引力。

三、互联网化：“十三五”时期保险业发展的技术背景

（一）中国经济社会生活的互联网化程度快速提高

随着网络安全性的加强，电子商务、社交网络、大数据技术的发展，中国经

济社会生活的互联网化程度快速提高，网民规模、网民人均上网时间，网络购物量持续增长，互联网已经成为人们生活的重要组成部分。以网络零售总额占全社会消费品零售总额比重为例，2015 年这一数值达到 12.9%，分别较 2013 年和 2014 年提高 4.9 个和 2.3 个百分点（见图 2－10），在世界主要经济体中已居第一位。

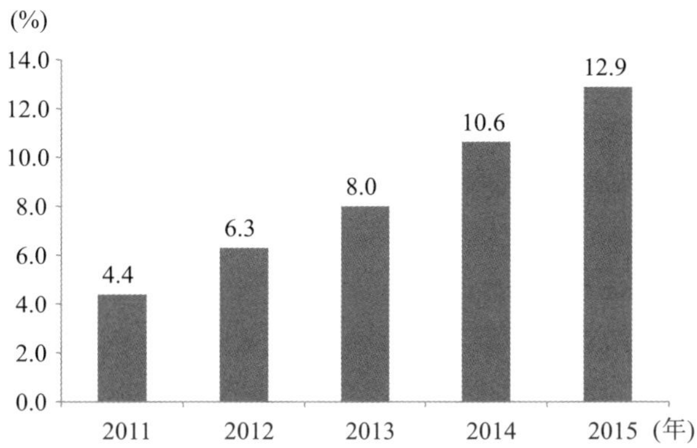

图 2－10 网络零售总额占全社会消费品零售总额比重

资料来源：2014 年和 2015 年数据来源于国家统计局，2011—2013 年数据来源于中国电子商务研究中心发布的《2014 年度网络零售市场数据监测报告》。

（二）互联网化程度提高为互联网保险的发展奠定技术经济基础

互联网保险[①]是"十三五"期间保险业创新发展的重要方向。一方面，它有助于解决制约保险业持续发展的诸多障碍。比如，传统销售体系遭遇成本较高而利润较低的发展瓶颈，保险行业整体形象亟待改变，产品单一化，服务配套和创新能力不足（中保协，2014）[②]。借助互联网，寿险业正好可以克服或在一定程度上克服以上问题。在销售渠道方面，有利于提升保险公司在银保渠道中的话语权和议价能力，控制佣金成本。在业务扩展方面，有利于加强对业务流程监控，避免销售环节的误导，提升行业形象。另一方面，它有助于满足中小保险公司寻求市场突破以及更好满足互联网化背景下新的保险需求和保险消费习惯。

---

① 根据《互联网保险行业发展报告》，互联网保险是指保险公司或保险中介机构通过互联网为客户提供产品及服务信息，实现网上投保、承保、核保、保全和理赔等保险业务，完成保险产品的在线销售及服务，并通过第三方机构实现保费相关费用的电子支付等经营管理活动。

② 中国保险行业协会：《互联网保险行业发展报告》，中国财政经济出版社 2014 年版。

从实际情况看，依托互联网的保险业发展势头迅猛。根据中保协发布的《2015 年度保险市场运行情况分析报告》，“十二五”期间，互联网保险增势强劲，主推整个行业发展，2015 年互联网保险保费收入 2 234 亿元，比 2011 年增长近 69 倍，互联网保费在总保费收入中的占比从 2011 年的 0. 2% 上升到 2015 年的 9. 2% 。其中，财产险公司互联网业务保费收入 768. 4 亿元，比 2011 年增长 34. 4 倍，占财产险公司全部业务的 9. 1% ，上升 8. 6 个百分点；人身险公司互联网业务保费收入 1 465. 6 亿元，比 2011 年增长 141 倍，占人身险公司全部业务的 9. 2% ，上升 9. 1 个百分点。

四、人口老龄化：“十三五”时期保险业发展的人口结构背景

（一）人口老龄化程度加重

近年来，中国人口结构快速老化。2015 年末，中国 65 岁以上人口数达到 1. 44 亿人，65 岁以上人口数占比达到 10. 5% ，较 2014 年末提高 0. 4 个百分点（见图 2 – 11）。未来一段时间，随着人均预期寿命的增加，中国人口结构将继续老化。根据联合国人口基金会以及中国老龄委等预测，到 2025 年前后，中国 65 岁及以上老年人口比例将达到 14% 左右，进入老龄社会（李伟，2013）[①]。

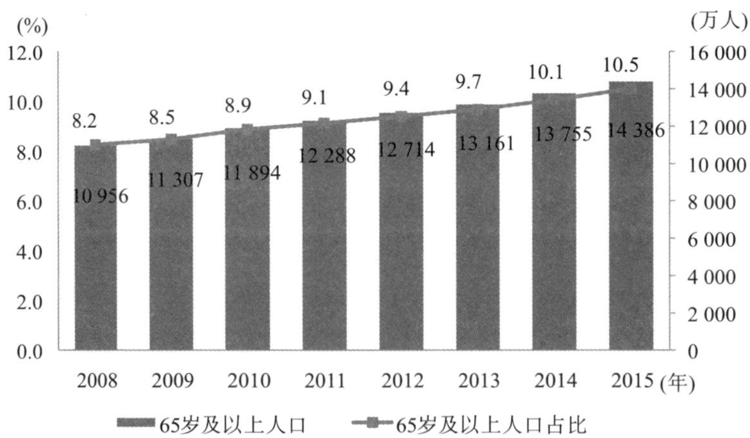

图 2 – 11　中国人口结构：65 岁及以上人口占比

资料来源：国家统计局。

① 李伟：“多方携手，积极稳妥应对老龄化挑战”，《党政干部参考》2013 年 12 月。

（二）人口老龄化为保险业发展提供机遇

人口老龄化将为寿险业提供大量的需求。以养老保险为例，受人口老龄化以及经济增速换挡、企业效益下滑因素的影响，基本养老保险正面临越来越大的现金流困境，现行的第一支柱“一柱独大”的格局越来越不具可持续性。在这种情况下，养老保险体系的调整或重构势在必行，政策方向之一便是发展商业性养老保险。

此外，中国的养老金替代率偏低。根据《中国老龄社会与养老保障发展报告（2013）》，中国养老金替代率①偏低，为社会平均工资的40%左右。若养老金替代率低于50%，生活水平将较退休前有明显下降。为此，从个人角度看，为了确保退休后生活水平不显著下降，也有较强的商业性养老保险需求。

从国际经验看，老龄化程度显著高于中国的主要经济体，其寿险业保险深度也更高（见表2－13）。这意味着，随着中国老龄化程度的提高，中国具有显著提高寿险业保险深度的潜力。而要将这种潜力转化为现实，除了相关政策的配套外，关键在于寿险业在坚持回归以保障功能为基础的前提下，加大创新力度，提高服务质量。

表2－13 2014年典型经济体老龄化程度及寿险业保险深度

	美国	日本	德国	英国	法国	意大利	韩国
寿险业保险深度	3	8.4	3.1	8	5.9	6.5	7.2
65岁及65岁以上人口占比（%）	14.4	25.7	21.1	17.5	18.7	22.0	12.7

资料来源：Sigma，世界银行。

五、风险导向：“十三五”时期保险业发展的监管背景

（一）风险导向的“偿二代”推动保险业转变发展方式

近年来，监管部门秉持“放开前端、管住后端”的新的监管政策导向，我国保险业市场化改革不断深化。在放开前端方面，费率市场化改革、保险资金运用改革全面推出，激发了保险经营主体创新发展的内生动力。但是，前端放开也意味着行业经营风险加大，因此市场化改革需要管住后端。管住后端的根本是风险监管，风险监管的核心就是偿付能力监管。从2016年起，中国第二代偿付能

① 养老金替代率即劳动者退休时的养老金领取水平与退休前工资收入水平之间的比率。

力监管制度体系（以下简称“偿二代”）正式实施。“偿二代”的出台适应了行业在新的时期、新的阶段的发展趋势和监管诉求，标志着行业监管由规模导向向风险导向的转变。“偿二代”的实施与日趋复杂的风险管理趋势相适应，将有力地推进保险公司构建以全面风险管理为核心的经营管理，切实提升风险管理能力，为保险公司在市场化改革的浪潮中坚守住风险底线提供有力的保障。

作为监管部门对保险公司监管的核心，“偿二代”以风险为导向，对不同风险的保险业务提出了不同的资本金要求，风险越高的保险业务资本金要求越高。比如，“偿二代”标准大幅提高了权益类投资的资本金要求比例。这直接对先前的粗放式发展模式，重规模扩张、轻业务风险的发展模式构成了制约，有利于引导保险业资产负债策略及结构的调整。总之，“偿二代”以风险为导向，能够准确计量不同风险状况下的资本账运营情况，真实反映和衡量保险公司的经营效率。“偿二代”的实施将有力驱动保险公司转变发展方式，从高投入、低产出的粗放式发展，向追求增长质量和效益转变，切实提升经营内质，实现行业的转型升级。

风险导向的“偿二代”还可以引导行业回归风险保障的本质，优化业务结构，大力发展长期保障型业务，扩大有效供给，以更好地对接政府职能的转变、社会结构的变迁和居民消费升级等带来的新的需求，推动完善多层次社会保障体系建设。

（二）通过构建长效机制提升保险业风险管理水平

“十三五”期间，监管部门还将建立全面风险管理体系，构建防范化解风险长效机制，从而全方位提升保险业风险管理水平。具体措施包括：加强风险动态监测和预警，不断完善风险动态监测工具，提高风险识别和预判能力。加强创新型业务监管，指导试点保险公司积极防范潜在风险。建立保险风险定期排查制度，深入排查各类风险点。加强风险监测和分类研究，防范满期给付和退保风险，完善退保风险应急预案，消除群体性事件发生的风险隐患。加强对保险业海外配置资产的政策指导，防范境外投资风险。加强保险保障基金的专业化管理，推进基金筹集方式改革，丰富风险处置工具，优化风险处置流程，健全保险风险的处置和救助机制。加强信息系统风险监测和外部渗透性测试工作力度，进一步提升保险机构网络与信息安全风险防范能力。注重分析宏观经济和金融市场对保险业的整体影响，加强与银行监管、证券监管等机构的监管协调，填补监管空白，防范金融风险的跨境与跨行业传递。加强与各部委和地方政府的协调，及时处置各种风险苗头。

防范化解风险长效机制的构建将有助于筑牢风险防范底线，为保险业"十三五"期间的改革与发展提供良好的环境。

第三节 "十三五"时期保险业发展的机遇与挑战

2016年，《国民经济和社会发展第十三个五年规划纲要》（以下简称"十三五"规划）发布，主要阐明了2016—2020年国家战略意图，明确了经济社会发展目标、主要任务和重大举措。"十三五"时期，经济保持中高速增长。在提高发展平衡性、包容性、可持续性基础上，到2020年国内生产总值和城乡居民人均收入比2010年翻一番，主要经济指标平衡协调，发展质量和效益明显提高。这将为保险市场保持平稳较快发展奠定基础。同时，"十三五"时期我国供给体系质量和效率将逐步提升，新的发展动能逐步增强，工业化、信息化、城镇化、农业现代化将带来社会领域深刻变革。人口老龄化及"二孩"政策全面放开将可能使家庭结构发生变化，互联网、大数据、云计算等新技术的快速发展将推动实体经济产业格局日新月异，加快制造强国建设、加快服务业发展、加快绿色发展等政策举措将进一步激活企业发展动力和消费者潜力。这些新变化、新趋势将激发保险需求，催生新产品、新技术、新模式。这些都将给保险业发展带来巨大的机遇。同时，经济发展方式转型具有一定的不确定性，政府与市场关系的处理也影响到保险参与国家治理现代化建设的效果，保险在金融业中的竞争力有待提升，保险行业自身发展基础较为薄弱，这些又构成了"十三五"期间保险业发展面临的挑战。

一、"十三五"时期保险业发展的机遇

"十三五"时期，我国将坚持创新发展，着力提高发展质量和效益；坚持协调发展，着力形成平衡发展结构；坚持绿色发展，着力改善生态环境；坚持开放发展，着力实现合作共赢；坚持共享发展，着力增进人民福祉。创新、协调、绿色、开放、共享的发展理念与推动发展的具体举措给保险业的发展带来新的机遇，包括新发展理念引领保险业的发展方向；创新驱动发展战略推动保险业创新发展；构建发展新体制有助于释放保险业发展活力；推进农业现代化促进农业保险发展；优化现代产业体系拓展保险业发展空间；拓展网络经济空间有助于促进互联网保险的发展；基础设施建设与新型城镇化为保险资金运用提供空间；构建

全方位开放新格局促进保险业开放发展；脱贫攻坚、健康中国建设与提高民生保障水平有助于培育保险业新的增长点；加强和创新社会治理有助于彰显保险社会管理功能。

（一）新发展理念引领保险业的发展方向

“十三五”规划提出创新、协调、绿色、开放、共享的新发展理念。这五项理念既是中国保险业今后发展应该遵循的理念，引领保险业的发展方向，也为中国保险业的发展带来新的历史机遇。

第一，创新驱动。“十三五”时期，创新驱动发展战略深入实施，创业创新蓬勃发展，全要素生产率明显提高；科技与经济深度融合，创新要素配置更加高效，重点领域和关键环节核心技术取得重大突破，自主创新能力全面增强，迈进创新型国家和人才强国行列。保险业可以通过高科技保险等为各种经济创新活动提供风险保障。同时，保险业自身要坚持创新发展，建设一个创新驱动、充满活力、具有较强核心竞争力的现代保险服务业，即把握新常态下保险市场的新特征，运用新理念、新思维、新技术，积极探索新产品、新渠道、新业态、新模式，依靠创新推动行业转型升级，释放和激发行业持续发展和创造活力。

第二，协调改革。“十三五”时期，重点促进城乡区域协调发展，促进经济社会协调发展，促进新型工业化、信息化、城镇化、农业现代化同步发展。保险业可以通过投资行为服务实体经济来平衡发展结构，从而推动区域协调发展、城乡协调发展。同时，保险业自身要坚持协调发展，建设一个跨界融合、区域协同、与经济社会发展相适应的现代保险服务业。全面协调和深化保险发展与监管改革进程，塑造一个能够有效激发市场主体活力、鼓励保险创新的增长模式和体制机制，适应现代保险服务业发展和保险监管现代化的要求，提升行业综合竞争力。围绕供给侧改革、结构性改革等经济社会发展战略，加强与金融、制造业等重点产业的协作，积极拓宽保险服务领域、挖掘保险服务潜力、扩大保险覆盖面。

第三，扩大开放。“十三五”时期，对外开放深度广度不断提高，发展更高层次的开放型经济，全球配置资源能力进一步增强。保险业可以通过出口信用保险等业务，完善我国对外开放战略布局，形成对外开放新体制以及推进“一带一路”建设。同时，保险业自身坚持开放发展，建设一个优势互补、合作共赢、具有全球影响力的现代保险服务业。继续以开放促改革、促发展、促创新，不断丰富对外开放内涵，提升对内对外开放水平，引入先进经营管理理念和技术，综合运用国际国内两个市场、两种资源，重视国内外保险市场联动效应，更加积极主动融入全球发展。

第四，绿色发展。"十三五"时期，坚持节约资源和保护环境的基本国策，坚持可持续发展，加快建设资源节约型、环境友好型社会，形成人与自然和谐发展现代化建设新格局，推进美丽中国建设。保险业可以积极探索发展生态环境领域的保险业务，如通过发展环境责任保险为绿色发展服务。同时，保险业自身也要坚持绿色发展，建设一个资源高效配置、质量效益良好、可持续发展的现代保险服务业。为此，要继续推动行业加快转变发展方式，加强对保险资源的有效保护和合理开发，不断提高保险业精细化、集约化发展水平。

第五，成果共享。"十三五"时期，坚持发展为了人民、发展依靠人民、发展成果由人民共享，做出更有效的制度安排，使全体人民在共建共享发展中有更多获得感，增强发展动力，增进人民团结，朝着共同富裕方向稳步前进。保险业可以通过企业年金保险、雇主责任保险等业务增进发展成果共享。同时，保险业自身也秉持共享发展理念，即以保险消费者为中心，把服务人民群众生产生活、满足多样化风险保障需求作为保险发展的出发点和落脚点，让人民群众共享保险改革发展成果，努力实现"保险让生活更美好"。

（二）创新驱动发展战略，推动保险业创新发展

"十三五"时期国家实施创新驱动发展战略，即把发展基点放在创新上，以科技创新为核心，以人才发展为支撑，推动科技创新与大众创业万众创新有机结合，塑造更多依靠创新驱动、更多发挥先发优势的引领型发展。创新驱动发展战略的实施，既需要保险机制的支持，也为保险业的创新发展提供了机遇。

第一，科技创新为保险业发展提供新的动力。创新驱动发展战略强化科技创新引领作用。发挥科技创新在全面创新中的引领作用，加强基础研究，强化原始创新、集成创新和引进消化吸收再创新，着力增强自主创新能力，为经济社会发展提供持久动力。在创新驱动发展战略的引领下，保险业可以广泛运用现代信息技术，积极适应业务发展需求，加快应用开发和技术升级，逐步建立功能强大、技术先进的综合客户服务平台。积极推动网上保险、电子保单、远程理赔等新的服务方式，提升自动化服务水平。

第二，保险业可以为大众创业万众创新保驾护航。"十三五"时期将深入推进大众创业万众创新。把大众创业万众创新融入发展各领域各环节，鼓励各类主体开发新技术、新产品、新业态、新模式，打造发展新引擎。保险业可以加强对小微企业发展的支持，积极扩大小额贷款保证保险业务，探索发展债券信用保险，继续加强与银行机构合作，为大众创业、万众创新提供融资增信服务。

第三，构建激励创新的体制机制将促进保险业的创新。“十三五”时期将构建激励创新的体制机制，即破除束缚创新和成果转化的制度障碍，优化创新政策供给，形成创新活力竞相迸发、创新成果高效转化、创新价值充分体现的体制机制。深化科技管理体制改革、完善科技成果转化和收益分配机制以及构建普惠性创新支持政策体系，都将促进保险业的制度创新、机制创新与产品创新。

第四，人才优先发展战略将有助于建设高素质的保险业人才队伍。“十三五”时期，国家实施人才优先发展战略，把人才作为支撑发展的第一资源，加快推进人才发展体制和政策创新，构建有国际竞争力的人才制度优势，提高人才质量，优化人才结构，加快建设人才强国。人才优先发展战略将推动保险业注重人才，建设高素质人才队伍。在人才优先发展战略带动下，保险业全面实施人才兴业战略，坚持以人为本，提升人才素质，优化人才结构，建立适应行业发展的管理人才、技术人才、营销人才和监管人才队伍，夯实保险业科学发展的人才基础。首先，建立科学选人用人机制。培养国际业务、资产管理、风险管理、精算、财务、核保核赔、法律等各种专业人才，造就具有国际视野、富有改革创新精神的高素质人才队伍。实施开放的人才政策，努力扩大引入海外人才、跨界人才，打造高层次人才向保险业聚集的整体态势。改革人才选拔使用方式，建立市场化的人力资源管理机制，加强保险人才流动的政策引导，畅通人才流动渠道。鼓励企业实施高管人员市场化选聘任用与管理，实行与经营业绩挂钩的差异化薪酬分配办法，突出专业人才的价值创造。其次，增加教育培训投入，建立健全教育培训体系。最后，建立人才激励约束机制。建立有效的激励体系，探索实施员工持股计划等市场化的体制机制创新。

第五，保险业通过保障与资金运用功能的发挥，推动拓展发展动力新空间。“十三五”时期，国家努力拓展发展动力新空间，即坚持需求引领、供给创新，提高供给质量和效率，激活和释放有效需求，形成消费与投资良性互动、需求升级与供给升级协调共进的高效循环，增强发展新动能。保险业可以通过相关功能的发挥，推动拓展发展动力新空间。首先，保险可以促进消费升级。保险业通过创新保险产品和服务，满足人民群众风险保障需求，稳定消费预期，促进即期消费。同时，通过发展住房、汽车、教育、旅游等领域相关保险，促进服务消费增长和升级。其次，可以发挥保险资金支持经济建设作用，扩大有效投资。保险业可以发挥保险资金长期投资的独特优势，不断扩大投资领域，进一步改革创新资金运用方式，优化保险资金配置，提高保险资金服务实体经济效率。最后，保险业通过出口信用保险等业务，增强出口企业的竞争力，推动培育出口新优势。

（三）构建发展新体制有助于释放保险业发展活力

"十三五"时期将构建发展新体制。发挥经济体制改革牵引作用，正确处理政府和市场关系，在重点领域和关键环节改革上取得突破性进展，形成有利于引领经济发展新常态的体制机制。构建发展新体制将进一步释放保险业发展活力。

第一，坚持和完善基本经济制度和建立现代产权制度将推动保险公司改革。"十三五"规划提出，坚持公有制为主体、多种所有制经济共同发展。毫不动摇巩固和发展公有制经济，毫不动摇鼓励、支持、引导非公有制经济发展。依法监管各种所有制经济。同时，健全归属清晰、权责明确、保护严格、流转顺畅的现代产权制度。这将有助于继续深化保险公司改革。加快建立现代保险企业制度，鼓励保险公司引入合格战略投资者，优化保险公司股权，完善公司治理结构。加强对保险公司实际控制人的监管，防范化解内部人控制和控股股东损害保险公司利益的风险。继续深化国有保险公司改革，支持符合条件的保险机构在境内外上市和挂牌"新三板"，支持保险公司稳步开展金融综合经营，规范保险公司并购重组。

第二，健全现代市场体系有助于完善保险市场体系、再保险市场体系以及中介市场体系。"十三五"时期，国家加快形成统一开放、竞争有序的市场体系，建立公平竞争保障机制，打破地域分割和行业垄断，着力清除市场壁垒，促进商品和要素自由有序流动、平等交换。坚持市场在保险资源配置中起决定性作用，聚焦重点领域和关键环节，深化各项体制机制改革，促进行业发展方式转变和结构调整，为行业健康发展提供持续动力。首先，有助于完善现代保险市场体系。深化准入机制改革，推动市场主体层次、业务结构和区域布局优化升级，统筹培育与实体经济发展和金融改革创新相适应的现代保险市场体系。支持设立区域性和专业性保险公司，构建符合经济和产业中高端发展要求的现代保险服务体系。扩大专业互联网保险公司试点，发展自保、相互等新型市场主体，不断丰富新业务形态和新商业模式。推进保险交易所试点。其次，加快发展再保险市场。建立健全再保险市场体系，适度增加再保险市场主体，完善再保险中介服务，发展区域再保险中心，促进再保险人才、技术等资源要素汇集。推动再保险产品服务创新，加大再保险对农业、交通、能源、化工、水利、航空航天、核电等国家重点项目的保障力度。促进离岸业务发展。建立和完善财政支持的农业再保险体系和巨灾风险再保险体系。鼓励再保险公司与直保公司在产品开发、服务网络、数据共享等方面开展深度合作，扩大我国保险市场的承保能力。支持再保险参与行业数据平台、灾害管理、风险管理服务体系等基础设施建设，多种形式推动行业数据经验分析和全球分保协调。完善再保险登记制度，研究制定离岸再保险人保证金制度，防范化解金融风险通过再保险业务跨境传递。最后，推进保险中介市场发展。发展多层次、多成分、多形式的保险中介服务体系，培育具有专业特色和国际竞争力的龙头型中介机构，发展小微型、社区化和门店化经营的区域性专业代理机构，探索独立个人代理人制度，建设自主创业创新的独立个人代理人群体。更加主动对外开放保险中介市场。改进准入管理，加强退出管理，引导保险中介行业资本合理进入退出，推动保险中介市场要素有序流动，鼓励专业中介机构兼并重组。提升中介机构的专业技术能力，在风险定价、产品开发、防灾防损、理赔服务、反欺诈等方面发挥积极作用，提供增值服务。鼓励保险销售多元化，有序发展交叉销售、电话销售和互联网销售等新渠道新模式。强化专业中介机构治理内控，落实法人机构和高管人员管理责任。加强兼业代理机构保险业务管理。加强保险公司中介业务全流程信息系统管控，提升保险中介信息化水平。发挥社会监督效力，加强中介信息披露。

第三，深化行政管理体制改革将进一步激发市场活力。“十三五”时期，国家加快政府职能转变，持续推进简政放权、放管结合、优化服务，提高行政效能，激发市场活力和社会创造力。各种形式的行政审批捆住了保险企业的手脚，剥夺了市场主体的自由，抑制了企业家精神。因此，深化行政管理体制改革将进一步减少行政审批，释放保险市场活力。

（四）推进农业现代化，促进农业保险发展

“十三五”时期推进农业现代化。农业是全面建成小康社会和实现现代化的基础，必须加快转变农业发展方式，着力构建现代农业产业体系、生产体系、经营体系，提高农业质量效益和竞争力，走产出高效、产品安全、资源节约、环境友好的农业现代化道路。具体措施包括：第一，增强农产品安全保障能力。确保谷物基本自给、口粮绝对安全，调整优化农业结构，提高农产品综合生产能力和质量安全水平，形成结构更加合理、保障更加有力的农产品有效供给。第二，构建现代农业经营体系。以发展多种形式适度规模经营为引领，创新农业经营组织方式，构建以农户家庭经营为基础、合作与联合为纽带、社会化服务为支撑的现代农业经营体系，提高农业综合效益。第三，提高农业技术装备和信息化水平。健全现代农业科技创新推广体系，加快推进农业机械化，加强农业与信息技术融合，发展智慧农业，提高农业生产力水平。第四，完善农业支持保护制度。以保障主要农产品供给、促进农民增收、实现农业可持续发展为重点，完善强农、惠农、富农政策，提高农业支持保护效能。“十三五”规划中推动农业现代化发展

的上述举措将促进农业保险的发展，主要体现在以下几个方面①：

第一，提升农业保险在农业支持政策体系中的地位。农业保险有助于管理食物价值链风险、稳定农业收入并促进农业投资，从而促进现代农业发展。无论是发达国家还是新兴市场，都在致力于提升农业保险在其农业支持政策体系中的地位。美国是全球最发达的农业保险市场，农业保险在其农业安全网中地位突出。从支出结构看，政府对于农作物保险支出的占比不断增加。2012 年，政府对保费补贴和经营费用补贴 85.6 亿美元，承担承保损失 53.7 亿美元，合计 140 亿美元，远高于农产品计划和灾害救助支出总和 69.28 亿美元。从风险管理效果看，美国也越来越倚重于农作物保险计划。2012 年，美国遭遇 50 年来最严重的干旱，农业保险赔付 172 亿元，几乎是其他两个项目支出的 2.5 倍，凸显了农业保险的核心地位。农业保险之所以能够成为美国农业安全网的核心，原因在于美国农业保险产品以收入保险为主体，具有价格与收入支持功能，可以部分取代农产品与价格支持计划。同时，农业保险的灾害补偿功能取代灾害救助项目的大部分功能。从政策效果看，农业保险可以更好地发挥市场机制在风险管理中的作用，通过费率的高低调节生产过程中的风险行为，抑制灾害救助激励扩大在高风险地区生产的倾向；可以发挥政府补贴的杠杆作用，平均保费补贴 62%，带动农场主的保费投入，从而有助于减轻政府的预算压力。正是在上述背景下，美国《2014 年农业法案》进一步改革收入补贴，增加保险项目，在未来的预算中增加对于作物保险项目的支出。另一个农业保险大国加拿大也是如此。21 世纪以来，加拿大逐步构建市场导向的农业政策体系，形成了以农业风险管理（Business Risk Management，简称 BRM）为核心、非风险管理项目（Non - BRM Programme）为补充的农业支持保护的基本框架和政策体系，其中农业保险是农业风险管理计划的重要组成部分。2015—2016 年度，加拿大农业保险承保面积 5 690 万英亩，保险责任 180 亿加元，保费收入 15 亿加元。2010—2014 年，加拿大联邦政府对农业保险的支出（包括保费补贴与管理成本）为 30.2 亿加元，各省的参保率约为 75%—85%，承保面积约占种植面积的 65%—70%，可保价值占加拿大全部种植作物价值的 88%。

印度、巴西、菲律宾等新兴国家均将其农业保险作为支农政策体系中的重要组成部分，并作为"绿箱补贴"政策向世界贸易组织申报。近年来，新兴国家农业保险发展迅速，农业保险保费收入年均增速接近 30%，其保费在世界农业保险保费中的占比不断增加，其中中国和印度是主要的增长推动因素。新兴市场

① 朱俊生：农业保险创新的国际经验，《中国金融》2016 年第 8 期。

农业保险的未来发展潜力巨大。

国际上农业安全网的上述变化趋势对中国农业补贴政策的调整具有重要的借鉴意义。近年来，中国对农业的补贴支持快速增长，农业支持总量和主要农产品补贴水平大幅提高。价格支持和挂钩补贴逐步成为主要政策工具，对市场的干预和扭曲作用日益明显。我国作为世界贸易组织成员，对农业的补贴受到世界贸易组织规则的约束。中国入世时承诺，农产品“黄箱补贴”不得超过产值的8.5%，据有关测算，中国已经逼近这条“黄线”。继续增加现有补贴种类的总量，将使我国在世界贸易组织规则总体范围内的支持空间进一步缩小，不利于我国充分利用规则调动种粮农民积极性、进一步提高种粮农民收入水平。因此，需要根据世界贸易组织（WTO）规则调整和改革农业补贴政策，将部分“黄箱补贴”改为“绿箱补贴”，即将一部分农业补贴转为在世界贸易组织规则范围中使用不受限制的补贴，比如对符合一定条件的农业保险的支持。我们认为，应借鉴国际经验，更好地发挥政策性农业保险的核心地位，将完善农业保险与上述补贴政策变革的方向结合起来，在现代农业发展背景下完善农业保险政策，提升农业保险在支农体系中的地位与作用，从而改善目前的农业补贴结构，促进现代农业发展和农业保险之间相互促进的双向互动关系。为此，要健全农业保险制度体系，鼓励农民和各类农业经营主体自愿参保，提高农业保险保障程度。同时，积极争取财政税收优惠政策，加大农业保险政策支持力度。

第二，提高农业保险服务规模化新型农村经营主体的能力。国际经验表明，规模化是现代农业保险发展的必要条件。农业保险经营相对成功的国家或地区，其现代农业发展的程度往往比较高，经营规模比较大。原因在于，规模化经营农户对于农业保险的需求更高，同时交易成本更低。比如，美国是目前全球最发达的农业保险市场，其中一个重要的原因在于其农场的规模相对较大，商品化程度高。美国农场数量从1935年的681万家下降到目前的200万家，农场的平均规模从1950年的213英亩上升至450英亩。美国的研究同样显示，农场规模大小很大程度上影响到其对农业保险的参与率。加拿大农业保险经营相对成功的重要原因也在于，其现代农业发展的程度比较高，经营规模大。曼尼托巴省农业服务公司（MASC）2015年共签署9 000张保单，承保面积970万英亩，平均件单承保面积为6 542亩；阿尔伯塔省农业金融服务公司（AFSC）2015年共签署16 863张保单，承保面积2 140万英亩，平均件单承保面积更是高达7 703亩。

不仅发达国家如此，一些发展中国家农业保险发展的经验也表明，现代农业更适合农业保险这种市场化的风险分散机制。比如，菲律宾是欠发达国家中为数不多较成功实施政策性农业保险的国家。菲律宾之所以取得成功，很重要的条件是菲律宾的农业规模化程度在欠发达国家中领先,而且政府在推行政策性农业保险时重点支持规模化经营的农户。实际上,自1898年美国从西班牙手中接管菲律宾后,菲律宾就师从美国走农业现代化之路,土地向农场集中,农业规模化不断提升。1978年菲律宾政府实施政策性农业保险,首先选择从规模相对较大的7万个水稻生产农场和7.5万个玉米生产农场开始。

上述国际经验对于我国的重要启示是:农业保险要大力提升服务现代农业与新型农村经营主体的能力,这是国际上农业保险发展的共同规律。发展现代农业是新时期加快推进我国农业发展的重要战略部署。现代农业发展的重要内容是构建新型农业经营体系。2014年、2015年、2016年中央一号文件都反复强调要“发展多种形式规模经营”、“支持新型农业经营主体和新型农业服务主体成为建设现代农业的骨干力量”。在现代农业发展的内生需求驱动以及政策引导的共同作用下,我国农业新型经营主体快速发展,截止到2015年6月底,全国家庭承包经营耕地流转面积4.3亿亩,占32.3%;转包和出租占80.4%;转出农户6 542.1万户,占家庭承包农户总数的28.4%。在此基础上形成的经营面积在50亩以上的专业大户超过341万户,家庭农场超过87万家,依法登记的农民合作社成果140万家,龙头企业超过12万家。

我国自2007年开始实施财政补贴保费的政策性农业保险制度,对于保证国家粮食安全和实现农村社会稳定都发挥了积极的作用。但是,传统的农业保险主要着眼于高度分散的小农经营,不能适应现代农业与新型经营主体的发展。这突出表现在两个方面:一是农业保险产品体系单一、没有差异化,难以满足现代农业发展过程中多层次的风险管理需求。新型农业经营主体已经表现出不同于传统小农户经营的特点,但一直以来针对它们的专属产品却发展有限。二是农业保险产品的保障水平低,难以满足规模化经营主体的保障需求。传统保险产品的保险金额较低,甚至难以覆盖种植业的物化成本,不能适应现代农业高成本、高投入的生产特点。

因此,为了更好地服务新型农村经营主体以及现代农业的发展,我国农业保险首先应细分市场,开发针对性的专属产品。农业保险要适应新型经营主体生产方式变革的特点,进行有效的市场细分,开发满足其需求特点的专属性产品,研发制定适合其生产方式与需求特点的农业保险产品和条款,满足新型农业经营主体多样化风险管理需求。其次,提高保障水平,适应农业进入生产高成本时代的要求。我国农业发展当前已到了一个转折关口:劳动成本等直接生产成本推动了农业生产总成本的增加,农业进入高成本时代。这就要求通过农业保险产品创新,超越传统产品“低保费、低保额”的局限,提高保障程度,扩大保障范围,有效适应新型经营主体对风险分散水平和保障能力提出的更高要求，满足其规避大规模和高投入生产方式下面临较高风险的需要，促进现代农业和新型经营主体的发展。

第三，发展收入保险推动农产品价格形成机制改革。近年来，我国农业生产成本持续较快上涨，而国际农产品价格持续下跌，国内外农产品价差越来越大，原有的最低保护价与临时收储政策对价格机制的扭曲作用越来越明显。因此，为了推进农业供给侧结构性改革，需要以健全市场机制为目标改革完善农业支持保护政策，特别是农产品价格形成机制改革。近年来，我国不少地区都开发了蔬菜价格保险、生猪价格指数保险、“保险 + 期货”等纯粹承保价格风险的保险产品，对农业保险参与农产品价格形成机制改革进行了诸多有益的探索。我们认为，要以收入保险作为农产品价格保险的主体产品形态。主要原因在于：首先，从国际经验看，收入保险更具有可保性和推广价值。随着农产品的市场化，价格波动已经成为农户的重要风险因素。世界上有不少国家将农产品价格风险纳入农业保险保障范围之内，如美国、加拿大、巴西、西班牙和法国，其中美国是世界上唯一将大部分农产品价格风险纳入农业保险保障计划的国家。在美国，农作物收入类保险的纯保费占总纯保费的份额从1996年的8%增长到2014年的81.5%，收入保险已经成为农业保险产品的主流。美国之所以通过收入保险而不是纯粹的价格保险对大部分农产品的价格风险进行承保，主要有两方面的原因：一是在一定区域范围内，大田作物当期的产量与价格之间往往存在显著的负相关关系，产量风险与价格风险可以进行一定的对冲，减小年际之间的赔付的离散系数，也就会平滑和降低总的赔付风险，从而使得产量风险和价格风险组合而成的收入风险要比单独的价格风险更小，也有利于降低作物收入保险的费率。二是在市场经济高度发达的美国，不同地区同种农产品的价格走势应该是高度一致的，农产品价格风险的系统性非常强，单独采用价格保险形式非常容易出现大范围同时理赔的现象，从而导致保险巨灾风险的发生，而收入保险综合了产量因素，同一作物在不同区域同时遭受损失的可能性较小，这样有利于保险公司在空间上分散风险和防范巨灾风险。

美国的上述经验表明，当某种农产品生产更易受到各种旱、涝、冻、雹等自然灾害影响遭受损失时，也面临着市场价格波动的风险，那么它更适合采用收入保险的形式予以保障。随着我国现代农业的发展，家庭农场、种养大户、各种农业专业合作社等新型农业经营主体不断增多，经营规模不断扩大，农民职业化进程不断加快，农作物收入保险和农场的生产效益紧密结合，将会更加受到新型经营主体的欢迎。我国应借鉴美国收入保险的经验，在有条件的地区积极探索和开发收入保险产品，丰富我国农业保险产品体系，更有效地满足农民多层次风险管理需求。为此，要积极支持保险公司开发收入保险产品。可以在经营规模较大的粮食主产区进行个体农作物收入保险的试点，可以在具有相似自然条件、相同风险系数的粮食主产县进行区域农作物收入保险试点。

其次，收入保险符合农产品价格形成机制改革的实践方向。根据学者程国强先生的研究，为了形成市场化的农产品价格形成机制，未来将可能不再保留具有生产刺激作用的价格支持政策，农户将根据农产品的市场价格信号来决定扩大或减少生产。在此基础上将可能配套实施“种粮收益补贴”。“种粮收益补贴”是粮价政策改革的配套措施，主要用于补偿粮价改革对农民收益的影响，有效保护农民种粮积极性。在操作上具体有两种补贴方式：一是按面积进行补贴。单位面积补贴标准根据改革过程中价格下降后种粮收益减少情况确定。二是通过保险机制来发放补贴，即发展收入保险。显然，发展收入保险，通过保险机制发放补贴，在一定的条件下更符合世界贸易组织的“绿箱政策”规则，更能发挥市场化运作效率，能更好地发挥财政资金的使用效率，值得积极探索。使用收入保险这种杠杆可以引导更多农户参与运用现代风险管理工具进行农业风险管理，从国家层面来讲，符合我国政府稳定农业发展和促进农业现代化的政策目标。

（五）优化现代产业体系，拓展保险业发展空间

“十三五”时期将优化现代产业体系。围绕结构深度调整、振兴实体经济，推进供给侧结构性改革，培育壮大新兴产业，改造提升传统产业，加快构建创新能力强、品质服务优、协作紧密、环境友好的现代产业新体系。国家优化现代产业体系需要保险的保驾护航，这将进一步拓展保险业的发展空间。

第一，保险业助力制造强国战略。实施制造强国战略，将深入实施《中国制造2025》行动纲领，以提高制造业创新能力和基础能力为重点，推进信息技术与制造技术深度融合，促进制造业朝高端、智能、绿色、服务方向发展，培育制造业竞争新优势。保险业将落实《中国制造2025》行动纲领，发挥保险功能作用和专业优势，服务高端制造装备研发和生产，助力制造强国战略。为大型工业企业和工业骨干企业提供全方位风险保障，通过差别化费率政策，服务工业经济结构调整。

第二，保险业服务于战略性新兴产业发展。“十三五”期间，国家支持战略性新兴产业发展，即瞄准技术前沿，把握产业变革方向，围绕重点领域，优化政策组合，拓展新兴产业增长空间，抢占未来竞争制高点，使战略性新兴产业增加值占国内生产总值比重达到15%。保险业可以通过加快发展科技保险、推进专利保险试点，为科技企业自主创新、融资、并购等提供全方位的保险服务。同时，通过健全首台（套）重大技术装备保险风险补偿机制，支持战略性产品的发展。

第三，保险可以推动服务业的发展。"十三五"期间，国家加快推动服务业优质高效发展，即开展加快发展现代服务业行动，扩大服务业对外开放，优化服务业发展环境，推动生产性服务业向专业化和价值链高端延伸、生活性服务业向精细和高品质转变。可以积极发挥保险对咨询、法律、会计、评估、审计等产业的辐射作用，积极发展文化产业保险、物流保险，探索演艺、会展责任险等新兴保险业务，促进第三产业发展。

另外，还可以进一步拓宽保险资金运用范围，支持保险资金以债权、股权、股债结合、创投基金、私募基金等方式向高新技术产业、战略性新兴产业、现代制造业、现代农业等提供长期稳定资金，助力我国新技术、新业态和新产业发展。

（六）拓展网络经济空间有助于促进互联网保险的发展

"十三五"时期将进一步拓展网络经济空间，即牢牢把握信息技术变革趋势，实施网络强国战略，加快建设"数字中国"，推动信息技术与经济社会发展深度融合，加快推动信息经济发展壮大。具体措施包括：第一，构建泛在高效的信息网络。加快构建高速、移动、安全、泛在的新一代信息基础设施，推进信息网络技术广泛运用，形成万物互联、人机交互、天地一体的网络空间。第二，发展现代互联网产业体系。实施"互联网＋"行动计划，促进互联网深度广泛应用，带动生产模式和组织方式变革，形成网络化、智能化、服务化、协同化的产业发展新形态。第三，实施国家大数据战略。把大数据作为基础性战略资源，全面实施促进大数据发展行动，加快推动数据资源共享开放和开发应用，助力产业转型升级和社会治理创新。第四，强化信息安全保障。统筹网络安全和信息化发展，完善国家网络安全保障体系，强化重要信息系统和数据资源保护，提高网络治理能力，保障国家信息安全。

"十三五"期间，国家拓展网络经济空间，一方面需要保险业开发针对网络经济的产品和服务，为互联网与经济社会各领域融合提供风险保障服务。另一方面，保险业也积极落实"互联网＋"行动，促进互联网保险健康发展。目前，互联网保险已经在一定程度上改变了保险行业的经营理念和商业模式。互联网保险具有成本优势与规模优势，有助于缓解目前中国保险业存在的诸多问题。对保险消费者而言，通过互联网，用户可自主选择和实现自己的投保意愿，并可以相对便捷地对多家保险公司的同类产品进行比较和选择。客户可以比较方便地完成续保、理赔等，节省了时间、精力、费用。对保险公司而言，利用互联网的电子化特性，可以较好地实现保险业务标准化、流程化与规范化，集中专业化、高素质服务人员，为客户提供优质服务。此外，相对于开设营业网点，保险运营成本也将大大降低。不仅如此，互联网保险还逐渐通过对数据流、信息流进行充分利用，实现对客户保险需求的量身定做，保险公司的销售模式、产品模式、运营管理模式和服务模式等都将相应发生变革。

（七）基础设施建设与新型城镇化为保险资金运用提供空间

"十三五"时期将构筑现代基础设施网络，拓展基础设施建设空间，加快完善安全高效、智能绿色、互联互通的现代基础设施网络，更好发挥对经济社会发展的支撑引领作用。"十三五"时期将推进新型城镇化建设。坚持以人的城镇化为核心、以城市群为主体形态、以城市综合承载能力为支撑、以体制机制创新为保障，加快新型城镇化步伐，提高社会主义新农村建设水平，努力缩小城乡发展差距，推进城乡发展一体化。

"十三五"期间，国家构筑现代基础设施网络，推进新型城镇化，为保险资金运用提供了新的空间。保险资金可以以多种方式支持重大基础设施、棚户区改造，城镇化建设等国家重大项目和民生工程。2015 年，中国保险投资基金设立，以金融创新更好地服务实体经济。中国保险投资基金将对接国家重大战略和市场需求，主要投向基础设施建设。设立中国保险投资基金，是保险资金服务实体经济的重要举措，有利于满足国家稳增长的经济战略以及混合所有制体制改革的需求，有利于促进基础设施投资，缓解经济下行压力，也是保险资金投资方式的重要创新，可以扩大保险资金股权债权投资的规模，优化保险资产的配置，并有利于构建行业投资平台，开展重大基础设施项目投资。通过设立中国保险投资基金，引导保险资金进入基础设施建设的重大项目和重点领域，拓宽基础设施融资渠道，对稳增长和促进长远发展具有重要意义。引导保险资金有序进入重点领域有利于稳定投资需求和总需求，稳定就业和居民收入。同时，引导保险资金投向棚户区改造、城市基础设施、重大水利工程和中西部交通设施建设，以及"一带一路"和国际产能合作重大项目，则直接关系群众生活的质量和水平，提升现有交通设施的运行效率以及促进对外开放水平的提升。同时，党的十八届三中全会全面开启了我国发展混合所有制经济、加快国有企业改革、推进公共资源配置市场化、放开公共产品价格管制等各项改革措施。上述围绕混合所有制体制改革的举措将大大增加民间资本在基础设施领域的投资机会。在上述背景下，设立中国保险投资基金，也可以在不增加政府投资总量的情况下，减少一般性投资，加大对基础设施等领域的投资支持，并鼓励保险资金等社会资本参与，可以优化投资结构、增强产业竞争力，从而提高发展质量和效益。

（八）构建全方位开放新格局，促进保险业开放发展

“十三五”时期构建全方位开放新格局。以“一带一路”建设为统领，丰富对外开放内涵，提高对外开放水平，协同推进战略互信、投资经贸合作、人文交流，努力形成深度融合的互利合作格局，开创对外开放新局面。同时，深化内地和港澳地区、大陆和台湾地区合作发展。支持港澳地区巩固传统优势，培育发展新优势，拓宽两岸关系和平发展道路，更好实现经济互补互利、共同发展。

全方位开放格局的构建将促进保险业的开放发展，提升保险业的国际竞争力。保险业可以积极主动对接国家“一带一路”、自由贸易区等重大战略的实施，推动保险企业和保险监管“走出去”，开创高水平双向开放新格局。

第一，保险业服务“一带一路”战略。建立保险业服务“一带一路”战略的工作机制，参与制定国家相关政策，引导行业积极提供综合保险服务。扩大中长期出口信用保险覆盖面，增强交通运输、电力、电信、建筑等对外工程承包重点行业的竞争能力，支持和保障“一带一路”示范项目及相关共建行动的落实。放开短期出口信用保险市场，增加经营主体，鼓励保险公司开发短期出口信用保险产品。鼓励政策性保险公司加大海外投资保险的发展力度。鼓励再保险公司扩大对“一带一路”项目的承保支持、技术支持和本地服务支持，构建境外服务网络，实现风险的全球分散。积极推进保险资金服务“一带一路”战略，进一步规范保险资金境外投资运作行为，支持符合资质的保险机构开展境外投资业务。

第二，保险业参与自由贸易区（自贸区）建设。主动对接自贸区建设需求，积极支持国家建设高水平自贸区。支持外资保险公司及保险服务机构在自贸区设立法人机构。积极推动自贸区与香港、澳门和台湾地区的保险产品互认、资金互通、市场互联、人才互动，鼓励港、澳、台地区保险机构与内地保险机构开展深度合作，加快粤港澳合作平台建设。积极参与国际海上保险联盟（IUMI）的规则制定和管理工作，鼓励境内外航运保险和保险经纪等专业服务机构落户自贸区，促进航运保险业务的回流。推动出台离岸保险税收及支持政策，鼓励离岸保险制度在自贸区落地实施。引导和推动保险机构探索和开展外汇长期寿险、跨境人民币再保险、自贸区养老保险、影视文化保险、平行进口车保险、保税仓储物流责任保险等业务创新。推动自贸区内保险资金跨境双向投融资试点，支持保险资金参与自贸区内各类国际交易市场。

第三，保险业参与国际保险市场竞争。保险机构在风险可控条件下，开展国际经营网络布局，提升对我国海外企业和人员的服务能力。保险企业在综合考虑自身实力的基础上，通过兼并收购境外保险机构的方式，提高国际化经营水平，有效开拓全球市场。支持保险业走出去，拓展保险资金境外投资范围。加强中外保险企业合作，积极引入国际先进技术和业务经验。支持中资保险公司参与国际资本市场融资，稳步推进保险资源配置的全球化。

第四，积极参与国际保险规则的制定。加大与欧洲、美国等发达市场监管机构和国际保险监督官协会（IAIS）交流力度，参与国际保险监管规则制定在重大事务和战略性问题上发挥建设性作用。加快偿二代与香港、澳门地区保险监管体系的等效互认，做好我国偿付能力监管制度与欧盟偿付能力 II 的等效评估工作。探索和推广负面清单管理制度，加强对保险业对外开放的配套体制机制建设。完善跨境危机管理和解决机制，加强跨境监管合作，推进与自由贸易伙伴之间的规制合作，切实防范金融风险跨市场、跨境传递。

（九）脱贫攻坚、健康中国建设与提高民生保障水平有助于培育保险业新的增长点

"十三五"规划提出，全力实施脱贫攻坚。贯彻精准扶贫、精准脱贫基本方略，创新扶贫工作机制和模式，加大扶贫攻坚力度。同时，提升全民健康水平，推进健康中国建设。深化医药卫生体制改革，坚持预防为主的方针，建立健全基本医疗卫生制度，实现人人享有基本医疗卫生服务，推广全民健身，提高人民健康水平。另外，提高民生保障水平。按照人人参与、人人尽力、人人享有的要求，坚守底线、突出重点、完善制度、引导预期，注重机会公平，保障基本民生，不断提高人民生活水平，实现全体人民共同迈入全面小康社会。

"十三五"期间，脱贫攻坚、健康中国建设与提高民生保障水平有助于培育保险业新的增长点。

第一，保险可以成为扶贫的重要机制。通过发展普惠保险，开发各类保障适度、保费低廉的小额保险产品，可以为外来务工人员、流动人口等特定人群提供保险服务，为低收入人群的疾病、死亡、残疾等风险提供保障，防止因意外致贫返贫。可以通过"农业保险 + 农业信贷"的信贷扶贫模式以及"扶贫小额贷款保证保险"，促进产业扶贫中的风险转嫁。强化保险与事故救援、医疗救助、疾病应急救助及慈善救助等制度间的互补联动。完善贫困地区保险服务体系，依托村委会、居委会建设农村、社区保险服务站，开展面向基层群众的保险服务。发

挥保险资金优势，支持贫困地区重大基础设施项目建设。积极主动承担定点扶贫任务，建立扶贫工作的考核评价机制，推动脱贫攻坚目标早日实现。

第二，提升全民健康水平与推进健康中国建设促进商业健康保险和大病保险的发展。可以通过完善商业健康保险顶层设计，鼓励保险公司大力开发各类医疗、疾病保险和失能收入损失保险等商业健康保险产品。可以大力开发与基本医疗保险衔接的补充医疗保险。全面推开个人税收优惠型商业健康保险，发挥税收政策杠杆的作用，满足人民群众日益增长的健康保险需求。积极开发和提供疾病预防、健康体检、健康咨询、健康维护、慢性病管理、养生保健等健康管理服务，探索管理式医疗，降低医疗费用支出，提高医疗服务效率和质量。积极参与公共医疗改革，支持保险机构探索运用股权投资、战略合作等方式，设立医疗机构和参与公立医院改制。全面推广基本医疗保障经办经验，鼓励具有资质的商业保险机构深入参与各类医保经办，提高服务水平，稳步扩大经办服务覆盖范围，积极参与医保支付方式改革，降低运行成本，提升管理效率。探索建立长期护理保险制度，开展长期护理保险试点。鼓励保险机构加快发展多种形式的长期商业护理保险。同时，要促进大病保险稳健运行。在大病保险全面实施基础上，推动大病保险制度进一步完善，优化政策制定和方案设计，提高保障水平和效率。简化报销手续，优化服务流程，提供“一站式”大病保险服务。协调有关部门构建信息共享机制，推动商业保险信息与公共卫生、医疗服务、基本医保、医疗救助等信息共享，实现大病保险与基本医保、医疗救助、商业健康保险等医疗保障制度的有效衔接，形成保障合力。加强大病保险监管，确保大病保险规范运行。提升大病保险的统筹层级，积极推进市（地）级统筹，鼓励省级统筹或全省（区、市）统一政策、统一组织实施，提高抗风险能力。

第三，提高民生保障水平可以促进养老保险与服务的发展。为了积极应对人口老龄化，要创新发展多种形式的商业养老保险产品，积极参与多层次社会养老保障体系建设，对社会基本养老保险形成有效补充，满足更高层次、差异化的社会保障需求。积极争取个人商业养老保险税收优惠政策，推动开展个人税收递延型商业养老保险试点，不断总结试点经验，丰富产品种类。进一步扩大住房反向抵押养老保险试点，发展独生子女家庭保障计划，探索对失独老人保障的新模式。支持符合条件的商业保险机构获得企业年金基金和职业年金基金相关管理资格，鼓励保险机构参与社会养老基金的市场化管理。支持商业保险机构参与政府各类社会基本养老经办。积极参与养老服务业综合改革试点工作，发展养老机构综合责任保险，支持保险机构以投资新建、参股、并购、租赁、托管等方式兴办养老社区等服务机构，促进保险业与养老服务产业的融合发展，支持保险机构增加养老服务和产品供给。

总之，通过积极参与反贫困、健康和养老等社会保障体系建设，把商业保险建成社会保障体系的重要支柱，可以使商业保险逐步成为个人和家庭商业保障计划的主要承担者、企业发起的养老健康保障计划的重要提供者、社会保险市场化运作的积极参与者。

（十）加强和创新社会治理有助于彰显保险社会管理功能

"十三五"规划提出，要加强和创新社会治理，即加强社会治理基础制度建设，构建全民共建共享的社会治理格局，提高社会治理能力和水平，实现社会充满活力、安定和谐。同时，为了健全公共安全体系，要提升防灾减灾救灾能力。保险业可以发挥社会管理功能。

第一，保险可以服务社会治理创新。通过政府引导、市场运作、立法保障的责任保险发展模式，把与公众利益关系密切的环境污染、食品安全、医疗责任、医疗意外、火灾安全、特种设备安全、生产安全、产品质量、住宅建筑工程质量等领域作为责任保险发展重点，探索开展强制责任保险试点。配合生态环境改善工作，加快发展绿色保险。严格环境损害赔偿，在高风险行业推行环境污染强制责任保险。加快发展旅行社、产品质量、各类职业责任保险、产品责任保险和公众责任保险，扩大治安保险、社区综合保险等新兴业务覆盖面，充分发挥责任保险在事前风险预防、事中风险控制、事后理赔服务等方面的功能作用，用经济杠杆化解民事责任纠纷。探索保险机构运用股权投资、战略合作等方式参与保险服务产业链整合。完善交通事故快撤理赔机制，扩大快处快赔工作试点范围，鼓励利用移动终端和互联网技术开展理赔服务创新，鼓励保险机构参与交通事故社会救助基金管理，增强保险业参与交通管理的能力。

第二，参与国家灾害救助体系建设。通过各级政府的支持，将保险纳入灾害事故防范救助体系，提高保险参与灾害应对的能力，提升企业和居民利用商业保险应对灾害事故风险的意识和水平。充分发挥保险费率杠杆的激励约束作用，强化事前风险防范，减少灾害事故发生，促进安全生产和突发事件应急管理。加快建立巨灾保险制度。推动出台《地震巨灾保险条例》，落实《建立城乡居民住宅地震巨灾保险制度实施方案》。研究建立地震巨灾保险基金，逐步形成财政支持下的多层次巨灾风险分散机制。完善中国城乡居民住宅地震巨灾保险共同体运行机制，探索符合我国国情的巨灾指数保险试点，推动巨灾债券在巨灾风险分散机制中的应用。推动建立核保险巨灾责任准备金制度，研究建立巨灾风险管理数据库。

二、“十三五”时期保险业发展的挑战

保险业要有效抓住“十三五”规划带来的机遇，将其转化为行业转型升级发展的契机，一是有赖于“十三五”规划的顺利实施，二是有赖于行业夯实发展的基础。但是，受制于经济发展方式转型的不确定性，“十三五”规划的实施尚存在一定的不确定性。同时，政府与市场关系的处理也影响到保险参与国家治理现代化建设的效果。另外，保险在金融业中的竞争力有待提升，保险行业发展的基础相对薄弱，这些因素可能相互叠加和强化，构成了“十三五”时期对保险业的挑战。

（一）经济发展方式转型的不确定性

当前，我国发展不平衡、不协调、不可持续问题仍然突出，主要是发展方式粗放，创新能力不强，部分行业产能过剩严重，企业效益下滑；城乡区域发展不平衡；资源约束趋紧，生态环境恶化趋势尚未得到根本扭转；基本公共服务供给不足，收入差距较大，人口老龄化加快，消除贫困任务艰巨。经济与社会发展面临诸多矛盾叠加、风险隐患增多的严峻挑战。当前的诸多问题本质上是经济发展方式没有从根本上得到转变这一深层次矛盾造成的。长期以来，我国的经济增长表现为国家的权力主导（政府对要素市场控制），以投资驱动为中心，而不是企业驱动。这样的经济增长某种程度上是强制增长，而不是自然增长，这使得经济系统的活力不升反降。因此，虽然 GDP 仍然保持了较快增长，但并不足以为保险业的发展奠定坚实的基础。在政府主导的投资驱动下，消费者的需求并没有真正启动，在财富分配中，中国劳动者收入的份额大大低于相似发展阶段的发达国家，也大大低于新兴工业化国家水平，呈现“低水平陷阱”状态。上述财富分配格局从根本上削弱了国民对于保险的支付能力，从而制约了保险业的发展。

针对上述问题，如果“十三五”规划能够有效实施，紧紧围绕使市场在资源配置中起决定性作用，深化经济体制改革，坚持市场化改革、减少政府控制和干预以及实现法治，则能够实现我国经济发展方式的转变，这将是“十三五”时期保险业发展的最大制度红利。相反，如果由于各种原因，改革的步伐被反改革的心态和政策所阻碍，经济发展方式的转型将存在一定的不确定性，“十三五”规划提出的发展目标也将有可能难以完全实现，从而影响保险业的发展。

（二）国家治理现代化中政府与市场关系的处理

党的十八届三中全会提出，要“完善和发展中国特色社会主义制度，推进国家治理体系和治理能力现代化”，并将此作为新时期全面深化改革的总目标。作

为新时期国家部署实施的"第五个现代化"——"国家治理现代化"势必成为引领国家各个领域和各项事业改革和发展的新方向。国家治理现代化同样给保险业的发展带来巨大的想象空间。保险业通过着力补齐社会保障短板推动提升社会治理能力。近年来，保险业致力于充分发挥保险的"社会稳定器"功能，把商业保险建成社会保障体系的重要支柱，成为政府改进公共服务、加强社会管理的有效工具。一是通过大病保险，极大地缓解了看病难、看病贵等问题。截至2015年底，商业保险经办大病保险覆盖人口9.2亿人，345万名大病患者直接受益，患者实际报销水平提高10—15个百分点。二是广泛参与基本医保、养老的经办服务，提高管理运行效率。截至2015年底，商业保险在全国327个县、市参与经办新农合和城镇居民基本医保，服务人数达8 547万人，受托管理资金80.3亿元。三是大力发展多种形式的责任保险，探索发展社区综合保险、治安保险，参与交通治理，创新城市管理体制，降低社会管理成本，创新公共服务提供方式。

在创新公共服务提供方式，提升社会治理能力，促进国家治理现代化的过程中，商业保险机构与政府建立起公私合作伙伴关系（Public Private Partnerships，PPP）。"公私合作"既实现了政府责任的回归，又充分利用了保险公司现有的组织资源，提高了运行效率，是公共服务提供方式的重大变革。在传统的公共服务领域引入商业保险和市场机制是一个富有生命力的制度创新，既符合"公私合作"的新公共管理理念，也符合福利改革的竞争和效率原则。

在公私合作中，政府无疑扮演着重要角色，起着决定性的主导作用，但在公私合作以及通过保险业与市场机制推进国家治理现代化的现实过程中，政府往往易由"政府主导"促生"政府本位"的观念和倾向，致使政府出现部分职能失灵和治理失败的问题。"政府本位"的观念表现为夸大政府主导作用、扭曲政府权力运行取向，直接带来政府全能至上、政府利益固化和政府无限责任等危害，并且政府治理的本位化使政府运行逐渐背离了公共利益的价值取向，造成政府部分治理功能僵化或失效。

以大病保险为例，保险机构与政府公私合作中存在如下较为突出的问题[①]：第一，没有很好遵循商业保险机构承办的原则。2012年六部委公布的《关于开展城乡居民大病保险工作的指导意见》明确提出"专业运作"和"向商业保险机构购买大病保险"，但由于社保体系由地方和部门利益主导，一些地方的大病保险方案没有遵循六部委预先制定的规则，仍然延续了由人社部和卫生部门下设机构经办的做法。在一些地区，政府不愿意放权，商业保险机构仅是接受委托帮

① 朱俊生："大病保险'公私合作'模式可持续发展的保障"，《中国保险报》2015年5月26日。

助办理大病二次报销，保险机构参与的程度非常有限。还有些地区以商业保险的管理经验与能力不及社保机构为由，排斥商业保险机构的有效参与。我们认为，要以开放的演化逻辑处理社保和商保的关系。我们不能基于“理性的自负”，简单地预设二者孰优孰劣，而是应该在开放竞争与动态演化中把握二者的关系。处理社会保险和商业保险关系的关键是在开放竞争中试错，相关的改革就是要启动一个开放的演化进程。演化检验的前提是开放和竞争。目前社会保险一定程度上具有运行的封闭性和垄断性等特征，实行以“官设、官管、官办、官督”为特点的“管办不分”的典型政府集权管理模式。因此，在社会保险的提供主体和方式上，必须引入竞争，即不应该存在任何形式的政府垄断，应允许不同所有制形式和协调机制之间存在竞争，以实现社会保险提供从政府到市场与社会的多元部门的转型，从单中心走向多中心的治理结构。商业保险机构承办有利于“管办分开”，打破垄断，实现选择、竞争和效率激励。

第二，对商业保险机构的合同管理不尽规范。在公私合作中，政府往往利用合同规范私营机构，实现公共福利目标。私营机构则可以从合同管理中减少由于监管机构自由裁量带来的损失，在稳定的法治环境中寻求自我发展的空间，追求自身利润，在政府和私营机构之间这种长期的博弈中，建立风险共担机制，形成一个稳定的纳什均衡。然而，目前部分地方政府和部门对商业保险机构的合同管理不规范，自由裁量权很大，背离了“风险共担”的政策导向。大病保险提出建立超额结余及政策性亏损的动态调整机制，要求保险公司遵循“保本微利”原则，这样做的问题在于：一是政策性亏损定义不明确。在实践中，保险公司的经营亏损与政策性亏损难以区分，甚至无法区分。二是盈余返还与亏损补偿不对等，即往往超额结余部分要求全部返还，政策性亏损补偿则由保险公司与政府按一定比例分摊，所谓的非政策性亏损则要求全部由保险公司承担，这种不对等不利于建立公平的风险共担机制。三是微利的界限不明确。在各地政府出台的招标文件中，对微利的理解各不相同。有的给商业保险公司留下3%—5%的盈利空间，有的甚至要求赔付100%，要求保险公司在保费的资金运作中获取利润。由于政府在合同管理中对于风险责任划分事先没有明晰或者界定模糊，规定不合理、不完善，风险调整机制难以发挥预期作用，一旦发生超赔，则影响到大病保险的可持续经营。事实上，一些商业保险机构承办的大病保险业务规模虽然迅速提升，却已经出现一定程度的盈利压力，甚至是经营亏损。因此，地方政府和部门要完善合同管理，减少自由裁量权与不确定性，建立与完善风险共担机制。

第三，没有完全遵循市场化运作的商业原则。在良好的公私合作伙伴关系中，“公”、“私”的行为边界必须明确，二者不能随意逾越自己的边界，干预对方的经营或活动。市场化运作适用商业原则，但这一点在政府主导大病保险业务的发展中受到很大的挑战。比如，保费与保险责任的确定难以遵循精算原则。一些地方大病保险的保费标准与赔偿责任往往由地方政府部门单方面根据测算确定，更有一些地方的政府部门在没有严格精算的基础上提出筹资标准与赔偿责任，而保险公司通常既难以获得政府部门掌握的精算数据，无法事前准确评估该项业务的风险，又对政府主导确定的保障范围、保障程度没有话语权，这使得保费与保险责任不匹配，直接导致一些公司出现经营亏损。又比如，忽视保险公司的专业化水准与风险管理能力。一些政府部门在招标中过分看中"低保费、高保障"，而忽视商业保险公司的专业性、管理风险的能力在大病保险承办中的重要性，既导致压价和超低价竞标现象时有发生，又不利于充分发挥保险公司的专业能力。再比如，大病保险的招标收费标准混乱。竞标过程中保险公司需缴数额较大的投标保证金，中标了还要缴履约保证金，收到保费后还要被扣除一部分作为服务保证金、理赔周转金、预付赔款等，在经办合同结束后才无息返还。这些都挤占了保险公司的现金流，造成大额资金滞留，不利于市场化运作。权力的"任性"与缺乏约束践踏了商业运行的惯例与原则，增加了大病保险制度的运行成本。还比如，部分地区出现"以保费补经费"的不合理现象。在一些地区，政府部门要求参与大病保险的保险公司同时承担当地基本医疗保险的业务经办，但部分项目没有很好地区分大病保险服务成本与基本医疗保险的业务经办成本，从而出现了"以保费补经费"的现象。这使得大病保险基金承担了本应由财政另行支付的政府管理费用（经办成本），不仅不合理，还会虚增大病保险成本。可见，在目前大病保险的制度建构中，离不开公权力。但利用公权力发展大病保险的前提是要还原真实的公权力，即公权力都是理性经济人，拥有最大化自身利益的原始动机，同时部分怀有为自身利益而滥用权力的动机。因此，要加强法治，明晰政府与公司的行为边界，地方政府和部门要尊重市场化运作的商业原则。

通过保险机制促进国家治理现代化，很重要的实现形态是在公共服务领域开展公私合作的制度设计，但这能否实现可持续发展，很大程度上取决于政府能否秉持法治思维处理好与市场的关系，即政府守法和政府所有行政活动受限于预先制定的规则。

（三）保险在金融业中的竞争力有待提升

保险业在金融体系中发挥着融通资金、优化结构、提升信用、控制风险和维护稳定的关键作用。特别是从控制风险的角度看，保险主营业务风险与系统性风险的相关性极低，典型的保险业务通常不仅不会对金融体系造成系统性风险，反而会起到金融稳定器的作用。因此，保险业的发展壮大对于建立结构合理、运行稳健的现代金融体系具有重要意义。加快保险业发展是完善金融体系、提高金融资源配置效率的必然选择，也是促进金融各领域间协调融合的有效途径。也正是如此，保险与银行、证券通常共同构成金融业的三大支柱，当前国际上成熟和发达的金融市场，保险资产在金融资产规模中所占比重往往达到20%—35%。

与发达国家相比，现阶段我国保险业在金融业中的竞争力有待提升，保险业资产在金融资产中的占比和体量还比较小。2015 年底，我国保险资产虽已达12.36 万亿元，但是与银行业近 170 万亿元的资产规模相比，仍存在不小差距，行业资产规模在金融行业整体中的占比仅为5%左右，行业影响力有限。这说明金融体系三大支柱之间的发展还不平衡，金融体系资产负债期限不匹配的情况仍然突出。为了改变我国金融体系中长期存在的这些结构性问题，就要加快发展保险业，提升保险业在金融体系中的地位，使其从金融体系中的短板成长为三分天下有其一的真正支柱。

（四）保险行业发展基础较为薄弱

当前，保险业的发展基础还较为薄弱，发展不平衡、不协调的问题仍然突出，具体包括以下几个方面：

第一，行业发展理念存在一定的偏差。一直以来，保险业在很大程度上混淆了增长与发展的概念，做大保费收入在某种程度上变成牺牲一切的过程。在这种背景下，没有很好地处理发展质量与效益问题，行业发展方式较为粗放，经营管理水平不高，转型升级的任务依然艰巨。保险市场主体实力不强，需要进一步提升竞争力和发展活力。未来行业要注重发展质量，实现内涵效益型的发展。

第二，保险覆盖面和渗透度有待提升。我国保险市场规模先后赶超德国、法国、英国，2015 年全球排名由第六位升至第三位，对国际市场增长的贡献度达26%，居全球首位。目前，保险密度为 235 美元，保险深度为 3%，这两个反映保险业发展水平的核心指标仍远低于世界平均水平。保险覆盖面和渗透度的不足弱化了保险服务经济社会发展的能力。

第三，服务创新能力不强，保险产品和服务不能完全满足市场需求。当前保险产品服务供给的有效性有待提升，不能很好地满足不同层次、不同职业、不同地区居民对于各类财产、人身保险产品的个性化需求，产品结构有待优化，产品创新的机制有待完善，难以促进保险潜在需求转化为现实需求。保险标准化建设有待加强，保单通俗化、标准化和承保理赔便捷化、规范化程度都有待提升。客户服务的技术应用和自动化服务水平也有待提升。专业中介的专业优势和差别化服务体现不明显，服务效率不高。

第四，国内外市场互联互通，经济金融混业加快，风险防范压力较大。近年来，我国保险业快速发展，形成了多样化的经营业态、复杂的产品结构、综合经营趋势明显。一方面，我国保险业综合经营逐渐成为趋势，一批保险综合经营集团甚至跨行业形成综合金融集团；另一方面，随着中国经济的增长以及中国保险业的快速成长，中国部分保险公司成长为国内乃至国际上、保险系统内乃至金融系统内重要的保险机构，这使得保险行业风险防范的压力较大。现行分业监管体制已经难以满足保障金融安全、有效防范系统性风险的现实需要。

第四节 “十三五”时期保险业的三大基本问题分析

一、概述

《中华人民共和国国民经济和社会发展第十三个五年规划纲要》确立了未来5年我国经济社会发展的宏伟目标、主要任务和重大举措，虽然多处涉及保险问题①，但并非专门的保险业发展规划。保险业自身的《“十三五”规划纲要》在本书写作过程中尚没有出台②，不过，这并非意味着未来5年保险业的改革发展蓝图和行动纲领还无章可循。实际上，保险业的未来发展已经有了国家战略层面的顶层设计，集中体现为2014年8月颁布的《国务院关于加快发展现代保险服务业的若干意见》（以下简称“新国十条”）。“新国十条”明确了到2020年这段时期保险业发展的目标、总体要求、重点任务和政策措施，是国家“十三五”规划之外，保险业“十三五”规划必须依据的另外一个关键纲领性文件。

表2－14列示了保险业“新国十条”的主要内容，包括指导思想、基本原则、发展目标、重点任务、支持政策等10条32项。保险业“十三五”规划将依据国家“十三五”规划和“新国十条”进行编制。尽管“十三五”规划尚未正式颁布，但“新国十条”已经勾画了保险业未来5年发展的宏伟蓝图，制定了全行业改革发展的行动纲领。

---

① 据相关统计，《中华人民共和国国民经济和社会发展第十三个五年规划纲要》中43处提到“保险”，在一些章节更是重点提及。

② 细分行业的5年发展规划通常要依据国家整体发展规划制定，因此颁布较晚。例如《国家“十二五”规划纲要》于2012年3月颁布，《保险业发展“十二五”规划纲要》则颁布于2012年8月。

表 2-14　保险业"新国十条"的主要内容

项目	主要内容
指导思想	邓小平理论、"三个代表"重要思想、科学发展观
基本原则	• 坚持市场主导、政策引导； • 坚持改革创新、扩大开放； • 坚持完善监管、防范风险
发展目标	• 保障全面、功能完善、安全稳健、诚信规范； • 保险深度达到5%，保险密度达到3 500元/人
重点任务一：多层次社会保障体系	• 社会保障体系的重要支柱； • 创新养老保险产品服务； • 发展多样化健康保险服务
重点任务二：社会治理体系	• 创新公共服务提供方式； • 利用责任保险化解矛盾纠纷
重点任务三：灾害救助体系	• 将保险纳入灾害事故防范救助体系； • 建立巨灾保险制度
重点任务四：支农惠农体系	• 积极发展农业保险； • 拓展"三农"保险广度和深度
重点任务五：促进经济提质增效升级	• 充分发挥保险资金长期投资的独特优势； • 促进保险市场与货币市场、资本市场协调发展； • 推动保险服务经济结构调整； • 加大保险业支持企业"走出去"的力度
重点任务六：保险业改革开放	• 深化保险行业改革； • 提升保险业对外开放水平； • 鼓励保险产品服务创新； • 加快发展再保险市场； • 充分发挥保险中介市场作用
重点任务七：保险监管和风险防范化解体系	• 推进监管体系和监管能力现代化； • 加强保险消费者合法权益保护； • 守住不发生系统性区域性金融风险的底线
重点任务八：保险业发展环境	• 全面推进保险业信用体系建设； • 加强保险业基础设施建设； • 提升全社会保险意识
支持政策	• 保险监管协调机制； • 政府通过多种方式购买保险服务； • 税收政策； • 养老产业和健康服务业用地保障； • 农业保险的财政补贴政策

那么，到"十三五"末期保险业的蓝图到底能否实现？纲领到底能否落实？这取决于一系列内部、外部因素。"十二五"期间取得的亮眼成绩及已经启动的改革创新为保险业在"十三五"期间继续扬帆起航设定了较高的起点，而未来5年经济、社会、技术等外部环境的变化创造了新的机遇，为推动我国保险业进一步转型升级、跨越发展"门槛"，从保险大国向保险强国迈进提供了广阔舞台。此外，保险业在"十二五"期间尚未解决的问题和积累的风险很多，未来5年日趋复杂的外部环境在提供机遇的同时又带来巨大的挑战，进一步增加了保险业应对问题、控制风险、推进改革和创新的难度和压力。可以说，实现蓝图、践行纲领前景光明、大有希望，但目标的实现、任务的完成也决不会一帆风顺、轻而易举，必须做好克服重重困难的准备。

毋庸讳言，尽管在国家顶层设计层面，新"国十条"以及国家"十三五"规划纲要已经对于保险业未来5年，甚至更长时期的发展做出了战略规划，但不论业界还是学术界，对规划的理解和认识并不完全一致，不仅有一些模糊之处尚待澄清，甚至还有一些疑虑亟待化解。这些理解和认识的模糊之处集中反映在以下三大问题上：一是如何看待保险业的增长目标，二是如何看待保险业的功能和任务，三是如何看待保增长和调结构之间的关系。这三大问题属于当前保险业发展的基本问题，也是关键问题，未来5年我国保险业能否顺利"实现蓝图、践行纲领"，在相当程度上取决于对这三个问题采取何种态度以及由此采取的行动路径和优先次序。站在不同的角度，对上述三大基本问题可能有不同的认识。本部分拟在"新国十条"和国家"十三五"规划的框架下，对上述三大关键性基本问题进行分析，并给出自己的判断。希望对这些问题的辨析讨论有助于澄清误解、树立信心，并为"新国十条"和"十三五"规划的落实寻找更加清晰的改革思路。

二、如何看待保险业的增长目标

（一）问题的提出

保险业"新国十条"提出了一个颇具进取心的数量增长目标——2020年保险深度达到5%，保险密度达到3 500元/人。这意味着"十三五"期间保费收入必须保持16%—17%的超高发展速度，才可能在2020年实现这一目标。换句话说，"十三五"期间，隐含的保费收入增速目标要远远高于GDP增速目标[①]。之

① 为了实现国家"十三五"规划确定的到2020年国内生产总值和城乡居民人均收入比2010年翻一番的目标，必须保持一定的经济增长速度。初步测算，"十三五"时期，国内生产总值每年平均增长速度需保持在6.5%以上。

所以说这一增速颇具进取心，主要原因在于：刚刚过去的“十二五”期间保险行业整体上取得了非常亮眼的成绩，但全行业保费收入的平均增速仅仅是超过13%。在“十三五”期间，我国GDP增速目标有所下调，保险业的增速目标却有所上调，不少人对经济步入新常态下的保险业增长目标表示一定的疑虑，认为这一目标并不现实。那么，应该如何看待“十三五”期间保险业的增长目标呢？

仔细分析不难确定，不论从国际经验还是国内改革红利的释放来看，“十三五”时期保险市场的高速增长是完全可以期待的，对此应保持充分的信心。不过，有必要适当调整对增长目标的认识，代之以更为全面的“发展”目标，追求有质量的增长比单纯的数量指标的实现本身更为重要。

（二）对保险业在“十三五”期间的高速增长应有充分信心

1. 从国际经验看，我国正处于保险业高速增长阶段，保费增速远高于GDP增速不难实现。学术文献中常用S曲线来对保险市场进行长期预测。S曲线主要用来描述经济增长和保费收入之间的关系：在一定的经济增长阶段，保险业的发展速度一般要显著高于经济增长率，低于或者跨越这一增长阶段，保险业的发展速度才会缓慢下来。例如，ENZ（2000）采用了1970—1998年世界各国保险业的发展数据开展实证研究，发现对寿险业而言，人均收入水平在15 000美元左右，保险需求的收入弹性达到最大化；对非寿险业而言，这一收入金额则是10 000美元[①]。根据Swissre（2015）的研究报告，人均GDP最低为5 000美元是保险业开始腾飞的门槛，在人均GDP从5 000美元到35 000美元之间的经济发展阶段，保险市场增长率约为GDP增长率的2倍左右[②]。尽管不同实证研究对保险业高速增长所依赖的经济增长阶段有不同的数据描述，但这些研究均表明，在经济持续增长阶段，随着城镇化、工业化的不断推进，中产阶级的不断崛起，大量可保资产和投保需求将带动保险业以远高于GDP的速度发展。2015年我国人均GDP约为8 000美元左右，正处于已被多国经验普遍证实了的、保费增速远高于GDP增速的发展阶段，有充分的信心期待预定增长目标的实现。

2. 从不断释放的改革红利看，我国保险业的巨大发展潜力正逐渐被激发出来。我国保险业拥有巨大的发展潜力。近年来，我国保险深度和保险密度虽然与全球平均水平相比差距有所缩小，但仍十分惊人。2014年，我国保险深度为3.2%，低于全球平均水平3个百分点；保险密度为235美元/人，低于全球平均

① R. Enz, “S curve relation between per - capita income and insurance penetration”, The Geneva Papers on risk and insurance, Vol. 25, July 2000, 396 - 406.

② http://insurancelinked.com/the - s - curve/，2015年。

水平427美元/人。巨大的差距意味着巨大的发展潜力。随着我国经济发展水平不断提高，社会经济生活中蕴含着巨大的投保需求，其中相当部分投保需求是有效的，即消费者既有购买保险的愿望，也有购买保险的能力，但由于供给侧（包括市场供给和政策激励）方面存在的一些问题，有效需求无法得到充分满足，潜在需求不能被充分激发。一个典型例子是近年来内地大量游客赴香港地区购买保险。2015年，香港地区市场新增保费的约1/4来自大陆游客。有效需求无法充分转化为现实购买力的事实提示我们，只要加强供给侧改革，政策措施到位，国内保险机构能向消费者提供更好的产品和服务，完全可以期待保险市场在未来5年持续保持高速增长态势。实际上，"十二五"期间保险业启动的许多改革发展措施正是以激发市场活力、开拓市场潜力为导向的。不管是定价机制、资金运用体制等市场化取向的改革，还是简政放权、落实商业健康保险的税收政策等改革，从供给侧、需求侧同时发力，已经开始释放出显著的改革红利。2015年，在GDP增速创25年新低、经济下行压力巨大的背景下，保险业仍然实现了高达20%的增长速度，远高于"十二五"规划前几年的水平。这正是改革不断推进和深化、市场潜力不断得到激发的产物①。

（三）未来强调的是全面的"发展"目标，而不是简单化的"增长"目标

在树立增长信心的同时，还应当适时调整对增长目标的认识。实际上，"新国十条"已不再强调增长目标，而是强调发展目标。发展是比增长有更加丰富内涵的名词，不仅仅着眼于经济活动在规模数量上的扩大，更着重于经济活动效率的改进。"新国十条"对保险深度和密度的具体指标要求只是发展目标的组成部分之一，还提到了保险业的功能、能力、地位等其他要求②。切不可将发展目标简单理解为增长目标。换句话说，保险业在注重保持一定增速和业务规模的同时，功能的发挥、能力的提升等目标同样不可或缺。在发展目标下，增长不再是简单的规模扩张，而是强调有质量的增长。

---

① 2011年我国人身险保费收入首次出现了负增长，我国人身险市场进入了相对低速发展时期。2014年以来，在不断改革的推动下，快速增长态势恢复，这主要归功于一系列的改革释放了活力。

② "新国十条"对保险业发展目标的具体表述是：到2020年，基本建成保障全面、功能完善、安全稳健、诚信规范，具有较强服务能力、创新能力和国际竞争力，与我国经济社会发展需求相适应的现代保险服务业，努力由保险大国向保险强国转变。保险成为政府、企业、居民风险管理和财富管理的基本手段，成为提高保障水平和保障质量的重要渠道，成为政府改进公共服务、加强社会管理的有效工具。保险深度（保费收入/国内生产总值）达到5%，保险密度（保费收入/总人口）达到3 500元/人。保险的社会"稳定器"和经济"助推器"作用得到有效发挥。

三、如何看待保险业的功能和任务

（一）问题的提出

保险业“新国十条”提出了我国现代保险服务业应该“保障全面、功能完善”的目标，突出强调了保险的风险管理、财富管理、社会管理功能，并将保险业与多层次社保体系、社会治理体系、灾害救助体系、支农惠农体系、经济提质增效等多项战略任务挂钩。毫无疑问，“十三五”期间，我国保险业将不仅仅是金融市场体系的有机组成部分，还将担负起比以往更为广泛的社会任务和使命，成为社会治理体系的有机组成部分。不少人质疑，这种功能和任务的扩展是否现实？保险业是否承担了不属于其应该承担的功能和任务？

实际上，仔细分析不难发现，保险具有天然的社会属性，全方位介入社会经济生活乃是应有之意；保险业被赋予的重大任务和使命虽然广泛且具有一定中国特色，但并没有超出保险业基本功能的范畴。不过，必须明确的是，本质上属于市场体系一部分的保险业并不是万能的，其功能是否能够充分发挥、重大任务是否能够顺利完成，与政府支持的力度和方式有密切关系。

（二）保险具有天然的社会属性，全方位参与社会经济生活正是其发挥作用的应有之意

保险是历史最悠久的行业之一，具有天然的社会属性。经过长期的发展演变，在全球范围内保险业不仅已经普遍成为一国金融体系的重要组成部分，而且其功能和服务范围不断拓展，广泛参与社会经济生活的各个领域。具体来说，保险业在社会经济生活中发挥作用的途径主要包括：

第一，损失和收入补偿，支持创新活动。保险通过风险集合和分担机制向企业和个人直接提供了广泛的损失或收入补偿，创造了一个不确定性减少的环境，使社会经济生活更加稳健，减少了预防性储蓄，推动了消费，并且为投资和创新活动提供支持①。

第二，资金动员和融通。保险的经营方式起到了沟通储蓄和投资的作用，增加了企业对资本的可获得性和便利性。此外，作为重要的、具有长期投资视野的

① 这方面典型的例子是，20 世纪 70 年代，石棉被广泛运用在建筑、医疗等领域，在当时是一种创新，但长期使用石棉会损害人体健康，这种不利后果在几十年后开始逐渐显现出来。当时，一些企业为了减少产品创新的风险而投保了产品责任保险，保险公司为此已经承担了数十亿美元的损失，分担了这些企业应承担的责任，消费者的利益也得到了有效保障。保险在促进创新方面还有很多突出的例子，比如汽车的安全气囊、安全带和防盗锁，都是由保险公司下属的研究机构率先推出的。

机构投资者，保险对金融市场的壮大和深化能够做出积极贡献。

第三，风险管理和控制。通过价格机制（如保费调整）以及其他各类防灾防损措施，保险能够推动政府、行业、企业和个人采取合理的风险管理和控制，从而帮助社会经济生活以负责任和可持续的方式运行。

第四，社会保障。保险是多层次社会保障体系的一个重要组成部分，特别是在退休和医疗领域，商业保险与社会保险的积极配合能够有效缓解公共财政压力，提高社会保障体系的效率。

第五，社会治理。通过促进私人保险机构和公共机构的合作，保险在应对和管理新风险（如气候变化、农业风险）和新需求（如医疗保健、养老金、国际贸易等）方面能够发挥十分重要的作用。

值得强调的是，在现代社会里，保险并不是唯一全方位参与社会经济生活领域的金融部门，银行、证券、基金等同样也在不断扩展其功能。然而，保险与银行、证券等相比具有鲜明的异质性，这种异质性正是保险业经历漫长的发展，成为一种被全球广泛接受和使用的金融服务的根基。表 2－15 对保险各类功能进行了解析，将其与其他金融部门进行比较，从中不难看出保险功能的独特性。例如，面对灾后损失的风险，保险和银行贷款都能够介入，但保险的优势不仅体现在事故发生后就可以获得损失赔偿，资金无须偿还，而且还体现在其同时也是一种事前机制，能够通过费率的调节、保险公司的监督等方式促进企业加强事前风险防范[①]。又如，在提供退休生活的收入保障方面，尽管银行储蓄也可承担这一功能，但保险公司的年金产品具有定期给付、保障重大人身风险等特点，对风险偏好较低、处于特定生命周期阶段的消费者具有不可替代的优势。

表 2－15　　保险各类功能解析和比较

保险的功能	内涵	对社会经济的作用	与银行等其他金融部门相比的独特性
损失或收入补偿	保险事故发生后给予的经济补偿	减少不确定性，推动消费，培育投资与创新	独特职能
资金动员融通	保险准备金通过资本市场等投资渠道为实体经济提供资金	长期资金提供者，推动了资本市场的发展	非独特职能，但在投资的长期性等方面具有一定优势

① 相比之下，银行贷款不仅需要偿还，而且缺乏事前风险管理的作用。

续表

保险的功能	内涵	对社会经济的作用	与银行等其他金融部门相比的独特性
风险管理和控制	通过保费调整、风险减少措施等进行事前风险防范	帮助经济可持续发展	独特职能
社会保障功能	在政府主导的基本养老、医疗保险之外提供补充保障	提高保障的整体水平和效率	非独特职能，但保险有一定的优势
社会治理职能	政府和商业保险公司合作，应对新风险和新需求	提高治理效率	非独特职能，但保险有一定的优势

（三）“十三五”期间我国保险业被赋予的重大任务虽然范围广泛，且具有中国特色，但并没有超出保险业的基本功能范畴

近年来，我国保险业的服务范围确实在不断扩张。例如，以往自然灾害救助体系主要以财政资金和社会捐款为主，但巨灾保险制度的提出和逐渐落地表明，今后保险机制将成为这一救助体系的主角之一；以往保险业主要以城市业务为主，但农业保险的快速发展以及价格保险等创新型产品试点的快速铺开表明，保险机制在我国未来的支农惠农体系中将不可或缺。保险服务范围与承接的战略任务的不断拓展与国家整体发展战略紧密关联，具有鲜明的中国特色。仔细分析不难发现，这些任务并没有脱离保险业的基本功能范畴。

一个典型的例子是，在服务小微企业发展和支持创业创新活动方面，保险业本来很少介入。然而，近年来由于扶持小微企业发展已逐渐成为国家各项政策的优先选项，特别是“大众创业、万众创新”被视为中国未来经济发展的新增动力并形成蓬勃发展态势以来，保险业顺应时势，资产和负债业务双轮启动，加大了对小微和双创企业的支持力度。保险业在支持小微和双创企业发展方面发挥作用的途径主要有三种（见表 2－16）：一是在资产业务方面，以机构投资者身份直接或者间接提供资金（如投资创业板股票、投资 PE/VC 等）；二是在负债业务方面，通过出口信用保险、专利保险等新型产品为小微企业提供损失补偿和风险管理等服务；三是与银行/担保机构等开展合作，以信用保证保险等方式为小微企业提供融资增信。尽管目前保险业在服务小微和双创企业发展方面还不是主角，但已经开始发挥一定的积极作用。例如，在多地实施的小额贷款保证保险业务中，通常对银行贷款利率和保险费率给予限制，从而有利于控制融资成本，一定程度上缓解了企业"融资难、融资贵"问题①。

表 2－16　　　　保险业支持小微企业和双创活动

落实情况		
资产业务	政策措施	初步成效
保险公司通过投资股票市场支持创业创新活动	2014 年初，中国保监会放开保险资金投资内地创业板的限制，2015 年初进一步放开投资香港地区创业板的限制	截止到 2015 年 6 月末，保险业投资国内创业板股票账面余额 195.83 亿元，中小板账面余额 743.98 亿元
保险公司投资 VC/PE 支持创业创新活动	2014 年 12 月，中国保监会发布《关于保险资金投资创业投资基金有关事项的通知》，允许保险资金以总资产的 2% 投资创业投资基金及母基金；2015 年中国保监会发布《关于设立保险基金有关事项的通知》，允许保险资金设立成长基金、并购基金、新兴战略产业基金、夹层基金、不动产基金、创投基金及相关母基金，重点投向国家支持的重大基础设施、战略性新兴产业、养老健康医疗服务、互联网金融等产业和领域	截至 2015 年 10 月，保险资金共投资 4 只创业投资基金，投资金额共计 5.1 亿元
保险资金通过股权投资计划支持地方小微企业发展	一些地方通过引入保险资金成立私募股权基金的方式投资小微企业	例如，泰山财险设立诸城合源融微股权投资中心（有限合伙），是保险业首个中小微企业私募股权投资基金项目，首期募集资金 2 亿元，服务创新创业
负债业务		
出口信用保险	许多省份加大了出口信用保险对外贸的支持力度，商务部已将小微企业承保情况纳入中国出口信用保险公司经营考核指标	2015 年前 8 月，短期出口信用保险累计承保金额超过 2 389.3 亿美元，占一般贸易出口的近 30%，平均费率 0.32%，较 2014 年下降 0.01 个百分点

① 例如，根据 2015 年 6 月颁发的《广州市政策性小额贷款保证保险试点实施办法》，定位农业企业、科技企业、小微企业三类客户，支持一年期以内、金额最高 500 万元的贷款，贷款利率最高不超过人民银行同期基准利率上浮 30% 的水平，保险费率最高不超过贷款本金 3%。

续表

资产业务	政策措施	初步成效
信用保证保险	2015年1月，中国保监会会同工业和信息化部、商务部、人民银行、中国银监会等部门联合印发了《大力发展信用保证保险服务和支持小微企业的指导意见》，优化了信用保证保险的发展环境	截至2015年9月初，已有14个省市以政府名义出台“小贷险”业务的指导性文件，小额贷款保证保险试点地区从最初的少数几个省市扩大到全国25个省市，73个地市（区），截至2015年上半年，全国已有30多家财产险公司开展小微企业贸易信用和贷款保证保险业务，保险行业通过贸易信用保险和贷款保证保险，累计为30.44万家小微企业提供1 804.6亿元的风险保障，获得银行融资贷款687.76亿元，同比增长8.04%
专利保险	2015年4月，国家知识产权局出台了《关于进一步推动知识产权金融服务工作的意见》，明确提出到2020年，我国专利保险业务开展范围至少覆盖50个中心城市	多地加快了专利保险的试点步伐，政府还通过财政补贴等方式给予支持。例如，浙江省目前有6个县区作为第一批专利保险试点，当地财政给予投保专利保险的企业补贴保费50%的支持政策，一年来，共计为93家科技企业的422项专利提供了约1 042万元的风险保障，保费收入约46万元。据不完全统计，目前人保、太保、平安等十多家财产险公司开发并经营专利保险方面的业务

保险业对小微和双创企业加大支持力度属于服务范围的拓展，具有一定的中国特色，但无论从相关的资产业务还是负债业务看，都没有超出保险业基本的功能和业务范畴。大病保险、责任保险等保险新业务、新服务，其性质与此雷同。

（四）保险不是万能的，重大任务和使命是否能够达成与政府支持力度和方式有密切关系

仔细分析不难发现，“十三五”期间保险业被赋予的重大任务多集中于那些需要政府和市场建立有效关系的领域。在这些领域，纯粹的市场机制无法独立发挥作用。不论是社保领域中的大病保险，还是农业保险、巨灾保险、环境污染责任保险等，承保的对象均属于本来商业上不可保的风险，或者即使商业上可行，

也需要政府介入，提供财政补贴或者基础设施上的帮助（如法律体系、数据基础、风险分担机制等）才能可持续运营。从这个角度看，光靠保险业自身的努力无法完成国家赋予的各种重大任务和使命，保险以外的配套制度建设和政策支持必不可少。

即使发达国家，也并不一定能够完全依赖保险机制解决灾害风险管理、多层次社保体系建设等许多具有社会属性的问题。例如，意大利在巨灾发生之后主要依靠政府资金的方式提供灾后救助，住宅地震保险覆盖率很低，发挥的作用很有限。2009 年一场大地震造成的经济损失估计为 100 亿欧元，而保险赔付只有 2.5 亿欧元。另一个例子是，在不少 OECD 国家里，退休收入主要依靠政府提供的第一支柱基本养老保险，商业保险提供的退休收入替代率很低。这些例子足以说明，即使在保险市场十分发达的国家，保险业也并不是万能的，其功能和作用的发挥与整个国家管理自然灾害风险、管理养老风险的制度框架密切相关。换句话说，在许多领域，保险作用的发挥很大程度上依赖于利益相关者，特别是一国政府愿意在多大程度上利用保险机制解决社会问题，并提供相应的支持。

现阶段我国存在的一个突出问题是保险意识不强，政府、企业、个人对保险的功能与作用均认识不够。以政府而言，对财政手段的熟悉程度远远大于对金融手段的熟悉程度，而在金融手段中，对保险的认识又远远弱于对银行的认识。一个例子是，不论是中央层面还是地方层面，用于鼓励和支持中小企业发展的财政专项资金数额远远大于用于鼓励和支持中小微金融业务发展的资金数额。在细分金融领域，银行贴息、担保等获得的财政资金支持力度往往要显著大于专利保险等新兴金融领域。例如，2014 年某省全省安排支持中小企业发展专项资金高达 7.49 亿元，用于支持担保机构壮大的资金高达 1.2 亿元，相比之下，每年用于鼓励和支持科技型中小企业参加科技保险的专项资金只有 500 万元。财政资金对保险业的支持力度偏弱，背后反映出对保险机制认知的不足，对保险功能的发挥无疑产生不利影响。

四、如何看待保险业保增长、调结构的关系

（一）问题的提出

一方面，我国正在推进由保险大国向保险强国的转变。保险强国首先建立在保险大国基础上，从这个角度看，在"十三五"期间维持一定的保费规模和增长率十分必要。因为只有保险规模发展得足够壮大，才能跟经济总量和人口总量相适应，才能为最大限度发挥保险功能创造前提。因此，保险业面临"保增长"

的现实压力。另一方面，保险业又面临转型升级、调结构的压力。近年来，我国保险结构上的种种问题日益凸显，经营主体结构、产品结构、人才结构等都存在一些不合理之处。然而，结构的调整可能会影响规模的扩张以及增长率的提速。保增长和调结构之间可能存在一种矛盾。那么应该如何看待这两者之间的关系，如何解决这两者之间可能存在的矛盾呢？

仔细分析不难发现，如果以“发展”的目标代替“增长”的目标，则保增长和调结构之间并不必然构成一对矛盾。当然，转型升级时期必然会遭遇一些痛苦，这是必须忍受的转型成本，为此要做好充分的心理准备，调结构的目标必须坚定不移地执行。不过，在调结构过程中，应结合我国国情和世界发展大势适时调整对一些基本概念的理解，为此应该加强相关理论研究。

（二）发展目标替代增长目标后，保增长和调结构之间并不必然构成一对矛盾

不论是“新国十条”还是国家“十三五”规划，对狭隘简单的增长目标都有一定程度的淡化，而更加强调内涵更丰富全面的发展目标。在发展目标下，结构转型是获得可持续发展的必由之路，是不得不做、不能不做的事情。如果不推动必要的转型，就不能构筑保险业服务社会经济生活的稳固根基，保险业的持续健康发展也无从谈起。

例如，在国家“十三五”规划下，绿色发展成为五大重要的发展理念之一。在这一背景下，保险业如何向“绿色化”转型已经不是一项可做可不做的调整，而是不能不为、不得不为的调整。在负债业务层面，随着史上最严厉的新《环保法》的实施，环境污染的违法成本将显著提高，企业对通过购买保险来防范不可预见的污染责任风险的需求势必快速增加。此时，如果保险业不能及时提供适当的、丰富的污染责任保险产品供市场选择，显然将会丧失业务快速发展的重大机遇。此外，全球气候变暖会导致海平面上升、自然灾害频率提高等现象，一些保险产品（尤其是财产险）承保对象遭受损失的概率将会有所提高，保险产品在设计、定价等环节如果不能对气候变化风险予以充分考虑，会引发巨额财务损失，产品开发环节的“绿色化”转型因而不可避免。在资产业务层面，保险投资活动也必须更多地考虑环境和气候变化因素，因为环境污染事故以及气候变化和相应的政策环境调整会导致保险公司所投资的一些资产（如石油、化工、钢铁、水泥等公司的股票）价值下跌，从而引发保险投资损失。因此，保险资产配置的“绿色化”转型也在所难免。在这个例子中，保险业自身的发展和向绿色化的转型是不可分割的一体化进程，二者并不矛盾。

(三)调结构过程中必然要忍受一些痛苦,承担一些成本,不能因此动摇向转型的迈进

世界上没有不付出代价就能顺利实现的转型升级。调结构过程中势必会产生一些成本,这是正常的。必须清楚认识到,不转型、不改革的风险可能更大。转型升级的过程虽然可能较为痛苦,却是必经的过程。

以大病保险为例,大病保险是划出基本医疗保险的部分资金,通过向商业保险机构购买服务的方式对居民大额医疗费用进行二次报销的制度,是我国医保领域打破政府垄断、引入商业机构、政府和市场有效合作的积极尝试。自 2012 年六部委联合下发《关于开展城乡居民大病保险工作的指导意见》以来,大病保险进展很快。截至 2015 年底,大病保险覆盖人口已经达到 9.2 亿人,在解决“因病致贫、因病返贫”问题方面发挥了一定的积极作用。然而,按照目前的政策和实践,至少从商业利益来看,保险公司经营大病保险并不划算。例如,大病保险在方案设计时确定了保险公司“保本微利”的经营原则,保险公司经营如有结余,须予以一定比例的返还,而亏损时,许多地方规定由基本医保基金与保险公司平均分担损失。这一激励机制的设计显然对保险公司十分不利。再如,大病保险的筹资水平普遍偏低,2014 年我国试点地区大病保险人均筹资标准为每年 20 元左右,仅为国务院医改办 2011 年测算的实际需要的筹资水平(45 元)的一半左右。筹资水平偏低而赔付责任偏大,这使得保险公司盈利十分困难,持续经营的动力不足。此外,在大病保险中引入保险公司的一个重要考虑是希望借助其专业能力和第三方角色规范医疗行为、控制医疗费用、提高医保效率。然而,实践中由于保险公司与医保机构、医疗机构的信息无法有效对接等原因,保险公司无法深度参与医疗行为的监督与控制,往往仅扮演着“出纳”的角色。由于上述问题的存在,许多商业保险公司参与大病保险的积极性并不高,即使开展大病保险的公司也对未来的业务发展怀有疑虑。

保险公司在大病保险中的经营困境正反映了转型的艰难。作为一项创新性的重大改革,毋庸讳言大病保险在制度设计和实施过程中仍有许多不足,筹资机制、激励机制、部门协调机制等方面都有待完善,但整体的发展方向是十分正确的,保险业在经营大病保险中遇到的问题也主要是发展中的问题,事实上,相关的配套机制也正处于调整完善中①。此外,大病保险中的部分问题也与保险公司自身的能力不足有很大关系。随着政策和制度环境的进一步优化、保险公司经营

---

① 2016 年,各级财政对新农合的人均补助标准在 2015 年的基础上提高 40 元,达到 420 元,这也意味着大病保险的筹资水平有所提高。

链条的打通以及能力的提升，大病保险对保险公司业务拓展的正面影响势必凸显。这个例子表明，调结构和保增长可能存在的暂时冲突，保险业界应该保持耐心和定力，坚持正确的调结构方向，并采取积极进取的态度，一方面强化政策呼吁和沟通，另一方面不断加强自身能力建设，开展相关模式创新，以宝贵的实践探索向全社会证明保险业存在的价值。

（四）有必要加强理论研究，充分结合世界发展大势以及中国国情，对增长、发展、结构等基本问题进行深入探讨，重新定位

我国既是发展中国家，又是世界第二大经济体，转型和发展之路上遇到的很多独特问题都是前所未见的，并没有现成的国际经验可以借鉴参考。对什么是增长、何为发展、调结构的内涵到底如何等很多基本问题并没有完全清晰的认识。在保险业如何保增长、调结构的关键问题上，由于不能直接照搬国际经验，有必要立足我国现实情况，加强理论研究，特别是需要对一些基本概念进行重新认识、完善理解。

例如，在我国保险业调结构的大框架下，调整寿险产品结构始终是一项重要任务。不过，寿险产品结构的调整方向到底是什么其实并不完全清晰，很多人将其简单理解为增加保障型产品的比重而减少理财型产品的比重。这种认识实际上是把寿险产品的保障功能和理财功能对立起来，或者对保障功能进行了简单化理解。实际上，寿险产品的保障和投资特征决不是相互对立的：一来高的投资回报有利于提供高的风险保障；二来最佳的保险产品往往是保障和投资特征的完美结合，有利于满足客户全面的需要。早期的寿险合同主要着眼于防范家庭主要收入提供者的早死或者残疾风险，因此可以很容易被归类为保障性合同，但随着经济的发展，人口平均寿命的增加，越来越多的寿险需求来自防范长寿风险，即防范寿命过长以至于支出超出收入所产生的风险。即使是以疾病为承保对象的健康保险合同，越来越多的投保人也希望能在活着而不是死去时享受相关保险利益的给付。在这种情况下，为个人和家庭提供生存利益的财务保障成为寿险合同的主流需求，与此相伴的保险资金的投资和理财也带有一种保障的意义，因为只有稳定、持续、充足的保险投资收益才能对保障充足、全面，保费又可支付得起的寿险合同提供支持。

我们从美国等发达保险市场上寿险产品的演进中能清晰看到从承保死亡风险为主到承保长寿风险为主、理财因素逐渐占据投保产品主流这个升级过程[①]。我

① 相关论述参见有关美国寿险业转型升级部分。

国寿险业由于经营历史较短，再加上一些特有因素的驱动（包括消费者缺乏正确的保险和风险意识、部分保险公司为追求短期快速增长而采取的特有经营模式等），目前投资理财型产品所占的比重远远高于当年处于同一发展阶段的美国。这并不能简单归结于对或错、肯定或否定的问题，而必须承认是特定阶段下主体因素（包括消费者和保险公司）、市场因素（产品和竞争等）、政策因素（财税、监管等）共同作用的结果。我们之所以担心目前寿险市场的产品结构问题，核心并不是担心投资理财型产品比重过高，而是担心这类短期高收益产品脱离保险产品的本来面目而过分混同于基金等产品，消减了保险产品的独特性，可能削弱保险业整体的持续竞争力，并且随之引发很高的资产负债错配风险、流动性风险。

鉴于此，必须对我国寿险产品的保障功能进行重新理解，对寿险产品调结构的问题进行重新界定。简单说，调结构的方向并不是要去除产品中的理财功能，而是如何将死亡风险和长寿风险的保障更好地统一在保险产品中，将风险管理和财富管理更好地集中在保险服务中，并将产品销售、服务提供后所伴随的相关资产风险、操作风险等控制在一定水平之内，不致对行业的可持续发展和金融稳定产生威胁。只有在重新理解产品的保障功能之后，业务发展和转型的重点才能更加明确。

第三章　保险费率市场化改革：理论、沿革与国际经验

田惠敏　韩乃志　田　天　张千千　李　怡

第一节　导　论

一、选题背景与动因

1980 年，我国保险业开始恢复，此时政府对保险费率的定价具有决定权。为了对我国寿险市场实行严格管制，1999 年中国保监会发布了《关于调整寿险保单预定利率的紧急通知》，严格规定了保险公司寿险产品的预定利率上限。这项措施对我国保险业的健康发展起到了重要的作用。但是，在我国市场经济不断发展的过程中，保险行业由政府主导统一定价的体系越发不利于保险市场的持续健康发展，这种由政府统一定价的模式，一方面使保险费率无法反映保险市场的供求信息，无法使市场通过价格机制来调整供求关系；另一方面也不利于保险公司自身的创新发展，对提高自身的竞争力具有较为严重的阻碍。长期来看，这将抑制我国保险公司的健康发展。因此，保险费率

的统一定价已经不再具有优势，保险业费率市场化势在必行。

（一）保险费率机制改革历史回顾

《保险公司管理规定》（2000 年）、《保险法》（1995 年）、《财产保险条款费率管理暂行办法》（2000 年）针对保险费率予以明确规定，并将其当作重要的法律法规依据。在具体的实施过程中，我国众多监管部门都严格按照以上法律规范进行监管，主要体现在对我国主要保险产品实行统一的费率和条款，针对其他保险产品的费率则是在中国保监会同意、批准的前提下方可实行。

《保险法》（2002 年）第 107 条规定，“针对和社会公众利益相关的险种、全新开发的人寿险种、强制保险的险种都需依法上报给保险监管组织进行审批。在对此进行审批的过程中，由相关管理机构制定审批的方式与办法，需要严格确保公众利益、防范不正当竞争的发生。针对其他的保险费率、险种，需要及时上报给保险监管机构，予以备案”。对保险企业而言，在向中国保监会备案、审批的基础上，保险公司自身拥有一定的制定保险费率、保险条款的空间。修订保险法为保险费率市场化的监管、改革指明了发展的方向，也表示当下我国保险行业已经步入费率市场改革阶段。

中国保监会在实行广州机动车辆保险费率市场化试点后，总结经验，扩大试点范畴。2003 年 1 月，中国保监会对不同保险企业全新的车辆保险费率调整公告进行批复，决定使用机动车保险费率放开政策，在费率层面允许存在 30% 的浮动，不同的企业可以针对主要保险产品进行自主定价，并将其申报给中国保监会进行审批，这强化了企业自身对经营风险的控制。2004 年 4 月，我国开始实行车险费率市场化，不同的企业可以按照自身对产品价格的掌控、市场判断自己进行定价。市场不断壮大的同时也呈现出激烈的竞争态势，并引发了较为严重的恶性竞争。此后，中国保监会正式颁发了《车险定价标准》，对车险费率予以引导。大量事实表明，自放开车险费率后，市场已开始走向健康、快速发展的轨道。

2003 年的车险费率改革正式成为非寿险市场费率改革的开篇。不同险种的费率市场化逐渐兴起，特别在财产保险招投标（企业招标、政府采购等）的强大推动下，对非车险险种而言，实行费率市场化是最需要解决的难题。竞争激烈、招标普遍化的发展态势导致我国财产保险费率的下行压力显著提升。2004 年 4 月，中国保监会正式推出《人身保险产品的审批和备案管理办法》，表示人寿保险即将步入保险费率市场化的发展阶段。2005 年，《中国人寿保险业经验生命表（2000—2003）》正式推出，为非标准费率、标准费率的制定提供基础精算数据。中国保监会表示：保险市场的产品定价权将会逐渐放开，但由于人身保险定价复杂，对此，中国保监会在人寿险种实行保险费率市场化中抱有特别谨慎的态度。因此，在当时并没有进行实质性的改革。按照当下我国执行的政策，人寿险种方面的保险费率依旧执行非常严格的监管模式，中国保监会制定强制性险种、主要险种的费率，针对其他险种仍需要使用备案的方式执行。

2007年9月，《关于改进航空意外保险管理有关事项的通知》由中国保监会下发，并在2007年的12月正式实行，保险企业具备航空意外保险（航意险）的定价权、开发权。基于此，航意险正式进入市场定价发展时期。2013年8月，中国保监会对人身保险的预定利率进行一定程度的放开，市场初步具备了对人身保险产品的定价权利，与此同时，可以不按照上限2.5%的限定进行执行。但是，针对新产品法定责任准备金评估利率而言，其必须比3.5%和保单预定利率低。此项改革表示，当下保险行业费率市场化进程正在不断推进，在费率管制层面会逐渐放松。

需要特别强调的是，实行保险费率市场化和自由化并不等同，在完成费率市场化改革的进程中，仍需对保险行业予以监管。例如，在改革环节，企业恶意降低价格（成本高于价格）试图挤垮其他企业、抢占市场份额的恶性竞争、企业破产时投保人的保护问题等都需要监管部门严格监管。在费率市场化的发展前景下，并非不对保险行业进行监管，而是需要深入监管、积极监管，并在监管的过程中做到与时俱进，这样才能解决改革过程中产生的全新问题。因此，在费率市场化的大前提下，对保险行业的监管问题进行研究不仅具备学术价值，而且在政策方面也具有深刻意义。

（二）保险费率市场化是大势所趋

保险管理体制是在我国独特的历史环境下产生的，并且在保险市场的发展过程中，该体制发挥了比较重要的功效。当下所使用的保费管理制度，追其根本，需要追溯到1997年由中国人民银行正式下发的《关于调整保险公司保费预定利率的紧急通知》（以下简称《通知》）。《通知》将人寿险种保险业务预定利润的限定规定为年复利从4%到6.5%；1999年，为了对我国的保险行业进行有效保护，中国保监会正式颁发《关于调整寿险保单预定利率的紧急通知》，将寿险预定利率点限定为年复利2.5%之下，并且其条款表示不具备利差返还。对当时我国的保险企业而言，价格管理体制发挥了非常重要的作用，有效解决了内控弱、精算弱的问题。在尚未成熟的市场环境中，保险企业可以获得合理利润，提高保险行业的发展，壮大企业实力，解决低利润大环境中保险行业的发展、生存难题。

伴随保险行业的壮大、发展，全新的发展形势和旧体制之间产生了越来越多的矛盾，并且逐渐显示出来。特别是在保险行业不断做强、做大目标的引导下，我国保险业已取得了良好的发展，保险行业的平均年增速大于30%。伴随保险资产的快速扩大，国有保险公司股份制改革也获得了很大的成效。在全新的市场变化中，原本的体制不能满足市场（保险服务提高）、百姓（产品多样化）全新的需求。伴随着我国的保险行业开始逐渐进行国际互动，人身保险价格监管已经产生了众多问题，问题并不单纯局限在不契合当下我国市场发展层面，还有无法有效地提高风险管控能力、占用大量监管资源的问题。

我国精算师人数大幅增加，专业水平得到有效提升，保险企业也普遍具备了风险管理意识，并且该意识正逐渐加强，这为我国实行保险费率的市场化改革打下了根基。对监管机构而言，其可以按照我国的市场变化，制定市场化监管的改革思路，这不仅契合了保险市场化的需求，也契合体制改革的发展。当下在我国保险行业实行保险费率市场化产生三个层面的影响：

第一，保险市场层面。实行费率市场化可以促进保险市场的健康、快速发展。20世纪80年代，我国保险行业得到恢复，在服务、产品、监管层面都呈现快速发展的态势，与此同时，我们也应当了解到，当下我国的保险行业处于初级发展阶段，有诸多环节需要规范。对当下的保险行业而言，以上问题严重阻碍了市场的快速、健康发展。特别表现在我国加入世界贸易组织（WTO）后，在国民经济、金融行业中，保险行业是开放程度最大的行业。2016年，我国保险行业将会迎来全面开放。对中资保险企业而言，在和国际接轨的发展态势下，企业应当对自身进行提高、壮大。实行费率市场化为提高竞争力奠定了基础。

第二，保险企业层面。对费率市场化而言，其产生四个影响：其一，可促进我国保险行业的快速、稳定、持续发展。之前的监管制度在环境改变的前提下很难进行有效、及时地反应。对我国保险市场而言，在快速发展的阶段，保险公司随时可能遭受风险因素的变动、市场利率的更改等因素的影响。费率市场化之后，企业可以在市场环境不断改变中及时进行保险产品费率的调整，从而规避风险，这对保险企业的健康持续发展具有重要的影响。此外，实行费率市场化可以形成健康、合理的竞争体系。对不同企业而言，其在定价中具备了自主空间。企业可以结合自身的情况，发挥优势，实行科学定价，例如针对具备极强投资能力的企业，可以将定价利率设置得比较高，针对具备较强风险控制能力的企业，可以在赔付率方面设置得比较低。以上都将提高我国企业培养核心竞争力的能力，进而推进保险市场从单一模式转变为多方位竞争的模式。其二，提高保险企业的服务水平与产品的创新能力。当下不同的企业往往具有相似的产品结构，产品比较雷同。实行费率市场化，企业可以重点发展具备竞争力的产品，进而构建具有自身特色的产品结构，实现市场主体的专业性培育。与此同时，实行费率市场化改革还可以有效改善单纯由价格决定的局面，引导越来越多的企业开始转向产品与服务并重的发展方式，使保险企业认识到，唯有将服务、产品有效集合，方可获得大量的客户资源，最终赢得市场。费率市场化后，具备较强服务能力的企业在市场中可以更好地站稳脚跟，因此企业会不断改善服务。其三，改善我国寿险的监管状况。在实行费率市场化改革之后，对监管部门而言，可以将其监管资源应用在偿付能力、准备金的管理之中，这样可以为行业的更好发展提供良好的环境和更多的机遇。其四，提高我国整体的精算技能水平。产品定价需要建立在合理、科学的精算基础上，基于此，对保险企业而言，费率市场化会强化精算队伍的专业水平，并在产品开发的过程中提高风险监控意识。

第三，消费者层面。在我国保险行业中，寿险占据了2/3的收入，地位非常重要。进行费率市场化改革契合我国市场发展的要求，并可以有效提高金融行业中保险业所占比重，提高保险行业的自身实力。市场决定保险费率，这不仅契合了保险市场公平竞争、公正公开的原则，还契合市场经济的运行规律，并提高了保险行业在国民经济中的地位，使保险业可以更好地服务社会。不管是经营主体，还是监管部门，实行费率市场化都需要做诸多工作，但可以了解到的是，消费者将会成为市场化的最大受益人。在保险行业进行改革时，对大部分人群而言，其将费率价格的涨跌当作自身是否得到实惠的衡量标准。与此同时，消费者忽略了自身选择权的因素，倘若消费者没有选择权，那么消费者获得实惠、保护其合法权利也就丧失了基础。伴随保险行业的快速、稳定发展，群众对保险的认知不断深化，在进行保险的选择时，也将保障范围、服务质量纳入考虑范围。实行费率市场化，消费者也就具备了更多的选择机会，由此培养了其保护自身权利的意识，在深化保险深度、密度层面具备深刻的含义。

（三）选题动因分析

从费率监管层面来看，大概有两种形式：非市场化费率形式和市场化费率形式。针对非市场化费率形式，往往实行比较严格的费率监管，在以往发展过程中起到十分关键的稳定作用。不过，伴随社会发展及市场趋于成熟，该监管机制的不利影响将逐渐显现，主要体现在抑制了保险企业之间的竞争，尤其对于经营管理优良企业产生较大的不利影响，这对于保险产业的长期稳定造成不利。据此，必须逐渐改革这种监管机制，逐渐放松对于保险市场的控制，最终达到用以控制人实际偿付水平为重点的间接管理模式替代以费率控制模式为重点的直接管理方式的效果。

从理论角度分析，20 世纪 80 年代之后，凯恩斯主义由兴盛逐渐转至衰落，新自由主义逐渐变成流行趋势。受到这种思潮的影响，全球保险市场逐步向自由化的方向发展。保险市场自由化的重点就在于保险产品费率的自由化。

从现实状况分析，西方国家保险市场的竞争逐渐向成熟化方向发展：市场主体变得比较完善，拥有较多的保险人员、再保险人员和各式各样的保险中介群体；严谨的监管系统逐渐形成；保险领域自律制度逐渐朝着成熟化方向发展；保险市场信息化程度提高；消费人员具有较强的保险意识和商品辨别水平等。比较成熟的保险竞争市场在一定程度上为其自由化发展打下了坚实的基础，同时也使得费率管理模式朝着自由化方向发展。因此，一些国家在保险竞争市场逐渐完备的基础上对于市场的控制逐渐放松，给予这些市场参与者较为广泛的竞争空间，为提升保险企业的核心竞争能力打下基础。

从我国保险市场实践层面分析，我国长时间实施的集中化费率管制模式主要以放弃市场效益为代价，以寻求保护保险市场的稳定发展和投保人员的经济利润为目的。不过，在市场竞争自由化趋势之中，其集中化的费率管理机制的预期作用在逐渐消失，严格化的费率管理机制在运作过程中并没有落实其预期目的，并造成了大量不足和问题，变成约束保险行业长期稳定发展的内生性问题。集中化的费率管理机制最为重要的目的就是约束这些保险企业之间存在的价格竞争，这是为了维护这些保险企业的实际偿付水平和经济利益，保护其市场能够长期稳定发展。不过最终的结果就是，单一化的费率制度在一定程度上忽略了在市场经济环境中价值规律的实际作用，让竞争规律、价格规律和相关供求规律以规定的模式呈现，一些恶性竞争时常出现，不只是对于市场发展秩序造成严重干扰，还对于这些保险业务的长期稳定发展造成不利影响。所以，对保险市场逐渐进行深层次改革可在一定程度上处理其市场的重点问题。

2003 年的车险费率改革工作在我国非寿险市场费率改革过程中逐渐拉开帷幕，我国保险费率市场化正式进行改革。改革试点工作实施将近一年，已有较多实践经验，但也暴露出大量的缺陷与问题。理论领域和业内人员虽然对于这些问题的看法有所差异，但一致的是，长期发展必须进行理论创新。

全新《保险法》在一定程度上对费率审核机制逐渐放松管理。原法规要求，这些商业保险的主要保险种类的基础保险条例与相关保险费率由政府监管部门拟定，保险企业制定的其他保险种类的条例和实际费率上报到相关监管部门进行统一备案。全新法规修订成“关系社会公众利益的保险险种、依法实行强制保险的险种和新开发的人寿保险险种等的保险条款和保险费率，应当报保险监督管理机构审批。保险监督管理机构审批时，遵循保护社会公众利益和防止不正当竞争的原则。其他保险险种的保险条款和保险费率，应当报保险监督管理机构备案”。全新法律有着三层含义：第一，保险监管机关将来不会再拟定其他条例；第二，审批的相关原则仅仅是维护公众根本利益和防备不符合法规的竞争形式；第三，将来绝大多数保险种类的条例和相关费率仅仅需要上报监管机关进行备案即可。这在一定程度上说明了保险市场能够在法规上获得保证。2013 年正式开始在全国范围内实施车险条例费率管理机制改革工作，我国保险费率市场化改革正不断深化。

从长远角度分析，费率市场化改革能够提升保险企业的实际竞争能力，不过短期内或许给保险企业带来一定的阵痛。费率改革工作和相关代理商的实际利益或有所违背。消费者应当成为此次费率改革工作的最终赢家，不过现阶段我国保险市场还没有达到“消费者主权”，消费者在涉及根本利益的改革过程中没有发言权。因此，改革工作是不是能够全方位落实，在某种程度上和相关监管部门的态度有着直接影响。监管工作的主要目标就是维护被保险人员和相关投保人员的实际利益。所以，这些监管机关要从维护被保险人员的实际利益和提升我国保险行业的竞争能力出发，才能承担得起促进费率市场化改革的重要任务。

二、文献回顾及点评

（一）国外对保险费率市场化的研究及简评

1. 保险费率市场化研究的起点。西方国家对保险费率市场化的探究，主要以事先审批监管模式为出发点，其结论表明保险市场的管理机制需朝着费率自由化竞争的形式转变。Joskow（1973）对市场架构、相关市场行为和市场业绩效益进行了探究，认为财产责任险市场就是竞争市场，费率管理的前提并不存在；费率管理制度在一定程度上约束了保险公司的相关价格竞争模式，并产生了卡特尔影响；针对市场业绩效益来分析，其费率管理制度造成出现消费机制的低效益现象，并导致供给不足问题的发生。最终，Joskow 提出了开放型费率竞争的方案，主张对保险费率的管理制度逐渐放松，并引进相关竞争。Harrington（2000）运用了此种剖析方式获得有关结论。他提出，20 世纪 70 年代和 80 年代初期，实行事先审批类型监管的地区有着较高的损失比重，不过从长远角度分析，这种监管模式对于平均费率并没有任何影响。这在一定程度上证明利用费率管理制度来约束费率并没有显著效果。相关文献资料表明，费率管理制度将耗费较多资金，造成剩余市场份额比重过高问题，出现激励制度扭曲现象等。Tennyson、Weiss 和 Regan（2002），Worrall（2002），Graee、Klein 和 PhilliPs（2002），Jaffee 和 Rus-

sell（2002）以及 Darey（2002）分别对马萨诸塞、新泽西、南卡罗莱纳、加利福尼亚和伊利诺伊州的费率管理制度状况展开一定剖析。得出的结论是：管理制度造成了一系列影响，必须逐渐放宽费率监管制度并向着费率自由化竞争模式方向发展。

2. 不同国家对保险费率市场化的研究。对于美国而言，尤其是 20 世纪 70 年代之后，对于费率监管逐渐进入再次评估的时期。该时期，由于利率水平的变化，保险人员对于费率监管抱有不满情绪。以往法规对于这些保险费率的约束让这些保险人员没有办法通过自由化拟定费率来完成自由经营模式。比如 Dvaid · A. Lveeah（1986）提出，先进行批准环节，再实行费率监管，易让保险企业在市场中陷入被动。根据其分析，在变化的大环境中，这些保险企业承担保险存在的实际风险，或许各种因素让存在的风险和预期收益相比存在偏高的现状。

对于欧洲而言，伴随市场竞争环境的改变，相关监管机构逐渐开始促进保险费率市场化的发展，这既是为了引进相关竞争制度，也是为了促进市场效益的发展。Jean Lemiaer（1999）详尽说明了欧洲地区保险监管形式从比较严谨的费率管理制度朝着逐渐放松的费率管理制度的转变，保险公司的实际偿付水平提高，并且详细说明了比利时车险费率市场化的发展进程和对社会的实际效应。

对于日本而言，植村信保（2001）《日本财产保险业的变化及对策》详细说明了日本财产保险行业在费率市场化发展阶段中的一系列问题，以及针对该问题的深入探究。具体来讲，对日本保险行业的市场化改革实证研究从价格竞争、实际营业成本减少等层面对改革进行了详细说明，这对于我国的改革工作有着现实意义。王光煌（2003）在《日本汽车保险自由化现况》中详细说明了保险自由化之后保险产业出现的商品多样化发展，以及保险实际服务水准的大幅提升。

韩国从 20 世纪 90 年代末期开始，逐渐完成了车险费率的自由化发展，在一定程度上提高了这些保险企业的核心竞争能力，有助于保险产品的多样化发展。对此，李淳正等（1995）给予了较高评价：在保险费率趋于自由化发展以前，保险公司太过重视汽车保险保证受害人员的根本利益，逐渐淡化了体现保险特点的商品和实际费率，这些保险企业所推出的保险商品几乎是一样的。费率趋于自由化使保险企业逐渐推出具有特色的保险产品。粟芳（2005）的研究对发达国家机动车辆保险市场中的产品机制和实际费率机制进行系统说明，并在此基础上提出韩国地区车辆保险费率市场化的改革模式都在一定程度上保留了缓冲空间，这为市场化改革工作的长期稳定发展打下了基础。

（二）国内对保险费率市场化的研究及其简评

1. 不同阶段的研究特征与内容。我国保险费率市场化发展始于 21 世纪。虽然发展时间较为短暂，但仍能够划分为两个较为明显的时期。

第一个时期从 2001 年至 2002 年。该时期为中国保监会正式在全国范围内推行车险费率市场化改革工作之前。在此时期，民众争议的重点是能否展开费率市场化改革，进行市场化改革的基础是不是充分等。刘子操等（2001）提出，在我国不应该实施费率市场化改革，其解释是：其一，费率市场化改革会对中资保险企业的长期稳定发展产生不良影响；其二，我国短时间内不具备保险费率市场化改革的前提。另外，徐兆伟等（2002）也赞同现阶段我国不具备进行费率市场化改革的前提条件。然而，刘京生等（2001）提出了不同的看法，认为我国费率市场化改革时机已经逐渐成熟，梁涛（2001）认为现阶段是进行保险费率市场化改革的最佳时间，必须进行改革工作，市场发展条件才能够获得逐渐完备。在此时期，有关进行保险费率市场化改革的争论变得异常激烈，逐步形成了两种截然对立的观点。

第二时期从 2002 年至今。2002 年，虽然费率市场化改革试点工作存在着一些不足，但中国保监会决定在 2003 年实行费率市场化改革。在大环境之下，理论探究逐渐开始趋于如何展开费率市场化改革工作，进而探究进行费率市场化改革的监管与风险控制等。例如，覃广华（2002）系统剖析了进行费率市场化改革所面临的实际风险，进而提出有关防备举措；蔡秋杰（2003）提出进行费率市场化改革的主要目的就是提升市场中中资保险企业的核心竞争能力，并提出相关举措。余祖典（2003）从监管人员的层面剖析了怎样保证费率市场化改革的高效实行。

2. 从不同角度对我国保费市场化研究的综述。在研究我国费率市场发展的过程中，学者魏华林和蔡秋杰（2005）主要分析了我国保险费率的相关理论，并着重考察保险人的相关权益，但从另一角度而言，保险人也需要根据我国的监管政策来维护自身利益，而费率市场化改革的过程对这一问题进行了有效的解决。王稳和王东（2013）的研究主要偏重于分析费率市场化改革对保险业的影响，保险公司根据费率市场变化的特点来进行相应的决策调整，这个过程对于保险市场的发展具有积极意义。

针对我国费率市场化的目标与意义，学者梁涛、刘京生（2001）认为费率市场化的核心是要让市场供求关系起到关键作用，对于费率市场化的进程，需要考虑费率制定以及相应的结构变化对于保险供求关系的重要作用，费率市场结构变化不仅能够改变保险供求关系，也有利于调节保险供给以及生产过程，只有充分发挥保险价格的重要作用，才能建立良好的保险经济关系。蒲海成（2006）的研究对于保险费率市场化的变化原因以及发展动力等做了具体分析，并对保险市场化的形成条件等进行深入研究，为我国保险产品市场化的发展提供重要参考。就我国目前的保险市场发展特点而言，我国保险产品市场化的发展需要具备一定的条件，我国目前的保险市场不仅要注重市场结构变化，还要重视供给主体以及交易机制的变化，这些条件对于保险产品市场化的发展起到一定作用。根据我国保险市场发展过程中的交易特点，我国学者蒲海成认为，我国保险市场存在的问题在于我国交易机制的不完善，不仅专业分工以及个人代理运作存在问题，还有保险经纪由于起步时间晚，导致保险产品销售过程存在很大的依赖性，因此我国的中介机构需要采取新型的销售模式，加强与其他机构之间的合作，并逐步实现产品的市场化，从而使产品市场化发展具备良好的条件。

针对我国费率市场化的方法和步骤，学者谢宪（2001）认为，我国费率市场化发展需要构建相应的管理体系，并根据费率市场变化的业务经营规模以及风险程度等因素采取相应的管理方法，不仅要注重费率的不同形式，还要进行市场实践，最大程度扩大报备费率和自由费率的比重，使费率适用范围更广，这对于费率市场化改革目标的实现具有重要意义。徐文虎（2005）对我国保险市场特征进行深入分析，认为我国的保险业管理模式与我国计划经济条件具有重要关联。

针对我国费率风险的防范，在费率市场化的过程中，保险企业需要考虑价格竞争的影响因素，对于保险业发展过程中存在的恶性价格竞争风险，保险业要加大重视。覃广华（2001）对于我国费率市场化过程中存在的风险分析指出，我国保险销售风险加大主要原因在于我国保险市场中的供求关系不平衡。卓志（1998）研究认为，费率市场化风险主要分为两种，即阶段性风险和恒久性风险，费率风险的控制要求建立微观自律、中观协调和宏观监管的三维框架。

针对我国费率市场化的监管，学者焦扬（2013）与项俊波（2013）提出，我国费率市场化的过程中要制定相应的监管政策，侧重于不断提升我国保险企业的偿付能力。祝向军和周苒（2004）提出，要将重点放在规范市场行为本身，才能在监管的过程中收到理想的效果。李文中（2013）的研究认为，费率监管的重心在于对市场行为的监管。于丽娜（2013）对于我国费率市场监管机制以及市场准入等之间的关系做了深入分析，指出我国保险市场中存在的准入限制问题。赵会军（2009）认为，费率市场化需要降低准入门槛，才能使费率市场化改革进程不断加快。王稳和王东（2013）认为，应主要注重保险监管体系，从而解决费率市场化存在的问题。

针对关于我国车险费率改革的研究，学者王棋（2004）指出，我国费率市场化经验的积累有利于保障我国车险费率改革的实行，且目前车险改革的市场反应良好。在进行车险改革之前，我国的财产险市场发展主要以股份制企业为主，有追求利润的动力。在实际改革中，我国车险逐步实现了完全的市场化，但出于对市场风险的控制，政府又制定了限制政策来对我国的车险费率下限做出相应限制，在一定程度上说明我国费率市场化的根基仍不坚实，需要不断改革。朴明根（2005）通过对比不同国家车险费率市场化的过程，发现我国车险市场化的改革仍存在较多问题，这为我国未来的改革提供重要参考。龙吟（2003）对于我国费率市场化的研究做了详细介绍，并对我国保险企业财务统计核算体系当中需要改进的因素进行了具体分析。

三、研究思路与研究框架

（一）研究思路

本文的研究思路是通过对保险费率市场化改革的理论研究、改革的历史沿革和保险费率市场化的国际研究分析，探讨保险费率市场化改革的根源及逻辑关系，从而对我国的保险费率市场化改革实践提供理论支持。本课题研究从保险费率监管出发，主要运用保险定价理论和保险价格理论的拓展，包括资本冲击和承保周期，从保险费率改革的理论渊源和国际实践出发，提出世界保险市场呈现自由化的趋势，而费率市场化正是保险市场自由化的核心，还提出逐步取消严格费率制度，放松对保险市场的直接控制，以控制保险人偿付能力为核心的间接管理取代以费率控制为核心的直接管理成为必然。

（二）研究框架

本课题共分为六个部分，即导论、保险费率市场化的理论分析、保险费率市场化的国际比较、我国保险费率市场化改革分析、我国保险费率市场化的路径选择、推进保险费率市场化改革应采取的政策建议。

第二节　保险费率市场化的理论分析

一、保险费率市场化的理论基础——保险需求理论

（一）最优保险理论

微观视角的保险需求理论为最优保险理论。该理论在20世纪60年代建立，

寻求的是人们保险保障的最优解，这与风险和不确定性经济学紧密地联系在一起，因此属于微观经济学的范畴。具体来讲，最优保险理论研究的是在一定行为假设和财富的约束前提下风险在行为人和保险人之间的最优分担问题，即人们选择怎样的保险保障水平最优。

1. 最优保险理论的建立。1963 年，肯尼思·阿罗发表的文章《不确定性和医疗护理的福利经济学》在保险学领域有着举足轻重的作用，并对后续研究产生了长远影响。作为诺贝尔奖获得者，肯尼思·阿罗在文中指出，在具备风险厌恶、追求效用福利最大化的假设基础上，当保险的价格为公平定价，民众对保险产生需求，并有效提升自身的福利水平。肯尼思·阿罗还提出，在存在管理经营成本、资本成本等情况下，保险费将在公平保费的基础上有额外增加，民众在面对该情形时会偏向需求最低免赔额上的全款保障。在一定程度上，以上两个观点已经囊括了最优保险理论的核心基础概念。虽然肯尼思·阿罗只是粗略进行了阐述，并未给出充分的证明，但是其著作仍可视为最优保险理论的奠基之作。

20 世纪 60 年代末期，挪威经济学家莫森在《政治经济学杂志》上发表了《理性保险购买状况》的文章，此文章也被当作优保险理论的根基。文章表明了在保险费用精算定价的前提条件之下，假设民众处于风险厌恶状态，那么民众就更加偏向购买相关保险，此结论主要来源于伯努利的有关数学思想观点，学者通常将此结论视作伯努利定理。莫森还在一定程度上说明了最优保险理论的另外一个最具代表性的结论，即当拥有附加保险费用的时候，风险厌恶的期望效用最大化者不会购买全额保险，换言之，所谓的风险主要由被保险人员与保险人员联合承担是最优的，也就是所谓部分保险最优概念。史密斯也在相关杂志之上发表了文章，说明了此结论，所以此结论通常也称 M－S 定理。

2. 最优保险理论的发展。大量学者提出，莫森所说明的两个相关结论和实际生活并没有完全符合。一方面，民众购买相关保险的时候，通常不会购买部分保险种类；另一方面，通过发达国家和发展中国家的保险行业对比得到的结论在一定程度上和莫森定理观点是违背的。为了能够更好地解答相关问题，部分学者对于民众购买保险的行为进行更深层次的探究，以期能够促进最优保险理论的长远发展。

20 世纪 70 年代，莫菲特发表了文章《最优免赔额和消费理论》，第一次观察了涉及消费的保险购买行为最优化的问题，并提出阿罗、莫森和史密斯所提出的架构存在两个不足之处：第一，忽略了储蓄能够视作保险购买的取代形式；第二，没有考虑现阶段消费支出对于风险的相关影响。在个人风险厌恶层面，风险厌恶程度逐渐递减的前提下，莫菲特提出了以下主要结论：其一，关于部分保险最优的结论；其二，关于购买保险会使得消费支出降低的结论；其三，关于保险和存储有着取代关系的结论。

20 世纪 80 年代初期，特恩布尔发表文章《理性保险购买的补充》，对于个人在面对各种各样风险之下的相关保险购买问题进行了一定的探讨。其贡献主要在于，探讨了当保险资产实际价值出现波动的时候，其个人保险购买决策会怎样进行改变。特恩布尔提出，当这些保险资产价值具有一定的不确定性时，民众会降低能够接受的保险费用预期值。不过，当民众可以获取更多具有不确定性特征的信息时，其能够接受的保险费用预期值将会提高。

多尔和施莱辛格等针对最优保险理论的长期发展做出了贡献。20 世纪 80 年代初期，多尔和施莱辛格等发表相关文章，考察了个人在面临各类风险状况之下的最优化保险选取的相关问题。特别是在《不完全市场的最优保险》的文章中，其不但对不可保资产具有的不确定性特征对于最优化保障的影响进行了一定探究，而且第一次对于保险需求和其他资产不能分离的状况下民众的最优化保险行为进行一定观察。其相关结论是，当保险资产损失和其他资产损失负相关时，就算按照精算进行定价，民众也会选取部分保险。换言之，伯努利定理是不成立的。假设保险资产损失与其他资产损失正相关，就算出现附加保险费用，最优化承担保险占比也是不明确的。换言之，民众将会购买全额保险。在 20 世纪 90 年代，多尔蒂和施莱辛格发表了《理性保险购买不履约合同的考察》一文，把违约风险引进最优化保险理论的探究，并提出这些保险人员实际偿付力缺乏或会造成相关合同不能执行，或者可能因为法庭判决以及等待期内发生损失等原因造成被保险人意料之外的延期或者拒绝赔付，这些状况都导致民众面临违约的实际风险，所以民众在购买保险时通常会将违约风险考虑在内。多尔蒂和施莱辛格的探究说明，当面临违约风险的时候，即使是精算定价，民众也可能购买部分保险。当有附加保险费用的时候，该模型不会导出最优保障水平。

上述学者的研究基本建立在期望效用分析方法的基础上。然而，该分析方法并不能包括民众全部的决策，除去期望效用理论之外，还包括其他的行为指标可对最优保险问题进行相关考察。在此层面，拉辛以及布里斯和隆伯格做出了具有开创性特征的贡献。20 世纪 70 年代，拉辛发表文章《理性保险购买》，运用最低最高遗憾指标来对最优保险进行探讨。相关结论为：即使根据精算定价，民众通常会购买部分保险，这和莫森的探究结论是有所差异的。20 世纪 80 年代，布里斯和隆伯格发表文章《理性保险购买理论一则笔记》，按照相关标准对最优保险进行一定的探讨，相关结论指出，无论是精算定价方式还是附加保险费用，民众或购买部分保险，或购买全额保险。

3. 最优保险理论的新趋势。Dionne 和 Eeckhoudt（1984）在一定程度上保持了莫菲特的相关探究方式，在类似的架构下，对最优消费行为、最优储蓄行为和最优保险行为进行了一定的探讨。Briys（1988）采用持续时间模型让该思路具有更加现实的意义。据此，Meyer 与 Ormiston（1997）侧重于研究投保资产的选择和最优保险保障的联合决策行为。

在特恩布尔以及多尔蒂和施莱辛格所提出的最优保险探究方式的启发下，部分学者提出，当对行为决策人面对的风险保障需要进行探讨时，不必将此风险和别的风险种类孤立起来。其思路方式迅速获得了一定的肯定，Schlesinger 和 Doherty（1985），Schulenburg（1986），Gollier 和 Scarmure（1994）从风险能否投保、保险是属于强制性保险种类或者是提供补贴等层面，对于最优保险进行了一定的探究。该部分学者的结论和多尔蒂的探究是有一定关联的。换言之，如果能够对于风险的关联性进行衡量，当被保险的风险和其他风险呈现负相关的时候，就算是这些保险费用根据精算定价，民众仍会选择部分保险。当此风险种类和其他风险呈现正相关的时候，就算附加保险费用，民众选择全额保险或许仍是最优的。该思路能够从一定层面说明 M－S 定理和实际生活的差别。该思路的探究重点偏向于将理论拓展至随机关联的情况，把静态形式的最优化保险保障分析扩大至理想状况下的对比静态分析。

最近 10 年间，大量学者注重观察期望效用假定放松前提基础之下的最优保险保障相关问题，也就是所谓的非期望效用剖析下的最优保险的探究。该思路方式和之前学者的探究是有所差异的。Machina（1995）在对于独立性公理逐渐放松的前提条件下提出，在舍弃期望效用假定之后，大部分结果处于成立的状态。Segal 和 Spivak（1990）对于两种类型风险厌恶进行了定义，提出 Machina 的剖析是第二种类型的风险厌恶形式，同时提出假设风险厌恶是第一种类别，就算是附加保险费用，部分保险并非最优。Karni（1992）在一定程度上参照了 Yaari（1987）和 Quiggin（1982）的理论研究，假设行为出现波动并且改变的模型达到一定的前提条件，那么阿罗的观点是正确的。Doherty 和 Eeckhoudt（1995）采用 Yaari（1987）的对偶理论，在非期望效用剖析的前提下考察了背景风险过程中的保险需求，并提出：假设这些背景风险处于独立状态，当保险费用采取精算定价，全额保险最优；当附加保险费用的时候，部分保险或是最优的。Schlesinger（1997）指出，假设风险厌恶的相关决策模型当中引进的背景风险是处于独立状态的，单独风险之下的结果不会改变。当保险费用精算定价的时候，全额保险最优；当附加保险费用的时候，部分保险或许最优。

（二）人寿保险需求理论

宏观视角的保险需求理论为人寿保险需求理论。该理论来源于20世纪60年代，自从创建后就和消费行为理论，特别是和生命周期消费假说密切关联。其理论探究的就是民众如何通过购买人寿保险和年金来减少或消除未来现金流的不确定性结果，从而使一生的效益达到最大化，以及在最优消费基础下，哪些原因对人寿保险需求产生影响。

1. 人寿保险需求理论的建立。20世纪60年代，Yaari发表了《寿命不确定性、人寿保险和消费者理论》的文章。他认为，民众会面对寿命周期的不确定性特征，并且该不确定性特征会造成未来现金流的不确定性特征，假设民众普遍追求一生的消费效用最大化，那么该不确定性特征会对民众的消费行为产生一定影响。利用年金的效果，民众能够降低其不确定性带来的不利影响，并且对于自身的消费行为产生改变。

2. 人寿保险需求理论的发展。20世纪70年代初期，斯坦利·费希尔发表文章《人寿保险购买的一个生命周期模型》。文章主要以定期保险作为考察对象，运用离散模型，对人寿保险需求进行了一定的观察。和Yaari只是提供最优消费的条件有所差异，斯坦利·费希尔提出了相关的需求函数表达形式，并且提出人寿保险需要和实际死亡概率、将来预期劳动收入呈正相关关系。

20世纪80年代初期，Pissarides刊发了题为《人寿保险的财富——年龄关系》的文章，将资产视作民众在死亡之前积攒的财富，进而对此财富和民众年龄之间的关联进行观察。他指出，假设民众实际收入是有所波动的，其拥有财富和实际年龄的关系图同劳动收入和实际年龄大小的关系图是差不多的。假设民众选择人寿保险，那么这种选择就会让劳动收入变化造成的财富和实际年龄变化消除。

20世纪80年代中期，Karni和Zilcha在杂志之上发表了相关文章。在文章《不确定寿命、风险厌恶和人寿保险》当中，Karni和Zilcha对于马歇尔模型进行一定观察，认为假设民众风险厌恶呈度较高，那么他们会选择大量的人寿保险。

20世纪80年代末期，弗兰克·刘易斯发表了《遗属和人寿保险需求》的文章，其运用其他的探究方式，从配偶与子女对于民众的保险购买决策的影响进行了一定观察，并提出选择保险和附加保险费用因素具有一定的关联。

二、保险费率形成机制的理论分析

（一）传统的保险费率形成机制理论

保险费率形成机制的基本原则在于，保险人向投保人和被保险人收取的保费收入一方面能够为期望索赔成本和管理成本提供充分的资金，另一方面能够产生期望的利润，以补偿销售保险必要的资本成本。假设保险费用达到上面所说状况，其保险费用也就是所谓的“公平保费”。公平保费是在竞争市场中应该收取的保险费用，其主要决定要素涉及四个层面：期望赔偿成本、实际投资利益、实际管理成本，公平利益附加。

1. 期望赔偿成本。对于绝大部分保险而言，其期望赔偿成本是公平保险费用的重要构成部分。假设投保人是同质的，这些保险人向其获取的保险费用必须和期望赔偿成本是相同的，能够补偿本身的实际赔偿成本。不过在实际生活当中，竞争通常会让保险人获取的实际保险费用比期望赔偿成本要低。

当投保人是异质的，假设保险人向预期损失成本不一样的投保人获取相同保险的保险费用，那么会导致逆向选择的发生，拥有较高预期损失的投保人将会比低预期损失的投保人购买更多的保险。如此，假设这些保险人不能够按照不一样的预期赔偿成本设定不一样的保险费用，在逆向选择的相关作用之下就会出现亏损的现象。所以，保险人要根据较低风险和较高风险对投保人展开详细划分。进行保险定价工作的基础原则就是：在某种环境当中，投保人之间不一样的预期赔偿成本会导致保险费用的差异。所以，当预期赔偿成本的差异能够被辨别的时候，寻求竞争利益和投保人对于较低保险费用会造成以成本为基础的费率。在实践过程中，为了预估投保人之间期望赔偿成本的实际差异，保险人采集数据信息必须耗费一些实际成本。信息采集工作、信息处理工作和投保人期望赔偿成本具备不确定性特征，让各个投保人按照其客观情况用很难计算的期望赔偿成本来支付保险费用的模式在运作阶段会遭受较多约束。在实践过程中，当获取信息的成本趋于合理化，保险人利用其数据信息来预估不同期望赔偿成本之间的差异之处，进而对投保人的期望赔偿成本展开一定预估。

2. 投资收益和理赔支付的时间因素。理赔支付的时间原因和保险人可以在进行理赔以前获得的实际投资利益的水平对于公平保险费用同样会产生一定的影响。一般保险合同通常要求被保险人在购买相关保单时支付所有的保险费用，不过理赔行为是之后出现的。在一些保险合同中，如企业责任保险，总索赔成本中的很大一部分是在保险期结束后的几年内支付的。

这些公平保费在一定程度上体现了保险人把保险费用运用在投资层面，并且在进行理赔支付以前获取实际投资收益的能力。当实际利率提升的时候，保险人能够获取大量的实际利息收入，需要的保险费用会降低；当理赔延长（既定的理赔在更长时间段内支付），保险人可以在理赔支付之前获得投资收益，其理赔支付所需的资金数额同样下降。所以保险定价的基础原则就是：公平保险费用体现出保险人把保险费用应用在实际投资之上，并且在进行理赔之前获取投资利益的能力，也就是这些公平保险费用要呈现出相关货币的时间价值。公平保险费用和理赔时长呈现负相关关系。在对于期望赔偿成本进行计算的时候，假设对保险人获取投资利益的水平进行充分考量，所计算的就是贴现期望实际赔偿成本。

3. 管理成本。保险人在定价阶段、销售阶段、承保阶段和理赔阶段必须承担大量的保险费用和实际理赔经费，也就是所谓的管理成本。所谓的承保费用通常涉及支付给相关代理人员的实际佣金和运用在定价阶段、承保阶段、营销阶段的实际经费。所谓的公平保费还涉及一些附加费用，这是为了补充承担的保险费用和实际理赔的经费。

在大量类别的保险当中，假设保险人员是首次对被保险人员承担保险，和这些续签保险合同对比，通常必须收取较多的承担保险的费用。进行续签的状况下，首年费用仅有小部分来源于首年的保险费用，别的部分必须在与被保险人员维持关系当中获得。在别的原因不发生变化的状况下，被保险人续期的期望数值越高，其公平保险费用也就越低，所以这些保险人必须保证较低的费用就能够补充初始实际支出。

4. 利润附加。保险的实际索赔成本具备不确定性特征，平均赔偿成本或许会比预期赔偿成本要高，其合同能够让保险人必须持有相关资本，这是为了支付高于期望赔偿成本的相关赔偿。为了获取相关资本，保险人要给予较为合理的期望税后实际收益，也就是投资人在有关风险前提条件之下投资别处则可以获取实际利益，即所谓的社会平均利润。这些投资人在一定程度上要求其利润能够利用保险费用来获取，也就是实际收取的保险费用必须超过期望赔偿成本的贴现数值，主要是由被保险人来向这些投资人给予一定的利益，也就是所谓的平均利益附加。决定其存在的主要原因就是实际赔偿成本具有不确定性特征，因此也叫做风险附加。实际赔偿成本超过期望数值存在的风险是比较高的，维持实际偿付水平所必需的资本量大。所以实际赔偿成本具有多变性特征，所需要的资本也是比较高的。因此，在别的条件一致的状况下，承担保险损失之间存在的关联性是比较高的，公平利益附加值也比较高。

（二）拓展的保险费率形成机制理论

1. 资本冲击。保险中的资本就是保险公司凭借股票、债券、优先股、可转换债等募集的资金。资本冲击即资本数额的大规模减少，其原因在于保险索赔或投资失误支付超过期望索赔成本，这些超过的部分需要资本进行支付。在投资亏损造成保险领域出现大量资本减少的情形之后，保险市场的保险费用通常会大幅度提升。其状况很难运用公平保险费用的基础理论知识来进行说明。人们一般认为，出现实际损失之后的费率提升是一种被动的提升，这是为了补充前一年度过高的实际赔偿成本。不过，按照公平保险费用理论知识，这些公平保险费用通常是由将来赔偿成本的期待数值和承担的保险费用所决定，并不是由以往保险人的实际经营情况所决定。假设实际赔偿成本一般会出现提升状况，后者的提升源于保险人对于将来期待赔偿成本的估计数值提升。其实，因为有了所谓的竞争，保险人在经过损失之后，通常没有办法利用提升费率水平的方法来弥补相关资本。通常情况下，投保人通常更偏好费率的稳定性特征，因此，如果保险人在发生随机波动的时候能够保证被保险人不受保费波动的影响，那么他就比其他保险人更具优势。

保险价格理论的拓展说明，假设某市场中绝大部分保险人在承担保险责任或实际投资层面受到严重损失，那么造成保险费用提升的原因不只限制在预估索赔成本的贴现数值、实际费用和正常收益之中。假设大部分保险人受到较多损害的实际冲击，全部保险产业的相关资产会呈现减少状态，这些保险人很难承担足够的索赔成本。保险人在已经发行的相关保单之上受到损失之后，为了在维持实际偿付水平的状况下进行续保，必须在较短时间内融到较多的资金。不过，根据保险人承担大量损失情况和实际财务状况，所需要筹集的成本或许是比较高的。保险人减少承保的数量，保险的供给量将下降。当市场实际供给减少，费率相应上涨。

较高的保险费用在一定程度上说明短时间收益会高于资本提供获取的长期公平收益。所谓的较高经济利润并非源于保险人之间竞争的欠缺，而是由于较多的亏损使保险人的实际资本处于稀缺状态，并且筹集资本所需成本较高，因此保险人现在拥有的资本逐渐变成较为稀缺的资源，进而获取高回报是存在较大可能的。不过这种状况不可能会延续很长时间，由于实际价格比预期索赔成本要高，这些保险人会重新融到相关资本。除此之外，新股发行和保险人的借贷也会发挥融资的作用。伴随着资本的累积，这些保险人员会提高实际供给，相关供给曲线呈现出向下移动趋势，会让实际费率降低。

2. 承保周期。保险费用和保险人的实际经营收益存在着一定的周期，也就是所谓的承保周期。可能通过市场的周期来进行一定的描述。疲软市场的特点让较多保险人在费率稳定或降低的状况下寻求成交更多的保单；繁荣市场的特征是保险实际供给量降低、费率提升。实际承保周期让保险费用按照公平保险费用展开周期性变化。

对于承保周期的论述源于上文所提到的资本冲击理论。大量的损失导致资本处于缺乏状态，之后伴随着保险费用提升到超过公平保险费用，这些保险的实际供给量降低。市场繁荣期间的较高单价能够帮助保险人收集相关资本，全新的资本能够获得累积。资本的注入让保险产业的实际供给提升、保险费用降低。假设保险人间的竞争让实际保险费用和公平保险费用相对较低，会出现实际损失和资本降低的现象，有助于费率价格的反转，从而导致再次出现市场的繁荣。

三、保险费率市场化的作用机理

（一）保险费率市场化作用机理的理论分析

作为调节保险市场的关键，保险费率对保险市场的健康稳定发展起决定性作用。保险费率的作用机理主要体现在保险市场的价格机制充分反映产品的供给与需求信息。现代经济学假设信息完全对称，即表明市场中的参与者掌握了完全的信息，从而对自身的决策产生影响。价格是反映市场供求信息的关键，因此对其机制与作用机理的分析显得尤为重要。一般而言，理论界对价格机制的作用机理的分析往往从信息论、控制论和系统论着手，对于保险费率的分析也同样可基于此。

1. 信息论。作为保险市场信息传导的关键，保险费率直接反映保险市场的供给和需求信息。保险费率决定了消费者是否对产品形成有效的购买力，所以保险费率价格机制向买者提供了供求信息，也向卖者提供了供求信息。价格机制在保险市场运行的过程中对每个参与者都是完全等价的。

2. 控制论。价格机制控制市场中每一个追求自身效益最大化的参与者。保险费率控制着保险市场中参与者的行为，刺激追求效益最大化的消费者购买性价比最高的产品，刺激追求效益最大化的劳动阶层追求福利好的职位。保险市场中的参与者在追求效益最大化的过程中，其行为不可避免地受到保险费率价格机制的控制。

3. 系统论。价格机制对整个社会体系形成一定的调节作用。在保险市场中，当参与者追求自身利益最大化，当信息传递机制健全，那么保险市场运行结果往往是市场出清。在充分保障作为价格机制有效发挥市场作用机理的前提下，市场化的保险费率将使得保险市场的发展更加健康、有效率。

（二）保险费率市场化作用机理的实践分析

1. 针对保险市场。保险费率市场化改革的推进使外资保险企业能够借助较低成本投入、较低费用支出，在我国保险市场实施保险产品的低价“倾销”。与此对比，现阶段我国保险企业在统一费率的保障之下，缺少公平竞争环境意识，并且是运用不正当方式采用价格竞争战略。因此，我国保险行业是长期在政府保护与竞争模式并存的混乱状态下发展。伴随费率市场化改革的深入和对于保险企业实际偿付水平监管工作的加强，该情况也将得到改善。其一，保险市场的价格竞争模式越发清晰，不但能够帮助相关监管机构加强监管工作，而且有利于维持一个健康的市场竞争环境。其二，大量经营良好、成本低廉的保险企业会有效利用价格竞争手段，较好体现其综合优势，利用市场竞争环境的优胜劣汰法则，最终使我国保险行业的总体竞争水平大幅提升。

2. 针对保险公司。保险费率进行市场化改革之后，保险企业便获取了大量的自主权力，可以按照保险竞争市场实际供求对保险产品进行自主设计，在具有差异性的环境中展开自主定价，能够更好地满足市场需求，设计出优质的保险产品，从而吸引大量的客户群体。与此同时，在市场竞争规律的作用下，保险费率的整体水平将呈现出逐步降低的趋势。所谓基础费率，也就是最低费率的相关要求，不只保证保险公司本身财务状况的稳定，还防止保险公司之间的恶性竞争。这些浮动费率让保险公司更加重视本身的内部管理工作、成本利益剖析，也就是费率水平的减少会对保险需求的拓展产生一定刺激，从而促进保险公司长期健康稳定发展。

3. 针对被保险人。费率市场化能够给予保险企业自主设计保险产品的权力，能够帮助保险企业增强实际竞争力，激励保险企业进行产品开发设计，并且能够促进各式各样服务的创新化发展，最大限度满足被保险人逐渐多样化的保险需求。随着费率市场化改革的深入，保险费率水平整体将呈现下降趋势，各类风险偏好人群会享受不一样的实际费率，被保险人的实际负担可有效降低；保险中介能够参加相关费率的实际调整工作，保险中介在消费者和相关保险企业之间进行讨价还价，并为被保险人员获取大量实际的经济利益。

4. 针对国际竞争。对于国际保险市场进行观察，不难发现，进行费率市场化改革已成为趋势。现阶段，除去法律规定的相关保险业务之外，商业保险在美国等经济发达国家均已经逐渐完成了市场化进程。在欧洲，保险企业能够按照自身实际经营情况、资产情况等拟定保险消费者能够承担的实际费率。需要强调的是，较为灵活的车辆保险费率机制让欧洲车辆保险迸发生机。现阶段，这些保险企业通常实施车辆保险费率划分级别制度，也就是根据各辆车的相关行驶记录来明确保险费用。例如，连续两年没有出现事故的车辆能够减少一档保险费用，连续多年没有出现事故的车辆，能够享受较低的费率水平，当年出现事故状况的车辆，来年进行投保的时候，实际费率水平会提升两档。不一样等级的费率存在着一定的差异，能够激励车主安全行驶，还能减少实际赔付。所以，在现阶段金融行业改革不断深入的背景下，不断学习经济发达国家的改革实践经验能够促进我国保险费率市场化的改革发展，对推动我国保险市场和国际接轨有着至关重要的现实意义。

第三节　保险费率市场化的国际比较

一、国际保险费率监管的模式变迁

（一）费率模式的制度演进

在保险业发展的过程中，问题与发展共生。作为一种社会性极强的活动，保险的经营与效益不仅会直接影响保险人与被保险人的利益，而且会直接影响到社会很多方面。尤其随着保险业不断发展，仅依靠企业自律与行业自我监管已不能保证保险业的健康发展，对保险业实施有效监管已成为行业稳定发展的必然选择。保险监管体系就是在发现监管问题、针对问题进行新规制定的过程中发展完善的。

保险监管核心在于费率监管。对于大多数国家和地区来说，保险费率监管的过程就是由原始无序的自由到严格的费率监管再到费率市场化监管某种程度上放松的一个过程。费率监管可以分为两种模式：严格的费率模式和相对自由的市场化模式。较为严格的费率制度是由国家保险监督管理部门或者权责分明的行业公会制定，通过明确的法律条文与监管手段，规范保险企业的费率标准的统一费率体系。相对自由的市场化模式并非完全放任保险公司的发展，而是将监管重点做了调整，即以保险公司偿付能力监管作为核心，放宽对保险公司费率制定的监管，给保险公司以充分自由依照自身经营策略与风险识别确定费率。

1. 严格的费率制度。保险的本质是通过风险汇聚的方式将风险损失方差控制在一定范围内，因此保险本身并不属于价值创造领域，而属于价值分配领域，其职能为用经济补偿的方式为社会稳定与经济稳定提供保障。出于这点考虑，稳定性成为保险业发展的主要发展目标。在保险业刚开始发展时，保险公司经营无序，其费率决定仅能从自身利益出发，以自身经营方针作为判断风险的依据对保险费率进行核算。随着保险市场的不断发展，保险市场的供求关系也发生了变化，引发了保险市场竞争。无序的市场与恶性竞争对保险市场的主体带来了巨大冲击。冲击之下，人们逐渐认识到建立市场秩序的必要性。保险市场需要严格有效的管理规范才能健康发展。在此基础上，规范保险人行为，保护被保险人的一系列法律纷纷出台，用以规范市场。最重要的是建立了严格的费率制度，保险业较为发达的国家和地区以费率协会的形式通过明确的法律条文对费率进行统一规定，并强制执行，并不是所有的保险公司都从属于费率协会，也有在费率协会之外的非费率公司，但由于费率协会覆盖面广，大多数保险公司都是费率协会成员，即费率协会占领了绝大部分保险市场，这使得非费率公司逐渐在竞争中处于劣势。这样的制度从某种程度上规范了市场，保证了保险业的健康发展。与发达国家一样，保险业发展相对滞后的国家同样曾经出现过保险市场无序混乱的情况。为确保保险市场统一管理与有效运行，在借鉴学习发达国家经验和教训的基础上，国家保险监督管理部门行使费率协会职责，对保险行业费率进行统一与规范，促进了保险市场的成熟与健康发展。

2. 保险费率的相对自由化。在市场机制不健全、保险公司之间不存在市场性竞争的时期，严格的费率监管制度起到了稳定社会的作用，但随着市场化的全球性推进，保险市场不断成熟，行政性的费率管理制度已不能满足保险市场的多样化需求。严格的费率管制制约了保险公司间的竞争空间，并且一定程度上挫伤了经营管理状况良好的公司的积极性，阻碍了保险市场多样化的需求，不利于保险业的健康发展。在这种条件下，逐步取消严格费率制度，放松对保险市场的直接控制，充分发挥保险费率的价格杠杆作用以提高保险市场效率成为必然，保险费率变得相对自由了，费率水平由市场供求关系决定。保险公司结构化产品开发活动增加，资产衍生化程度加深。此外，管理模式随之变迁，以费率管制为核心的直接管理逐渐失效，取而代之的是以保险人偿付能力为核心的间接管理。在保险市场逐步成熟和完善的条件下，不少国家和地区逐步放松对市场的直接控制，但并非原始的自由放纵，而是在更高层面对保险市场进行监督，给予保险市场参与主体自由的竞争空间。

（二）费率制度变迁背景的探讨

保险费率的管理制度由最初混乱无序竞争到严格费率管制，最后到放松对费率等具体的经营行为的管理，将保险费率制定权由保险监管机构转移至保险公司，充分发挥了保险公司在费率制定中的自主权。这种变迁除了严格管制费率制度自身固有的制度缺陷外，还有其理论及现实背景。

1. 理论背景。20 世纪 60 年代末以来，西方国家的滞胀现象严重动摇了新古典综合派的统治地位，一些西方国家长期推行凯恩斯主义政策所带来的严重副作用也逐渐暴露出来。政府对经济的过度干预导致“政府失灵”。货币主义、供给学派和理性预期学派一起形成新自由主义，对当时的主流学派进行了理论批判，认为通过自由竞争可以达到经济的均衡发展，反对凯恩斯主义的政府干预，断言经济危机是由于政府过度干预引起的，认为即便有所干预，也应降到最低程度。20 世纪 80 年代以来，凯恩斯主义在西方国家由盛转衰，新自由主义广为流行。受此思潮影响，世界保险市场呈现自由化趋势。自由化是指一国保险监管机关对保险市场活动的管制或限制加以降低或解除，其主要功能在于创造自由竞争的环境，使市场机能充分发挥，消费者有价廉物美的保险商品，保户可享受高品质的服务及提升保险业的经营绩效。在世界保险市场自由化的背景下，保险费率管理自由化的呼声日益高涨。

2. 现实背景。随着西方国家保险市场的日益成熟，保险市场主体愈加健全，保险人、被保险人、保险中介的发展也越来越需要规范的制度与法律进行制约。在这种背景下，仅依靠保险人和保险行业的自律是远远不够的，必须有严密的法律体系给予支撑。与此同时，科技的发展也带来了较高的信息化程度，相对开放的信息与市场使得保险消费者的产品鉴别能力提高。主体的完备为保险市场自由化提供了条件，也促进了费率管理方式相对自由化的进程。

二、美国保险费率监管制度

美国的保险监管在 19 世纪 40 年代从新罕布什尔州发展起来，萌芽后迅速遍布其他各州。相对于西欧国家来说，美国保险监管的起步虽晚，但还是以其快速的发展进程和独特的监管方式成为全球保险监管的典范之一。

1. 宽松管制时期。19 世纪中期以前，美国保险市场上基本不存在真正意义上的监管。只有马萨诸塞州和纽约州等地方政府实施过类似监管的要求，如要求保险公司提供财务报告，但这些并不足以起到监管市场的作用。1841 年，美国新罕布什尔州首先建立了专门监管保险业的政府职能机构，而后其他州也相继效仿建立了被称为“保险部”的监管部门。1859 年，美国纽约州建立了保险监管部门，并在较长时间里引领了美国保险监管的发展。1869 年，“保罗诉弗吉尼亚州案”的发生使美国各州对保险公司的监管职责进行了推进和强化，州政府作为保险业的主要监管部门，其地位得到了确立。1892—1932 年间，纽约州率先颁布了第一部综合性保险法，确立了对保险公司进行定期检查的制度，并规定了对保险公司清算管理的相关制度。此后，其他各州也相继建立了各自的保险监管法律法规，在保障消费者利益的同时，也维护了本州保险公司的市场竞争优势。一般各州的保险法都会对保险公司的设立、经营范围、资本要求、确保偿付能力的措施、投资资金管理、保险费率厘定、保险单格式和保险中介管理等做出规定，但由于各州都会或多或少出台保护本州保险公司的监管条件，保护主义在各州蔓延，这与促进市场活力的初衷形成矛盾，对于消费者利益构成威胁，因此各州又相继在后来的改革中取消了这种反竞争的市场规制。

19 世纪末 20 世纪初，美国保险业的跨州交流日益频繁，并建立了全国性的保险委员会。1871 年成立的全美保险监督官协会（NAIC）首先从统一保险公司财务报表开始协调各州的保险监管工作，而后在监管立法和信息数据收集与传递等方面展开了卓有成效的工作，使其成为目前美国最重要的非营利性保险监管机构。全美保险监督官协会的建立和运行奠定了此后以 NAIC 和州级监管部门共同协作的保险监管框架。在 NAIC 制定的全国性标准基础上，各州可以根据需要进一步提高监管标准。1945 年，美国国会出台了《麦克伦—福克森法》，明确了州政府在保险监管中的主要责任，但强调当保险公司违反垄断法时联邦政府与州政府可以同时行使监管权利，这实际上是弱化了保险监管权向联邦政府的过渡。

2. 保险费率管制时期。20 世纪后半期，利率波动和严格的保险费率监管限制了美国保险业的发展，因此开始酝酿对保险业监管方式的改革。20 世纪 60 年代，纽约州等一些州首先开始放开对保险费率的严格监管，允许保险人在市场中自由制定保险费率。1977 年，美国政府颁布了《联邦保险法》，并建立起联邦保险委员会，负责各类保险公司经营许可证的发放工作。在这一时期，监管部门对保险公司偿付能力的监管还不够重视，直到 20 世纪 80 年代出现了一些规模较大的保险公司破产的情况，才促使监管者加强了对保险公司偿付能力的监管。早期对偿付能力的监管主要是通过设定最低资本额来完成的，即通过州监管者主观规定的一个最低资本额来控制偿付风险的发生。这种做法在一些州得到了有效的实施，但在实施过程中许多州的监管者并不会详细考察保险公司的规模和业务能力，而是仅仅人为地制定一个他们认为可行的资本额。这种做法随着保险公司数量的增加和业务规模的扩大而逐渐失去监管效力。监管者对保险公司偿付能力的监管需要新的体系来完成。20 世纪 70 年代后，由全美保险监督官协会开发的财务比率体系得到推广。这套体系主要采用财务指标来评价保险公司的偿付能力，该体系虽在一定程度上弥补了之前监管系统的不足，但仍无法真正揭示保险公司的经营风险。

1999 年，美国颁布的《格雷姆—里奇—比利雷法》是保险监管领域的一次巨大变革。该法案不仅取消了保险公司开设分支机构的种种限制，而且允许银行控制子公司从事保险业务而不受州政府的监管。这就使银行及其控股子公司所从事的保险业务享受到优于一般保险公司的监管特权，因为他们不需受各州监管机构的监管，而只在全国范围内受一个监管者的监管，这对传统保险公司来讲是强有力的竞争。同样在1999年，美国还通过了《金融服务现代化法案》，对保险公司偿付能力的监管与新产品开发进行了平衡。为此，全美保险监督官协会借鉴巴塞尔协议的三支柱框架建立了一套风险资本金系统，以此来识别和监管保险公司的经营风险与偿付能力。

3. 对保险费率的监管进行重新评估阶段。在20世纪末21世纪初的20年时间里，美国有约700家财产险公司和寿险公司破产，引起了美国保险监管机构的重视，并着重从风险控制的角度加强对保险公司的监管。与以往仅通过会计信息来评估保险运营状况的监管方式不同，2006年新写入保险公司监管手册的监管方法逐渐抛弃了这种以历史数据来评判企业风险的手段，取而代之的是采用更多未来财务数据对其进行监管。同时，在这次监管方式改革中，全美保险监督官协会还加强了外部审计职能的建设，通过强化审计部门的组织性和独立性来保证审计工作的客观与公正，从而辅助监管工作的顺利完成。与此同时，美国联邦政府也在努力增强其在保险监管中的作用，如通过推行《选择性联邦法规》和《2007年国家保险法》等法案来建立一套与州监管体系平行的联邦保险监管体系。

2008年全球金融危机的爆发使美国保险市场面临巨大挑战，特别是AIG等保险公司的倒闭使保险监管问题再次成为众议的焦点。联邦政府与州政府在保险监管中的分离降低了保险市场的抗风险能力，因此对保险监管体系整合的呼声和行动越来越多。美国财政部于2008年3月发布《现代金融监管结构蓝皮书》，建议通过设立一个保险监管机构来全面监管保险业。美国金融服务委员会主席于2009年10月也通过提交《联邦保险办公室（草案）》来强调提升联邦政府对保险监管的能力，这与2013年2月由奥巴马政府提出的金融改革一揽子计划中关于保险监管的内容十分契合。美国保险业界对于建立一个联邦政府层面的保险监管机构的提议既给予了高度赞同，又表现出很多疑虑。赞同的原因在于美国保险业确实需要一个联邦层面的统一监管体系来降低监管成本，疑虑的原因则在于其可能与州监管体系并驾齐驱而使监管体系更加复杂。

无论矛盾多么复杂，联邦政府与州政府在保险监管中的整合都已经成为美国保险市场监管的改革方向。从联邦政府通过一系列措施逐渐介入保险监管的事实中可以看到，其在监管协调和国际合作上将发挥更多的作用，而州保险监管的地位也将因其在监管上的灵活性得到保留。2010年，美国通过了《2010年非许可保险和再保险改革法案》，试图在保险市场和再保险市场设立全国统一的标准，明确监管职责，避免监管漏洞和多重监管问题。同时，同期通过的《多德—弗兰克华尔街改革和消费者保护法》强调了联邦监管者对金融衍生品的监管，从而填补了联邦监管体系在这一领域的空白。

三、英国保险费率监管制度

英国是最早实行判例法制度的国家，因此其对保险领域的利益关系调整也基本遵循判例法制管制。英国的保险费率制度演进大致经历了以下三个阶段：20世纪70年代以前的政府有限监管阶段；20世纪70—90年代的基本保险监管法律制度建设时期；1997年以后的统一金融监管阶段。

（一）政府有限监管阶段

早在12世纪，英国就出现了关于海事行为的保险立法记载，当时的《奥莱农法集》对共同海损原则进行了记录。此后的两个多世纪里，随着意大利商人与英国市场的接触日益增多，他们所掌握的现代形式的海上保险也逐渐渗透到英国，英国的保险市场得到快速发展。到17世纪时，英国已经超越其他国家成为海上保险的中心，世界上第一张人寿保险单也于一个世纪前在英国诞生。随着保险市场的规模不断扩大，不规范的投机行为开始蔓延，加强保险市场监管成为英国政府的必然选择。英国对保险市场的监管首先开始于人寿保险市场领域，具体表现在1774年《人寿保险法》和1896年《人寿保险公司法》的颁布。到19世纪，英国社会基本形成了比较稳定的人寿保险、海上保险、航空保险、意外险、机动车险、工程保险和责任保险。20世纪中叶，英国对人寿、财产和再保险公司进行了统一管理，并以1958年颁布的《保险公司法》作为基本法律框架，1973年又对该法进行了修改。《保险公司法》的监管内容主要包括确定保险公司的最低偿付能力标准、指导保险公司日常经营管理、监督保险公司市场行为等。20世纪70年代以前，英国政府通过贸易工业部下属的保险局来监督本国保险市场，同时保险同业工会对保险业进行自我监管，但无论从监管规模还是监管效果来看，政府对保险市场的监管都比较有限，保险市场中的欺诈行为和偿付不力现象不断蔓延，加强对保险市场的监管势在必行。

（二）建立基本保险监管法律制度

随着保险市场不规范行为和偿付事故的频繁发生，英国议会意识到必须改革原有的保险市场监管体制，加强对保险市场的监管力度。因此，20世纪70年代到90年代的时间里，英国政府逐步建立了完善的保险监管法律制度，促使英国保险市场走向更健康的发展道路。英国保险市场中的绝大部分业务都是通过保险经纪人或保险代理人来完成的，这些保险经纪人完成了约一半的英国国内保险业务、约九成的人寿和养老保险业务，以及几乎全部的海上、航空、外贸运输保险业务。

在英国的劳合社市场中，被保险人若希望办理保险业务则必须通过保险经纪人来完成。可见，保险经纪人在英国保险市场中扮演了重要角色。但是，在20世纪70年代之前，保险经纪人只受到同业公会规则、普通法和自身诚信的约束，因此加强对保险经纪人的监管显得愈发重要。1977年，经英国保险经纪人委员会提案和国会通过，英国政府颁布了《保险经纪人注册法》。该法主要包含了保险经纪人注册理事会的建立，保险经纪人的注册，培训和经纪行为规则，法律惩戒程序，使用有关名称和描述的限制，有关规则条令的制定程序，有关用语的解释等，以及一个有关注册理事会的组成、选举及权力的附件。为了完善保险经纪人行为，英国保险经纪人注册理事会（IBRC）在《保险经纪人注册法》出台后还制定了一系列细则（见表3－1）。作为对保险经纪人实行具体监管的保险经纪人注册理事会，其成员由5名经国务大臣任命的成员和12名经英国保险经纪人联合会任命的成员共同构成，因此该机构具有政府监管和行业监管的共同功效。该监管机构的主要职责是督促、检查在这里登记的保险经纪人的专业标准执行情况，以及在必要时检查保险经纪人的财务情况和偿付能力。对于劳合社的保险经纪人，其既需要在保险经纪人注册理事会登记并接受监管，也需要其社内更为严格的内部监管。

表3－1　英国保险经纪人理事会制定的相关规则

年份	规则名称
1978年	《行为准则核准令》
1978年	《注册和登记规则核准令》
1978年	《调查委员会的设立规则核准令》
1978年	《纪律委员会的设立规则核准令》
1978年	《调查委员会程序规则核准令》
1978年	《调查委员会法律顾问规则核准令》
1979年	《账目和业务要求规则核准令》
1979年	《赔偿保险和补偿细则》
1980年	《保险经纪人注册理事会的选举细则核准令》

进入20世纪80年代后，英国相继出台了一系列与保险业相关的法律法规，保险监管的法制框架基本成型。1982年，英国出台了《保险公司法》和《劳合社法案》，1986年又颁布了在高沃报告基础上形成的《金融服务法》，标志着英

国现行金融监管体制的建立，也标志着英国对保险市场监管力度的大幅加强。《金融服务法》对保险业的监管主要体现在人寿保险业领域，特别针对其中的寿险中介及其行为进行了详细规定。以往英国的寿险中介可以同时为多个寿险公司代理业务，但 1986 年《金融服务法》对寿险中介的身份进行了重新规定，要求其或者仅销售某一家寿险公司的产品，或者以独立顾问的身份帮助客户在市场中选择合适的产品。

作为某一家寿险公司的代理人，该寿险公司有责任在确定其代表人身份前通过人寿保险和单位依托基金监管组织（LAUTRO）对其进行严格的资格审查；作为独立的（金融）寿险顾问，则需要向金融中介、管理人和经纪商监管协会（FIMBRA）提交申请，并接受该协会对其财务状况、管理人及主要雇员情况及其对执行业务操作规范的安排计划进行审核。但是，在 1986 年的《金融服务法》中，佣金比例的告知义务和佣金是否应该统一等问题存在一些争议。因此，英国证券和投资委员会于 1990 年对这些问题做出了解释和规定，要求独立金融顾问必须向客户履行佣金比例的告知义务，对保险公司代理人则不做必须要求，并且对佣金比例不做行业的统一规定。

（三）成立金融服务局建立起统一监管体制

1997 年 5 月 20 日，英国财政大臣宣布英国将进行金融服务监管改革，并成立一个新的监管机构来履行这一职能。1997 年 10 月，英国成立了金融服务局（FSA），负责统一监管银行、证券和保险业，它的前身是证券投资委员会。金融服务局是一家独立的非政府机构，它不接受政府资助，所需经费完全由其所监管的企业资助。但是，金融服务局需要向英国财政部负责，并通过财政部向议会负责。金融服务局依据 2000 年通过的《2000 年金融服务和市场法》所赋予的权利来实现维护市场信心、促进金融稳定、保护消费者和减少金融犯罪的法定目标。为了贯彻落实保险调解指令，并执行政府在 2004 年发布的公告，英国金融服务局自 2005 年 1 月起开始对一般保险业务的监管。2010 年 6 月，英国财政大臣宣布英国政府有意以一个单一的金融服务监管机构和两个新的继任机构取代现在的金融服务局，以此来重组英国金融监管框架。

目前，英国金融服务局的管理结构为：1 名财政部任命的主席、1 名首席执行官和 3 名管理董事（见图 3 -1）。在具体职能部门的设置中，直接向主席负责的部门有代理监管决策委员会主席、内部审计部和公司服务部；直接向首席执行官负责的部门有总顾问办公室、风险和金融稳定部门、国际部门、行政办公部门、专家监理部门、执法与金融犯罪部门和通讯部门。英国金融服务局中的 3 名管理董事分别包括负责经营的首席运营官、负责谨慎业务的管理董事和负责开展业务的管理董事。其中，负责经营的首席运营官直接管理的部门有业务咨询部、财务与运营部、人力资源部和信息系统与规划管理部；负责谨慎业务的管理董事直接管理英国的银行与房屋协会，投资银行与海外银行，保险、授权、风险专家和政策部门；负责开展业务的管理董事管理市场、政策、监管、授权和 FCA 设计协调与执行团队部门。

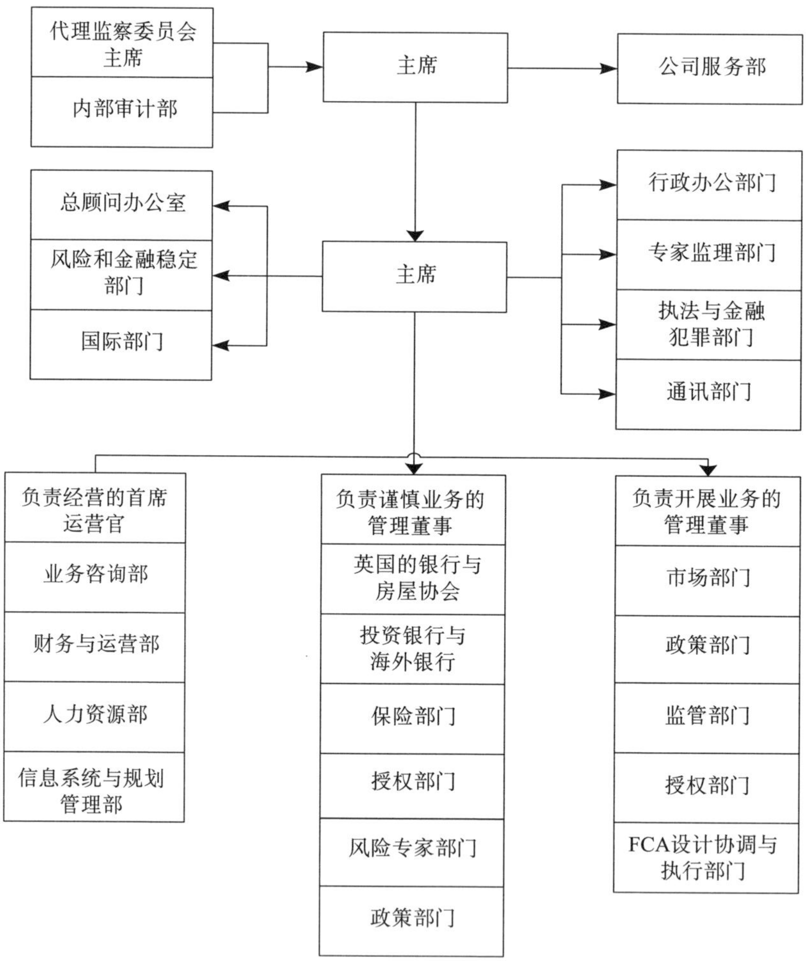

图 3－1　英国金融服务局管理结构图

同时，英国保险协会在保险监管中也发挥了重要作用。英国保险协会为了促进建立透明和有效的资本市场、增强投资风险分散机会，以及使保险企业实现长期价值做出了许多努力。其中重要的步骤包括：推动法律法规和市场最佳实践方法的改革从而保证投资增长；扩大适当的资产类别与负债相匹配；提高金融对实体经济和经济发展的可利用性。在英国政府的有效监管下，英国保险企业运营稳定，投资渠道相对分散，实现较好的投资收益。2011 年，英国保险企业的投资中有 16% 投向单位依托基金，15% 投向海外普通股票和股份，15% 投向其他海外公司证券，14% 投向英国公共部门证券，12% 投向英国普通股票和股份，10% 投向其他英国公司证券，7% 投向现金和其他投资，6% 投向海外公共部门证券，5% 投向房地产。

英国保险市场具有高度垄断性，国家对保险业监管较为宽松，采取的监管做法主要是：通过计算保险公司的法定偿付能力准备金，将保险公司实际偿付能力准备金与法定偿付能力准备金比较，评价保险公司偿付能力状况。保险公司只要有充足的偿付能力，其经营是相当自由的，无论是寿险还是非寿险，费率都不存在任何监管或控制，保险公司可以自己划分风险类别，并据此来制定保险条款。这种“英国型”保险监管模式对于被保险人来说有利有弊。有利的一面是，被保险人在购买保险商品时价格水平偏低。不利的一面是，被保险人容易遭受较多的保险人破产之苦。为此，英国通过了被保险人保护法案，使被保险人得到更多的保护。

四、加拿大保险费率监管制度

加拿大金融监管体系分为联邦和省两级，两级之间没有隶属关系。联邦负责监管所有在联邦注册的保险公司、信托公司、信用社、福利社以及养老金计划等。其监管重心是偿付能力，旨在保护投保人的利益。省级监管对象则是在本级注册的保险公司、信托公司等。其重点是对金融机构的市场行为进行监管。加拿大联邦的监管机构主要是金融机构监管办公室（OSFI）。该机构成立于 1987 年，对财政部负责。其前身是银行监管总署和保险部。办公室现有职员 425 人，在渥太华、多伦多、蒙特利尔和温哥华 4 个城市设有办公室。金融机构监管办公室的最高长官是首席监督官，任期 7 年。担任该职位的人员由内阁指定。该机构对金融行业进行综合监管，负责监管所有银行，在联邦注册的保险公司、信托公司、信用社、福利社以及养老金。它分为 4 个部门，分别是法规部、监管部、专业协助部和公司事务部。除此之外，还设有一个顾问委员会。该委员会设立于 2000 年，其职能是从宏观角度对金融业发展中的重大问题提供建议，组成人员多为已退休的金融业专家和金融机构高级管理人员。加拿大金融机构监管办公室的监管方式分为现场监管和非现场监管两部分。现场监管包括定期对公司进行现场检查，非现场监管包括“入”和“出”两块。“入”是指公司要定期上报财务报表等，通常为每个季度一次。根据这些材料，办公室会定期给每一个金融机构评级，此为“出”。定期对公司的评级会及时通知该公司，以便使其对自己过去一段时间的业务表现以及在行业中的位置从监管者的角度进行了解。

加拿大金融机构监管办公室具有一定的监管独立性和适当的起诉豁免权，这样办公室就能够一切为了金融体系的稳定而实施监管，而不受其他的制约。办公室的监管权限为：建立适当的财务标准，对市场准入进行审批，对金融机构资本金进行审查，对机构经营合规性进行检查，如果认为必要，甚至还有权对有问题的公司董事会进行调整。省级监管机构为金融服务委员会，主要负责市场行为的监管。以安大略省金融服务委员会（FSCO）为例，该委员会约有 385 名全职工作人员，主要负责监管全省的保险、养老金、信托公司、信用社等金融机构。其职责是保护消费者和养老金受益人的利益，确保全省的金融业积极健康发展，同时为财政部提供相关建议。由安大略金融服务委员会法案授权，FSCO 的领导机构是一个 5 人组成的委员会。这 5 人分别是 1 位主席、2 位副主席、1 位首席金融监督官和 1 位仲裁负责人。仲裁负责人的职责是解决汽车保险争端问题。主席和副主席兼任审理委员会的主席和副主席。审理委员会是一个裁决机构，对于监督官提出的监管方面的决策举行听证会，可以独立行使法案授予的权力。首席金融监督官负责对金融业的监管以及相关法律、法规的执行。

FSCO 的机构设置包括 8 个部门，分别是车险部、许可证管理部、养老金部、争端协调部、法律服务部、公司服务部、公司及公众事务部、业务程序审核部等。

车险部主要负责与汽车保险产品相关的监管活动。该部门约有 40 名员工，下设汽车产品处、精算处、费率处和机动车事故赔付基金处。许可证管理，工作重点是对合格的金融机构和中介机构发放许可证、组织相关考试及进行调查，确保金融服务委员会法案和有关法律、法规得以贯彻实施；养老金部以养老金给付法案及相关的法规为依据，保护养老金计划参与者的利益。该部门下设运营处、技术咨询处、精算咨询处、养老金产品处；争端协调部，负责处理投诉并解决纠纷。它又包括巡视调查和争端解决两个部分。法律服务部，负责为委员会提供法律方面的支持，并协助财政部制定或者修改金融业相关法律、法规。公司服务部，负责制定监管提纲，并且为 FSCO 管理层提供建议。内设客户服务处、财务和业务规划处、人力资源处、信息技术处。公司及公众事务部，负责与外界的沟通和对公共事务的处理，以及与加拿大保险监督官协会、养老金监督官协会、金融市场监督官联合论坛等机构进行沟通与协调。业务程序审核部，主要是与其他部门合作，评定和修改现有工作程序，其目的是提高工作效率、简化工作程序、推行电子化政务、降低监管成本。

加拿大金融管理局对寿险产品预定利率采取了备案的宽松管理制度，不需要审核批准。针对可能发生的恶性价格竞争风险，该局颁布了稳健经营和财务实务的标准，包括产品设计和定价管理，并对保险公司的定价风险做出了最低要求规定，并注重对寿险公司责任准备金和偿付能力的监管。同时，为了协助指导寿险公司控制与产品设计定价和销售相关的风险，加拿大人寿险和健康险协会还颁布了《指导准则：人寿保险的利益演示》。

除此之外，加拿大精算协会率先提出寿险公司的动态偿付能力测试指导文件。1992 年的《保险公司法》要求各保险公司以动态偿付能力测试的结果为基础编制保险公司的财务前景报告。1992 年，加拿大金融监管机构要求所有保险公司从 1992 年开始按照加拿大精算协会发布的《动态资本充足测试手册》进行动态资本充足性测试，将动态财务分析的应用扩展到非寿险公司。

五、寿险费率市场化的国际经验

（一）英国利率市场化进程中的保险费率政策

除美国和日本保险市场外，英国的保险业目前在全球排第三位，在欧洲市场排第一位，已经成为英国经济发展的重要支柱之一。据 ABI（2013）报道，截至 2012 年，英国保险市场的整体保费收入在全球保险市场占到了 7%，保险行业投资规模占到整个英国总投资额的 26%。同样发达的英国保险市场也经历了保险费率管制到市场化的改革，本节将从保险监管层面来分析英国费率市场化改革。

作为调节经济的重要手段，英国的利率也曾被管制，第一次世界大战以后就出现了以中央银行的再贴现率为基础的银行间利率协定。直到 1971 年 5 月，英格兰银行公布了一份“竞争与信用管制”报告，提出了金融改革方案，一举废止了利率协定，实现了“一步到位”式的利率市场化改革。之后历经 10 年，金融业进行了以金融服务自由化为核心内容的改革，以“1981 年英格兰银行取消最低贷款利率”为标志，英国完全实现了利率的自由化。不同于利率市场化改革，英国保险费率决定一直是市场化的。英国金融监管机构认为，对于复杂多变的保险业，通过规定最低保险费率以保证保险公司的偿付能力是没有意义的，保险公司只要在法律和道德范围内以负责的态度进行经营，政府就不应对其进行干预。因而，在英国，监管机构的重心放在偿付能力监管上，要求公司必须以特定的方式向政府提供有关信息，监管机构通过分析业务报表和年度报告，对公司的偿付能力做出评价。对于保险公司的保险条款和保险费率，监管机构均不予审批，只是保留否决权，即保险监管部门若认为保险条款违反法律和社会标准，有权要求保险公司予以纠正。在这种监管形式下，只要保险公司的偿付能力良好，无论是寿险还是非寿险，费率完全由市场调节，不受监管和控制。保险公司可以自己划分风险类别，并据此来制定保单条款。由此可见，在英国，无论是利率管制还是利率市场化时期，寿险费率政策并没有改变。但是，利率市场化却对保险市场产生了巨大影响。一方面，由于利率市场化之后金融混业加强，商业银行纷纷进入保险领域，保险业竞争变得更加激烈；另一方面，养老基金储蓄享受税收优惠部分也促进了养老基金以及人寿保险公司资产的快速增长。

1. 英国费率市场化改革与保险监管。在费率市场化改革进程中，英国保险市场不规范市场行为和偿付能力不足的情况频繁发生，使得英国保险监管部门意识到改革原有的保险市场监管体制不是放松保险监管，而是运用更适宜的监管模式加强对保险市场的监管。

首先，1977 年英国政府颁布《保险经纪人注册法》，以规范保险经纪人的市场行为、维持保险市场、稳定经营环境。《保险经纪人注册法》主要包括以下内容：建立保险经纪人委员会，规范保险经纪人的注册、培训、经济行为和法律对不规范行为的惩戒制度等。该法虽然一定程度上规范了保险市场行为，但保险市场仍出现了不规范状况。为了进一步完善保险经纪人行为，英国保险经纪人注册理事会（IBRC）相继出台了一系列细则：1978 年出台了《保险经纪人行为准则核准令》、《注册和登记规则核准令》、《调查委员会的设立规则核准令》、《纪律委员会的设立规则核准令》、《调查委员会程序规则核准令》、《调查委员会法律顾问规则核准令》；1979 年出台了《账目和业务要求规则核准令》、《赔偿保险和补偿细则》；1980 年出台了《保险经纪人注册理事会的选举细则核准令》。

其次，除了规范市场行为的规则之外，英国同样认为有必要出台一系列政策和法律，进一步加强对英国保险行业的监管。1982 年，英国政府正式颁布了《保险公司法》和《劳合社法案》；1986 年，英国进一步完善对保险市场的监管，在高沃报告（Gower Report）基础之上出台了《金融服务法案》。

从英国保险市场监管可以看出，与美国和日本监管模式明显不同，英国的保险监管更偏向于对保险公司的市场行为进行规范，防止市场不正当竞争带来的不良影响。费率市场化改革后，保险公司市场行为有了更大的发挥空间，不规范的市场行为必将影响保险业稳定健康发展。对保险公司市场行为的监管，同样也是除偿付能力监管之外的另一项重要的监管手段和措施。

2. 后费率市场化英国保险监管。在后保险费率市场化改革时期，英国对保险业的监管也同样不再仅仅局限于保险业，而是拓展到整个金融业，从整个金融业来实现监管。为此，1997 年，英国政府宣布将对金融服务监管体制进行全面改革，并成立一个新的监管机构来履行这一职能；同年成立了金融服务局统一对银行、证券和保险业进行监管。需要指出的是，金融服务局独立于英国政府，属于独立的非政府机构，但需要向英国财政部和议会负责。此后，金融服务局对保险业以及其他金融业同时监管。2005 年起，英国的金融服务局开始对英国基本的保险业务进行监管。2010 年，英国宣布以一个单一的金融服务监管机构和两个新监管机构来替代对当前金融服务局的监管职能，以此来实现对英国金融监管架构的重组。从后费率市场化监管政策来看，英国的监管模式与美国的监管模式将趋向同一架构体系。作为调节经济的重要手段，英国的利率也曾被管制，第一次世界大战以后就出现了以中央银行的再贴现率为基础的银行间利率协定，直到 1971 年 5 月，英格兰银行公布了一份《竞争与信用管制报告》，提出了金融改革方案，一举废止了利率协定，实现了“一步到位”式的利率市场化改革。之后的 10 年，金融业进行了以金融服务自由化为核心内容的改革，以 1981 年英格兰银行取消最低贷款利率为标志，英国完全实现了利率自由化。不同于利率市场化改革，英国的保险费率决定一直是市场化的。英国的金融机构认为，对于复杂多变的保险业，通过规定最低保险费率以保证保险公司偿付能力是没有意义的，保险公司只要在法律和道德范围以内以负责的态度进行经营，政府就不应对其进行干预。因而，在英国，监管机构的中心放在偿付能力监管上，要求公司必须以特定方式向政府提供有关信息，监管机构通过分析业务报表和年度报告，对公司的偿付能力做出评价，而对于保险公司的保险条款和保险费率，监管机构均不予审批，只是保留否决权，即保险监管部门若认为保险条款违反法律和社会标准，就有权要求保险公司予以纠正。在这种监管形式下，只要保险公司的偿付能力良好，无论是寿险还是非寿险，费率完全由市场调节，不受监管和控制。保险公司可以自己划分风险类别，并据此来制定保险条款。由此可见，在英国，无论是利率管制还是利率市场化时期，寿险费率政策并没有改变。但是，利率市场化对保险市场产生了巨大影响。一方面，由于利率市场化后，金融混业加强，商业银行纷纷进入保险领域，保险业竞争变得更加激烈；另一方面，养老金储蓄享受税收优惠部分也促进了养老基金以及人寿保险公司资产的快速增长。

（二）美国利率市场化进程中的保险费率政策

美国寿险业始于 1759 年，1868 年开始至于州监管之下，19 世纪末 20 世纪初通过一种“唐提联合养老保险（the to tine）”迅速扩张，大萧条之前 20 年是美国寿险业的鼎盛时期。之后，著名的“阿姆斯特朗调查”加强了美国对寿险业的限制和规范，使得在大萧条期间美国寿险业虽然同样受到冲击，但总的来说影响小于银行业。大危机之后，美国监管机构终于下定决心对保险市场进行严格监管。不过，对费率的监管主要集中在机动车保险、健康保险、员工补偿保险、医疗事故保险和房屋所有者保险，对人寿保险的费率，美国则一般不进行直接控制，而是要求寿险费率必须凭契约格式向接受申请处办理申报。美国监管机构采用著名的偿付能力监测系统、财务分析偿付能力工具、风险资本法对保险公司偿付能力进行综合评价和监督检查，并以此来对个人人寿和年金保险的最低费率进行间接监管，个人人寿、个人年金和团体人寿健康保险的最高费率则完全由市场竞争决定，同时按照美国保险监督协会寿险披露标准要求向寿险保单持有人和投保人提供关于利率调整成本的比较和其他资讯，以保护消费者利益。

与英国一样，美国的利率管制和利率市场化改革也没有影响到期寿险费率政策。不过，利率市场化改革使得美国本就发达的直接融资得到了极大发展，美国居民的投资也越来越多地从存款转向金融市场。保险公司受益于此的同时也不得不面对更多竞争。为此，监管部门一方面更加强调消费者保护，另一方面则进一步放宽了寿险公司在股权投资上的限制，拓宽资金运用渠道。保险公司也不断推进产品创新，开发出投资型产品，如万能保险、变额年金等。寿险市场竞争的加剧也使得 20 世纪 90 年代寿险业并购涌现。2001 年之后，美联储不断降息和动荡的资本市场给寿险公司带来巨大压力。2004—2005 年，美国寿险公司通过个人寿险和年金、个人健康保险等业务才重新得以恢复和发展，同时开始在退休市场进一步拓展发展空间。

（三）日本利率市场化进程中的保险费率政策

与英美保险监管模式不同，从第二次世界大战之后至 20 世纪 90 年代中期，日本一直采取严格监管模式，政府监管主要集中于市场行为层面，即监管保险条款、费率以及准备金的提存和资金运用。在这种严格监管模式下，各家寿险公司原则上一律采用保险协会制定的统一费率，禁止保险市场价格竞争。这种被称为"护航哲学"的监管模式使得日本在此期间没有一家保险公司破产。

随着利率市场化改革的推进，日本各寿险公司为了在竞争中获得有利地位，一味追求规模扩张，造成高利率的个人年金产品和以获取资金运用收益为目的的变额产品过度销售。20 世纪 70 年代末，高预定利率保单促使日本的寿险业进入高速增长期，并使其成为继美国之后的保险业第二大发达国家。日本利率市场化之后实际利率的提升虽然抑制了消费，促进了储蓄，但由于经济转型缓慢，高回报率行业迟迟没有诞生，因此储蓄的增长没有带来有效投资的增长，致使宏观经济震荡走低。经济泡沫破灭、经济出现通缩后，日本进入低利率时期。此时，日本高预定利率保单带来了严重的利差损。自此，日本寿险费率市场化成为一种必然。1996 年 4 月 1 日，日本新保险法开始实施，确立了以放款限制和扩大自由化来促进竞争、提高效率的方针，对费率管理改为申报备案，放松了对于寿险业的利率管制，但是费率市场化后各家寿险公司的价格竞争更加激烈，各公司加大各种保单优惠力度，这直接导致规模效益和利润下降。大量高利率保单的存在导致大批坏账、呆账，致使在 1997 年亚洲金融危机中日产生命保险等多家保险公司破产。

此后，日本保险监管机构开始采取新的监管措施来保证日本保险业的可持续发展，其中包括将重点从费率转移到偿付能力，建立寿险保单持有人保障计划等措施。同时，在长达 11 年的经济危机和长期的低利率时代，日本保险公司也意识到，通过提高预定利率可能带来销售增加，但投资中的风险资产比率也会上升，在分红的压力下其经营风险也进一步提高。2008 年大和生命的破产就是其激进的投资所致。因此，在费率市场化后，面对低利率水平，日本寿险公司更多地通过健全经营机制、创新产品、提升资金运用能力来降低经营风险、提高分红率。

六、我国严格管制费率制度

（一）我国费率制度沿革

1. 保险费率管理的初创阶段。在国内改革开放经济政策的推动下，国内保险业务从 1980 年开始恢复。国务院在 1982 年批转中国人民银行《关于国内保险业恢复情况和今后发展意见的报告》的通知中充分肯定了保险存在的必要性，并决定在国内重新开办企业财产保险、家庭财产保险和汽车保险等业务。在 1980 年至 1993 年的这段时期，中国政府在对保险管理体制和管理机制进行调整的同时，也对保险价格的决定机制进行了积极探索，保险费率管理制度得到初步确立。因这段时期的费率管理具有指导性和分散性特征，故将之称为分散的指导性费率管理阶段。其内容主要有：

第一，明确了保险费率的审定和管理机关。1985 年 3 月国务院颁布的《保险企业管理暂行条例》首次明确指出，中国人民银行（以下简称"人民银行"）作为国家保险管理机关，负责审定基本保险条款和保险费率。1988 年 3 月，人民银行又发布《关于加强人民银行行使国家保险管理机关职责的通知》，进一步指出，中国人民银行总行负责全国性基本保险条款和保险费率的审定，各级分行负责地方性条款和费率的审定。

第二，实行统一的基础费率，但给予一定的浮动范围。人民银行规定要求，同一地区存在的多家保险公司必须贯彻经营同一险种、执行同一保险费率的原则；各保险公司不经人民银行审定，不得擅自颁布基本保险条款和制定、更改保险费率，也不得以变更保险条款、付给回扣等手段变相提高或降低保险费率。同时，人民银行给予各级人行一定的基本保险费率的浮动管理权限，最高浮动幅度为上下 30%。

第三，各家公司基本效仿中国人民保险公司（以下简称人保公司）的费率管理方式。对于小型保险公司而言，由于当时大多规模较小，技术力量较为薄弱，在条款和费率方面基本都是参照人保公司的条款和费率来确定。当时人保对于费率的管理方式，对于国内业务，"由国务院批准实施的全国性法定保险和带有储蓄性质的人身保险，其条例、条款和费率由总公司统一制定"，其他各种保险的条款和费率均由各分公司参照总公司拟定的承保范围和费率幅度自行制定，报总公司备案即可。在涉外业务方面，对于涉及向国外分保的业务，其条款和费率由总公司统一制定，"不向国外分保的业务，其条款和费率可由分公司参照总公司制定的范围和标准，结合当地情况制定，并报总公司备案"。

从总体上看，这一时期的费率管理虽然具有事先审批的性质，但管理相对较为宽松。之后，随着新疆兵团保险公司、平安保险公司以及太平洋保险公司的相继成立，保险市场的竞争由局部逐步过渡到全国，市场格局由完全垄断转向垄断与竞争并存，保险公司之间的费率竞争变得日趋激烈。随着费率大战逐步蔓延，保险公司个别险种甚至出现了全行业亏损的局面，在此情况下，为抑制行业恶性竞争，保护保险公司经营的安全稳定，政府开始全面介入保险价格的决定过程。

2. 集中统一的保险费率管理阶段。在突破人保独家垄断经营和引入市场竞争机制后，国内保险费率的决定机制较以往发生了较大变化，费率水平不再由一家公司垄断决定，而是成为市场上众多保险主体竞争的结果。无序的价格竞争引发了恶性的价格战，导致政府管理部门最终介入保险费率的决定环节。1991 年 6 月，当时的保险监管机构中国人民银行下发了《关于对保险业务和机构进一步清理整顿和加强管理的通知》，并于 1993 年 4 月颁布《关于下发全国性保险条款及费率（国内保险部分）的通知》，要求"各保险企业均应按核准的保险条款及保险费率执行"。从此，国内保险市场进入保险条款和费率的集中统一管理阶段。这种严格管理随着 1995 年《保险法》的公布得以强化。该法第 106 条规定，商业保险主要险种的基本保险条款和保险费率由监管部门制定，保险公司拟定的其他险种的条款和费率报监管部门备案。1996 年 7 月 25 日，人民银行颁布《保险管理暂行规定》，也明确规定，"主要险种的基本条款和费率由中国人民银行总行制定"。2000 年 1 月 3 日，中国保监会制订的《保险公司管理规定》对此予以重申，其第 67 条规定，“中国保监会制定和修订主要险种的基本保险条款和保险费率”。从实际运作情况看，国内保险公司的多数险种都采用保险监管机构颁布的统颁条款。对条款和费率的严格管理从此成为我国保险监管的重心，监管机关长期以来将维护这种体制和这种体制下的费率作为保险业监督管理的主要任务，一定程度上将市场行为监管与条款费率监管等同起来。

（二）关于严格管制费率的流行观点

1. 缓解信息不对称可能对投保人和被保险人造成的危害。根据信息经济学理论，当买者和卖者之间信息不对称时，产品价格总是等于所有销售产品的平均价值。这样，在同一价格条件下销售更有价值产品的销售者将会退出市场以逃避损失，那些低价值产品的销售者则会利用这种机会占据市场，结果是“劣币驱逐良币”的市场逆选择，导致市场失灵。此外，竞争者会以另一方的信息减少为代价取胜，发生扼制对方信息来源的道德风险。在我国保险市场中，投保人和被保险人的知识有限，信息不对称的现象严重。由于保险中介制度不完善，特别是保险经纪人刚刚开始发展，投保人缺乏保险知识，也无从得到中介人的帮助，市场不对称的现象特别明显。由于费率厘定的特殊性和复杂性，和保险人相比，投保人明显处于信息劣势，其经济福利不能达到最大化，不公正交易可能使其利益受到损害。同时，信息的严重不对称使交易双方缺乏信任，增加了市场摩擦，从而加大了交易成本，降低了市场效率。现阶段对费率严格管制在某种程度上是政府代表公众利益，缓解处于信息劣势地位的投保人和被保险人由于信息缺失而造成的利益损失。

2. 保险市场发育不健全，无序竞争、恶性竞争及不正当竞争现象突出。根据现代经济理论，在完全竞争的条件下，由于市场“看不见的手”的作用，商品的市场价格也就是边际收入等于边际成本，社会福利最大化，社会资源达到最优配置。但市场并非万能，当市场不能在完全竞争方式下运转，也会出现“市场失灵”。保险市场失灵的重要表现是无序的价格竞争，即采用高手续费、低费率和提前支付高额无赔款退费等手段在同业中争揽业务的不正当做法。这种不正当竞争行为是对市场竞争的扭曲，使保险公司的成本大幅提高，经营效益下降，最终影响保险公司的偿付能力，使保险业作为“社会稳定器”的作用难以发挥。

（三）严格管制费率的深层次原因分析

以上是对费率严格管制的一些流行观点。这些观点有一定的道理，但流于现象，只看到市场不合理的表象，而忽视了分析不合理现象背后的深层原因，导致开出的“药方”既难治标，更难治本。

1. 市场主体的制度性缺陷。对于保险公司来说，保险公司产权不清晰，政府在保险市场的参与程度高。中国人民保险公司（中国人保）和中国人寿保险公司（中国人寿）这两家国有独资公司的市场份额都超过了70%。新成立的保险公司，除外资保险公司外，几乎都是国有控股股份公司。产权不清晰，经营目标模糊，约束机制的缺乏，导致保险经营者追求企业短期指标，如保费收入，而不考虑企业经营风险，从而盲目杀价，采用高手续费、低费率和提前支付高额无赔款退费等手段进行竞争，不顾企业的长期发展。

对于投保人和被保险人来说，理性的投保人是为了实现消费者剩余最大化，即用最小的代价实现最大的风险保障，以最小的付出获得最优质的服务。如果投保人用自己的钱投保，自己承担风险，就会有实现消费者剩余最大化的激励。相反，如果投保人用别人的钱投保，风险和权利主要由别人来承担和享受，就缺乏实现消费者剩余最大化的激励，使其可能在投保行为中为自己谋利。我国很大一部分保费收入来自国有部门，在产权不清晰，缺乏有效监督机制的情况下，这些国有单位的决策者选择保险公司，不是主要看该保险公司是否经营比较稳健、信誉较好、服务质量高或者价格低，而是把保险公司给他的回扣高低作为主要衡量标准。我国保险市场大量充斥着这样不以消费者剩余最大化为决策标准的投保人，这严重扭曲了市场竞争，为不正当竞争行为的滋生提供了土壤。投保人的行为在某种程度上鼓励保险公司花更多的精力去培植这种土壤，而不是去提高企业经营效率。

2. 保险市场信息传导的制度性缺陷。保险市场信息传导的制度性缺陷主要表现为以下四个方面：一是保险经纪人发展有限。基于投保人利益，为投保人和保险人订立保险合同提供中介服务的保险中介人的缺位，使投保人难以改变信息劣势地位。二是保险公估机构发展有限。保险公估人有利于加强保险交易双方的信息沟通，增强保险双方的信任度。三是目前广泛采用的代理人制度存在缺陷，严重损害了保险公司的形象，不但不利于保险双方的信息沟通，反而造成投保人对保险人的不信任，使双方的沟通更为困难。四是保险公司信息披露不充分。保险是对风险的安全保障，投保人购买保险的基础是保险公司的信用，即保险公司现在和未来提供风险保障的能力。保险公司由于其信用的连续性和保持流量的特点，其风险具有长期性和隐蔽性，一旦爆发，则可能难以收拾。由于投保人缺乏专门知识，对保险公司的经营状况和经营风险不可能作全面了解。即便投保人具有专门知识，也由于信息收集成本过高及他人可能搭便车而放弃。这就需要保险公司建立信息披露制度，让公众了解其经营状况、财务质量、风险管理及发展前景等，从而缓解信息不对称可能对消费者造成的危害。

3. 保险监管的制度性缺陷。保险监管制度的建立和完善是一个过程，从严格意义来说，中国保险监管制度是从1995年《保险法》颁布的时候开始建立的，目前存在以下制度性缺陷：

首先，保险监管的法律法规不健全，有些领域尚处于无法可依的阶段。目前，我国的保险法律体系已初步建立，这从法律、行政法规及部门规章三个方面得到体现。在法律方面，以《保险法》为核心，包括《合同法》、《公司法》及《海商法》中关于保险的相关部分；在行政法规方面，有《保险公司管理规定》、《保险代理人管理规定》、《保险经纪人管理规定》、《保险公估人管理规定》及《保险机构高级管理人员任职资格管理暂行规定》等；在介于法律和行政法规之间的部门规章方面，有《外资保险公司管理条例》及《保险违法违规处罚条例》等。除上述已颁布执行的领域外，其他领域的有关立法还是空白，如再保险等。在大法之下缺乏详细的可执行性法规或细则，如专门的人寿保险法、保险投资法以及保险监管细则等。这些制度性缺陷，一方面使得保险公司的经营处于无法可依的状态，另一方面也给保险监管带来实质性困难。

其次，缺乏对保险监管者的权力制衡机制。保险监管要依法监管，不能用行政的随意性代替法律，为防止保险监管者的行为扭曲，要建立对监管者的权力制衡机制。依法监管必须建立对监管者的监管制度。这样才能真正按客观规律办事，而不是因人因事而异。

最后，政府失灵。保险监管机制必须建立在市场规律的基础上，不能用主观的行政意志来代替市场机制，这样才能有利于保险创新、提高保险资源的配置效率及维护保险安全，否则会导致政府失灵。在某种程度上，政府失灵比市场失灵危害性更大，造成的后果更严重。

七、对我国保险费率市场化的启示

（一）我国保险费率市场化改革意义重大

各国或地区经验表明，发挥费率价格机制的作用有利于保险市场的发展。从国外经验来看，费率自由化后，保险公司的费率精算能力、核保技术、产品开发及统计资料的体系化采集能力有所提高，即保险公司的竞争力提高。保险公司之间的费率竞争导致保险费率下降，从而使投保人支付较低的保险费。日本实行车险费率市场化后险种日趋增多，各保险公司在车险险别的组成、内容及其他方面呈现出多样化的趋势。加拿大保险公司的价格竞争使得佣金和运作费用减少，保险公司的营销策略从以产品为中心转变为以客户为中心，更细化的风险分类使低风险的保单持有人受益。我国在汽车保险监管和业务实践中，限制保险价格竞争的现象比较普遍。例如，实行全国统一的保险费率；许多地区为抑制“恶性竞争”而实行“新车共保”；有些地区以保险行业协会的名义反对“竞标承保”等。费率是保险市场的价格，如果价格不是由市场来决定，那么整个保险市场就不能称为“市场化”，保险费率的确定必须考虑供求状况，而且决定保险费率的因素会因各家保险公司的经营水平不同而有实质上的差异。统一定价以行政手段实行“共保”抹煞了保险公司间的差异，必然束缚其竞争积极性。在现实中，僵化单一的费率体制忽视了市场经济中价值规律的作用，使竞争、价格和供求的一般规律以扭曲的形式表现出来，“高手续费、高返还及低费率”等不正当竞争行为屡禁不止，不仅扰乱了市场秩序，而且影响了保险业务的健康发展。车险费率自由化有利于保险市场的公平竞争和市场培育，有利于促进保险公司内部管理和优质服务，有利于促进保险人提高风险防范意识，顺应了国际保险惯例，符合合同公平原则，可以加速与国际保险业接轨的步伐。

（二）我国费率改革应分阶段逐步推进

保险费率市场化在条件完善的情况下分阶段进行。纵观国外费率市场化进程，无一不是在条件成熟的环境下推进的。首先，需要有一套完整的法律监管体系，不仅用于规范各险种的发展，而且用于规范展业、承保、核赔等环节，以保护保险市场各参与主体的利益；其次，健全的行业监管体制也必不可少，对行业的监管不仅体现在规范行为上，更要有推动行业发展，对从业人员进行培训与资质审查的责任；在监管模式上，需建立以偿付能力为核心的监管体系，重点监督保险公司的偿付能力、财务比率等指标；信息化程度高的市场环境同样必不可少，市场操作的透明化是保险公司进行高效经营的必备条件。在这样的条件下，分阶段对费率市场化进行推进才能最大化降低推进阻力。国外的车险费率市场化曾分阶段引入折扣贴现率、投保人特定费率，并在基本保费的基础上适用浮动费率。直到 1998 年才废除了浮动费率制度，引进了根据保险公司各自特点自行制定的自由费率制度。根据国外经验，首先推行附加保险费率的自由化，等时机成熟时再行差别化制定纯保费。比利时在费率市场化进程中采用制定过渡性法律的手段避免完全自由化引致的市场混乱。事实证明，这种方式确实有其必要性。1994 年 7 月，由于保险市场不健全，竞争条件不成熟，比利时监管机构对强制性保险的自由定价政策无法完全落地，延长了过渡期。这样的方式缓解了由严格监管模式到自由竞争模式的市场波动风险，起到了稳定保险市场的作用。

（三）加强独自开发新产品及相关服务，使费率竞争和产品及服务竞争并驾齐驱

根据国外经验，可将产品开发战略划分为四种类型：扩大保障范围，增收保费；降低附加保费；根据保险条件调整保费；在传统保险产品的基础上，开发长期储蓄型产品。这对我国保险费率市场化后新产品开发及服务竞争很有参考价值。由于新产品开发投入大，推广成本高，而产品又极易模仿，客观上不如推广原有险种省力、省事，而且开发、引进新险种，改造、完善老险种，各公司与之配套的奖励措施不到位也影响了从业人员个人主观能动性的发挥。面对加入世界贸易组织的挑战，加快新产品开发迫在眉睫。保险费率市场化必然带来整体费率水平的下降，而保持业务的持续、健康发展又是保险公司追求的重要目标，这就需要保险公司通过提供新产品、新服务来弥补，实行“广种薄收”、“薄利多销”、“精耕细作”并举的经营策略，达到业务增长的目标，而保险费率市场化本身就激励保险产品创新，同时随着科技进步、产权制度改革以及立法的深入，各种新的风险也需要新的保险产品提供保险保障。此外，外国保险公司经过数十年，甚至上百年的经营，已形成了比较完善的产品体系以及产品开发创新机制，为此国内保险业必须正视新产品开发，并付诸实施。保险新产品的开发必须克服保险产品设计开发中存在的费率厘定不合理、产品相似、灵活性差、技术含量低、开发能力弱等特点，以用户需求为核心，制定适应市场细分、富有前瞻性的产品开发战略，整合产品开发体系，强化保险总公司产品开发的核心地位。要明确产品开发和产品定位的重点所在，加大对国内产险法人客户和自然人客户需求市场的分类研究，善于从经济、地理、民俗等多方面细化市场，结合我国社会经济发展以及消费趋势，按照需求确定各类目标市场，有步骤地开发保险产品，力求引导市场，走在竞争对手前面。要达到这一目标，保险公司应该建立完善的保险产品开发激励机制，调动相关人员的积极性，从开发创意、产品设计到产品推广各环节都应包含其中。此外，要导入产险精算制度，增加险种开发的科学性。值得指出的是，保险公司防范自身经营风险，要从产品开发开始。要建立新产品整体推广体系，改变以往单兵作战的分散化作业方式，提高新产品推广的整体声势和成本效益比。现阶段保险产品的设计开发必须遵循市场性、效益性、合法性、规范性、国际性等原则，并做好市场预测，注意实际效果，条款设计要新颖，有吸引力。

（四）各保险公司应创新销售渠道，大力发展电子化保险营销及银行保险业务

随着车险费率的自由化，保险公司为了将低成本、增强竞争力，相继改善了销售方式，恢复或推出电话行销、网上保险和银行保险等新型销售渠道。在我国，以车险为例，由于车险的被保险人具有分散性的特点，代理制度成为我国现行车险市场营销模式的主流，但代理制度也存在一系列问题：代理人利用代理制进行不正当竞争；代理费用逐渐成为不合理的成本负担；代理人的违法代理行为引发的后果也成为制约代理人制度发展的重要因素。同时，电子商务模式的出现将引发保险领域的一场新的竞争。对于财产保险公司而言，机动车辆保险是最适合利用互联网进行电子商务经营的业务之一。另外，开展银行保险业务有利于利用银行覆盖面广泛的营业网点及其客户资源，有利于降低业务成本，为在费率竞争中占据有利地位创造条件。

（五）保险费率厘定与奖惩系统的设计取决于不同的监管方式

如果政府规定了所有保险公司必须遵守的保险费率，那么保险公司就没有必要分析统计数据，从而为不同水平的风险厘定不同的保险费率。出于政治和社会方面的考虑，监管机构在厘定保险费率时往往会排除某些可能对风险大小有显著影响的变量，如年龄和性别等。为了弥补这种费率体系的不足，政府通常会采用更加严厉的奖惩系统，而在自由竞争的市场上，保险公司必须尽可能地使其分级结构与风险水平相适应，或者至少接近其竞争对手的分级结构。这就要求保险公司使用所有可能与风险水平相关的分级变量，否则就意味着放弃竞争机会，面临竞争对手的逆选择风险。因此，自由竞争的市场将使用更多的风险分级变量，从而减少对复杂奖惩系统的需求。如在比利时的车险费率市场化过程中，竞争的直接结果是对风险进行了分类。目前，已有好几家保险公司将驾驶员的年龄、性别、所在地理区域等引入他们的分级变量系统。

（六）寿险费率的市场决定和政府监管对立统一

正如党的十八届三中全会所强调的“处理好政府和市场的关系”一样，寿险费率市场化实质上就是要理顺费率的政府监管和市场决定的逻辑边界。费率市场化不仅要纠正费率监管失灵，还要规避费率市场化形成的缺陷。英美发达国家虽然主要依靠市场竞争决定寿险产品的费率，但政府监管依然通过偿付能力、信息披露等手段保证寿险费率的适当性。作为市场行为监管的主要手段，日本的经验表明严格的费率管制虽然规范了保险市场行为，却限制了竞争、影响了效率，

属于在特定阶段适用的费率政策。当费率管制无法给消费者带来精算公平和更大福利，甚至在利率市场化后因寿险公司破产而带来消费者福利减损的时候，寿险费率就需要向市场决定回归。

（七）对于寿险费率管制国家，利率市场化之后寿险费率市场化也会成为一种必然

在寿险定价中，预定利率因素的假设依据是市场利率，利率管制和利率市场化的确会影响到寿险定价。寿险公司和其他非银行金融机构一样，会在利率管制时期通过创新"倒逼"利率市场化，如英国和美国通过投资型产品获取较高的利益。但是，如果在利率管制时期寿险费率也被管制，就是要从风险的角度出发，"偏重于保险人的财务稳定考虑"。以"利差益"为主的收益模式同样会激发寿险公司创新产品，从而导致寿险公司加入"倒逼利率市场化"的机构之中。在利率市场化渐进改革中，投资性产品所带来的利益递减，风险递增，寿险费率由市场决定的国家此时会回归保险本质，改变产品策略，比如美国转向个人寿险和年金、个人健康保险和养老产业等市场，而寿险费率管制的国家面对利率市场化所带来的竞争和风险就会显得相对被动，"利差益"收益模式会遭到严重挑战，寿险费率的市场化就会成为金融自由化改革中的一种必然。

（八）随着利率市场化进程的加快，寿险费率市场化进程也应该加快

目前，我国开放普通型人身保险产品定价利率并没有对寿险市场产生太大影响，退保率和非理性竞争都没有出现，但"利差益"模式依旧是各寿险公司的主要盈利模式，投资性产品的规模不降反升，特别是一些中小寿险公司产品结构中投资性产品的比例畸高等现象说明寿险市场风险开始积聚。因此，在利率市场化渐进改革进程中，一方面，保险监管部门要考虑防范寿险费率市场化之后可能出现的风险，适时开放分红险、万能险等产品的费率管制，严防寿险公司投资风险，完善市场退出机制、并购机制和消费者权益保护机制，守住风险底线；另一方面，保险监管部门还需要从长远考虑，通过全面深化保险业自身改革，促进寿险业的持续、健康、科学发展，引导寿险产品回归保险本质，发挥保险保障功能，加快产品结构转型，将产品转向养老、健康等保障领域，引导寿险公司回归服务本质，加强和优化保险服务，健全经营机制、提高资金运用能力和风险管理能力，加快盈利模式转型。

第四节 中国保险费率市场化改革分析

一、保险费率市场化改革对中国保险业发展影响的机理分析

保险费率市场化，是指由保险公司自主决定保险产品的预定利率。预定利率，对于寿险产品来说就是在计算保险费（保单价格）、责任准备金或经济资本时所采用的利率，其实质是基于资金的时间价值，保险人因为占用了投保人的资金而承诺的预定年回报利率。我国当前寿险产品的预定利率为2.5%，自1999年一直沿用至2013年，直至2013年5月才开始对于费率市场化的试点工作，因此，费率管理沿袭已久，全方位的市场化依然面临较多风险，下面从监管、保险公司、消费者三方面逐一分析。

（一）正确处理好政府与市场的关系

我国长期以来的保险市场管理为政府主导型，沿袭以往的监管习惯，倾向于对出现问题的市场行为进行监管与进一步规范，忽略了对偿付能力的监管及与偿付能力密切相关的一系列指标体系监管。我国现有偿付能力监管是在欧洲的偿付能力额度监管的基础上建立的，偿付能力监管指标体系也主要借鉴了美国的保险监管信息系统。二者的适用性有待商榷。从国际经验来看，通过最低额度的监管职能满足保险偿付能力监管的最低要求，当保险公司分支和规模不断扩大时，最低额度的监管措施将失效。另外，仅仅通过偿付能力监管尚无法对保险公司同样面临的信用风险、操作风险等进行全面分析和全面管理。众所周知，保险公司的市场风险、信用风险、操作风险等均会转化成保险公司的偿付能力风险，因此对偿付能力监管必须建立在一个全面的视角，这就对政府提出了更高的要求。同时，费率市场化使得保险公司破产成为可能。我国之前并无保险公司破产先例，同时破产退出机制也不完善，对公司破产概念无明确界定。这使得保险公司破产退出将有可能带来保险市场的动荡，威胁市场稳定。

费率市场化将会带来金融一体化，会引发保险业与银行业多业务条线的交叉合作，跨市场风险的传导将会更加迅速，风险也偏向多样化不可控，而目前对于跨市场的监管并无明确监管条款。同时，信息监控手段的缺乏导致跟踪监控不及时，无法做出较为准确的科学判断。

费率市场化将会带来费率水平的整体下降，但同时也会面临对恶意降费行为无强有力遏制手段的隐忧。在我国现行保险市场格局下，大部分保险资源掌握在几个公司手中，其中财产险方面：仅人保股份一家公司占比为34.41%，寿险方面，国寿股份、太保寿险、平安寿险3家公司市场份额占整个市场的半壁江山。这些大型保险企业利用其自身较强的资本水平与定价能力实行恶意降费，将会抢占更多的保险市场资源，阻碍中小险企发展，不利于保险市场健康发展。

表3-2　　2011—2013年大型保险企业市场份额　　（单位：%）

保险公司		2013年	2012年	2011年
财产险	人保股份	34.41	34.90	36.28
	太保财	12.59	12.58	12.89
	平安财	17.80	17.86	17.44
人身险	国寿股份	30.42	32.41	33.29
	太保寿	8.85	9.39	9.75
	平安寿	13.60	12.93	12.44

（二）保险公司需多方调整，应对费率市场化风险

保险公司是费率市场化改革的主要实行者，费率市场化改革对保险公司经营能力、产品开发、资金运用等多方面都会带来挑战。

1. 保险公司经营水平。费率市场化将会使得保险公司面临较大的市场风险。长期受管制的费率必然在市场竞争中出现短期下降的趋势。但是，保险费率的降低将会使得保险公司面临更低的经营费用与中介费用预算，保险公司必须通过削减经营管理成本和营销费用来弥补。这将可能影响保险公司的整体经营水平与成本结构。核保方面，费率市场化对保险公司的核保业务提出了更高的要求，特别是对粗放式经营的保险公司来说，由于核保直接关系到保险公司未来赔付额，保险核保不能继续以松弛的口径进行。

此外，在费率市场化初期保险费率短期下降的趋势下将可能出现短暂解约退保现象，当保险费率下降时，投保人或被保险人可能想解约或退保，然后以一个较低的费率重新购买一份保险产品。根据我国《保险法》规定，投保人具有提前终止保险合同的权利。此时，投保人或被保险人提前终止保险合同，可能引发保险公司保费收入下降和保险责任准备金下降从而产生解约和退保风险。尤其是在非寿险市场，由于非寿险期限较短，投保人可能更愿意承担退保成本以求获得因重新投保而获利的机会。由此，将会出现解约和退保的可能性。在费率市场化

条件下，遏制投保人和被保险人通过退保和解约来获得费率变化带来的收益，可以通过防止费率急剧变化来实现。

2. 保险产品开发。费率市场化为保险产品定价与产品开发带来机遇与挑战。费率市场化为保险公司带来的是更加灵活的费率与更加自由的费率决定权，保险公司根据自身经营策略与重点工作进行费率的制定。但是，长期以来的统一费率使保险公司缺乏相应的定价经验与科学的定价技术，可能造成由于定价不准确而产生风险。同时，费率市场化带来费率波动，保险公司需要根据费率的波动来进行相应定价政策的调整，一点不及时的反映都可能造成经营的不稳定。如果在经济上行时期制定了偏高的费率就可能导致寿险公司保险准备金不充足，影响保险公司的持续经营。保险公司产品和服务创新压力加大，必须通过产品开发与服务创新扩大自身的品牌效应，但我国许多保险组织由于自身实力限制，产品开发的组织机构建设和技术力量的组建工作较为薄弱，精算人员缺失与技术手段存在差距，企业发展跟不上政策变化。在现有的市场格局下，大型保险公司势必比中小保险公司的反应更快，技术更先进，这就造成了大型保险公司以低价抢占市场，甚至可能用低于产品成本的价格来制定费率，不利于保险行业的健康发展。

3. 保险公司资金运用能力。在利率与保险费率双市场化的大背景下，市场利率与保险费率的不一致将可能带来利差损。利差损风险是指保险资金投资运用收益率低于有效保险合同的平均费率而造成的亏损。保险费率不可避免地会在未来一定时期内受到市场利率上下波动的影响，与投资收益率产生背离：当市场利率低于保险费率时，寿险资金的投资收益率也会下降，承诺给被保险人的回报率却不能随之调低，便造成了利差损。当前我国保险资产 80% 左右为银行存款和债券，利率市场化在短期内会导致利率上升，特别是长期存款利率的上升，这在一定程度上会提升保险公司固定收益投资的回报率，而随着利率市场化的逐步推进，市场主体对利率波动逐渐适应，无论是债券市场还是股票市场，都会形成未来回报提升的预期，从而有利于提升保险资金运用的长期整体收益率水平。作为寿险产品定价的核心，预定利率的市场化改革会对寿险业的发展产生更为直接的影响。费率市场化以后，为了能够与储蓄等其他金融产品形成有效竞争，寿险产品的预定利率必须提升到高于市场基准利率的水平，而且随着银行理财产品收益率的大幅度提高（2013 年 6 月银行理财产品收益率已经整体突破 5%），预定利率也需要提高到类似的水平。预定利率越高，寿险产品的价格越便宜，对投保人越有利，因此可能会激发市场对寿险产品的需求，带来寿险保费收入的增加。但是，对保险人来说，预定利率越高，保险公司的投资压力越大，有可能加剧保险公司经营回报与承担风险的矛盾。

（三）消费者应提升自身产品辨识能力

消费者是费率市场化的最终受众，费率市场化将带来费率水平的整体下降，对消费者来说是有利的。与此同时，保险产品的差异化也将愈加明显。如何以最合理的费率水平购买最为合适的保险产品，这对消费者对不同公司和产品的分辨能力提出了要求。近年来，保险产品，尤其是寿险产品的退保率不断攀升，一方面有保险销售误导的影响，另一方面也说明了消费者辨别能力较弱带来的不良影响。因此，要坚持规范化导向，加强消费者对保险产品的辨识能力。

二、中国保险费率市场化改革的过程和意义

（一）我国费率市场化进程

1. 费率市场化阶段（1979—1997 年）。1997 年之前，我国传统寿险产品预定利率并没有受到太多限制，当时寿险产品的预定利率都是由寿险公司自己决定。到了 20 世纪 90 年代，由于银行存款利率处于高位，寿险产品的预定利率设定普遍偏高，有些险种高达 8%、9%，甚至达到 10% 以上（见表 3 - 3）。高预定利率造成每次央行降息，投保人便开始抢购寿险产品。随着 20 世纪 90 年代末开始进入降息周期，寿险公司之前的高预定利率保单积累了越来越多的“利差损”。

表 3 - 3　1996—2012 年我国存款基准利率与保险公司预定利率对比　（单位:%）

日期	存款基准利率	保险公司预定利率	日期	存款基准利率	保险公司预定利率
2012 年 7 月 6 日	3	2.5	2007 年 8 月 22 日	3.6	2.5
2012 年 6 月 8 日	3.25	2.5	2007 年 7 月 21 日	3.33	2.5
2011 年 7 月 7 日	3.5	2.5	2007 年 5 月 19 日	3.06	2.5
2011 年 4 月 6 日	3.25	2.5	2007 年 3 月 18 日	2.79	2.5
2011 年 2 月 9 日	3	2.5	2006 年 8 月 19 日	2.52	2.5
2010 年 12 月 26 日	2.75	2.5	2004 年 10 月 29 日	2.25	2.5
2010 年 10 月 20 日	2.5	2.5	2002 年 2 月 21 日	1.98	2.5
2008 年 12 月 23 日	2.25	2.5	1999 年 6 月 10 日	2.25	2.5
2008 年 11 月 27 日	2.52	2.5	1998 年 12 月 7 日	3.78	4.5
2008 年 10 月 30 日	3.6	2.5	1998 年 7 月 1 日	4.77	4.5
2008 年 10 月 15 日	3.87	2.5	1998 年 3 月 25 日	5.22	6.5
2008 年 10 月 9 日	3.87	2.5	1997 年 10 月 23 日	5.67	7.5
2007 年 12 月 21 日	4.14	2.5	1996 年 8 月 23 日	7.47	8.8
2007 年 9 月 15 日	3.87	2.5	1996 年 5 月 1 日	9.18	10

资料来源：1997—2012 年《中国统计年鉴》与《中国保险年鉴》。

2. 费率严格管制阶段（1997—2006年）。如表3-3所示，从1996年5月开始，央行进入降息周期，到1997年10月23日央行第三次降息之后，中国人民银行（当时的保险监管机构）下发了关于调整保险公司保费预定利率的紧急通知，规定“将人寿保险业务的保费预定利率上下限调整为年复利4%—6.5%”。

1999年6月10日，央行第七次降息，中国保监会下发《关于调整寿险保单预定利率的紧急通知》，规定“将寿险保单的预定利率调整为不超过年复利2.5%，并不得附加利差返还条款”，自1999年6月10日接到通知时起，各保险公司不得再签发预定利率超过上述规定的寿险保单，“各公司必须将本通知于1999年6月10日内传达到分支机构”。这种费率管制一直持续到2006年。

3. 费率市场化试点阶段（2007年至今）。对预定利率的严格管制持续到2007年初。河北、河南和江苏在试行新的简易人身两全保险时，中国保监会放开了2.5%的预定利率限制。2008年6月，中国保监会又发布了《天津滨海新区补充养老保险试点实施细则》，规定天津滨海区域内的寿险公司发行补充养老保险产品时，预定利率和最低保证利率可以不受2.5%的上限限制，而是由寿险公司根据自身投资收益率审慎确定，如中国人寿一款产品“新简易人身两全保险”，其预定利率就达到3.3%，从一个侧面证明了当时2.5%的预定利率限制过低。2008年6月24日，中国保监会又表示对在农村小额人身险试点地区销售的小额寿险产品，“寿险公司可以根据市场情况自行设立预定利率”。2008年中国保监会在不同领域连续的试点措施表明监管部门对寿险费率市场化的积极态度。2010年7月9日，结合连续试点的经验，中国保监会发布了《关于人身保险预定利率有关事项的通知（征求意见稿）》，规定传统人身险产品预定利率由寿险公司根据审慎原则自行决定，分红险、万能险等产品最低保证利率还是不能超过年复利2.5%，“这预示国内已执行10年之久的寿险预定利率2.5%上限即将被放开，传统寿险费率市场化将正式启动”。2012年3月，中国保监会发布了《关于加强机动车辆商业保险条款费率管理的通知》，初步明确了商业车险条款费率管理制度改革的方向。2013年，人身险费率改革拉开大幕，到车险费率改革如期试点，保险业大刀阔斧地进行市场化改革。2015年2月开始实行万能保险费率政策改革，规定万能型人身保险的最低保证利率由保险公司按照审慎原则自行决定，万能型人身保险的评估利率上限为年复利3.5%，加强了行业差异化竞争。2015年底，商业车险改革试点地区增加至18个，一点一滴的进程都记录着保险费率市场化的走向。

（二）保险费率市场化的意义

1. 有利于促进保险市场的充分、公平竞争。在我国保险业发展初期，保险市场长期处于监管统一与无序竞争交织存在的状态。再加上受到外资保险公司低费用、低成本价格优势的冲击，市场竞争经验尚浅的国内保险公司采取了高手续费、低费率的“价格战”，使得保险市场一度畸形发展。但是，随着保险费率市场化改革的不断深入和监管方式的改良（将偿付能力监管作为监管核心），混乱竞争的局面有了明显的改善。一方面，保险市场的价格竞争将逐渐明朗化，这不仅有利于监管部门加强监管，也有利于形成公平、合理的市场竞争秩序；另一方面，一些经营状况好、成本低的保险公司将有效地利用价格竞争，更好地发挥自己的综合优势，通过市场竞争的优胜劣汰，我国保险业的整体竞争实力将大大增强。实行费率市场化改革以来，尤其是2007年以来，保险市场的活跃度急速上升，保费规模有明显提升，这说明费率市场化促进了保险市场的竞争，激发了保险业活力（见图3－2）。

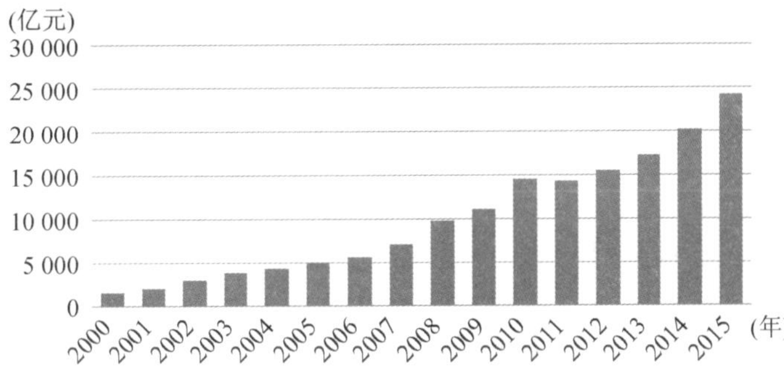

图3－2 2000—2015年保费收入趋势

2. 有利于促进保险公司的发展。保险费率市场化落实了保险企业的经营自主权。不同于严格管制费率制度下的统一费率，保险公司对于产品价格的调节更加灵活。保险公司能够根据市场供求关系情况对保险产品价格进行实时调节，进而开发出满足市场需求的险种，吸引更多的客户。同时，在市场竞争规律的作用下，保险费率的总体水平将呈现下降趋势。其中，对基本保险费率即最低保险费率的规定，不仅确保了保险公司自身财务的稳定，而且避免了各保险公司之间的恶性竞争；而浮动保险费率的自主性使保险公司更注重自身内部管理、成本利润分析，促进保险公司稳定、健康、持续的发展。

3. 有利于被保险人从中受益。保险费率市场化将赋予保险公司自主开发保险产品的权力，促使保险公司强化竞争意识，开发出适合不同类型客户需要的保险产品，从而满足被保险人日益多元化的保险需求。随着保险费率市场化改革的深入，保险费率总体水平将趋于下降，并且不同的风险群体将享受不同的保险费率水平，这将有效减轻被保险人的负担。保险中介机构也可以参与保险费率的调整，其站在消费者的角度与保险公司讨价还价，为被保险人争取更多的利益和提供更好的服务。

4. 有利于与国际保险市场接轨。保险费率市场化不仅是我国保险市场发展的策略，在国际上更是大趋势。现阶段，包括美国在内的大部分发达国家都已实现了市场化。在欧洲，各保险公司可根据自己的经营状况等制定保险费率和手续费率。因此，在金融业改革和开放步伐不断加快的今天，积极学习和借鉴发达国家的经验，推动保险费率市场化进程，对加快国内保险市场与国际保险市场的接轨无疑具有十分重要的意义。

（三）当前我国费率市场化改革中需要注意的问题

在近年保险费率市场化改革的历程中，保险市场在产品定价方式、经营管理模式、产品创新程度等多方面都取得了卓著成效，许多保险产品的费率水平已经从政府集中定价转变为保险公司自主定价。但是，仍有部分领域的产品定价权还掌握在政府手中，已经实现保险公司自主制定费率的产品仍然在某种程度上需要监管机构的审批，这表明我国保险费率的市场化改革仍然有较长的路要走。

1. 市场化改革需要同强化保险市场主体机构管理同步推进。保险市场主体机构管理是与市场管理相对应的一种政府管理模式，主要是指政府将管理的重点从市场层面转移到机构内部，通过对市场主体治理结构、资本充足率等方面的强制管理，使得政府的管理外力内化为市场主体改善经营的内力，依靠提高市场主体的内在稳定性，达到保持整个行业稳定的效果。在我国保险费率市场化改革过程中发生的保险公司价格战在很大程度上同保险公司治理结构不完善密切相关，治理结构仅仅照搬国外经验而未得其精髓导致股东和经理层行为、理念和关系的异化，出现了不计成本的降费、片面追求保费规模等公司行为。由此可见，在继续推进保险费率市场化的过程中，必须强化对保险公司的内部管理，通过完善公司治理结构、强化偿付能力监管使监管外力成为保险公司端正经营理念、规范经营行为、保持自身稳定的内力，为市场化改革过程中保持行业稳定创造基础性条件。

2. 市场化改革必须与增强保险公司自主定价能力配套。在严格费率管制条件下，保险费率因不符合供求关系与价值规律走向造成了诸多弊端，在市场化改革条件下应着重对这一点进行优化。能够准确评估和核算自身经营成本、明确自身的盈亏平衡点是市场经济条件下市场主体参与市场竞争、实现发展壮大的基本条件。在我国保险业发展过程中，尤其是在财产险业发展过程中，整个行业长期没有科学的准备金评估制度和方法导致财产险公司无法准确评估和核算自身经营成本，产品的定价机制长期缺位。财产险市场的费率市场化改革正是在此条件下快速推进的。由于保险公司自主定价能力有缺陷，市场化改革的直接结果就是行业的价格战和恶性竞争，以及部分财产险产品的全行业亏损。因此，继续推进费率市场化改革必须建立健全各项配套制度和条件，其中尤为重要的一点就是必须增强保险公司自主定价能力，完善保险公司定价机制，实现竞争主体的科学定价，这也是充分践行价值规律的体现。

3. 市场化改革应当将建立健全市场准入制度作为基本前提。健全的市场准入和退出管理制度是维护市场竞争秩序的基本条件。在一个市场准入管理制度不健全，尤其是缺乏市场退出机制的保险市场上，由于不论经营好坏都不用担心退市风险，多数保险公司会表现出较高的风险偏好，导致在价格竞争中肆无忌惮，随意压低价格，使得保险费率严重偏离均衡市场价格，既损害了投保人利益，也给自身稳健经营和行业稳定发展埋下隐患。中国的保险市场面临同样的问题。在保险业恢复发展的近 30 年时间里，虽然相关保险法律法规对保险公司市场退出进行了原则性规定，但到目前为止，保险市场上许多偿付能力严重不足，甚至是长期资不抵债的保险公司尚未有一例实现市场退出。目前，我国保险保障基金管理制度已经建立并开始运行，这为完善保险公司市场退出制度提供了条件。因此，在推进保险行业市场化改革的同时，要积极建立和完善保险公司的市场准入和退出制度，使经营不善的市场主体尽快实现退市，从而规范保险主体的市场竞争行为，维护良好的市场竞争环境。

三、中国严格管制费率制度

我国保险费率管制的历程大体可分成两个阶段。第一阶段即指导性管制保险费率阶段，第二阶段为严格管制保险费率阶段。指导性管制阶段应用于 20 世纪 70—80 年代末，由于在这个阶段保险市场上仅有中国人民保险公司一家，国家通过指导性管制手段对保险费率进行管制。在国家整体规范下，保险公司可以其总公司制定的费率为基础在 30% 的区间进行上下浮动，在这种条件下，保险公司在一定程度和范围内享有自主费率浮动权。20 世纪 90 年代，中国平安保险、中国太平洋保险公司相继成立，保险经营主体逐渐增加，虽然经历规模小、技术弱而不得不追随大公司脚步的阶段，但全国性保险的发展还是加剧了保险竞争，尤其是费率竞争。在费率竞争激烈甚至造成保险行业不稳定时，保险费率的监管就随之进入严格管制的第二阶段。

20 世纪 90 年代初，作为当时的国家保险监管部门，中国人民银行下发了一系列通知，对保险费率实行严格管制。1991 年 6 月下发了《关于对保险业务和机构进一步清理整顿和加强管理的通知》，同时又在1993年4月颁发了《关于下发全国性保险条款及费率（国内保险部分）的通知》，要求“各保险企业均应按核准的保险条款及保险费率执行”。为防止价格垄断与非正当价格竞争，1995年《保险法》第106条规定，“商业保险的主要险种的基本保险条款和保险费率，由金融监督管理部门制定。保险公司拟定的其他险种的保险条款和保险费率，应当报金融监督管理部门备案”。这里首次对“批准费率”和“报备费率”进行了区分。2000年3月1日颁布的《保险公司管理规定》对《保险法》的规定作了细化。这些法律条文为保险费率严格监管提供了法律依据，保险监管机关对保险费率的管制得以强化。同时，中国保监会通过对个别险种费率条款进行统一来实现对保险费率的严格监管。

四、严格管制费率的效率评价

随着保险市场的不断发展，竞争加剧，严格的费率管制制度已不能满足保险业发展的需要，并在整个运营过程中暴露出很多问题。

（一）难以适应保险市场发展的需要

保险费率由纯费率与附加费率组成，纯费率又由保险标的损失概率或事故发生率决定。由于各地区地理环境、社会环境不同，保险损失率与事故发生率也不尽相同。但是，在严格费率管制的条件下，全国各地实行统一费率，也就忽略了地区差异，造成实际风险与缴付保费的不对价关系，有失科学与公平。此外，保险费率变动的“时滞”效应造成保险公司对供需变化的不及时反应。保险费率的决定权掌握在监管机构手中，造成了保险公司的被动，当保险市场需求变化时，保险公司无法进行弹性费率的调整而只能被动等待费率监管机构发起的一系列繁杂的调整，在这个过程中也就错过了抢占市场的最佳时机。

（二）不利于发挥市场机制和价值规律的作用

保险费率是保险公司向投保人收取的单位保险金额的保险费，也是投保人为转嫁风险愿意向保险公司支付的价格。对所有市场和商品来说，合理的价格是反映市场供求关系最为灵敏的信号，它既能调节市场供求，又能体现产品价值，在调节供求方面起到杠杆的作用。对于保险市场更是这样，保险费率应参照保险公司所在地的地域特征、风险高低、经营成本等因素，在市场参与主体的共同协作下确定。然而，在严格管制费率条件下，政府部门面临高昂的信息收集成本，会出现风险大小与保险费率不匹配的情况。保险产品的价格无法起到信号指示器的作用，政府有限的信息积累无法保证在其制定下的费率水平能够准确反映市场供求关系，即管制费率与市场均衡费率无法完全对等，造成市场效率降低。通过供求关系曲线进行分析也能得出，当管制费率低于保险市场均衡费率时会使保险消费者出现消费者剩余，同时也会带来保险人的亏损，从而导致保险人减少供给，甚至可能会出现偿付能力不足，间接损害了保险消费者的利益，使得保险消费者所能享受到的保险保障降低；而当管制费率高于市场均衡费率时，保险公司获得额外的生产者剩余，这也会造成消费者需求的减少，保险公司总收入降低，保险市场效率随之降低。

保险公司少收或多收保费是保险费率与风险不匹配导致的，这不仅影响了保险公司偿付能力和财务水平的稳定，还增加了监管机构的监管成本，甚至影响市场活动有序进行。严格的费率管制带来的是单一固定的保险费率，使得市场价值规律无法发挥作用。

（三）抑制了保险公司经营的灵活性和创新性

严格的管制费率收窄了保险公司在经营与产品个性化设计上的灵活性与创新性。对风险进行差别化的识别与定价从而提供差异化保障是保险公司经营灵活性的集中体现。严格的管制费率抑制了保险公司的这种灵活性，也降低了保险公司对于探究保险市场需求的积极性，从而放缓了其市场更新的脚步。

（四）扼杀了保险中介特别是经纪人的功能和作用

保险经纪人是为投保人或保险人提供保险咨询，并从中收取佣金的专业咨询机构。与代理人、公估人等中介机构相比，保险经纪人专业性更强，对保险业推动作用更大。保险经纪人可以为被保险人选取最适合被保险人的保险产品，根据保险人的风险保障需求用最小成本为被保险人提供最大程度的保障。对于被保险人来说，保险经纪人增加了展业效率，即以固定的展业成本获取稳定的业务来源，增强了保险公司的财务稳定性。除此之外，保险经纪人的专业性使得其对市场上的保险产品有较强的辨别能力，不仅保护了保险消费者权益，更保证了保险产品及服务的质量，促进保险市场健康发展。然而，在严格管制费率条件下，保险费率没有任何差异，保险产品同质化严重，保险经纪人专业性得不到有效发挥，削弱了保险经纪人发展的积极性与生存空间。

（五）客观上保护了保险市场的垄断局面

保险业发展初期，我国保险市场上仅有中国人民保险公司一家，随着市场的发展，虽然先后出现了平安保险公司、太平洋保险公司等多家保险公司，但仍无法动摇大保险集团的强势垄断地位。2013 年，人保财险保费收入占财产险保费总收入的35%。寿险方面，国寿股份、太保寿险、平安寿险保费收入合计市场份额占整个寿险市场的52.87%，表现出了较高的市场集中度。垄断的市场格局导致绝大部分市场资源被抢占，保险公司竞争能力低下，甚至有向卖方市场发展的趋势。长时间严格管制费率的实行便是造成这一格局的重要原因。新成立的保险公司获取不到最优市场资源，而其高服务质量与创新的经营机制的优势在垄断竞争的条件下也难以发挥。若继续实行严格费率管制制度，只会加剧垄断，不利于淘汰机制的形成。

（六）造成部分保险险种的有效供给不足

随着市场发展，均衡费率势必发生变化，但在严格费率管制下，保险费率长期处于统一水平，费率水平长期不调整则会出现规定费率与市场均衡费率的不对等，特别是均衡费率高于规定费率时造成保险公司对此种产品经营的积极性降低，甚至会出现拒保现象。如机动车辆保险中，若标的为个人营业性货车，在现行费率条件下，会出现保险公司附加苛刻的条件限制承保甚至拒保。统一的费率扭曲了价格杠杆对保险产品供需的真实反映及调节作用，偏高的保险产品费率势必在诱发隐蔽的价格战的同时，抑制有效的保险需求。

第五节　中国保险费率市场化的路径选择

一、实行保险费率市场化的方式

（一）激进型的保险费率市场化方式

在激进型费率市场化方式下，保险公司费率完全由市场决定，不受监管和控制，各保险公司可以自主决定定价利率和保单条款，真正实现自由竞争。激进型方式将极大提高保险业的竞争效率，促进保险业的快速发展，增加保险业竞争主体的数量，加强金融混业经营的趋势。然而，对于目前仍处于发展起步阶段的我国保险业而言，激进型费率市场化方式将会给保险业带来巨大冲击。

首先，激进型费率市场化方式将改变保险业的竞争格局，同时将导致保险市场发生一定程度的价格战。保险产品是一种无形产品，保险公司的主要功能是风险管理，对投保人因发生保险责任范围内的保险事故所导致的损失进行经济补偿，这些特点决定了不同公司开发的产品差别很小，保险产品同质化现象较为严重。在产品同质化现象严重的市场上，小型保险公司处于竞争的劣势地位，大型保险公司凭借其多年的渠道优势和品牌优势在市场上占据着半壁江山。保险产品定价利率完全放开之后，为了快速提高市场份额，处于进攻地位的小型公司往往会主动发起价格战，甚至引发恶性竞争。

其次，激进型方式对不同规模的公司将产生不同的影响。费率市场化改革之后，保险产品预定利率的上调将降低新开发保险产品的价格，而原来已经生效的保单仍维持原来的定价利率，显然新的保险产品更具有吸引力。这样，那些仍然处于缴费期的投保人将会对新购买产品的保费支出和已拥有保单的退保损失进行对比，对其中部分投保人而言，选择退保同时购买新的产品将是一个更好的选择。此外，为了获取更多新单佣金的保险代理人也会说服投保人撤销原来的保单而重新购买新的保险产品。这将导致短时期内保险公司面临巨大的退保支出，尤其对于拥有大量存量保单业务的大型保险公司而言冲击更大，小型公司则将在新产品的销售中具有竞争优势。大量的退保事件会迫使保险公司变卖未到期资产，中断资金运用计划，增大资产负债的匹配难度，不仅引发保险公司的流动性风险，甚至会危及公司的偿付能力。

最后，激进型费率市场化方式可能会导致销售误导的出现。实行费率市场化改革后，为了迅速扩大市场份额，提升业绩水平，某些保险公司和保险代理人很可能会借费率市场化的机会误导那些无法正确对保单利益作出判断的以及缺乏保险基本知识的消费者退保后重新投保，或者通过故意夸大费率降低带来的好处引诱消费者进行不当投保。销售误导会诱发未来的退保问题，特别是集中退保、群体退保的出现，大规模退保不仅会导致保险公司前期的展业、客服、核保等工作功亏一篑，也会使保险公司面临巨大的流动性风险，几家公司的退保容易引发全行业的退保行为，这将严重影响保险公司多年来树立的良好形象，对保险公司乃至整个行业的声誉产生不良影响。

（二）渐近型的保险费率市场化方式

保险费率市场化改革是一项长期、艰巨而又复杂的工程。结合中国宏观经济发展现状及我国保险业的发展程度，我国实行的费率市场化改革应该是分步骤、分阶段、分险种逐步推进的。随着我国保险经营主体多元化的推进，国内保险市场已逐渐形成，保险投资渠道不断拓宽，保险投资品种不断丰富，各公司专业化运作日趋完善，保险资金管理更加规范化。被保险人的保险意识和主动参与性不断提高，已经初步建立社会监督机制。2016 年 1 月 1 日，以风险为导向的偿付能力监管体系（以下简称“偿二代”）正式实施，标志着我国保险业进入全面深化改革时期，这将促进保险公司不断完善风险管理体系，提升风险管理能力。这些都为实行渐进性的保险费率市场化改革提供了有利条件。

2015 年 3 月，中国保监会印发《深化商业车险条款费率管理制度改革试点工作方案》，商业车险费率改革分地区逐步推进实施。此次改革旨在扩大财产险公司自主定价的权限，鼓励保险公司创新，激发市场活力，从而为消费者提供更加丰富和完善的保障。车险费改实施后，中国保险行业协会（以下简称“中保协”）将负责制定行业示范性条款，公布动态的基准费率表，鼓励各公司积极开发创新型条款，并根据公司实际赔付经验确定附加保费。监管机构主要从两个方面对保险公司实施监管，一方面是审核各公司报备的商业车险条款，每半年对各公司的费率进行回溯分析，另一方面是加强对财产险公司偿付能力的监管，强化中国保监会和各地保监局对财产险公司的监督力度。商业车险费改之后，各公司车险产品种类更加丰富、定价更加灵活多样，充分体现不同投保人的个性化特点，投保人缴纳的保费将与其实际风险相匹配，以往年度出险频率低的投保人将在以后年度享受更低的保费折扣。对于保险公司而言，车险费改的实施也有助于保险公司提升自身的风险定价能力，促进保险公司不断加强经营管理水平，降低成本支出，实现经营业绩和公司价值的最优化。

在人身险方面，目前普通型人身保险已在 2013 年开始放松管制，这是与当时的经济环境密不可分的。自 1999 年开始实行的预定利率不超过 2.5% 的严格管制极大降低了保险产品在金融市场上的竞争力。在金融利率市场化改革的大背景下，为提高保险产品的竞争力，2013 年 8 月 1 日，中国保监会正式发布了《关于普通型人身保险费率政策改革有关事项的通知》，明确提出普通型人身保险费率市场化改革的三方面内容：一是放开普通型人身保险预定利率，产品定价的权利交给市场和保险公司。普通型人身保险的预定利率不再执行 2.5% 的上限限制，而是由保险公司按照审慎性原则自主决定。此次改革仅涉及传统型险种，分红型和万能型产品的最低保证利率仍不能超过 2.5%。二是明确指出法定责任准备金评估利率标准，费改之后的传统型寿险产品的法定责任准备金评估利率需在 3.5% 和产品定价预定利率中取较小值。三是为了鼓励保险公司积极参与建立养老保障体系，对于国家支持鼓励发展的养老保险业务实施差异化的法定准备金评估利率限制，也就是允许符合规定的养老产品的定价利率上浮一定比例。在 2013 年 8 月之后开发的普通型养老年金或者产品期限在 10 年及以上的其他普通型年金保险产品，保险公司的法定责任准备金评估利率可在产品预定利率和 1.15 倍法定评估利率两者中取较小者。

费改之前，传统保险产品在保险公司业务结构中占比普遍偏低，因而传统型人身保险费率市场化改革并未给中国保险市场带来较大冲击，但此次费改极大促进了保险公司产品业务结构的调整，各公司逐渐加大传统型产品的开发销售力度，传统型产品的占比逐年提升。相关数据显示，2014 年整个行业传统型产品的保费收入同比增长 265%，增速较费改前翻了近 3 番，2015 年传统型产品保费收入已占寿险保费收入的 34%，超过改革前近 26 个百分点。

随着普通寿险市场利率的改革，中国保监会明确了“普通型、万能型、分红型”保险 3 个步骤的改革路径，同时逐步建立了完整的人身险费率改革机制。中国保监会于 2015 年 2 月发布了《中国保监会关于万能型人身保险费率政策改革有关事项的通知》，提出万能险的最低保证利率可由保险公司根据审慎性原则自行确定，但万能险的准备金评估利率不应超过 3.5%。为了强化保险本质、突出保险产品的保障特点，此次万能险的费改将个人万能险死亡风险保额从 5% 提高到 20%。在前端放开最低保证利率的同时，中国保监会采用了三项措施进行后端管控：首先，通过限制责任准备金评估利率防止保险公司出现恶性竞争，从而保证了保险公司能够履行其对投保人的给付义务。其次，对于超过 3.5% 最低保证利率规定的产品应当报中国保监会审批。最后，明确了高管责任，对于具有高保证利率的万能型产品，需要保险公司多名高管人员签字。

2015 年 9 月，《关于推进分红型人身保险费率政策改革有关事项的通知》（以下简称《通知》）正式发布，在保险公司业务中占比最大的分红险也放开了 2.5% 定价利率的限制。分红险费率政策改革是保险业在面临经济发展及金融改革背景下的必然选择，也标志着保险产品费率市场化改革“三步走”战略的正式完成，寿险产品的定价将更加自主化、市场化。此次分红险费率改革主要涉及 5 个方面的内容：一是形成了以市场为导向的定价确定机制，即在放开前端定价要求的同时管住后端。分红险的法定责任准备金评估利率也需在产品预定利率与 3.5% 之间取较小者，同时对于预定利率超过 3.5% 的分红产品应当报中国保监会审批。二是提高了分红型产品的保险保障程度。费改之后新开发的分红型产品需将死亡保险金额设置为已交保费的 120%，这一规定充分保障了被保险人的保险利益。三是提高最低现金价值水平。与费改前的产品相比，费改之后分红险产品的首年最低现金价值将提高 20% 以上，在保证被保险人利益的同时提高了分红产品的市场竞争力。四是完善红利核算机制，将各个保险公司分红水平的计算方法有效统一起来，在建立红利分配约束机制的同时强调了分账户进行管理分红险的要求。五是进一步提高分红险信息披露的透明度。《通知》明确指出，各保险公司应加强对其开发销售的分红型产品的信息披露，在确保公司红利演示水平充分合理、易于理解的同时，强化外部审计的监督作用。

渐进型的人身险费率市场化改革中逐步推进的3类产品类型顺序是按照其对利率敏感度的高低进行的。费率市场化改革打破了长达14年之久的寿险费率管制局面，充分赋予了保险公司定价的自由度，有利于保险公司向市场提供高品质、低价格的产品，从而通过产品创新和服务创新更好地满足客户多样化的需求。费率市场化改革将继续释放政策改革红利，在完善人身险费率市场形成机制的同时保护了投保人和被保险人的利益，充分发挥了保险公司的风险管理职能，提高保险产品在金融市场上的竞争力。市场竞争的加剧也将倒逼落后公司积极改进体制机制、提高风险管理能力和经营管理水平，从而有助于全行业竞争能力的提升。

然而，从“三步走”战略的实施路径和政策规定中可以看到，虽然目前保险行业已打破长期以来2.5%定价利率的严格限制，人身保险预定利率由保险公司按照审慎原则自行决定，已初步形成市场化的定价机制，但保险费率的定价并不是完全的市场化，中国保监会实质上通过对各类险种的法定责任准备金评估利率设置最高上限来限制保险公司产品定价利率的上限。如果产品预定利率高于法定评估利率，保险公司需按照一事一报的原则报中国保监会审批。这两条规定充分体现了“放开前端、管住后端”的监管思路。毫无疑问，按照一事一报原则进行产品审批会延缓产品上市的速度，产品审批过程可能需要很长一段时间，而且产品并不一定能够通过审批，或者虽然通过了审批，但在产品上市销售时可能已经错失了最有利的市场机会。此外，法定评估利率与保险公司计提的责任准备金数额成反比，在稳健性原则的指导下，法定评估利率限定在较低水平，这样保险公司需要计提更多的责任准备金，这有利于保证保险公司履行其对保单持有人未来的给付责任，保证保险公司偿付能力的充足性，从而充分保证投保人和被保险人的保险利益。然而，从保险公司的角度来看，如果法定责任准备金评估利率与产品定价利率差别较大，保险公司将面临巨大的资金运用压力，对保险公司的投资能力和风险管理水平都会形成巨大的考验。从车险费率市场化的改革中可以看到，目前实行的改革是分地区进行的，各个公司在定价时需参考中保协制定的基准费率，产品自主定价的权利受到一定的约束，因而长期来看，这一系列改革并不能完全实现保险费率市场化改革的最终目标，在“偿二代”正式实施的有利契机下，未来继续深化改革的路仍然任重道远，只有这样，保险公司才能积极进行产品创新与开发，保险产品的价格才能及时适应金融市场利率变动，提高保险产品和保险公司在金融市场中的核心竞争力。

二、费率市场化的目标模式

（一）费率市场化模式比较

当前，在国际保险市场中较为流行的费率市场化模式可以简单概括为以下3种：国家直接监管型、基于费率组织的间接协调型和保险公司独立确定型。

第一种模式是国家直接监管。在这一模式下，国家政府机构发挥着重要的作用，通常保险产品的定价制度和相关要求主要由监管机构制定。在这一模式下，可以根据产品的不同特点进行分类监管，例如，对于那些产品差异性较小，同质性较为显著的险种，如终身寿险等，可以由监管机构制定行业内统一的费率标准，然后由各保险公司严格按照标准执行；而对于那些具有较大差异性的险种，如商业车险、寿险中的定期寿险等，可由监管机构制定统一的产品定价方法、参数设定或准备金评估方法和假设的要求等，然后由各保险公司遵照执行，在规定之外的可由公司按照自身经验确定，但需经监管机构批准之后再执行。国家直接监管模式有利于规范行业行为，避免出现混乱局面，但这种方法灵活性不够，限制了保险公司的自由度，适合保险行业发展的初级阶段。

第二种模式是费率组织间接协调型。在这种费率监管模式下，费率的制定由第三方机构确定，保险监管机构不直接参与，费率组织应该是非营利性的组织，可通过立法形式确定，或者由各保险公司共同组织建立。费率组织通过搜集行业平均损失比例数据、各公司费用水平包括手续费佣金、业务管理费以及保险公司的目标利润率水平等数据，建立行业内统一的费率标准，并要求会员公司执行。另外一种形式是由第三方费率组织发布基准费率作为会员单位的参考费率，各保险公司可根据自身经营水平和发展阶段等因素确定费率浮动的上下限水平，从而通过这种形式实现对保险市场费率的规范协调。

第三种模式是独立确定型，即产品费率完全由保险公司制定，充分体现自主性和公平性，英国、法国、加拿大等国家主要采用这种模式。在这一制度下，各公司根据产品类型、事故发生概率、公司费用水平及利润目标等因素确定新开发产品的费率。行业协会在费率厘定过程中的主要作用是为会员单位提供技术性服务，例如提供行业平均数据、信息搜集披露以及咨询服务等。某些国家行业协会公布的费率仅仅是参考性利率，并不具有强制性或约束力，也有的国家通过会员单位的共同协商制定一个能够反映行业平均水平的较为标准化的费率。

国家直接监管型模式强调了政府对保险市场和保险公司经营管理的政策引导和直接干预，费率组织间接协调型模式在一定程度上反映了市场供求的内部调整。总体而言，这两种模式都属于非市场化行为，无法真实有效地反映保险市场的供求状态，经济市场中的价值规律也无法在保险市场上充分发挥其应有的协调作用。在自主确定型模式下，保险公司拥有自主定价权，费率的制定交由市场决定，突出了市场因素在定价中的主导作用，通过发挥市场机制，可以实现保险资源的最优配置，真实有效地反映保险供给方与需求方的关系。

（二）我国的费率市场化目标模式

我国的费率市场化目标模式应采用保险公司自主确定型，根据产品性质的不同特点，确保绝大多数险种的费率在市场竞争中形成，而少数关乎社会公众利益的需要由政府制定费率的产品，也应在价值规律的基础上形成，同时充分考虑市场供求状况。在自主确定型费率模式下，政府监管应最大化体现"放开前端、管住后端"的监管思路。前端产品定价利率由保险公司根据市场供求关系自主确定，后端以偿付能力监管为基准，责任准备金评估利率的确定应该更具有灵活性、富有弹性，及时反映市场利率水平的变化，同时充分体现市场化监管的本质。

保险费率市场化改革是一项涉及诸多因素和项目的系统性工程，为了保证费率市场化改革的顺利实施，监管体系、风险管理以及投资水平应该相应跟进。也就是说，保险费率市场化改革、建立以风险为导向的偿付能力监管制度、放开资金运用渠道应该是深化我国保险业市场化改革体系框架的三个核心组成部分，三者是相互依存、相互制约的统一体系。保险费率市场化改革达到的效果和目标状态是在前端全面放开保险费率和资金运用，而偿付能力监管体系在后端形成刚性的资本约束。

目前已实行的"偿二代"将保险公司的偿付能力风险分为固有风险和控制风险。固有风险由可量化为最低资本的风险和难以量化为最低资本的风险组成。量化风险包括保险风险、市场风险和信用风险，难以量化风险包括操作风险、战略风险、声誉风险和流动性风险。中国保监会根据保险公司的固有风险和控制风险水平综合确定公司的偿付能力风险状况。以风险导向的监管架构能够全面真实地反映保险公司的利率风险和资产负债错配风险，有利促进我国保险业产品结构的调整升级、资产配置的优化和风险管理能力的提升，有助于我国保险公司的经营从过去的粗放式发展走向精细化发展。

在偿付能力监管的牵制下，保险公司在前端产品的开发上和资金运用上将以风险为导向，充分考虑经营行为可能产生的风险因素，在产品定价中不会盲目提高预定利率，造成严重的利差损风险，在资金运用上也不会以追求投资收益最大化为目标。保险公司在前端经营中应该将产品设计与开发、产品定价管理和资金运用紧密结合起来，建立以资产负债管理为基础的产品定价和投资管理体系。在明确公司发展战略、经营目标和风险容忍度水平的基础上，比较各种定价方案和资产配置方案下公司的目标和面临的风险水平，最终确定最优化的定价和投资配置方案，从而最终实现前端和后端的有效统一。

三、费率市场化的方法和步骤

为了确保保险费率市场化改革能够达到最优的实施效果，我国费率市场化改革应在充分考虑各种可能风险的前提下分阶段逐步推进，具体而言可按照以下步骤实施。

（一）进一步强化中保协和中国保信在费率厘定中的作用

保险是一种无形的商品，保险产品的价格是未来被保险人发生合同约定的事故时保险人承诺的各种赔付和给付金额的现值，保险事故发生的概率是依据大数法则和统计概率理论等方法确定的。保险的这一本质特点决定了单个保险公司在产品价格和费率的确定上呈现出一定的低效率、缺乏精确性的特点。因此，我国实行保险费率市场化改革的第一步是强化行业费率在保险公司产品费率厘定中的重要地位。在这一阶段，中保协和中国保险信息技术管理有限责任公司（以下简称“中国保信”）在推动费率市场化改革中发挥着关键性作用。

作为中国保险业的全国性自律组织，中保协对维护保险市场秩序、规范保险公司经营管理行为、建立和维护保险市场公平竞争的环境发挥着重要作用。由各公司组成的专业技术团队、中国保信强大的数据分析团队也为中保协制定出具有宏观指导意义的保险条款和标准费率奠定了坚实的基础。中保协制定的费率能够代表行业内各公司的平均水平，也能够及时反映市场的变化，使各家公司拥有一个很好的平台进行同业数据交流，研究市场中存在的常见问题，从而保证有效减少改革对保险公司和保险行业的冲击。未来需进一步强化中保协的专业性和独立性，建立产品信息和理赔数据信息库，提高行业协会成员的全面素质，逐步将部分险种的费率制定权限和产品审批权限转移到中保协。

中国保信自 2013 年成立以来一直承担着处理行业大数据和建立信息共享平台的重任。目前中国保信已经建立了车险、健康险、农业保险、保险中介以及保单登记平台。中国保信运用“云计算、大数据”等先进技术，通过搜集各公司实际数据建立了行业共享信息平台，为保险公司之间进行数据交流以及保险行业与其他行业进行信息交互提供了便利。大数据分析能够帮助保险公司优化产品定价模型和精算评估模型，真正实现精准化定价和以客户为导向的战略理念，同时也为制定行业基准费率提供了数据支持，对推动保险费率市场化改革具有重要的促进作用。

在参考中国保信对各公司实际数据的分析和处理结果的前提下，根据产品性质的不同，中保协基于保险市场供给与需求基础制定基准费率，允许各公司在基准费率的基础上设置一定的浮动范围，这一浮动范围的确定应根据产品特点以及各公司的实际经验分析结果。

（二）扩大保险费率浮动权

在制定行业基准费率的基础上，为了增强保险产品定价的灵活性，保险费率市场化改革的第二步是进一步放松对保险费率浮动范围的限制。实施这一步的前提条件应该是保险市场已具备一定的成熟度，各公司已建立适合本公司的产品定价机制，保险公司经营规范、市场竞争趋于理性。在扩大保费费率浮动范围过程中，一种增加费率浮动权的方式是允许保险公司根据市场需求和自身赔付情况，按照一定比例对保险产品费率进行调整；另外一种方式是依靠保险同业协会的力量对部分产品的费率实行上下限管理。例如，对于财产险、建筑安全保险等可以设定费率浮动上限，而对于商业车险等为了避免保险公司出现过度竞争的现象，可适当设置费率浮动的下限。上下幅度的调整应根据宏观经济发展变化和市场竞争情况而灵活变动，最大限度地体现保险公司对保险费率变化的灵敏度，在费率市场化改革的契机下调整保险产品结构中单一险别比重过大的不合理现象。

（三）建立和实行多层次弹性费率体系

随着社会经济的发展、国民保险意识的提高以及保险市场的逐渐完善，在经历了前两个阶段的发展之后，我国保险业在费率市场化改革中的经验将更加丰富，同时也为实现保险公司自主确定型的费率改革模式奠定了基础。在下一个阶段，可以根据不同保险产品的性质特点、流动性要求、产品期限、风险程度等的要求，实施分层次、多样化的费率管理。

第一层次是制定有限制的自由费率制度，例如财产险中的企财险、工程保险、信用保证保险等，人身险中的人寿保险、年金保险等的费率可完全由保险公司自行决定，监管机构可将监管重点放在对保险公司报备的条款、费率的审核以及各公司偿付能力的监管中。第二层次是实行审批费率制度，主要是针对各种创新型产品，如投资连结保险、变额年金等，由各保险公司厘定基本费率，报中国保监会审批后执行。第三层次是完全市场化自由费率，对于一些风险较小、损失发生率较为稳定的险种，如财产险中的抵押贷款保险、家庭财产保险，人身险中的意外伤害保险等，可以完全放开费率限制。对于另外一些业务规模不大，但具有社会责任意义的险种，如责任保险等，为了促进这类业务的发展，可以规定由保险公司根据市场情况和自身的情况来定价，但需要满足风险可控的条件。随着市场的日趋成熟、保险公司风险管理能力的日益提高，监管机构可逐渐扩大保险公司自主确定型产品在整个费率体系中所占的比例，逐步减少需要审批的产品范围，从而实现保险费率市场化改革的最终目标。

（四）强化保险公司分公司在产品定价中的话语权，建立和实行体现地域差别的费率制度

我国幅员辽阔，各地的自然、经济、社会文化、医疗等状况差别巨大，目前我国保险公司在产品的开发和设计上采用的是统一标准，并未体现地区性特点和差异。保险费率市场化改革中的费率制定应充分考虑地区不同，增加分公司在产品定价中的作用。可以由各省级保险监管部门牵头，通过保险同业组织协调各家保险公司，共同制订符合当地实际情况的基本费率。保险费率市场化改革在增加市场竞争的基础上鼓励保险公司进行产品和服务的创新，最大限度地满足投保人的各种需求，因而保险监管部门应适当增加分公司制定费率的话语权，明确保险总公司和分公司在保险产品设计和审批方面的权限，允许保险公司根据自身经营效益、偿付能力、投资收益、特定地区目标人群的差异性制定差别保险费率。

第六节　推进保险费率市场化改革应采取的政策建议

一、改革保险费率监管模式，建立前瞻性的监管体系

强化偿付能力监管是费率市场化改革顺利进行的重要保证，“偿二代”的整体框架中明确了“三支柱”的框架体系，分别是定量资本要求、定性监管要求和市场约束机制。“三支柱”的框架体系在对保险公司的监管中具前瞻性和先进性。定量资本监管要求帮助保险公司防范能够量化的风险，通过识别和量化各类风险，要求保险公司具备与其风险相适应的资本。定性监管要求是第二支柱，是在第一支柱的基础上进一步防范难以量化的风险，主要包括：风险综合评级、保险公司风险管理要求与评估、监管检查和分析。在第一支柱定量监管要求、第二

支柱定性监管要求的基础上，通过信息披露、信息交流、信用评级等手段，能够引导和发挥相关方对保险公司偿付能力风险的监督约束作用，从而有利于监管机构防范那些依靠常规监管工具难以发现和防范的风险。此外，在健全偿付能力监管框架与指标体系时，应加快建立一整套具有可操作性的兼并、收购、破产等市场退出机制，保证保险机构即使在发生偿付能力危机时仍能够切实维护投保人和被保险人的保险利益。

在费率市场化的监管中具体应包括以下几方面的内容：一是加强偿付能力监管约束，在放开前端费率管制的同时严格后端要求，对于市场中可能出现的各种形式的恶性竞争行为或者提供过高保证利率或结算利率的市场行为要有严厉的后端约束，防范保险公司可能存在的资产错配风险，保证保险公司偿付能力的充足性。二是要进一步强化保险产品条款和保险费率的管理制度，在进行保险公司产品条款和费率的审批、备案过程中将其偿付能力充足率作为重要的参考依据。三是要在监管规定中强化对保险公司高管人员的监管，规范总精算师和相关高级管理人员的任职和履职资格，充分发挥精算专业力量在费率改革中的积极作用。四是要强化保险公司的信息披露要求。保险公司应定期向监管机构和社会公众披露保险产品的基本信息、产品定价及费率等的相关数据，公开披露公司偿付能力充足率数据、风险管理状况等，防范市场化改革可能给保险公司带来的各种风险。

二、创造平等公正的竞争环境，改善保险公司的经营环境

保险费率市场化改革最大的特征是保险产品的价格根据市场供需确定，这也决定了费率市场化改革的效果在很大程度上取决于其所处的经济环境的公平性。市场竞争要求公平的环境，只有在平等公正的市场环境下才能够产生合理均衡的保险产品价格。创造公平的保险行业竞争环境具体体现在以下几方面。

（一）赋予市场主体参与公平竞争的机会

公平竞争的市场环境所需的首要条件是一个良好的市场准入机制。良好的市场准入机制是确保市场主体拥有机会参与市场公平竞争的先决条件。目前，我国对外资保险公司进入中国保险市场给予了公平的国民待遇，在民营资本参与设立保险公司中却设立了比较严格的限制条件。为了进一步完善我国保险业的竞争环境，未来可考虑简化部分审批手续，适当放宽民营资本的准入条件也是突破民营资本投资环境的关键。考虑到目前我国区域经济发展水平的不平衡性以及保险需求呈现多样化的趋势，可相应调整一些市场准入限制条件，例如可以打破现有的单一注册资本要求，将保险公司的注册资本与公司经营的业务和险种类型相关

联，对不同经营类型的保险公司设置不同的注册资本要求，从而通过这种方式支持一些专业化的中小型保险公司进入保险市场，鼓励建立多种组织形式的保险公司。

保险所具有的风险管理职能使得其经营关系到社会公众利益，经营保险业务不仅需要股东具备雄厚的资本实力，还要求管理人员具备专业知识和丰富的管理经验，这些也决定了对保险公司监管的严格要求。严格把关保险公司的准入条件，建立保险公司缴纳的资本金必须真实、足额，各高级管理人员的任职资格必须经中国保监会批准和认可，公司必须建立健全经营管理制度和内部控制体系。此外，除了完善保险公司的准入机制外，健全保险公司的退出机制同样重要，准入及退出机制的建立都有助于充分保护投保人和被保险人保险利益。

（二）对不同市场主体采用相同的竞争规则

建立公平竞争环境的一项重要内容是保证市场上不同的主体在相同条件的竞争规则下参与竞争，尤其在保险费率改革中，任何不公平都有可能对市场化改革产生不利影响。目前在我国保险业内实行的高税收政策是在运用公平竞争原则时值得思考的地方。为了促进保险费率市场化改革的有效进行，可以逐步在保险业推进税收优惠政策，可对不同的险种类别设置不同的税率水平，例如对于那些盈利性较低、风险较大、人们保险需求较高的产品可适当降低税率，对盈利性高、风险较小的险种则可适当提高税率。2015 年 8 月，中国保监会印发《个人税收优惠型健康保险业务管理暂行办法》，在特定试点地区，个人购买符合规定条件的健康保险产品的支出，可按照 2 400 元/年的限额标准在个人所得税前予以扣除。虽然税收优惠健康保险仅在部分地区实行，但已表明国家对于保险行业的重视，在我国商业健康保险发展中具有里程碑式的重要意义，也开启了我国对保险行业实施税收优惠的新时代。

（三）提高保险信息披露的透明度

保险费率市场化改革对保险监管者以及保险公司的信息披露都具有更高的要求，监管机构制定的规章制度和监管要求应该公正、公平、公开，同时可以通过法律形式要求保险公司加强信息披露，对保险公司信息披露的方式、时间以及内容等进行规定，要求保险公司建立健全内部审计及保险精算制度等，确保保险公司定期披露的信息能够客观真实地反映保险公司的经营情况和盈利能力。监管机构应当通过现场检查或非现场检查等手段持续充分地了解保险公司的经营情况和风险状况，对保险公司披露的信息进行核实，及时发现保险公司经营中可能存在的问题以及对偿付能力产生重要影响的因素。

三、提高保险产品、渠道及服务的创新能力

毫无疑问，实施保险费率市场化改革之后，各公司之间的竞争将更加激烈。为了保证保险公司能够在竞争中立于不败之地，各公司必须积极从各方面提高自身的创新能力。伴随着信息技术的发展，互联网已经成为人们生活和工作中不可或缺的部分，互联网的兴起深刻改变了人们的生产和生活方式。受制于传统渠道的发展困境，越来越多的保险公司希望借助互联网寻找到新的突破口和发展空间，互联网所具有的低成本、高效、透明以及广覆盖的优势对保险业产生了颠覆性的影响，为我国保险业带来变革和发展。

互联网最重要的一个特点是能够搜集大量的数据，同时对搜集到的数据进行分析和处理，通过互联网对保险客户进行数据搜集，根据数据分析的结果帮助保险公司开发个性化的保险产品，从而满足不同层次、不同要求的消费者需求。利用互联网在线销售保险产品的模式，保险公司可以根据消费者的个性化需求针对不同消费者提供定制化保单，这样一来保险产品就会变成具有独特风格的产品，增强了对消费者的吸引力。互联网渠道的优势充分满足了费率市场化环境下对保险公司产品和服务创新的需要。可以预见的是，互联网将成为费率市场化改革进程中保险公司保持自身优势和竞争力的重要因素。

四、强化精算在保险费率市场化改革中的地位和作用

保险事故发生的不确定性决定了精算对保险公司的重要性，保险公司只有充分运用精算技术进行保险产品定价、准备金评估、风险管理等，才能科学地实现保险业务的稳健经营，有效防范风险。在实行保险费率市场化改革的过程中，各公司的竞争将更加激烈，面临的风险更加复杂多样，只有真正发挥精算在产品定价和风险管理中的核心作用，从制度上确立精算师在保险公司经营管理中的地位，才能保证公司在费率市场化改革中保持竞争力，帮助保险公司长远、健康、平稳地发展。

（一）加强保险公司精算体系建设

精算是保险费率厘定的基础，费率市场化要以完备的保险精算体系为基础，首先是要制定和完善保险精算法规和精算制度，严格规范保险公司的精算行为。其次是扩大保险精算人才的培养面，壮大保险精算队伍，并通过严格的考试制度和精算资格认证制度，确保保险精算人员的质量。再其次是加强保险精算研究，注意充分吸收国内外保险精算研究成果，建立适应中国国情的保险精算模型。同

时，丰富保险精算体系，扩大保险精算的范围，使保险精算成为厘定保险费率的重要基础。最后通过迅速收集、加工整理和补充数据资料等方式，建立保险精算数据库，使保险精算建立在丰富、完整而又真实的资料基础之上。

（二）强化精算在产品定价中的作用

在费率市场化的挑战下，保险公司将面临盈利能力的挑战、投资收益提升的挑战、产品创新的挑战、服务创新的挑战，费率市场化将促使保险公司从过去粗放式经营向精细化、专业化、特色化经营方向转变。费率市场化改革下产品定价将更加个性化和多样化，费率厘定的准确程度将直接影响保费充足度，只有及时开发设计出适应市场变化、满足客户需求的产品，才能保证保险公司在费率市场化改革的浪潮中立于不败之地。精算可以从精准定价、控制成本和挖掘客户需求等方面帮助保险公司迎接费率市场化的挑战。通过对同质、异质产品进行产品风险识别，及时收集公司及行业的统计资料，建立精算数据库，细分市场和风险，科学厘定费率，根据产品特点进行产品利润测试以及风险配置等工作，提高定价的合理性、管理的可行性以及市场的竞争力。

（三）强化精算在偿付能力监管和风险管理中的作用

在保险费率市场化改革中，监管机构对保险机构的监管主要围绕偿付能力进行。精算作为保险行业最为核心的技术动力，在偿付能力管理和风险管理方面将起到非常关键的作用，精算师应将专业技术、分析渗透到产品策略、风险管理、资本管理等各个管理领域，成为公司管理层保驾护航的技术舵手。通过分析公司的各类资产、相应的风险，以及各类资产的实际市场波动情况，不断提高和完善搭建、分析资产模型的技术能力，将这些技术运用到公司的战略资产配置、产品设计、风险管理、偿付能力管理、资本管理等各个管理领域，可以帮助提升保险公司资产负债管理能力，促进公司综合风险管理能力的提高，在有效地满足监管要求的同时提高公司的盈利能力、最大化公司价值。

五、努力提高保险公司投资绩效

提高保险公司的投资绩效、增强资金运用能力是保险费率市场化的必然要求。随着我国金融深化发展，保险保障和投资的双重功效将得到充分体现，保险市场与资本市场的有效互动也因此将成为必然趋势，保险资金将成为资本市场的重要生力军。对此，保险公司应早做准备，通过增强资金运用能力，丰富公司的获利渠道和竞争手段，提高竞争能力。

（一）以风险调整后的投资收益率作为投资目标

保险公司不能盲目地将追求投资收益率最大化作为投资的主要目标，更要关注投资可能会给公司带来的风险。在实行费率市场化改革过程中，监管机构对保险公司偿付能力的要求将更加关注投资风险的大小。在保险公司面临的风险中，市场风险和信用风险对保险公司的影响最大，而这两类风险主要是资产端的风险，与保险资金的运用有密切的关系。公司在投资时除了考虑投资的绝对收益外，还要按资产的不同特征综合考虑风险调整后的收益，防范资产错配风险的发生。保险公司应平衡投资收益、资本成本和风险三者之间的关系，建立相应的投资决策模型，选择最优投资资产。

（二）努力拓宽保险资金运用渠道

中国保监会自成立以来一直积极拓展保险资金运用渠道，丰富保险投资品种，使保险公司资金运用结构不断优化，应对市场波动的能力和抗风险能力逐步增强，资金运用收益也稳健增加。随着我国保险业蓬勃发展，截至 2015 年末，保险资金运用余额已达 111 795.49 亿元，但保险公司可选择的投资品种依然偏少，特别是能够有效匹配长期责任准备金的长期固定类收益品种很少，市场交易规模也很小。这就直接导致我国寿险业资产的久期普遍较短，资产负债缺口较大。为了有效地降低保险公司的再投资风险，未来仍需积极拓宽保险资金运用渠道。

（三）提升资金运用的专业化运作水平

目前，我国已有多家保险公司成立了专业的保险资产管理公司，投资专业水平大幅提高，通过将保险资金委托给保险资产管理公司，完善了资金运用管理机制。即使未成立资产管理公司的保险公司也在公司内部设立投资部门，负责保险资金的专业化管理和运作。通过实行委托、受托、托管三方治理模式，目前已建立了协作制衡、相互监督的机制，从而有效地保证了保险资金的安全运用。在费率市场化改革下，资本市场复杂多变，保险公司仍需不断完善内部治理机制，加强内部控制建设，提升专业化投资管理能力，从而帮助保险公司提高市场竞争力。

六、大力发展保险中介组织，特别是经纪人和公估人组织

保险中介是连结保险经营机构之间或保险经营机构与投保人之间的单位或个人，专门从事保险业务咨询与招揽、风险管理与安排、价值衡量与评估、损失鉴定与理算等中介服务，并从中依法获取佣金或手续费。保险中介人的主体形式主

要包括保险代理人、保险经纪人和保险公估人等。保险中介是保险市场精细分工的结果，保险中介的出现推动了保险业的发展，使保险供需双方更加合理、迅速地结合，既满足了被保险人的需求，方便了投保人投保，又降低了保险企业的经营成本。

对保险经纪人的需求源于保险市场的信息不完全和信息不对称。保险纪人可以弥补投保人的信息劣势，有利于被保险人以最少的保费取得最大的保险保障。保险经纪人了解保险市场行情，是熟知保险条件、保险费率等专业知识和技能的专门人才，可以帮助投保人做出正确的购买决策，避免保险市场信息不完全和不对称给投保人带来负面影响。保险公估人由于其独立、公正、客观的立场，能够有效地提高理赔工作的透明度，减少错赔、滥赔、惜赔现象，减少理赔纠纷的发生，更好地帮助实现保险的经济补偿功能。

随着保险费率的市场化推进，监管机构将逐渐放松对保险公司市场行为的监管，保险产品的价格、条件将日趋多样化，这虽然能够在很大程度上丰富市场上保险产品的种类，满足客户多样化的需求，提高保险产品的吸引力，但同时也加剧了保险市场信息不完全和不对称状况，多样化的保险条款和保险责任将加大保险承保时核保的难度和理赔时定损的复杂度。这些将使得保险行业对保险经纪人以及保险公估人的需求显著提升。因此，在推进保险费率市场化改革的同时应该建立和完善保险中介人制度，特别是加强保险经纪人和保险公估人的组织建设和政策支持力度。

保险中介制度的形成和完善也有利于促进保险费率市场化的改革。保险代理人代表保险公司的利益，在进行展业宣传的过程中能够最大限度地开发保险需求；保险经纪人利用其专业技术及熟悉保险市场的优势，向投保人推荐服务质量上乘、经营稳健的保险公司，保护客户利益，帮助投保人做出正确的购买选择，这促使各保险人出于竞争的需要，不断改善经营管理，降低经营费用，从而降低费率，在同等保费条件下使被保险人获得的保险保障最大化，最终有效促进保险市场资源的优化配置及结构的合理调整，促使保险公司致力于保险产品的开发，加强保险管理。另一方面，保险中介制度的完善和发展可以协调安排保险中介人之间的关系，实现保险中介内部、保险业内部、保险业与其他行业之间的合作，推进保险业规范化发展。保险公司可以将展业、承保及部分理赔业务交给保险中介人，实现专业化分工协作，保险公司可以将经营重点放在产品开发、偿付能力管理、风险防范上，在满足监管要求的条件下积极应对保险费率市场化改革，提高公司的竞争力，确保公司的可持续发展。

第四章　国际保险中心发展比较和对中国的启示

阎建军

国务院于2014年8月出台《关于加快发展现代保险服务业的若干意见》（以下简称“新国十条”），把发展现代保险服务业放在经济社会工作整体布局中统筹考虑，提出“努力由保险大国向保险强国转变”的战略目标。为贯彻落实“新国十条”，上海市政府于2014年11月提出，“到2020年，基本建成与上海经济社会发展需求相适应的现代保险服务体系，构建国际领先、辐射全国、繁荣高效、功能齐全的保险市场，提升再保险、航运保险、保险资金运用等领域的定价权和话语权，发展成为国际保险中心”（沪府发［2014］73号文）。

建设国际保险中心是实现新常态下我国经济社会发展战略的重要抓手，是加快上海国际金融中心建设的主要内容，也是我国保险业贯彻落实“新国十条”、实现由保险大国向保险强国迈进的关键载体。

经过几百年的发展，国际保险市场已经形成了几个著名的国际保险中心，比较它们的发展路径和模式，寻找它们的发展规律，可以为我国建设国际保险中心提供借鉴。

第一节　引　言

国际保险中心是指聚集了大量保险机构和保险要素市场，全面集中地开展国际保险交易，能够提供最优质高效的国际保险交易服务、最便捷的国际保险支付清算，在国际保险市场具有显著影响力、对周边地区甚至全球广泛辐射的城市①。

现有研究表明，国际保险中心并非保费规模最大的城市。比如，2013 年，东京、巴黎的保费指标居于世界城市的前两位，纽约的保费指标居于世界城市的第四位，但是这 3 个城市从海外消费者那里流入保费的比例极低，保险服务向海外辐射能力不强，不能称为国际保险中心。

伦敦、百慕大、中国香港、新加坡等可以作为国际保险中心的代表。

第二节　国际保险中心发展的相似性

各个国际保险中心在发展路径、发展模式和发展环境等方面具有一定的相似性，可以从中发现建设国际保险中心的规律。

一、发展路径的相似性

（一）都走上离岸保险中心之路

各个国际保险中心虽然发展起点有所不同，但进入 21 世纪后，都发展成为离岸中心。离岸保险中心具备较强的向境外辐射保险服务的能力，是所在国非居民保险交易的集聚地，是所在国保险服务的重要出口地。

离岸保险中心具备三个特征：非居民保险交易的市场份额较高，保险交易中介触角遍及全球（或区域），国际资本集聚。下面以伦敦市场和百慕大市场为例加以说明。

1. 非居民保险交易的市场份额较高。在伦敦保险市场，劳合社市场份额占据总保费的 2/3（见表 4 – 1）。2013 年劳合社保费收入仅有 18% 来源于英国居

① 裴光等：《从保险大国迈向保险强国：上海国际保险中心建设研究》，上海人民出版社 2016 年版。

民，82%来源于世界其他国家居民（AXCO，2015a）。

表4－1　伦敦市场纯保费收入　（单位：百万英镑）

	2008年	2009年	2010年	2011年	2012年
公司市场	8 359	5 885	6 132	5 636	7 698
劳合社	12 285	15 116	16 310	16 362	16 978

资料来源：AXCO（2015a）。

在百慕大保险市场，2013年保费收入的6%源于本国居民，94%源于世界其他国家居民，其中源于美国居民和欧洲居民的保费收入占75%（AXCO，2015b）。

新加坡保险业实行在岸市场和离岸市场分离的市场制度，分为新加坡保险基金（SIF）和离岸保险基金（OIF）管理，离岸市场发达。

新加坡非寿险业务以离岸业务为主。在非寿险毛保费构成中，1990年离岸业务占比为40.88%，其后离岸业务占比一路走高，2000年超过50%，2009年达到60.45%，在2014年达到67.28%。在非寿险净保费构成中，1990年离岸业务占比为36.49%，其后离岸业务占比不断提高，2000年超过50%，2009年达到57.74%，在2014年达到63.45%（见表4－2、图4－1、图4－2）。

表4－2　新加坡非寿险保费构成　（单位：百万美元）

非寿险保费	1990年	2000年	2009年	2010年	2012年	2013年	2014年
在岸业务①（SIF）	—	—	—	—	—	—	—
毛保费②	1 009.8	1 700.2	2 940.8	3 230.6	3 626.7	3 738.1	3 850.5
净保费	721.2	1 276.6	2 235.8	2 518.1	2 784.9	2 866.9	2 936.1
总资产	1 700.6	4 173.3	7 761.4	8 363.9	9 446.5	9 989.2	10 489.3
离岸业务（OIF）	—	—	—	—	—	—	—
毛保费	698.3	1 705.3	4 495.4	5 349.4	6 789.8	7 364.3	7 917.6
净保费	414.3	1 375.1	3 054.3	3 670.8	4 098.7	4 663.8	5 096.0
总资产	1 299.1	3 793.2	10 108.9	11 197.0	17 568.7	17 180.7	19 017.2

注：①包括直保公司和再保公司。

②英文为Gross Premiums，仅包括直保公司。

资料来源：新加坡金融管理局（MAS）。

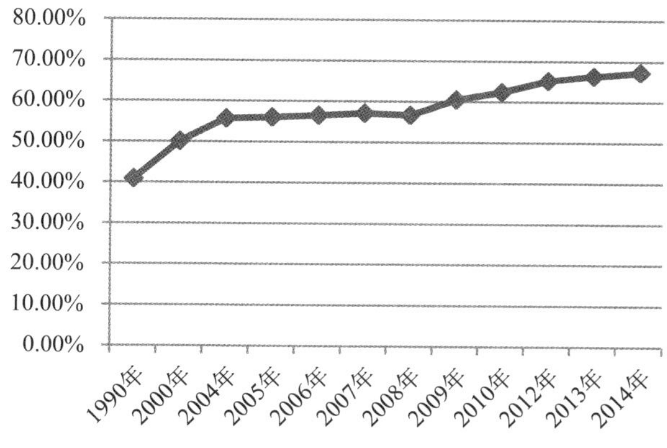

图 4－1　新加坡非寿险离岸业务毛保费占比（1990—2014 年）

资料来源：MAS。

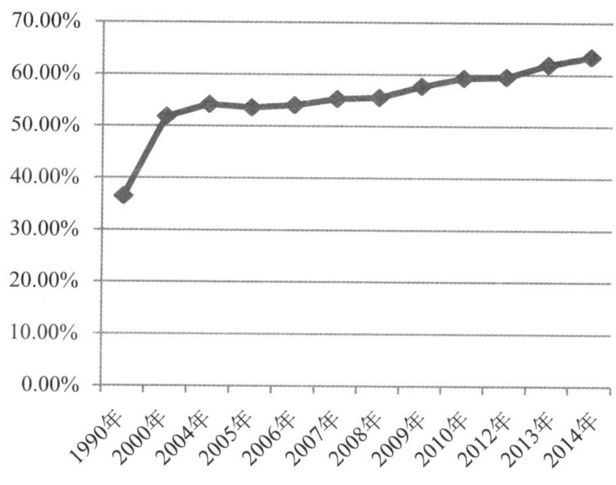

图 4－2　新加坡非寿险离岸业务净保费占比（1990—2014 年）

资料来源：MAS。

2. 保险交易中介触角遍及全球（或区域）。以伦敦和百慕大市场为例，其离岸保险业务一般不是采取买卖双方直接交易的方式，而是依赖于拥有全球网络的经纪人集团、本地和世界各地的专业经纪人公司、遍布全球的承保代理人和承保办事处。新加坡和中国香港作为区域性保险中心，其经纪人网络主要触及亚太区域。

3. 国际资本集聚。在伦敦市场，公司市场的资本主要由世界大型保险集团提供，劳合社的资本由来自全球的保险机构和个人会员等提供，其中英国之外的保险业占劳合社资本来源的 56%（见表 4－3），中国再保险集团英国子公司于

2011 年成为劳合社的公司会员。

表 4－3　　2013 年劳合社资本来源构成

	份额（%）
英国公司	32
美国保险业	21
百慕大保险业	15
世界其他地方保险业	20
个人会员（有限责任）	9
个人会员（无限责任）	3

资料来源：AXCO（2015a）。

在百慕大市场，2012 年，来自北美洲资本控股的保险公司总数达到 133 家，其毛保费占百慕大市场毛保费的比例达到 50.47%，来自欧洲资本控股的保险公司总数达到 61 家，其毛保费占百慕大市场毛保费的比例达到 15.24%（见表 4－4）。

表 4－4　　按照百慕大（再）保险公司（不含自保公司）实益拥有人的属地划分 2012 年（再）保险市场细分状况

实际拥有者的属地	公司数（家）	毛保费占比（%）
非洲/中东	5	0.26
亚洲	10	1.95
澳大利亚/新西兰	1	4.98
百慕大	80	23.34
加勒比/拉丁美洲	15	3.76
欧洲	61	15.24
北美洲	133	50.47
总计（包括其他）	305	100.00

资料来源：AXCO（2015b）。

（二）全球保险中心都走上保险创新中心之路

伦敦和百慕大依靠不断创新维护全球保险中心的地位。

1. 伦敦成为全球保险创新中心。

（1）引领保险产品创新。伦敦劳合社为全球第一辆汽车和第一架飞机出立保单；紧跟时代发展步伐，是电力、登月、卫星、计算机等领域的保险先驱；在

“互联网 + 大数据”时代，率先推出数据泄漏和数据安全保险①。劳合社设计的条款和保单格式能够适应消费需求的变化不断创新。

（2）伦敦劳合社的交易制度创新。一是交易方式创新。劳合社实质是集中化、有组织的保险交易所，是一个以交易所中央基金支持的共同体。实施风险份额认购机制。它拥有高效的中央服务团队，提供可支持当面交易的无缝式业务处理流程及世界一流的理赔管理。劳合社最初只允许承担无限责任的自然人资本进入，这些自然人通常以辛迪加的形式承保。1994 年劳合社实施改革，允许法人资本进入。二是偿付能力自律管理机制创新。为了保护消费者权益，增强消费者信心，劳合社构筑了多层次的偿付能力安全网。第一层次是劳合社辛迪加对其保障责任计提准备金。第二层次是会员每年缴足风险资本金。第三层次是劳合社中央资产，包括“中央基金（Central Fund）”和“可追加资本（Callable Layer）”（虞琤，2013）。

2. 百慕大成为全球非传统风险转移（ART）领域的创新中心。百慕大将自身风格确定为“世界的保险实验室”，一直居于非传统风险转移解决方案的创新前沿。

（1）在自保公司领域引领创新。全世界第一家自保公司在 20 世纪 60 年代诞生于百慕大。其后，百慕大市场在自保领域进行了一系列重要创新。

一是组织形式创新。先后涌现出代理自保公司、协会自保公司、多亲自保公司、出租型自保公司、分离单元自保公司等多种创新形式。其中，代理自保公司是由美国保险代理机构或管理型总代理机构建立的自保公司，让他们能够分享委托人的利润。协会自保公司是由一个行业协会或贸易协会的全体成员所拥有的自保公司，目的是在其会员之间分担该行业的风险。多亲自保公司是由一个以上的母公司拥有，不承保第三方业务的自保公司。出租型自保公司是一个由主办公司建立的自保公司，主办公司将自保公司的资本、盈余和保险牌照出租给付费的第三方用户，代理公司、保险经纪公司和保险公司使用出租型自保公司可以享受自保公司的好处，而无须提供资本设立自保公司。出租型自保公司通常用于传统的员工补偿、机动车辆责任和一般责任项目，以及综合性政治保险的惩罚性赔偿。分离单元自保公司，主要是被出租型自保公司用于隔离每个承租客户的资产负债，也称独立账户或隔离单列公司（AXCO，2011b）。

自保公司不断发展出其他新形式，包括作为转换工具将保险风险转移到衍生工具和其他金融产品上来扩大风险承保能力。

二是管理创新。百慕大几乎所有的自保公司都由第三方机构进行管理，后者

---

① 刘建辉：“承保了世界上最复杂和最特殊的风险：不怕任何风险的劳合社”，《英才》2008 年第 2 期。

劳合社：《为您提供全面的风险保障　为什么您应该在劳合社投保您的风险？》，www. lloyds. com.

也通常被称为自保管理公司。自保管理公司的服务包括：自保公司设立服务、自保公司资产负债业务委托管理服务，包括承保业务、理赔业务、资金运用业务、会计业务等（AXCO，2015b）。

（2）引领结构化风险解决方案创新。在本质上，结构化产品是一种资本管理工具。借助结构化产品，分出公司可以向再保险公司转移发生高额损失的时机风险或损失恶化的风险，得以降低偿付能力要求，或"平滑"其经营成果。

百慕大主要的结构化产品创新类型详述如下。

一是分散损失协议，或累计损失终止协议，都是多年期产品，让保险公司将自然巨灾或工业事故等引发大额损失的时机风险转移给再保险公司，从而减少偿付能力要求，或稳定其经营成果。

二是未决赔款转移协议，主要用于长尾负债账户的运营，如员工补偿保险。协议期限都在两年以上，涉及把项目的应计负债和损失准备金转移给再保险公司。在大多数情况下，再保险公司与分出人共享通过被转移的损失准备金投资赚取的利润，而再保险分出人的目的是通过活跃的索赔管理手段，最大限度地提高协议期末到期保费的收益。

三是损失恶化保障。这是一种损失终止再保险，它为可能超过再保险分出人当前损失准备金的损失恶化提供保障。该协议可以扩大到为保险公司或再保险公司失去清偿能力提供保障，从而无须坏账准备。

（3）实现资本市场与再保险市场的融合创新。20 世纪 90 年代后期，两家华尔街投资银行——高盛公司和雷曼兄弟公司先后在百慕大设立了再保险公司。其后，一系列实现资本市场和（再）保险市场融合的创新在百慕大纷纷涌现。

创新之一：侧挂车（Sidecars）。

"侧挂车"是提供转分保或财产巨灾承保能力的另一种方式，是一种独立的资本化再保险/转分保工具，与现有的（再）保险公司并肩而立，承保财产巨灾业务时通常采取成数再保险方式。侧挂车通常具有完全抵押，其资本结构通常包括股权和评价债券。

它们是短期工具，当市场承保能力紧张时，这种工具允许对冲基金和资本市场的其他投资者进入再保险市场，当再保险的长期供需达到平衡时，这些投资者又能全身而退。

创新之二：巨灾债券。

自 1997 年巨灾债券市场启动以来，百慕大保险业一直将巨灾债券作为巨灾再保险的替代形式加以发展。

巨灾债券背后的基本思想是：一个重大的自然灾害会耗尽一个（再）保险

公司的资本和盈余，从而降低其评级，并有可能使这家公司破产。巨灾债券条款规定，如果约定的巨灾使得保险行业损失超过一定水平，支付给（再）保险公司的本金将采用注资的形式（例如，如果加州地震使得 22 个月内行业总亏损等于或超过 315 亿美元，一家再保险公司将获得 1.5 亿美元的注资）。

创新之三：巨灾互换。

巨灾互换是巨灾证券化的更便宜替代品。巨灾互换的想法是，两家（再）保险公司对不相关的巨灾风险进行交换，可以直接交换或为此目的设立一个中间再保险公司。

交易是这样安排的，每一方的每年预期损失成本都是一样的——换句话说，在无索赔年，双方互换为零，但在一段较长时期内，交易中一方支付的索赔应与另一方支付的索赔相抵。互换总是局限于较高的风险层次，应当只是风险暴露程度在 1:100 年或 1:250 年出现的事件。

百慕大有两家从事巨灾互换的专业机构，一家是 Tokyo Millennium Re（Term）；另一家是 MS Frontier Re。

二、发展模式的相似性

进入 21 世纪后，各个国际保险中心都发展成为离岸保险中心。离岸保险是完全国际化的业务，各个国际保险中心在同一个平台上竞争，为了吸引海外的非居民投保，都采取了“市场主导、政府促进”的发展模式。

（一）市场在资源配置中发挥决定性作用

1. 市场主体自主决定产品费率和保单条款。目前，伦敦、百慕大、新加坡和中国香港保险市场都实行宽松的产品监管。一般而言，保险费率是不受管制的，保险公司可以在很宽松的监管环境下自由地和经纪人等协商制定保单条款。香港地区保险法律明确规定，监管部门不得干预保险公司产品开发和费率制定①。

2. 较低的市场准入门槛。较低的市场准入门槛主要体现在较低的注册资本要求。伦敦市场各类非寿险公司注册资本最高门槛为 370 万欧元②、百慕大市场

① 吴江鸣、林宝清：“新加坡、香港保险监管比较研究及启示”，《亚太经济》2004 年第 5 期。

② 伦敦市场非寿险公司业务分为 18 类，仅从事第 10 至第 15 类业务的股份公司注册资本要求不低于 370 万欧元，仅从事第 10 至第 15 类业务的相互制公司注册资本要求不低于 277.5 万欧元，仅从事第 1 至第 8 类业务、第 16 或第 18 类业务的公司注册资本不低于 26 万欧元，仅从事第 9 或第 17 类业务的公司注册资本不低于 17.5 万欧元。参见 AXCO（2011a）。

各类非寿险公司注册资本最高门槛为 100 万美元[①]、长期保险公司注册资本最高门槛为 25 万美元。在新加坡市场，对于仅从事直保业务的非寿险公司，如果只从事意外和短期健康险业务，注册资本要求为 500 万新元（SGD）；如果从事所有的非寿险业务，注册资本要求为 1 000 万新元（SGD）。对于再保险公司，注册资本要求为 2 500 万新元[②]。

3. 保险经纪人主导的市场。伦敦、百慕大、新加坡和中国香港作为离岸保险中心，其承保商依靠经纪人、承保代理人和承保办事处从世界各地带来的离岸业务，其中百慕大是一个仅有经纪人作为分销渠道的市场。海外客户一般不直接与伦敦市场和百慕大市场保险人打交道。

保险经纪人在国际保险中心的离岸交易中发挥三方面的功能。

一是做市商功能，成为国际保险交易买卖双方的桥梁。国际保险中心的核心功能是"离岸交易"，经纪人作为一种基本的市场机制撮合保险产品的买卖双方成交，克服了买卖双方的时空障碍，降低了买卖双方的交易成本。经纪人的全球化发展（见表 4 -5）推动了离岸交易规模和种类不断扩大，奠定了国际保险中心市场繁荣的基础，中国建设国际保险中心应当确立以经纪人机制为主导[③]。

表 4 -5　　经纪人集团的全球化发展　　（单位：个）

办事处（全球）	汉考克斯（HICOX）	凯林（CATLIN）	中庭（ATRIUM）	安林（AMLIN）	米勒（MILLER）	韦莱（WILLIS）
2014 年	31	56	4	17	9	>400
2010 年	9	4	1	6	1	>300

经纪人和客户之间的牢固关系对于经纪人的持续成功是必不可少的，这使得经纪人更愿意接近他们的客户，并推动了经纪人在世界各地开设办事处。随着经纪人市场的购并整合和全球化，经纪人对把业务安排在何处越来越中立。经纪人需要对投保人的需求深度了解，对于企业投保人而言，做到这一点的唯一途径是通过牢固的、长期的双边关系和信守承诺。

二是实现交易机制多层次性和灵活性。其内在机理是，经纪人是一个多层次多样化的群体，不同层次的经纪人服务于不同层次的离岸保险供求群体。专业取向、专业内容和专业技术不同的经纪人服务于离岸保险产品供求群体的不同方面

① 百慕大非寿险公司分为 4 类。第 1 至第 3 类为专属自保公司，它们的注册资本要求不低于 12 万美元，第四类公司注册资本要求不低于 100 万美元。参见 AXCO（2011b）。

② 2 000 万新元约 2 000 万美元。参见 AXCO（2011c）。

③ 本文关于多层次保险经纪人机制的论述受到王国刚（2006）启发。

要求，因此以这些经纪人群体为中心而展开的离岸保险市场体系必然是一个多层次、多样化且具有竞争性和活力的离岸保险市场体系。以伦敦为例，目前伦敦市场上有 200 多家经纪公司，既包括全球三大综合性经纪人集团 Aon，Willis 和 Marsh 的分支机构，也包括专注于航运风险、责任风险、复杂风险、特殊风险、新型风险等险种的专业经纪公司。另外，在劳合社市场，还依靠“劳合社承保代理人①”开展业务，即根据承保授权协议之规定授权承保代理人代表劳合社承保人承保风险、签发保单、收取保费。担任承保代理人的可以是保险代理人，也可以是保险经纪人，关键是具备拥有某类风险核保经验的核保人，承保人通过给予保险经纪人核保授权，由经纪人直接承接一些该经纪人较为擅长和熟悉的业务，充分利用经纪公司对特定风险的技术和专长，承接更多符合该承保人风险偏好的业务，从而达到良好的成本效益。不同层次的经纪人对离岸保险市场进行细分，拓宽了市场广度，延伸了市场深度。

国际经纪人往往同时收到多个离岸保险市场的风险报价，引发国际保险中心之间的直接竞争，也促进了同时利用多个国际保险中心承保能力的合作处置风险方式的涌现和承保能力的灵活配置。

多层次经纪人制度是实现国家保险交易机制多层次性和灵活性的基本制度，也是保障离岸保险市场竞争力和活力的基本机制。

三是“开发创新”功能。保险经纪人重视对保险市场进行专业的技术分析，拥有不同于保险公司的分析人员、分析工具和分析方法，这些分析不仅有利于向其客户保险公司提供有价值的量化信息，也有利于不同保险公司、保险经纪机构、研究机构、巨灾模型公司之间的开放交流，实现交易规则的创新、交易方式的创新、交易品种的创新和交易技术的创新，不断挖掘开发可交易的风险管理产品，还有利于不断开发新的供给者和需求者。

4. 自律组织成为行业管理体系的重要环节。在伦敦、百慕大、新加坡和中国香港等国际保险中心，各类协会承担了行业治理职能，包括协调对外行动、实施内部惩罚和建立从业人员资格管理体系。

一是反映行业呼声，提出行业诉求，为行业发展创造有利环境。百慕大保险

---

① 对伦敦市场来说，承保代理人（MGA）是进入当地市场的一个重要途径。它能够抵消保险购买当地化的影响，深入新兴市场。以下是一个很好的例子，它说明了承保代理人对伦敦市场业务的重要性。代表着劳合社辛迪加的利益在各自本地市场上承保业务的承保代理人的数量从 2007 年的 2 329 家增长到 2013 年的 3 065 家，突出表明了他们是伦敦市场生死攸关的营销渠道。在 2013 年，这些承保代理人的收入占劳合社总收入的 32%，其收入大多数来自国际重要市场美国和加拿大（40%），英国（36%）和欧洲（23%）。在高速增长市场如拉丁美洲和亚洲，这些承保代理人的数量较为有限。但是，随着伦敦逐步开拓高速增长市场，这些机构的数量有可能会增加。

和再保险公司协会（ABIR）代表会员公司积极参与涉及保险业发展的立法及决策论证，在海外市场准入、保险会计准则和偿付能力监管标准等问题上维护会员利益。

二是监督和实施行业自律性规范及行业标准，对会员违规行为实施处罚，维护好消费者合法权益和行业长远利益①。比如，英国在1978年便成立了保险经纪人协会，强化经纪人行业自律，要求保险经纪人必须参加经纪人协会，否则就限制或者取消保险经纪业务资格。中国香港保险业联会以加强消费者对保险业的信心为本，成立了保险代理登记委员会，针对保险代理、负责人、业务代表的不当经营手法，为消费者提供申诉途径。在新加坡，非寿险行业协会和寿险行业协会组建了专门的保险纠纷化解机构（IDRO），实行"一站式"服务，受理投诉案件，对各类投诉的受理、调查及裁决情况，定期向监管当局报告，重大情况随时报告（朱正，2002）。

三是教育培训和从业人员资格管理。通过行业业务知识的系统化、标准化和现代化建设，提高从业人员专业素质；通过引入从业人员的市场准入和退出机制，适当提高行业进入门槛，将从业人员的短期行为长期化，提升行业的诚信度和美誉度，提升消费者对行业的信心。在英国，《保险经纪人（注册）法》规定，所有保险经纪人都必须在保险经纪人注册委员会注册，要取得经纪人资格，申请人必须满足的重要条件之一就是通过资格考试，达到法定的保险实践期限。保险经纪人考试的内容以英国特许保险学会准会员资格（ACII）考试为基础，包括三门核心课程考试，并要求完成一篇保险经纪专业论文（张虹，2002）。

5. 以信息披露为本。信息透明是维护保险消费者权益、发挥市场在资源配置中主导性作用的基本条件。

伦敦市场的保险监管不依赖烦琐的审批事项进行把关，而是要求保险公司按规定提供有关信息，通过分析保险公司提交的业务报表和年度报告，对公司的偿付能力做出评价，并向社会披露有关信息。如果发现保险公司存在偿付能力不足等问题，监管当局就会向社会公告并施以更严厉的监督。这类公告在崇尚契约自由、提倡诚信经营的英国对公司的商誉造成重大的负面影响②。

新加坡于21世纪初进行了寿险监管体制改革，旨在提高寿险产品的透明度，通过增加公众的保险和投资知识，促进潜在的投保人和保单持有人"买者自知"，有助于保单持有人比较不同保险公司甚至同一家保险公司所提供的不同产

① 刘兴丽："英国保险经纪制度经验借鉴"，《中国保险报》2010年4月14日第7版。
② 康民："英国保险业的风险监管"，《中国保险报》2009年12月29日。

品，尤其是分红产品和投资连结产品，在获取信息的基础上选择最适合自己的产品，减少甚至在很大程度上替代监管者对保险公司的直接监督。具体来讲，消费者可以从下列材料中寻求寿险产品的相关信息：一是寿险指南，由寿险协会出版，旨在向消费者介绍寿险基本概念以及不同寿险产品的基本信息。二是产品概要，包括寿险产品的有效期、条件以及有关产品性质与利益的特别信息。三是利益描述。这是中介人根据当事人的特点（比如年龄、保险金额、保单有效期）对推荐产品预计利益的陈述，当事人和中介人都必须在利益描述书上签名。从2008 年 3 月 1 日开始，业者将需要采用两个预期投资回报率来准备分红保单说明，而不只是一个，这是要显示无保证的未来红利的波动性。为了保护保单持有人的利益，作为消费者的投保人有权进一步了解产品销售佣金等①。

（二）政府“做到位”：促进国际保险交易集聚，减少本地市场国际化发展障碍

1. 争取域外发展空间。以英国为例，1871 年，英国议会专门通过了劳合社法（Lloyd's Act），以维护和巩固劳合社作为国际航运保险中心的地位。一直以来，英国政府积极支持劳合社扩大海外市场，不遗余力地为劳合社争取中国等新兴市场经营执照。2005 年 11 月，在中国国家主席对英国进行国事访问期间，中国保监会宣布正式批准劳合社在中国筹建一家再保险公司。2007 年，劳合社再保险（中国）有限公司获准开业（裴光等，2016）。

2. 迅速简便的执照审批流程。以百慕大为例，作为国际保险中心，百慕大的吸引力之一是它设立当地公司的速度和效率。自保公司可以在两个星期内完成设立和注册，保险公司可以在 6 个星期内完成设立和注册。所有这些吸引点之中最引人注目的——特别是与美国市场比较——是快速发放执照，而不是免征公司税。这在资本快速流动的时代显得尤为重要，尤其是当短期资本提供者，如对冲基金，在全球保险业发生巨灾后想立即利用市场的高费率获得好处时。2011 年，纽约世界贸易中心恐怖袭击导致百慕大保险公司出现了约 50 亿美元赔款和约 20 亿美元的净亏损，市场费率上升，超过 130 亿美元的新资本迅速投资于新的和现有的百慕大保险公司。2005 年的卡特丽娜飓风、丽塔飓风、威尔玛飓风摧毁国际保险业的承保能力之后，更多的巨灾再保险公司在百慕大成立，超过 180 亿美元的新资本注入现有的再保险公司、新设的再保险公司和创新的投资工具，如“侧挂车”。以新加坡为例，一个国际保险投资者只需要 3 个工作日就可以获得保

① 辛君：“新加坡寿险监管体制改革概述”，《金融法苑》2001 年第 10 期。

险经营许可，根据世界银行的数据，2013 年新加坡位列最易开展商业投资国家的榜首。迅捷统一的监管审批流程以及监管机构对国际性保险机构多样性模式的认可度使新加坡近些年迅速成为亚太地区的保险中心。

3. 鼓励离岸保险发展。以新加坡为例，新加坡政府对于发展国际保险中心给予战略引导和支持，推动航运保险中心建设，鼓励新加坡发展成为再保险中心。2004 年 1 月 1 日生效的《2003 年保险监管法案》规定，允许非居民再保险公司获准开办业务，只需设立办事处，无资本要求，只要在新加坡货币局（MAS）注册，并且为每类业务存入 200 万新元（SGD）保证金即可。这一政策改变为发展再保险业务提供更大的灵活性，有利于新加坡发展成为区域再保险中心，对于离岸保险业务给予税收优惠，以发展离岸业务带动再保险中心建设（裴光，2016）。

三、发展环境的相似性

（一）地理位置优越

伦敦、新加坡、中国香港、苏黎世等国际保险中心都是国际著名的商贸港。百慕大群岛位于北大西洋：地理位置接近欧洲，从纽约市出发不到 2 个小时即可到达，美国海关在百慕大群岛的预先通关制度使得到百慕大群岛的商务之旅毫不费力。距美国东海岸 917 公里，为海洋所环绕，远离美洲大陆政治中心，这样的地理位置使其远离美洲政局动荡和战乱地区，具有“世外桃源”的优势。在时区位置上，伦敦保险市场在开始营业时可以及时受理远东保险市场发出的交易事宜，而在结束营业时又能同北美保险市场的交易衔接上，十分有利于国际保险业务的开展。新加坡保险市场可以在旧金山保险市场闭市之前接手，到新加坡保险市场闭市时就可以将保险交易活动转交给苏黎世，给国际保险市场全天候不间断运作创造了条件。

（二）法治化程度高①

伦敦具有完备、高效的立法、司法与仲裁体制，集中了大批融合法律与保险专长的复合型人才，在国际航运保险领域，英国法甚至成了国际通用规则。

① 瑞士的苏黎世也是国际保险中心，由于相关资料匮乏，没有作为本文的案例研究对象。瑞士是法治化程度较高的国家。就法系而言，瑞士总体上可归类为大陆法系，但由于瑞士特殊的地理位置、历史条件和人文环境，其法律体系中又兼容了普通法系的因素，表现为联邦最高法院对案件的判决具有判例法的性质，下级法院在审理同类案件时可将其作为判案的依据。成文法与判例法兼收并用，是瑞士法律体系的突出特点（李林，2006）。

百慕大的司法体制是基于英国普通法、公平原则和可以追溯到1612年的百慕大成文法。法律责任源于疏忽或违反合约。人身伤害的法律时效是3年，违反合约的法律时效是6年。根据美国最高法院裁决，设立在百慕大的美资公司可以在美国起诉他人或被起诉。百慕大有两个等级的法院，裁判法院和最高法院。可上诉的终级法院是英国枢密院司法委员会。百慕大司法机构的负责人是总督任命的百慕大首席大法官。《2005年最高法院修订规则》在最高法院内设立了专门针对商业活动的商业法庭。这确保了商业行为能更快地被拥有更丰富经验的法官所了解。

（三）本币自由兑换

国际保险市场作为跨国境保险交易的中心，必须取消对非居民的外汇管制，实现本币的可自由兑换，否者离岸保险市场的功能无从发挥。伦敦于1971年取消外汇管制，新加坡1978年取消外汇管制，中国香港于1983年11月开始推行港元国际化。

第三节　国际保险中心发展的差异性

一、发展定位的差异

（一）走全球化发展道路[①]：伦敦和百慕大

伦敦市场的保费主要来自英国、美国及欧洲大陆，源自新兴市场流入的保费在伦敦市场所占份额较低。

劳合社保费收入是伦敦市场保费的最大来源。从劳合社市场险种结构看，2013年，非居民保费占劳合社市场财产险、责任险、航运险和能源险保费收入的份额分别达到83.88%、81.69%、87.13%和91.48%。英国居民保费占劳合社市场财产险、责任险、航运险保费收入的份额相比2009年分别下降了1.57%、3.06%、5.87%。源自中亚和亚太区的保费相比2009年显著上升（见表4－6和表4－7）。

① 若无特别注明，本节资料主要参考AXCO. LONDON MARKET REPORT：NON－LIFE（P&C）. 2015；以及LMG BCG（2014）。

表 4-6　劳合社业务的地域来源（2009 年）　（单位：%）

区域	财产险	责任险	航运险	能源险
英国	17.69	21.37	18.74	3.19
美国和加拿大	61.70	45.80	30.12	71.88
美洲其他地区	2.12	2.44	3.21	1.92
欧洲	11.32	16.28	36.41	15.34
中亚和亚太	5.57	11.45	7.23	5.75
世界其他地区	1.59	2.65	4.28	1.92

资料来源：AXCO（2011a）。

表 4-7　劳合社业务的地域来源（2013 年）　（单位：%）

区域	财产险	责任险	航运险	能源险
英国	16.12	18.31	12.87	8.52
美国和加拿大	62.35	46.04	35.88	61.04
美洲其他地区	2.39	3.00	4.77	5.05
欧洲	9.59	14.45	32.18	16.56
中亚和亚太	8.19	16.06	10.01	5.68
世界其他地区	1.36	2.14	4.29	3.15

资料来源：AXCO（2015a）。

百慕大国际（再）保险市场具有全球性的重要地位，从超过 150 个国家获得保费收入。2013 年，美国业务占总业务量的 50% 以上，欧洲业务占总业务量的 25%，亚洲贡献了 8%，世界其他地方占比 11%，剩下的是百慕大自身业务。

2013 年，百慕大再保险市场占全球再保险总保费的 14%。该市场以三大再保险业务为主，分别是直接保险业务非认可基础上的余额风险再保险，财富 1 000 强企业的跨国风险再保险以及美国超额和溢额再保险业务。

（二）走区域化发展道路：新加坡和中国香港

1. 新加坡保险区域化发展情况。作为区域再保险中心，新加坡离岸再保险毛保费主要源于亚太 10 个司法管辖区。这里的亚太 10 个司法管辖区包括：大洋洲①、中国大陆、中国香港、南亚②、印度尼西亚、日本、菲律宾、韩国、泰国、中国台湾。2002 年至 2014 年，源于亚太 10 个司法管辖区的再保险毛保费占比都在 85% 以上。2002 年，离岸再保险毛保费占比前三名分别是韩国、中国台湾和印度尼西亚，分别占 16.2%、15.2% 和 13.8%。2014 年，离岸再保险毛保费占比前三名分别是中国大陆、大洋洲和南亚，分别占 17.1%、15.1% 和 14.2%（见表 4-8、表 4-9）。

① 此处，大洋洲包括澳大利亚和新西兰。

② 此处，南亚包括印度、巴基斯坦、斯里兰卡。

表 4-8　新加坡离岸再保险毛保费的地域构成

（单位：百万美元）

司法管辖区	2002 年	2003 年	2004 年	2005 年	2006 年	2007 年	2008 年	2009 年	2010 年	2011 年	2012 年	2013 年	2014 年
大洋洲	52.6	141.3	193.9	220.5	224.4	259.3	268	294.9	395.8	656.3	783.9	598.8	642.5
中国大陆	37.3	30.4	39.6	129.2	173.9	271.8	419.9	466.4	637.8	710.5	595.2	610.1	726.9
中国香港	133.4	110.6	100.4	87.3	68.1	49.4	49.3	52.2	45.9	35.7	30.9	57.6	83.4
南亚	57.5	69.2	96	117.8	139.2	157.8	191.8	243.1	253.8	346.5	358.3	436.4	603.4
印度尼西亚	245.7	263.7	227.5	212.5	210.1	227.8	235.8	209.6	244.7	311.6	272.8	309.5	318.5
日本	144.2	185.3	224.1	255.3	266.6	182	267.6	422.5	445	482.7	525.8	450.0	444.0
菲律宾	119.8	121.5	81.1	81	89.6	94.9	80.4	91.2	99	120.9	148.8	162.7	182.1
韩国	287.4	242	275.3	214.1	215.6	269.7	236.1	268.5	318.5	388.4	300.4	327.0	379.4
中国台湾	270.8	191	154.6	144.1	143.7	158.8	105.9	104.1	94.8	188.3	315.2	376.1	373.3
泰国	167.3	163.4	150.7	176.8	170.9	167.4	133.6	130.4	140.1	58.1	56.1	63.0	68.4
其他	263.1	258.8	203.4	227.9	194.7	293.3	407.1	397	403.9	400.9	361.5	493.2	422.1
合计	1 779.1	1 777.0	1 746.7	1 866.8	1 897.0	2 132.2	2 395.5	2 679.9	3 079.3	3 700.0	3 748.9	3 884.1	4 244.1

资料来源：MAS。

表 4-9　新加坡离岸再保险毛保费的地域构成

（单位：%）

司法管辖权	2002 年	2003 年	2004 年	2005 年	2006 年	2007 年	2008 年	2009 年	2010 年	2011 年	2012 年	2013 年	2014 年
大洋洲	3	8	11.1	11.8	11.8	12.2	11.2	11	12.9	17.7	20.9	15.4	15.1
中国大陆	2.1	1.7	2.3	6.9	9.2	12.7	17.5	17.4	20.7	19.2	15.9	15.7	17.1
中国香港	7.5	6.2	5.7	4.7	3.6	2.3	2.1	1.9	1.5	1.0	0.8	1.5	2.0
南亚	3.2	3.9	5.5	6.3	7.3	7.4	8	9.1	8.2	9.4	9.6	11.2	14.2
印度尼西亚	13.8	14.8	13	11.4	11.1	10.7	9.8	7.8	7.9	8.4	7.3	8.0	7.5
日本	8.1	10.4	12.8	13.7	14.1	8.5	11.2	15.8	14.5	13.0	14.0	11.6	10.5
菲律宾	6.7	6.8	4.6	4.3	4.7	4.5	3.4	3.4	3.2	3.3	4.0	4.2	4.3
韩国	16.2	13.6	15.8	11.5	11.4	12.6	9.9	10	10.3	10.5	8.0	8.4	8.9
中国台湾	15.2	10.7	8.9	7.7	7.6	7.4	4.4	3.9	3.1	5.1	8.4	9.7	8.8
泰国	9.4	9.2	8.6	9.5	9	7.9	5.6	4.9	4.6	1.6	1.5	1.6	1.6
其他	14.8	14.6	11.6	12.2	10.3	13.8	17	14.8	13.1	10.8	9.6	12.7	9.9
合计	100.0	100.0	100.0	100.0	100.0	100.0	100.0	100.0	100.0	100.0	100.0	100.0	100.0

资料来源：MAS。

新加坡是东盟国家（ASEAN）主要的再保险市场，新加坡与东盟国家在同一时区，新加坡离岸市场的承保人对于区域风险有更好的认识，能够与分出人发展紧密的关系。

2. 香港地区保险区域化发展情况。香港地区离岸业务的规模难以确定，以再保险市场为例，官方仅统计在香港地区承保的临时分保业务，以及合约再保险中至少25%的标的风险源自香港地区业务，标的风险不源自香港地区的业务不被统计（AXCO，2011d）。

在分入再保险业务方面，2015 年毛保费达 111 亿港元，净保费达 65 亿港元，承保利润达 4. 44 亿港元[①]。香港地区再保险市场的分入业务主要来源于中国大陆、澳门和台湾地区，也有部分业务来自日本、韩国和亚洲其他地区。

2015 年，香港地区长期业务（不包括退休计划业务）的新单保费达 1 313 亿港元，其中向内地访客所发出的保单，新单保费为 316 亿港元，占 2015 年个人业务的总新单保费的 24. 2%[②]，相比 2014 年增长了 29. 5%。

二、比较优势的差异

各个国际保险中心并非在所有业务领域全面发展，而是注意培育比较优势。

（一）伦敦比较优势：在航运风险、新型风险、复杂风险、特殊风险、巨灾风险等业务领域居全球领先地位

航运风险、新型风险、复杂风险、特殊风险、巨灾风险可以采用保险方式或者采用非传统的风险转移方式。伦敦保险市场很少介入非传统风险转移（ART）领域，劳合社作为伦敦保险市场领导者，在其《2025 愿景》中指出：劳合社尚无进行“风险指数”或保险衍生品交易的设想。伦敦保险市场主要采用保险方式承保这些风险，成为航运风险、新型风险、复杂风险、特殊风险、巨灾风险等领域全球领先的专业型保险和再保险中心。

2013 年，伦敦市场在全球航运保险业务领域占有 33% 的份额，继续保持其领先地位，在全球航空保险业务领域的份额达到 57%。在商业风险原保险业务中，2013 年，伦敦市场保持了全球商业风险责任保险业务 5% 的份额，积极开发新型复杂责任险产品，比如网络风险、纳米技术风险及连带营业中断风险。作为管理自然巨灾、恐怖主义受难风险等的专业市场，伦敦市场在 2013 年保持了全

① 《2015 年香港保险业务的市场表现》新闻稿 http：//www. oci. gov. hk/chs/new/index. html。

② 《2015 年香港保险业务的市场表现》新闻稿 http：//www. oci. gov. hk/chs/new/index. html。

球商业风险财产保险业务6%的份额。伦敦劳合社市场被认为是承保近海能源风险的全球主导者，占全球近海能源保险市场份额的62%。伦敦市场拥有能源保险的领先技能，随着能源行业持续面对大型和复杂风险，如北极石油勘探、深水钻井平台和水力压裂法等，伦敦市场在这一领域的重要性将凸显。

（二）百慕大比较优势：非传统风险转移领域的全球领先者

目前，非传统风险转移（ART）市场的主要领域是专属自保市场、保险连接证券（ILS）市场，百慕大在这两个市场的份额都居于世界前列。

1. 百慕大是全球最大的专属自保市场。百慕大是全球最大的自保公司注册地，2012年共有741家注册的自保公司，全体自保公司当年的毛承保保费达328亿美元，资产达1 455.7亿美元。

百慕大自保公司的股东来自全球各地。2012年，控股股东或母公司注册地来自北美洲和欧洲的自保公司毛保费收入占百慕大自保市场毛保费比例超过了89%（见表4－10）。

表4－10 2012年根据实益拥有人的注册地划分的百慕大专属自保市场状况

母公司注册地	公司数（家）	占专属自保市场毛保费比例（%）
非洲/中东	7	0.13
亚洲	27	3.34
澳大利亚/新西兰	11	0.15
百慕大	63	6.66
加勒比/拉丁美洲	29	0.55
欧洲	105	35.67
北美洲	499	53.50
总计（包括其他）	741	19.43

2. 百慕大是全球最大的保险连接证券（ILS）市场。保险连接证券既有助于资本市场投资者优化资产组合，提供了一种与金融市场传统证券产品不同的投资选择；又给再保险公司管理风险和增加承保能力提供了一种新工具。保险连接证券的价值与自然灾害风险、人寿风险等挂钩，与金融市场传统证券产品的相关性较低。

在保险连接证券的类别当中，最常见的是巨灾债券，也包括人寿风险证券化产品、医疗风险证券化产品等。

从2013年起，百慕大市场已经成为保险连接证券（ILS）的首选注册地。2013年，百慕大市场新发行保险连接证券47亿美元，占当年全球市场份额的61.8%。2015年，百慕大市场新发行保险连接证券56亿美元，占当年全球市场份额的70.9%（见表4-11）。

表4-11　全球各国保险连接证券ILS的年度发行状况　（单位：亿美元）

年份	2009	2010	2011	2012	2013	2014	2015
百慕大	—	12	16	26	47	77	56
开曼群岛	25	27	20	35	19	7	11
爱尔兰	4	7	9	2	10	4	6
美国	—	2	4	1	—	—	3
其他	—	0.4	—	—	—	0.3	3

资料来源：Bermuda Monetary Authority，Bermuda Insurance - Linked Securities Market Report Q4 - 2015（VOL. 3，NO. 4），MARCH 2016.

截至2015年末，百慕大注册公司发行的保险连接证券未到期余额为181亿美元，占全球保险连接证券未到期余额的69%。

百慕大证券交易所（BSX）还为保险连接证券提供了二级市场。截至2015年末，共有62个（103笔）保险连接证券在百慕大证券交易所（BSX）上市交易，总面值达182亿美元，其中的11亿美元（6%）是由百慕大以外的主体发行后上市交易。

一级市场和二级市场的发达使得百慕大成为全球保险连接债券的主要市场。

（三）新加坡和中国香港的比较优势

新加坡和中国香港既不具有伦敦在航运风险、新型风险、复杂风险、特殊风险、巨灾风险等保险领域的全球领先地位，也不具备百慕大在非传统风险转移（ART）领域的全球领先地位，但两个城市通过市场细分实现了与伦敦和百慕大等全球保险中心的错位发展。

新加坡和中国香港着重发展伦敦和百慕大两大全球保险中心的边缘市场，比如南亚国家、东盟国家和东北亚国家，在上述区域，新加坡和中国香港保险业相对于伦敦和百慕大保险业具有文化和区域优势。

新加坡和中国香港两个再保险中心既相互竞争，又相互补充。两个城市的保险业务有着不严格的区分，新加坡更偏重合约再保险和能源保险业务，中国香港则偏重于临时分保业务。

三、发展政策与监管制度的差异

（一）离岸政策差异

伦敦市场，对于在岸保险与离岸保险一视同仁，在税收政策上，对于离岸业务并无优惠。但是，作为老牌的保险中心，英国企业所得税率在 2015 年 4 月由 21% 调降到 20%，在 G20 国家中税率最低。

在百慕大，离岸公司的收入、预提所得、资本利得、保费或利润都不需要缴税。法律保证离岸公司在 2035 年 3 月 31 日前不受百慕大新引入的任何税收政策影响。

新加坡对于在岸再保险业务征收的企业所得税为 17%，对于离岸再保险业务征收的企业所得税为 10%。此外，巨灾超赔业务免征所得税。

中国香港政府对于离岸保险业务给予税收优惠。从 1998 年 4 月 1 日起，中国香港专业再保险公司的离岸再保险业务及其投资收益被免征一半的公司所得税，离岸业务的公司所得税税率为 8.25%，在岸业务为 16.5%。

（二）监管制度差异

英国 1997 年以后对银行业、证券业和保险业实行统一监管制度。伦敦市场的保险监管制度具有三个特殊性：第一，具有世界上最完备的保险经纪人制度，对保险经纪人的监管十分严格。第二，劳合社是保险业自律性组织的典范，其对保险参与者的要求甚至较一般行业标准更为严格。第三，对欧盟保险偿付能力标准Ⅱ的推行是强化其保险监管的重要内容[①]。

百慕大也实施统一监管制度。货币管理局（BMA）是百慕大的金融体系监管者，它负责国内保险公司、国际保险公司和再保险公司以及离岸保险公司的监管。保险监督官办公室于 2002 年 1 月 1 日成立。2010 年以后，货币管理局（BMA）致力于在监管框架上实现百慕大与其他关键司法管辖区（如欧盟和美国）的监管对等和相互承认。2011 年 8 月，欧洲保险与职业年金监管局（EIOPA）宣布百慕大监管在核心领域达到了偿付能力Ⅱ（Solvency Ⅱ）标准。2014 年 1 月，美国保险监督官协会（MAIC）授予百慕大有条件的合格司法管辖区地位。

新加坡金融管理局（Monetary Authority of Singapore，以下简称金管局）是新

① 王姝：《主要发达国家保险监管制度比较研究》，吉林大学 2013 年论文。

加坡的央行，负责包括保险业在内的金融业监管[①]。金管局于2005年对保险公司实施风险基础资本监管框架（RBC）。和伦敦市场一样，新加坡保险市场设有保单持有人赔偿基金，在审慎监管以外提供安全网。

中国香港2015年立法成立保险业监管局（以下简称"保监局"），以确保监管架构与时俱进，促进保险业的稳健发展，为保单持有人提供更佳保障。保监局在财政和运作上独立于政府其他机构。监管当局已经完成了保险业"风险为本"资本框架咨询，但尚未进入立法阶段。为了能更有效地保障保单持有人的利益，在保险公司无力偿债时维持保险市场稳定，以及增强公众对保险业的信心和提高保险业界的竞争力，拟立法成立保单持有人保障基金（保障基金），为保单持有人提供安全网。

第四节　对中国的启示

建设上海国际保险中心应当充分发挥市场在资源配置中的决定性作用和更好地发挥政府作用；应当牢固树立创新、协调、绿色、开放、共享的发展理念，深入实施创新驱动发展战略，推进在岸市场和离岸市场协调发展，把保险服务业作为绿色产业的重要组成部分，着手"引进来、走出去"开放战略布局，国内国际全体参与者共享机遇和利益。

一、明确发展目标

到2020年，基本建成与上海经济社会发展需求相适应的现代保险服务体系，构建国际领先、辐射全国、繁荣高效、功能齐全的保险市场，基本具备国际保险中心核心功能，提升再保险、航运保险、保险资金运用等领域的定价权和话语权，发展成为有特色的国际保险中心。基本建成与国际保险中心相匹配的制度体系和监管框架，为长远发展打下坚实基础。

再用30年时间，到2050年，涌现一批能够吸引境外居民的险种，成为国际重要的保险服务贸易出口地，成为国际保险资本、保险人才、保险机构、保险中介和保险信息的重要集聚地，跨国保险机构总部集聚效应明显，保险市场与资本市场、银行市场、外汇市场深度融合，基础设施健全，发展环境优化，创新驱动

① 王瀚："新加坡保险市场一枝独秀　推进全球化战略"，《中国保险报》2015年11月12日。

发展走在全国保险业前头、走到世界保险业前列，尤其是在保险规则制定和制度创新方面发挥国际影响力。最终要全面建成具有全球影响力的离岸保险中心和保险创新中心，成为与保险强国和上海“五个中心”定位相匹配的全球性保险中心城市。

二、优化发展空间

（一）走在岸和离岸保险市场协调发展之路

虽然我国离岸保险市场建设尚未起步，但离岸保险市场是建设国际保险中心不可或缺的一块拼图。离岸保险是由一国离岸市场上的保险机构为境外标的和境外风险提供的保险服务。从伦敦、百慕大、新加坡和中国香港等国际保险中心的经验看，国际保险中心发展到成熟阶段以后，都成为离岸保险中心。美国的教训是，虽然在岸市场发展规模领先，但在僵化的州监管体制下，离岸业务发展滞后，不能满足本国居民和非居民对境外标的和新型、复杂、特殊、大型风险的保障需求，本国居民境外标的业务和新型、复杂、特殊、大型风险业务外流至伦敦市场和百慕大市场。当然，也不能为了发展离岸市场而放弃甚至牺牲在岸市场的发展。从中国国情出发，上海建设国际离岸保险中心需要加快发展在岸市场，如果没有在岸市场的支撑，一是难以在起步期吸引国际机构、国际人才和国际资本，二是缺乏在岸市场发展绩效证明，难以争取政府有关部门对发展离岸保险所需制度创新的支持，难以突破离岸市场的制度障碍。没有上海在岸市场的支撑，发展离岸市场无疑是“无源之水”。

（二）走区域化的错位发展之路

建成国际保险中心，培育比较优势是关键。全球保险中心通常在新型、复杂、特殊、大型风险或者另类风险转移（ART）领域居于领先地位；区域保险中心离岸业务通常集中于细分市场，在细分市场具有比较优势。“一带一路”经济圈为打造上海离岸保险中心提供了细分市场，可以实现与其他离岸保险中心的差异化竞争。目前，伦敦、百慕大等全球保险中心的核心市场位于欧美成熟市场，“一带一路”经济圈的大部分区域是它们的边缘市场，中国保险业可以利用本国在“一带一路”经济圈的影响力，采取“引进来、走出去”战略，也就是把国际承保人、专业经纪人和交易资本引进上海，与上述全球保险中心的保险业共同开发其边缘市场，实现保险服务走出去。“一带一路”经济圈的大中华区、东南亚和北亚属于新加坡和香港地区的核心市场，上海保险业在这些区域将与新加坡和香港地区的保险业激烈竞争，双方各有优劣势。总之，应依托“一带一路”

战略，让上海离岸保险中心开发海外目标市场落地。

三、培育发展动力

制度创新是最大的发展动力。在渐进式改革思路下，国际保险中心建设制度创新需要“先行先试”。

制度创新的抓手有两个：一是以建设保险创新实验区为抓手，探索灵敏适度的监管模式。二是以建设离岸保险实验区为抓手，构建与国际接轨的保险服务出口模式。

（一）大力建设保险创新实验区

依托中国（上海）自由贸易实验区金融开放创新试点，从两方面推动创新：

1. 以开放促创新。大力促进自贸试验区保险开放创新试点与上海国际金融中心建设的联动，探索新途径、积累新经验。适当降低各类外资保险机构在上海自贸区设立机构和开展业务的准入要求、简化审批流程，支持外资保险机构在自贸试验区设立自保公司、责任保险公司和信用保险公司。鼓励上海再保险市场与国际资本市场的融合创新，允许外资成立“侧挂车”和SPI等新型保险组织。推动上海开展外汇长期寿险试点。

2. 以改革促创新。配合国家金融管理部门，以自贸试验区为平台，开展保险监管制度创新，推动保险监管体系和监管能力现代化建设。在再保险审批领域尝试引入“负面清单”制度。逐步把航运保险注册制改革向其他产品推广。在自保公司领域尝试推行公司注册制，探索引入各种自保公司组织形式。探索成立上海健康保险交易所、作为政策性的大病保险业务和个人税优健康保险业务交易平台。推行法人机构属地监管，提高监管的灵敏度和有效性。监管部门积极配合有关政府部门“简政放权”改革，加强与有关部门和部委的联系和沟通，为保险创新创造良好的外部条件。

（二）大力建设离岸保险实验区

1. 建立离岸保险市场税收制度。为加快离岸保险业务发展、提升上海保险市场国际竞争力，建议中国保监会加大与财政部和国税总局等部门的协调力度，围绕离岸保险税制的完善问题，争取自贸区离岸保险税收政策创新突破。上海离岸保险业务的税收政策可以借鉴新加坡的做法，首先可以将保险公司经营离岸保险业务的所得税降至10%—15%，其次可以根据离岸保险业务的类别减免一定的增值税，如对货物运输保险、船舶保险、出口信用保险等业务免征增值税，或者制定不同的增值税纳税基数，而不是一律以毛保费收入作为纳税基数。

2. 实施分离型监管模式。与新加坡、百慕大、中国香港等离岸保险市场相比，目前我国在岸保险业务的准入门槛较高、监管较严格、税率较高，如果上海离岸保险市场采取与目前我国在岸保险市场同样的监管模式和税率，将难以吸引国际保险机构、国际资本和海外人才的参与。反过来讲，如果上海在岸市场和离岸市场都同样降低准入门槛，放松监管要求，则不仅对国内已设立的在岸保险机构不公平，造成市场竞争规则的不连贯，而且有可能对在岸保险市场形成较大冲击。所以，只有实行分离型监管模式，对于离岸保险业务建立独立账户，对离岸保险业务与在岸保险业务实行分别监管，才能防止离岸市场引起在岸市场的波动，促进在岸和离岸再保险市场的共同发展。

3. 建立国际保险业务统计制度。国际保险业务的统计口径与国内业务不同，国际保险中心的国际业务统计是以保险业务风险源于海外为依据。比如，中国人保直接或通过分公司承保的海外业务，通过中国人保分保到上海，应当算作国际业务分入，而不应算作国内业务分入。保险监管部门应抓紧研究并尽快建立国际业务统计制度，做到心中有数。

四、拓宽发展路径

（一）以保险交易所为核心，完善现代保险市场体系

在上海自贸区试点设立保险交易所是构建上海国际保险中心的一项重大制度创新，一是有助于深化金融市场体制改革，完善市场机制，更好发挥市场在资源配置中的决定性作用，进一步简政放权，推进保险监管职能转变。二是有助于把上海打造成具有国际影响力的再保险中心、航运保险中心和保险创新中心，也为离岸保险中心建设做好铺垫。三是有助于提升我国保险业对新型、复杂、特殊、大型风险的保障能力，为实体经济发展提供更全面的风险保障。四是有助于完善我国保险要素市场，夯实我国保险业基础设施，为行业创新发展和转型升级提供支持。

上海保险交易所主要为场内市场主体提供交易服务支持，即前端提供渠道服务、中端提供交易服务、后端提供配套服务。

探索建立交易所国际保险经纪人制度，引入国际保险经纪人登记制度，积极推动针对交易所国际保险经纪人引入离岸保险税制，为“一带一路”经纪业务流入交易所提供政策支持，改变与新加坡、中国香港竞争时在税收上的不利地位。

在上海保险交易所搭建“3+1”的交易平台，即近期搭建国际再保险、国

际航运保险、大宗保险项目招投标三大交易平台；中期适时搭建“特种风险分散平台”，对接国内和“一带一路”新型、复杂、特殊、大型风险业务。

建立交易所第三方资金结算制度、交易保证金制度，积极引入清算、结算、保证金管理等第三方机构，确保交易所规范、有序、安全、高效运行。探索保险交易所为中小相互制保险公司等新型机构提供保险数据中心、运营中心等整套的后台服务，推动我国保险市场机构组织形式创新。探索引入风险份额认购制，尝试集中化交易。

（二）强化再保险、航运保险、保险资金运用三大支撑

1. 推动建立区域性再保险中心。支持在自贸试验区设立中外资再保险机构，降低自贸区内再保险机构的注册资本要求，支持区内保险机构开展跨境人民币再保险和全球保单分入业务，依托海内外金融市场探索巨灾债券试点。

2. 推动建立保险资金运用中心。建设全国性的保险资产交易中心。支持在自贸试验区金改框架下探索保险资金境外投资和保险资管产品境外发行。鼓励保险证券化发展，在沪试点长寿风险债券、极端死亡债券、寿险保单贴现债券等。

3. 加快建设航运保险中心。完善航运保险产业链，吸引航运保险公估、理算等机构入驻。加强上海航运保险协会建设，研发航运保险协会条款。研究推出航运保险指数，准确反映我国航运保险的风险特征，提升航运保险定价权。完善航运保险产品注册制度。推动货运保险电子发票试点。加强保险与工商、海关、海事、交通运输和港口管理等部门信息共享。支持推动船东互保组织在沪发展。积极参与国际海上保险联盟（IUMI）活动，提升海上保险话语权。

（三）建立多层次的保险经纪人制度

国际保险中心是由经纪人机制主导的市场：吸引全球综合性经纪人集团在沪设立分支机构；鼓励专注于航运风险、责任风险、复杂风险、特殊风险、新型风险、大型风险等险种的专业经纪公司在自贸区注册。探索授权承保业务模式，允许“承保代理人[①]”作为保险中介机构在自贸区内注册。

（四）抢占互联网保险发展战略高地

应以“互联网＋保险”为支撑，迈入互联网经济发展快车道；支持互联网保险技术创新，鼓励行业通过互联网和 APP 创新实现云核保、查勘理赔和客户

① 承保代理人在劳合社市场被称为 Cove Rholder，在美国市场被称为 Managing General Agents。

回访等，改善客户体验；支持利用云计算、大数据等资源和平台，满足“互联网＋”时代新型应用场景下的保险需求，不断进行业态创新、模式创新和产品创新。中国保监会给予必要的政策倾斜，依托外滩金融创新实验区，在上海打造互联网保险集聚区，支持各类信息技术公司和互联网企业发起或参与设立创新性互联网保险企业。定期举办互联网保险发展论坛，积极总结推广互联网保险发展经验。

五、改善发展环境

（一）提升法律环境支持

一是支持以司法改革试点为契机，进一步优化司法环境，健全上海金融（保险）检察、审判专业化机构组织体系。二是推动建立符合国际标准的保险仲裁机制，适应再保险业务和航运保险业务的国际化特点，提高国际认可度和话语权。三是探索建立责任保险、航运保险等专门法律体系，参照国际惯例和相关判例，完善法律条文，明确司法解释，统一司法实践。四是探索建立保险消费纠纷多元化解决机制，推动设立第三方保险纠纷调解中心，建立健全保险纠纷诉讼、仲裁与调解对接机制。

（二）加强人力资本建设

一是建立健全创新人才培养制度，培养具备国际化视野的本土人才。上海保险机构和监管部门可以较长时间外派（如一到两年）人员到伦敦等国际保险中心进行实务操作以积累经验和专业能力，鼓励保险社团组织搭建人才培训平台。二是加强航运保险、责任保险、健康保险等专业人才培养。研究建立相关专业考试和资质认证制度，逐步形成专业从业人员资质评定体系。在高校建立专业课程体系，培养与实务接轨的后备人才。

第五章　中国相互保险公司发展路径研究

崔　鹏

相互保险是较为古老的保险形式之一，经过数百年的发展演变，至今仍在全球保险业占据重要地位，在一些国家的保险市场中发挥着重要作用。伴随着互联网时代的到来，相互保险与"互联网+"技术相互融合，正在焕发出新的生命力。在国内，相互保险仍处于萌芽阶段，但随着保险业市场化不断深入，正在步入全面小康的国内居民保险保障需求与日俱增，相互保险相关法律法规逐步完善，保险监管体系构建完善，特别是互联网保险日渐兴起，国内相互保险发展大潮涌动，从2015年2月中国保监会印发《相互保险组织监管试行办法》至今，互联网已出现几十家相互保险组织，国内相互保险正快步进入发展的战略机遇期。

第一节　相互保险的制度界定

一、相互保险的概念

国际相互保险联合会（International Cooperative and

Mutual Insurance Federation，以下简称 ICMIF）对相互保险的定义为：相互保险或合作保险指的是一切由会员或保单持有人拥有、管理和运营保险实体的组织形式，包括以自然人为基础的有限公司、兄弟会、友谊社、伊斯兰保险、互助保险等类型。

在国内，《相互保险组织监管试行办法》所称相互保险是指：具有同质风险保障需求的单位或个人，通过订立合同成为会员，并缴纳保费形成互助基金，由该基金对合同约定的事故发生所造成的损失承担赔偿责任，或者当被保险人死亡、伤残、疾病或者达到合同约定的年龄、期限等条件时承担给付保险金责任的保险活动。

相互保险组织是指在平等自愿、民主管理的基础上，由全体会员持有并以互助合作方式为会员提供保险服务的组织，包括一般相互保险组织，专业性、区域性相互保险组织等组织形式。

二、相互保险的主要特征

相对于其他形式的保险，相互保险具有组织自有、业务自营、收益共享、风险共担的基本特点。

（一）相互保险业务与相互保险组织合一

相互保险以投保人共同的风险保障需求为纽带而产生，相互保险的保单持有人兼具组织的所有人和被保险人的双重身份，这与股份制保险公司股东出资、股东所有，以资本为纽带的资合性有着本质差别。

（二）相互保险由被保险人自主管理

相互保险的经营管理由会员大会决定，投保人作为组织成员共同参与组织的重大事项决策，原则上实行一人一票的表决方式。

（三）相互保险收益实行利益共享

相互保险的运营目标是为全体会员提供较为经济的保险服务。保费收入在支付赔款和经营费用之后，盈余部分完全由全体会员共同享有，可以通过保单分红、降低来年保费等多种方式分配给会员。

（四）相互保险的风险由成员共担

相互保险组织风险由全体会员承担。发生严重亏损时，可能要求会员补缴保费或缩减保额来弥补亏损。

三、相互保险的基本组织形式

相互保险与相互保险组织犹如一个硬币的两面，密不可分。相互保险组织从原始到高级的演进过程，也是相互保险功能不断丰富和发展完善的过程。具体来看，相互保险组织包括相互保险社、保险合作社、交互保险社等。

（一）相互保险社

相互保险社是最早出现的保险组织，是同一行业的职员为了应对灾害事故造成的经济损失而自愿结合起来的集体组织。目前，相互保险社在英、美国家仍广泛存在，其业务范围包括人身险、火险、海上保险等，如英国的友爱社经营人寿保险业务，美国的 Local Mutual 经营火险，英国的保赔协会经营海上保险等。

相互保险社的社员即为保单持有人，社员在加入保险期间与相互保险社保持关系，如保险契约终止，保险社与社员之间的关系自动解除。相互保险社不需要股本，经营资金仅来源于社员缴纳的保险金。正因为如此，相互保险社的经营比较简单，每个社员都为其他社员提供保险，也获得其他社员提供的保险。社员在选举理事及高管人员时，拥有相等的投票权。相互保险社的保费计算无数理基础，无须依据精算原则，采用事后分摊方式解决。即社员投保时，预交一部分保费，待保险事故发生时，再按保险给付金的大小，在社员内部分摊。

（二）保险合作社

保险合作社是由一些对某种风险具有同一保障要求的人自愿集股设立的保险组织。保险合作社以合作为原则，一般以人身保险业务为主。保险合作社属于社团法人，是非营利机构，以较低的保险费来满足社员的保险需求。最早的合作保险组织是 1867 年英国的合作保险社，目前在法国、美国、日本和新加坡等 30 多个国家和地区，保险合作社均有一定的影响。

保险合作社的特点主要有两方面：其一，保险合作社需由会员缴纳股本，社员也是股东，能够参与保险社事务的管理；其二，保险合作社与社员之间的关系是一种长期的关系，社员认缴股本后，即使不利用保险合作社的服务，也能与之保持联系。

（三）交互保险社

交互保险社，也称互惠保险社，是指具有保险保障需求的若干个人或单位组织，作为社员相互约定交换保险的保险组织。目前交互保险社主要存在于美国西部，以经营火灾保险和个人汽车险为主。它由被保险人即社员互相约定交换保险并约定其保险责任限额，在限额内可将保险责任比例分摊给各社员，同时接受各社员的保险责任。交互保险社的特点：一是交互保险社具有合伙制特点。各个社员在约定金额限度内承担保险责任，因此，交互保险社为每个社员建立独立的账户，分别计算应交费用和分红。二是交互保险社经营主要由法人机构承担。社员在向交互保险社投保时授权交互保险社指定的法人机构运营，而有关保险的一切事物经营费用和代理报酬须由交互保险社承担。交互保险社选举代表组成指导委员会，监督代理人的业务活动。

四、相互保险公司

相互保险公司是相互保险发展的重要依托和载体，是相互保险制度发展成熟的重要标志。作为现代保险业的公司组织形式之一，相互保险公司在推动相互保险发展方面发挥着举足轻重的重要作用。

（一）相互保险公司的理论界定

相互保险公司是投保人基于共担风险、共济保障的互助理念而设立并共同拥有，为自己提供保险服务的非营利性法人组织。比如，《德国保险监督法》规定："社团法人按照互助的原则为其成员提供保险，并获得主管监督机关授权经营业务而以法人组织形式存在者，称为相互保险公司。"日本保险业法规定："相互保险公司是指投保人作为法人的组成人员即成员，以从事相互保险为目的设立的公司，以成员向公司缴纳保险费，公司对此进行保险给付的形式从事保险事业，出现盈余金时，对成员进行分配。"美国华盛顿州保险法规定："相互保险公司由其现有股东或成员所有，现有股东或成员有权选举董事并有权从公司净收益中取得红利。根据法律，投保人在相互保险公司解散或转化为股份保险公司后也享有特定权利。"

根据中国保监会公布的《相互保险组织监管试行办法》中对相互保险公司的定义，相互制保险公司的成员具有同质性或基本相同的风险偏好。保单持有人具有同质风险保障需求，有利于保单持有人通过参与公司治理，增进公司成员共同利益。

（二）相互保险公司的基本特征

组织形态的特征可以通过与其他组织形态比较进行描述，相互保险公司与股份保险公司是世界保险业的两种基本形态。相互保险公司的特征就是相互保险公司与股份保险公司之间的差异。

1. 相互保险公司的机构法人性。相互保险公司属于公司法人，需依法构建与公司制相符合的治理结构，这就要求相互保险公司建立成员大会或成员代表大会、董事会和监事会等公司治理机构。其中，成员大会或成员代表大会是公司的最高权力机构，保单持有人是公司成员，公司成员或成员代表通过行使表决权决定公司事务。

2. 保险责任的互助共济性。相互制保险公司运营资金由保单持有人的保费汇集形成，当保险基金不足以对遭遇风险的成员实施救助时，作为公司成员，每一保单持有人有义务共同弥补保险基金缺口，维持责任准备金达到规定标准，体现了“我为人人、人人为我”的保险精神。

3. 业务经营的非营利性。发起设立相互保险公司的主要目的是为了在相互合作的前提下为会员提供低成本的风险保障，因此，相互保险公司的经营目标是扩大会员规模，更充分地分散风险，为会员提供更经济的风险补偿，而不是赚取剩余收益，具有非营利性的特点，这是与股份制保险公司的最大区别。

4. 保险基金的封闭性。相互保险公司的资金来源主要源于投保人交纳的保费，同时，公司以会员交纳的保费为限承担有限责任。当相互保险公司在经营中有盈余时，盈余以保单红利的名义分配给公司成员（保单持有人）。但在公司经营亏损时，则通过分摊缺口或者减额赔偿的方法加以解决。

相互制保险公司与股份制保险公司的区别见表5－1。

表5－1　　相互制保险公司与股份制保险公司的区别

		相互制保险公司	股份制保险公司
组织形式	管理者	管理层	管理层
	所有者	保单持有人	股东
	消费者	保单持有人	客户
内部治理结构		会员大会 董事会 管理层团队	内部治理结构分为股东大会、董事会、管理层团队
外部治理结构		政府行业监管	政府行业监管、资本市场监管、职业经理人市场监管
激励机制		无长期激励手段	可采取管理层持股、股票业绩奖励、股票期权等与公司业绩成长相关的长期激励方式

续表

	相互制保险公司	股份制保险公司
资金来源	公司创始资金为借款而非股本，需要还本付息。但只能在公司摊销理赔损失后，或公司摊销各种费用并提取足够保险准备金后方可进行	向股东发行股票募集资金，并开始经营
融资方式	来自经营利润的自我融资、债权融资、投资回报转为资本金等	股本融资、债权融资、利润回报再投入等
盈余分配	分配方式为：归还借款、提取风险准备金和公积金、返还保单持有人	分配方式为：提取公积金和风险准备金，为股东分红

（三）相互保险公司的主要形式

在实践中，根据相互保险公司会员缴费方式的不同，分为分摊收取的相互保险公司、预交足量保险费的相互保险公司、永久性保险制的相互保险公司、工厂制相互保险公司四种常见的公司形式（见图5－1）。

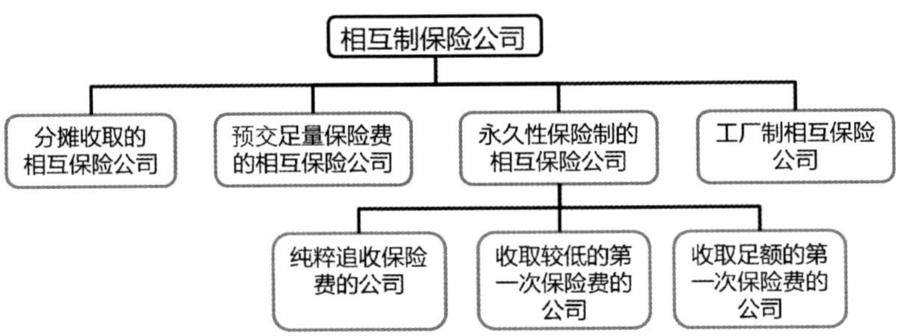

图5－1　相互制保险公司的类型

1. 分摊收取的相互保险公司。其特点是保单持有人参加保险时付少量保费，以支付日常费用和小额赔款。如果不足，其成员有无限摊付保费的责任。由于这些公司通常业务范围小，组织结构简单，目前这种形式的相互保险公司罕见，只在有限的地区开展承保业务，品种较为有限，如火灾保险和飓风保险等。

2. 预交足量保险费的相互保险公司。即在保险期的开始，向投保人收取的保险费足以支付预计的经营费用和赔偿费用，且实际经营往往会有盈余，盈余部分可用来加强公司财力。这种实力雄厚、组织规模较大的公司在世界保险业中占有一席之地，是相互保险公司的常见形式。

3. 永久性保险制的相互保险公司。即提供无限期保险，投保人签订保险合同的同时须一次性缴付大额保险费，数额必须达到使保费存款的投资收益足以赔付损失和支付各种费用。在保单生效若干年后，被保险人可以分享公司红利。保险公司和被保险人都有权使保单作废退出保险。如果保单被取消，保险公司将在扣除相关手续费后，退还该被保险人最初一次性支付的保险费。这种保险公司又可细分为三类：一是纯粹追收保险费的公司，即在保险期开始时不预收保险费，在损失发生后再向每个投保人追收保险费。二是收取较低的第一次保险费的公司。在大多数年份，这些较低的保险费应该足以赔付损失和支付费用。在保险费收入不能维持公司正常运转的时候，公司可以决定追加附加保险费。一般这种公司也是地区性火险小公司。三是收取足额的第一次保险费的公司。除了异常情况外，这种公司收取的第一次保险费足已赔付损失和支付费用，并能向投保人支付红利。与上述两种相互保险公司比较，这种公司能经营更多险种。

4. 工厂制相互保险公司。这是一种专业承保财产保险的保险公司，通过专业的防灾防损服务，向被保险人提供定期的安全检查和安全工程咨询以降低风险损失，依托有效的防损工作降低赔付率，使被保险人获得保费相对低廉的保障。

（四）相互保险公司的主要优势

相对于股份制保险公司，相互保险公司的优势主要表现在以下五个方面：

一是相互保险公司具有组织与被保险人的合一性，可有效化解股东与保单持有人的利益冲突。采取股份制保险组织形式，股东提供资本并享有剩余索取权。但由于股份制保险公司的经营风险在股东和保单持有人之间分担，二者存在零和博弈关系，所以容易出现保单持有人的逆向选择和道德风险问题。而在相互制保险公司，保单持有人既是公司所有人，又是公司的保险客户、保险消费者，消除了股份制公司中所有人与保单持有人之间的利益冲突。公司始终保持股东与保单持有人的利益最大化。

二是由于组织利益与保单持有人利益的一致性，导致相互保险公司能够更为有效地避免投保人的逆选择行为。理论上看，保单持有人对保险组织形式也会存在逆向选择行为。有研究认为，由于相互制保险公司所有经营风险全部由保单持有人承担，当保单持有人的综合风险较低时会选择相互制保险公司，因为其处分风险成本更低，而当保单持有人面临的综合风险较高时，就会理性地选择股份制组织形式以转移部分风险给公司股东。

三是相互保险公司能够大幅削减代理成本。与股份制保险公司大力拓展外部客户不同，相互保险公司往往将经营重点放在诸如职业群体等特殊的客户类型上，并通过与相关的专业协会合作进行营销，特别是在财产险、健康险等领域，成本节约甚至高达60%以上。

四是相互保险可最大限度地体现保险的保障功能，维护投保人的利益。在股份制下，大股东和经理人在追求个人利益最大化、股东利益最大化的过程中，对于保单持有人的理赔申请，可能采取拖延赔付、减少赔付、拒赔等违背诺言、背离保单持有人合理期待的行为。在相互制公司中，保单持有人作为公司所有权人，不存在取得控制权地位的所有权人对于其他所有权人的利益侵占，经理人不会在理赔过程中损害保单持有人利益。

五是相互保险公司可有效增强保险机构抗风险能力。相互保险公司往往基于某一人群面临的共同保险需求而设立，没有盈利目标要求，也没有股东盈利压力，其业务结构适于发展有利于被保险人长期利益的险种。同时，较长的负债期限也有利于保险资金跨越经济周期，降低资金运用风险，大幅提升保险机构的稳健经营能力。

（五）相互保险公司存在的不足缺陷

与相互保险特点鲜明的优势相对应，相互保险的缺点也很明显，这些缺陷也对相互保险公司持续发展形成一定障碍。

一是缺乏市场化的资本补充机制，容易产生资本补充不足风险。相互保险公司成员缴纳的保费既是保费又是资本，公司增加资本的过程实际上就是扩大经营的过程，只有保险公司增加新成员，或是老成员交纳保险费，相互保险公司的资本才能随之增加。如果相互保险公司的资金周转出现问题，即使远未达到资不抵债也可能破产。

二是经营相互保险公司的剩余收益分配问题。相互保险公司如何确定公司的剩余利益，以及不同保单持有人以何种比例分配该剩余利益，这些问题如解决不好，或将在成员之间产生新的利益分配不公甚至对立的问题。相对而言，财产保险面临的风险更为明显。即使同类风险，风险的等级也千差万别，所以，很多经营财产保险的相互保险公司采取了不分配剩余收益的方式，规避这一问题。

三是来自股份保险公司的竞争日益激烈。由于金融监管环境更加宽松，股份制商业保险公司持续创新推出各种投资型保险、分红型保险、年金型保险等，以更加丰富的产品满足投保人财富管理、养老金融等多样化保险保障需求。相对于商业保险公司的创新，相互制保险公司的优势逐渐削弱，以至于不少相互制保险公司转型为股份制保险公司。

四是竞争优势将随业务规模的扩大而被削弱。随着公司规模的增加，投保人数众多，投保人将难以参与到具体的事物决策当中，管理层的权力和作用越来越大，“经营者支配”的色彩越来越浓，投保人与保险人之间的利益开始出现分歧，将会由此引发保费高、理赔难等问题。而且，当规模扩大后，按实际情况支付保费的难度越来越大，精算团队、产品团队、投资团队的重要性逐步凸显，经营开支随之攀升。所以，当相互保险规模达到一定程度后，无论是在经营模式还是服务收费等方面，都会与商业保险公司趋同，其特有的竞争优势将随之消失。

五、互联网时代相互保险的创新与发展

近年来，随着大数据、云计算和移动互联网的广泛应用，移动互联的信息化时代已经到来，移动互联已经影响到人们生活的方方面面，其凭借开放、自由、平等、共享等鲜明特征，为相互保险的发展增添了新动力。

（一）自由、开放、平等、共享的互联网精神与相互保险的特征高度契合

比如，互联网社交网络中有许多朋友圈子或者朋友群，这些具有相同偏好的社群与相互保险组织一样具有很强的自组织特征。又如，互联网的分享精神创造出 Uber、Airbnb 等分享经济新业态，而当人们通过互联网分散风险时，就自然而然形成了相互保险。

（二）互联网的无界传播特征，有效克服了相互保险组织内部信息沟通的屏障，优化组织治理

当前，传统相互保险发展面临着信息沟通速度慢的挑战，导致运营成本提升以及管理层内部控制等诸多问题。但“互联网＋”时代的来临，特别是近年移动互联网和智能设备的普及，可以及时向会员、监管机构和社会披露信息，接受会员及各方监督，服务会员高效便捷地参与相互保险组织的相关事务，群策群力，推动治理体系的不断改进和优化。

（三）互联网的零边际成本特征，可大幅提升相互保险的服务能力

借助互联网，人们通过 APP、微信、淘宝等可以随时随地便捷地查看相互保险组织的保险产品、进行投保以及获取理赔等服务，经营效率大大提高，成本费用显著降低，边际成本甚至趋于零。借助互联网，相互保险组织可以低成本、无边界地快速营销其保险产品（特别是口碑传播），可以为会员提供健康信息推送和咨询等增值服务，构建更为紧密的社群化关系。

当前，相互保险制度的引进和移动互联网技术的变革，带来了较好的发展机遇。互联网互通共享，相互保险互助共济，“互联网＋相互保险”可以实现技术

和制度的互补。以互联网为平台，构建共保体系，让更多的人以更低的成本享受更好的保险保障，有利于发挥保险社会稳定器的作用，实现普惠金融。

第二节 国际相互保险发展路径与启示

相互保险是人类历史上较为古老的一类保险组织，回顾从 16 世纪以来相互保险 500 余年的发展史，对于我国相互保险的发展路径选择具有重要的启示。

一、相互保险的发展历程

早在几千年前，古埃及骆驼商队的互助共济行为和古罗马名为“格雷基亚”互助共济组织已经出现了相互保险的思想萌芽。中世纪以后，近代的相互保险组织在欧洲最早出现，并伴随着资本主义的兴盛，逐渐发展壮大。

（一）相互保险的产生和萌芽

相互保险最早起源于欧洲中世纪的“基尔特（Guild）”组织，是基于互助扶持的精神、由相同职业的人群所组成的互助组织，最初有商人“基尔特”和工人“基尔特”两种。“基尔特”组织的主要特点是：需由全体会员共同出资对个别会员的死亡、疾病、盗窃、火灾等风险进行一定限额的赔偿，以保障该会员家庭的基本生活。“基尔特”组织可以看成是相互保险的前身。随着组织成员的增多，“基尔特”的相互救济功能逐渐独立成为具有保障功能的“保护基尔特”，进而形成各种接近保险的组织。有些互助行会后来逐渐转化为专以相互保险为目的的“友爱社”，对保险责任和交费都有了比较明确的规定。

16—17 世纪火灾保险组织的出现推动了相互保险的发展走向正轨。如 1591 年，德国汉堡市的酿酒业者为了避免火灾的危险，成立了火灾相互保险社，推动私营火灾保险组织迅速发展。1696 年英国首家经营火灾保险的相互保险社成立。美国相互保险由英国传入，1752 年，本杰明 · 富兰克林创建了美国第一家相互保险组织——费城房屋火灾保险合作社。1756 年成立的英国公平保险公司及 1778 年成立的德国汉堡养老协会被认为是现代相互保险公司形态的起源。

（二）相互保险的成长和发展

19 世纪工业革命爆发以后，随着工业革命的深入和城市化进程的推进，相互保险进入快速发展时期。1820 年左右，德国科达生命相互保险公司诞生，美国在 1843 年也出现了第一家人寿相互保险公司。在 19 世纪 70—90 年代，有 10 家相互制人寿保险公司相继在澳大利亚成立。

相互保险业的大发展主要得益于法律制度的完善和监管环境的支持。一方面，法律体系的完善使相互保险组织得到社会普遍认可。德国、日本在 1901 年分别制定了《保险企业监督法》与《保险业法》，正式确认相互保险公司的组织形式；另一方面，自由竞争逐利的股份制保险公司受高额佣金、销售误导等影响，导致消费者强烈的排斥，相互保险逐渐得到了社会公众更多的认同和欢迎。正是基于这些原因，全世界由此掀起一股由股份制向相互化转变的浪潮。在美国，1930 年以前至少有 15 家股份制寿险公司转变为互助公司，其中包括当时最大的三家：大都会人寿、保平人寿、保德信人寿。在欧洲，英格兰人寿保险公司在 1925 年转型为相互保险公司，并更名为标准人寿相互保险公司；保诚人寿的前身也在当时转制成为相互制公司。在日本，1946 年开始实施的《金融机构再建整备法》对 14 家寿险公司进行了清算，并将其中 13 家进行了相互化重建，使得相互保险公司成为日本寿险业应用最广泛的形式。

从第二次世界大战后到 20 世纪后期，相互保险迎来了发展巅峰。据 SIGMA 杂志统计，1999 年世界十大保险公司中有六家是相互保险公司；排名前 50 位的保险公司中，有 21 家是相互保险公司；在美国、日本、德国、英国和法国五大保险市场，相互保险公司市场份额占到 42%，几乎占据半壁江山；日本相互保险公司的市场份额甚至高达 3/4 以上①。

（三）20 世纪八九十年代相互保险的休养生息阶段

20 世纪 80 年代以来，由于经济的全球化，金融业的全球化竞争尤其激烈，导致保险公司扩大规模的动机更加强烈，资本市场迅速提供筹集资金帮助企业扩大规模的优势，只有股份制保险公司才能使用。而相互保险公司由于无法发行股票，其利用资本市场的能力有限，于是在 20 世纪 90 年代后期，各国出现了非相互化浪潮，许多大型相互保险公司转制为股份制保险公司，以增加融资渠道和分散投资的机会。

相互制保险公司转制使得相互保险的市场影响力急剧下降，但依然有众多小型的地区性的、专业性的相互保险公司，由于信息成本较低，投保人对管理层的约束能力较强，保险人同质性较强，在外部融资需求等方面与大公司有较大差

---

① Swiss Re：“相互保险公司：面临彻底解除的挑战?”，《Sigma》1999 年第 4 期，第 3 页。

异，因此相互所有制的优势在这些保险公司中依然有比较突出的表现。

（四）21 世纪以来相互保险走向新繁荣

进入 21 世纪以来，特别是 2008 年全球性金融危机以来，受全球金融危机和新科技革命的双重影响，相互保险又开始走向复苏和新的繁荣。

一方面，受金融危机拖累，股份制保险公司发展受到投资收益率降低与资本补充有限的双重约束，发展相对较慢，而相互制保险以其稳健的经营得到持续发展；另一方面，广泛应用互联网技术使相互保险在内部治理、业务拓展等方面的固有短板得到极大缓解，相互保险焕发出新活力。

2013 年全球相互保险总保费收入 12 860 亿美元，同比增长 1.4%，高于全球保险市场平均增长率。其中，非寿险保费收入 6 490 亿美元，寿险保费收入 6 370 亿美元①。

从 2013 年保费结构看，全球相互保险的非寿险保费收入中，车险占 33.4%，健康险占 26.0%，财产以及火灾保险占 23.8%，此外 8.1% 是意外险与责任险的保费。车险保费在拉丁美洲和非洲相互保险的非寿险保费收入中占比过半，分别是 60% 和 52%，在北美占比为 38%，在欧洲相对较低，为 26.9%②。在欧洲，健康险保费在相互保险的非寿险保费占比最高，达到 41%，相互保险机构为欧洲 2.3 亿居民提供了健康保险以及老年护理服务。以法国为例，相互保险机构为 3 800 万名法国居民提供健康险保障，覆盖超过法国一半以上的人口。在提供保险保障之余，法国的相互保险机构还拥有自己的健康产业，比如医院、药房、实验室、牙医以及为老人专门设计的住房。在澳大利亚，相互保险的非寿险保费收入超过 80% 来自健康险。

相互保险的寿险保费和养老金收入中，传统的寿险产品占比 46.4%，仍占据主力地位，养老金与年金收入占比达到 32.4%，保持快速增长；投资及储蓄类产品保费收入占比为 11%；意外伤害险和失能险保费占比 10%③。

从全球相互保险的总资产来看，2013 年达到创纪录的 7.83 万亿美元，其中欧洲总资产 3.21 万亿美元，较 2012 年增长 7.8%；北美总资产 2.62 万亿美元，较 2012 年增长 7.9%；亚洲和大洋洲为 1.97 万亿美元，在 2012 年的基础上出现了负增长，减少了 9.7%④。

---

① ICMIF（2015）．"Protecting lives and livelihoods——The ICMIF Global Manifesto 2015"．第 2 页。

② 丁萌："全球相互保险的发展现状与趋势"，《中国保险报》2015 年 11 月 9 日。

③ ICMIF："2014 年全球相互与合作保险市场概况"，http：//www.icmif.org/，2015。

④ ICMIF："2014 年全球相互与合作保险市场概况"，http：//www.icmif.org/，2015。

从相互保险区域发展格局看，全球相互保险86%的市场份额来自全球最大的十个保险市场，美国和日本在全球相互保险市场占比达到54%。在这十大保险市场中，有5个国家的相互保险占据本国保险市场份额超过了1/3，在前六大市场中则有4个超过了这一比例，分别是美国（36.3%）、日本（45.3%）、法国（46.3%）和德国（43.3%）①。

二、美国相互保险发展路径

美国相互保险历史悠久，至今仍在保险市场占据重要地位。从美国相互保险的发展历程看，相互保险的出现与工业化、城镇化变革密切相关，法律体系和监管环境为相互保险的崛起提供了更加适宜的外部环境。到20世纪80年代以后，金融自由化与保险金融化的浪潮使相互保险发展整体进入低谷期，但一些历史悠久的相互保险机构仍在专业领域和细分市场中占据优势地位。

（一）工业化的社会变革推动相互保险发展

美国的相互保险公司起源较早，在殖民地时期，美国已经出现了由宗教协会发起的相互保险公司。1752年，本杰明·富兰克林创办了第一家相互产险公司——火灾保险公司。1759年第一家相互寿险公司 Presbyterian Ministers Fund 成立于费城，其发起的初衷是为贫困的成员及其遗孀、子女提供救济金。

社会的快速工业化和城镇化，削弱了家庭保障功能，在社会保障制度尚未发展定型的制度环境中，相互保险成为城镇化过程中工业化移民的主要保障方式。由于大量农民工涌入城市，传统社会乡邻之间、家庭成员之间的互助行为难以为继。这些城市的新移民在行业工会的推动下，以职业为纽带重新组成抵御风险的同盟，产业工人、铁路工人及教师等职业群体纷纷成立行业性的基金会，来帮助成员分担疾病、伤残、衰老及意外事故等带来的损失。相互保险顺应了当时工业化、城市化的风险保障需求，从而迅速蔓延，逐渐成为各国主要职业群体不可或缺的安全保障手段。在美国保险业发展的早期，相互保险公司的出现对推动保险业务的发展具有很大的作用。在1840—1850年开设的许多人寿保险公司几乎都是相互保险公司，其中著名的有纽约相互人寿保险公司（1842年）、新英格兰相互人寿保险公司（1842年）、新泽西相互福利人寿保险公司（1845年）等。

（二）法律监督体系的规范推动相互保险发展

20世纪前后，政府对股份制保险公司的监管强化和法律约束促进了相互保险

① 丁萌：“全球相互保险的发展现状与趋势”，《中国保险报》2015年11月9日。

公司快速发展。当时有不少寿险公司在推销人寿保单时误导宣传，忽视保单持有人的权益；许诺投保人高额的佣金回扣；纪律松懈，关联交易和利益输送盛行；甚至影响立法机关相关立法，几个大型寿险公司相继爆出丑闻，激起了美国社会的强烈不满。20 世纪初，纽约州"阿姆斯特朗调查"揭露了保险行业存在的种种弊端。基于阿姆斯特朗委员会的结论[①]，1922 年，纽约州通过了禁止非互助化、拓展相互制公司的政策；1923 年美国国家保险监督官协会采取了纽约州的做法，公布了禁止非互助化的示范法律。此后，许多大型股份制寿险公司进行了相互制化改制，成为相互制保险公司，通过保单持有人作为法定所有权人的组织形式，减少控制权的滥用，并以最小的成本开展保险业务。比如，1859 年成立的美国公平人寿保险公司于 1925 年变为相互保险公司；1873 年成立的美国谨慎保险公司于 1943 年变为相互保险公司；1868 年成立的大都会人寿保险公司于 1915 年变为相互保险公司。这些大型股份保险公司的转化，使得相互保险公司市场份额的占有率大大提高。到了 20 世纪末，相互保险公司经营着全美约 30% 的非寿险业务以及 50% 左右的寿险业务。

（三）金融监管政策的放松释放了保险供给，削弱了相互保险的竞争优势

20 世纪 90 年代以来，美国金融业的管制放松，促进银行业与保险业迅速相互渗透和高度融合，这给长期在分业经营法案保护下的美国保险业，特别是占美国保险企业总数约 26% 的相互保险公司带来巨大挑战。相互保险公司的组织形式限制了从资本市场获得资本补充，金融自由化法案使得小规模的相互保险公司步履维艰。为了摆脱困境，大多数相互保险公司选择了"非相互化"的道路。自 1995 年至 2000 年 4 月，美国共有 15 家相互保险公司实现了"完全非相互化"，但相互保险公司在保险市场上依然占有较大的份额。截至 2012 年，美国仍有 1 800 多家相互保险机构，总资产超过 2. 3 万亿美元。2012 年保费收入 4 380 亿美元，占整个美国保险市场的 34. 5%，是全球最大的相互保险市场[②]。州立农业保险公司（StateFarm）、利宝相互保险集团（LibertyMutualInsurance）、西北相互人寿保险公司（NorthwesternMutualLife）还跻身全球 500 强企业行列。

（四）相互保险公司仍在专业保险领域占据重要地位

受到金融混业经营影响，经营人寿保险的相互保险公司受到较大影响，但在

① 提出了包括鼓励相互制公司发展、限制代理人佣金、使用标准化保单在内的多项建议。该项调查推动了美国保险公司相互制化改革。

② 厦门市保监局：《关于相互保险的情况介绍》，厦门保险行业协会，2016 年 2 月 20 日，http：//www. iaxm. org/newsview. aspx？CID1 = 0&CID2 = 42&id = 2943。

财产险、责任险等领域，相互保险公司依旧发挥着重要作用。

在财产险领域，相互保险公司多聚焦于火灾保险、巨灾保险以及风险管理等专业领域。以美国 FMGlobal 保险公司为例，该公司在全美 17 个地区拥有上千名各方面的专业安全工程师，每年对 8 万个地点的投保用户进行多达 17 万次的安全检查。检查内容有建筑物的防火等级、屋顶的雪负荷、防火门、自动喷水灭火系统、供水系统、火灾报警系统、防盗报警系统、变压器、发电机、锅炉、危险品、仓库等①。检查后向投保单位提出改进意见，限期解决，问题严重又不改进的，则停止承保。此外，该保险集团还制定了一套安全技术标准，不断研究和开发防损技术，并设立安全训练中心，提高投保户雇员的安全素质。由于这些防损服务的费用很高，所以只有大工厂才具有投保资格，保险合同提供的保险责任范围也相当广泛。相互保险公司收取较高的保险费，在保险期结束时，期初保险费的相当部分作为红利退还给投保人。由于防损工作有效、赔付率低，被保险人获得保费相对低廉的保障。

在责任险领域，相互保险在美国医疗责任保险领域具有主导地位。20 世纪 70 年代以来，美国医疗过失索赔案件的数量和索赔的金额快速增加，亏损导致商业保险公司退出医疗责任保险市场，医疗责任险保费剧增，医疗责任保险“购买难”“购买贵”的问题突出，造成严重的社会问题。针对这一问题，美国医师协会主导成立的互助自保的医疗责任保险公司应运而生。现在，比较著名的有加州的医生公司（The Doctors Company，TDC）、纽约州的医疗责任相互保险公司（Medical Liability Mutual Insurance Company，MLMIC）、FPIC 集团公司、MICA 公司等②。

三、日本相互保险的发展路径

日本相互保险历史悠久，形式多样，自成体系，在国民生活中发挥了不可替代的作用。截至 2014 年，日本相互保险保费收入达到 1 850 亿美元，占整个日本保险市场的 40.8%，会员达到 1 亿人③。日本资产规模前三大的寿险公司——日本生命、明治安田生命和住友生命都是相互制公司。在财险方面，日本的农业保险和渔业保险都采取了互助合作模式，形成了一套全覆盖、可持续、组织体系完

① 齐艳铭：“FM Global 的风险管理理念对保险经营的启示”，《中国保险》2010 年第 9 期。

② 李国炜：“相互保险：我国医疗责任保险的发展取向——美国医疗责任相互保险公司的启示”，《法律与医学杂志》2006 年第 1 期，第 31 页。

③ 厦门市保监局：《关于相互保险的情况介绍》，厦门保险行业协会，2016 年 2 月 20 日，http：//www. iaxm. org/newsview. aspx？ CID1 = 0&CID2 = 42&id = 2943。

善的农业灾害补偿制度。日本的相互保险发展路径和特点如下。

（一）日本相互保险发展的简要历程

日本相互保险的发展大致经历了发展萌芽期、成长期、转制期三个阶段。

日本的相互保险最早出现于20世纪初，相互保险法律制度出现。1901年，日本学习德国，分别制定了《保险企业监督法》与《保险业法》，正式确认了相互保险公司的组织形式，相互保险在日本正式起步。

第二次世界大战结束后，日本按照相互保险法恢复寿险业务，推动相互保险的快速成长。1947—1948年，日本参照美国纽约州保险法，将14家生命保险公司按照相互公司的组织形式恢复了它们的保险业务，此举推动相互保险在人寿保险领域长期占据主导地位。

20世纪90年代以来，日本相互保险公司纷纷向股份制保险公司转型。20世纪90年代，受泡沫经济破灭、经济萧条的影响，日本的许多保险公司纷纷破产，由于资本市场融资的限制以及低效率的公司内部管理决策等原因，日本相互保险公司开始出现倒闭或转制的现象。以寿险为例，日本金融厅（2000年之前称为金融监督厅）的年度报告显示，1995年时，日本共有29家寿险公司，其中相互制公司18家，在随后的10多年间，18家相互保险公司中有7家公司破产、2家合并、5家转型成股份制公司，目前仅剩下5家较大的相互制保险公司①。近些年，为了适应国际金融形势的发展，日本政府在保险业法改正案中，增加了相互型公司也可以向股份有限公司转化的制度，以利于保险公司和以银行为中心的其他行业结成金融集团，也利于与外资开展资本合作，使陷入困境的保险公司摆脱困境。

（二）日本相互保险发展路径的主要原因

相互保险之所以在日本生根发芽、蓬勃发展，成为其保险业的重要市场主体和主要组织形式，既与相互保险自身所具有的比较优势有关，同时也与日本的自然禀赋、人文习俗、经济基础、制度环境等因素密不可分。

其一，自然灾害频发，加之商业保险在农业等高风险特定领域发展难度较大，社会形成了相互保险发展的巨大需求。比如，在“3·11”地震中，渔业互助保险共计支付保险金约352亿日元，支付渔船船东责任保险金12.4亿日元，

① 孙立娟，李莹蕾：“日本相互保险公司的发展演变及其原因分析”，《现代日本经济》2013年第2期。

约占渔船损失的28%；共为养殖渔业支付保险金145亿日元，约占养殖业损失的25%，为恢复和重振受灾地的渔业发挥了巨大作用。

其二，“广覆盖、低水平”的社会福利政策导致中低收入人群在养老和医疗上保障程度不足，给相互保险创造了较大的发展空间。比如，在行业工会的支持下，建立了相互保险组织“全劳济”①，“全劳济”的共济项目有11个，包括团体生命、庆吊、综合医疗、火灾、交通灾害、集体人寿、个人长期人寿、终生人寿、个人退休金、汽车共济、受托事业项目，基本囊括了职工生活的各个方面，为超过1 000万名工人提供多种形式的风险保障，占全国工人的1/5强，保险契约额310兆日元，总资产达5 623亿日元，每年结余积累资金达几十亿日元。在农业保险领域，采用互助合作模式的日本农业共济组织在基层共济的基础上设立了道府层面的共济联合会和国家层面的再保险机构，构建了三层塔形组织结构的风险保障机制，覆盖了全部的农村人口，形成全覆盖、可持续、保农惠农的农村灾害补偿制度。

政府对相互保险的制度建设高度重视，相关法律法规已相对成熟完善，为相互保险的健康发展奠定了坚实的基础。以农业相互保险为例，经过数十年的不断修改完善，日本农业相互保险方面的法制已经十分健全，从保险范围、费率确定和赔款计算方法，到组织结构、政府职责与再保险等都有具体规定。此外，合理、务实高效的组织体系、严格的保险监管以及强有力的政府支持都为日本相互保险快速发展提供了良好条件。

四、国际相互保险发展的路径特征

回顾国际相互保险发展历程，对比研究美国、日本等国家相互保险的发展轨迹，可以发现相互保险发展路径具有一定的特征。

（一）分散风险、互助共济的保险理念是相互保险产生的前提和基础

无风险则无保险，保险是转移分散个人的纯粹风险，并提供风险损失补偿的市场化风险管理机制。相互保险也必然具有分散纯粹风险、补偿损失的基本功能，这是保险与其他互助产品的本质区别。而相互保险最早源于中世纪欧洲的行业“基尔特”组织，基于行业工人相似的风险特征以及工人们互助共济的风险分散理念，使“基尔特”成为现代保险的雏形。正是基于分散风险、互助共济的风险保障理念动机作为客观需求，相互保险才得以产生和发展。

① 贲奔，刘俊，凌亮：“关于加强相互保险监管和发展的思考”，《中国保险报》2014年1月16日。

（二）经济社会的工业化、城镇化的转轨催生出大量的相互保险需求

现代保险业与资本主义的兴起以及工业社会的来临密不可分。近现代国家在工业化、城镇化进程中，原有依靠家庭（或氏族、村落）的自给自足的自然经济方式瓦解，在这一大背景下，农业社会依托家庭保障的方式必然逐渐式微，而个体面临的各类风险越来越大，这就催生出对于保险的原始需求。在商业保险尚不发达、社会保险也未完全定型的市场环境中，为依托原始互助形成的相互保险组织提供了发展契机，促进了以应对职业风险为目标的相互保险组织的产生和发展。美国和欧洲相互保险的启蒙，都与该国的工业革命和现代化进程具有高度的相关性。

（三）社会保障的发展短板构成相互制保险发展的战略机遇期

社会保险、相互保险、商业保险是保险的不同实现形式，相互保险是介于社会保险与商业保险之间的保险组织形式，与二者既有联系又有区别。比如，社会保险与相互保险都以保障为首要目标，都属于非营利性保险等，在一些领域二者具有替代关系。在社会保险体系不发达或难以覆盖的领域，依托相互保险可替代和补充社会保险发挥保障功能，提高特定群体或特定风险的保障水平。日本"全劳济"的兴盛即是用于补充低水平的日本社会保险，提高劳工保障。在美国相互保险发展的黄金期，也存在着商业保险和社会保险的发展短板，相互保险成为填补保险市场发展短板的有效工具。

（四）健全保险法律体系是推动相互保险快速发展的制度前提

完善的法律体系是推动相互保险发展的基本前提。相互保险组织与被保险人的合一性、组织的非营利性以及会员一人一票共同治理等特征，必须通过相应的法律制度进行规范和完善，才能实现有序发展。比如，1901 年，德国、日本分别制定了《保险企业监督法》与《保险业法》，正式确认了相互保险公司的组织形式，其后，两国的相互保险均进入发展的快车道。

（五）保险金融监管政策的完善是推动相互保险加快发展的政策基础

相互保险的发展需要有适宜的保险金融发展环境作为支撑。美国相互保险的发展历程就对此作了很好的诠释。例如，20 世纪初，美国相互发展进入黄金期主要得益于监管政策对商业寿险的严格监管，由于寿险市场的商业保险公司受到监管机构的严格约束，以至于纽约州的一些地方只允许相互保险组织经营，这无疑推动了相互保险机构的迅猛发展。又如，20 世纪 90 年代末，美国《金融服务现代法案》颁布后，大量金融资本涌入保险业，使商业保险承保能力大幅提升，以稳健经营著称的相互保险公司竞争优势逐渐削减，导致一批相互保险公司转变为股份制公司。

（六）科技进步为相互保险的复兴产生了新动能

互联网时代来临后，以其平等性、无界性、零边际成本等特征，既与相互保险的自组织特征相契合，又可通过社交网络有效降低相互保险治理成本，无界拓展会员规模，低成本完成保险交易和理赔服务，因而激发互联网上相互保险机构的发展。例如，利用金融区块链智能合约的分布式和自动化执行特点，使“点对点”的互助保险模式成为可能，并催生“相互保险 2.0 时代”。面向未来，区块链技术将助力营造更加高效、公平、和谐的保险发展生态，构建安全、透明、可靠、信任的“自治型保险社会”。

第三节　中国相互保险的实践发展

伴随着保险大国向保险强国迈进，我国相互保险逐渐起步，即将迎来快速发展。

一、我国相互保险的探索与实践

（一）我国相互保险的早期探索

我国相互保险的萌芽始于 20 世纪初，1939 年，在当时国民政府的主持下，在重庆北碚成立了“北碚家畜保险社”，在乌江成立了“乌江耕牛相互保险社”等农村相互保险组织，这是中国最早进行相互保险组织的现代化尝试①。

中华人民共和国成立后，我国相互保险的探索开始于 20 世纪 80 年代，主要集中在航运保险、农业保险、渔业保险等专业领域。1984 年，经国务院批准、民政部注册登记，中国船东互保协会成立，目前协会能同时向会员提供保赔险（P&I）、船舶险（H&M）、战争险（War Risks）、租船人责任险（Charterers' liability）和抗辩险（FD&D）等。黑龙江农垦总局于 1991 年面向垦区农场发起成

① 辜晓丹：“对引入相互保险公司制度问题的若干思考”，《时代金融》2014 年第 5 期，第 282 页。

立风雹基金，1993 年在垦区全面建立农业风险互助制度，并于 2005 年发起成立阳光（农业）相互保险公司。

（二）我国相互保险的实践与创新

近年来，在中国保监会的积极推动下，相互保险组织试点规模有进一步加快的趋势。特别是 2015 年 2 月，中国保监会发布《相互保险组织监管试行办法》以来，相互保险发展步伐明显加快。

《相互保险组织监管试行办法》出台后，产业资本、互联网企业、上市公司等纷纷开始涉足相互保险领域。产业资本进入相互保险，主要是想发挥相互保险低成本融资平台的功能，构建内部产融结合发展模式，降低企业融资成本，加快企业资本扩张规模。有的则希望通过发展相互保险组织，与主业形成相互协同、共同促进的协同发展模式。据统计，自 2015 年年初到 11 月，中国保监会已收到相互保险组织申报项目共计 21 家。申报设立地点覆盖北京、上海、广东、山东、浙江、湖北、贵州等。发起成员包括上市公司、基金公司、保险公司、保险经纪公司等。在互联网保险方面，一些互联网公司希望通过互联网高速度、低成本、广受众的获客能力，迅速在重疾险、车险等专业保险市场领域占有一席之地，并通过持续的资金运用获得一定的资本回报。于是，互联网互助平台风起云涌，夸克联盟、E 互助、壁虎互助、同伴互助、蚂蚁互保、抗癌公社、互助家、斑马社等互助平台如雨后春笋，快速发展（见表 5 –2）。

表 5 –2　　2015 年 1—11 月产业资本宣布设立的相互保险组织

时间	主要股东	出资额	设立公司类型
2015 年 6 月	创业板公司新国都、汤臣倍健、腾邦国际、博晖创新	1.95 亿元	相互人寿保险公司
8 月	永泰能源与大连先锋投资管理有限公司、深圳市前海新金融投资有限公司	3 000 万元	相互保险组织
9 月	卫宁软件	3 000 万元	互助 + 互联网财产保险相互合作社
10 月	北信源	2 000 万元	相互人寿保险公司

2016 年 6 月，中国保监会正式批复信美人寿相互保险社、众惠财产相互保险社、汇友建工相互保险社 3 家相互保险组织，相互保险组织正式破冰。其中，信美相互人寿的初始会员包括蚂蚁金服、天弘基金、国金鼎兴、成都佳辰、汤臣倍健、腾邦国际、新国都、北京远望、创联教育以及 1 400 多名自然人。公司初始

运营资金为10亿元，开业后将聚焦于特定群体的养老健康需求，专注发展养老和健康等长期保障型产品。众惠相互保险[①]主要以互助合作形式专门针对特定产业链上的中小微企业和个体工商户开展信用保险和贷款保证保险业务，缓解小微企业融资难、融资贵问题。汇友建工相互保险社[②]将充分挖掘建工领域风险管理需求，专注于建筑业保险细分市场。

二、我国相互保险发展的主要模式

2015年2月《相互保险组织监管试行办法》正式颁布后，激发了各类市场主体参与相互保险组织建设的动力，高校、中介组织以及多家上市公司都积极参与，成为相互保险的组织者，出现了互联网众筹众保组织等许多新型组织形式。

（一）基于特定险种的相互保险组织

基于特定险种的相互保险机构主要依托专属技能或专业优势，为客户提供特定险种的产品服务。比如，农业相互保险社、船东保险协会等。中国保监会新批复的汇友建工相互保险社就是属于这类组织。

（二）基于特定人群的相互保险组织

这类相互保险组织的会员在经济实力、面临风险等各个方面具有较大的一致性，而且无论是校友之间、还是同事之间，有情感因素维系，容易形成保险保障共识。例如，天津公能相互健康保险公司（拟）即为南开大学校友会倡导设立，计划初始运营资金1亿元，面向南开校友群体开展专属健康保险服务。由此看，基于特定群体的相互保险机构极有可能在学校、大型国企、行业协会中复制推广。

（三）基于特定地区的相互保险组织

这类相互保险组织主要集中在某一区域内开展保险保障服务，比如农业保险互助社等。例如，2011年9月，中国保监会批准设立宁波伏龙农村保险互助社。

---

① 众惠财产相互保险社的主要发起会员为永泰能源股份有限公司、大连先锋投资管理有限公司、昆吾九鼎投资管理有限公司、金银岛（北京）网络科技股份有限公司、邢台市振德房地产开发有限公司、深圳市前海新金融投资有限公司6家企业和李静、宋伟青2名自然人。其中金银岛为国内较有影响力的大宗商品交易平台和电商金融平台。一般发起会员为天云融创数据科技（北京）有限公司等536家企业和自然人。该组织的初始运营资金为2亿元。

② 汇友建工主要发起会员为长安责任保险股份有限公司，是获批的3家中唯一一家由保险公司为主要发起会员的相互保险公司。

2013 年 6 月，慈溪农村互助社试点进一步深化，扩大到慈溪市龙山镇的其他 8 个村，并在龙山镇设置了镇级的保险相互联社。

（四）由上市公司参与的相互保险公司

上市公司参与设立相互保险公司并非为了营利，而是可以与自身业务产生协同效应。以腾邦国际为例，在其“旅游 + 互联网 + 金融”的战略中，一方面，旅游主业可以为短期意外险业务形成海量保险需求；另一方面，相互保险的业务发展又有可能为其带来大量的新增会员，有利于公司主营业务的发展。

（五）基于互联网的众筹众保组织

这是一种类似于众筹的模式，如抗癌公社、e 互助、水滴互助等。这类组织目前的运行模式是注册成为会员后，无须交纳费用或只需交纳较少的、象征性的会费，在会员得了特定性的疾病并确认后，由其他成员众筹不超过一定额度的资金助其治病。这类互联网众保组织往往是基于公益目的，如果前期已经积累了大量的成员，获客费用会比较低，未来将可能申请相互保险牌照成为相互保险公司。

三、我国相互保险发展面临的主要挑战

在中国保监会的努力下，近年来国内相互保险发展面临的政策环境、监管环境、资本约束等限制条件均有较大改善，但由于国内相互保险实践刚刚起步，相关法律制度、行业监督等方面还存在诸多亟待解决的问题和挑战。

一是立法层面法律制度缺失的挑战。我国《公司法》第二条规定：“本法所称公司是指依照本法在中国境内设立的有限责任公司和股份有限公司。”而相互保险机构既不是有限责任公司，也不是股份有限公司，相互保险公司在现行《公司法》中得不到合法地位。在此背景下，1995 年在我国经济体制转型背景下产生的《保险法》中规定保险企业组织形式只能采取“股份制”和“国有独资”两种形式。2002 年，在第一次《保险法》修改过程中，相互保险公司作为保险组织形式曾被写进修改草案，但因与《公司法》冲突而最终删去。法律制度缺位成为制约相互保险发展的最大障碍。

二是资本补充机制的挑战。相互保险机构具有资金内部封闭性的特点，这使得相互保险机构难以主动在外部金融市场上补充资本金。据此，有学者认为相互保险难以适应当前开放合作的金融市场环境。如何破解相互保险机构发展面临的资金瓶颈，成为影响相互保险未来发展走向的最大隐忧。

三是偿付能力界定与约束的挑战。理论界对相互保险是否需要偿付能力约束至今仍没有形成一致定论。有学者认为，相互保险公司如果适用《保险法》关于资本监管要求，就会削弱相互保险的内生优势，使其面临与股份保险公司的不平等竞争。特别是2016年"偿二代"全面实施后，对保险公司偿付能力提出了更为全面、更加规范的监管要求，这对相互保险比较优势的发挥形成新的挑战。

四是非营利性公司面临的税收制度挑战。有学者认为，相互制保险公司以年末结算盈余返还给公司会员时，实质上是降低了保险费率，盈余并不属于所得税课税范围。在国外，一些国家为了促进相互制保险机构发展，更是实行了非常优惠的税收政策。但由于目前国内的税收制度并未对非营利性公司进行单独界定，而采取与普通公司相似的税收处理，削弱了相互制保险发展的传统优势。

五是长期激励机制的挑战。股份制保险公司通常采取股票期权等长期激励方式对公司高管行为进行规范和约束，但相互保险公司没有股份，无法通过公司股票在资本市场增值来回馈职业经理人，难以建立与公司业务发展关联的长期激励约束机制。同时，平衡理事会成员与高薪聘请的职业经理人之间的薪酬激励关系也是一个很大的挑战。

六是市场相互保险主体市场行为监督的挑战。当前国内相互保险发展迅速，主要表现为参与主体多、产品服务多、区域分布散、市场碎片化程度高，无疑对监管机构的市场监管能力提出新挑战。具体来看，比如，当前基于互联网的相互保险机构大量涌现，这些机构通过互联网方式集聚会员和保费，虽然发展速度快，但也存在资金转移快、服务质量参差不齐的特点，一些机构甚至打着相互保险的幌子从事互联网吸储，容易形成金融风险，因而必须进行审慎性监管。前不久，互联网相互保险公司"夸克联盟"在没有经过保险精算的前提下，以极低的初始金开展相互保险业务，受到中国保监会的内部通报批评。又如，相互保险机构分布较广，有的农村相互保险社分部在县乡，这也加大了保险监管机构市场行为监管的难度。

四、关于我国相互保险发展路径的思考

"十三五"时期，随着我国经济持续健康增长，居民收入稳步提高，保险业服务能力加快提升，"十三五"时期仍将是保险业发展的战略机遇期，我国相互保险发展也将迎来战略性契机，当前讨论我国相互保险发展不是要不要发展的问题，而是如何加快发展问题。通过考察国外相互保险的发展历程，结合我国保险业发展实际，我国相互保险发展应注意以下问题。

（一）强化法律制度顶层设计，为相互保险发展打下坚实的法律基础

制定完善的法律法规体系是有效规范相互保险运作的基础和前提。2015 年 2 月出台的《相互保险组织监管试行办法》填补了国内相互保险组织发展的制度空白，对于引导和促进相互保险发展起到了立竿见影的支持促进效果。但《相互保险组织监管试行办法》终归属于行业法规层面，相互保险业发展还需要完善的法律制度的顶层设计。一是择机修订《保险法》，进一步明确相互保险组织的法律地位。将相互保险公司作为继股份有限公司和有限责任公司以外的第三类组织形式，为相互保险公司发展打好制度基础。二是探索对非营利性公司立法，明确对包括相互保险公司在内的非营利性公司的公司治理、资本筹集、利润分配等，更好地体现相互保险组织的独特优势。三是探索对相互保险公司的所得税相关法律进行修改完善。相互保险公司的经营盈余不是利润，而是保单持有人之间互助共济的补偿资金结余，由此建议通过相关法律或制度条例进行税收豁免，解决在创办和经营相互保险公司的过程中可能遇到的问题，为相互保险公司的规范发展做好制度层面的准备。

（二）强化监管体系建设，为相互保险发展营造更加有利的监管氛围

相互保险的发展离不开强有力的监管。要针对当前相互保险发展中存在的监管短板，加快弥补缺口，在相互保险发展的初期就不断提升相互保险监管有效性，相互保险才能行稳致远。一是完善对社会上全部相互保险机构的监管。比如，一些互联网相互保险公司打着互联网众筹互助团体的旗号，试图规避保险监管，成为保险组织管理中的遗留问题，也容易造成新的市场风险，应当在未来的监管制度完善过程中加以补充。又如，渔业互保协会和部分省农机安全协会，既不是相互保险组织，也不是合作保险组织，更不是其他商业性保险组织，而是在民政部门注册的"社会团体"，需要在未来理顺监管机制。二是明确相互保险组织的发展关系。相互保险组织的演化发展存在一定的内在逻辑，比如，法国的安盟农业相互保险社就是逐步联合成区域组织或全国性组织。如果以相互保险公司作为相互保险的组织形式，就需要进一步明确发展路径的合规性要求。又如，从国际相互保险发展历程看，一些公司（如大都会人寿）经历过从股份制向相互制再回到股份制的制度转换过程，通过改变公司组织形式来谋求更有利的发展环境，对此，监管机构应对股份制与相互制保险公司的制度转换进行界定，避免出现监管套利。三是进一步明确和细化相互保险组织的偿付能力监管方式。当前，对相互保险组织的偿付能力监管采取等同商业保险公司的偿付能力监管原则，这无疑削弱了相互保险组织内在的经营优势。由此看，监管机构应权衡相互保险组织的防范风险与业务发展，为相互保险组织量身定制偿付能力监管标准，更好地促进相互保险组织发展。四是完善对相互保险组织会员的保护。比如，必须对公司章程中决策机构是否有权决定减少保险赔付作出规定，在保险保障领域保障会员按照合同足额享受保险保障的权利，防止相互保险公司任意减少保险金损害成员利益，并且应规定决策机构作出此类决议的决策程序要求。又如，当相互保险机构赚取一定收益时，应明确客户享有一定的盈余分配权。

（三）加大政策支持力度，为相互保险发展营造更加适宜的政策环境

促进相互保险公司发展，不仅有利于投保人，还有利于完善保险市场体系，降低风险保障成本，提高居民风险保障水平。世界上许多国家的政府基于相互保险公司的互助性而给予其一定的优惠政策。比如，20 世纪初，美国个别州曾经只允许相互制寿险公司注册，极大地支持了相互保险发展。近年来，一些国家通过政府购买服务方式，通过惠而不费的保费补贴支持了相互保险业的发展，实现政府、会员和相互保险机构的三方共赢。基于这种认识，在我国相互保险业务发展过程中，可针对政府公共服务亟待加强的保障短板领域，积极发展相互保险组织，同时通过政府购买服务，或者提供一定额度的保费补贴等方式支持相互保险加快发展，提高政府财政支出效率。

（四）创新组织形式，鼓励商业保险机构参与发展相互制保险公司

相比互助性质的相互保险社，相互保险公司具有更大的会员规模、更完善的经营管理能力、更优质的产品服务供给能力、更强的抗风险能力，代表着相互保险组织的发展方向。基于此，监管机构应将引导支持相互保险公司发展作为促进相互保险业发展的重点，推动相互保险业规范发展。比如，鼓励国有保险公司以发起会员身份积极参与相互保险公司的筹备设立及管理运营。保险公司参与相互保险机构，一可通过引入商业保险公司，既可完善相互保险公司治理，又可提升公司经营管理的规范化程度；二可增强相互保险公司的初始运营资金实力，商业保险可通过发行债权计划等方式向相互保险公司提供低成本的初始运营资金，解决相互保险公司发展初期运营资金短缺难题；三可强化业务互动，通过与商业保险公司共享客户资源、IT 系统、服务体系，提高相互保险机构的服务质量和效率；四可增强业务合作，相互保险公司在作业系统、理赔系统、资金运用方面可通过服务外包方式交由商业保险公司运营管理，减轻自身经营管理负担。

（五）增强技术支持，依托“互联网+”技术推动相互保险商业模式变革

依托互联网低成本、高效率、无限制的获客优势，可积极稳妥发展互联网相互保险组织。一是依托互联网扩大相互保险组织业务规模，在较短时间内积累更多会员和运营资金，增强组织抗风险能力。二是依托互联网技术创新保险产品开发，通过移动互联手段将客户小众性、碎片化、长尾化风险需求聚集成为现实的相互保险产品，满足客户的风险保障需要。三是依托互联网技术创新相互保险商业模式。例如，运用区块链技术，在全网实时记录客户风险发生状况及损失情况，从而使互联网化线上的定损理赔成为现实，对提高保险业运营效率产生颠覆式影响。与此同时，要加强对互联网保险机构的监管，坚持以保险保障为核心，避免出现非法集资或偿付能力危机。

（六）聚焦市场蓝海，以健康险等供给短缺险种为切入点推动相互保险加快发展

找准发展的切入点，是实现相互保险突破式发展的关键。近年来，我国保险市场建设已经取得长足进步，但与发达国家保险业相比，我国保险业的服务能力仍有大量的提升空间。借鉴发达国家发展相互保险的经验，未来可以从四个方向探索相互保险组织。一是深入推进地方性农业相互保险组织发展。在发展大宗农产品保险的基础上，可根据各地实际，以特色农产品保险、农产品价格保险等为切入点，推动农业互助保险组织发展。二是深入推进健康险相互保险组织发展。围绕各行业职业群体，以大病保险等险种为突破口开发相互保险产品，以更低成本提升居民的风险保障水平。三是大力发展面向农民工、失地农民等群体的相互保险，围绕新型城镇化建设中三个“一亿人”进城过程中面临的风险保障问题，开发专属保险产品，弥补社会保险和商业保险服务之间的保障缺口。四是深入发展医疗责任保险等职业责任保险组织，扩大对医疗责任保险、校园责任保险等职业责任保险的保障供给能力，和谐医患关系，服务社会治理体系优化。

（七）开展积极的风险管理，拓展医疗产业链及构建客户生态圈建设

风险补偿是保险的基本功能，但风险补偿并不能减少风险发生的概率，作为以风险保障为终极目标的相互保险机构，有动机开展积极的风险管理，通过事前开展风险预防，事中强化风险控制，事后积极减少风险损失，最大限度地避免风险出现，减少风险损失。正是基于这种认识，美国 FM Global 公司即是通过为会员提供完善的安防顾问服务降低会员风险损失机率，减少风险损失成本。英国保柏保险集团则是通过延伸保险服务链，为会员提供从幼儿园到养老院的全生命周期健康保障服务，内化风险管理成本，提高客户风险保障水平。因此，以风险保障为核心的特质成为推动相互保险在保险产业链纵向延伸的内在动因。推进相互保险的服务延伸，一方面要沿着保险服务链向上溯源，强化专业技术能力建设。例如在农业保险、工程保险、火灾保险、专业责任保险等领域开展风险评估和灾害预防，降低风险发生的机率；另一方面要沿着保险服务链向下游延伸，延长保险服务链条。比如，相互健康保险公司向医院、专业护理机构、体检机构、药品服务等健康保障服务领域拓展，内化风险管理成本，为会员提供更加廉价、更为根本的风险保障。

第六章　中国保险企业创新模式研究

何大勇　胡　莹　王夕霏

第一节　中国保险企业创新的背景和必要性

"十三五"期间，中国宏观经济进入中高速增长的新阶段，并发生全面而深刻的结构性变革。中国保险行业也将迎接一系列供给侧和需求侧的新趋势，促使保险企业加快创新步伐、通过创新升级实现跨越式发展。

一、供给侧创新条件日益成熟

第一，以费率市场化为代表的保险行业市场化，鼓励企业的差异化创新。目前，普通寿险、万能保险和分红保险的费率市场化改革正在有序实施，而商业车险费率改革试点范围也在进一步扩大，这将极大地影响保险行业的竞争格局。举例来说，商业车险费率改革有望通过打破各公司原有的相对僵化的定价策略，促进行业开展多层次、差异化的市场竞争。费率市场化对保险公司的精算定价和风险管理能力提出了挑战，也将促使保险公司从过去粗放式经营向精细化、专业化、特色化经营方向转变。各大车险公司需要用价格、服务、管理和品牌去赢得用户，让客户切切实实获得利益，实现保险市场的市场化改革。

第二，各类技术进步成熟，引领保险企业的数字化创新。以云计算、大数据、物联网、移动互联网为代表的新兴技术正迅速地改变着保险行业。而国家层面的高度重视，则加速了数字化技术的变革作用。在“互联网＋”行动计划中，国家明确鼓励互联网与保险融合，加快金融产品和服务创新。中国保监会积极响应国家“互联网＋”行动计划，截至2016年5月，已发放了四张互联网保险牌照，同时制定了《互联网保险业务管理暂行办法》，为行业发展制定了至关重要的基础性监管框架。此外，现代农业、医疗卫生、气象、交通等大数据体系的建立也将为保险企业构建坚实的数据基础，并加速保险企业在产品创新、风险定价、反欺诈等一系列领域的创新。

第三，保险参与主体多样化，带来多元化的创新活力。监管层面，积极鼓励保险公司的资本构成多元化和股权结构多样化。同时，除了传统保险外，还支持互联网保险、相互保险等更多类型的保险企业健康发展。资本层面，随着多层次资本市场的发展，各类资本能够通过私募投资、合资、举牌等灵活的手段参与保险业务。可以预见，未来将有更多来自其他行业的资质优异的企业进入保险领域，为整个行业带来新的思想、技术、经营与业务模式，为保险行业的创新竞争增加新的驱动力。

二、需求侧规模增加日趋多元

第一，保险是中国社会经济发展总体布局的重要一环，需求增加。2014年发布的《国务院关于加快发展现代保险服务业的若干意见》，为保险行业未来5到10年的发展明确了方向，保险将成为我国民生、养老、失业、健康等社会民生服务中极其重要的一环，得到大力发展。同时，受到人口老龄化、个人税收递延型养老保险放开、人们对高质量医疗健康服务需求上升等驱动因素的影响，预计未来5年的保险市场将进一步提高保险深度和保险密度，整体规模实现持续可观的增长。

第二，客户希望获得更多元化、定制化的服务。过去，主流保险客群对保险的理解较浅，需求同质化程度较高；而长尾客群则存在着覆盖成本高、难度大、需求不易挖掘等痛点，保险需求长期受到压抑。面向未来，一方面，社会整体对于保险的理解愈发全面，保险接受程度和渗透率都有望继续上升；另一方面，各类客户的差异化需求被释放，期待更加多元、定制的保险服务。例如忙碌的白领客户注重便捷、透明、智能，年轻一代则注重差异化的品牌形象和线上渠道的体验。同时，随着商业模式和技术的不断革新，保险企业的客户覆盖能力将显著提高，能够以较低的成本去服务长尾客群、发展普惠金融。

第二节　国内外保险企业四大创新模式研究

通过对全球市场创新最佳实践的广泛研究，我们发现国内外保险企业主要从价值链条重塑和业务范围拓展两大维度开展创新。其中，价值链条重塑指的是保险企业凭借新技术、新数据、新产品、新体验等手段来重塑以“产品开发—市场营销—核保定价—保单管理与理赔服务—客户服务与增值服务”五大环节为核心的传统保险价值链条。这包括保险价值链条上局部一到两个环节的优化（例如开展数字营销、大数据定价、在线理赔），以及价值链条全面的重塑（例如推出全新险种退运险继而产生新的全流程；UBI[①] 车险改变了产品开发、营销、定价等多个环节）。而业务范围拓展指的是保险企业开展多元化经营，从保险业务拓展至非保险业务，例如健康医疗、养老地产、汽车服务、综合金融等。

总结上述创新突破的两大维度，国内外保险业形成了四大差异化的创新模式，它们分别是：深耕传统业务、重塑保险链条、突破行业边界、跨界颠覆创新（见图 6－1）。

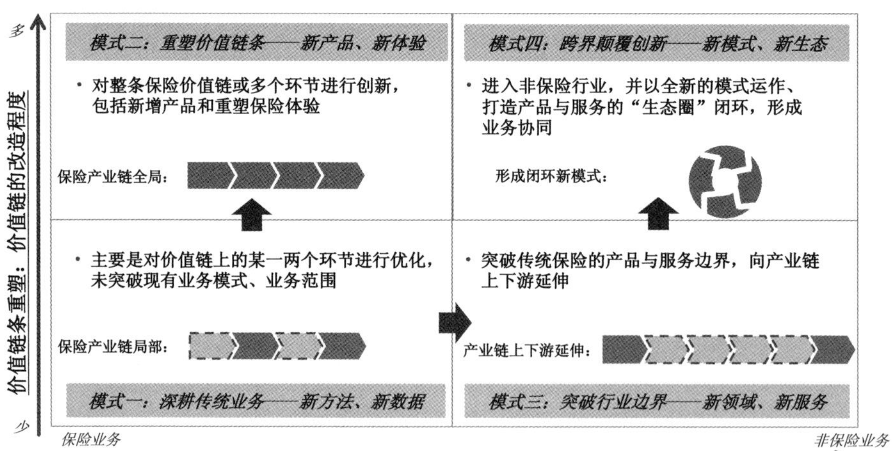

图 6－1　保险企业的四种创新业务模式

---

① UBI 是 Usage Based Insurance 的缩写，译为“基于使用的保险”。

一、深耕传统业务：新方法、新数据

深耕传统业务是保险企业最常用的一种创新模式。这一模式专注于对保险价值链条上的一到两个局部环节进行优化创新。具体来讲，主要体现为运用新的技术或新的数据类型及分析方法，去改善特定环节的业务效率和客户体验。例如，利用互联网提升营销渠道的覆盖能力和效率，加入新的数据因子来优化定价模型，开发自动理赔系统来缩短理赔服务流程，或运用物联网技术丰富增值服务（见图6－2）。

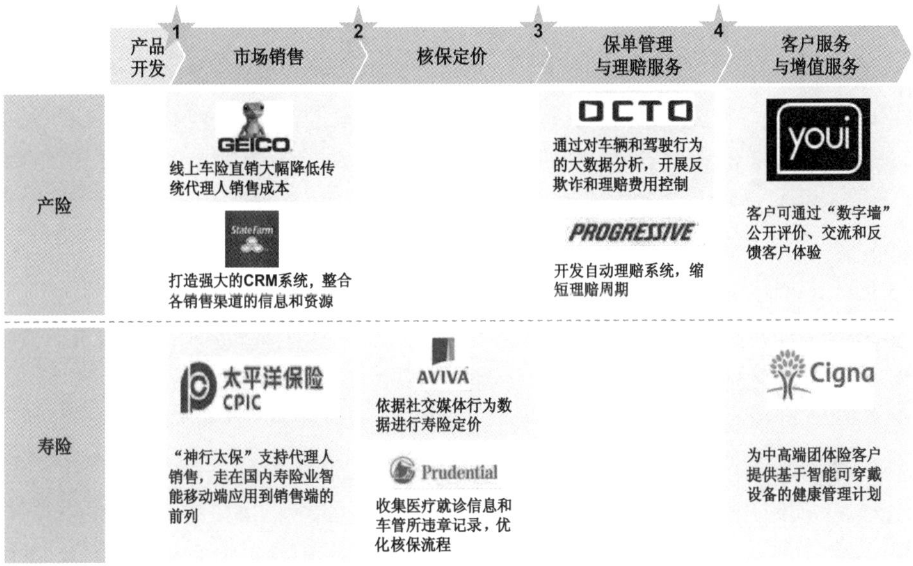

图6－2　深耕传统业务的创新举例

资料来源：公司公开信息，BCG分析。

值得注意的是，产品开发作为保险价值链条上的首要环节，一旦改变往往会直接影响整条价值链上的多个环节，因此以产品开发为切入点的创新往往不属于第一种模式（即深耕传统业务），而属于第二种模式（即重塑价值链条）。例如研发以退运险为代表的新险种，往往要求全面创新价值链条上的每一个环节：销售端嵌入在电商场景，理赔流程和客户服务也需实现全流程线上化。因此，第一种模式主要关注保险价值链条第二到第五个环节的局部创新。

（一）市场销售环节

保险行业的市场销售环节是企业获客和成本控制的关键。任何一家保险公司都始终面临着在降低销售渠道成本和保证各渠道销售效果之间找到平衡的难题。特别是在中国，销售渠道的佣金费率过高是挤压保险企业盈利空间的重要因素。以车险为例，国内代理人和车商的渠道费用率普遍约在20%上下，加上营销与市场推广等其他费用、实际前台费用率可能达到30%甚至更高。这与国外领先直销车险企业约10%—15%渠道费用率的模式有较大差距。未来，伴随着费率市场化改革的进程，在销售环节的竞争会更加激烈，成本有进一步的上行压力。因此，通过在市场销售环节的创新来降低销售成本，例如利用技术手段提高销售效率或是打破特定的渠道垄断，是各大保险公司创新研究的重要方向。

案例研究

- 专注线上直销，颠覆高佣金的代理人销售模式：美国GEICO车险公司

GEICO是美国最大的直销保险公司、第二大车险公司。在美国，GEICO的品牌形象鲜明，定位于“优惠便捷”，与其他传统车险公司形成了清晰的差异化定位，例如好事达车险（Allstate）的品牌形象是“服务至上”，前进车险（Progressive）的品牌形象是“宽容开放”。

GEICO之所以可以提供较为低廉的保费价格，其核心竞争力在于线上直销模式。它主要依靠网络销售和电话销售，几乎不依靠代理人和4S店。GEICO通过直销模式削减了大量的人力销售成本，实现每单佣金成本不超过10美元。和其主要竞争对手单均佣金约100美元相比，GEICO有明显的营销成本优势。再加上其数字化运营、轻人力的业务模式，GEICO成为全世界车险直销的业界标杆。

此外，GEICO高度重视品牌营销，与直销模式相辅相成。在每年投入大量营销费用（2013年营销费用约10亿美元）的同时，GEICO更注重营销的“创新性”设计，加深消费者的印象。例如，GEICO率先使用吉祥物而非代言人，反而令消费者耳目一新。简单的一句话广告“花费15分钟就可以使得您的车险保费降低15%”①，更是成为消费者心中的“知名”宣传语，吸引了大量价格敏感的用户。此外，GEICO设计了一系列颇具创意的“5秒钟”广告，通过时长不超过5秒钟的小故事收获了巨大的口碑效应（见图6-3）。

作为全世界最成功的直销保险公司之一，GEICO近5年的保费收入年化平均增长率高达11%，远超过行业均值3%。2015年GEICO的综合费用率约为15%，赔付率约82%，承保利润已能达到约2%。这些优异的财务数据主要得益于GEICO成功的直销模式。

---

① 英文原文：15 minutes can save your 15% or more on car insurance。

图6－3　GEICO的创意品牌营销

资料来源：公司公开信息，BCG分析。

• 打造CRM（客户关系管理）系统整合各销售渠道的信息和资源：美国State Farm保险公司

State Farm保险公司是美国排名第一的车险公司，市场占有率近20%。State Farm认为金融行业的客户关系是稳定、长久的，有的客户甚至一生只和一家银行或保险公司做交易，因此非常注重对客户关系的维护，建立了强大的CRM系统。具体来说，State Farm的CRM系统的功能主要有：将各种金融保险业务的信息有效地整合在一起，为客户提供一体化的服务方案；提供产品推销、信用管理和顾客利润分析系统，为代理人提供销售支持。

CRM系统上线后取得了很好的效果：

第一，呼叫中心的人力成本降低。升级后的CRM系统与内部其他系统全面集成，因此能够有效地整合各类客户信息。呼叫中心的员工能迅速调用客户的详细资料，尽快帮助客户发现和解决问题，缩短操作时间，从而大量减少呼叫中心员工的数量，降低人力成本。

第二，交叉销售能力明显提高。通过实施CRM系统以整合各方信息后，客户到网点办理业务的时候，业务员可以同时了解客户其他方面的潜在需求。例如在客户购买保险时，可以交叉销售额外的服务，如开设银行账户或者股票交易账户。

第三，缩短新雇员培训时间。由于CRM系统的易用性强，State Farm对网点新雇员的系统训练时间从过去的两周缩短到现在的两天。

● 开发智能移动端应用支持代理人销售：太平洋保险

"神行太保"是2012年太平洋保险集团与联想集团合作共同打造的智能移动保险平台。"神行太保"基于"便捷、诚信、安全"的设计理念，旨在为代理人提供销售时的系统支持，以提高销售效率、提升客户体验。通过"神行太保"，代理人一般只需15分钟就能帮助客户完成从投保到交费的全流程。同时，客户在办理投保业务时可清晰直观地看到每个操作步骤，确认自己的每项权益，从技术上最大程度地避免销售误导。此外，借助系统强大的计算引擎，"神行太保"能够对客户需求进行分析，推荐定制化的产品保障方案。

该平台一经推出就引发强烈反响，通过合作伙伴联想集团覆盖全国的服务网络，满足了太平洋保险集团全国38家分公司的大批量需求。推广几个月即累计支持8万名代理人的销售工作，服务超过32万名的保险客户。

（二）核保定价环节

核保定价是保险企业体现专业性的核心能力。在互联网和大数据时代，保险企业可以运用于核保定价的数据来源迅速扩大，数据量级有了质的飞跃，对半结构化和非结构化数据的深度应用也在不断深化。在中国，伴随着政府出台的"互联网+"战略和"大数据行动计划"，未来在核保定价环节的创新大有可为。例如创新优化现有的保险精算模型，能够提升定价的准确性，并通过减少客户手动填写的数据来为客户带来更便捷的投保体验。

案例研究

● 依据社交网站行为数据给寿险定价：英国英杰华保险集团（Aviva）

英杰华是英国三大保险集团之一。2010年，其美国分公司针对6万名申请者进行了用户调研①。结果显示，创新地使用用户的大数据信息，如网上购物明细、常看电视节目、杂志订阅记录、休闲娱乐活动情况和其他在社交网上留存的信息等，可以达到和传统体检相类似的对健康风险预测的效果。

因此，英杰华公司开始收集与投保人生活方式有关的线上数据，来优化自身的健康风险预测模型。线上数据包括酒精消费、汽油消费、兴趣爱好、收入预测、常用网站与常看电视节目等上百种数据。英杰华将上述线上数据的分析结果与投保人的信用报告一起作为健康监测的关联信息，从而免去血检和尿检的体检

① 资料来源：《华尔街时报》，2010年11月19日。

环节。在保持风险预测精准性的前提下，帮助保险公司或投保人降低体检相关费用和时间成本。

- 利用各类外部数据优化核保流程：美国 Prudential 公司的 MyTerm 寿险

MyTerm 是美国 Prudential 保险公司发布的一款免体检的定期寿险产品，可以做到全流程在线购买。客户在线注册如身高、体重、所在州、性别等基本信息后，代理人会进行约 15 分钟的电话询问，了解客户的病史。接下来，保险公司自动查询客户在各大医院资料库和医疗信息局（MIB）的就医记录，以及在车管所数据库的酒驾及违章驾驶记录，用来测算客户的死亡概率。根据电话所得信息及自动数据分析，系统可以快速判断是否按照客户在网上注册时所得到的报价核保。约 50%—70% 的在线注册客户不需要提交额外的纸版材料就能通过核保。

MyTerm 的免体检寿险虽然每月所需交纳的保费略高于需体检寿险（大约为 3 美元），但受到许多害怕麻烦的年轻顾客的欢迎。因为寿险投保前通常需要进行包括血检、尿检、血压测试、心电图测试等各项体检，以帮助保险公司了解客户的健康情况；传统寿险产品从申请到批准要经历约 45 天的时间，过程漫长。对于追求效率和愿意体验的顾客，他们普遍愿意支付额外成本来免去体检的时间和劳累，享受方便快捷的购买体验。

（三）保单管理与理赔服务环节

保险行业的理赔服务环节是企业盈利的关键：理赔效率直接影响保险企业的竞争力，理赔本身是保险风险管理的核心与重点，理赔服务的好坏往往会直接影响一家保险公司的口碑。客户调查发现①，理赔环节作为客户体验保险公司服务的最重要环节之一，目前尚有明显的痛点，例如流程烦琐不易理解，透明度低无法实时查询，涉及多个工作人员的转接时沟通不畅。同时，在理赔控制中，反欺诈、控制过度赔付也是保险企业长期面临的一大挑战。综上，提升大数据反欺诈和理赔费用控制能力、用技术手段梳理和缩短理赔流程和耗时，都将是中国保险企业创新的重要方向。

案例研究

- 利用大数据开展反欺诈和理赔流程优化：意大利车联网服务提供商 Octo

① 资料来源：2014 年摩根士丹利和波士顿咨询公司（BCG）在 2014 年联合发布的报告：《保险与科技：数字化时代的演化和革命》（Insurance and Technology：Evolution and Revolution in a Digital World）。

意大利车联网服务商Octo是全球最大的车联网服务商之一。意大利市场诈保率极高，据估计可能高达14%，南部某些地方甚至达到近24%[①]，严重影响了意大利车险企业的盈利性。针对这一行业性痛点，Octo开发了一套完善的车联网数据模型，在反欺诈和理赔流程优化方面的效果尤为显著。

在反欺诈方面，Octo免费给车主安装车联网硬件设备，实时收集和分析2 000多个分析因子的数据，例如车辆、驾驶行为、路况、环境等。发生车祸后，Octo可通过这些车联网设备第一时间获知事故信息，并自动生成事故报告，推送给车主和保险公司。这些信息和分析可以帮助保险公司提高对事故真实性和严重程度（尤其是涉及占人伤理赔中比例较高的颈部扭伤索赔）的判断能力，从而协助车险公司明确事故责任、减少恶意索赔、管控赔付成本。同时，Octo还改变了现有保险公司的信息化流程，以自动生成推送的事故报告取代了碰撞事故鉴定、报告材料提交等传统人工手动操作的步骤，优化了理赔流程。

截至2015年底，Octo在全球累计拥有400余万名联网用户，收集了超过3 800亿公里的驾驶数据，分析了26万余起事故，与全球超过90家保险公司、整车厂、租车公司结成了合作伙伴，其中不乏如安联、安盛这样的大型保险公司。

- 开发自动理赔系统，缩短理赔周期：美国前进（Progressive）保险公司

美国前进保险公司通过研究历史数据发现，车险理赔周期越短，客户满意度越高、理赔费用也越少。具体来讲，理赔周期缩短不仅可以降低理赔处理和行政管理的相应费用，同时也能减少客户潜在的过度理赔诉求。因此，公司投资3 000多万美元建设"自动理赔管理系统"，力求缩短客户的理赔周期。

具体举措包含以下两个方面：第一，前进车险在主要业务区域均设有自建的理赔维修中心。车主出险后，只需在现场查勘后将车辆开到相应的理赔维修中心，就可以将后续理赔事宜交给保险公司全权处理。前进车险的自动理赔管理系统根据计算和内部资源库，能够快速安排理赔维修的相关事项，如寻找维修厂、议价、送修、取车等。同时，许多维修厂会使用由前进车险提供的管理软件和信息传输网络，使得保险公司和修理厂之间业务沟通成本大幅度降低，加快了出险车维修速度。第二，前进车险还研发了"机动办公车"模式。车主出险后拨打客服电话，系统将任务转接到最近的机动办公车上。车上的工作人员会立即赶往事故现场，将受损车辆的电子图像通过无线数据网络直接传送到理赔中心，由远

---

① 资料来源：欧洲保险联盟（www. insuranceeurope. eu）于2015年发布的《欧洲车险市场报告》（European Motor Insurance Markets）。

端的集中式评估部门利用积累的车辆信息来远程估算维修费用。大部分情况下，赔款支票可以在事故发生后的一个小时就在办公车内签发，并交到客户手中。

上述新举措落地后，前进公司的平均理赔周期大大缩短，从保险业整体平均的42天左右缩短到6天左右；同时显著提高了客户满意度，客户流失率下降2/3，续保率达到90%以上。

（四）客户服务与增值服务环节

保险企业对非理赔的客户服务与增值服务环节往往重视程度不高，但此环节却直接影响客户体验。随着保险行业竞争激烈程度的上升，客户服务与增值服务日趋成为保险企业差异化竞争的一个重要环节。越来越多的企业意识到提升客户服务与增值服务的能力和品质是反哺销售的重要支撑。通过创新，一方面保险企业可以为客户提供更丰富、更差异化同时也真正有价值的增值服务，另一方面客户也可以利用创新的渠道和技术更便捷地反馈自己的服务体验。

案例研究

• 为团体健康险客户提供基于智能可穿戴设备的健康管理计划：美国信诺（Cigna）保险公司

美国信诺保险公司是美国最大的医疗保险公司之一，它针对中高端团险客户，创新地设计了基于智能可穿戴设备的健康管理计划。具体来说，信诺与自身团险客户公司的人力资源部门展开合作，帮助客户人力资源部门发起自身员工的健康管理计划，员工可自愿选择是否参与。信诺给参与者发放的Fitbit、Body Media等智能可穿戴设备，能够收集如步数、身体质量指数①、心跳、睡眠等日常数据。在员工的允许下，这些数据会被发送给信诺保险，并与医院和体检中心所提供的健康数据相结合，由信诺进行系统性分析，从而为团险客户提供识别潜在的健康问题、提供锻炼建议、早期医生服务推荐等增值服务（见图6-4）。

此案例的亮点在于通过健康管理计划，达到员工、投保公司以及信诺保险“三赢”的结果。投保人由于受到健康管理计划的监督，会刺激自己注意锻炼、规律作息等健康行为。对于投保公司，其第二年的续保费用可能会由于员工健康情况的改进而获得一定的折扣，公司的生产力也会随着员工健康状况的改进而提

---

① “身体质量指数”英文为BMI：Body Mass Index，是目前国际上常用的衡量人体胖瘦程度以及是否健康的一个参考指标。

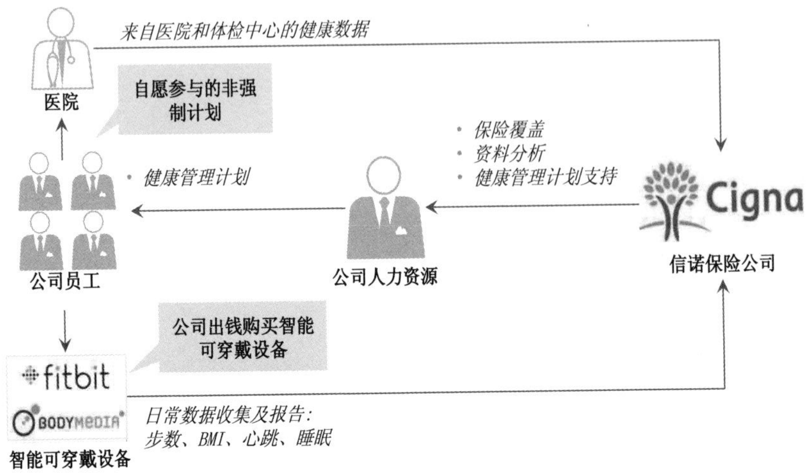

图6-4　美国信诺保险为中高端团险客户提供的健康管理计划

资料来源：公司公开信息，BCG 分析。

高。对于信诺保险，一方面有利于及时发现投保人的健康隐患，提升控费能力；另一方面通过健康管理计划增加与客户的互动，帮助探索交叉销售的机会。

截至 2014 年，该项健康管理计划已有 17 家团险公司合计 7 万名左右员工参与，过去 3 年复合增长率达 200%。并且效果显著，赔付率约下降 11%；参与员工的满意度在两年内提高了 50%，年病假天数由 6 天降到 2 天，下降了 67%。

- 让客户可通过"数字墙"公开评价和交流客户体验：南非 Youi 保险公司

Youi 是一家 2008 年成立于南非的创新性财产险公司，其创新之处在于公司官方网站上有一堵"数字墙"，能够实时显示客户的评价和满意度。此举借鉴了许多互联网企业的领先实践，改变了过去通过呼叫中心和邮件等渠道非公开反馈客户评价的模式。"数字墙"一方面为客户提供了公开、便捷反馈客户体验并参与讨论的渠道，从而提升了客户参与度，增加客户黏性；另一方面，公司也可以更快地接受客户真正痛点的反馈，灵活调整服务方式。

截至 2016 年 6 月的过去 12 个月内，数字墙上有超过 60 000 条评价，Youi 的整体客户满意度达到 92%，远高于其在南非的竞争对手。

二、重塑保险链条：新产品、新体验

重塑保险链条模式在业务范围上仍专注于保险业务，但会全面重塑保险价值链条的各个环节，创新力度较大。主要可分为新产品和新体验两大方面：新产品上，既包括在经济发展和技术进步的推动下所研发的创新险种（如退运险），也包括运用物联网、社交网络、LBS[①] 等新技术去全面改造现有保险产品的形态（如从传统车险到 UBI 车险，从传统的销售模式到基于 LBS 技术，以帮助客户“随时随地”购买保险），满足各类消费者的不同需求；新体验上，主要体现为从传统线下渠道和服务模式向线上转型，线上服务从 PC 端向移动端转型，以及进一步发展到全渠道三大趋势。通过保险体验的线上化、移动化及全渠道化，实现保险业务的全方位体验升级。

（一）产品创新：场景化、个性化、长尾化、覆盖新风险

在产品的创新方面，国内外领先保险企业形成四大趋势：一是场景化，即镶嵌于有潜在保险需求的消费服务场景，运用先进技术去主动分析最适合客户的保险服务，并以最适合该场景的方法完成保险业务的全流程，将保险产品的体验与用户的消费体验紧密融合；二是个性化，即通过创新提升自身发掘和服务客户个性化需求的能力，将客户个性化的特征和风险行为内化为保险产品在核保、定价、理赔等多方面定制化的要素；三是长尾化，新技术的突破大大降低了保险全流程的成本，为保险行业扩大覆盖面、实践普惠金融创造了良好的条件；四是覆盖新风险，针对互联网经济、共享经济，以及过去受制于种种因素尚未覆盖的风险，保险企业积极创新推出新险种，扩大了保险所覆盖的风险。

案例研究

- 在移动端提供场景化的“一次性保险”：日本东京海上（Tokio Marine）

日本东京海上保险与日本领先的移动运营商“NTT DoCoMo”合作，在手机平台上提供一次性保险。此类保险产品的理念为“最合理的时机，最合适的期间，最恰当的补偿”。“最合理的时机”体现在东京海上通过 DoCoMo 的 LBS 服务，分析用户的手机地理定位以及潜在的用户使用场景，向用户主动推送手机短信，推荐用户可能需要的保险产品，例如旅游意外险、开车区域加保、健康险赔付地域加保等。“最合适的期间和最恰当的补偿”则体现在一次性保险的设计非常灵活，可以按天计价，用户可以根据自己登山、旅游等行程，灵活选择保险覆盖期间和保单金额。此外，依托短信推送的移动端入口，该产品的保单申请和支付都可以在手机上进行，费用与每月电话账单一同结算，充分发挥了移动端的便捷优势。

① 基于位置的服务。

这种营销方式对40岁以下的偏年轻消费者颇为有效：购买1日汽车保险的多为30岁以下的年轻人，其他一次性保险购买者多在30—40岁。值得一提的是，由于保险产品充分挖掘了客户的动态需求变化，因此在某些特殊日期会特别受欢迎，如节假日的日均销售量平均约为工作日的两倍。

- 依靠车联网技术开发个性化UBI车险：美国前进车险的Snapshot车联网保险

自20世纪90年代中期以来，前进车险的Snapshot就是美国领先的车联网保险产品。它提供免费的车载诊断设备（OBD）以收集车辆行驶的里程、加速减速、转弯、驾驶时间等数据。通过对这些数据的分析，可以给予客户高达30%的保费折扣，以奖励少开车、行车安全以及在安全时段开车的驾驶员。

前进车险公司已通过Snapshot收集了超过100万英里的驾驶数据。截至2014年底，Snapshot产品总保费突破25亿美元，保单数量突破250万张，如果把Snapshot产品单独作为一家保险公司的业务来排名，也将跻身美国前15大车险公司。

- 在社交网络上发掘需求类似的小众群体，为个性化需求争取团购价格：英国BoughtBy Many保险经纪公司

英国互联网保险经纪公司Bought By Many为类似需求的群体统一协商定制化保险条款。通常，小众群体所需的保险产品由于需求小，个人单独购买的保费通常较高。Bought By Many抓住这一痛点，利用网络找到需求类似的小众群体，统一为这个群体的个性化保险需求与保险公司协商议价，以团购的力量提高了个体议价能力，帮助每个用户节省保费。并且，Bought By Many主要通过Facebook、Twitter等社交媒体来精准触达目标客户，节省了大量的营销与获客费用。

截至2016年6月，平台上共有287个不同种类的保险小组，如宠物保险、针对特殊群体①的旅行意外保险和健康保险等。用户数达到18万，保费的折扣平均为18.6%。

- 利用社交网站将有类似需求的熟人组成相互保险小组的P2P保险：德国Friendsurance保险公司

德国的创业公司Friendsurance是P2P保险的先行者，主要覆盖家财险、个人责任险（在德国是渗透率很高的险种）及法律支出保险。

在Friendsurance的投保不是以个人为单位，而是以朋友组成的团体为单位。在比价网站上，用户可以选择需要的保险产品然后分享到其他社交平台，向有类似需求的朋友发出购买邀请。当有足够数量的朋友接受邀请后，便形成了一个相互保险小团队。其中，每人交纳的保费分成两部分：一部分（如60%）用于购

① 例如年龄超过70岁、糖尿病患者、素食者等。

买传统保险产品；剩余的部分（如40%）则投入到以小团体为单位的保费资金池，由Friendsurance管理。如果在保障期间没有人出险，则返还由Friendsurance管理的40%保费中的一部分；如果在保障期间出险，则先用小团体的资金池赔付，金额超过资金池后则交予传统保险公司赔付。

Friendsurance公司P2P保险模式的主要亮点是利用人们的社交属性来控制欺诈风险，一方面将风险筛选前置到销售环节，另一方面也通过朋友间的社交关系降低了欺诈风险，从而减少了赔付费用（见图6-5）。

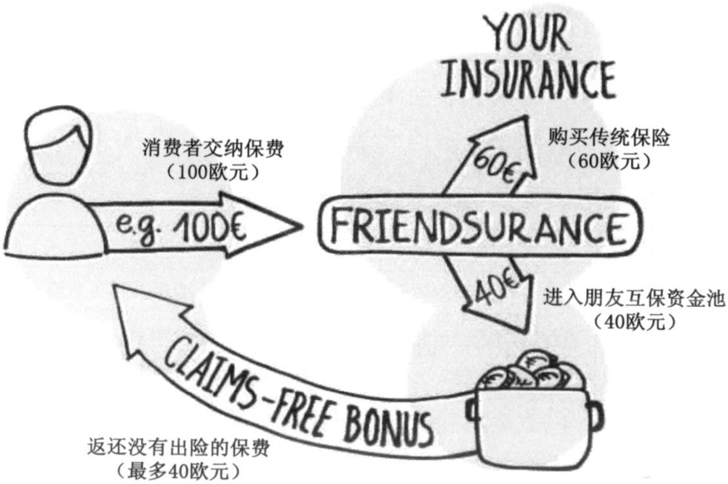

图6-5 Friendsurance的新型互助保险模式

资料来源：公司公开信息，BCG分析。

- 利用手机向新兴市场的长尾客群提供小额保险产品：瑞典Bima

Bima是瑞典的一家小额保险公司，2013年进入非洲和东南亚待开发的保险市场，目前主要在亚非拉市场面向贫困人口开展业务。Bima发现，在这些发展中国家，保险渗透率很低，但手机覆盖率却普遍超过80%。因此，Bima选择与各国当地的电信运营商形成广泛的战略合作，依托电信运营商的基础设施，以低成本的方式合作打造基于手机的小额保险销售平台。

Bima的差异化商业模式主要体现在两点。第一，产品设计上，Bima主打小额保险产品，强调“简单和便宜”的理念：保费可低至每天0.03美元，并强调在72小时内完成理赔；设计“即用即付”的小额意外险和健康险，灵活设定投保期限。第二，销售上，强调移动端和代理人结合的服务模式：通过手机，Bima能够“随时随地”地为客户提供小额保险展示、查询、购买和支付等基础服务，让用户感受到和购买话费充值卡类似的便捷体验，从而降低了销售难度。同时，Bima 培训了超过 3 500 位代理人，为不熟悉保险的长尾客户提供咨询及销售支付。

截至 2016 年 6 月，在短短三年内 Bima 已触达非洲、亚洲和拉丁美洲 15 个国家中的 2 000 万人口，并以每月 50 万名新注册用户的速度增长，正逐步成为世界上客户数量最大的移动保险平台之一。其中 90% 的客户是第一次接触保险类金融产品，93% 的客户每日收入低于 10 美元。

- 我国保险创新保险产品举例

我国保险行业的创新伴随着线上直销、移动互联网、共享经济、场景化营销等新技术和新模式的出现，过去几年涌现了大量产品创新。整体上，国内产品创新的趋势与国际潮流整体一致，也主要体现为个性化、场景化、长尾化和积极覆盖新风险等主题。我们选取了一些有代表性的保险创新产品（见表 6－1）。

表 6－1　国内创新保险产品举例

推出公司	创新类型	简介
阳光保险	个性化	客户一年的运动累计达标天数超过一定标准后，可免费享受高额重疾险保障
泰康人寿	个性化	投保成功后，可将在朋友圈分享“求关爱保单页面”，每多一位好友在此页面上微信支付 1 元钱，该保单的保额便可增加 1 000 元
阳光保险	个性化	可分享购买链接，每多一个好友通过此链接购买，同一链接内所有婴儿的保额都免费涨 2 500 元
众安在线/小米运动	个性化	将用户运动量作为重大疾病保险的定价依据，用户可用每日运动量抵扣保费
太平财险/去哪儿网	个性化	投保金额为 299 元，购买后的第 3—10 年，与所填写的心上人结婚，便可凭结婚证领取 5 999 元现金；同时享有为期 10 年的 1 万元的意外身故及医疗责任赔偿
富德生命人寿	个性化	家长作为投保人，孩子为被保险人，家长每次“存钱”即为保险单交纳保险费，采用微信支付，无时间、金额、地点限制
中国人寿/京东金融	场景化	赔偿京东双“十一”活动期间因为商品价格降低而产生的差价损失
人保财险/饿了吗	场景化	用户在“饿了吗”所提供服务的用餐过程中发生任何食品安全问题，将会有专人负责跟进处理并赔偿
众安保险/同程旅游网	场景化	嵌入同程旅游网“一元游”景点营销活动，只要出行当天指定时间内景区下雨，同程网将补偿其用户 10 元

续表

推出公司	创新类型	简介
平安/快的打车	场景化	快的司机如果在营运过程中遇到交通事故造成出租车受损、司机就诊或住院，司机可获得相应的误工赔偿
平安产险/滴滴出行	场景化	从乘客上车至目的地下车的全过程，在车辆正常行驶过程中，如不幸遇到意外事故，提供每人最高120万元的保险保障
众安保险	覆盖新风险	在规定时间内，被保险人所在城市出现37℃高温日天数超过特定天数，便会进行赔付
史带保险/小白保险	覆盖新风险	定价为9.9元，好心帮人时发生诉讼纠纷，该保险能提供最高5万元人民币的律师费和诉讼费
富德财产/保险袋袋	覆盖新风险	保险袋袋推出的业内首个电梯意外保险免费领的公益活动，保额10万元，期限1年
安联财险/淘宝保险	覆盖新风险	中秋节当日意外伤害事故保额最高为10万元，指定赏月城市的天气状况导致不便赏月，则支付赏月不便津贴
人保财险	覆盖新风险	在一年的保险期限内，若小孩造成了第三者人身伤亡或财产损失、并依法应承担赔偿责任的，保险公司会根据保险合同的规定负责赔偿
众安在险/法大大律服	覆盖新风险	国内首款诉讼保险产品，当事人要打官司或者不幸成为被告，都适用于这款保险
长城人寿	覆盖新风险	购买后，即可在中日友好医院享受种牙服务。手术后半年内，若出现纤维性愈合、术区感染等情况，长城人寿还将额外赔付客户所交保费
富德生命人寿/淘宝	覆盖新风险	针对3—16岁的未成年人，价格是9.99元，每人限购一份，如果被保险人被鞭炮所伤可以申请最高3万元的赔付
德华安顾人寿	长尾化	针对高龄人群的产品，投保年龄为45—75岁，且免体检

（二）体验创新：线上化、移动化、全渠道化

我们观察到在新体验创新方面有三大趋势：一是从线下向线上，即改变传统上以线下代理人及银保渠道为主的情况，利用电话、网络等线上渠道为客户提供更为方便、快捷的体验；二是从PC端到移动端，即从消费者对智能手机及各类移动互联设备网的依赖出发，为客户提供“随时随地”、7×24小时的全新服务体验；三是从单渠道到全渠道，即组建包括代理人、呼叫中心、线上直销、银保等各类渠道的全渠道体系，让客户自行选择所偏好的渠道，为客户提供一致、无缝连接的全渠道体验（见图6-6）。

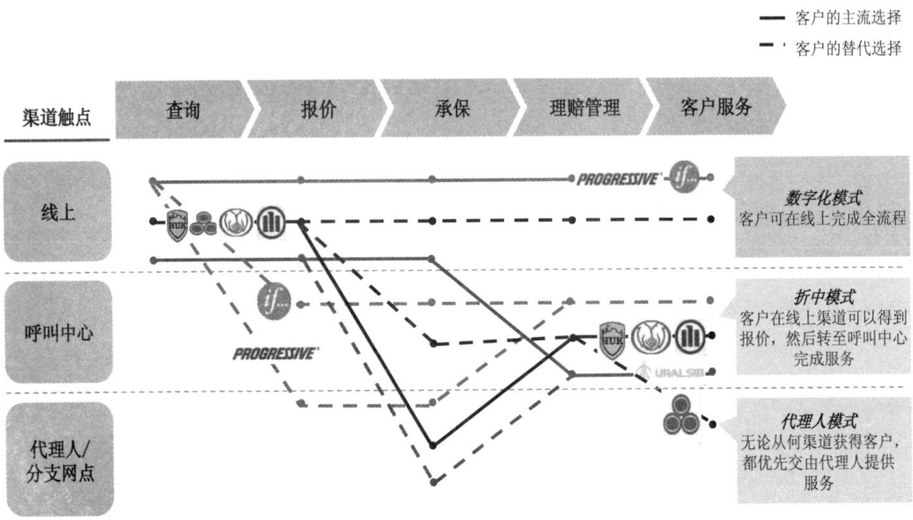

图 6-6 国际大型财险公司的全渠道策略选择

资料来源：公司公开信息，BCG 分析。

案例研究

● 大型保险集团设立独立的保险直销品牌：法国安盛 Direct Assurance

安盛（AXA）保险集团旗下设有两大品牌，代表传统保险形象的 AXA Assurance 和成立于 1992 年的独立直销品牌 Direct Assurance。两个品牌相互独立，定位于不同的目标客户，业务策略也有所差异。

战略定位上，Direct Assurance 针对年轻（通常收入不高）客群，区别于传统 AXA Assurance 的中高端客群定位。产品服务上，Direct Assurance 更专注于提供标准化产品（如汽车保险、家财险等）；而 AXA Assurance 提供寿险、财险、健康险、资产管理、全球保障和银行等全产品服务。品牌策略上，Direct Assurance 定位全新线上直销品牌，培养实惠便捷的形象，其广告标语为“It always pays to be Direct”（直销总是更划算）；而 AXA Assurance 沿用 AXA 全球品牌，注重优质服务体验。渠道设置上，Direct Assurance 重视线上渠道，建立了电话中心，完成从销售流程到售后追踪等一系列服务，追求方便快捷；而 AXA Assurance 则拥有强大的代理人团队来帮助进行复杂产品的咨询服务，同时构建银保、保险经纪、线上平台等全渠道体系，为客户提供综合化的服务体验（见图 6-7）。

● 中国首家互联网保险公司：众安保险

众安保险是中国第一家互联网保险公司，成立于 2013 年，力求业务流程全

AXA集团

		传统：AXA Assurance	线上直销品牌：Direct Assurance
战略	目标客群	• 中高端客群	• 年轻（低收入）客群
	产品范围	• 提供寿险、财产险、健康险、资产管理、全球保障和银行等**全产品服务**	• 提供车险（核心）、家财险等**标准化产品**
品牌	品牌定位	• 沿用**安盛的全球统一品牌**	• 打造全新独立的**线上直销品牌**
	品牌形象	• 注重**优质服务体验**	• **低价、优惠便捷**形象
渠道	主要渠道	• **庞大的代理人队伍和银保**渠道 • 辅以线上平台	• 以独立的**线上直销和在线咨询平台**为主 • 辅以电话中心

图 6－7　安盛保险设立 Direct Assurance 直销子品牌

资料来源：公司公开信息，BCG 分析。

程在线，全国不设分支机构。作为互联网保险领域的拓荒者，众安保险最初从电商场景下的退货运费险、保证金保险等新险种产品起步，如今已完成投资型产品、信用保险产品、健康险、车险、开放平台、航旅及商险等多个事业线的搭建，开发了 200 多款产品。

众安保险的核心优势之一在于全流程的线上化。在设计产品时，会根据不同线上场景的特性而定制投保流程，以求符合客户线上投保的行为偏好。在销售时，与淘宝、美团等互联网平台合作，将保险产品无缝接入线上平台和互联网支付体系。在核保定价时，力求最大程度利用客户在线上平台已有的账户信息和数据，以减少不必要的人工输入环节；在理赔服务上，直接连接合作互联网平台的相关业务信息，以实现理赔相关信息查询和处理的自动化。

截至 2016 年 5 月，众安保险累计服务客户数量超过 4 亿人，保单数量超过 45 亿张。2015 年 6 月，众安保险宣布获得约 58 亿元人民币的 A 轮融资，估值达到约 500 亿元人民币，投资方包括摩根士丹利、中金、鼎晖投资、赛富基金等多家知名投资机构。

● 打造“金融＋健康”的移动端体验：平安金管家 App

平安金管家是平安寿险推出的一款“金融生活服务平台”App，搭建“保单管理”、“客户活动”、“财富增值”、“健康管理”四大功能模块，旨在为客户提供优质的移动端“金融＋健康”新体验。

“保单管理”功能方便用户随时掌握保单权益、管理保单合同、完成快捷理赔。“财富增值”提供线上产品超市，帮助用户快速寻找适合的金融产品，随时随地选购和管理。“客户活动”包括社会公益、健康运动、理财规划等，提升客户的参与度与互动频率。“健康管理”与“平安好医生”合作，向用户提供一对一的专属在线家庭医生，为用户提供疾病、用药、营养、心理等健康服务。

平安金管家App通过代理人大力推广，上线3年已累计约5 000万名注册用户。其中，“保单管理”中的理赔模块“安e赔”上线10天内，就有近25 000件理赔通过该通道完成，且从受理到获得理赔通知的平均时效仅用0.7天；健康管理服务作为App上的核心服务模块，活跃用户①在2016年5月已突破2 000万人次。

三、突破行业边界：新领域、新服务

突破行业边界的创新是对保险企业多元化、集团化经营要求较高的一种模式。与前两种模式相比，这一模式最大的区别在于业务范围上突破了保险业务，沿保险产业链上下游进入非保险业务市场，如非保险的金融服务（银行、证券等）、健康医疗、养老地产、汽车服务等。结果上，为自身客户提供了更多元化的产品与服务，增加了客户贡献价值；并充分利用旗下各业务在品牌、渠道、资金等方面的协同效应，既扩大了客户基数，又通过交叉销售增强了客户黏性。

保险企业是许多产业的最终支付者，并拥有广大的客户基础和线下团队，因此在沿产业链扩张业务边界上有着天然的位置优势和可观的经济利益。在国际上也观察到，许多保险企业在自身业务做大做强后，都走向了综合化、集团化经营的道路。同时，保险企业也正面对着来自非保险行业企业的挑战，例如互联网企业凭借自身的场景优势、客户优势、流量优势、技术优势等禀赋正在积极探索进军保险行业的路径。因此对于保险企业来说，模式三既是一个大有可为的战略选择，也是一个防止被跨界颠覆而主动出击的选择。

值得注意的是，模式三的新服务与保险传统所指的增值服务存在两方面差异：客户来源上，新服务并不限定于保险业务的客户，本身也具备独立获客的基础；定价上，第三种模式中所指的新服务由于自身专业化程度较高，理论上可以为公司单独创造价值，不再简单依赖保费收入的分成。

（一）以车和家为核心的产险领域

从产险的角度看，家和车是两大产业链延伸的主要关注对象。以车为核心的

① 即在App注册用户中使用过该服务的用户。

上下游产业主要关注于为用户提供出行相关的服务，例如围绕汽车本身的售前、售后维修、日常保养、道路救援和汽车金融；又如围绕车主或驾驶员的导航、车内娱乐和汽车社交。而以家为核心的上、下游产业主要关注于为用户提供安全舒适的居住相关服务，例如房屋安保、智能家居、物业服务等。

案例研究

- 全球领先的救援服务：德国安联全球救援

全球最大的保险集团安联在立足于本身保险业务之外，还利用已有的客户基础和线下网络，积极拓展非保险领域服务。安联全球救援是国际领先的专业救援集团，总部设在法国巴黎，涵盖交通、旅行、医疗等多个产业，为客户提供卓越的救援服务。其全球60%的销售额来自银行与保险等金融业务所衍生的服务需求，余下的来自汽车制造商、旅行社等客户。

安联全球救援主要提供三方面服务：汽车、旅行和健康。第一，汽车服务主要包括道路救援、意外事故处理和拓展保修服务，其中道路救援服务是安联全球救援的核心业务，具体包括现场快修、拖车服务、派送备用钥匙、递送燃油、电瓶充电、更换轮胎等各类汽车救援项目；第二，旅行服务包括旅游保险理赔、旅行医疗救援等；第三，健康服务主要针对高收入群体、中等收入群体和海外留学生，与保险机构合作提供差异化的健康保障保险产品，例如高收入群体所需要的高保额、赔付范围扩大的产品，或留学生所需要的含全球救援和紧急医疗救援服务的产品。

安联救援在全球范围内取得了成功：在全球五大洲29个国家有35家分公司、1.3万多名员工，以及40万家合作服务提供商。平均每2秒接入一个电话，每小时帮助6 038人，每年帮助超过2.5亿客户。仅2013年在全球共接到电话呼入5 200万次，并处理了2 300万个案件量。

（二）以人为核心的寿险领域

从寿险的角度看，围绕人的各类需求是保险企业产业链延伸的重点，其中又以保障类和生存类需求最为相关，典型例子便是健康、医疗和养老。其中，健康主要包括日常锻炼、健康情况跟踪及健康习惯养成等；医疗主要包括诊断、治疗和愈后康复等；养老既包括人们在年轻时的养老规划，也包括进入老年后的生活服务。

案例研究

● 通过App连接医生和用户，提供健康管理服务：平安好医生

平安好医生是中国平安的在线健康信息咨询服务平台，于2015年4月正式上线，围绕医、药、信息三大产品线，涉及在线问诊、医患管理、药品O2O、电子健康档案、慢病管理、儿童健康服务等医疗健康的多个细分领域。

业务模式上，采用线上与线下渠道结合、自建团队与开放平台相结合的方式。线上依托“平安好医生”App和电话的形式提供预约咨询服务，线下计划在十年时间建立“万家诊所”，并与线下药房和体检中心合作，提供药急送服务、体检服务等。团队上，好医生自建约1 000人的“平安好医生”团队，同时以开放平台的模式吸引约5万名外部签约兼职医生。

收费上，主要面对个人消费者销售健康卡、医药商城和导医导诊，对公着眼于企业员工健康管理。其中，健康卡包含家庭医生咨询、名医预约、基因检测和不同类型的体检服务，售价在800—2 800元不等。

截至2016年5月，平安好医生正式上线，一年内累计注册用户已超6 000万人，日咨询峰值近25万次，并完成5亿美元的A轮融资。合作医院诊所超3 000家，合作药房超1 200家，体检机构超400家。

四、跨界颠覆创新：新模式、新生态

跨界颠覆创新是对保险企业创新要求最高的一种模式，在国内外市场上普遍属于积极探索的前沿。这一模式要求保险企业同时在两大维度上实现创新：既要在业务范围上沿保险产业链上、下游进入非保险业务市场，也要重塑所进入业务领域的各个环节，全面改造客户体验和业务流程。受到来自互联网企业通过打造平台、生态圈等模式颠覆传统行业的启发，保险公司也开始探索打造保险业务与非保险业务的生态闭环，以改变行业传统的竞争规律。通过跨界的颠覆性创新，保险集团将真正实现“以客户为中心”的理念，充分发挥集团化运作的协同效应，为客户提供一站式的优质服务；并改变产业的竞争格局和上、下游之间的关系，构建护城河很深的竞争优势。

我们认为，此模式与模式三主要有以下两方面的差异：第一，跨界颠覆创新模式下的保险业务与非保险业务虽然本质上相对独立，却互为有机组成部分，缺少了任何一个环节将导致新模式无法在引流、定价、数据共享、综合服务等方面形成独特的闭环；第二，顾名思义，跨界颠覆创新所带来的新生态闭环往往会颠

覆部分传统的行业规则，对该领域原有企业形成独特的竞争优势。例如凯撒体系内的医疗机构不再需要为独立获客付出成本和精力，同时凯撒保险也可以在体系内实现更好的控费。

案例研究

- 整合保险、医院、医生集团三方资源，形成闭环生态圈：美国凯撒医疗集团

经过超过70年的发展，凯撒医疗集团形成了一个高度整合的闭环体系，集医疗、保险和健康服务于一体。会员交纳会费后，可以在凯撒医疗体系内的医院、诊所、康复中心免费接受医疗服务。截至2015年，凯撒医疗集团已经在美国9个州开设了38个医学中心、618个诊所，雇用了近5万名护士、1.8万名医生，服务于900万名客户。

建立医疗闭环的模式有两大优势：第一，降低成本。在此闭环内，医疗机构和保险公司成为一个利益统一体，提供服务后的结余资金可以在集团内部进行再分配，从而改变了在按项目付费方式下，医疗机构缺乏节约资金动力的问题。同时，由于理赔费用的支出对象是体系内的医疗机构，因此，诈保和过度理赔的情况能够得到最大化的控制。第二，增加客户满意度。整合式医疗模式可以为会员们提供全方位的"一站式"健康服务，从疾病预防、疾病诊疗到病后康复，各类需求都能得到凯撒医务人员专业化的响应。这一方面节省了会员们重复寻找不同医疗资源的时间和精力，另一方面能够帮助会员在体系内各类机构间享受到较为一致的医疗体验；同时，还为会员节省了经常会带来困扰的"理赔"环节（见图6-8）。

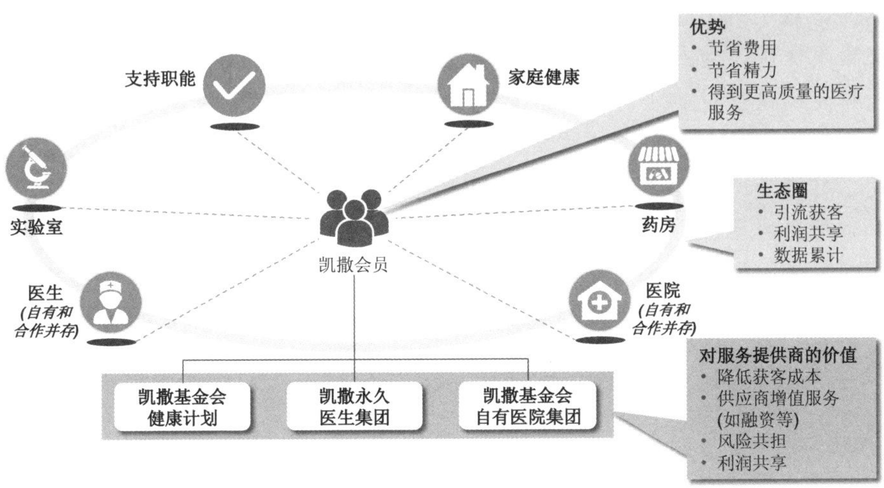

图6-8　美国凯撒医疗集团的医疗闭环生态圈

资料来源：公司公开信息，BCG分析。

● “从摇篮到天堂”的闭环布局：泰康人寿

泰康人寿制定了“从摇篮到天堂”的全新战略布局，以人寿保险为基础，覆盖投保人出生、教育、投资、医疗、养老及临终关怀在内的所有保障与服务，从而形成“全生命周期”的闭环模式。具体包括高端医疗、活力养老、卓越理财、临终关怀四大业务板块（见图6－9）。

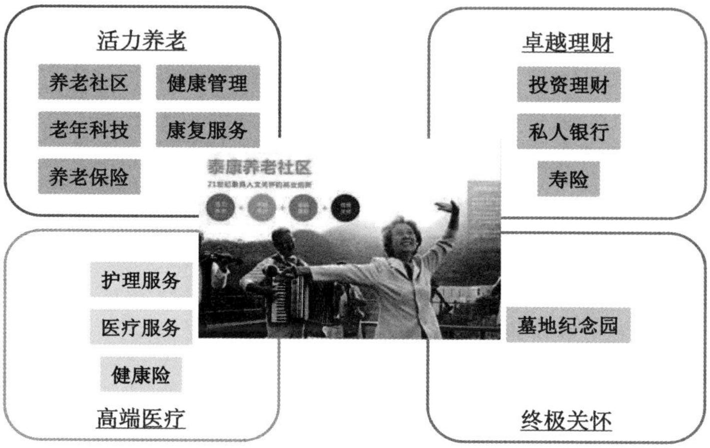

图6－9　泰康集团的全生命周期闭环布局

资料来源：公司公开信息，BCG分析。

高端医疗方面，设定了三个发展层次：第一是要在全国核心城市进行布局，建立以医、教、研为核心的顶级三甲医院资源体系；第二是在泰康各个养老社区都建立康复医院，为社区住户提供基本护理、医疗咨询、康复医疗等服务；第三是参股特定的医疗机构资源，扩充以医为主的养老服务保障范畴。

活力养老方面，目前已完成在环渤海、长三角、珠三角等重要经济区域的战略布局，打造了“北京燕园”、“上海申园”、“广东粤园”等多个养老旗舰社区。

卓越理财方面，立足于品类丰富的寿险类投资产品，并凭借泰康资管卓越的资产管理能力，旨在为客户提供优质的理财服务。同时，在未来计划打造针对高净值客户的泰康私人银行，以结束保险业没有高净值客户专属服务组织的历史。

临终关怀方面，已上线临终关怀O2O平台（一站式殡葬服务平台）爱佑汇；并收购了广东的罗浮净土人文纪念园和北京的九宫山长城纪念林两块墓地资产；同时提供心理干预与辅导、专业护理服务、财产处置协助、遗愿实现协助等临终关怀服务，形成在客户全生命周期服务的闭环。

第三节 对中国保险企业创新的启示

一、运用四类创新模式的适应性研究

（一）深耕传统业务的启示

深耕传统业务模式是大多数保险公司的创新起点和提升创新能力的必经之路。该模式以优化传统保险业务为目的，是所有保险公司想要寻求业务提升的基础性选择。由于不涉及对保险业务大规模或颠覆性的创新，投入和风险相对可控。其收益主要来自现有保险业务效率的提升（如获客效率、销售效率等），和其他创新模式相比，收益的潜力相对有限。

资源投入：战略上，深耕传统业务创新一般不涉及企业中长期的战略选择和业务策略，战略规划的主导一般在部门层面而非集团层面；在人力、财力和物力的投入上，与具体举措的价值链环节覆盖面和创新程度有关，主要体现在信息化软硬件的投入与流程改造等方面。一般来讲投入相对可控，内部预算能够支持，很少需要外部融资。

发展方式：主要采用在现有保险公司内部孵化的模式，由保险公司内部的相关部门主导牵头，负责包括立项、研发、测试、推广等各个阶段的工作。具体的技术落实可以采取自建团队、外包、合作等各类相对灵活的手段。

监管要求：由于仅对保险业务价值链上的单个环节进行改进，往往不涉及对现有监管政策的挑战；并且，这些创新的目标是对现有保险业务的优化，在大多数情况下会受到监管机构的鼓励。

综上，深耕传统业务的模式是所有保险公司创新的第一步，既适用于创新驱动早期的中小型保险公司，也适用于已经积累了一定业务规模的中大型保险公司。如上节所述，已经有大量的保险公司对保险价值链的各个环节进行了全方位的研究与创新探索，市场上已经存在一定的行业“最佳实践与经验”。因此，深耕传统业务的创新模式对企业创新能力的禀赋和资源投入要求不高，风险也相对可控，适合作为企业创新试水的切入点。未来，随着对存量业务的不断创新优化，甚至可能会帮助企业形成一种常态化的创新习惯。

（二）重塑保险链条的启示

重塑保险链条适合具有一定创新精神的国内外保险企业，特别是给中小创业型保险公司带来了“弯道超车”的机会。该模式以对保险价值链条各个环节进行全面创新为目标，主要以推出新产品和新体验为手段。通常需要在公司层面投入较大的资源，一旦成功后，由所建立的差异化竞争优势带来的收益也较为可观，能够帮助公司实现业务飞跃。

资源投入：战略上，通常涉及部门较广，因此需要在领导层和企业上下形成统一的战略方向。特别需要注意的是要摆脱一系列大型企业内部颠覆创新的制约，如解决创新业务与传统业务“自相蚕食”、某些部门为自身的“地盘划分”而产生对改变现状的抵触情绪、或由于存在成功的不确定性而导致对资源投入的不足；在人力、财力和物力的投入上，模式二一般要求在一定程度上调整已有的组织、分工和流程以适应新的价值链，并且在中短期内持续投入较多的资源用于产品开发、精算、营销推广和其他价值链环节的重塑。

发展方式：此模式对传统保险价值链的各个环节都进行了创新，因此由现有部门负责创新工作时容易产生较大的制约。各大保险公司一般通过三种模式解决这一问题：设立单独的创新实验室实现内部孵化、开展外部商业合作加强相关能力（如与科技公司的合作）通过收购实现加速发展和获得创新基因。对于中小型保险公司来讲，其业务模式的基础便是建立在对保险全价值链的重塑之上，因此最优的做法是在成立之初就采用全新的业务模式和组织架构运作，以避免“传统业务”与“创新业务”的矛盾。

监管要求：整体上，重塑保险价值链的模式仍属于现行的保险监管框架内的创新，一般来讲受到监管的鼓励支持，但也有两点需要注意：第一，在开发新险种或创新产品形态的过程中，要注意避免走入“伪保险”、“伪创新”的误区，重“营销噱头”而非“保障功能”（如被监管叫停的世界杯遗憾险、股票价格指数波动保险等）；第二，许多产品和体验的创新需要基于对个人数据的采集与分析，在这个过程中要注意保护消费者的隐私和数据安全。

综上，重塑保险链条的模式更适用于中小创业型保险公司，以及具有创业、创新精神的大型保险企业。近年来，我们已经在国际上观察到众多有关新产品、新体验的保险创新案例。因此各类保险公司现在开展在此类创新，已经拥有了由前人留下的成功或失败经验，整体风险属于中等水平。特别的，如果国内的保险企业可以积极对国外已经过市场验证的新产品、新体验进行对标分析，并采用敏捷开发、贯彻最小可行性产品①的理念，则能够更好地管理风险。

① 建立最小可行性产品（Minimum Viable Product）是能够快速建立足以部署产品并根据客户的交互需求来对产品进行主要假设测试的最小功能集合，是一种避免开发客户所不希望的产品的战略。

（三）突破行业边界的启示

突破行业边界是大型集团化保险企业可重点考虑的创新模式，同时也是小型保险公司寻求突破式创新的选择之一。突破行业边界指沿着保险行业上、下游进入邻近行业，构建竞争护城河，以扩大客户基础及挖掘客户价值为目标。因此，收益主要来自集团多个业务间的客户转介和交叉销售，收益相对较大。此外，第三种模式对于保险企业来说也是一种主动的防御战略，是对互联网、地产等行业巨头进入保险行业的进攻式反击，防止蚕食原有传统保险企业的市场。

资源投入：战略上，模式三要求保险企业的最高领导层有清晰的发展愿景和强有力的顶层战略设计。与模式二不同，模式三通常需要来自最高领导层自上而下的推动，而自下而上的发展模式则容易形成业务的重叠和冲突，导致无序发展和内部损耗。同时，需要在顶层形成多元业务经营的整体战略与目标、对各类子公司或业务的分类管控。在人力、财力和物力的投入上，如果采取自建而非合作的方式发展跨界业务，则对于尚未建立起集团化架构和管控的保险企业来讲，需要在组织架构、职能定位、管控模式等多个方面投入较多的精力去梳理，以适应集团化、多元业务化经营的要求。同时，也往往需要集团或公司在中长期持续投入人力、财力、客户等各类资源以扶植新业务。

发展方式：通常，保险公司会选择以相对独立的方式进入非保险领域，以隔离创新业务和主营业务的风险。主要有三类发展方式：设立单独的子公司独立发展，与外部机构建立合资公司各取所长，或者通过并购直接获得能力和业务基础。这三种模式各有利弊，如依照上述排列顺序，快速形成业务规模的难度逐渐降低，但未来整合业务、人事、文化等方面的难度却逐渐加大。因此，各保险企业需要根据自身的资源禀赋和相应的外部环境（如自有资金的充裕度、当时资本市场的情况等）来选择最合适的发展路径。特别的，由于所需资金投入可能较大，需要集团拥有较强的融资甚至资本运作能力，包括从初期的吸引风险投资到后期的分拆上市等。

监管要求：模式三由于涉及开展非保险业务的多元化、综合化经营，因此必须符合监管机构对于保险公司所属非保险子公司的管理办法。监管机构对非保险子公司的管理办法重点在于防范风险传递。对于非保险子公司中的金融子公司，按照我国目前“分业经营、分业监管”的体制，首先需要遵循所在行业的直接监管，同时需满足全面覆盖保险公司风险的间接监管要求。对于保险业上、下游产业链形成的关联产业类公司，则更侧重于内控方面的要求，如内部交易行为、外包行为和防火墙建设。此外，当保险集团运用保险资金开展对其他企业实现控股的股权投资时，还需要遵循保险资金运用的相关规定。

综上，突破行业边界的模式更适用于中大型保险公司以及少数极具革新精神的中小型保险公司。近年来，我们已经在国内外观察到了许多保险企业进军非保险行业的例子。但在风险方面，由于突破了传统的保险主业经营范围，与所进入行业的既有企业形成了直接竞争，因此有较大的成功障碍与不确定性。对中大型保险企业来说，由于它们在行业上市场份额大、话语权强、客户基础雄厚、资金充裕和体制机制灵活，因此可以凭借自身的禀赋资源更好地管理相关风险。

（四）跨界颠覆创新的启示

跨界颠覆创新并不适用于每一家保险企业，而是少数领先综合经营的保险集团的富有远见的勇敢选择。这些企业往往在创新模式三上已取得了一定的成绩，希望凭借自身的前瞻洞见和塑造力尝试探索第四种模式。与模式三的不同之处在于，模式四需要以创新的保险产品和形态去改造和颠覆上、下游业务，通过打造保险业务与非保险业务的闭环，改变行业传统的竞争规律，打造全新的生态体系。因此，模式四一旦成功后收益是巨大的，通过自身的创新，改变了产业的竞争格局和上、下游之间的关系，并且充分挖掘了客户的潜力。

资源投入：战略上，模式四要求最高领导层有颠覆性的战略愿景和顶层的集团战略设计，并且领导层有强烈的颠覆其他行业的意愿。能够真正实现颠覆性创新的战略往往在讨论初期存在很大的不确定性和阻力，这需要集团领导层绝对的领导力和信心，以帮助公司上下形成共识。同时，还需要战略设计负责人及部门具备适变、应变的能力，以应对在颠覆创新过程中快速变化的市场环境和不可预测的挑战。在人力、财力和物力的投入上，除了与模式三类似的大规模资源投入，模式四强调保险业务与非保险业务的协同，希望跨子公司形成以客户为中心的协同机制，塑造颠覆性的生态闭环。具体来讲，可能包括勇于变革自身的管控模式、组织架构与人事安排，并不断调整在交叉销售、业务合作、信息共享等方面的机制，以实现各子公司及业务板块最优的合作状态。

发展方式：模式四往往建立在模式三的基础之上，因此发展路径与模式三类似。值得注意的是，对于通过成立合资公司和对外并购获得非保险业务经营能力的企业来说，应更加重视对外合资或并购后在战略、管控、文化等方面的整合。因为模式四的核心成功要素在于在集团上下形成统一的认识，有较强的协同能力，这需要集团层面极强的管控和整合能力。

监管要求：模式四也与模式三基本相似，涉及保险公司所属非保险子公司的管理办法和保险资金运用管理办法。除此之外，由于模式四要求在一定程度上颠覆其他行业，因此可能会涉及挑战其他行业的监管规定，这需要领导层在规划颠覆性业务之初就加以重视。

综上，跨界颠覆创新适合极少数大中型集团化保险公司，尤其是在模式三已取得较好阶段性成果的公司。虽然成功后的收益巨大，但风险也十分显著：毕竟以现实经验来看，在全世界范围内曾成功打造跨界颠覆创新的企业风毛麟角，且成功路径各异，很难有规律可循。选择模式四的保险集团，要做好长期资源投入、反复策略调整、变革组织架构、应对外部文化冲击等各方面的准备。

四大创新模式的风险收益与适用企业见图 6－10。

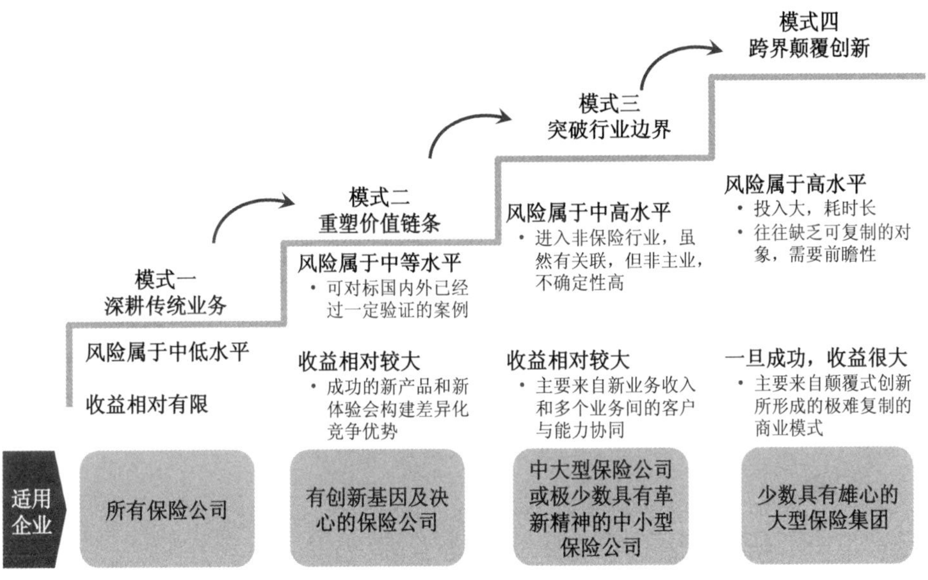

图 6－10　四大创新模式的风险收益与适用企业

二、保险企业创新的挑战和解决方案

综上所述，保险企业的创新主要依照价值链条重塑和业务范围拓展这两大维度开展。这意味着在创新的过程中，许多保险企业需要开展数字化与集团化经营。但在现实当中，大多数传统保险企业在这两方面并没有足够的经验，数字化与集团化反而会成为创新发展的制约，因此需要保险企业在人才、组织、管控、机制等各个方面进行调整，以适应数字化与集团化的创新业务模式。

（一）数字化创新

对于保险企业创新来说，数字化有两大关键意义：一是塑造核心业务的价值链条，提升客户端到端的体验；二是通过技术支撑模式创新，从而进军或颠覆新的业务领域。具体而言，在保险领域，云计算、大数据、物联网、移动互联网等先进的数字化技术可以极大地提升保险企业收集信息、处理信息和展示输出信息的能力；同时电子商务、互联网共享经济、社交网络也在很大程度上改变了客户接触、购买和使用保险的场景和所投保的风险。此外，数字化技术也是保险企业进军新业务领域的重要切入点：通过使用数字化技术创新业务模式，与新进军领域的传统企业形成差异化竞争。因此，对每一家保险企业来说，提升自身的数字化能力，开展组织和人才方面的数字化变革是未来5年创新发展的重要主题。

1. 领导力：统一高层认识，明确领导方向。传统上，保险企业的部分领导对学习并应用数字化新技术并不积极，认为数字化只是信息中心一个部门的工作，在集团属于支持性工作，与业务关系不大。此外，集团上下没有明确的数字化工作或转型负责人，或者仅有信息中心的分管领导而无协调数字化转型的相关工作机制。

为了应对挑战，保险企业的领导团队需要统一对数字化转型的发展愿景和战略明确数字化议题的责任人（例如设立首席信息官、首席数据官等），并在整个组织内自上而下地逐级宣贯和传递该愿景。同时，利用数字技术路演等方法，帮助现有的领导团队加深数字化知识的学习。例如安联集团就是5年前在全球领导层统一的指挥下，启动了安联集团的大规模数字化转型项目；全球领导层自上而下的转型决心，不但成功调配了大量资源（内部数字化支出每年约5亿欧元），也有利于创新举措在集团各子公司和地区的统一推广。

2. 组织架构：优化数字单元，建立创新团队。传统保险企业中的信息部门与业务部门往往是平行设立的两个独立部门，日常业务联系不紧密、沟通成本较高。同时，信息部门在集团中往往处在弱势地位，较难拥有资源以独立推动新技术的试点和推广。最后，组织架构上缺乏专注于创新的机构，创新人才更多地零散分布在各个子公司和业务条线，难以整合相关资源。

未来，依照企业的数字化战略和创新愿景，保险企业要积极建设与之配套的组织架构。一方面，应根据企业自身特点，灵活在各个业务条线、部门或子公司设立数字化或创新单元，并给予相关工作的决策权，包括资金、IT、数据等；另一方面，可以探索设立创新实验室和外部风投基金，帮助在体系外独立孵化创新举措，并为其配备大数据分析、流程精益及客户体验管理等专业化的人才。例如，AXA安盛集团就针对数字化创新业务，先后建立了大数据创新实验室和数字化创新实验室。数字化创新实验室坐落于上海和硅谷，通过与拥有顶尖技术的技术公司和科研机构合作，研究联网家庭、联网汽车、健康联网等前沿主题。美国好事达保险（Allstate）也于2006年在总部芝加哥建立了创新实验室，并已成功推出“Drive Right”车联网产品和相应的移动App。又如，财险公司American Family开展了与微软合作的互联家庭研发项目，并成立风险投资基金，为有潜力的创业公司提供最高可达5 000万美元投资。

3. 数字人才：评估人才需求，完善团队管理。过去，对于传统保险企业来说，数字化人才并不是人力资源的重点。因此和业务人才相比，数字化人才的招聘、培养、保留等各个环节均存在较大的提升空间。许多传统保险企业都面临数字化人才招聘难、考核难、离职率高的问题。

为了解决上述问题，保险公司可以从以下三个方面着手。第一，人力资源部门要清晰地评估企业对数字化人才的需求，并制定设有明确阶段的“聘用、培养或借调”的人才计划、完善数字化团队的管理机制。第二，要识别出企业所需的数字化新角色，例如体验设计师、大数据分析师、互联网保险产品经理等。第三，应参照业务团队，完善对数字化团队的人才培养机制，例如规模明确的职业晋升和发展路径，或设计针对数字化转型的绩效考核办法以及对于特殊技能人才的弹性薪酬计划。例如，安联2016年在中国率先建立了旨在提供营销培训的安联亚太卓越学院，其中的一个授课重点就是帮助公司培训熟悉数字化业务模式的营销员，以适应数字化转型的要求。安联卓越学院运用了集团最新的科技和应用、融入了多媒体教学内容和社交学习工具，帮助营销员学习如何提升客户线上与线下的接触体验，以迎合客户购买行为线上化的时代潮流。

4. 企业文化：试错学习与合作对话，以客户为中心。传统保险企业固有的稳健性企业文化可能与数字化转型所需的开放式文化产生冲突，这在某种程度上会遏制企业创新。例如，保险企业往往缺乏互联网思维中以客户为中心的理念，并且害怕及无法容忍失败，因此对待创新想法和举措的态度极为谨慎，不愿尝试。

保险企业应当构建以“客户为先”、“试错学习”、“合作对话”为代表的数字化文化。第一，基于客户为先的思维，洞察未来消费者的需求，让技术人员和业务人员更贴近消费者的反馈。第二，应明确支持“试错学习”的思维模式，鼓励企业内部的创新试点和勇于在代价较小的时刻去承认和接受失败，并且从失败中总结经验，快速学习，迭代成长。第三，消除部门与部门间“独立运作，互不相帮”的孤立文化，鼓励跨部门的横向合作及公开对话，营造崇尚合作的工作环境。例如在阿里巴巴，就有“网络人”的角色，他并没有太明确的职责，而是在组织内去把不同的部门联系起来，搭建起交流的社交网络，营造出有利于跨部门合作的工作环境。

5. 工作方式：快速响应客户，推广敏捷方法。在工作方式上，保险企业更多的是以部门、区域分公司为单位工作，工作方式相对固定和单一，跨部门的沟通和协调存在一定障碍。这会导致企业无法快速响应客户的需求与外部环境的变化，协调各方资源在短时间内做出适应性改变。

未来，保险企业在数字化和创新工作中，也应该探索学习来自软件开发的“敏捷工作法”。例如，打破传统的固化团队、灵活按需组成跨部门的合作团队，同时让团队扁平化运作，以小团队鼓励创新。授权方面，通过授权给更年轻、更贴近客户的初级员工，来激发来自底层的创新活力。此外，还可以和互联网及创业公司学习，力图打造轻松、开放的办公环境，如尽可能多地进行站立会议，避免传统刻板的大会形式，鼓励与会者勇于发言、高效讨论。英杰华公司的首席信息官 Monique Shivanandan 女士在 2015 年 9 月的访谈中就表示，“Aviva 目前 70% 的 IT 开发工作已经从传统的瀑布式向目前的敏捷工作法转型。敏捷工作法不仅仅在 IT 开发的工作中运用，目前也已运用于主营业务领域。我们聘用了敏捷工作法的教练在组织上培训员工学习这种工作方式，促进集团转型”。

（二）集团化发展

对于希望采取模式三和模式四创新的大中型保险集团来说，将业务领域拓展到保险以外，寻求业务范围的创新突破，需要保险公司集团化的业务运营及管控能力。但我国成熟的大型保险集团较少，特别是突破保险业务范围的综合性经营模式仍在起步当中。因此在集团化的发展过程中，可能会遇到专注于保险业务时不会碰到的特殊挑战。总结下来，主要集中在总部职能、分类管控及组织架构三个方面。

1. 总部职能。保险公司在集团化业务的初期，由于保险子公司和其他子公司的发展阶段差距较大，因此通常会出现“大保险、小集团”的局面。在这种情况下，总部与子公司的职能划分容易不清晰，具体体现在三个方面：第一，保险子公司规模大，历史长，因此可能代行集团职能；第二，集团经验不足，规矩不明，没有确定集团应当选择什么样的管控模式，并且在此模式下应该管什么、如何管；第三，集团尤其缺乏对非保险业务的管理能力。

为了解决上述问题，集团首先需要根据自己的业务组合和业务战略，选择集团管控定位。从国际领先经验总结，集团的总体管控定位有 6 类：被动持股型、财务投资型、战略指引型、职能引领型、协同价值型和全面管控型（见图 6 - 11）。保险公司的综合化业务经营一般均有自己的内在业务拓展逻辑，如沿着产业链上下游拓展（创新模式三），或者以客户为中心的闭环业务打造（创新模式四）。

在这两种业务拓展逻辑下，需要集团建设较强的管控能力以促进各个业务的发展和协同，因此绝大部分集团会选择以“职能引领型”或“协同价值型”为发展目标。

	被动持股型 Hands-off Manager	财务投资型 Financial Sponsor	战略指引型 Strategic Guide	职能引领型 Functional Leader	协同价值型 Synergy Builder	全面管控型 Hands-on Manager
	持有股权，不参与管理，仅获取财务回报	提供融资支持，设置财务目标，对公司治理提议	引领设计各子单位的发展战略	驱动各职能能力不断改进，推动内部整体改善	明确业务勾连，发挥协同效应	积极介入日常经营，作所有关键决策
财务资源支持	—	✚	★	★	★	★
战略制定和执行督导	—	—	✚	★	★	★
关键职能管理	—	—	—	✚	★	★
协同效应发挥	—	—	—	—	✚	★
日常经营介入	—	—	—	—	—	✚
公司示例	主权基金等财务投资企业 Berkshire Hathaway Inc TEMASEK HOLDINGS	部分PE、财务控股型企业 KKR Apax PARTNERS	业务单元相对独立的多元化企业 SAMSUNG KOCH INDUSTRIES INC	业务聚焦、整合的大型企业 SIEMENS MetLife	业务协同性强的成熟多元企业 AXA HSBC	在成熟市场，产品组合集中的公司 Haier

✚ 与前种模式差异之处 ★ 紧密参与环节

图 6－11　集团总体定位的六大类型

资料来源：公司公开信息，BCG 分析。

确定集团总体的管控定位后，需要在此定位下明确集团总部所需承担的关键职能。以“协同价值型”举例，主要的关键职能是：第一，对子公司进行管理和监督；第二，集中管理部分职能和资源以加强战略引导、风险控制和促进协同；第三，提供共享服务（如建立共享运营服务中心）以提高效率并减少成本；第四，统筹客户价值管理以形成以客户为中心的业务模式。其中，第二点和第三点尤为重要，即集团统筹管理什么职能、统筹提供什么服务。一般来讲，运营、销售、IT、采购、人力等是集团和子公司可能产生较大争议的职能，需要顶层设计者投入更大的精力。

2. 分类管控。由于各子公司所处的行业与发展阶段不同，如果集团对各个子公司采用相同的管控模式，可能制约部分情况特殊的子公司的发展。例如处在互联网等快速变化行业的子公司需要更为灵活的授权以帮助业务进行快速创新；

处在发展初期的子公司需要特殊的资源支持和考核办法来培育业务等。

因此，集团总部需要对不同子公司进行差异化的管控（即采用分类管控的模式），以最大化地发挥不同子公司的业务潜力。这主要体现在统筹规划、考核及激励机制、人事及预决算安排、容错制度等各类关键制度的管控设计上。具体而言，分为三步：第一，要设计不同板块及子公司在集团的战略定位，并根据上述定位，决定对不同类型的板块及子公司的不同管控类型（如战略管控、运营管控和积极的财务管控等）；第二，对于不同的子公司，要细化各类具体职能的集团职责与子公司职责，具体包括财务、IT、风险、战略、法律合规、行政、物控、运营等；第三，要形成对关键事物的跨部门决策流程机制，以明确各部门的职能和责任。

3. 组织架构。大多数中国保险集团的组织架构是从保险公司的组织架构沿革而来，主要有两大特点：第一，以各个子公司为中心，集团层面缺乏统一的组织架构设计，从而难以形成跨业务的协同合作；第二，对于各个子公司的内部组织架构，主要以按地域划分的总公司、分公司架构为主，其中又以分公司为利润或业务中心，导致实际业务单元和集团距离较远。

在业务多元经营的集团化背景下，集团总部需要根据自身的发展阶段和战略目标，合理搭建组织架构，以促进业务发展、帮助业务协同、提升管理效率、并帮助强化以客户为中心的理念。这主要体现在两个方面：第一，要根据集团业务战略和特点，选择最适合自身的集团整体组织架构。例如，是采用集团—子公司两层架构还是采用集团—事业部—子公司三层架构，是采用业务和职能的矩阵式管理模式还是采用业务为主的纵向管理模式，是否需要在总部打造客户管理部以帮助“以客户为中心”转型。第二，要在设计组织架构时尽量精简，减少组织层级，缩短管理链条。例如控制集团总部的部门设置，避免集团总部和子公司相关部门及岗位的重复等。

第四节　结　　语

在过去的“十二五”期间，我们已经清晰地观察到中国各牌照金融机构在互联网及新技术的冲击下纷纷投身于创新浪潮，各类保险企业也不例外。

企业的创新在某种程度上是在革新自我，并非易事。具体来看，需要企业在以下四个方面形成创新支持：第一，树立决心。各层领导要摆脱着眼于短期效益、害怕不确定性等惯性思维，树立创新决心、形成创新文化。第二，加强协作。大部分传统保险公司公司以“百家争鸣”为由，任由各个部门无序创新、互不合作。在互联网时代下，创新更强调的是端到端体验，需要部门甚至子公司之间的紧密合作。第三，优化方法。即使是历史悠久、规模较大的企业，也往往缺乏系统性的研发方法和知识积累，造成大量的重复开发及资源浪费。创新往往需要持续性的可观资源投入，因此要优化方法，才能可持续地发展创新。第四，构建机制。对于创新业务，要建立和传统业务不同的管控机制，包括进度管理、组织架构、绩效考核、薪酬标准等。

展望未来，我们相信中国的保险企业在创新方面将会呈现“百花齐放”的态势，围绕着价值链重塑维度的“数字化”和业务边界拓展维度的“跨界”两个核心词汇，利用大数据、云计算、移动互联等技术孕育出各类创新变革。

第七章　寿险业的进一步转型升级

田　辉　朱俊生

寿险业对于社会保障体系、金融市场发展以及实体经济都具有系统重要性意义。2015 年我国寿险市场保费收入高达 1.63 万亿元，增速超过 23%，对整个中国保险行业的贡献十分突出。寿险业的进一步转型升级与实现健康持续发展，直接决定了保险业是否能够健康持续发展。目前寿险业在我国社会保障体系中的地位有待加强，寿险业供给体系的质量和效率有待提高，这构成了我国寿险业在新的发展起点上进一步转型升级的必然选择。本章将系统考察美国寿险业经历的重大转型升级以及日益清晰的新转型动向，总结出美国寿险业转型升级的经验及对我国的有益启示。还以日本和印度作为典型案例，分析寿险业转型升级过程中的教训，以供我国参考借鉴。基于上述国际视野，为了推动寿险业的进一步转型升级，行业要重塑关注长期价值成长的发展理念、推动发展模式的转型升级以及矫正传统发展模式存在的问题，包括更加注重平衡业务推动方式、在竞争中动态调整多元化销售模式、更加注重平衡盈利模式以及进一步推动资产管理的市场化改革。同时，为了推动寿险业的进一步转型升级，需要完善相关的政策环境，包括发挥寿险在社会经济保障体系中的作用、完善促进寿险发展的税收递延与税前抵扣政策、实现寿险与金融改革的协同发展、彰显寿险市场的企业家精神以及完善寿险市场以风险为导向的监管。

第一节　寿险业进一步转型升级的必要性

过去30多年寿险业高速成长，主要体现为在市场规模扩大的基础上销售模式和产品的双重创新。这些创新又进一步推动市场规模的扩大。目前我国寿险市场正进入分化与转型期，转型升级中面临的突出问题包括寿险业在社会保障体系中的地位有待加强以及寿险业供给体系的质量和效率有待提高，这构成了我国寿险业在新的发展起点上进一步转型升级的必然选择。

一、寿险业在社会保障体系中的地位有待加强

我国面临日趋严峻的老龄化趋势，必须建立多层次社保体系加以应对，单纯依靠社会保险无法充分满足退休养老保障和医疗保障的需要。一方面，人口老龄化导致养老保障与健康保障的需求压力直线攀升。研究显示，2011—2050年，我国老年人口将增加160.7%，劳动年龄人口减少24.2%，老年抚养比由19.7%上升到67.8%，养老负担增加2.4倍。与此同时，随着我国基本养老保险覆盖面的扩大、保障水平的不断提高，我国养老金支出压力不断增加。另一方面，老龄化大幅提升了健康保障需求。老年人患病状况将日趋严重。老年人口未来患病例数、慢性疾病病例数以及残障老年人数都将显著增加。这使得老年人的就医费用与疾病负担都将大幅增加。据全国居家养老状况调查报告数据显示，10个大城市被调查者及配偶的支出中，医疗费用是除基本生活费外最大的支出，占家庭总支出的1/4。养老保障和健康保障需求的增加，迫切要求建立包括商业养老保险与商业健康保险在内的社会经济保障体系。

人口老龄化加剧了社会基本养老保险与医疗保险制度可持续发展的压力，要求市场机制发挥更大的作用。一方面，支撑一个现收现付制的养老保障体系需要相对年轻的人口结构，但人口转变过程使我国逐渐丧失这一条件。人口老龄化使得我国潜在供养比不断下降，交费人口不断减少，而领取待遇人口不断增加。这使得我国城镇企业职工基本养老保险的负担系数（领取养老金人数/缴费人数×100）正在逐年提高。随着人口老龄化的加速，未来劳动年龄人口比重还将逐渐降低，同时，老年人口比重不断提高，参保人员的负担系数将继续提高。这将对

现收现付制的基本养老保险基金的收支平衡产生直接的影响，加剧了其可持续发展的压力。另一方面，随着人口老龄化程度加深，医疗卫生费用也呈现出同步增长趋势。研究显示，人均医疗费用和年龄密切相关，一般情况下，60 岁以上年龄组的医疗费用是 60 岁以下年龄组医疗费用的 3—5 倍。同时，高龄老人是老年人口中的脆弱群体，他们带病生存甚至卧床不起的概率最高。据测算，平均每位 80 岁及以上高龄老人的照料与医疗成本开支约为 65—74 岁老人的 14.4 倍。因此，随着人口老年期的延长，特别是高龄期延长，因疾病、伤残、衰老而失去生活能力的老年人显著增加，医疗费用压力巨大。根据世界卫生组织成员国的经验分析，人口老龄化与人均医疗卫生支出呈现非线性的正向关系，当进入老龄社会时，医疗卫生支出将快速递增，卫生支出占 GDP 比例随着人口老龄化程度的加深而逐步提高，医疗卫生支出将给经济发展和政府财政带来日益沉重的负担。这就要求必须建立健全完善的医疗保障体系，提升医疗保障体系的承载能力，应对急剧攀升的疾病经济负担。我国现行城镇职工基本医疗保险制度规定，退休后的参保者及其原单位不再交纳医疗保险费。这样，某一统筹地区基本医疗保险退休人数占总参保人数的比重对该地区医疗保险基金有重要影响，即退休人数所占比重越高，基金支付压力越大。随着人口老龄化加速，基本医疗保险制度的交费人群将缩小、享受人群将相对扩大，以现收现付制为筹资模式的基本医疗保险制度必然面临保险基金收不抵支的风险，医疗保障制度的财务可持续性压力巨大。

面对上述人口老龄化的挑战，需要大力发展企业年金、商业养老保险以及商业健康保险，构建多层次的养老与健康保障体系。

我国已经从战略层面和部分政策层面确认商业保险将在退休后养老保障、医疗保障等方面发挥积极的作用，不过目前现实状况是，商业保险在退休保障与健康保障供给方面发挥的作用仍然极其有限。

（一）保险公司扮演重要角色的企业年金计划和商业养老保险计划提供的替代率几乎可以忽略不计

2014 年末参加企业年金的职工数为 2 299 万人，仅为参加城镇职工基本养老保险职工人数（34 124 万人）的 6.74%。2014 年，企业年金基金占各项养老基金规模的 11.71%，占 GDP 的比重为 1.21%。类年金和商业养老保险的基金占各项养老基金规模的 4.3%，占 GDP 的比重为 0.44%（见表 7－1）。中国养老基金第二支柱和第三支柱的规模及其占 GDP 的比例远远低于美国以及 OECD 国家的平均水平（见表 7－2）。

表 7－1　各项养老基金规模

种类	2010 年	2011 年	2012 年	2013 年	2014 年	占总规模比重（%）	占 GDP 比重（%）
社会统筹（亿元）	15 365	19 497	23 941	31 275	31 800	48.43	5.00
个人账户（亿元）	2 039	2 703	3 396	4 154	5 001	7.62	0.79
企业年金（亿元）	2 809	3 570	4 821	6 035	7 689	11.71	1.21
类年金和商业保险（亿元）	—	1 000	1 200	1 300	2 822	4.30	0.44
城乡居民养老保险（亿元）	423	1 231	2 302	3 006	3 845	5.86	0.60
全国社会保障基金（亿元）	8 567	8 688	10 000	12 416	14 510	22.10	2.28
总计（亿元）	29 203	36 689	45 660	58 186	65 667	100.00	10.32

表 7－2　2013 年中国、美国、OECD 国家养老基金比较

国家或组织	第一支柱		第二支柱		第三支柱		第二、第三支柱之和
	规模（亿美元）	占 GDP 比重（%）	规模（亿美元）	占 GDP 比重（%）	规模（亿美元）	占 GDP 比重（%）	与股市市值比（%）
中国	5 714	5.50	973.4	1.10	209.7	0.20	2.80
美国	29 000	23.00	145 000	11.50	85 000	6.70	108.10
OECD	—	—	218 000	77.00	—	—	

资料来源：项俊波，周延礼，李扬：《中国保险业竞争力报告（2014）》，中国社会科学文献出版社 2014 年版。

（二）商业健康保险发展的规模较小，水平较低

1. 健康保费收入规模相对较小。从绝对量上看，1999—2015 年健康保险的保费收入从 36.54 亿元提高到 2 411.14 亿元，保费绝对规模有了大幅提升。但从相对量上看，其在人身保险中的占比从 4.19% 提高到了 14.80%（见图 7－1），占比仍然有限。在美国等很多发达国家，这一比例达到 20%—30%。

2. 健康保险的保险深度和密度水平都较低。虽然近年来健康保险的增长速度可观，但其发展水平不高，主要表现在保险密度和保险深度两个方面，其发展水平远远低于人身保险及全国保险水平。1999—2015 年，商业健康保险密度与保险深度虽呈现出不断增长的趋势，但水平都比较低。从保险密度来看，2015

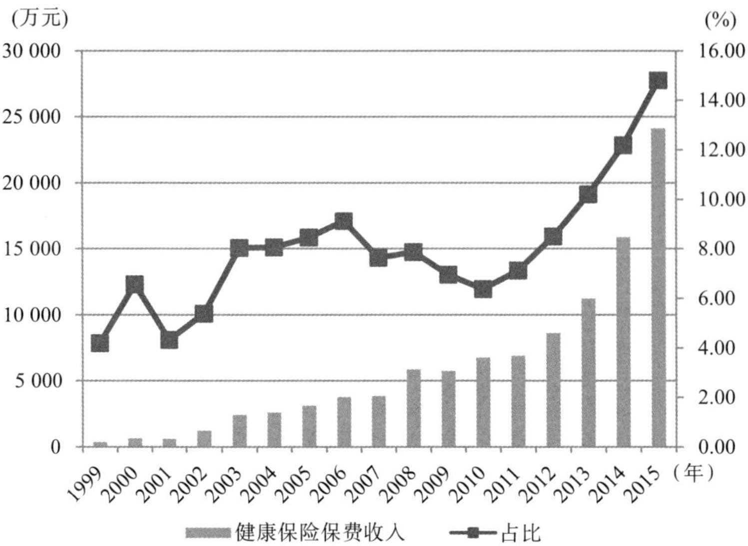

图7－1　健康保险保费收入及其在人身保险保费收入中占比

资料来源：根据中国保险监督管理委员会网站公布统计数据整理。

年人均商业健康保险费约175元；从保险深度来看，健康保险规模占GDP的比重仅为0.35%（见图7－2）。

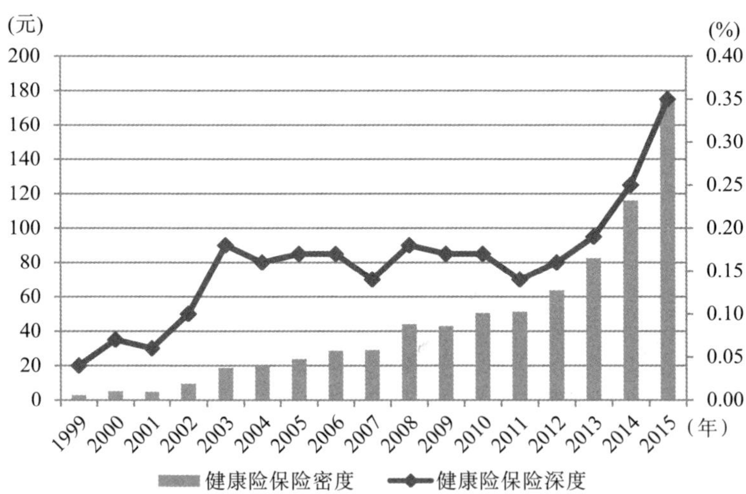

图7－2　健康保险的保险深度与保险密度

资料来源：根据中国保险监督管理委员会网站公布统计数据整理。

3. 商业健康保险的渗透率不高。2014年，购买商业健康保险的人数为4 000

多万人，仅为参加基本医疗保险人数（57 322 万人）的 7.0% 左右。

2015 年，我国健康险保费规模为 2 411.14 亿元。健康险业务支付各类赔款和给付 758.92 亿元，仅占 2014 年全国卫生总费用（35 378.9 亿元）的 2.15%。可见，商业健康保险在医疗保障体系中的作用仍有待发挥。

综上所述，目前商业养老保险和健康保险在社会保障体系中的地位都有待加强。目前社会保障体系正开启新一轮改革进程，如果将大力发展商业保险与社保改革进程更紧密融合，通过新的制度设计和政策供给，为商业保险在提供养老保障与健康保障方面给予更大发展空间，将极大释放寿险业的增长潜力。

因此，商业养老保险与商业健康保险在社保体系中如何更准确定位，在国家相关政策的推动下获得更大发展空间，并成为人口老龄化背景下养老保障和医疗保障的重要支柱，是我国寿险业转型升级的重要任务。

二、寿险业供给体系的质量和效率有待提高

通过梳理我国寿险市场过去的成长史，可以发现寿险业的供给非常容易受外部因素的影响，如投资型产品的销售高度依赖于其他金融理财产品的开发与销售以及资本市场的表现，银保渠道的保费收入很大程度上取决于监管政策。资本市场低位震荡、其他金融理财产品的竞争以及银保监管政策变化都会引发寿险行业的波动，使其出现业务增速放缓、偿付能力下降、盈利能力减弱、风险防范压力加大等问题。寿险市场供给侧面临的上述问题在根本上源于不合理的发展模式与粗放的经营方式，具体体现在发展理念、产品结构、增长方式、销售渠道、盈利结构以及资产管理等诸多方面。

（一）发展理念的偏差

寿险行业发展理念尚存在一定的偏差，并由此衍生出不良的考核机制。长期以来，自监管部门到保险公司形成了整个链条的“保费冲动”：基层保险公司的保费冲动取决于上级公司的考核导向；而上级保险公司的保费冲动则源于监管部门对保险公司的业绩考核和管理评价。对保险公司管理的评价很多程度上取决于保费规模，这种激励机制导致了只重保费数量、不顾保险质量的“保费论英雄”的局面，并长期占据统治地位。正是由于发展理念的偏差，一些公司采取偏重于保费收入规模的考核导向，以牺牲业务品质为代价换取保费收入的增长。这使得银保的趸交业务以及高现金价值业务一度出现虚假繁荣。

上述不当的发展理念使得寿险公司在经营理念上仍是以企业自身为中心，而不是以客户为中心，这突出表现在有的股东投资寿险企业只是希望通过保险“圈

钱”，在资本市场赚钱来实现自身盈利目的；寿险产品开发更多的是满足公司的发展目标而不是客户的保险需求；承保、理赔流程设计更多是利于公司自身管理而不考虑客户的便利等等。

当然，近年来，监管部门对监管目标和定位作了很好的反思和积极的调整，行业的经营理念也有了很大的转变和升华。但在寿险行业增长处于颓势的背景下，“保费冲动”的思维仍然有很大的惯性，甚至出现较为强烈的反弹。可以预期，如果行业发展理念没有得到根本的扭转，现行的考核激励机制没有根本上得到改变，就难以在机制上实现寿险业的转型。

（二）发展模式出现分化

人身保险产品可分为两大类。一类为保障型人身保险，包括普通寿险、分红险、养老险、健康险、人身意外险。此类保险为投保人提供人身保障，预定利率、费用率、死亡率、现金价值都事先确定。另一类为投资型保险，主要包括万能险和投资连结险。此类保险保障和投资分离，死亡给付和现金价值与独立投资账户资金运作的表现挂钩，其中投资连结保险将投资风险全部转移给投保人，万能险的投资和运作风险由保险公司和投保人共同承担。2013 年开始，中国保监会将统计口径细化为“原保险保费收入”，“保户投资款新增交费”，“投连险独立账户新增交费”，三类保费收入之和为规模保费。其中，“原保险保费收入”为保障型人身险和通过风险测试的分红险、万能险保费收入。该项被视为保障型人身险的收入指标。“保户投资款新增交费”为绝大部分万能险和部分没有通过风险测试的分红险保费收入，“投连险独立账户新增交费”为投资连结险保费收入。这两项被视为投资型保险的收入指标。

从 2013 年开始到 2015 年 9 月，规模保费增加 33%，其中原保费收入增加 19%，保户投资款新增交费增加 71%，投连险独立账户新增交费增加 427%。从规模保费占比来看，保障型保险保费收入从 77% 下降到 68%，而投资型保险保费收入从 23% 上升到 32%。投资型保险战略地位愈加明显，保险行业业态分化开始显现。

首先，以四大上市险企为代表的传统险企仍以保障型保险保费收入为主，2013 年平安、国寿、新华、太保的原保费收入占比分别为 66%、97%、86%、78%。而中小型险企则以投资型保险为主，2013 年生命、华夏、前海、正德的投资型保险保费收入占比分别为 69%、90%、97%、99%。

这一方面是由于保障型保险基数大，人身保障空间逐渐释放，需求逐渐增强，保费收入稳定上升；而另一方面，保险资金运用市场化改革深化，经济下行利率下滑的情况下，万能险稳中有升的长期收益率受到青睐，新兴寿险公司以此类产品为突破口赢取市场。在累计大量的投资型保险保费收入以及不断增资后，新兴寿险公司先把投资端做起来，再反过来促进保险负债业务发展，走上“资产驱动负债”模式。

一些新兴寿险公司走上“资产驱动负债”的发展道路主要是因为：第一，寿险市场集中度较高，新兴寿险公司在销售渠道尚薄弱的情况下很难与大型险企开展竞争。因而一些新兴寿险公司采取以高回报的投资型保险获取客源，提高知名度，并通过投资赚取利差。2012 年开始，部分新兴寿险公司推出了零初始费用、零管理费用的万能险产品，并借助互联网保险的发展，万能险保费收入大幅增加。

其次，万能险费率市场化使得其投资吸引力有所增强。2015 年 2 月中国保监会取消了万能型保险不超过 2.5% 最低保证利率限制，最低保证利率由保险公司根据产品特性、风险程度自行确定。万能险费改后，保证利率普遍达到了 4.5%，投资属性显现，市场吸引力增强。

最后，投资端的市场化与放松管制也扩大了保险公司的资产配置范围，为其提高投资收益提供了条件。高成本的负债端需要有高收益的资产端相匹配，投资型保险便成为一些投资能力较强的险企迅速崛起的捷径。

当然，以投资险为主的“资产驱动负债”发展模式的背后是投资资产的配置，受金融环境影响大，发展呈周期性特点。同时，投资型保险依靠高回报产品开拓市场赚取利差，价值低于传统保险，长远来看盈利持续性不强。目前来看，市场波动风险和退保风险是投资险以及“资产驱动负债”模式面临的重要风险。

（三）传统发展模式存在的问题

1. 目前的产品结构难以彰显寿险业的价值。目前市场上的寿险产品大部分是理财产品，这些产品风险保额低，与其他金融理财产品基本同质。一直以来，寿险通过与银行理财、信托、基金等金融产品比拼收益率，通过短期理财保险争夺居民储蓄。表现在产品结构中，养老保险、健康保险、意外保险等占比低，而理财型产品占比非常高（见表 7－3）。

表 7－3　2006—2014 年寿险公司业务结构　（单位:%）

产品类型	2006 年	2007 年	2008 年	2009 年	2010 年	2011 年	2012 年	2013 年	2014 年
投连险	2	7.9	5.7	1.8	1.5	0	0	0	0
万能险	11	17.1	19.8	13	10.7	0.8	0.8	0.8	0.7

续表

产品类型	2006年	2007年	2008年	2009年	2010年	2011年	2012年	2013年	2014年
分红险	59	44.9	51.7	65	71	80.2	78.9	75.7	51.3
健康险和意外险	11.5	9.8	9.3	8.4	7.8	9	10.5	12.3	14.1
普通寿险	16.5	20.3	13.5	11.8	9	9.9	9.7	11.2	33.9
合计	100	100	100	100	100	99.9	99.9	100	100
保障型产品合计	28	30.1	22.8	20.2	16.8	18.9	20.2	23.5	48

资料来源：中国保监会。

这种行业发展模式造成寿险与银行、信托、基金在收益率方面进行单纯价格竞争的格局，负债成本高昂，而保险资产管理陷入高负债成本又倒逼高风险投资的困境。尽管保险资金运用"新政"近年来实实在在地提升了保险资金运用收益，但目前的资金运用收益率水平并不足以为保险业提供"相对竞争优势"，已有模式的发展仍然面临投资端的瓶颈。考虑到资本市场的震荡以及投资风险的增加，更是如此。

更为重要的是，既有的发展模式难以彰显寿险的特殊行业价值，难以形成行业的核心竞争力，其价值创造功能大打折扣。从风险管理的角度看，寿险产品应当以保障为基础和核心，保障功能是保险产品最重要的内含价值，是核心竞争力的最主要内容，储蓄与投资功能不能脱离、超越、替代保障功能。失去保障功能，失去对风险的专业化经营，只是单纯地强调资金储蓄投资和资产增值，某种程度上是舍本逐末，失去核心竞争力。但在实践中，由于消费者教育的缺失以及之前长期费率管制下保障产品的价格偏高，消费者对寿险产品的风险保障功能认识有限，往往直接把寿险视作投资品，希望以此获得较高的投资收益率。而寿险行业理财型分红险产品也占绝对支配地位。一方面，寿险公司负债端竞争日趋激烈，资金成本上升；另一方面，近年来伴随着利率市场化不断推进，高收益率的银行、信托理财产品导致寿险理财型产品竞争力下降。这样，与其他替代性的金融产品相比，寿险理财型产品的竞争力相对下降。这使得既有发展模式非常容易受金融市场波动的影响。

2. 趸交推动的增长方式增加了退保与流动性风险。寿险业务增长模式有靠趸交保费推动业务发展和靠续期保费拉动业务增长两种模式。前者可以快速推动保费总量的增长，但可持续性差，容易造成业务发展大起大落。而续期业务是寿险公司增强实力和持续发展能力的根本。只有通过多做期交业务，不断积累续期业务，形成以续期保费拉动业务增长的良性局面，才能更好地实现持续稳定发展。

过去几年，我国寿险企业主要依靠趸交保费来维持总量的增长，行业续期保费占比不高，导致每年都面临巨大的新单趸交压力。同时，趸交业务质量不高，还会带来退保，造成流动性风险。事实上，现金流风险目前已经成为中国寿险市场面临的重大挑战。从行业看，由于满期给付与退保突出，部分公司现金流管理面临较大挑战。2014 年赔付支出累计达 3 247. 59 亿元，同比增长 22. 27%。退保金同比大幅增长 69. 89% 至 3 239. 05 亿元，退保率同比上升 1. 82 个百分点至 5. 62%，且各月退保金同比均呈大幅增长态势。2014 年经营性现金流呈现净流入 5 246. 38 亿元，同比少流入 401. 73 亿元，行业有 17 家公司出现经营性现金净流出的情况。2014 年退保和满期给付导致的经营性现金流出占已赚保费的比例高达 41. 93%，同比增加 5. 87 个百分点。

另外，现金流变化对保险公司资产配置也会产生较大的影响，实际投入资金运用的流量资金将会减少。

如上所述，退保率成为影响保险行业现金流的主要因素。退保的波动对保险公司现金流、利润、资产配置都产生较大的影响。从趋势分析看，寿险公司退保率上升主要始于 2012 年。退保主要来自银行渠道销售的趸交高现值保单。退保率过高是近年来行业普遍存在的现象，是保险公司竞争激烈的产物。具体而言，退保率出现较大幅度上升的主要原因包括以下几方面。

第一，高现金价值保单出售，造成一年后退保大幅产生。2012 年下半年，在满期给付和退保率上升、新单销售低迷、很多公司面临较大的现金流压力背景下，高现金价值业务应运而生。2014 年 1 月，高现金价值业务实现井喷式增长，达到阶段性高峰。2014 年 2 月，中国保监会出台了《关于规范高现金价值产品有关事项的通知》，高现金价值业务发展有所降温。但高现金价值产品已经带来了退保高企，2014 年人身险退保金同比大幅增长至 3 239. 05 亿元。退保高企的根本原因是，保险公司对高现金价值产品设计变相鼓励中短期退保，把名义长险变为实际短险。

第二，银行保险趸交质量不高，客户退保较多。各家公司虽然都在进行渠道调整，大多数公司的新单保费中银保渠道占比有所下降。但银保趸交业务占比仍然较大（参见图 7 -3）。由于银行理财产品以及其他金融投资产品的竞争和对保险产品的替代效应，银保趸交业务的退保率较高。

当然，除了退保，集中性的满期给付也是现金流风险的重要原因。由于不少公司 2008—2010 年通过银保渠道销售了大量的 5 年期产品，这样自 2013 年开始，一些公司出现了集中的满期给付，这在保费收入趋缓的背景下带来了巨大的现金流压力。

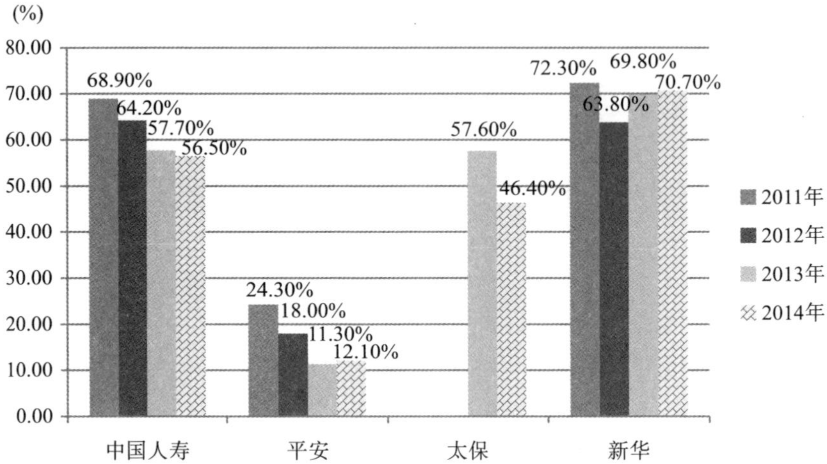

图 7-3　银保渠道新单保费占比

3. 销售模式面临转型压力。

第一，个人营销体制改革有待进一步推进。个险渠道是大型传统寿险公司的主要渠道，是价值的主要来源。个险渠道的发展模式主要是采用代理人制，人力规模 2011 年达到高峰值 335 万人，当前为 300 万人。近年来，随着行业调整，个险渠道增长趋势有所放缓，但在全行业的保费占比不断提升（见图 7-4、图 7-5）。

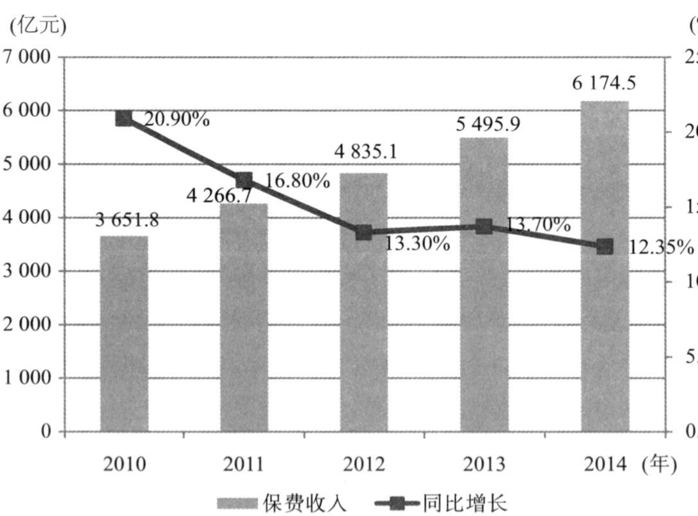

图 7-4　寿险公司个险渠道业务情况（2010—2014 年）

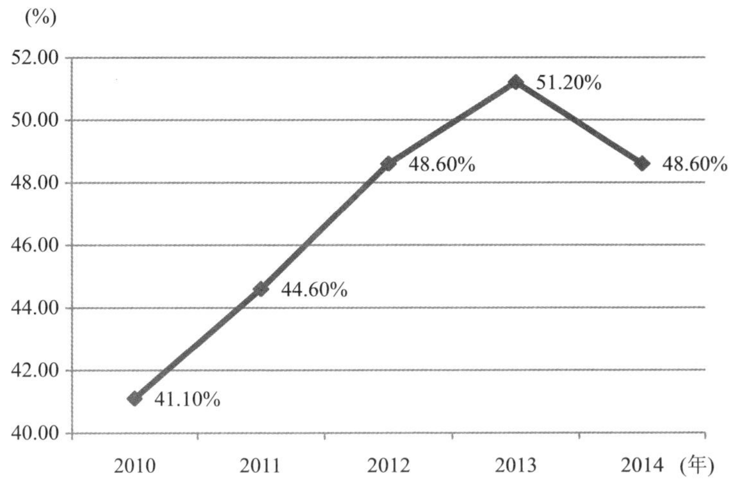

图 7－5　寿险公司个险渠道保费收入占比（2010—2014 年）

2011 年以来，寿险市场个险渠道面临很大的困难，包括劳动力成本上升与增员困难等，这也是寿险行业保费增速明显下降并出现大幅波动的重要原因。传统个人营销模式的真正问题和难点是简单依靠人力和机构扩张。在这种模式下，"两难两低"问题长期存在，即增员难、留存难，业务员素质低、收入低。营销员收入较低，且脱落率非常高，造成公司大量招聘新人，而这些新人的素质有待提高；同时少数存活下来的营销员管理能力又不高，难以对新人进行有效的培训和辅导；再加之很多分支机构又主要推动短期业务以实现增长，这些因素进一步导致营销员的销售技能薄弱，从而造成其产能低下，在目前的佣金制体系下，又导致营销员的收入偏低，从而再导致脱落率高，形成一个恶性循环的怪圈。这种恶性循环也使得营销员的职业缺乏应有的吸引力。因此，营销员的收入普遍偏低，既难以吸引高素质人才，也不利于开发保险的中高端需求。近年来寿险营销员的年人均实现保费和年人均佣金收入都呈现波动中下降的态势。可见，整个行业的粗放型发展方式使得营销员人力规模和人力增长成为很多公司渠道竞争的重点与焦点，而营销员的品质管理与销售行为的规范反而成为次要的事情，这是部分营销员销售行为不规范的深层次根源。

因此，保险营销员管理体制改革关系到是否打破现行模式的原有体制惯性，是否实现行业发展方式的有效转变。对于保险公司而言，必须将保险业的"增长"与"发展"区别开来，逐渐摆脱单纯的"规模偏好"与"保费冲动"，转变粗放型的发展方式，将对营销员人力规模的关注与质量管理结合起来。寿险公司要逐渐放弃简单、低效的人力增长计划，专注于提高人均产能，加强人员培训，提高代理人准入门槛。通过改革营销员管理体制，提高其收入水平与社会地位，增强其对职业与自身价值的认同，从而也为规范其销售行为提供内在动力。

第二，银行保险发展有待转型。银保渠道是近年来支撑行业规模增长的重要渠道。其发展模式主要采用员工制；由以前的银行驻点销售转变到银行柜面销售，保险公司主要提供产品研发和服务支持，以销售简单产品为主。其主要挑战是：传统保险公司在与银行合作中处于劣势地位，利润空间受到严重挤压；销售误导问题突出，影响行业声誉。行业调整以来银保业务增速持续明显下滑。2011 年以来寿险行业保费增速放缓，甚至一度陷入困境，其重要的导火索是银保新政，使得银保渠道面临较大挑战，这直接导致寿险保费增速明显下降（见图 7 –6）。

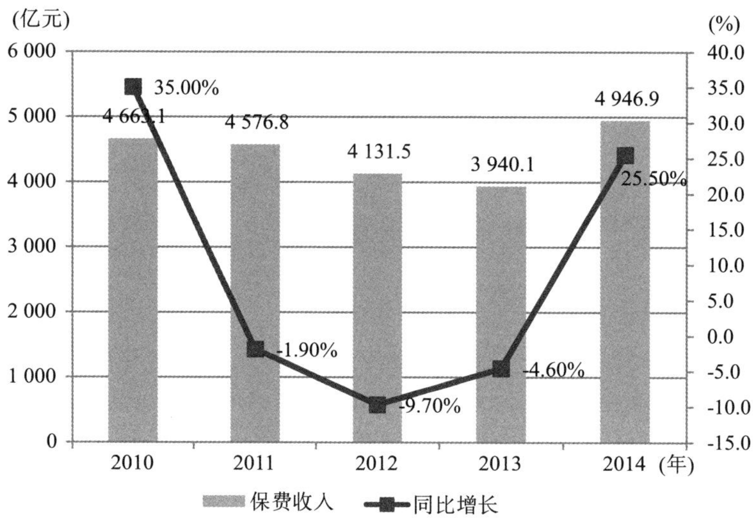

图 7 –6 寿险公司银邮渠道业务情况

银保之所以出现问题，不在于渠道本身，而在于把简单的储蓄替代品当作保险产品来卖，把只适合于部分消费者的产品试图卖给所有人，把短期的投资收益率说成是长期的保证回报率。“银保”这个好“经”被念歪了，其深层次的根源在于发展理念的偏差。由于对保费规模的特殊偏好，一些公司的考核导向使得做业务成为第一重要的事情。在规模至上的环境下，银行保险成为不少寿险公司快速扩张的“杀手锏”。在不正当竞争的氛围中，没有谁真正在乎市场规则，“劣币驱逐良币”的逆向淘汰机制成为银保市场的潜规则，而风险控制与消费者保护反而变得无足轻重，从而最终酿成银保市场的重重危机。

第三，团险渠道不断萎缩。团险渠道曾经也是寿险行业的一个重要渠道，保费收入高的时候曾占寿险收入的 30%—40%，主要来自团体养老年金保险收入。

20 世纪 90 年代中期，团险渠道相继被代理人、银保渠道超越。近年来，随着企业年金的发展，团体养老年金保险到享有税收优惠的企业年金的转化率极高，团体养老年金保险业务迅速衰退，团险渠道日渐萎缩。近年来，保费规模呈现下降趋势，目前仅为 300 亿元左右，且业务波动较大。在渠道定位上，过去一直缺乏政策支持，渠道地位弱化，在发展模式上，主要通过渠道业务实现利润，法人业务支撑规模，目前都面临挑战：渠道业务依存度高，经营成本持续攀升；法人客户积累和开发不足。

第四，新兴销售渠道发展迅速。电销、网销等新兴渠道业务发展迅速，虽然保费占比小，但增速较快。电销增速趋缓，网销增速加快。从渠道看，互联网保险业务成为亮点。随着电子商务的不断发展，越来越多的新技术被广泛应用于保险销售中。除了近两年发展迅速的电销和网销之外，移动平台销售（如利用 APP、微信等方式销售）的崛起成为 2014 年网销发展的一大亮点，带动网销保费收入迅速增长。2015 年，互联网人身保险市场发展迅速，呈现四大特点：一是市场规模发展迅速，渠道地位持续攀升。2015 年，互联网人身保险累计保费达到 1 465. 6 亿元，是 2014 年同期的 4. 2 倍。二是经营主体不断扩大。2015 年共有 61 家人身险公司开展互联网保险业务，其中中资公司 39 家，外资公司 22 家。三是业务模式日趋多元，专业化经营布局加强。在经营互联网人身保险业务的 61 家人身险公司中，44 家公司通过自建在线商城（官网）展开经营，54 家公司与第三方电子商务平台进行深度合作，其中 37 家公司采用官网和第三方合作“双管齐下”的商业模式。中国人寿、泰康人寿、太平洋保险和太平保险在内的大型保险集团公司通过成立独立的电子商务公司，布局互联网专业化经营。四是件均保费呈现产品差异。2015 年，互联网人身保险件均保费达到 690. 8 元，同比大幅提升 105. 4%。分产品类型看呈现两大特色：保障型产品件均保费大幅增长，保险保障功能逐步强化；理财型产品件均保费大幅下降，互联网金融普惠优势日益凸显。

在渠道定位上，多数公司将新兴渠道作为新的业务增长点予以大力发展。在发展模式上，主要通过新技术的运用，降低经营成本，迎合客户的消费习惯。面临的主要挑战包括：客户信息安全存在隐患；客户对渠道的信任程度不高。

4. 盈利模式不平衡存在风险。寿险公司盈利主要来源于费差、死差和利差。曾经一段时期，寿险公司抓住资本市场大幅上涨机遇，获取高额投资收益。一些公司甚至不惜通过费差损和死差损来获取高额的投资资金。但是，在这种盈利模式下，一旦资本市场持续低位震荡，寿险公司投资收益将不断缩水，以致利润大幅下滑、偿付能力出现比较大的问题。因此，要警惕主要依靠利差盈利模式可能出现的风险。

5. 资产管理的市场化改革不充分。目前保险资产管理业面临的突出问题如下：第一，监管有待完善。2012 年以来，监管机构逐步建立以投资渠道管理、投资比例管理、偿付能力管理及资产负债匹配管理等为主要内容的制度安排，监管能力和水平有了明显提高，也促进了行业规范化、专业化发展。但监管仍存在不少问题。一是对一些投资渠道及其投资比例的限制仍然比较严格。比如，对境内受托人在全球范围内配置资产有比较严格的资格限制与比例限制。二是差异化监管不够。比如，没有根据保险机构不同性质的业务进行分类监管，没有区分自有资本和保费收入，没有区分产险和寿险资金，对于寿险公司的独立账户资金投资也没有区别对待。

第二，专业投资运营与管理能力有待提升。一是资产管理行业组织创新不足。许多尚不具备设立资产管理公司条件的中小保险公司，仍采用内设投资部或委托投资模式，投资决策、风险控制能力弱，无法适应保险资金高效运用的要求。一些具备条件的保险公司组建了资产管理公司，但由于股权结构、公司治理、激励约束机制等原因，资产管理公司投资决策的独立性不强，管理效率较低，没有真正发挥系统、专业管理保险资产的作用。二是资产负债管理滞后。资产负债管理是保险投资与保险产品开发、定价、销售紧密结合的管理方式和手段。保险行业作为资产与负债双轮驱动的行业，必须保证资产端和负债端共同健康发展，才能有效规避资产配置风险带来的重大影响。但我国保险资金运用资产负债管理仍处在探索和运用的初级阶段，大多数保险公司仍停留在资产管理阶段，保险业务部门和投资部门基本没有专门协调机制。一方面，保险公司对负债端没有长期规划，忽略负债端成本的控制，给保险资金运用带来了较大的压力，也为保险资产配置带来了一定风险；另一方面，投资品种、投资组合、收益率目标很少考虑资金来源属性、期限结构、成本因素，保险资金运用同保险产品开发定价脱节。三是投资人才与经验缺乏。从保险资产管理行业发展趋势看，与保险资金长期性特征相匹配的基础设施、大型项目、风险投资等领域投资，对投资人员的专业水平提出了很高的要求。然而我国保险资产管理业吸引人才、留住人才、培育人才的体制机制尚不健全，这是当前保险资金运用效率不高的重要原因，也是行业未来发展的瓶颈。

第三，资金运用风险值得关注。除了金融市场，特别是股票、债券等市场波动风险外，信用风险不断加剧。这突出表现在两个方面：一是部分金融产品信用风险加剧。在经济新常态下，经济去杠杆压力大，金融市场“刚性兑付”将逐步打破，某一区域或行业的信用风险已不断爆出，部分金融产品信用风险增大。

另外，随着银行理财在债券市场沉淀的资金量越来越大，优质债券供应相对减少。保险资金配置低评级债券存在潜在的中长期信用风险。二是地方融资平台风险不确定性增大。随着《中华人民共和国预算法》（2014 年修订）以及《国务院关于加强地方政府性债务管理的意见》的印发，进一步规范了地方政府举债融资机制，地方融资平台风险变数增大，一些融资能力不强、负债率较高、支柱产业产能过剩、环保压力大的区域或行业，风险值得高度关注。保险资金配置的债权计划和信托计划等非标产品涉及房地产、地方政府融资平台等投资，过去几年规模快速提升，存在潜在的信用风险。

保险资产管理业存在的上述问题是相互关联的，由于监管重点错位，长期把保险投资监管重点放在保险公司的投资行为和投资项目上，忽略了公司偿付能力、资产负债匹配管理，长期对保险投资渠道和比例进行严格限制，造成保险资产管理机构专业投资运营与管理能力不足，这又是造成资金运用风险的直接原因。可见，保险资产管理业问题的深层次的根源在于市场化改革不充分。第一，市场化改革不充分造成监管不完善。保险资产管理近年来取得的成绩离不开市场化改革。实践证明，市场化改革显著释放了改革红利，增强了市场活力和创新动力，促进了保险资产管理业的健康持续发展。但毋庸置疑，由于市场化改革刚刚开始，尚不充分，保险资金运用监管体制、方式和手段的不足，仍然是制约保险资产管理行业发展的主要因素。

第二，市场化不充分制约了保险资产管理机构专业投资运营与管理能力的提升。一是过多地管制与审批使得保险资产管理业市场主体多元化体系难以形成。特别是中小保险公司难以设立法人治理完善、股权结构合理的保险资产管理公司，这不利于增加市场主体，促进合理竞争，推进专业化、市场化建设。二是市场化不充分使得保险资产管理机构难以真正成为独立运作的市场经营主体。保险资产管理机构的管理体制、股权结构与公司治理都有待基于市场化的原则进一步优化与完善。三是市场化不充分也使得资产负债管理等投资管理手段落后，公司内控机制不健全。四是市场化不充分难以吸引人才以及建立人尽其才的机制。由于市场化不充分，难以建立科学合理、富有竞争力的薪酬机制、激励机制和投资业绩评价体系，对投资收益和风险进行综合考核，从而不利于吸引以及提高资产管理人员或投资人员的积极性。

第三，投资导向的市场化不充分带来资金运用风险。由于市场化与价值投资的理念缺乏，保险资产管理机构对近年来宏观经济形势及其风险认知不够，没有意识到大量错误投资将不利于中国经济的长远发展以及一些地方政府和企业的负债已经到了比较危险的边缘，从而将资金配置到房地产、地方政府融资平台以及部分金融信用产品中，这导致保险资金在当前不利的经济形势下面临较大的风险。

第二节　寿险业转型升级的国际经验及启示

以人的生老病死为承保对象的寿险业可以说是地球上最古老的行业之一，其历史可以追溯到公元前25世纪的埃及，现代寿险业的诞生也已经有数百年的历史[①]。时至今日，全球范围内寿险业已经普遍成为一国金融体系的重要组成部分，其功能不断拓展，在收入/损失补偿、资本市场发展、社保体系建设等方面发挥着不可替代的作用。作为一个动态的、不断在演变中的行业，当前寿险业的面貌与其历史面貌相比无疑已经发生了许多改变，这是经济、社会、技术、监管等外在环境变化与寿险业内部经营模式不断调整、相互适应的产物，换句话说，转型升级伴随着寿险业发展的全部历史，正是在不断变化、不断转型过程中，寿险业实现了行业自身的发展壮大，并在这一过程中履行了其保护消费者财务稳定的根本目标。

本节首先对转型升级的内涵进行界定，其次以美国寿险业为典型样本进行考察，试图勾勒其经历的重大转型升级以及日益清晰的新转型动向，并在此基础上总结出美国寿险业转型升级的经验及对我国的一些有益启示。最后，以日本和印度作为典型案例分析寿险业转型升级过程中的教训，以供我国参考借鉴。

一、寿险业转型升级的内涵

学术上并没有一个专有名词来形容寿险业的转型升级。在本部分的研究逻辑下，寿险业转型升级的内涵主要包括以下内容。

（一）转型升级主要指从低级阶段向高级阶段的演变

在外国文献中有一种广为流行的对保险市场发展阶段的划分，即一国保险市场一般要经历四个发展阶段：未发展阶段、早期增长阶段、持续增长阶段和成熟

① 寿险的历史最远可以追溯到公元前25世纪——低地埃及的石匠成立"葬礼互助会（Funeral Cooperative）"，当某个成员死去时，互助会给予一定的资金帮助，这实质上是一种最简单的财务支持机制。这种寿险形式在公元前1000年左右的印度和古罗马也都很普遍。现代保险业成形于17世纪，当时出现了简单的定期寿险合同。18世纪，首家现代寿险公司在英国成立。

发展阶段。不同阶段都有不同的影响因素。根据这一划分，寿险业的转型升级可以看作是由低级发展阶段向高级阶段的跨越过程，如从持续增长阶段到成熟阶段的跨越，意味着市场的需求和行业影响因素发生了很大变化，相应的，产品、服务、经营模式等也与前一阶段具备了不同的特征（见表7－4）。

表7－4　　　　保险市场的不同发展阶段及其影响因素

<table>
<tr><th rowspan="2">保险阶段</th><th rowspan="2">国家的基本状态</th><th colspan="2">影响保险市场发展的主要因素</th></tr>
<tr><th>外部因素，包括经济、法律、政治等前提条件</th><th>行业相关的具体因素</th></tr>
<tr><td>休眠阶段（如阿富汗、伊拉克）</td><td>脆弱</td><td>政治稳定
产权保护
企业自由
法律框架
合同执行</td><td>保险法律
初级监管框架
基础数据收集
政府层面的风险管理</td></tr>
<tr><td>早期发展阶段（如埃及、蒙古）</td><td>稳定/低收入</td><td>居民收入
经济规模
经济稳定性
市场限制</td><td rowspan="2">IAIS 核心原则（监管）
消费者的风险意识
精算能力
数据收集
职业教育
市场限制
行业的市场行为
消费者保护
私营/公共部门的合作
道德和行为的透明度</td></tr>
<tr><td>持续增长阶段（如秘鲁、印度等）</td><td>稳定/中等收入</td><td>居民收入
经济规模
储蓄率
金融部门
法制的效率及透明度</td></tr>
<tr><td>成熟阶段（如北美、西欧）</td><td>稳定/高收入</td><td>税收激励</td><td>另类风险管理和融资能力
金融市场风险的证券化</td></tr>
</table>

资料来源：USAID，“Assessment on How Strengthening The Insurance Industry in Developing Countries Contributes to Economic Growth”，Feb. 2006.

（二）转型升级是外部环境的变化和内部调整互动的过程

寿险业以人的生老病死相关风险为承保标的，这也就意味着凡是对人产生影响的因素都构成寿险业的外部经营环境，包括社会环境、经济环境、法律环境、监管环境、技术环境、自然环境等。人口总量、人口结构、预期寿命、城镇化、工业化、互联网、金融市场结构、利率、汇率政策、金融危机等都可能会对寿险业的经营产生重大冲击，并经由监管环境的变化、行业自身的创新等使得短期的调整固定下来，成为新的、主流的经营模式，转型因而得以实现。可以说，寿险业的转型升级是内外多种因素综合作用的结果，外部环境和监管、政策变化与保险业不断转型升级构成一个完整的循环。一个典型例子是在许多国家都曾出现过的寿险业产品结构的变迁。在经济增长较慢、中产阶级占比较低的社会，对寿险业的需求并不旺盛，简单的定期寿险往往是主流产品；随着经济的繁荣、中产阶级的兴起，对寿险业的需求日益高涨，具有储蓄性特征的终身寿险、两全保险将日益繁盛；进一步，随着金融自由化浪潮下监管的不断放松、竞争的不断加剧，寿险公司的创新步伐会显著加快，从而推动万能保险、分红保险等新产品的涌现。

（三）转型升级是指寿险业经历的重大的、可持续的变化

重大变化是指经营模式和行业面貌发生了关键的变化，产生了深远的影响，可能影响到寿险业最终的地位和作用。重大变化包括但不限于产品结构的变化、保险功能的变化、竞争手段的变化、经营环节的变化等。此外，在转型升级下，行业自身不仅产生了实质性的重大调整，而且这种调整还是长期的、可持续的、固定化的，而不是一时的、短暂的。例如，2008 年国际金融危机后，由于股票市场低迷，许多国家的寿险公司都相应调整了资产组合结构，调低了资金在股票和基金方面的配置比例，这种变化就不足以被称为“转型升级”。

二、数百年来美国寿险业的重大转型升级

在上述转型升级的内涵框架下，本部分拟选择美国为样本，探讨国际范围内寿险业的重大转型升级情况。选择美国的主要理由有两条：其一，美国是现代寿险业出现最早的国家之一，拥有 200 多年历史，寿险市场的发展进程没有中断过，因而可以提供寿险业变迁的较为完整的图景[①]；其二，美国长期以来是世界上最大的寿险市场，不仅规模庞大，而且产品、经营、监管等很多创新源于美国，在全球具有相当大的示范效应，以美国作为代表追踪国际寿险业的转型升级，具有很高的代表性。

具体而言，数百年来美国寿险业主要经历了如下重大转型升级：

（一）从产品结构看，经历了从承保死亡风险为主到承保长寿风险为主的转变

传统上，死亡风险是美国寿险业最开始也是最主要的承保风险。1759 年建

① 1759 年建立的 The Presbyterian Ministers’ Fund，是美国历史上第一家寿险机构，其成立时间甚至早于美国建国。

立的 The Presbyterian Ministers’ Fund 是美国历史上第一家寿险机构，其主要业务就是为家庭的主要劳力提供寿险保障，以便一旦死亡降临后其遗世的妻子和孩子能够获得财务保护。提供死亡风险保障的最主要产品是定期寿险和终身寿险。第二次世界大战前，定期寿险是美国最主要的寿险产品，从 1945 年到 1960 年，随着美国经济恢复繁荣以及城镇化的不断进展，消费者的需求产生了变化，具有一定储蓄因素的终身寿险开始替代定期寿险，成为主导产品。20 世纪 70 年代末 80 年代初，由于消费者对投资和财富管理的需求日益旺盛，再加上竞争的压力、金融市场环境的变化等因素的影响，出现了万能寿险和变额寿险等投资性因素更强的新型寿险产品。在这些新型寿险产品中，纯粹的死亡风险保障因素显著下降。

伴随着医学研究的不断进步，许多疾病得到治愈，再加上经济的繁荣、生活的稳定，美国人均寿命不断增加，人口老龄化形势日益严峻，“婴儿潮”出生的大量人群日益接近退休年龄，人们越来越关注退休后的养老、医疗问题，而不是死亡保障问题。在这种情况下，寿险业传统上对死亡风险的关注逐渐让位于对生存风险的关注，特别是对年老风险、长寿风险的关注。这样，在被保险人生存期间，保险人按照合同约定的金额、方式，在约定的期限内，有规则的定期向被保险人给付保险金的年金保险流行起来，并逐渐占据主流地位。1986 年之前，美国寿险保费收入大于年金收入，但从 1986 年开始，年金保费收入超过了寿险。2013 年，寿险只占据全部保费收入的 22%，而年金保险保费收入却占据 48% 的份额（见图 7－7）。

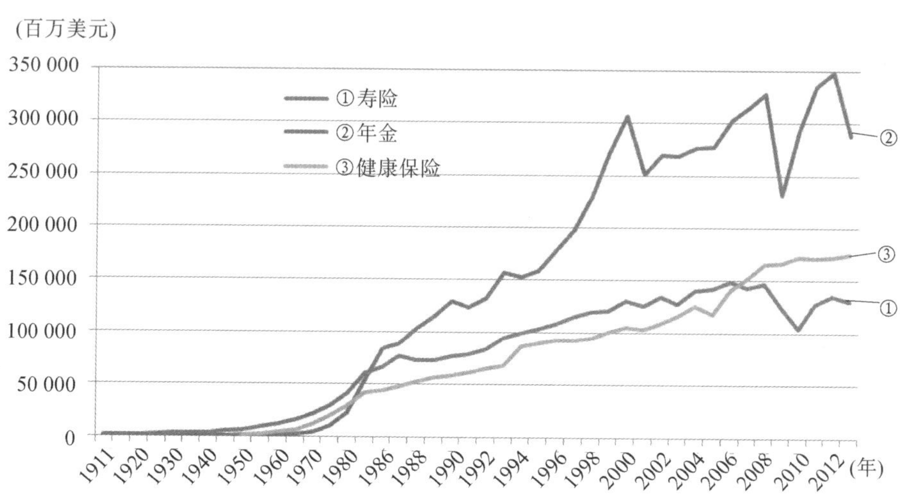

图 7－7　美国寿险业各险种发展趋势（1911—2013 年）

资料来源：ACLI，转引自国务院发展研究中心金融所《中国寿险业发展》课题报告。

（二）从资产配置看，寿险业对资本市场的投资比重越来越大，特别是对美国公司债券和股票市场的深化发展发挥了重要作用

早期的美国寿险业在投资方面没有限制，既可以投资股票市场，也可以投资银行业，还可以承销证券，这种宽松的监管一度使得寿险业成为美国最大和最有影响力的金融机构[①]。不过，到了20世纪初期，早期投资中存在的大量管理失误、欺诈、腐败等问题逐渐暴露，引发了监管规则的收紧，美国保险公司被禁止持有普通股并开展债券承销等活动。因此，直到第二次世界大战前，美国寿险公司投资组合中的主导资产为政府债券（一般超过50%）。第二次世界大战后，随着企业活动的扩张以及对资本需求的高涨，美国公司债券的发行开始加速。美国寿险公司缩减了对国债的投资，转而增加对公司债券和按揭贷款的投资。1945—1960年，美国保险公司资产结构中，国债、公司债券和按揭贷款占全部金融资产的比例分别从50%、25%、15%变为4%、40%和35%。自20世纪60年代以来，美国公司债券的投资比重基本保持稳定，而国债、按揭贷款的比重大幅下滑（2003年分别为3%和7%）。

20世纪70年代，随着市场利率的升高，货币市场基金、相互基金开始了大发展，他们提供了比寿险公司更高的回报率，从而影响了寿险行业的竞争力。为了提高投资回报率，寿险公司希望将资金更多地配置到股票和房地产上，但此时由于存在着监管限制，寿险公司不得不通过投资风险更高的产品（例如垃圾债券）、创新产品类型（例如与共同基金挂钩的保险产品）等方式加以应对。此后，对股票市场的投资监管有所放松，再加上负债结构的变化、独立账户的引入等因素的影响，寿险公司得以将更多资产投资到股票市场上。1990年寿险公司在股票方面的资产配置比例只有9%左右，到2013年则接近33%。1917年以来美国寿险公司的资产配置情况见表7－5。

表7－5　　美国寿险公司的资产配置结构　　（单位:%）

年度	债券	股票	按揭	房地产	保单贷款	其他资产
1917	42.70	1.40	34.02	3.01	13.63	5.23
1920	45.05	1.02	33.36	2.35	11.73	6.48
1925	37.55	0.70	41.67	2.31	12.53	5.23
1930	34.06	2.75	40.24	2.90	14.87	5.17
1935	43.25	2.51	23.07	8.57	15.25	7.34
1940	55.49	1.96	19.39	6.70	10.04	6.42

① NAIC & CIPR study, “State of the life insurance industry: implications of industry trends”, Aug. 2013.

续表

年度	债券	股票	按揭	房地产	保单贷款	其他资产
1945	72. 78	2. 23	14. 81	1. 91	4. 38	3. 88
1950	61. 49	3. 28	25. 15	2. 26	3. 77	4. 05
1955	52. 79	4. 02	32. 56	2. 85	3. 64	4. 14
1960	48. 97	4. 17	34. 93	3. 15	4. 37	4. 41
1965	44. 15	5. 74	37. 77	2. 95	4. 83	4. 55
1970	40. 61	7. 44	35. 89	3. 05	7. 75	5. 26
1975	41. 83	9. 70	30. 82	3. 33	8. 46	5. 87
1980	44. 37	9. 88	27. 35	3. 14	8. 64	6. 62
1985	51. 03	9. 38	20. 80	3. 49	6. 58	8. 71
1990	56. 34	9. 12	19. 18	3. 08	4. 45	7. 83
1995	59. 64	17. 35	9. 88	2. 45	4. 48	6. 21
2000	50. 45	31. 35	7. 44	1. 13	3. 21	6. 43
2005	54. 45	28. 68	6. 58	0. 73	2. 44	7. 12
2010	51. 66	29. 55	6. 15	0. 52	2. 42	9. 68
2011	52. 39	28. 15	6. 24	0. 53	2. 35	10. 34
2012	50. 81	29. 86	6. 13	0. 53	2. 26	10. 40
2013	48. 78	32. 58	6. 08	0. 51	2. 14	9. 91

资料来源：ACLI。

简言之，寿险公司提供的大量、稳定、长期的资金，对美国寿险市场的深化发展做出了十分重要的贡献，特别是对公司债券市场和股票市场的发展产生了非常关键的作用。在公司债券、外国债券、股票等特定领域，美国寿险公司是具有系统重要性的机构投资者。2009 年美国寿险公司约持有美国公司债券和外国债券的 16. 7%，商业按揭的 10. 3%，公司股票的 6. 2%。

（三）从经营主体看，经历了股份制和非股份制轮番兴盛的时期，并购导致寿险公司的数量呈现减少趋势

在美国保险业发展的早期，多数成功的保险公司都采取了股份制方式。不过，在 1837 年美国经济大恐慌后①，由于保险人无法筹集足够的资本来形成股份公司，因此不得已采取了对资本要求不太严格的相互制方式。19 世纪末期和 20 世纪初期，出现了第三种组织形式：兄弟会，主要特征是：非营利，有政府代表，通过向成员募集的方式弥补亏损。早期的兄弟会不要求持有资产，没有初期

① 1837 年恐慌是美国历史上遭遇的第一起最为严重的经济危机，美国历史上首次进入萧条时期。这场金融恐慌带来的经济萧条一直持续到 1848 年加州发现了巨大的旧金山金矿才开始有转机。

资本的限制，不存在丧失偿付能力的问题，这是与相互公司和股份公司最大的不同。因此，19 世纪末期，兄弟会形式的保险公司大量增加，这对应着当时大量新移民定居而需要寻求风险管理的大时代背景。到了 19 世纪 90 年代初，私人寿险公司的一半以上都采取了兄弟会的形式。此时，美国寿险公司存在三种主要的组织形式：股份公司、相互公司和兄弟会。

20 世纪 90 年代中期到 21 世纪初，包括美国在内的许多发达国家保险市场上兴起了一股“去相互制”的浪潮，许多相互制公司因为资本补充、业务扩张等压力纷纷改制为股份制保险公司，由此相互制公司的实力大大减弱，但仍然占据相当比重。2013 年末，美国寿险市场上有 648 家股份制公司，113 家相互制公司，82 家兄弟会，还有 7 家其他形式的保险机构。其中，相互保险公司持有 5.4 万亿美元的有效保单，股份公司持有 13.8 万亿美元有效寿险保单。

从经营主体的数量看，直到 20 世纪 80 年代中期，美国寿险公司数量以增加为主，1988 年活跃公司的数量达到顶点，为 2 343 家，其后数量开始逐渐下降。2011 年末，美国共有 895 家寿险公司实际运营，2013 年底为 850 家。寿险公司数量减少的主要原因在于公司并购活动不断增加（见表 7－6）。

表 7－6　　美国寿险公司组织结构和公司数量　　（单位：家）

年度	年末实际运营的保险公司数量				
	股份制	相互制	兄弟会*	其他	合计
1950	507	142	—	—	649
1955	942	165	—	—	1 107
1960	1 286	155	—	—	1 441
1965	1 475	154	—	—	1 629
1970	1 627	153	—	—	1 780
1975	1 603	143	—	—	1 746
1980	1 823	135	—	—	1 958
1985	2 133	128	—	—	2 261
1990	2 078	117	—	—	2 195
1995	1 356	259	—	35	1 650
2000	1 016	223	—	30	1 269
2005	854	154	102	9	1 119
2010	695	126	89	7	917
2011	682	122	85	6	895
2012	660	120	82	6	868
2013	648	113	82	7	850

注：* 多数年份兄弟会和其他组织没有数字不代表数量为零，而是由于数据不可得。

资料来源：ACLI。

（四）从销售渠道看，由单一渠道向多元化渠道转变

早期，美国寿险公司主要依赖于代理人系统销售保单，具体说主要是指只销售雇主自己保单的专属代理人。第二次世界大战后，这种销售格局开始发生变化，出现了同时为许多保险公司服务的独立的代理人，专属代理人的数量在下降。再后来出现了专门的经纪公司，代表客户向保险公司购买产品，不同于代表保险公司的代理人体系。由此，寿险公司主要存在三种销售渠道：专属代理人、独立代理人和经纪人。

在其他销售渠道方面，1916 年的《国民银行法》限制银行销售保险。20 世纪 90 年代起，这种规定逐渐解禁，有一些法庭判决允许银行重新可以销售保险。到了 1999 年，《金融现代化法案》（即 Gramm – Leach – Bliley Act）允许银行、保险公司和证券公司可以组成控股公司，相互销售产品，由此，越来越多的美国银行介入保险产品的销售，银保渠道变得越来越普遍。特别是在一些与银行产品相似性较高的年金保险领域，银行成为一个较为重要的销售渠道。其后，随着信息技术的不断发展，包括电话、邮件和互联网进行的直销渠道有所发展。

根据 LIMRA 的统计，2014 年，美国寿险销售中，独立代理人占个人寿险新单销售市场 50% 的份额，专属代理人占 40%，直销占 5%，其他占 5%。当然，细分产品所依赖的销售渠道有所不同。例如，在 2014 年个人年金产品的销售中，经纪人渠道占 38%，独立代理人占 17%，专属代理人占 20%，银行占 16%，直销占 7%，其他渠道占 2%。从上述统计数据可知，代理人和经纪人依然在美国寿险市场的销售渠道中占据主导地位。

（五）从与其他金融部门的关系看，寿险业经历了与银行、证券等金融子行业由合到分、再到进一步融合的历程

19 世纪晚期和 20 世纪初期，美国寿险公司一度成为美国最大和最有势力的金融机构，与银行保持密切的联系，不仅可以持有银行的控股权，而且还可以承销证券。伴随着这种混业经营模式的是寿险公司出现了许多欺诈、腐败等问题，导致监管机构介入调查，随后收紧了相关监管规则，保险公司被禁止持有普通股，并禁止承销债券，混业经营的模式由此中止。这些严格的监管规定虽然从 50 年代起开始有所松动，但直到 80 年代金融自由化改革启动后，保险公司才真正重返金融市场，重新开始从事一些综合性金融活动①。1999 年《金融现代化

① NAIC & CIPR study，“State of the life insurance industry：implications of industry trends”，Aug. 2013.

法》允许银行、保险公司和投资公司通过金融控股公司的形式结合在一起。在该法推动下，金融综合经营明显加快，出现了很多银行、保险公司、证券公司合并的案例，银、证、保的业务边界渐渐相互融合。目前不少保险公司已经从规模较小的、单纯的风险承保者变成大型的、复杂的、全球性的金融集团，保险业已经更广泛地融入美国金融体系中。

（六）从监管看，消费者保护日益成为保险监管的核心目标

美国一直属于州监管为主的监管体系，保险法由州制定，由州监管者具体实施。在州监管层面，监管方式主要分为审慎监管（主要是偿付能力监管）和市场监管两部分，前者主要负责监管保险公司的财务状况，以确保保险公司具备满足保单持有人索赔的能力；后者则主要负责监管保险公司的市场行为，包括定价、销售、保单条款、保险代理人和经纪人的执照以及消费者保护等。100 多年来，偿付能力监管和市场行为监管一直在不断进行着改革，目前监管的核心目标已经转变为以消费者为中心、保护消费者的利益。这一转变主要源于 20 世纪 60 年代起不断兴起的公民运动和不断提高的公民意识，使得金融市场逐渐接受消费者保护、全面信息披露等理念。

三、美国寿险业正面临的新的转型升级压力

寿险作为美国超过 250 年历史的老行业，已经步入了成熟阶段，难免也出现发展乏力、甚至有所退步的问题。1996 年，美国寿险业保险深度为 3.75%，2014 年则只有 3%。根据相关资料①，美国持有寿险保单的家庭比例从 1998 年的 69% 下降到 2010 年的 62%。过去 10 年，美国寿险业发展速度平均增速为 2%，其主要竞争对手银行、资产管理行业的发展速度年均增速则为 7%，是寿险业的 3 倍多。公司市值方面，从前 20 大公司总市值看，寿险公司占金融行业的比重由 1985 年的 40% 下降到 2013 年的 25%，而银行和资产管理公司均有不同程度的提升，分别达到 55% 和 20%。

图 7－8 列示了 1987—2008 年间美国保险业和金融业 GDP 情况。可以发现，过去 20 年间，美国金融业对 GDP 的贡献整体呈上升趋势，1986 年为 6% 左右，2008 年增长到 8% 左右。相比之下，美国保险业对 GDP 的贡献率始终保持在 2%—3% 之间，并没有显著上升，这表明，保险业在整个金融体系中的相对地位有所下降。

---

① 赵广道：“寿险业再不拥抱互联网就晚了”，http：//pl. sinoins. com/2015－10/28/content_ 172869. htm。

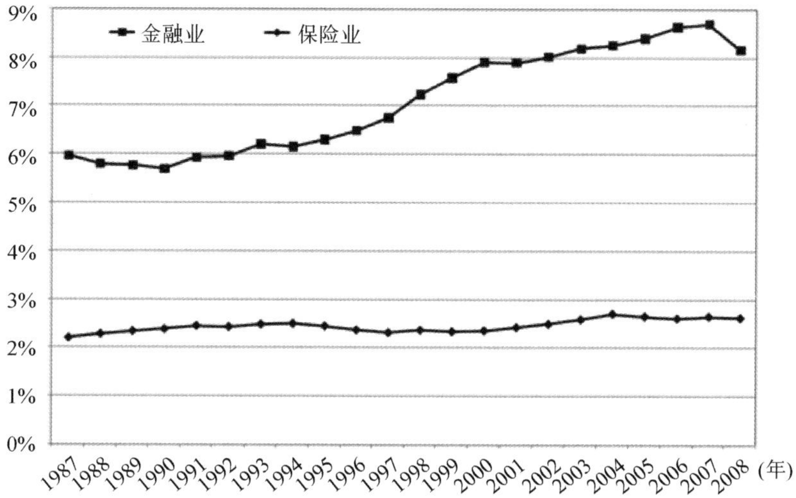

图 7-8 美国金融业对 GDP 的贡献

资料来源：J. David Cummins and Mary A. Weiss，“Systemic Risk and the U. S. Insurance Sector”，September 14，2010.

事实确实如此。进入 21 世纪，美国寿险业面临着越来越大的压力和挑战，主要包括：其一，如何应对新生代消费者的崛起，如何吸引“80 后”、“90 后”这些所谓的“千禧一代”① 年轻人购买保险？其二，如何解决寿险经营中积累的一系列问题？例如目前一个突出问题是寿险代理人年龄的老化。根据统计，寿险代理人年龄的中位数是 51 岁②。寿险公司面临着如何培养更年轻、更多样化的代理人队伍的难题。其三，如何应对互联网、大数据等新技术的冲击？其四，如何应对银行、证券等其他金融部门的竞争？其五，如何应对低利率时代的挑战？其六，如何面对国际金融危机后金融监管体系的调整？等等。简言之，美国寿险业正面临着如何恢复和保持活力、如何确保可持续增长的挑战，面临进一步转型升级的压力。面对上述挑战，美国寿险业已经出现了一些日益清晰的、新的转型升级动向。重点为以下几个方面。

（一）增加在退休养老和长期护理方面的产品比例，以应对人口老龄化挑战

人类正面临前所未有的老龄化挑战。以美国为例，正迎来历史上从未遇到过的天量退休人群，有超过 4 600 万名“婴儿潮”出生的人员接近退休年龄。人口

① “千禧一代”指 1984—1995 年出生，在互联网陪伴下长大的一代。
② 2014 Insurance Asset Manager Survey.

老龄化意味着退休后的预期寿命和养老、医疗等费用需求不断增加，也就意味着长寿风险日益严峻。

老龄化和长寿风险加剧的一个重要表现是，财政逐渐无法承受巨大的退休人员养老和医疗支出。在社保体系健全的欧美发达国家，养老金支出成为公共财政的沉重负担，甚至成为引发主权债务危机或地方政府破产的重要原因。希腊、西班牙、葡萄牙、意大利等遭遇深重债务危机的欧洲国家，其养老体系的共同特点均是主要依靠第一支柱的政府公共养老金，而私人养老金体系并不发达。有鉴于此，近年来越来越多的 OECD 国家开始着手加快社保体系的改革步伐，共同趋势包括：延长退休年龄；采用世界银行的多支柱体系，加强第二支柱和第三支柱的建设；增加个人在社保体系中的责任等。

美国社保体系的发展也与上述趋势不谋而合。以前美国人主要通过固定福利的 DB 计划和政府主办的社会保障体系进行养老。自 20 世纪 80 年代以来，在税收优惠等政策的作用下，固定缴款的 DC 计划、属于第二支柱的 401（K）计划和属于第三支柱的个人账户 IRA 等变得越来越普遍。从 DB 计划向 DC 计划的转变，从更多依赖社会保障体系到更多依赖私人养老金计划，反映了美国退休人员收入来源的日益多元化以及个人在养老体系中承担了更多责任（见图 7－9）。

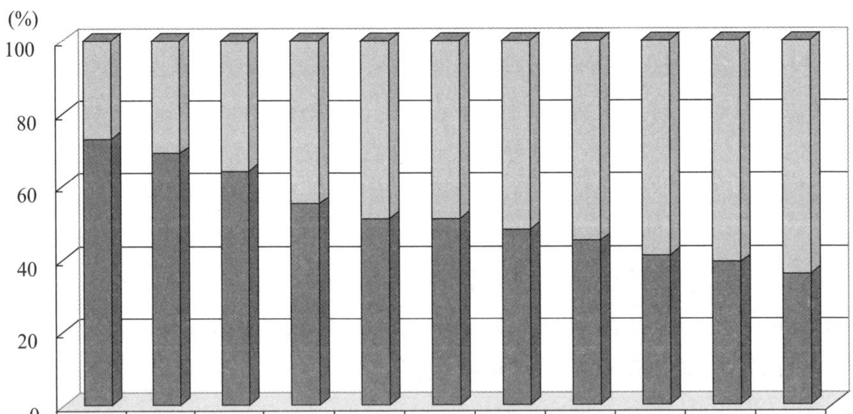

(年)	1975	1978	1981	1984	1987	1990	1993	1996	1999	2002	2005
DC	27%	31%	36%	45%	49%	49%	52%	55%	59%	61%	64%
DB	73%	69%	64%	55%	51%	51%	48%	45%	41%	39%	36%

图 7－9　美国私人养老金计划的趋势变化

资料来源：Pension Review Board，“Retirement benefits in the public and private sectors – a comparison of trends, regulatory environments and related issues”，Aug. 2013.

从传统的 DB 模式向 DC 个人账户的长期转型要求人们为退休生活进行更多

的储蓄，相应的，对金融市场和金融中介机构也提出了更为复杂的要求。可以说，在美国，退休金融服务从来没有这么重要过，银行、证券等金融部门纷纷介入这一传统上主要由寿险公司主导的领域，寿险公司也因而面临从未经历的严峻挑战，因为临近退休，消费者可以有多种选择：既可以选择将其储蓄用于购买年金产品，也可以选择购买相互基金或者其他金融产品。保险公司的年金产品与银行、证券产品在退休储蓄方面有一定的相互替代性。从实践中看，尽管年金产品已经成为美国寿险公司的主导产品，但在整个退休金融市场，寿险公司在私人养老金市场上的重要性有显著下降，相比年金产品，美国普通消费者似乎对共同基金和银行产品更感兴趣。仅仅在1992—1994年的两年时间里，保险公司在401（K）市场上的份额就从34%下滑到了30%。相反，共同基金的份额则从26%上升到了37%。在整个退休金资产市场上，保险公司的市场份额已经从1983年的22.74%下降到了1996年的18.03%。2011年在美国退休金市场上，年金只占9%的份额，相比之下，DC计划和IRA各占26%和28%。此外，2011年只有16%的DC计划赞助者在其退休收入解决方案中将年金纳入，这些计划中只有1%的参与者实际行使了这一选择权。寿险公司在退休金市场上竞争力下降的一个重要原因是与相对较差的投资绩效有关。因为多数保险公司投资行为过度保守，投资选择权相对有限，而且收取的费用相对较高，从而减少了年金产品的吸引力。

面对老龄化形势下日益攀升的健康保险需求，美国寿险公司产品结构中缺乏长期护理产品的弊端也日益凸显。2011年，美国寿险公司产品结构中，68%是年金产品，26%是寿险产品，4%是残疾失能保险，只有2%是长期护理类产品。

综上所述，美国寿险业在如何应对老龄化挑战、如何应对长寿风险等方面并没有完全做好准备，相关潜力也远远没有开发出来。好在近年来业界已经逐渐意识到这一问题，进一步优化产品结构、增加寿险公司在退休金市场上的竞争力、着力开发长期护理产品等，已逐渐成为业界共识。

（二）集中更多精力和资源，全方位应对互联网和大数据的冲击

信息技术、互联网、移动技术、大数据等已经改变了很多行业，寿险业也受到冲击。随着20世纪90年代互联网的兴起，美国保险公司开始通过互联网提供保险，出现了许多在线集成网站，主要工作是搜集各保险公司的产品、价格等信息，以便消费者可以相互比较不同公司的产品性价比，在互联网上进行销售的主要是定期寿险和车险这些标准化程度高的产品。时至今日，保险网站越来越多，不过与消费者直接通过网络购买车险等标准化产品不同，消费者主要通过互联网对寿险产品进行事前的研究，而很少直接购买。根据 2014 年一项调查，在美国，83% 的消费者在购买保单前会使用互联网对寿险产品进行研究调查，而面对面的同代理人接触仍然是购买寿险的最普遍方式①。这是寿险业与非寿险业一个显著的不同，主要归因于寿险产品和服务流程更为复杂的缘故。

美国寿险业界不得不接受的一个普遍认知是，寿险业在利用科技创新方面步伐较慢，互联网保险在美国的发展滞后于预期，并且无论是在向消费者提供积极的在线体验方面，还是满足数字时代的客户期望方面，寿险业均落后于其他行业。波士顿咨询集团（BCG）2013 年进行的一项调查显示，如果按消费者对不同行业互联网应用进行的相对满意效用分值来排序的话（最高为 20 分），个人银行业可以获得最高分——15.2 分，保险业只能获得 4.0 分，在 16 个行业中位列第 14 位，排名倒数第 3 位，远远低于平均值 7.3 分②。

美国寿险业已经充分意识到了在互联网、大数据等应用方面的滞后现象，正在采取各种方式试图进行改变，以更好地应对新技术时代的挑战。措施包括：大力增加在 IT 方面的投资力度；进行更多的技术研发，将电子核保、可穿戴设备等全方位引入业务环节，不仅仅限于销售环节；收购或投资高科技企业等。

（三）适时调整监管框架以更好地适应新的变化

2008 年国际金融危机后，全球保险监管均面临着改革调整。美国也不例外，最大的调整是联邦政府加大了对保险监管体系的介入力度，以更好地应对保险业日益复杂化所带来的一系列问题。事实上，自诞生以来，美国以州为主体的监管体系一直存在争议，但直到此次国际金融危机后，联邦政策才真正实质性介入保险业的监管体系中。

在 19 世纪 70 年代早期，美国多数州已经开始启动对保险业的监管。由于保险业主要属于本地化经营的行业，保险监管的权利也自然地落在州政府手中。不过，尽管美国的保险监管直至今日都主要是州监管，保险法由州制定，由州监管者具体实施，但保险到底应该是州监管还是联邦监管、联邦政府到底应该在多大程度上介入保险监管的争议从始至终一直存在着。反对州监管的一个重要理由是：州监管可能无法支持美国保险市场朝着全国性、全球性迈进，因为州监管下，美国保险市场缺乏统一规划和发展，可能影响监管效率。正是由于担心州监管下监管标准过于割裂，1871 年，各州保险监管者联合成立了"全国保险监督

① 相比之下，2012 年美国通过网络销售了约 310 万份车险保单，比 2010 年增加了 6%，http：//www.iii.org/issue-update/buying-insurance-evolving-distribution-channels。

② 瑞士再保险公司："数字时代的寿险业：根本性变革近在咫尺"，《SIGMA》2015 年第 6 期。

官协会”（NAIC），这是一个私人的、非政府的行业协会，主要目的是推动州监管标准之间的协调统一。具体来说，NAIC 的主要工作是出台示范法，并对州监管提供相关服务。NAIC 制定的示范法并不具有法律效力，没有权利要求各州执行，只有州法律体系通过后才会生效。随着时间的流逝，越来越多的州已经习惯于采用 NAIC 推出的示范法，美国保险行业因此也呈现出越来越多的监管统一性。2008 年国际金融危机后，美国联邦政府实质性介入保险监管体系，根据 2010 年 7 月签署成为法律的《多德—弗兰克法案》，美联储首次获得监管系统性重要保险机构的权力①，并且在美国财政部下建立了“联邦保险办公室”（FIO），负责对保险业的相关事务实施监管，包括保险业系统性监管、州监管标准与全国统一标准之间差异的弥补、保险监管的国际合作等。

联邦政府的介入到底对美国保险业的未来发展产生何种影响还有待观察，不过，可以肯定的是，这将有利于美国寿险业弥补以往的一些监管空白。例如，保险集团的监管势必有所加强，从而有利于控制在综合经营模式下保险业与其他金融行业之间的风险传递与蔓延；州际与国际的合作也会更加密切，从而有利于美国国内监管标准的进一步统一，并强化国际监管规则之间的理解与协调②。

四、美国寿险业转型升级的经验对我国的启示

通过以上对美国寿险业历史和当下转型升级的分析和阐述，可以总结出如下经验和启示。

（一）寿险业的转型升级没有终结，因此要始终保持积极主动的创新和改革态度，以迎接各种挑战

美国数百年的寿险业发展历史，无疑是一部不断转型升级的历史。即使现在美国业已保持了多年的头号保险大国和强国的地位，早已经进入成熟发展阶段，但仍然面临着新的转型升级压力。如果不能够保持积极主动的态度应对各种挑战，通过转型升级适应外部环境的变化，适应市场需求的变化，行业发展就可能受到阻碍，甚至面临退步的风险。很多时候，转型升级的压力正是推动行业取得跨越式进步的最好驱动因素。例如，正是由于 20 世纪初有关投资方面的监管规则收紧，寿险业在投资普通股、承销债券等方面受到限制，在遇到第二次世界大

---

① 美联储在 2013 年得到授权，对美国保德信金融集团和美国国际集团进行监管。

② 例如，美国各州在偿付能力和行为监管方面仍存在不一致之处，美国的 RBC 偿付能力模式与正在建设的欧盟偿付能力体系——solvency Ⅱ之间也需要进一步协调。美国联邦保险办公室（FIO）的成立有利于推动这些工作的展开。

战后投保需求的扩张和变化时，寿险公司专注于负债业务的创新，包括团体保险、残疾和双重补偿条款、关键人员保险等在内的许多新产品被开发出来，支持了市场的繁荣。目前美国寿险业能否重新恢复活力，进入新一轮发展壮大时期，关键就看其能否成功应对老龄化和长寿风险的挑战、能否成功应对互联网技术和大数据的挑战、能否成功应对监管格局的调整。

我国与美国处于不同发展阶段，转型升级的背景和起点不完全一样，可能也不会完全遵循美国转型升级的轨迹，然而始终保持积极主动、锐意创新的态度这一点并无不同。

（二）转型升级应始终围绕寿险业的根本目标展开，一切转型升级最终都是为了有利于根本目标的更好实现

寿险业以人的生老病死相关风险为承保标的，根本目标是为不同生命阶段的客户提供财务稳定和保护，这一点未曾变过，也是行业存在的理由和立足的根本。围绕这一根本目标，可能衍生出其他目标，例如成为多层次社会保障体系的有机组成部分；以长期资金提供者、机构投资者的身份为资本市场发展做出贡献等。通过根本功能和各种衍生功能的充分发挥，寿险业得以为实体经济和金融部门的持续稳定发展做出积极贡献。所谓寿险业的转型升级，是与根本目标的实现程度和实现方式相挂钩的，如果不利于寿险业根本目标的实现，就谈不上转型升级。例如，美国寿险公司是公司债券的积极投资者，对深化美国公司债券市场的发展起到了重要作用，但这一目标并不是寿险业本身的初衷，增加对公司债券市场的投资是为了实现资产负债的更好匹配，其背景在于定期寿险产品的主导地位正逐渐让位于终身寿险，保险产品的储蓄性特征不断提高，因而需要收益率更高的投资渠道。再加上美国经济正处于战后繁荣阶段，公司债券市场不断扩张，正是这些因素推动寿险公司成为重要的公司债券机构投资者。换句话说，帮助深化公司债券市场只是寿险公司转型升级的结果，而不是原因。

保险业新“国十条”赋予我国保险业很多战略使命，除了服务社保体系发展等常规任务之外，还包括支持经济提质升级、提高社会治理能力等特有任务。应予以明确，这些任务都是围绕寿险业的根本目标——提供风险/收入补偿以帮助客户实现财务稳定展开的，不应倒果为因。

（三）影响转型升级的外部因素始终存在，只是内涵可能有所变化，要保持对这些因素变化的敏感性

寿险业的转型升级始终受到一些共同的外部因素的驱动，包括人口、技术、金融市场、竞争、监管等。这些因素在不同时代可能有不同的内涵。例如，对于人口因素而言，在1945—1960年间，影响寿险业变化的最主要的人口因素在于随着战后经济的恢复繁荣所带来的中产阶级兴起，拉高了对寿险产品的需求，从而推动美国寿险业经历了一轮快速的增长；过去20多年来，影响美国寿险业产品结构变化的重要推动因素则变为人口结构的日益老龄化以及婴儿潮时期出生的大量人群接近退休。又例如，以技术因素为例，较早时期电话、电报等新技术的发明大大影响了寿险业的销售和理赔方式，进入21世纪，互联网和大数据则成为影响寿险业发展的新技术因素。

我国与美国尽管处于不同发展阶段，但影响寿险业发展的许多关键外部因素却是相同的，包括都要考虑如何应对人口老龄化的冲击、互联网和大数据等新技术的冲击等。这意味着，整体上，我国与美国寿险业面临大致相同的转型升级方向，美国转型升级中的许多有益经验（或者教训）值得我国借鉴，同时时刻保持对外部因素变化的敏感性非常必要。

（四）转型升级往往发生在关键性事件之后，因而要善于抓住关键时间窗口大力推动转型的落地

美国寿险业的发展历史表明，重大的转型升级往往由关键的历史性事件所推动。例如相互制保险公司的兴起缘起于1837年经济大恐慌后所出现的筹资困难；20世纪初监管规则的收紧缘于对寿险业欺诈、腐败等行为开展的调查；20世纪50年代“独立账户”这一概念的引入又缘于保险业绕开监管规则、加大股票市场投资的努力，等等。有时转型升级可能会带来业务发展一时的下降，但只要转型升级是朝着正确的方向展开，渡过暂时的困难时期，行业很快就会进入新的增长循环。有鉴于此，千万不要因为一时的困难而停下转型升级的脚步，而应该抓紧关键的时间窗口，积极主动地推动转型升级的开展。

目前我国经济步入新常态，寿险业发展面临的外部环境和内部动力都与以往不同，转型升级势在必行。转型升级的过程不会一帆风顺，道路可能十分曲折，经历一些阵痛势所难免。在正确的改革方向引领下，应该果断决策，并保持定力，坚定不移地推动转型之路不断迈进。

（五）政策支持和监管调整是促进转型升级实现的直接动力

外部环境发生重大变化或者重大事件发生后，保险公司积极开展创新固然是转型升级的直接驱动因素，但如果没有必要的政策支持，缺乏适当的监管调整，转型升级也可能无法发生。如果没有20世纪70年代以来不断加大的税收优惠政策，没有政府积极推动第二支柱、第三支柱等私人养老金计划的发展，年金保险产品、健康保险产品也无法成为寿险公司业务结构中的主导产品。同样，如果没有监管机构对保险资金投资股票市场限制的放松，也就不可能推动寿险业成为股票市场的积极投资者，变额年金等产品无法顺利推出；如果没有金融自由化浪潮下对综合经营的放开，银行保险也不可能成为一些寿险产品的重要销售渠道。目前我国寿险业转型升级中面临的众多问题，有些是行业自身的问题，有些是保险监管的问题，还有一些政策和制度阻碍则并非是保险业自身所能解决的，比如税收优惠缺乏的问题、第一支柱交费比例过高挤压第三支柱空间的问题、资本市场发展滞后的问题等，有赖于财税体制、社保体制、资本市场等配套改革的不断深化和推进。有鉴于此，保险业应更积极地融入全面体制改革进程中，寿险业的发展也呼唤更多有力的制度优化和政策改进支持。

五、典型市场寿险业转型升级的教训

正如前文所说，寿险业的转型升级并非是一帆风顺的，势必经历许多波折。本部分分别以日本和印度作为发达市场和新兴市场的典型代表，分析寿险业转型升级过程中的教训，以此作为我国的借鉴。

（一）日本

从1881年第一家现代寿险公司——明治生命成立算起，日本寿险业已经有超过130年的历史。早期的日本寿险公司主要以学习西方经营模式为主。通过在1904年日俄战争、1918年西班牙流感、1923年关东大地震等重大事件中的死亡赔付，寿险业的作用逐渐被公众了解和认知。第二次世界大战后，日本经济走上了工业化之路，保持了多年的快速增长。经济增长为寿险业的发展提供了稳定需求，该行业一路高歌猛进，快速扩张。图7－10显示，1950—1985年间，日本寿险业保持了连续的高速增长态势，直到20世纪90年代初达到了发展高峰。1994年，日本保费收入规模、寿险业务量、保险密度和保险深度等指标均名列世界第1位，其中保费收入总计达6 060亿美元，首次超过美国，稳步踏入保险强国的行列。

然而，自20世纪90年代中期开始，日本寿险业自第二次世界大战以来的多年上升势头开始逆转。1995年日本寿险保费收入占全球寿险业的比重为41.3%，1997年则下降到31.6%，1999年保费规模世界排名第1位的地位被美国超越。从1997年开始，日本寿险市场的保费规模和承保金额开始呈现衰退趋势。20世纪80年代末期寿险业有效保单价值的年度平均增长率超过10%，1997年则降为

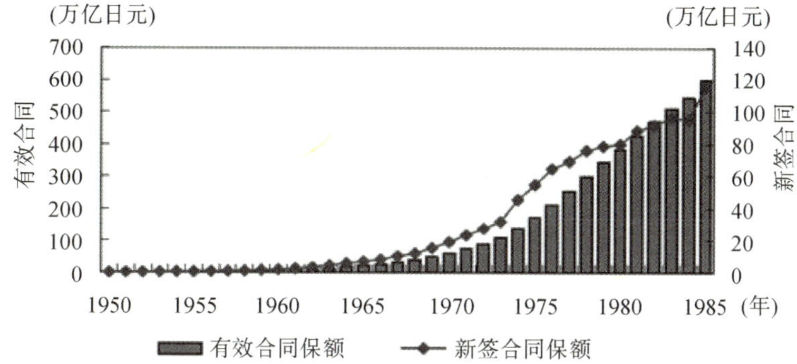

图 7－10　1950—1985 年日本寿险市场业务规模

资料来源：日本寿险业协会。

－10%，此后连续下降，直到 2007 年以后，市场才开始有所恢复。更重要的是，自 1997 年以来，日本开始相继发生寿险公司倒闭事件。1997 年，日产生命寿险公司（Nissan Mutual Life）破产，这是自 20 世纪 50 年代以来日本首次出现保险公司破产事件，紧接着东邦生命、第百生命、千代田生命、东京生命等公司相继破产，到 2002 年，日本共有 7 家寿险公司被清算或被国内外公司收购，“保险公司不会破产”的神话由此破灭（见图 7－11）。

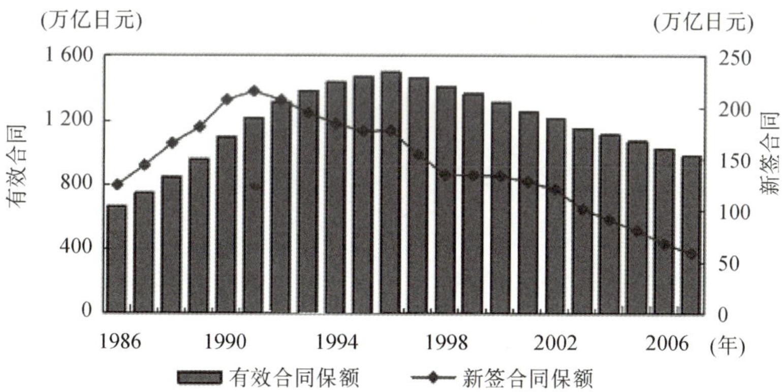

图 7－11　1986—2006 年日本寿险市场业务规模

资料来源：日本寿险业协会。

20 世纪 90 年代中后期日本寿险业的由盛转衰有多方面的原因，例如亚洲金融危机的影响等。从转型升级的角度看也可以对此作出部分解释，即由于日本寿险业（包括业界和监管部门）在 20 世纪 80 年代中后期进入成熟发展阶段后没能对环境变化保持足够的警醒、没能坚定不移地推动持续转型，才导致行业进入停滞发展甚至衰退期。主要教训包括以下两个方面：

1. 行业对外部环境的变化缺乏足够的敏感，没有及时推动业务结构和经营模式的转型升级。20 世纪 80 年代中后期，尽管日本寿险业仍然保持着稳定的增长态势，但行业发展所依托的外部环境实际上正在发生巨变。主要变化有两个：一是人口结构加速改变，老龄化和少子化加剧。尽管直到 1996 年左右，日本劳动年龄人口的总数量（15—64 岁）才开始下降，但低生育率、老龄化、预期寿命加长等现象早已开始（见图 7－12）。人口结构的变化意味着消费者对寿险的需求发生了变化，寿险业结构也应早作调整。

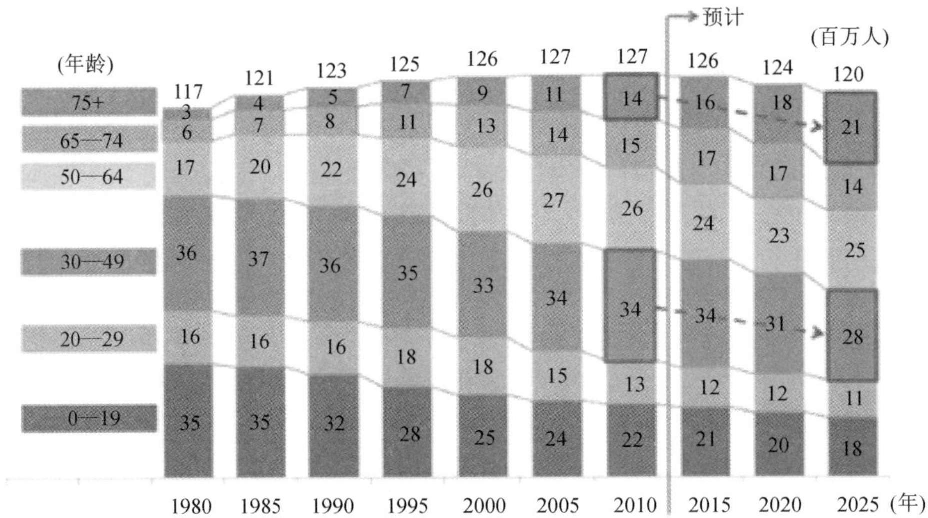

图 7－12　历年日本人口结构变化

资料来源：National Institute of Population and Social Security Research.

二是经济和产业结构面临调整转型。20 世纪 70 年代中期，日本进入经济转型期。原有依靠廉价原材料、能源、劳动力和土地，通过高强度投资拉动经济的发展模式已经难以为继，经济增速下滑是必然的结果。但日本国内社会仍然自信心满满，认为日本模式“不可战胜”，幻想可以用政策扭转经济颓势①。20 世纪 80 年代后期到 90 年代初期，在不适当的宽松货币政策和积极的财政政策刺激下，日本经济经历了又一轮大扩张，不过这次经济扩张明显受到大量投机活动的支撑，股票交易市场和土地交易市场空前繁荣，股票和房地产等资产价格大幅上升，经济活动中“泡沫化”特征明显。1990 年，由于美联储加息等因素的影响，

① 张承惠：“日本经济转型与资产泡沫”，http：//www. cf40. org. cn/plus/view. php? aid =9337，2014。

日本股票市场和房地产市场相继崩溃，泡沫经济破灭，经济和产业结构转型的困难进一步加大。

面对人口结构的变化以及经济转型的压力，日本寿险业并没有早做准备，及时进行业务结构、经营模式等方面的调整，以应对外部环境变化所带来的新挑战。表7-7列示了过去30年日本寿险业的产品结构变化，不难发现，直到1995年左右，健康保险在整个寿险结构中的占比仍然很低。这从一个方面表明，当时日本寿险业并没有很好地应对老年社会的保险需求变化。日本寿险业也没有充分认识和理解日本经济和产业转型的大背景，在泡沫经济时期依然继续保持规模导向的发展理念，追求单纯的保费增长和市场规模扩张，并大量销售高预定利率的产品①。与此同时，寿险公司增加了更多在股票和房地产等高风险资产方面的配置比例。随着20世纪90年代初泡沫经济的破灭以及日本央行下调利率，泡沫时代销售的高预定利率保单形成了大量利差损，直接导致日后几大寿险公司的破产倒闭。

表7-7　日本寿险业历年产品结构　（单位：%）

时间＼产品	两全保险	定期寿险	终身寿险	健康保险	年金保险	其他
1985年	36.64	12.24	17.69	7.7	3.86	21.87
1990年	17.68	12.67	22.45	14.71	13.58	18.91
1995年	12.51	24.55	23	12.32	14.36	13.25
2000年	9.83	17.73	31.53	21.16	7.97	11.78
2005年	4.58	14.52	23.02	35.43	13.5	8.95
2010年	12.63	9.29	27.75	33.3	10.05	6.98
2014年	8.42	13.84	24.49	33.63	9.44	10.17

资料来源：日本寿险协会。

2. 监管转型滞后，未能为寿险行业的转型升级营造良好的竞争环境。20世纪80年代以后，不论是从行业自身逐渐走向成熟所要求的进一步突破看，还是从寿险业发展依托的外部环境所带来的一系列挑战看，日本寿险业都面临着转型升级的内在需求。其中，通过监管调整为行业转型升级提供良好的竞争环境至关重要。然而，日本保险监管机构未能在新的形势下及时调整监管思路和监管手段，在推动保险市场有效竞争、提高运作的稳定性、透明性，以及应对危机出现

① 以后来破产的日产公司为例，1987年其总资产为6 964亿日元，1989年其总资产扩张为16 270亿日元，短短3年间扩大了2.3倍，其中高利率的个人年金产品占总资产的比重竟高达49%。

时的预警系统的建立等方面，都存在着一定程度的失误。

第二次世界大战后，日本对金融改革一直采取非常谨慎的态度，主导思想是“不能让任何一条船沉没”，金融改革的全过程都有政府护航。在这种行政护航体系下，寿险业受到严格的管制和保护。例如，新公司的进入一直被严格限制；寿险公司无权决定自身的产品费率和红利支付率等。严格的管制和保护塑造了所谓保险公司不会破产的幻觉，一方面导致即使是竞争能力最弱、财务状况最差的保险公司也能生存，另一方面削弱了保险公司的差异化经营能力，使得整个行业处于严重的同质竞争状态，保险公司在激烈的市场竞争中，只能针对规模进行竞争，由此导致了过度销售问题。有研究显示，20 世纪 70 年代以后日本兴起的金融自由化浪潮并没有导致银行、证券、保险等传统金融部门竞争加剧，保险业相比其他金融部门，竞争水平和效率更为偏低，市场自由化程度更加落后①。此外，在 1996 年以前，日本保险市场十分封闭，外国保险公司的经营受到严格监管，所占市场份额仅为 3%。这种“闭关锁国”状态也在相当程度上封锁了通过开放倒逼改革、倒逼竞争、倒逼转型的路径。

（二）印度

与日本一样，印度保险业也有悠久的历史。早在 1818 年第一家寿险公司——东方寿险公司（Oriental Life Insurance Company）就开始在印度运营。然而，与日本不同的是，经过上百年的历程，印度寿险业仍然较为落后。根据 SIGMA 的数据，2014 年印度寿险市场保费收入为 553 亿美元，只有中国的 1/3 左右，全球排名第 11 位，人均寿险保费为 44 美元，远低于中国的 127 美元。可以说，印度还称不上是保险大国。

印度作为新兴经济体，进入 21 世纪以后，经济增长有所加快。在经济规模不断扩张、中产阶级人数不断攀升、股票市场不断繁荣、保险市场改革和开放不断推进、费率管制与投资监管大幅放松等因素驱动下，印度寿险业的增长速度也在 21 世纪进入加速通道。2002—2011 年寿险业的首年保费规模从 1 990 亿印度卢比跃升为 12 640 亿卢比，平均增速高达 23%，寿险保费占 GDP 的比重也从 2.2% 提高到 4.6%。然而，2011 年以后，印度寿险业的增长速度开始下降，保费规模有所萎缩。直到 2015 年，寿险首年保费规模降为 11 310 亿卢比，寿险保费占 GDP 的比重也下滑为 2.6%（见图 7－13）。

① SOUMA & TSUTSUI, “RECENT COMPETITION INTHE JAPANESE LIFE INSURANCE INDUSTRY”, Osaka University Discussion Paper No. 637, 2005.

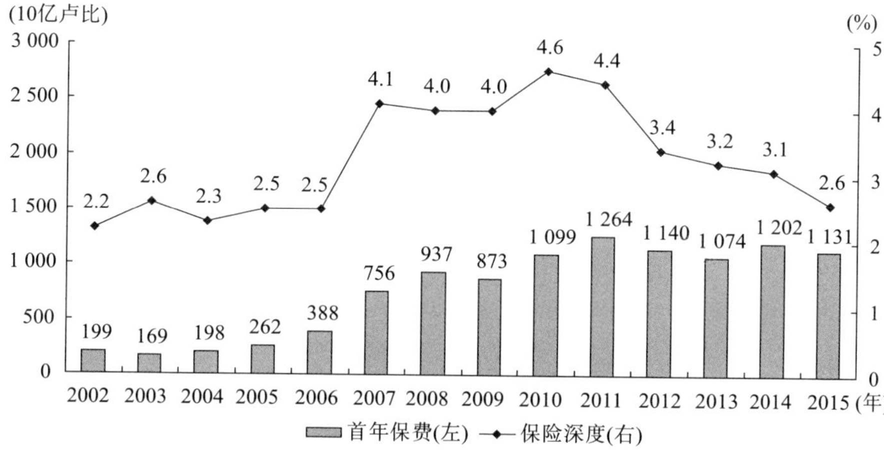

图 7－13　2002—2015 年印度寿险业的保费规模和保险深度

资料来源：印度保监会 IRDAI，转引自安永公司报告，“Indian insurance sector”，2015。

21 世纪以来印度寿险业的增长态势表明，新兴市场即使整体经济处于高速增长阶段，其寿险业也不必然会持续保持同样的高速增长态势。印度这样的新兴寿险市场当然面临向更高阶段转型升级的压力和动力，在这一过程中，必须特别注意如下问题：

1. 如果不能筑牢寿险业发展的根基，转型升级将不可持续。影响寿险业发展的关键因素之一是公众的保险意识。保险意识与经济发展水平、受教育程度、文化习俗、社保体系等直接相关。2011 年，印度的文盲率仍然高达 26%，2012 年 22% 的印度人生活在贫困线以下。传统上印度人更习惯于用黄金、房地产等物质资产为未来的潜在支出进行储蓄。多数客户对短期回报感兴趣，而不愿意进行长期投资。在社保体系上，印度缺乏政府支持的基本养老保险体系，即第一支柱并不存在，第三支柱——自愿性质的私人养老金体系也很不发达；现有的公务员养老保险制度和雇员养老保险制度覆盖的人数很少。换句话说，印度的养老保险体系极其落后，整个社会（包括政府和公众）采用保险机制解决退休后人员养老问题的意识较淡薄①。

上述经济、教育、文化、社保等方面的因素导致印度公众的保险意识十分薄弱，甚至对保险存在种种误解。在缺乏充分的保险意识背景下，保险业的发展很容易由于一时的因素而出现短暂繁荣，同时也可能由于一时的因素而导致增长的

① 尽管印度是世界上人口结构最年轻的国家之一，不过，考虑到不断增加的预期寿命以及出生率的日益下降，印度同样面临老龄化挑战。

中断。一个典型例子是，2010 年之前，印度不少寿险公司大力发展商业养老保险和年金产品，形式主要是投资连结型产品，其投资风险完全由客户承担，人们对短期回报的看重、股市的繁荣等因素推动了这类产品的快速发展。然而，当 2010 年监管部门加强了对这类产品的监管（包括增加了强制性的资本要求）后，多数寿险公司立即退出了这一产品领域，导致其后印度的养老金和年金市场大幅度萎缩（见表 7－8）。

表 7－8　2009—2014 年印度寿险市场养老金保险和年金保险新业务保费占比

（单位：%）

年度	比重
2009	24
2010	33
2011	25
2012	4
2013	3
2014	4

资料来源：印度寿险协会。

2. 仅仅加强销售渠道的多元化建设是不够的，还必须充分提升销售渠道的效率。近年来，印度寿险业努力朝着多元化销售渠道的方向努力，取得了一定成效（见表 7－9）。然而，整体看来，由于销售渠道的整体效率偏低，对寿险业的可持续健康发展产生了不利影响。

表 7－9　印度私人寿险公司新业务的销售渠道结构

（单位：%）

	2010 年	2011 年	2012 年	2013 年	2014 年
个人代理人渠道	50.7	46.9	44.1	39.7	40.1
银行渠道	24.9	33.2	39.0	43.1	43.6
公司代理人渠道	10.3	8.7	7.5	6.0	4.0
经纪人渠道	3.4	6.4	5.1	5.1	4.0
直销渠道	10.7	4.8	4.4	6.1	7.4

资料来源：印度保监会 IRDAI。

一直以来，代理人是印度寿险业最重要的销售渠道，为 2002—2011 年寿险市场的快速扩张做出了重大贡献。然而，在业务增长的同时，代理人渠道佣金过高的问题日益凸显。2009 年以后，监管部门开始采取限制性措施加强对佣金的监管，结果是寿险代理人大量流失。图7－14显示，自2010年以来，印度私人寿险公司雇佣的个人代理人数量呈现显著下降趋势。代理人数量的减少对业务的增长带来直接冲击。在银保渠道上，近年来银行渠道的重要性显著上升，然而，只有少数大型寿险公司才能与银行建立密切的联系。对于经纪人渠道而言，印度的寿险经纪市场被少数几家大型机构主导，专业能力较弱，无法向客户提供全方位的服务，也不能根据客户需求提供定制化产品，更加类似于成本高昂的“代理人”，并非真正的经纪人。总之，印度寿险市场销售渠道的整体效率偏低，限制了该行业的持续健康发展。

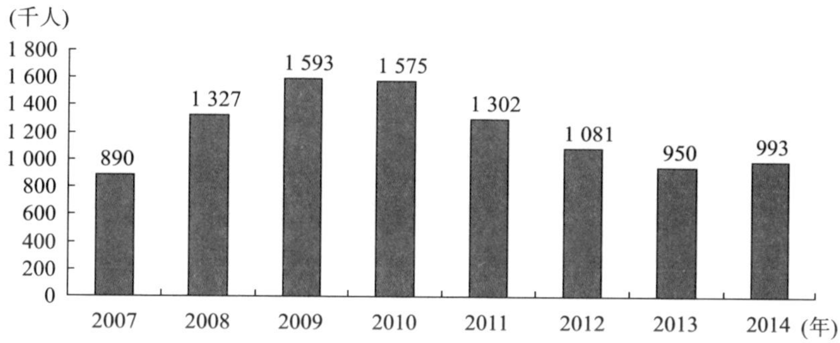

图7－14　印度私营寿险公司个人代理人数量

资料来源：印度保监会IRDAI。

第三节　寿险业进一步转型升级的路径

为了推动寿险业的进一步转型升级，行业要重塑关注长期价值成长的发展理念、推动发展模式的转型升级以及矫正传统发展模式存在的问题，包括更加注重平衡业务推动方式、在竞争中动态调整多元化的销售模式、更加注重平衡盈利模式以及进一步推动资产管理的市场化改革。

一、重塑关注长期价值成长的发展理念

与以往相比，监管部门更加关注行业的长期价值成长。保险行业风险的长期性决定了保险监管应当始终追求稳健、防范风险。合理的监管政策应当是专注于保险行业长期增长质量，在负债端以税收优惠、恢复行业声誉和消费者教育为主

要政策工具，并逐步完善中介、寿险公司等市场主体的市场退出机制，增强市场的激励与约束机制作用。在资产端则以市场化为导向，拓宽保险资产运用渠道；同时，拓宽保险行业的融资渠道，加大资本工具创新力度。

监管部门对长期价值成长的关注将继续引导行业重塑发展理念。一直以来，行业在很大程度上混淆了增长与发展的概念，误将增长当作发展的全部，保险市场发展秉持的是物质主义哲学，即做大保费收入变成牺牲一切的过程。这使得保费收入较快成长，但长期价值的成长性不足。因此，在监管导向变化的引导下，行业必须进一步反思发展的内涵。不能将增长视为发展。增长本身必须具有足够的正当性和道德性，即增长的结构、动力与财富分配格局决定了增长能否持久、稳定，增长的社会、文化与精神后果要有助于人的圆满，而不是把人工具化，变成增长的工具和财务指标的工具。保费收入增长不是目标，甚至不是手段，而仅仅是保险市场发展的附带结果。行业需要把建立“好”的市场作为首要目标，致力于规则体系的完善，这是避免一切机会主义行为的根本。

二、推动发展模式的转型升级

从国际寿险业发展的经验看，寿险业的发展应以保障功能为基础，风险管理与财富管理相结合，以健康险和养老险为主导，在税收递延和税前抵扣政策支持下发展业务，从而既摆脱了与其他金融产品之间的收益率竞争，又可以建立健康可持续的资产负债管理模式，为客户和社会创造价值，成为养老和健康保障体系的重要组成部分。我们认为，这也应该是中国寿险业发展模式转型的方向。

目前，我国政府主导的基本养老保险同时面临内生性和外源性的双重困境。其外源性困境在于，人口老龄化加剧了基本养老保险制度可持续发展的压力。从近期看，参保人员的养老负担已经在不断增加。随着人口老龄化的加速，未来劳动年龄人口比重还将逐渐降低，同时老年人口比重不断提高，参保人员的负担系数将继续提高。从长期看，人口老龄化对制度可持续性形成潜在的财务压力。人口老龄化使得潜在供养比不断下降，这将对现收现付制的基本养老保险基金的收支平衡产生直接的影响，加剧了其可持续发展的压力。其内生性困境在于，现行基本养老保险制度存在许多缺陷，如政府、市场、企业和个人责任定位不清，多支柱的养老保障制度体系并未真正建立起来；养老保险基金投资管理效率不高，养老金的充足性和稳健性都面临严峻挑战；缺乏精算管理和风险控制机制，养老保险制度的可持续性不足以及尚没有根据精算建立合理的养老金指数化调整机制等。养老保险改革的重心是提升个人、家庭和企业的自我保障能力，提高个人在养老保障中的责任，以短期税收让利降低长期负担，形成人口变化对政府倒逼之势，这也将为寿险行业发展模式转型奠定需求的基础。

人口老龄化的趋势同样大幅提升了对健康保障的需求，加剧了对社会医疗保险可持续发展的压力，从而为商业健康保险提供了广阔的发展空间。因此，要大力发展商业健康保险，满足多层次保障需求。在医疗保障体制改革中，要坚持政府主导与发挥市场机制作用相结合，调动和整合社会资源力量，建立长效稳定的平衡和制约机制。在医疗保障体系框架内，政府举办的公共医疗保险和社会救助，要与国家的经济发展水平、财政负担能力相适应，主要解决城乡居民的基本医疗保障需求，重点体现社会公平。在社会基本医疗保障以外的需求，应当充分发挥市场机制作用，通过灵活多样的商业健康保险予以解决。这也成为寿险行业发展模式转型奠定需求的基础。

总之，寿险市场将从政府与市场在社会保障边界的重新定位及明晰中，寻求新的市场空间。而近年来的政策导向变化也使得寿险市场发展模式转型具备了初步的现实基础。2014 年发布的"新国十条"对保险业有了新的定位，即保险是政府、企业、居民风险管理和财富管理的基本手段，是提高保障水平和保障质量的重要渠道，是政府改进公共服务、加强社会管理的有效工具，是建成社会保障体系的主要支柱，能够完善社会治理体系，完善经济补偿机制，促进经济提质增效升级。这就意味着将保险作为创新社会管理的有效机制和转变政府职能的重要抓手，这为寿险业发展模式的转型提供了机遇。寿险业要转变发展方式，降低经营成本，提供优质的保险产品和服务，实现从"理财功能为主"向"以保障功能为基础，风险管理与财富管理相结合"转型。

为此，中国寿险业必须积极争取政府出台相关税收支持政策，才能在养老保障和健康保险领域获得稳定、持续的发展动力。我国已经从 2014 年起实施企业年金、职业年金个人所得税递延纳税优惠政策，即对单位和个人不超过规定标准的企业年金或职业年金交费，准予在个人所得税前扣除；而对个人从企业年金或职业年金基金取得的投资收益免征个人所得税。这是一个良好的开端，必将推动企业年金和职业年金市场的发展。接下来还要争取个人年金保险的税收优惠政策，以推动寿险业的稳定持续发展。

在商业健康保险业发展方面，也出台了一系列的制度措施，2013 年，国务院出台《关于促进健康服务业发展的若干意见》；2014 年国务院又出台《关于加快发展商业健康保险的若干意见》；2015 年开展商业健康保险个人所得税优惠政策试点，鼓励购买适合大众的综合性商业健康保险。对个人购买这类保险的支出，允许在当年按年均 2 400 元的限额予以税前扣除。这是鼓励商业健康保险发展的重要措施。

为此，寿险业要在税收制度支持以及相关政策激励下深挖养老和健康保障领域商机，逐步实现发展模式的转型。

实施"资产驱动负债"发展战略的新兴寿险公司，也面临着类似转型的需要。原因在于，纯粹单向资产驱动可能并不是长久之计，市场波动风险与退保风险若集中爆发将引发现金流危机。在资产具备一定规模后，有必要以收益反哺传统保险，将投资型保险客户迁移至高价值的传统保险，真正实现"资产驱动负债"。部分新兴寿险公司以高收益的投资型保险吸入保户储金及投资款，提高了品牌知名度，并通过不断增资扩大了资产规模，再反过来促进保险负债业务的发展。这样，可以逐渐将保费收入的重心从低价值大规模的投资驱动的理财险转移到价值驱动的传统险，进一步减低资金成本，从而逐步实现以投资型保险和传统型保险交叉互补双轮驱动发展的模式。

三、矫正传统发展模式存在的问题

（一）实行更加平衡的业务推动方式

受制于之前的发展模式，近年来，我国寿险公司主要依靠趸交保费来维持总量的增长，行业续期保费占比不高，导致每年都面临巨大的新单趸交压力。趸交虽然可以快速推动保费总量的增长，但可持续性差，容易造成业务发展大起大落。未来随着寿险发展模式的转型，期交将成为主要的业务推动方式。即寿险将充分发挥保险风险保障的专业优势与主业优势，以保险保障功能为出发点，加大保障类产品的推动力度；增加分红险和万能险的保障功能，使其能够提供长期的保障；开发满足居民健康保障和养老需求的新产品，以新型的产品开发市场，促进业务规模的提升。在产品的上述转型基础上，寿险公司将进一步加快发展首年期交业务，加强续期收费管理，提高续期业务占比，实现业务增长由趸交保费推动逐步向续期保费拉动转变，建立起企业的长期持续发展能力。

（二）在竞争中动态调整多元化的销售模式

随着市场细分竞争的逐步开启，未来各公司将通过渠道和产品差异，进入多元化行销时代。

第一，个险渠道的价值创造地位将更加强化，营销员管理体制改革将进一步深化。近年来，个险渠道在全行业的保费占比不断提升，重要性日益突出，未来其价值创造地位将更加强化。在人口约束与劳动力成本不断提高的条件下，个险渠道的总体变革方向在于进行队伍管理和销售模式变革，更加注重队伍结构和销售质量，提高营销员素质。各公司将根据现有营销员队伍情况和市场细分定位，同时向精英化、大众服务型等不同的方向转型。同时，监管部门也通过稳步推进营销员管理体制改革的方式推动个险渠道的发展，如鼓励公司探索营销新模式、新渠道，鼓励设立专业化、职业化保险中介，强化公司对营销员的管控责任，防范销售误导，提升队伍素质和营销员待遇等。

第二，银保渠道进一步转型，不同公司银保发展策略将进一步分化。一方面，传统寿险公司逐步弱化对银保渠道业务规模依赖，推进银保模式转型。保险公司通过加强“总对总”合作、员工制银代人员等方式，深耕银保渠道；另一方面，银保渠道将通过产权纽带逐步形成新的发展模式，产品形态上将有较大转变。银行系保险公司借助资本纽带占据银行网点资源，业务持续较快发展。银保渠道未来将是银行系保险公司的主要阵地，并将逐步融入银行平台的财富管理体系。同时，监管部门规范银保市场秩序的导向也会进一步推动银保市场的转型，如严控短期高现价产品、控制银行网点合作公司数量以及规范银保渠道销售行为等。

第三，团险渠道将在税惠政策的支持下复苏。随着递延税型养老保险试点的推进，团险渠道有望实现恢复增长。尽管目前递延税优惠对于行业保费规模贡献短期有限，但其团险主导的渠道形式将推动寿险公司围绕公司客户展开团体意外、健康等一系列产品创新和服务。具备良好的品牌、出色的账户管理能力、投资能力以及提供从信贷到风险管理的全方位综合金融服务支撑的寿险公司更可能发挥其在团险渠道的优势，率先实现团险的突破，为寿险的发展注入新的活力。

第四，新兴渠道将进一步崛起。近年来，以电话营销、网络营销等直接销售市场以及交叉销售等互动业务为代表的创新型渠道迅速兴起。与此同时，新型渠道还面临着服务的落地，初始阶段更多的是原有渠道的补充。强大的后援服务支持以及优良的代理人最终会是新型渠道背后真正的竞争核心。未来如何整合不同渠道的服务，推动内部不同渠道的合作，是新渠道发展的重要命题。电网融合、线上线下融合将成为寿险公司的重要发展趋势。新兴销售渠道将逐步形成新的销售模式，从而有可能改变行业业态和格局。

技术革命及其诱发的机制创新将继续促进寿险市场商业模式的创新。在信息化时代，互联网技术和大数据正在促进保险业的思维变革、商业变革与管理变革，促进商业模式创新。目前互联网与保险融合的趋势日趋明显，一方面，保险公司使用互联网工具或利用互联网公司来扩大销售，降低成本，进行分销系统的商业模式创新；另一方面，互联网公司使用保险工具或利用保险公司来完善平台信用体系的建设，增加服务内容，提高自身的吸引力。同时，互联网公司和保险公司都在积极探索利用大数据优势进行充分的风险识别从而取得对于其他公司的风险定价优势。更进一步，随着对大数据利用优势的发挥，互联网上的群体甚至可以形成相互保险机制从而使传统意义上的保险公司失去存在的必要性。也就是说，借助于互助平台的构建，将可能会出现互相保险。如果发展到了这一步，某些保险业务会“脱媒”，因为保险的本源就是互助机制。这将会给传统的保险业务带来致命冲击。互联网已经给经济、社会带来了革命性的改变，大数据开启了一次重大的时代转型，改变我们的生活以及理解世界的方式，成为新发明和新服务的源泉，而更多的改变正蓄势待发。对此，保险公司需要有新的服务、新的思路和更开阔的视野，要更加积极地关注互联网技术的最新发展趋势，以开放的心态、创新的勇气拥抱“大数据时代”，抓住商业模式创新的机会。

值得指出的是，任何渠道都只是公司拓展业务的通道，渠道本身并无优劣之分，渠道发展的策略应该由保险公司在竞争中动态调整与不断演化。不同渠道资源的配置与战略是市场竞争中一家公司自发选择与演化的结果，无所谓好坏。由于经济系统的根本不确定性，那些采取不同渠道发展战略的保险公司都面临着同样的市场竞争。竞争方式的多样性是企业的理性行为，也是市场效率的保证。从这个意义上说，应该尊重保险公司对不同渠道的选择，以维护其竞争方式的多样性。在竞争压力下，保险公司的渠道战略是动态调整与不断演化的。政策导向、保险公司内部资源与禀赋、渠道发展态势、业务结构特点、发展阶段及其在规模与效益之间的取舍等诸多因素都会影响一家公司不同渠道业务的占比。因此，渠道如何发展及其结构形态终究要由每一家公司的内生需求来决定。

（三）实行更加平衡的盈利模式

与利差主要受宏观经济和资本市场影响不同，费差与死差主要取决于寿险公司的经营管理水平。因此，寿险公司一方面要发挥好寿险资金期限较长、规模较大的优势，进一步提高投资收益水平。保险资产端市场化取向、渠道多元化的改革，给予了市场主体均等的多种投资机会，这为寿险公司基于利差的盈利模式提供了更多的空间。但渠道的放开也是一把“双刃剑”。政策松绑之后，公司的大类资产配置能力、风险管理能力等将面临市场的直接考验。另一方面，也要通过调整业务结构，加强成本控制，提高承保利润，实现企业收益来源多元化目标，切实增强抵御外部环境变化风险的能力。

当然，不同资产管理能力的公司在盈利模式上也将呈现不同的风格，资产运作能力突出的公司将进一步在财富管理领域与其他金融机构开展竞争，继续突出以利差为主的盈利模式。而投资能力中庸的公司则将更多定位于保障和理财相结合产品的发展，更多地回归死差与费差的盈利模式。

（四）进一步推动资产管理的市场化

进一步市场化是保险资产管理业改革的重要方向。要根据资产管理发展趋势和保险资金的特点，进一步放开投资领域和范围，逐步建立“法无禁止即可为”的政策体系，减少行政干预，真正让市场发挥导向与决定作用。要支持保险资金通过适当的形式和工具，如资产证券化、股权投资基金等形式，直接对接实体经济融资需求。要稳步放开对境外投资的限制。要适时放开境内受托人投资领域的限制，允许符合一定条件的境内受托人在全球范围内配置资产。另外，随着保险机构境外投资的经验积累，适时放宽投资比例限制。

第四节　寿险业进一步转型升级的政策环境

为了推动寿险业的转型升级，需要进一步完善相关的政策环境，包括：发挥寿险在社会经济保障体系中的作用、完善促进寿险发展的税收递延与税前抵扣政策、实现寿险与金融改革的协同发展、彰显寿险市场的企业家精神以及完善寿险市场以风险为导向的监管。

一、发挥寿险在社会经济保障体系中的作用

商业人寿保险在我国社会保障体系改革中如何定位，这是一个重大的理论命题。仅仅依靠政府的力量是无法满足人们多样化的保障需求的，而商业人寿保险在这方面的作用不可替代。显然，对于消费者多样化和高程度的保障需求，人寿保险拥有更多发挥作用的空间。公众在经济状况、健康水平、风险意识、个人偏好等多个方面均存在个体差异，其对于养老与健康服务的要求也必然千差万别，必须由商业保险来解决其差异化需求。国家应鼓励商业保险充分发挥在保障程度上的补充功能和保障范围上的替代功能，由此构造完整的、多层次的社会保障体系。

在全球化社会保障体制改革的大浪潮中，很多国家的政府都开始更多地注重发挥商业保险的积极作用。从实践来看，商业保险在世界各国的社会保障体系中占据重要位置。

商业人寿保险与社会保障体系应该协调发展。在构建我国新的社会保障体系时，要坚持政府作用与市场机制作用相结合，充分利用好财政资源和市场经济制

度的优势，调动和整合社会资源力量，努力构建商业保险与社会保障体系相互补充、相互配合、共同发展的社会保障新模式。为此，要进一步明确政府责任和制度边界，充分发挥市场机制作用。在基本保障以外的需求，则应当充分发挥市场机制作用，通过灵活多样的商业保险予以解决。

事实上，发达国家社会保障体制改革的一个趋势，就是政府通过直接补贴、税收优惠等多种方式推进人寿保险业的发展，以促进竞争。

因此，要更加重视寿险在社会保障体系中的功能与定位，实现商业保险与社会保障体系协调发展。

目前基本养老和医疗保障改革的一种重要思路是：通过扩大政府责任，向福利国家迈进，以便使衡量社会保障水平的相关指标接近或者达到发达国家的水平。这种思路虽然提出了美好的设想，但对实现设想的代价与成本却缺乏深入的分析。政府主导的保障并不是保障水平越高越好。保障水平越高，意味着政府集中与配置的资源越多，企业、家庭和个人掌握的资源就会越少。因此，福利国家导向的社会保障改革蕴含的理念是藏富在国，而不是藏富在民；资源的主体赋予了政府行政机关，而不是个人和企业；是服务于建设一个全面管制型、家长制国家，而不是一个基于公民自主治理的国家。因此，社会保障制度改革的当务之急是放弃福利国家导向的目标，政府的责任主要是建立和完善最基本的保障，应通过有效降低交费比例，为年金保险和商业健康保险等其他形态的保障提供发展空间。

二、完善促进寿险发展的税收递延与税前抵扣政策

一些发达国家的寿险业形成了年金、健康险、寿险三分天下的格局，这是由相关税收制度决定的。税收递延政策促进了寿险业年金产品的发展，构建了社会、雇主、个人三支柱的养老保障体系；税前抵扣政策有力地支撑了商业健康保险的发展，使其成为医疗保障体系的重要力量。这些国家的经验表明，寿险业的稳定持续发展离不开相关税收制度的支持，寿险业只有定位于社会保障体系的重要支柱才能获得政策支持。

与一些发达国家相比，我国税收政策对于寿险发展的激励还有待进一步提升。以健康保险为例，从国外经验来看，为鼓励商业健康险发展，政府给予的税收优惠空间可涉及企业、个人和保险公司三个方面。目前我国商业健康险的税优政策分别针对企业和个人，但力度不足：企业投保补充医疗保险的保费支出可以在工资总额5%的范围内税前列支，会对个人购买健康保险的保费支出实行税前列支的额度仅为每年2 400元。为此，保险公司可积极与政府沟通，争取提高职

工补充医保费用在工资总额中的列支比例以及更大力度的个人购买商业健康险的税收优惠政策，以增强健康险消费能力。

三、实现寿险与金融改革的协同发展

保险业作为金融业的一部分，二者联系紧密，要密切关注金融改革态势，适应金融改革发展的要求。

作为寿险业，要特别关注利率市场化改革。事实上，响应利率市场化的费率市场化是推动寿险业创新求变的重要主线。寿险定价利率改革是顺应利率市场化的必由之路。利率市场化放开了金融市场的定价基准，储蓄者的利率敏感性大大上升，保险机构与储蓄机构“短兵相接”。2011 年起，以银行理财产品突破利率管制为途径，银行业开始逐步试水利率市场化。利率市场化进程及存贷比约束等共同抬升了市场利率中枢，敏感反映市场利率变动的理财产品规模迅速膨胀，受到严格价格管制的寿险产品的竞争力明显下降。过去的教训告诉我们，僵化的定价机制降低保险产品的吸引力，使保险公司在负债争夺中丧失优势。

近年来，一边是管制利率的银行时不时闹“钱荒”，另一边却是民间融资凸显高息放贷难。这是市场的无形力量对管制的有形之手的“抗议”与挑战，归根结底还是市场力量在发挥着巨大的隐形作用。无形之手的市场在金融业静悄悄地发挥出的力量势不可挡。无疑，解决问题的根本之道在于加快利率市场化改革步伐。2015 年 10 月 24 日，央行宣布放开存款利率上限浮动区间，利率市场化初步基本实现，银行对存贷款利率拥有了自主定价权。市场在资源配置上的决定性作用将深度渗透到金融业。在上述背景下，保险监管部门先后推动了普通型、万能型、分红型人身险产品的费率市场化改革，致力于建立长期适用的人身险费率形成机制，以适应金融改革与利率市场化的新的竞争态势。

同时，随着保险投资渠道的不断拓展，保险基金开始全面与金融市场、资本市场对接，这将进一步促进“资管型保险”的发展。一些公司继续推出与特定项目挂钩的资产导向型保险产品，即以预防未来不确定的生活以及养老健康为目的的财富管理业务，对利率敏感性高，金融属性很强，本质是保值增值，管理长期资金。

四、彰显寿险市场的企业家精神

中央提出“加强供给侧结构性改革，着力提高供给体系质量和效率”的“供给侧”改革思路。对供给端进行改革的理论根源是 20 世纪 80 年代的供给学派，其所倡导的经济发展理念是“小政府，大市场”，政策主张主要是放松经济管制，促进竞争，彰显企业家精神，从而释放市场供给主体的活力。

当前中国寿险业的转型升级同样存在供给约束问题，主要体现在两个方面：一方面是供给过剩。由于监管部门的“保护性干预”，一些保险公司缺乏硬性的市场约束，这带来了无效率的同质化竞争和对市场的过度开发，市场缺乏长期培育涵养者，并对保险行业声誉构成损害，并一定程度上抑制了保险的有效需求。另一方面是供给短缺，即保险供给创新不足，不能满足与适应保险市场的需求，更谈不上创造与引导需求。其根源在于企业家精神成长的制度环境不完善，企业家在保险市场中的作用没有得到充分发挥。因此，寿险市场转型升级的根本是充分发挥企业家在保险市场中的作用，拓展市场主体自由与重建保险市场法治、完善企业家精神成长的制度环境，从而充分彰显企业家精神。

制约企业家精神成长的因素包括：一是不当管制造成自由的丧失，即企业家在其所面对的环境中不能进行自由选择，不能根据自己掌握的知识，出于自己的价值偏好，追求自己的目标。二是权力不受约束造成法治缺失，依靠权威和暴力进行压制的人治取代了规则面前人人平等的治理方式。因此，为了企业家精神的成长，必须坚持市场化改革、减少政府控制和干预以及实现法治，唯有如此，才可以避免改革的步伐被反改革的心态和政策阻碍。以彰显企业家精神为基本取向的改革，才能成为未来保险业发展的最大制度红利。

（一）彰显企业家精神需要拓展市场主体自由

自由是企业家精神成长与彰显的必要条件。自由即免于专断性意志的强制，独断自负的、未经同意的恣意强制是自由最大的敌人。因此，维持一个自由的保险市场要防止各种恣意强制的发生。彰显企业家精神需要拓展市场主体自由，反对威胁自由的各种形式的强制。

第一，消除抑制市场活力的行政审批。各种形式的行政审批捆住了保险企业的手脚，剥夺了市场主体的自由，抑制了企业家精神。改革行政审批制度事关如何认识和调整政府的角色和职能。按照现代市场经济和民主法治的要求，必须进一步简政放权，深化行政审批制度改革，最大限度减少政府对微观事务的管理，这样才能规范政府与市场的关系，释放市场与企业的行动空间，增进保险市场自由。近年来，保险市场行政审批数量持续减少，但在观念冲突与利益纠葛的相互叠加效应下，行政审批仍然较多，与市场主体的期望仍有较大的距离。因此，要通过对权力的约束，真正切断行政审批设定者、实施者与所谓“行政审批经济”之间的不正当利益关系。行政审批改革不应只强调改了多少，关键要看还有多少没有改，它们是否属于负面清单中的项目。负面清单管理不仅体现了“法无禁止即可为”的市场经济法治原则，更反映了政府管理方式的改变，即既要发挥市场的决定性作用，又要减少自由裁量权，提高政府的效率和透明度。

第二，去除各种侵蚀保险市场自由的管制。有一些观念总喜欢谈保险市场的特殊性，然后以特殊性为名，论证各种管制的合理性，从而限制了保险市场的交易自由。保险市场改革的经验表明，只要放松管制，增进自由，市场就会有发展。近年来保险资产管理改革所取得的成绩，其实就是放松对保险公司资金运用的管制，扩大保险公司资产配置空间，改变因管制导致的资产收益率与负债成本之间的不匹配。近年来虽然市场化改革的取向有所彰显，但仍存在各种形式的“善意”强制，如一些保险产品的费率仍然存在较为严格的管制。事实上，作为保险市场的价格，费率管制就意味着保险市场价格机制作用受限，这与形成自发秩序前提的自由的要求背道而驰。费率管制限制保险公司的自主定价权，扭曲了价格的形成机制，不利于保险公司作为市场主体按市场和自身情况灵活地做出经营决策。费率管制限制价格竞争，弱化了保险公司降低成本的经济激励，保护的实际是效率低下的保险经营者。价格是在竞争中发现出来的，而不是由任何机构制定出来的。僵硬的费率管制等同于取消发现价格的竞争性市场过程，是对保险企业家和消费者展开自由行动的制度性强制和侵犯。竞争性市场过程才能纠正本期或跨期资源配置错误。保险市场竞争因费率管制而丧失了本来具有的知识发现功能，所以，不仅要放松管制，实行费率市场化，而且要通过过程竞争为知识发现提供合适的制度框架。

第三，建立健全市场化的退出机制。自由的保险市场的重要条件是市场的自由进入或退出。目前保险市场的突出问题在于，缺乏真正市场化的退出机制。经营绩效低下的公司是否以及以何种方式退出市场，关系到市场主体发展模式的转型与保险资源的优化配置。真正意义上的市场退出机制，才能赋予公司以硬性的市场约束。公司破产和市场退出其实是人们获得决策信息所必需的组织试验。从这个意义上说，破产企业家的贡献不见得低于成功的企业家，正是破产提供的信息使成功的组织得以被人模仿和发展。在市场化程度高的国家，破产与退出机制成为公司提高经营绩效与规范经营行为的主要市场约束。

同时，公司的破产和退出关系到经济系统中多样性的产生。破产并不代表原有公司员工死亡和资产的消失，而只是意味着一个新的惯例加诸原有企业的资源，为破产企业的人力和物质资本提供了一套新的组织惯例。从这个意义上说，阻止破产和市场退出这样的组织实验，其实就是禁止多样性生产机制。因此，必须建立市场退出机制，允许公司破产，让这样的组织实验发展出许许多多的公司发展新惯例的形式，这才是市场充满活力的源泉。

反观中国保险市场，一直缺乏真正意义上的退出机制。近年来，保险市场主体不断增加，但市场退出的通道却被始终被堵塞，这不利于维护保险市场生态的平衡与资源的优化配置。因此，必须建立真正意义上的市场退出机制，以硬性的市场约束促使保险公司把重点放在提高保险资源的配置效率上，即发展的重点是核心价值定位的回归、结构的调整和效率的提升。

第四，以理性的自负超越组织实验，这也是对自由的重要威胁。组织试验是人们获取经济信息所必需的，同时人们不可能穷尽所有组织试验，因此，人们对组织的信息总是有限的。在这种信息不够的情况下，人们不应对经济理性过于迷信，而应对看似无理性的组织试验充分开放头脑，不要有预先的成见。组织试验是一个试错过程，它不仅保证那些相对低效率的制度和组织形式被清除，也对现有市场中的制度安排和组织形式形成检验压力，促使其保持充分的适应性。因此，要对各种组织试验开放自己的头脑，让时间去对不同的组织试验下结论。要坚决维护公司自由选择。事实上，市场试验经济组织的能力其实比政府和专家都高超得多，市场的公平竞争能将分散的专业知识综合运用，市场所能利用的信息大大超过任何政府官员和专家的所知。所以，迷信政府官员或专家的经济理性将会限制经济组织试验。竞争方式的多样性就成了对企业理性行为、市场效率的保证。我们应该尊重保险公司的不同选择，以维护其竞争方式的多样性。

（二）彰显企业家精神需要重建保险市场法治

法治作为维护自由的规则体系，是企业家精神生长与彰显的基础和保障。哈耶克将能促成良好秩序形成的规则称为“正当行为的规则”。这种规则具有一般性、普遍性和抽象性的特性。一般性、普遍性是指这些规则必定是平等适用的；抽象性指其目的是独立的，它不服务于某个具体而明确的目标。在哈耶克看来，法治的实质是将留给执掌强制权力的执行机构的行动自由减少到最低限度。

保险市场中监管部门的基本行为准则是致力于制定、维护和恪守“抽象的、一般正当行为规则”，这样才能杜绝各种形式的行政审批、管制以及蕴含其中的理性自负，维护市场自由。为了重建保险市场法治，应减少自由裁量权，约束权力，使得监管部门及相关政府机构基于抽象的一般正当行为规则维护市场行动者的自由选择。

第一，尽可能减少保险监管的自由裁量权。重建法治，就是要使政府在一切行动中都受制于事前规定并宣布的规则的约束。但目前保险监管中存在的随意性有悖于上述法治精神。目前由于监管流程尚不规范，对于不同的情况、不同的问题，应着重使用哪种监管手段，监管的力度如何把握，在很大程度上还属于“自由裁量”的范畴，被监管对象对监管机构的监管措施也没有形成稳定的预期。在这种情况下强化监管，往往会造成监管权力的滥用。因为市场的创新活动往往超过了现有监管规则的适用范围，这为执法权力的滥用创造了条件，有可能放大监管部门的自由裁量权，鼓励有选择性地任意执法，这造成市场主体的预期不稳定及带来权力寻租行为，显然是对法治精神的践踏。保险监管部门的“依法监管”，必须是建立在法治基础上的依法监管，而不是基于人治基础上的依法监管，否则，市场将无自由可言。

第二，约束参与保险业务的有关政府部门的权力。唯有如此，才能真正实现权力限制、权力制衡与权力知止，从而可以为有关部门恪守一般性正当行为规则提供制度条件。事实上，目前政府在养老保险、健康保险等诸多业务中发挥着越来越重要的作用，其权力是否能够得到有效约束已经直接影响到保险业务的可持续发展能力。因此，需要通过外在力量的约束，划定政府在相关保险业务中的权力边界。相关立法必须要有法治思维，要通过限制政府的权力，保障个体权利与自由。

五、完善寿险市场以风险为导向的监管

完善以第二代偿付能力监管制度体系（“偿二代”）为核心的风险导向的监管，可以推动寿险业的进一步转型升级。“偿一代”注重对资本的要求而非风险管理能力，这种以业务规模为基础的整体评估指标无法准确地体现相应的保险风险、市场风险、信用风险和操作风险。“偿二代”则弥补了上述缺点，以基于风险最低资本要求的形式设定了保险风险、市场风险和信用风险相应的量化资本计量要求，并且增加了更多的风险类型和内部治理因素，促进保险公司科学衡量风险和收益的关系，加强风险管理和资产负债匹配水平。“偿二代”倒逼寿险业的转型升级，不断提升风险管控能力和公司治理水平，实现从粗放型的规模增长向集约型的精耕细作转型。

第一，“偿二代”可以促进行业加强全面风险管理。“全面风险管理”理论是“偿二代”的核心指导原则。“偿二代”体系中贯彻全面风险管理理念，同时创造性地探索对风险全面划分，探索有效的计量方法和较为精细复杂的风险计量模型，探索对风险之间的相关性识别方法，从而能较为清晰地反映保险公司的风险状况。通过风险的细分、计量，最终要实现对保险公司基于风险的区别监管。“偿一代”在风险管理方面存在明显的不足，在计算实际偿付能力额度时，简单计算认可资产和认可负债，没有充分考虑到保险公司的个性化差异，对所有保险公司使用相同的百分比来计算。这一计算方法过于简单，不能对保险公司的风险状况进行有效识别、计量和监管。影响偿付能力充足率的因素主要集中在业务规

模，体现的是规模导向。“偿二代”能够提高对保险公司风险水平的识别度，从而可以促进寿险行业和市场主体关注风险，加强风险管理，推动行业的转型与升级。

第二，“偿二代”可以进一步推进寿险业市场化改革。“偿二代”能够有效区分不同保险公司的风险水平，可以促进寿险市场形成优胜劣汰、公平、有序、高效的竞争格局。目前寿险市场的市场化取向的改革不断推进，包括费率市场化，把产品条款费率定价权、决策权等交还保险公司，减少不必要的行政干预，在这种形势下，“偿二代”成为市场化改革的重要保障。通过以风险为基础的偿付能力充足率，引导市场主体通过市场手段，创新产品服务，走差异化竞争之路，关注公司治理。另外，“偿二代”体现了“放开前端，管住后端”的监管改革导向，能够及时发现偿付能力不足的公司，有助于建立完善保险公司的市场退出机制。因此，顺利实施和完善“偿二代”监管体系，是寿险业市场化改革与转型升级的关键。

为了进一步发挥监管对于寿险业转型升级的推动作用，要全面实施第二代偿付能力监管制度体系，完善具体配套规则①。一是要加强风险风险评估的科学性。全面风险管理的前提是风险的科学有效计量和评估，由于风险管理是一门新兴的学科，风险计量评估的技术尚未成熟，所以直接影响着以此为基础的“偿二代”建设。对于不可量化风险需要注意定性的科学性；对于可量化的风险，存在模型选取的问题，要注意计量的准确性；对不同风险间的相关系数矩阵要深入研究。二是要提高经营数据的可得性。“偿二代”具有复杂性和先进性，需要大量的经营数据作为支撑。在“偿二代”的实施中，要充分考虑数据的可得性问题。三是要加强信息披露的有效性。偿付能力公开信息披露应基于充分性、及时性、真实性、公平性、成本效益等原则，提高信息披露的可操作性和有效性。

另外，要进一步完善保险公司的资本金补充机制，鼓励公司通过多种渠道补充资本，对偿付能力不足的保险公司坚决采取监管措施。

① 段纯锴：“‘偿二代’的国际经验与路径选择”，《银行家》2014 年第 7 期。

第八章　发展寿险证券化的国际经验及启示

王增武

国务院在 2014 年先后印发《关于加快发展现代保险服务业的若干意见》和《国务院关于创新重点领域投融资机制鼓励社会投资的指导意见》，明确要求保险业积极探索通过设立资产支持计划的形式，面向保险机构募集资金直接对接存量资产，为实体经济发展提供资金支持，在为保险业参与资产证券化提供方向性指导意见的同时，也为寿险证券化打开了发展空间。鉴于此，本章在简要分析我国寿险证券化发展背景的基础上，重点总结国际上寿险证券化四种九类产品的市场发展、运行机制及案例解析等，基于此提出我国发展寿险证券化的建议。

第一节　发展寿险证券化的背景

发展寿险证券化符合中国内地保险市场供给侧改革方向。改革开放以来，我国内地保险业发展取得了长足进步，但是，保险业的有效供给依然不能满足家庭或企业日益增长的保险需求，导致内地居民需求外溢到了我国香港和海外保险市场。以内地居民购买香港保险市场保单为例，自 2008 年以来，内地居民赴香港购买保险的保费规模逐年递增，除 2015 年的增幅小有回落以外，其他年份的增幅更是直线上升。如果以 2016 年第一季度新增保费为基准，推算 2016 年的保费规模并将其与 2015 年的保费规模进行比较，则可简单计算出 2016 年的保费增速将有望达到 67.05%（见图 8－1）。国际经验表明，寿险证券化的发展有助于提升保险业承保能力、扩大有效供给。

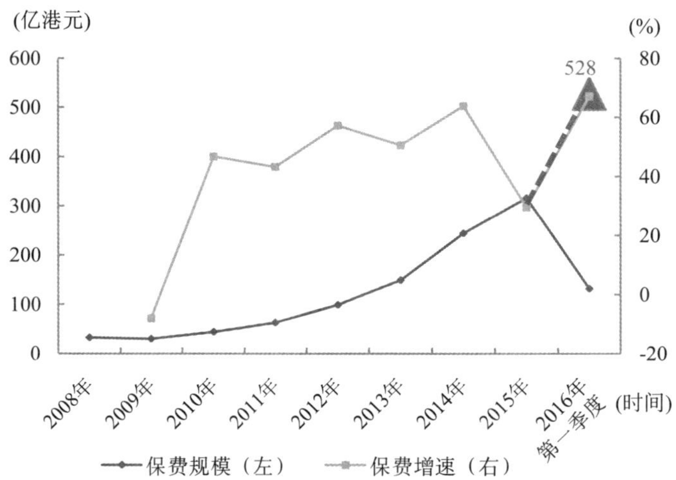

图 8－1　内地赴香港购买保险的保费及其增速

资料来源：香港保险监理处。

国内保险市场的发展为寿险证券化提供了条件。首先，保险业初具规模。2016 年 1—3 月，寿险公司的原保费收入为 9 640 亿元，2016 年 3 月末的保险资产规模为 13.85 万亿元，同时寿险公司也积累了大量的非保险金融行业综合经营经验。其次，2005—2013 年，国内保险资产证券化市场已累计发行 175 款资产支持证券，总规模为 1 348 亿元，其中"太平人寿保单质押贷款债权支持 1 号专项计划"已于 2016 年 3 月 28 日获得上海证券交易所无异议函复（见表 8－1）。再次，制度保障已基本到位，2002 年中国保监会发布政策，允许保险资金投资保险资产管理发行的资产支持计划，为保险机构开展资产证券化业务开拓了空间。2013 年 4 月保险资产管理公司开展资产支持计划试点业务启动。2015 年 8 月 25 日，中国保监会颁布了《资产支持计划业务管理暂行办法》。最后，保险资金运用的多样化和稳健性需求、保险公司经营的资产负债匹配要求，以及提高寿险公司的资金周转率或增加寿险公司的可支配资金总量并提高保险公司的国际竞争力等均为寿险证券化打开了发展空间。

表 8－1　保险资金运用表　（单位：亿元）

年份	银行存款	债券	股票和证券投资基金	其他资产	汇总
2004	5 071	4 827	671	210	10 779
2005	5 166	7 421	1 266	241	14 094
2006	5 989	9 451	1 841	504	17 785
2007	6 503	11 706	7 231	1 207	26 647
2008	8 087	17 684	4 071	709	30 551
2009	10 520	19 067	6 959	873	37 419
2010	13 910	22 790	2 621	6 726	46 047
2011	17 693	25 917	2 910	8 674	55 194
2012	23 446	30 528	3 626	10 943	68 543
2013	22 641	33 375	7 685	12 992	76 693
2014	25 311	35 600	10 326	22 078	93 315
2015	24 350	38 446	16 969	32 030	111 795
2016Q1	26 510	40 392	16 821	36 219	119 942

资料来源：中国保监会。

就寿险证券化自身的功能定位而言，一方面，寿险证券化是应对突发性极端死亡风险的需要，如 2008 年汶川地震的赔付以及 2010 年玉树地震的赔付等。事实上，交通意外和火灾发生等不可抗外力应对也是寿险证券化的主要功能所在，如自 1995 年以来（见图 8－2），因交通意外和火灾而死亡的人数虽然呈倒“V”型走势，但 2014 年因交通意外而死亡的人数仍高达 5. 85 万人。另一方面，寿险证券化是缓解我国面临的长寿风险的需要。据 2010 年人口金字塔数据显示表明，未来 20 年人口中占比较高的 40—44 岁人群将集中进入退休年龄，未来的偿付危机将持续 30 年之久。据国家统计局数据显示，截至 2014 年底，我国 65 岁以上的老年人口数量为 1. 38 亿人，占总人口的比重为 10. 6%，且呈逐年递增趋势。

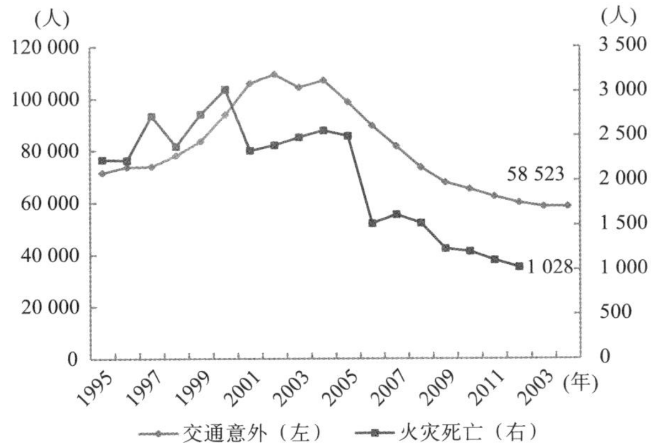

图 8－2　我国因交通意外和火灾死亡

资料来源：国家统计局。

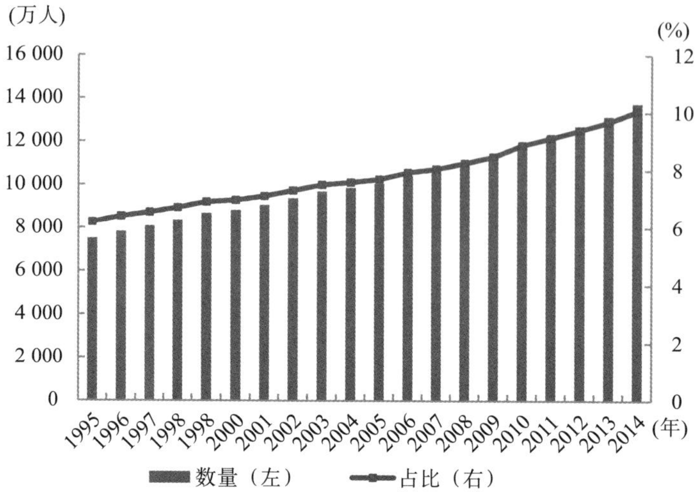

图 8－3　65 岁以上人口数量和占总人口的比重时序图

资料来源：国家统计局。

综上，保险有效供给不足、寿险证券化发展条件基本具备、以及寿险证券化在应对极端死亡风险和长寿风险等方面的功能定位是国内发展寿险证券化的背景。

第二节　发展寿险证券化的国际经验

一、保单现金流证券化

（一）保单内含价值证券化

保单内含价值证券化（Embedded Value Securitization）是指以寿险公司资产方产生的现金流为抵押，发行可交易的有价证券来获得资金的金融活动。寿险公司资产方产生现金流的项目包括经营中或即将开展的寿险业务，以及其他投资收益。按标的资产来分，保单内含价值证券可分为保单获得成本（Acquisition Cost，AC）证券化、有效业务价值（Value－in－force，VIF）证券化和封闭业务（Closed Block of Business，CBB）证券化，三者在目标、结构、信用增级机制、监管要求和评级影响上的相同点和不同点见表 8－2。

表 8－2　　**三类内含价值证券化的异同比较**

分类	保单获得成本证券化	有效业务价值证券化	封闭业务证券化
目标	再融资	募集资金	加速回收未来经营收益
结构	获得 70% 保单成本价值的资金	获得 70% 有效业务价值的资金	获得资金，转移封闭业务
信用增级机制	抵押、担保	抵押、担保	抵押、担保
监管要求	无限制	无限制	在再保险基础上无限制
评级影响	当再融资 >50% 时可改善评级	当融资资金 >50% 时可改善评级	依据评级机构评级结果而定

资料来源：Walhof, P. , A. B. Dorsman and A. Thibeault, 2005, “Life Insurance Securitization in Europe”, Nyenrode Research Group（NRG）Working Paper, Novenmber.

1. 保单获得成本证券化。寿险公司开展新业务是必须先期投入与保险合同有关的较大费用，如手续费、经纪商佣金和体检费等。这些费用是为获得新的保单而必须花费的直接成本，因此称为保单获得成本。保单获得成本的现金已由寿险公司在首年支付，未来每年提取的递延获得成本是非现金费用，实际上为净现金流入，因此可对这一递延获得成本的摊销额进行证券化，称之为保单获得成本证券化。它实质上是变现未来才能收回的已发生成本，极大地减少保单获得过程中的资金占用量（见图 8－4），寿险公司签下一份 10 年期的定期寿险保单时，需要立即支付 100 元的保单获得成本，同时在未来 10 年进行摊销，并在未来保险期间内每年从投保人交纳的保费中提取 10 元钱，用一定的风险贴现率对每年的 10 元进行折现加总，将得到这一保单获得成本证券化的价值。

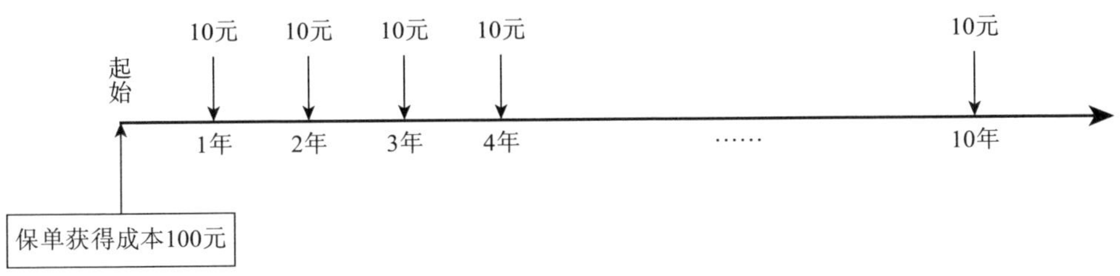

图 8－4　保单获得成本递延摊销示意图

资料来源：谢世清：《寿险证券化研究》，经济科学出版社 2015 年版。

1998—2002 年，德国汉诺威再保险（Hannover Re）进行了 5 次较大的寿险、健康险以及个人意外保险业务的内含价值证券化（通常被称为 L1—L5），总计在资本市场获得约 7.31 亿欧元的融资以支持其全球新业务的快速扩展。接下来，我们以1998年发行的L1为例来阐述保单获得成本证券化的运行机理。荷兰合作银行的都柏林附属公司Interpolis再保险与汉诺威再保险签订比例再保险协议，由汉诺威再保险将未来新业务中75%的经营利润支付给Interpolis再保险；荷兰合作银行以汉诺威再保险未来新业务的经营收益为抵押向其提供5.58亿美元贷款。对汉诺威再保险而言，相当于以定期浮动的经营收益来换取一笔固定的贷款金额，因此这一证券化也可看成是一笔资产互换（见图8-5）。

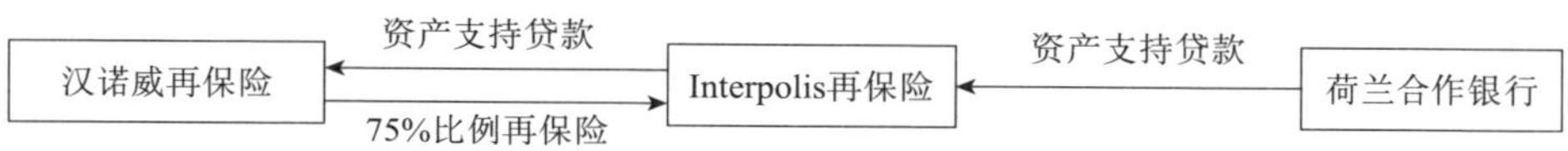

图8-5　Hannover Re保单成本证券化案例

资料来源：Himick, Michael, 1998, "Securitization Insurance Risk Strategic Opportunities for Insurance and Investors", TheGlenlake Publishing Companym, Ltd.

需要指出的是，汉诺威再保险在此交易中扮演了"集成商"的角色，即先从西欧和北美的寿险公司收购大量仍在运营的有效业务，为这些寿险公司的保单获得成本提供融资支持，随后又将这些业务汇集打包成一个组合进行证券化，以获取资金补充其自身收购这些业务时的保单获得成本所需金额。汉诺威再保险采取这种"集运商"的方式有助于实现规模经济，有效分摊证券化所花费的固定交易成本，并在更大范围内分散了死亡风险和保单失效风险。

2. 有效业务价值证券化。寿险公司的有效业务价值源于业务的未来经营收益现值，由现金收入和现金支出两部分所决定。经营收益的现金收入主要来自两部分：（1）新老保单的保费收入。通常而言，寿险公司所经营的寿险业务主要包含定期寿险、万能寿险、变额寿险和年金保险等，这些业务能够源源不断地为寿险公司产生保费收入。（2）退保罚款等其他杂费收入。另一方面，经营收益的现金流出主要有四个部分：（1）当保险事故发生时，向保单受益人支付约定的保险金；（2）违约时所支付的违约金；（3）保单成本包括首年度的保单获得成本和续年度费用，包括佣金、通知费、体检费和发单费用等相关费用；（4）税负等。寿险有效业务价值证券化实质是通过贴现，提前一次性获得经营中或即将开展的特定保险业务未来预期产生的扣除递延所得成本部分的净现金流收入。通过有效业务价值证券化，寿险公司不仅能融得价格相对低廉的资金用于拓展新的业务，也能降低杠杆率和加权平均资本成本，从而提高净资产收益率。

1996—2000年，美国斯卡迪纳寿险公司（ASLAC）进行了13次有效业务价值证券化。2001年，该公司年报数据显示的寿险票据总价值为8.62亿美元，平均期限为7—8年，标的资产均为变额年金保险业务价值（运行原理见图8-6）。

（1）ASLAC 通过再保险协议将特定变额年金保险业务的经营收益和退保罚金等相关延期销售收益的未来一定时期（6—8 年）的 80% 所有权专卖给母公司（ASIHC）；（2）母公司以对 ASLAC 变额年金保险业务未来收益的所有权为抵押，通过信托在私募市场上发行证券化票据；（3）ASLAC 获得发行这些票据的净现金收益，该现金收益相当于相关延期销售收益未来现金流以 7.5% 贴现后的现值，并扣除初始准备今后的价值；（4）若死亡率没有出现极端下降，即没有发生长寿风险，那么投资者将可定期获得较高的票据收益，且在票据到期后收回本金。

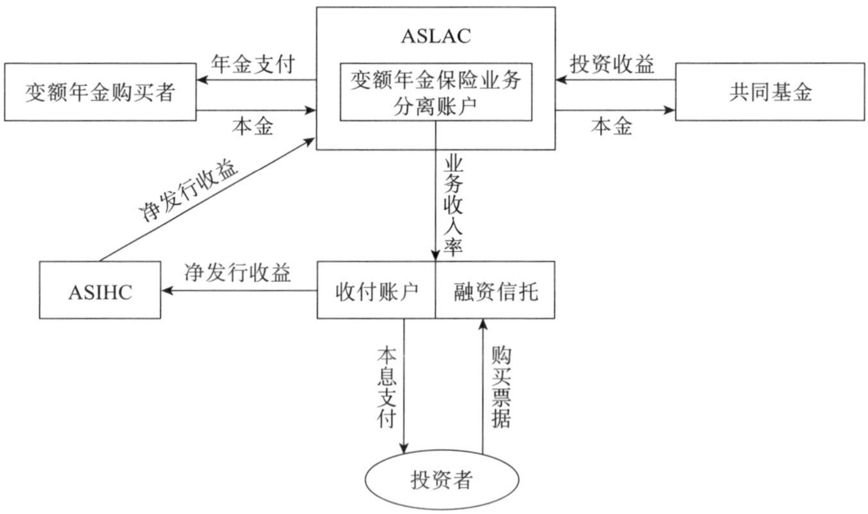

图 8－6　ASLAC 有效业务价值证券化案例

资料来源：Himick，Michael，1998，“Securitization Insurance Risk Strategic Opportunities for Insurance and Investors”，TheGlenlake Publishing Companym，Ltd.

3. 封闭业务证券化。封闭业务主要产生于“去相互化”过程。相互制保险公司曾是世界保险市场主流形式之一，是由所有投保人自己成立的法人机构，类似合伙制企业。由于不能发行股票，其资产负债表内只有盈余，没有股本。20 世纪 90 年代对西方国家金融业放松管制，导致大量金融集团涉足寿险领域。相互制保险公司纷纷实行“去相互化”并改制为股份公司。为避免原相互制公司下原保单的持有人和“去相互化”后的股份公司之间潜在的委托代理冲突，即为了保障原相互制保险公司下保单持有人的分红权益，将原保单及其相应的资产和负债与股份公司的新业务分离开来，形成独立的、封闭运行的账户，即封闭业务。

寿险公司封闭业务包含完整的资产和负债。其资产方面包含了盈余资产和法定资产，其负债主要是法定责任准备金。法定资产是封闭业务成立时划拨的资产，用以对付未来的保单履行赔付义务，而盈余资产是封闭业务负债总额超出法定资产的部分，源于较保守的死亡率和利率计算原则。封闭业务证券化则是指对封闭业务中的盈余资产进行证券化。随着封闭业务中保单的逐渐赔付，盈余资产将逐渐释放，同时产生封闭业务的法定利润。这些法定利润用以支付证券化产品的本息，其现值之和是封闭业务的内含价值。

截至目前，寿险市场中与封闭业务相关的证券化类型有“去相互化”封闭业务、“去相互化”开放业务以及非“去相互化”封闭业务三种，其中第二种和第一种的本质区别在于第一种是真实出售，而第二种则仍属于证券化发行主体的资产或负债。鉴于此，我们介绍第一种和第三种两种封闭业务证券化类型。

2001 年普天寿金融集团“去相互化”时将其封闭业务内含价值进行了证券化，这是一个经典案例，运作原理分四步（见图 8－7）：第一，普天寿金融集团通过 IPO 在资本市场发行 1.1 亿股股票（Class A）取得 30 亿美元，然后额外发行 4.56 亿股股票分配给原相互保险保单的持有人。第二，通过下游普天寿控股公司对普天寿保险公司进行控股。其中，普天寿保险公司继承了原属于普天寿金融集团的封闭业务（即原相互保险业务）和其他寿险业务，从而能够实现真正的风险隔离。第三，普天寿控股公司相当于 SPV，并以下属普天寿保险公司封闭业务的内含价值为基础发行了供给 17.5 亿美元的分为 A、B 和 C 不同层级的债券系列。第四，普天寿金融集团还发行了 1.75 亿美元股票（Class B）的“追踪股票”，以便及时反映该封闭业务的市场价值。

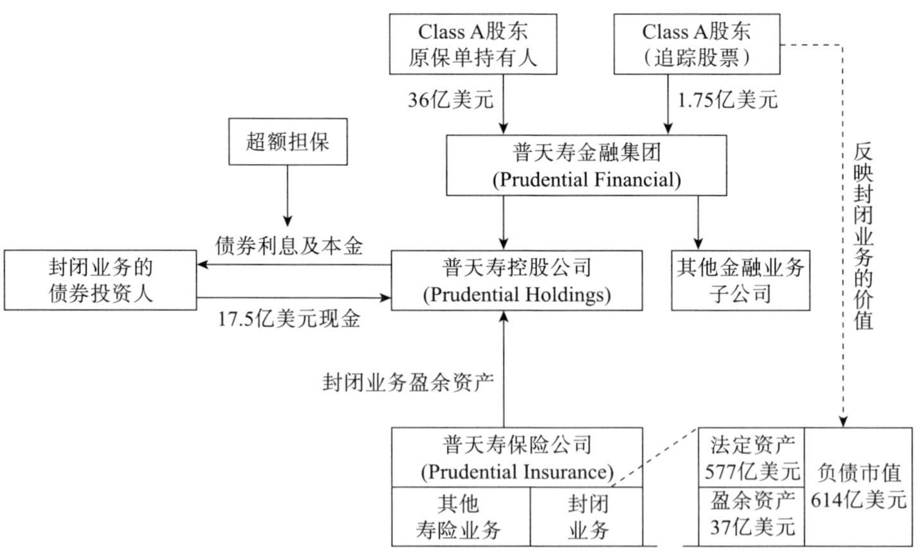

图 8－7　Prudential Financial 封闭业务证券化的运行机制

资料来源：Cowley, Alex and J. David Cummins, 2005, “Securitization of Life Insurance Assets and Liabilities”, Journal of Risk and Insurance, 72 (2), 193－226.

为保证封闭业务的债券投资者利益，发起人普天寿金融集团采取了以下七种措施：（1）设计三层债券的结构，给不同风险偏好的投资者提供了更多的投资选择；（2）A、B 两层债券由美国金融债券保险商（FSA）提供担保；（3）对应于资产设置严格的投资准则，要求 90% 以上为 BBB 级以上投资级资产；（4）利用债券发行金融的 25%（4.38 亿美元）设立债券偿还账户，实现了盈余资产对债券本金的超额担保；（5）普天寿保险公司以 15% 的股价作为偿债抵押；（6）在死亡率、投资收益率和保单失效率均出现不利变动时，原保单持有人的保单分红数将相应削减；（7）限制普天寿控股公司进行新的举债。

（二）寿险保单贴现证券化

寿险保单贴现证券化是指以原保单持有人贴现的寿险保单在未来一定时期内的现金收益为抵押发行可交易证券的活动。寿险保单贴现证券化的前身分别是临终者保单贴现和寿险保单贴现。临终者保单贴现源于 20 世纪 80 年代美国艾滋病迅速扩散时期，患者手中拥有巨额保险赔付金的保单，为支付其高额的医疗费用，保险公司向患者提供介于赔付金价值和保单现金价值之间的收购价。这样，患者的生活得到改善，保单贴现公司也赚取了二者之间的差额。与临终者保单的投保人为艾滋病患者不同，寿险保单贴现的投保人以 65 岁以上的老人为主。从市场发行规模来看，截至目前临终者保单贴现只占寿险保单二级交易流通市场中的很小部分，其余大部分均是寿险保单贴现。2004—2009 年间，发行时进行公开评级的寿险保单贴现证券化仅有四例。

表 8－3　　历年公开评级的寿险保单贴现证券化案例　　（单位：百万美元）

发行人	Tarrytown Second，LLC	Legacy Benenfits	Fieldstone，LLC	AIG Risk Finance
发行时间	2004 年	2004 年	2009 年	2009 年
资产池面值	195	70.3	8 400	8 400
评级机构	A. M. Best	穆迪	A. M. Best	A. M. Best
评级	aa－	A1，Baa2	未披露	未披露

资料来源：Martin，Susan Lorde，2010，"Betting on the Lives of Strangers：Life Settlements，STOLI and Securitization"，University of Pennsylvania of Bussiness Law，13，：173－219.

寿险保单证券化的运行机制中包含 5 个重要主体和 9 种辅助机构（见图 8－8），其中保单贴现公司、发行人、医疗评鉴机构、跟踪服务商和投资者是核心组成部分，保单贴现公司与发行人之间是资产真实销售和风险隔离的关系；医疗评鉴结构和发行人之间是资产价值的评估关系；跟踪服务商和发行人之间是资产运行转台的服务外包关系；投资者和发行人之间则是投融资的关系。主要流程分五步：第一步，保单贴现公司收购保单持有人的寿险保单，同时搜集被保人的医疗信息，并雇佣医疗评鉴机构进行余寿预测；第二步，保单贴现公司依据发起协议将大量收购的寿险保单打包出售给投资银行成立的SPV；第三步，SPV公司将从不同贴现公司处收购来的寿险保单汇集成资产池并投入信托，以该资产池未来现金流为基础向资本市场投资者发行债券、票据、信托收益凭证进行投资，并将部分融到的资金支付给保单贴现公司；第四步，SPV将其余的融资资金进行投资，在证券有效期内定期交纳保单的后续保费，并将获得的死亡赔付金进行信托管理；第五步，证券到期时，SPV按照不同层级证券约定的收益机制来分配保单资金池的剩余价值。特别指出的是，并非所有的寿险保单均可证券化，需要满足如被保人疾病多样化、保单数量多样化、价值多样化、保险公司多样化、保险公司信誉保障以及保单贴现公司准入等条件[①]。

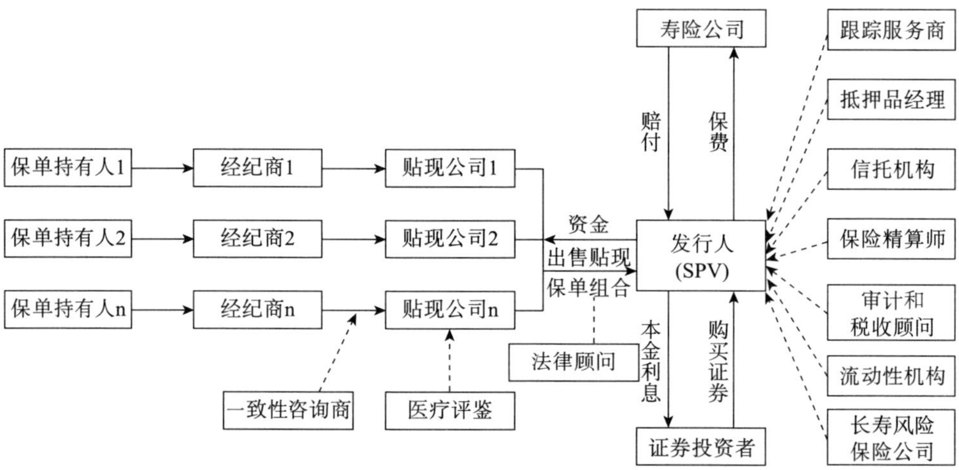

图8-8　寿险保单贴现证券化运行机制示意图

资料来源：Cowley，Alex and J. David Cummins，2005，"Securitization of Life Insurance Assets and Liabilities"，Journal of Risk and Insurance，72（2），193-226.

二、责任准备金证券化

责任准备金证券化起源于美国保险监督官协会（NAIC）变更定期寿险责任

---

① Stone，Charles A. and A. Zissu，2006，"Securitization of Senior Life Settlements：Managing Extension Risk"，Journal of Derivatives，13（3），66-72.

准备金的计提规定从而对寿险公司造成的资本压力和约束。按照2000年颁布的《人寿保险保单的估计模型管理条例》（XXX规则）修正案要求，均衡保费的定期寿险保单的法定监管责任准备金呈现出倍数增长，常常使寿险公司在开拓新业务时陷入资金不足的困境。此后的2003年，NAIC又颁布了《人寿保险保单的精算管理条例》（AXXX规则），要求发行万能寿险产品的寿险公司对未来负债提取充足的准备金，境外寿险公司在承担此类再保险业务是也需要增加准备金计提。同样给寿险公司造成了巨大的责任准备金集体压力与财务约束，限制了其万能后续业务的进一步发展。因此，寿险公司需求更多的融资方法，以解决责任准备金提存和其他业务在资金使用上的矛盾。对应于XXX规则和AXXX规则，责任准备金证券化也分为XXX责任准备金证券化和AXXX责任准备金证券化。

（一）XXX责任准备金证券化

XXX责任准备金证券化是指寿险公司利用证券化技术从资本市场获得资金，以满足受XXX规则影响的责任准备提存需求的新型融资方式。自2003年第一笔XXX责任准备金证券化以来，除2008年和2009年受金融危机影响较大以外，此后市场发展速度较快，2009—2012年累计发行规模达到111.5亿美元（见表8－4）。据统计，2016年全球多余的责任准备金将达到863亿美元以上。

表8－4　　2009—2012年XXX责任准备金融资情况　　（单位：百万美元）

年份	保险公司	期限	融资规模	融资方式
2009	Legal&General	未披露	300	信用证
	Protective	10/15/20年	800	XXX准备金证券化
	RGA	10年	200	信用证
2010	Swiss Re	20年	1 000	信用证
	Lincoln	10年	550	信用证
	ING	未披露	825	其他形式
	Protective	8年	610	信用证
	Mutual of Omaha	7年	150	信用证
	Aviva	未披露	325	信用证
	Protective	12年	790	信用证
	RGA	10年展期至20年	300	其他形式

续表

年份	保险公司	期限	融资规模	融资方式
2011	ING	8 年	615	信用证
	Metlife	10 年	350	信用证
	Ohio National	20 年	250	XXX 准备金证券化
	Lincoln	12 年	925	信用证
2012	4 Insurers & reinsurers	1—10 年	2 500	其他形式
	ING	1—10 年	1 500	其他形式
	Primerica	14 年	510	信用证
	Ohio National	30 年	100	XXX 准备金证券化
	Protective	10 年	110	信用证

资料来源：Yantosh, Tracy Ann, Bernhardt Nadell and Li Cheng, 2013, “What's New in Reserve Financing for Life Insurance Products?”, SOA Valuation Actuary Symposium, September.

一般而言，XXX 责任准备金证券化的运行机制中包含 5 个参与主体和 4 个重要关系，其中 5 个参与主体分别是寿险公司、特殊目的机构、再保险准备金信用信托、资本市场信托机构和资本市场投资者；4 个重要交易关系分别是寿险公司与 SPV 之间的再保险关系、SPV 与再保险准备金信用信托之间的资产管理信托关系、SPV 与资本市场信托机构之间的融资关系、资本市场信托机构和资本市场投资者之间的投融资关系。按发起人性质不同，可将 XXX 责任准备金证券化分为由寿险公司发起和由再保险公司发起的 XXX 责任准备金证券化，案例如 First Colony 和苏格兰再保险公司发售的相关产品等。

2003 年 7 月，Genworth Financial 下属的 First Colony 寿险公司完成了世界上第一步 XXX 准备金证券化，融资规模为 11.5 亿美元，其中 3 亿美元在 7 月时立即通过证券化融资，此后的 12 月又进行了 3 亿美元的融资。运行步骤见图 8 - 9：第一，为缓解公司的 XXX 准备金提存压力，First Colony 寿险设立一家 River Lake 再保险公司作为 SPV；第二，River Lake 与 First Colony 签订再保险合约，将 First Colony 需要提存 XXX 准备金的定期寿险保单转移到 River Lake；第三，由 River Lake 控股的下游信托机构发行无追溯的浮动利息票据来募集资金；第四，River Lake 将所募得的资金投入符合纽约州 111 法定要求的准备金信用信托基金，对 First Colony 转移的定期寿险保单 XXX 责任准备金提供担保。此外，该证券化中还引入财务担保公司 MBIA 为投资者的票据本息支付进行担保，以增强票据的信用评级。

2005 年，苏格兰再保险通过其新设的特殊目的机构 Orkney 控股公司发行票

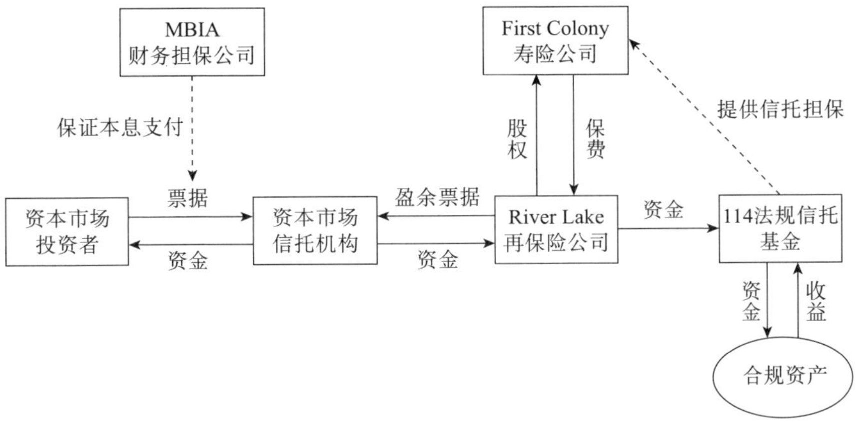

图 8－9　First Colony XXX 责任准备金证券化流程

资料来源：DimitrisKarapiperis, 2005, “Life Insurance Securitization”, NAIC SVO Research Quarterly, 4（2）.

据融资 8.5 亿美元。票据无法被追溯到苏格兰再保险公司，所以不会影响苏格兰再保险的整体财务状况。主要运行步骤（见图 8－10）为：（1）苏格兰再保险成立控股子公司 Orkney 控股公司，其功能一是控制下游的专属保险公司 Orkney 再保险，二是向投资者发行为期 30 年的无追溯权浮息担保票据进行融资。作为回报，债券投资者定期获得 LIBOR +0.53% 的收益率。（2）苏格兰再保险通过再保险合约，将需要提存 XXX 准备金的定期寿险保单转移到非直接拥有的 Orkney 再

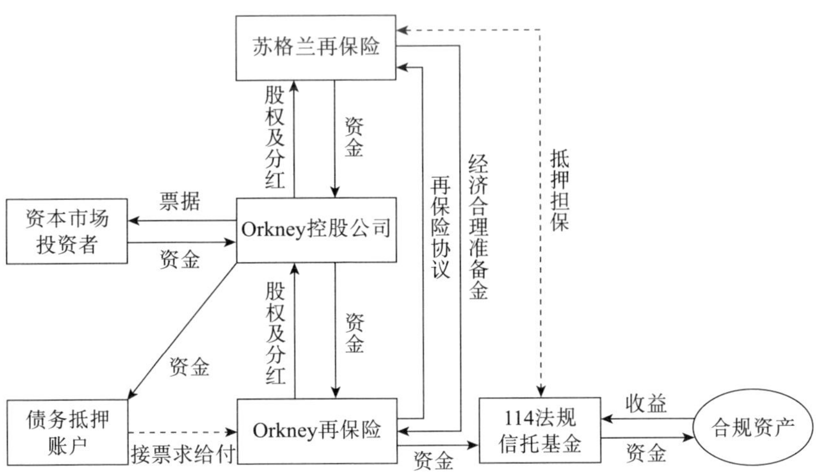

图 8－10　First Colony XXX 责任准备金证券化流程

资料来源：Wu Y. C. and David Soanes, 2007, “Insurance and the Fixed Income Capital Markets”, The Geneva Papers, 32, 46－57.

保险，并定期支付再保险费。（3）Orkney 控股公司将募集的资金转移给 Orkney 再保险，后者又投入 114 法定信托基金进行资产管理。该资产对苏格兰再保险转移的定期寿险保单 XXX 多余责任准备金提供担保。（4）在有效期内，Orkney 再保险将保费、法定准备金逐渐释放的资金以及信托投资产生的收益以分红的方式支付给 Orkney 控股公司，以支付票据的本息支付。（5）MBIA 财务担保公司对所发行的票据提供担保。

2005 年 12 月，苏格兰再保险又发行了一笔为期 30 年的票据并获得了 4.55 亿美元的 XXX 责任准备金。运行机制以苏格兰再保险设立的特殊目的机构 Orkney 再保险进行（见图 8－11）：第一步，苏格兰再保险与 SPV 签订再保险协议，将特定寿险业务的责任准备金负债转移到 SPV，作为补偿将定期支付再保险费用。第二步，SPV 在资本市场上发行多个层级的无追溯浮息票据。其中，A 系列票据的融资资金将被 SPV 投入再保险信用信托进行资产管理，为特定业务的责任准备金提供担保。此外，C、D 系列票据以及优先股都被机构投资者 SALIC 购买。第三步，SPV 定期向投资者支付利息，到期偿还本金。

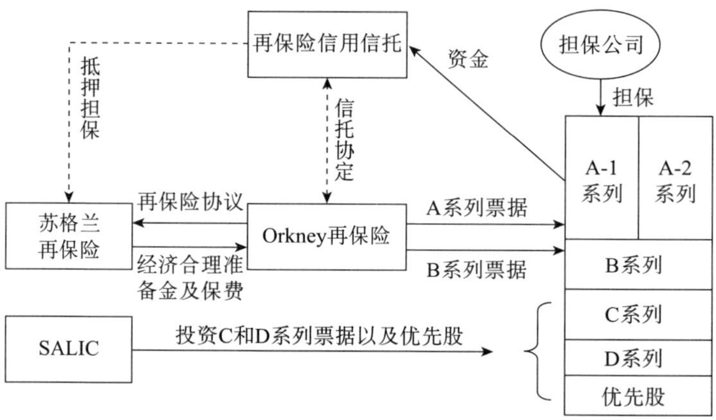

图 8－11　苏格兰再保险第二次 XXX 责任准备金证券化流程

资料来源：Larkin, John and William Fry, 2006, "Risk Securizations& SPV's – the Future", European Insurance Forum, 5.

两次证券化的不同点有二：其一，第二次发行时苏格兰再保险将发行的票据划分为多个层级，为具有不同风险偏好的投资人提供不同选择，同时降低资金成本，除 A－1 系列外，其他层级的证券均没有外部担保。其二，第一次证券化过程中苏格兰再保险通过 Orkey 再保险与 Orkney 控股两家子公司完成整个证券化的流程，而第二次证券化则是直接由一家子公司 Orkney 再保险发行证券。其中，第一次在资本市场发行票据的是位于上游的属于苏格兰再保险的 Orkney 控股子公司，可称之为上游发行，而第二次证券化则是由位于下游的 Orkney 再保险公司发行债券，可称之为下游发行。采用下游发行的方式，苏格兰再保险通过发行经验修正其 XXX 证券化的过程，达到降低成本的目的。

（二）AXXX 责任准备金证券化

AXXX 责任准备金证券化是指寿险公司对含有二级担保①的万能寿险的多余责任准备金以资产证券化方式进行融资的过程。自 2006 年首宗 AXXX 责任准备金证券化发行以来，AXXX 责任准备金证券化的市场运行经历 2006—2007 年的新生期、2008—2009 年的低迷期以及 2009 年以来的增长期。2009—2013 年间市场发生的 6 宗 AXXX 责任准备金融资交易中有 2 宗是证券化交易（见表 8 – 5），募集资金规模达 7.5 亿元。短期来看，寿险公司应对 AXXX 准备金的主要融资工具是信用证而非 AXXX 责任准备金的证券化。但从长远趋势来看，寿险公司对信用证融资方式的依存度越来越小，据统计，2009 年 9 月—2010 年 9 月信用证交易占总融资规模的 75%，而 2010 年 9 月—2012 年 9 月的相应规模占比仅为 50%。

表 8 – 5　　2009—2013 年 AXXX 责任准备金融资情况

年份	保险公司	期限（年）	融资规模	融资方式
2009	Lincoln	20	500（百万美元）	AXXX 准备金证券化
	Aviva	长期	325（百万美元）	信用证
2011	Metlife	10	350（百万美元）	信用证
	Old Mutual	未披露	未披露	信用证
	Ohio National	20	250（百万美元）	AXXX 准备金证券化
2013	Protective	20	950（百万美元）	信用证

资料来源：Yantosh, Tracy Ann, Bernhardt Nadell and Li Cheng, 2013, “What's New in Reserve Financing for Life Insurance Products?”, SOA Valuation Actuary Symposium, September.

AXXX 责任准备金证券化的总体思路是寿险公司首先设立 SPV 为自身的万能寿险业务提供再保险，并同时将万能寿险业务的责任准备金负债转移给 SPV。SPV 以再保险费收入为抵押发行资产支持证券，并将募集得到的资金投入专用的

① 二级担保是指在特定年限内只要交纳了大于或等于保单有效期间内累积保费需求的最小累计保费，那么即使投资账户内的现金价值降到零或者以下，保单依然有效，直至最小累积保费再也无法满足累积保费需求时才会失效。

准备金信托基金，为万能寿险业务再保险提供信用担保。从参与主体上来看，AXXX 比 XXX 责任准备金多了一个协议支持公司，即寿险公司海外子公司，承诺在 SPV 出现流动性问题时向其提供资金支持；设置海外子公司的第二个优势在于提高信用评级公司对 SPV 发行债券的信用评级。从交易关系上来看，因为增加了一个协议支持公司参与主体，所以也增加了 SPV 与协议支持公司这一层交易关系。

寿险公司和再保险公司均可作为 AXXX 责任准备金证券化的发行人。2006 年 10 月，Genworth Financial 首次发行金额 4.75 亿美元的 AXXX 责任准备金浮动利率债券（运行机制见图 8－12）：第一，Genworth Financial 设立 SPV 再保险子公司作为证券化交易的核心机构；第二，Genworth Financial 和 SPV 签订再保险合同，将其需要提存 AXXX 准备金的万能寿险保单转移到 SPV 中，同时转移相应的责任准备金负债；第三，SPV 和同属于 Genworth Financial 子公司的 First Colony 寿险公司签订支持协议，后者许诺在 SPV 现金不足时提供资金支持；第四，SPV 通过下游资本市场的信托机构发行债券募集资金，将所募集的资金投入符合纽约州 114 法规要求的准备信用信托基金中，并以此信托资金对万能寿险保单的 AXXX 责任准备金提供担保。此外，该证券化还引入了 AAA 评级的财务担保公司为投资者购买的优先级无追溯权债券的本息支付进行担保，而次级债券投资者将承受因突发性事件发生所造成的死亡率激增风险。

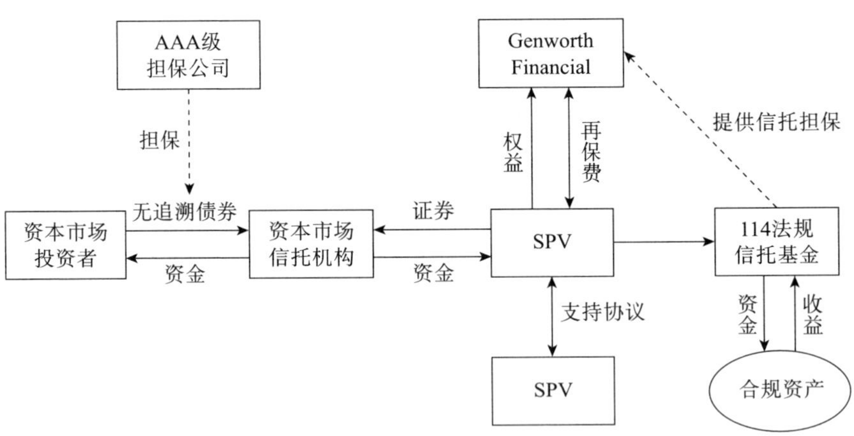

图 8－12　Genworth Financial AXXX 责任准备金证券化流程

资料来源：Laplante, C., J. Starr and C. Tibbits, 2007 “Life Insurance Securitization”, Valuation Actuary Symposium.

三、极端死亡风险证券化

极端死亡风险源于寿险公司面临的实际死亡率远高于其实际承保时所预测的数值。近年来，巨灾事件和流行病事件频发，导致寿险公司面临日益严峻的极端死亡风险。极端死亡风险使得寿险公司可能在一次事故中向众多被保险人支付死亡赔偿金，造成寿险公司严重亏损，甚至因现金流不足而遭遇清算倒闭的危机。寿险公司通常采用四类传统方法应对极端死亡风险，如经济资本吸收实际损失、出售大量保单分散风险、提高保单费率转嫁风险以及通过再保险转移风险，其中有些方法并非帕累托改进策略。接下来，我们介绍极端死亡率债券和极端死亡率互换两类证券化方法。

（一）极端死亡率债券

极端死亡债券是一种本金和利息与死亡率挂钩指数密切相关的债券，当死亡率达到一定的阈值时，债券投资者会损失本金或利息。极端死亡债券的主要功能是将本应由寿险公司承担的极端死亡风险分散和转移至资本市场。据统计，2003—2012 年，全球共发行 9 宗极端死亡率债券（见表 8 -6），其中瑞士再保险发行的 Vita 系列债券 6 期，规模为 20.5 亿美元。

表 8 -6　　2003—2012 年发行的极端死亡债券信息

名称	Vita I	Vita II	Vita III	Vita IV	Vita V	Tartan	OSIRIS	Nathan	Mythen
年份	2003	2006	2006—07	2009—11	2012	2006	2006	2008	2012
规模（百万美元）	400	362	390	480	275	155	250	100	200
层级	单层	三层	九层	六层	两层	两层	四层	单层	两层
机构	Swiss Re	Swiss Re	Swiss Re	Swiss Re	Swiss Re	Scottish Re	AXA	Munich Re	Swiss Re
评级	A +	A -，BBB +	AAA，AA -	BB +，BBB -	BBB -，BB +	AAA，BBB +	AAA，A -	A -	B +
阈值	130 - 150	120 - 124，115 - 120	125 - 145，120 - 125	未披露	135，12 - 105	115 - 120，110 - 115	114 - 119	130 - 150	125 - 135
标的	死亡率指数（%）								
范围	多国	多国	多国	多国	多国	美国	多国	多国	英国
期限（年）	4	5	4—5	5	5	3	4	5	4

资料来源：Bauer，D. and F. W. Kramer，2007，“Risk and Valuation of Mortality Contingent Catastrophe Bonds”，Working Paper，and News Release from Swiss Re，2009—2013.

就债券层级设置而言，最初的 Vita I 并未进行分级，但从 Vita II 开始，分层的方式有两种：一是根据不同的人口特征或地理位置进行分层。二是根据不同的期限、触发阈值和资金规模等进行分层。发行主体可通过自身购买风险最高的“权益层”债券来实现风险自留，对道德风险进行有效控制，以提升其他层级债券的信用等级。就债券处罚机制而言，其挂钩的标的为公开的死亡指数，即基于不同国家、年龄和性别等构造的“组合死亡率指数”，如 Vita I 债券触发机制时基于美国、英国、英国、意大利和瑞士 5 个国家的死亡率数据构建的加权死亡率指数。因为如果用单一国家的死亡率作为参照标准，缺乏人口和地理位置上的多样性，容易产生非系统性风险；而对于资产规模大、多个地区经营的发起寿险公司和再保险公司而言，不同国家和地区的“组合死亡指数”更能贴近其极端死亡率风险暴露情况，因而能够有效减少其“基差”风险。

就偿付机制而言，从投资者的角度来看，如果在约定时间内触发事件未发生，投资者将获得约定的利息和本金；如果触发条件发生，债券购买者将丧失部分或全部本金。由于每期利息都是基于剩余本金计算的，因此也会损失部分本息。按照当期的本金赔付是否以过去的累积本金赔付比例之和为触发条件，可将极端死亡率债券分为本金赔付非累积型和本金赔付累积型，前者表示寿险公司每年可从 SPV 中提取的资金以及提取的比例均逐年重新计算，与以往年份的累积本金赔付比例无关，案例如瑞士再保险 2003 年发售的 Vita I 债券。Vita I 债券的本金赔付机制如下：触发阈值约定为基准年死亡率水平的 130%，即当期死亡率水平超过基准年的 130% 时，瑞士再保险将从 SPV 中提取本金；失效阈值为基准年死亡率水平的 150%，即瑞士再保险将从 SPV 中提取全部死亡率债券发行时募集的本金；如果死亡率的上升幅度介于 130% 和 150% 之间，瑞士再保险将从 SPV 中以线性插值方式提取本金。

我们知道，死亡率指数的时序相关性使得每年死亡率的计算通常要基于历史的死亡率水平。因此，上述本金赔付非累积型极端死亡率债券的赔付机制会使得债券价格存在一定的偏差。2006 年苏格兰再保险发售的 Tartan 系列债券通过设置双重触发条件以解决死亡率时序相关的问题。第一个触发条件不变，即死亡率超过基准水平的下限；第二触发条件为本期的本金赔付比例大于以往各年的本金赔付比例之和，即超过累积本金赔付比例。这表明只要第二年的极端死亡率超过足够大，满足双重触发条件时，债券投资者的本金才会遭受损失，从而更加保障债券投资者的利益。

下面我们就以 Tartan 债券为例来阐释极端死亡率债券的运行机制（见图 8 - 13）。首先，隶属于苏格兰再保险的苏格兰年金与寿险公司（Scottish Annuity and Life

Insurance Company, SALIC）同特殊目的公司（SPV）Tartan 资本签订了再保险合约。合同约定 SALIC 每季度向 Tartan 资本支付一个固定的金额作为保费，以换取当死亡率指数达到一定的阈值时 Tartan 资本向 SALIC 支付赔偿的权利。其次，Tartan 资本通过向资本市场投资人发行极端死亡率债券能够为其向 SALIC 的或有支付筹集资金。再其次，发行债券所募集的资金用以购买无风险的国债存入担保账户作为抵押资产。最后，鉴于这些抵押资产收益较低，Tartan 资本将会和高盛签订利率互换合约，高盛同意支付 3 个月的 LIBOR 减去 10 个基点作为抵押资产的投资回报。

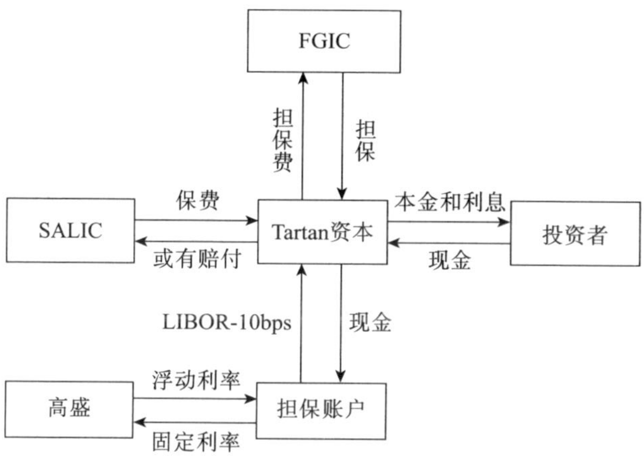

图 8－13　Tartan 债券的运行机制

资料来源：Bauer, D. and F. W. Kramer, 2007, "Risk and Valuation of Mortality Contingent Catastrophe Bonds", Working Paper, and News Release from Swiss Re, 2009—2013.

Tartan 资本共发售 2 个不同风险等级的 A 级和 B 级 Tartan 债券：面值分别为 7 500 美元和 8 000 美元，期限均为 3 年，相关指标比较见表 8－7。二者的主要差异在于阈值、信用增级和利息水平，B 级债券的阈值上限同 A 级债券的阈值下限，由此衍生的风险敞口较大。再者，A 级债券投资人的本金和收益由 FGIC 担保。作为对 B 级债券的风险补偿，其利率水平比 A 级债券高 281 个基点。

表 8－7　　Tartan 债券的结构特征

债券类型	A 级债券	B 级债券
募资规模（百万美元）	75	80
债券期限（年）	3	3
触发阈值	115	110

续表

债券类型	A 级债券	B 级债券
失效阈值	120	115
利息水平（%）	LIBOR + 19	LIBOR + 300
评级	AAA	BBB

资料来源：Bauer, D. and F. W. Kramer, 2007, "Risk and Valuation of Mortality Contingent Catastrophe Bonds", Working Paper, and News Release from Swiss Re, 2009—2013.

（二）极端死亡率互换

极端死亡率互换是一种交易双方基于未来死亡率水平进行现金流互换的创新型金融衍生产品。与传统再保险相比，极端死亡率互换能够将极端死亡率风险转移到资金实力和风险承受能力都更强的资本市场。与极端死亡率债券项目，它还具有成本低、操作简捷和灵活性较高等诸多优势。此外，它还能很好地将极端死亡率风险和长寿风险的自然对冲性质相结合，能够同时提高寿险公司和年金保险公司分别对极端死亡率风险和长寿风险的管理能力。最后，由于与金融产品相关度较小，极端死亡率互换能给资本市场的投资者提供组合多样化的投资品种。

2008 年，法国再保险公司（SCOR）属下的全球寿险公司和 J. P. 摩根签订了第一笔极端死亡率互换合约 I。有效期内，全球寿险公司可获得最高 1 亿美元加上 0.36 亿欧元的针对极端死亡率风险的赔付，互换合约中设置触发阈值和失效上限，即当标的死亡率指数超过 115% 时，偿付机制被触发，J. P. 摩根向全球寿险公司赔付部分面值；当死亡率指数大于或等于 125% 时，将赔付全部面值；而当指数为 125% 时，全球寿险公司获得的赔付是面值的一半金额（见表 8 -8）。

表 8 -8　　全球寿险公司与 J. P. 摩根签署的极端死亡率互换 I 与 II

互换类型	极端死亡率互换 I	极端死亡率互换 II
面值	1 亿美元 +0.36 欧元	0.75 亿美元
期限	2008 年 1 月至 2011 年 12 月	2009 年 1 月至 2011 年 12 月
阈值	115	105
上限	125	110
指数	美国和欧洲加权人口死亡率（%）	美国和欧洲加权人口死亡率（%）
指数计算周期	每两年	每两年

资料来源：SCOR, 2009, "Extends Mortality Swap with J. P. Morgen to Protect the Group from Pandemic Risks", Press Release.

互换 I 对冲的风险类型是常规的极端死亡风险，如自然灾害和恐怖袭击等。

而互换 II 的发行背景则时值 H1N1 禽流感肆虐时期，作为全球寿险再保险业前五大公司之一，SCOR 面临严峻的极端死亡率风险，因此向资本市场转移极端死亡率风险的需求较互换 I 更为迫切。2010 年，高盛集团与 Signum Finance Gayman（SFC）签订价值 2 亿美元的极端死亡率互换，期限是 15 年。这一互换与前面两个互换的主要差异有两点：一是挂钩标的不同，前面两个互换的标的是死亡率指数，而高盛与 SFC 互换的标的是特定业务目标人群的死亡率指数；二是风险转移不同，互换 I 和互换 II 是全球寿险公司将风险直接转移给单一投资者 J. P. 摩根，而高盛与 SFC 签订互换后，SFC 公司用于偿还高盛的资金来自出售其所持有的高盛自身发行的面值 2 亿美元、为期 15 年的高等级债券，购买债券的资金又来自其向资本市场投资者发行票据融资所得。

四、长寿风险证券化

经济发展和科技创新带来了生活水平的提高以及医疗技术的改善，人类的平均寿命也逐渐开始延长。据估计，从 20 世纪开始，发达国家的人口预期寿命平均每年便已经延长了 1. 2 个月。人口寿命的延长将导致长寿风险，即特定群体的实际寿命高于依据生命表实现预期的寿命的系统性聚合风险。对于年金保险公司和养老基金而言，其未来的支付期大大延长。鉴于长寿风险无法根据大数定律进行分散，年金保险公司、养老基金和政府社保基金难以对其进行有效管理，从而面临着巨大的亏空风险。

传统应对年金保险业务和养老金计划中长寿风险的主要方法有两个：一是养老金出售，即企业将其养老金计划的资产和负债作为整体全部出售转移给再保险公司，养老金计划的每个参与者都获得与再保险公司签订的年金保险，这是确定给付型（Defined Benefit，DB）养老金计划应对长寿风险常用的非资本市场型解决办法。二是养老金买入，是指养老金计划的发起企业批量买入年金保单，以对冲特定人群的养老金计划负债中所包含的各种风险的过程，案例如 2010 年葛兰素史克（GSK）与英国普天寿签订的一笔规模为 9 亿英镑、带抵押的 Buy - in 交易。下面，我们顺次介绍三种资本市场型长寿风险转移工具：长寿债券、长寿互换和 q 远期合约。

（一）长寿债券

长寿债券（Longevity Bond）是指其息票的支付或本金的返还与生存率相关联的债券。通过设计恰当的长寿债券，养老基金和年金保险公司可将长寿风险转移给其他金融机构或资本市场众多的投资者，以达到分散长寿风险的目的。长寿债券的核心在于将年金保险公司承担的长寿风险从公司整体风险中"剥离"出来，分离重组后在资本市场上发行可独立交易的、具有不同风险程度的金融工具，从而实现长寿风险的转移。

按照给付方式不同，长寿风险可分为两类：一类是连续型，其票息支付金额直接随生存率而发生连续的变动；另一类是触发性，与巨灾债券类似，其面值或息票率由生存率是否超过某个阈值决定。除上述两种类型外，Blake et al.（2006）[①] 还给出过零息长寿债券（Longevity Zeros）、本金在险长寿债券（Principal－at－risk LBs）、反向长寿债券（Inverse LBs）以及抵押长寿债券（Collateralized Longevity Obligations，CLO）四种长寿债券。

截至目前，市场中仅发售两例长寿债券。第一例是2004年欧洲投资银行发行的EIB长寿债券，对手方是位于百慕大的伙伴再保险公司（Partner Re），期限为25年，规模为5.4亿英镑，初始利息为5 000万英镑。长寿债券运行由三个交易环节构成（见图8－14）：首先，欧洲投资银行向年金保险公司或养老基金等长寿风险的规避者发行EIB长寿债券，并定期支付与生存率指数挂钩的浮动英镑息票。该债权所依据的生存率是根据英国政府精算属（CAD）发布的2002年年末年龄为65岁的英格兰和威尔士男性群体在债券有效期内每年的实际中心死亡率计算得到的累积生存率。

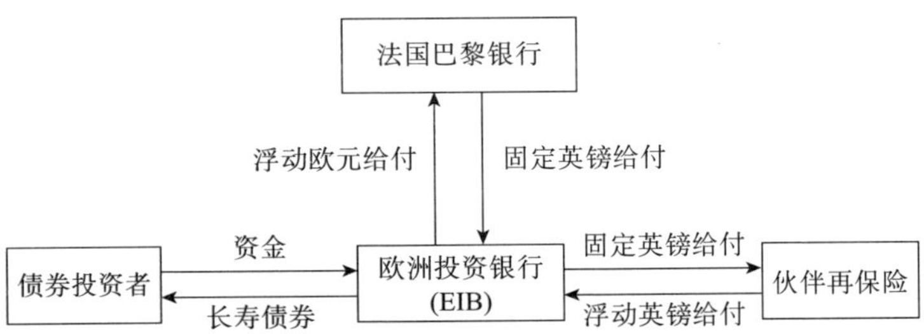

图8－14　EIB长寿债券的运行机制示意图

资料来源：谢世清：《寿险证券化研究》，经济科学出版社2015年版。

其次，欧洲投资银行和法国巴黎银行之间进行利率互换，欧洲投资银行支付欧元浮动利率，获取英镑固定利率。这是因为欧洲投资银行希望将其对债券投资者支付的浮动的英镑利息转化为支付浮动的欧元。而经过这一利率互换，从欧洲投资银行的角度看，就相当于发行了一个浮动利率的欧元债券，每年用欧元支付

① Blake，D.，A.，Cairns，K. Dowd and R. MacMinn，2006，"Longevity Bonds：Financial Engineering，Valuation and Hedging"，Journal of Risk and Insurance，73，647－672.

浮动的欧元利息。

最后，欧洲投资银行与伙伴再保险公司进行长寿互换。欧洲投资银行在每年的支付日向伙伴再保险支付英镑固定利率，以换取伙伴再保险以英镑支付的每年实际生存率。这样，从发行方欧洲投资银行整体的现金流角度而言，相当于每年用欧元支付浮动利息，从利率互换获得固定英镑利息，再从长寿互换获得以实际生存率计算的浮动英镑利息，最后将这一浮动的英镑利息支付给长寿债券的投资者，从而将债券票息的支付义务最终转移给伙伴再保险公司。

长寿债券的第二个案例是2010年瑞士再保险通过其设立的SPVKortis资本公司发行的，募集资金规模为5 000亿美元。运行机制（见图8－15）：第一步，债券投资者向Kortis资本公司购买长寿债券，Kortis资本公司再将投资者的债券本金投资于AAA级的世界银行债券，作为抵押资产；第二步，债券发起人瑞士再保险公司与Kortis资本公司签订场外协议，每年支付一定保费获得长寿风险的保护；第三步，债券到期前，债券投资者可在每个季度获得3个月的LIBOR＋4.72%的息票支付；第四步，2017年1月债券到期时，若被称为"长寿偏离指数"（Longevity Divergence Index Value，LDIV）的生存率指数高于预先设定的阈值（初始值为3.4%），Kortis资本公司将会卖掉部分作为抵押资产的世界银行债券对瑞士再保险进行赔付，债券投资者的本金相应受损；反之，债券投资者获得全额本金。

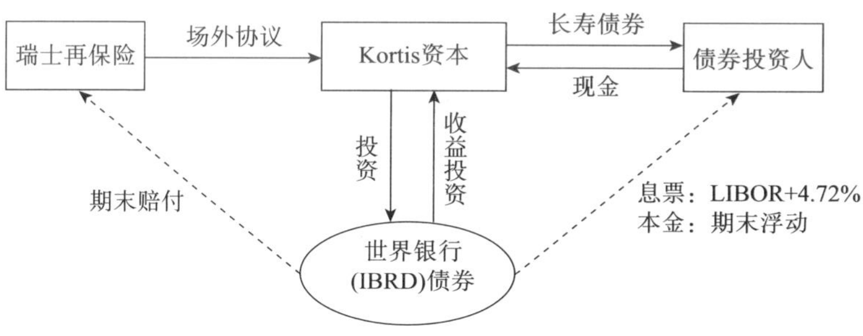

图8－15 Kortis长寿债券的运行机制示意图

资料来源：谢世清：《寿险证券化研究》，经济科学出版社2015年版。

Kortis长寿债券的生存率指数依据英国GAD发布的英格兰和威尔士75—85岁男性与美国疾控预防中心发布的美国55—65岁男性从2009年到2010年每年死亡率的改善之差，衡量的是两国特定人群死亡率减少程度的差异，所以称之为"长寿偏离指数"。触发的阈值为3.4%，失效的阈值为3.9%，本金按照本金减少因子的比例进行赔付，其中本金减少因子＝（LDIV－3.4%）/（3.9%－3.4%）。

与 EIB 长寿债券相比，Kortis 长寿债券的可供借鉴之处在于：其一，Kortis 长寿债券为触发型债券，风险管理效率高于作为连续型债券的 EIB 长寿债券；其二，Kortis 长寿债券获得了标普的"BB +"评级，为其在二级市场交易提供基础；其三，Kortis 长寿债券的期限为 8 年，满足资本市场上大多愿意承担长寿风险投资者对债券期限的投资需求；其四，相较于较少的 5 000 万美元面值总额降低了投资门槛，也减少了债券投资者的初始投资压力；其五，到期前利息支付是基于全部本金金额的，几乎没有风险；其六，债券包含瑞士再保险的回购权利，提高了债券发行时的利率水平；其七，触发机制基于"长寿偏离指数"，为瑞士再保险对冲英国比美国特定人群更加长寿的风险，有助于降低长寿债券投资者的投资风险。

（二）长寿互换

前述的 EIB 长寿债券不同于极端死亡率债券的运行机制。年金保险公司和金融机构的角色发生了调换，即 EIB 长寿债券发行者是市场上期望承担长寿风险的投资者，而长寿风险对冲者年金保险公司却是债券的购买者。因此，EIB 长寿债券的交易中，所有年金保险公司的长寿风险最终由为该债券提供长寿互换的伙伴再保险公司单独承担。一方面，市场对伙伴再保险公司能否单独承担这些长寿风险有所怀疑；另一方面，利用双因子的 Wang 转换定价方法对 EIB 长寿债券定价的结果表明，发行方向潜在买家英国养老基金索要的价格高于其他再保险或年金产品的风险溢价，这是导致 EIB 长寿债券失败的两个主要原因。长寿互换是寿险公司应对长寿风险的另一个新型解决方案。

长寿互换是一种交易双方基于特定人群预期生存率和未来实际生存率之间的差异定期交换现金流的合约。与传统再保险相比，长寿互换能够将长寿风险转移到资金实力和风险承受能力更强的资本市场。与长寿债券相比，还有着成本低、操作简捷和灵活性高等诸多优势。长寿互换的初始形式是 20 世纪 90 年代后期的保险型长寿互换（Insurance - Based Longevity Swap），由原来两种长寿风险管理方法养老金卖出和养老金买入演变而来，主要改进之处在养老金和寿险公司之仅仅转移纯粹的长寿风险，而在保险型长寿互换中，养老基金管理机构仍对基金资产的配置拥有控制权，而且寿险公司也无须承担长寿风险之外的其他风险如利率风险和投资风险。据统计，2007—2012 年保险型长寿互换共发行 12 笔，交易金额为 170 亿英镑。其中，2013 年 12 月，Legal&General 作为中介机构促成的 BAE Systems 养老基金与汉诺威再保险之间的长寿互换规模最大，为 32 亿英镑。

长寿互换的新型表现形式是资本市场型长寿互换（Capital - market - based Longevity Swap）。2008 年 7 月加拿大寿险公司和 J. P. 摩根之间签订价值 5 亿英镑、期限40年的首笔长寿互换，标的是加拿大寿险公司一个包含12.5万名年金受益人的年金业务的实际生存指数，而非市场死亡指数。该互换的风险转移路径是加拿大寿险公司寿险将长寿风险转移给投资银行，投资银行再将长寿风险转移给资本市场投资者。据统计，2008—2012年市场中共发售8笔资本市场型长寿互换（见表8-9），募集资金规模为196亿英镑。资本型长寿互换市场的两个主要特点如下：

第一，英国航空公司养老金与德意志银行2011年签订的长寿互换金额最大，面值为30亿英镑。Aegon寿险公司的长寿互换面值高达120亿英镑，由于该互换是价外（Out of Money）互换，所以其实际能够对冲的长寿风险远小于面值，只是被Aegon寿险公司用来减少资本。

第二，2008年7月，Centurion养老基金与瑞信签订的长寿互换是第一个类似于市场长寿指数型（Index-based）的长寿互换。瑞信先与Centurion进行长寿互换，随后Centurion根据瑞信所编制的长寿指数收购一组与该指数契合度极高的年金保单组合，从而实现了与瑞信编制的长寿指数挂钩。随后的2012年2月，Aegon寿险公司与德意志银行签订的长寿互换才是真正意义上基于市场长寿指数的互换。因为：首先，采用国际互换与衍生品协会（ISDA）标注文本，减少互换信用风险，增加交易透明度；其次，有效期为20年，并含有一个决定最终支付金额的终结机制；再其次，与长寿指数挂钩的浮动现金流具有上限和下限保护机制，投资者不会暴露于没有限制的长寿风险中；最后，长寿指数基于荷兰国际统计办公室开发的市场死亡率数据，不受Ageon寿险公司道德风险的影响。

表8-9　2008—2012年发行的资本市场型长寿互换　（单位：百万英镑）

日期	对冲者	规模	对手方
2008年7月	加拿大寿险公司	500	J. P. 摩根
2008年7月	Centurion养老金	不详	瑞信
2009年3月	Aviva寿险公司	475	苏格兰皇家银行
2010年7月	英国航空公司养老金	1 300	高盛/Rothesay
2011年11月	劳斯莱斯养老金	3 000	德意志银行
2011年12月	英国航空公司养老金	1 300	高盛/Rothesay
2012年1月	Pilkington公司养老金	1 000	英国法通保险公司
2012年2月	Aegon寿险公司	12 000	德意志银行

资料来源：Blake, D., A., Cairns, G. Coughlan, K. Dowd and R. MacMinn, 2013, “The New Life Market”, Journal of Risk and Insurance, 80 (3), 501-558; Blake, D., R. MacMinn, J. Siu-Hang Li and M. Hardy, 2014, “Longevity Risk and Capital Market: The 2012-2013 Update”, North American Actuarial Journal, 18 (1), 1-13.

除普通的生存互换以外，长寿互换还有浮动对浮动长寿互换、跨货币长寿互换和远期长寿互换三种形式①。浮动对浮动长寿互换（Floating – for – Floating Swap）双方根据不同群体人口的实际生存率指数彼此交换浮动现金流，鉴于交易双方每年的净浮动现金流随着两类不同群体生存率指数之间差额的变化而变动，因此双方承担的是彼此的长寿风险。对照于利率互换市场中的相关界定，浮动对浮动互换市场也称为基差互换（Basis Swap）。跨货币互换（Cross – currency Basis Swap）本质是用不同货币进行支付的浮动对浮动长寿互换，在规避长寿风险的同时也可规避因汇率变化而面临的汇率风险。远期长寿互换（Forward）的签订时间发生在当前，而实际生效却是未来的某个时间才开始。远期长寿互换不仅可以满足养老金在未来某个时间发售养老金的长寿风险的对冲需求，也可作为长寿互换期权的对冲工具。

（三）q 远期合约

q 远期合约是一种交易双方在未来合约到期时相互交换与特定人群死亡率成比例的金额或与事先约定的“固定死亡率”成比例的金额的新型金融衍生工具，其中名称的“q”来源于精算模型中经常用于表示死亡率水平的字母 q。q 远期合约可视为一个在到期时交换“浮动死亡率”和“固定死亡率”的零息互换。据市场中现有的 q 远期合约来看，按死亡率交换方式的不同，可将 q 远期合约分为对冲长寿风险和对冲极端死亡风险（见图 8 – 16）两种合约类型，前者合约中的年金保险公司为实际或“浮动死亡率”支付方，后者合约中的寿险公司为远期或“固定死亡率”支付方，二者通常都是基于 LifeMetrics 死亡率指数进行交易。接下来，我们以对冲长寿风险的 q 远期合约为例来阐释其合约内容和支付结构。

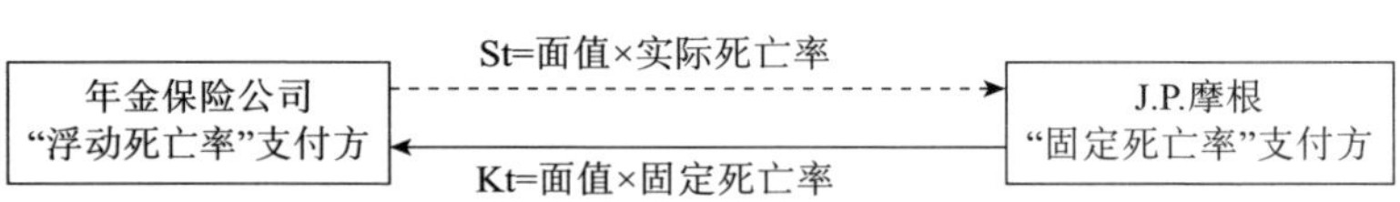

图 8 – 16　对冲长寿风险的 q 远期合约的运行机制

资料来源：谢世清：《寿险证券化研究》，经济科学出版社 2015 年版。

对冲长寿风险 q 远期合约的主要参与主体有两类：一是如年金保险公司和养

① Dawson, P., K. Dowd, A. J. G. Cairns and D. Blake, 2010, “Survivor Derivatives: A Consistent Pricing Framework”, Journal of Risk and Insurance, 77 (3), 579 – 596.

老基金的长寿风险规避者，即实际死亡率或"浮动死亡率"支付方；二是如 J. P. 摩根的长寿风险投资者，即"固定死亡率"支付方。步骤同金融衍生产品中远期合约的合约签订、合约到期和净现金流交割等。对第三步略作说明如下：现实中为降低对手的信用风险，交易双方根据"固定死亡率"和"浮动死亡率"的相对水平来确定现金支付额的净偿付水平和支付方向。当$K_t > S_t$时，年金保险公司等长寿风险规避者可从 J. P. 摩根等长寿风险投资者收到$K_t - S_t$净现金流入，即当到期时"浮动死亡率"小于"固定死亡率"，可从远期合约中获利，从而能对冲其向年金受益人支付的超过预期的金额。反过来，则长寿风险的投资方 J. P. 摩根受益，但此时年金保险公司年金受益方支付的金额比预期水平更低，从而使整体的现金流更加稳健。

为便于直观理解上述运行机制，我们以 Coughlan et al. (2007) 中的一个 q 远期合约为例来说明问题，假定 2006 年 12 月 31 日 J. P. 摩根与 XYZ 养老基金签署一笔 q 远期合约，其中 J. P. 摩根为"固定死亡率"支付方，承诺在到期日向养老基金支付固定的现金额，以获取 XYP 养老基金届时基于到期日 LifeMetrics 死亡率指数计算而来的赔付金额，合约内容见表 8－10，支付结构的情景分析见表 8－11。

表 8－10　J. P. 摩根与养老基金的 q 远期合约　（单位：万英镑）

项目	内容
名义面值	5 000
死亡率参考年	2015 年
"固定死亡率"支付方	J. P. 摩根
"浮动死亡率"支付方	XYZ 养老基金
实际死亡率	英格兰/威尔士 65 岁男士死亡率
到期日	2016 年 12 月 31 日
固定死亡率	1.20%
固定交换金	6 000 = 面值 × 100 × 固定死亡率
浮动交换金	面值 × 100 × 实际死亡率
交割金额	净现金流 = 固定交换金 － 浮动交换金

资料来源：Coughlan, G., D. Epstein, A. Sinha and P. Honing, 2007, "q－forward: Derivatives for Transfering Longevity and Mortality Risk", J. P. Morgan Technical Report, July.

表 8－11　　q 远期合约在不同实际死亡率时的净现金流偿付情况

实际死亡率（%）	固定死亡率（%）	名义面值（百万英镑）	净偿付额（百万英镑）	支付方向
1.00	1.20	5 000	1 000	J. P. 摩根向 XYZ 基金支付
1.10	1.20	5 000	500	J. P. 摩根向 XYZ 基金支付
1.20	1.20	5 000	0	无支付
1.30	1.20	5 000	500	XYZ 基金向 J. P. 摩根支付

资料来源：Coughlan, G., D. Epstein, A. Sinha and P. Honing, 2007, "q－forward: Derivatives for Transfering Longevity and Mortality Risk", J. P. Morgan Technical Report, July.

除前述探讨的 q 远期合约外，寿险与长寿市场协会（LIMA）近年来还专门设计了一款针对长寿风险的新型金融衍生工具 s 远期合约（Survivor Forward），在运行机制上与 q 远期合约非常相似，但在标的物和参与主体的交易方所处位置上有所不同：第一，s 远期合约的标的物是生存率指数，而 q 远期合约的标的物是死亡率指数；第二，s 远期合约中，长寿风险规避者是固定金额的支付方，而在 q 远期合约中，长寿风险规避者是浮动金额的支付方。目前，市场中已经出现的 q 远期合约如 2008 年 1 月英国年金收购保险公司 Lucida, PLC 与 J. P. 摩根签订为期 10 年面值 1 亿英镑的合约以及 2011 年 2 月英国 Pall 养老基金与 J. P. 摩根签订的为期 10 年价值 7 000 万英镑的合约等，市场中还没有 s 远期合约的发售记录。

第三节　启　　示

20 世纪 90 年代以来，西方发达国家的寿险公司纷纷借助寿险证券化工具以应对发展过程中出现的保险资本不足、融资成本过高以及特定风险难以控制等问题。这些集资金融通和风险管理功能于一身的创新工具，一方面为寿险公司提供了强大的融资支持，拓宽了融资渠道，提升了承保能力；另一方面巧妙地把难以控制的死亡率风险等转移到了资本市场，促进传统再保险市场价格机制的有效形成，推动了保险市场和资本市场的互动融合发展。与西方发达国家类似，我国寿险公司开展寿险证券化也有着满足融资需求、管理极端死亡风险和长寿风险的需要。因此，借鉴国际经验、积极试点寿险证券化对于解决我国寿险业面临的资产负债管理问题和长寿风险问题具有重要意义。

目前，我国引入寿险证券化面临保险精算技术、资本市场和监管法律上的限制。因此，应在充分借鉴西方发达保险市场寿险证券化经验的基础上，结合现实国情，逐一克服和突破各种制约因素，有计划地逐步发展寿险证券化市场。对寿险公司的建议有：其一，选择合适的寿险证券化方式，如遵循传统资产证券化、内涵价值证券化、长寿互换、q 远期合约以及极端死亡债券和极端死亡率先易后难的基本原则；其二，推动保险业和证券业深化合作，如完善金融监管协调机制，提高对金融和保险市场的透明度和信息披露要求等；其三，培育完善的资本市场，如丰富市场投资主体和完善优化市场交易规则等；其四，发展金融中介服务机构，如信用评级、会计、审计、律师事务所等与寿险证券化密切相关的中介服务机构等。

对监管部门的建议有：第一，完善多层次的法律法规，如对 SPV 发起人机制等作出规定或针对寿险证券化而做出专门规定等。第二，构建切实可行的监管框架。一则可以考虑联合中国证监会和中国保监会相关职能部门共同设置专业的对口业务监管机构；二则考虑采取先试点再推广的思路逐步推广寿险证券化，为监管框架的完善积累更多的实践经验；三则可借鉴欧洲将保险证券化纳入再保险市场的监管范畴做法，将寿险证券化和传统再保险置于统一的框架下进行监管。第三，建立完善的会计和税收制度。会计方面，可以考虑出台相关政策，解决真实出售或担保融资的会计处理问题、证券化资产转让以及会计报表合并处理问题。税收方面，通过颁布相关条例，解决发起人资产转移纳税以及中间费用处理问题、SPV 主体本身和其资产转移与发行证券过程中的纳税问题以及投资者的纳税结构问题。

第九章　偿二代监管制度下保险公司风险管理体系建设

张文宪　章　力　王文玉　肖旗辉　黄梦思

偿二代监管制度的推出是中国保险监管的一个重大的里程碑事件。从 2012 年中国保监会发布《中国第二代偿付能力监管制度体系建设规划》起，经过三年的准备期，包括征求意见、产寿行业测试、试运行过渡期等阶段，2016 年开始，偿二代作为监管依据在保险行业全面实施，开启了中国保险行业向以风险为导向的经营模式转变的新篇章。

偿二代监管制度以三大支柱为基本框架，涵盖 17 项主干监管规则，为行业及各大保险机构的风险计量、偿付能力风险管理体系建设以及信息披露机制建立了一系列准则。偿二代监管制度的实施将对保险公司风险管理体系建设产生深远影响。

第一节　背景与框架介绍

一、背景

随着保险行业日益市场化、复杂化以及国际化，国际上保险行业监管体系普遍存在不能全面反映风险状况、市场适应能力较弱等问题。从 2001 年起，各国开始紧锣密鼓地研究制定适合本土的监管体系，国际保险行业监管环境也持续发生变化。国际保险监督官协会（IAIS）于 2003 年和 2011 年相继修订国际保险核心规则（ICPs），积极研究制定全球统一的保险集团监管共同框架；欧盟 Solvency II 项目于 2001 年启动，通过前后数次修订及定量影响研究，目前已正式实施；澳大利亚审慎监管局（APRA）于 2013 年正式实施改革后的偿付能力体系《寿险及非寿险公司资本标准》；美国保险监督官协会（NAIC）于 2008 年 6 月启动偿付能力现代化工程标准（SMI），对偿付能力监管体系进行调整，以应对 2008 年金融危机后国际保险业监管及银行业监管的一系列变化；加拿大金融机构监督局于 2012 年 9 月发布了改革寿险监管框架的规划，计划于 2015 年完成偿付能力监管改革。在推行偿二代监管制度以前，国际保险业偿付能力监管模式以美国 RBC 及欧盟 Solvency II 影响较大。我国作为新兴市场的代表国家，有必要不断完善监管体系，以提升我国在国际保险监管体系中的话语权和影响力。

我国在保险市场实行深化改革的背景下，对各大保险机构而言，如何建立公司整体层面的风险管理体系以及如何紧密围绕公司偿付能力充足性的基本目标开展各项经营管理活动，是亟待解决的问题。首先，在推行偿二代以前，保险公司风险管理普遍以专项风险管理与内部控制为主要手段，尚未形成公司法人层面的风险战略与风险语言。保险公司各部门及业务单元对所辖业务实行单独的风险管控，但无法将所辖业务风险与公司整体层面的风险相联系。长此以往，风险分散效应未充分发挥，公司层面产生的风险累积可能无法处置，成本与收益不匹配，最终将导致公司整体的风险目标可能无法达成。其次，此前行业内风险管理体系并非以偿付能力为核心，根据偿一代下的相关监管政策与指引，偿付能力管理和风险管理是两套独立并行的体系，行业内很多保险机构的风险管理体系无法与公司的资本需求紧密结合，以至于风险管理体系仅流于形式，无法达到提升公司资本效率和效益的目的。再次，随着各类政策的改革，一套系统化的针对建设风险管理体系的指引呼之欲出。如险资政策的开放、市场准入退出机制的建立、费率市场化改革等，将促使保险公司资产端和负债端发生重大变革。对保险公司而言，如何运筹帷幄地管控由险资范围扩大和产品结构改革所引发的新型风险，如何行之有效地配置资源同时兼顾资本效益，仅靠保险公司个体无法解决，从行业系统性的角度，急需一套标准化的适用于全行业的科学方法与指引，这些都需要在监管政策的配合下全面推出。

综上所述，偿二代监管制度的推出具有重大历史意义。一方面，偿二代紧跟国际监管发展趋势，顺应金融环境的变迁，在弥补偿一代的不足的基础上，实现了保险业在金融监管体系中与其他行业的协同性；另一方面，在行业发生深刻变革的背景下，偿二代有力推动各大保险集团及保险公司的风险管理文化建设，助力行业应对因业务复杂程度增加而加剧的经营风险，实现风险与价值并重的现代经营管理模式。

二、偿二代体系的整体框架介绍

与欧盟 Solvency II 监管体系及美国 RBC 监管体系相类似，偿二代体系同样借鉴了 Basel III 的"三支柱"监管模式，即以风险的分级、分类方式为框架基础，针对可监管风险中的量化风险及难以量化风险，分别以第一支柱、第二支柱涵盖；针对不可监管风险，则以第三支柱市场披露机制涵盖。除此以外，还包括适用于三大支柱的内容，即偿付能力报告编制要求以及偿二代监管体系对于保险集团总体风险管理体系的要求。以下将通过比较偿二代监管体系与欧盟 Solvency II 以及美国 RBC/SMI 在三大支柱内容上的差异，着重分析偿二代三大支柱的特点，以便更好地解读三大支柱之间的关联关系以及偿二代整体框架对保险公司风险管理体系搭建的影响与作用。

（一）第一支柱：定量资本要求

偿二代第一支柱为定量资本要求，针对可量化风险，通过建立清晰的、适用于全行业的风险计量体系，对保险公司明确提出资本充足要求的同时，也为行业提供了一套风险计量与监测工具，有利于保险公司风险的精细化管理。第一支柱具体内容包括：

1. 实际资本核算，包括资本分级机制以及认可资产和认可负债的核定标准；

2. 最低资本计量，包括保险风险、市场风险、信用风险以及控制风险计量规则；

3. 动态偿付能力测试，针对寿险、产险分别提出不同的压力情景与压力参数要求。

与欧盟 Solvency II 以及美国 RBC \ SMI 相比较，偿二代的规则导向更为清晰明确，风险分类也更为合理并适合国情，总体上更有利于监管和执行。表 9 - 1 是三大监管体系在第一支柱的对比情况。

风险分类方面，偿二代与其他两个监管体系的风险分类方法大体一致，唯一区别在于偿二代体系将操作风险归为第二支柱，而 Solvency II 和 RBC/SMI 均将操作风险列为第一支柱内容。偿二代此举更贴合国内保险公司操作风险管理普遍

表9-1　中国偿二代体系与国际主要偿付能力监管体系在第一支柱的比较

<table>
<tr><th>偿付能力体系</th><th>中国偿二代</th><th>欧洲 Solvency II</th><th>美国 RBC</th><th>美国 SMI</th></tr>
<tr><td rowspan="5">风险分类</td><td colspan="3">保险风险</td><td rowspan="3">（1）资本要求</td></tr>
<tr><td colspan="3">市场风险</td></tr>
<tr><td colspan="3">信用风险——投资</td></tr>
<tr><td colspan="3">信用风险——再保险</td><td>（5）再保险</td></tr>
<tr><td>N/A，操作风险在第二支柱</td><td>操作风险</td><td>N/A</td><td>N/A</td></tr>
<tr><td>计量方法</td><td>因子系数法</td><td>因子和情景相结合法</td><td>因子系数法</td><td>N/A</td></tr>
<tr><td>内部模型</td><td>鼓励开展，不可替代监管模型</td><td>可全面使用，替代监管模型</td><td>只允许部分产品的部分风险</td><td>N/A</td></tr>
<tr><td rowspan="2">监管导向</td><td rowspan="2">原则导向
（会计计量）</td><td rowspan="2">原则导向
（会计计量）</td><td rowspan="2">规则导向
（监管计量）</td><td>（4-1）美国法定会计准则</td></tr>
<tr><td>（4-2）关注国际财务报告准则的冲击</td></tr>
<tr><td>分级监管</td><td>• 第一支柱分核心和综合
• 结合第二支柱</td><td>• 双层资本要求
• 最低要求（MCR）
• 偿付能力要求（SCR）</td><td>• 根据 RBC 比例
• 各州可自行决定监管措施</td><td>N/A</td></tr>
</table>

处于初级阶段、数据普遍缺失的现实情况，具有更强的落地性。

计量方法方面，偿二代及 RBC 均采用因子系数法，Solvency II 采用因子和情景相结合的方法。相比较之下，偿二代因子系数法清晰明确，同时兼顾公司的业务规模，总体上有利于监管和执行。除此以外，偿二代第二支柱将控制风险，即保险公司对于操作风险、声誉风险等难以量化风险的管理能力纳入第一支柱最低资本的计量，在国际主要监管体系中具有中国的原创性贡献。

内部模型方面，Solvency II 及 RBC/SMI 均明确提出内部模型建设的要求。偿二代鼓励开展内部模型法，但不可替代监管模型，其优势在于具有更强大的执行力度，便于行业内的横向比较。

（二）第二支柱：定性监管要求

偿二代第二支柱为定性资本要求，针对难以量化风险和控制风险，建立了一系列评价标准，并将评价结果直接与监管行为挂钩，对业内各大保险机构建立及完善风险管理体系产生了极为重大的影响。第二支柱具体内容包括：

1. 偿付能力风险管理能力评估（Solvency Aligned Risk Management Requirement and Assessment，简称"SARMRA"）。监管机构提出对公司风险治理架构、制度体系建设、风险偏好体系、风险管理工具、专项风险管理等方面的风险管理要求，制定一系列标准，通过打分的方法将公司偿付能力风险管理能力水平转化为控制风险最低资本。

2. 风险综合评级（Integrated Risk Rating，简称"IRR"）。监管机构基于第一支柱定量风险分析结果以及第二支柱定性风险分析结果，对总公司及分支机构层面进行风险评级，并根据不同的评级结果采取差异化的监管措施。

3. 流动性风险管理。监管机构针对该专项风险提出单独的流动性风险识别、评估、监测以及控制要求，并明确流动性风险监管手段，依照该项规则对保险公司的流动性风险水平及流动性风险管理行为实施监督管理。

4. 监管检查和分析，监管机构对保险公司偿付能力风险状况以及风险管理水平进行现场检查和非现场分析。

偿二代第二支柱下的风险分类与 Solvency II 和 RBC/SMI 监管体系大致相同，均涵盖了战略风险、声誉风险及流动性风险，以自评估结合监管复核的方式衡量保险公司风险管理能力以及难以量化风险的大小，表 9－2 是三大监管体系在第二支柱的对比情况。

偿二代第二支柱总体上借鉴了 Solvency II 及 RBC 第二支柱中 ORSA（Own Risk and Solvency Assessment）的做法，设计了一套适用于全行业的偿付能力风险管理评分工具，即 SARMRA，以打分的形式衡量保险公司对于七大类风险的管控能力，为业内建立及完善偿付能力风险管理体系提供了统一、客观的标准。同时，与 Solvency II 及 RBC 相类似，偿二代 SARMRA 将风险偏好放置于纲领性的位置，并要求保险公司将风险偏好体系嵌入资产负债联动管理、业务经营、资本规划等流程，以此推动保险公司风险战略及风险管理目标的落地实施。

除此以外，偿二代第二支柱创新内容包括以下几个方面：

第一，SARMRA 将公司的风险管理水平转换为控制风险要求资本，进而直接影响公司偿付能力充足率水平，将公司面临的重大风险与资本需求进行关联和整合，体现了将风险、资本及价值进行平衡统一管理的核心理念。

第二，SARMRA 中风险管理制度不再作为自评估的对象，而是结合遵循有效性，作为自评估的一个考量维度，总体上强调制度规范与落地实施并重，从"制度健全性"以及"遵循有效性"两个维度推动保险公司偿付能力风险管理体系建设。相比起其他监管体系中单纯的指引性文件，SARMRA 以指导保险公司制定适用于自身的制度体系为起点，从工作推动的层面，更有助于保险公司充分发挥

表 9-2　中国偿二代体系与国际主要偿付能力监管体系在第二支柱的比较

<table>
<tr><th>偿付能力体系</th><th>中国偿二代</th><th>欧洲 SOLVENCY II</th><th>美国 RBC</th><th>美国 SMI</th></tr>
<tr><td rowspan="4">风险分类</td><td>操作风险</td><td>N/A，操作风险在第一支柱</td><td>N/A</td><td>N/A</td></tr>
<tr><td colspan="4">战略风险</td></tr>
<tr><td colspan="4">声誉风险</td></tr>
<tr><td colspan="4">流动性风险</td></tr>
<tr><td>主要内容</td><td>• 偿付能力风险管理能力自评估
• 风险综合评级
• 流动性风险管理</td><td>• 内部风险管理要求
• 监管审查程序</td><td>N/A</td><td>• 公司治理和风险管理</td></tr>
<tr><td>风险管理能力自评估标准</td><td>SARMRA，作为第二支柱的一项评估流程，具体包括以下评分模块：
• 基础与环境（治理架构、考核评价标准、培训）
• 目标与工具（风险偏好、全面预算、ALM、资本规划与配置、压力测试、风险管理信息系统）
• 专项风险管理，包括对专项风险报告和关键风险指标的细化要求</td><td>Solvency II - ORSA，作为第二支柱的一项评估流程，重点对以下保险公司风险管理成果进行复核检查：
• 风险战略及风险偏好
• 现有及目标风险轮廓
• 资本及偿付能力
• 压力测试
• 董事会及高级管理层对上述成果的审批</td><td>N/A</td><td>NAIC - ORSA，作为第二支柱的一项报告要求，具体包括以下部分：
• 风险管理框架描述（风险文化及治理架构、风险管理全流程、风险偏好）
• 风险暴露定性及定量评估
• 集团经济资本和偿付能力评估</td></tr>
</table>

其风险治理架构的作用，迅速完成公司风险管理体系的搭建；从具体实施的层面，也更有助于调动公司内部稽核的力量对制度的落实进行事后监督，确保保险公司风险管理框架搭建的合理性和可落地性。

第三，IRR 针对固有难以量化风险提供了一套客观、具体的衡量标准，有效指导保险公司站在行业高度对其固有难以量化风险进行客观评价，从而描述公司的总体风险轮廓。

第四，偿二代监管制度将操作风险归为第二支柱，采用打分的形式，对保险公司操作风险状况及管理能力进行评价，实际操作更为灵活，也更贴合国内保险公司操作风险管理普遍处于初级阶段的现状。

（三）第三支柱：信息披露要求

偿二代第三支柱为信息披露要求，针对不可监管风险，依靠市场监督机制规范保险集团及保险公司的行为。第三支柱具体内容包括：

1. 保险公司信息披露，要求保险公司每季度披露有关偿付能力信息，提升偿付能力信息的透明度，增强市场约束力。

2. 监管机构信息交流，建立健全了监管部门与保险消费者、投资者、信用评级机构、媒体等市场相关方之间的交流机制，以充分发挥市场相关方对保险公司的监督约束作用。

3. 保险公司信用评级，规范了保险公司的信用评级制度，以更好地发挥评级机构在风险防范中的作用。

偿二代第三支柱整体框架与国际相关监管框架大体保持一致，在第一支柱定量监管要求、第二支柱定性监管要求基础上，通过信息披露、信息交流、信用评级等手段，引导和发挥相关方对保险公司偿付能力风险的监督约束作用，进一步防范那些依靠常规监管工具难以发现和防范的风险。

三、偿二代监管制度对国内保险公司风险管理体系建设的意义

偿二代监管制度为保险公司建立和完善偿付能力风险管理体系奠定了基础。从保险公司的角度，在偿二代三大支柱下可监管风险的范围内，保险公司偿付能力风险由固有风险和控制风险组成。固有风险是指保险公司业务经营活动中客观存在的风险；控制风险是指因保险公司内部管理和控制不完善或无效，导致固有风险未被及时识别和控制的偿付能力相关风险。固有风险反映了保险公司的业务结构和风险筛选能力，主要通过第一支柱体现；控制风险反映了保险公司的偿付能力风险管理水平，主要通过第二支柱体现。总而言之，偿二代监管制度对国内保险公司风险管理体系的建立和完善具有以下意义：

第一，借鉴国际监管先进理念及模式，打造以风险为导向、国际可比的监管框架。与此同时，偿二代并不是完全循序国际的普遍做法，而是结合中国国情，作了很多自身的创新，并形成了一套行之有效、可以落地的管理方法。既为公司风险管理流程及制度的建立提供参考，也给国际监管组织制定国际框架、反映中国实际风险状况提供依据。

第二，促使保险公司重新打造全面风险管理框架。偿二代监管制度要求保险

公司重新审视包括组织架构、制度体系、指标及报告机制在内的风险管理基础平台。在组织架构方面，要求保险公司充分发挥首席风险官以及高级管理层的作用，加强风险管理部门人员储备，充分履行第二道防线的风险管理职责，同时逐步设立分支机构风险管理岗位，加强风险管理的纵向渗透。在制度体系方面，要建立自上而下包括风险管理政策、大类风险管理办法、工作细则在内的多层次风险管理制度体系，充分做好外规内化工作，明确管理边界。在风险管理策略及目标、指标及报告体系方面，要建立以风险管理部门统筹、各大类风险主管部门负责的内部风险管理监测机制，明确汇报路线，定期向高级管理层报告各类风险暴露情况。

第三，促使保险公司形成以风险偏好体系为核心的风险传导机制。通过建立包括风险偏好、风险容忍度和风险限额在内的风险偏好体系，将公司对风险的态度和管理目标嵌入前端业务经营和后端管理实际工作中，从而推动公司业务战略、资本规划、产品经营管理、资产负债管理等与风险偏好的有机结合，帮助保险公司在第一支柱和第二支柱之间建立具有管理意义的桥梁。

第四，倒逼保险公司通过建立风险管理体系、提高资本使用效率等方式提升偿付能力充足率水平。由于偿二代风险管理以偿付能力充足水平为核心，从风险管理的角度，保险公司可通过影响量化风险和控制风险，达到降低最低资本计提从而提升偿付能力充足率的目的。从监管机构的角度，短期内，可通过控制风险最低资本的影响促使保险公司尽快建立风险管理体系；长期而言，则通过风险偏好体系以及量化风险最低资本的影响，促使保险公司基于风险管理视角引导资产、负债端的业务形态合理化，即通过调整产品结构、优化资产配置、资产负债联动管理、不断提升风险管理水平等手段，达到降低最低资本的目的。

鉴于此，本文将围绕偿二代第一支柱和第二支柱各项规则，探讨保险公司建立风险管理框架的意义；分享如何构建风险管理体系的一些实践经验，在满足偿二代要求的同时，摸索一套能够兼顾公司内部风险管理要求的方法。

第二节 偿二代监管制度下保险公司风险管理体系建设理论与实践探索

一、风险管理基础环境建设：组织架构及制度体系

偿二代监管制度要求保险公司在总部层面建立由董事会负最终责任、风险管

理委员会监督决策、高级管理层直接负责、风险管理部或合规部统筹协调、其他风险管理相关部门密切配合、稽核或内审部门对风险管理履行情况监督检查的偿付能力风险管理组织架构。此外，偿二代还要求保险公司在省级分支机构设立风险管理部门或设置专职风险管理岗，以满足偿付能力风险管理的向下延伸。偿二代体系下的组织架构见图 9－1。

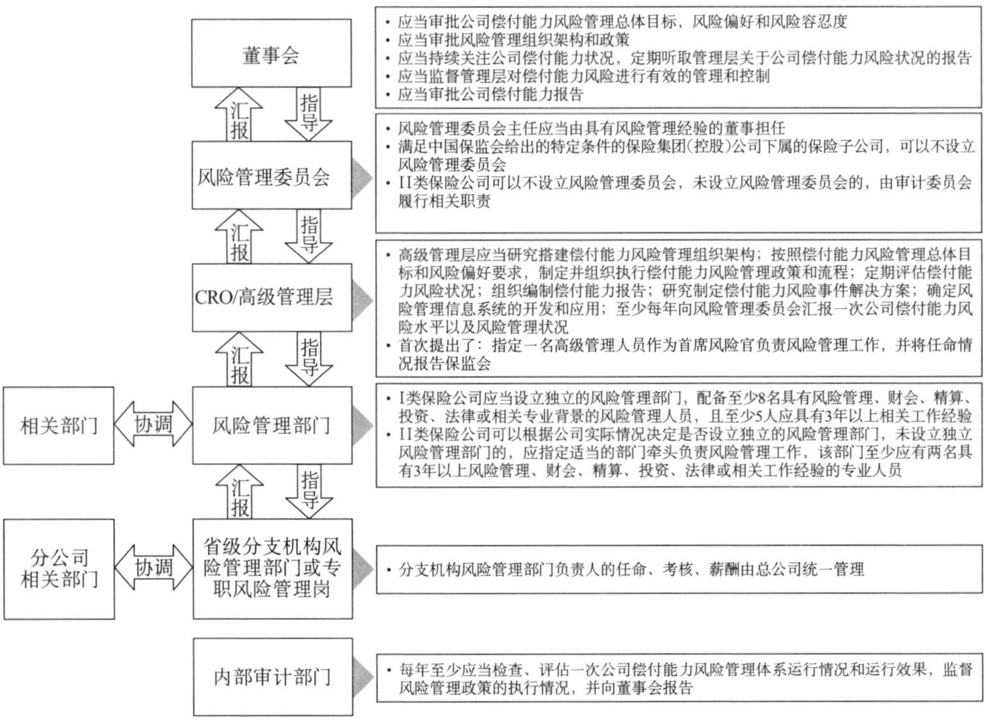

图 9－1　偿二代下风险管理组织架构示例

偿二代监管制度深化了对高级管理层参与风险管理决策流程的要求，一是要求风险管理统筹部门更多地参与公司重大事项的决策过程，独立出具风险合规意见，为高级管理层决策提供参考和帮助。例如，公司在制定年度预算、修订战略规划时，都需要风险合规部门独立出具风险评估意见，经首席风险官背书确认后，提交董事会审议。二是要求公司树立全员参与的风险合规意识，将公司的风险管理水平与公司相关部门及高级管理层的绩效考核直接挂钩，根据部门的风险管理职能赋予不同的权重。

从整体上看，偿二代监管制度对风险管理组织架构的要求与许多保险公司的偿付能力风险管理诉求不谋而合。在偿一代体系下，许多保险公司的风险管理职能并没有专职部门负责，其风险管理职责主要由精算、财务、投资及合规等相关部门承担。另外，高级管理层中也没有直接负责风险管理的责任领导。因此风险管理在偿一代下基本是属于组织架构缺失的状态。但偿二代监管规则下，I 类保险公司应任命公司的首席风险官并设立风险管理专职部门，II 类保险公司也要有风险管理职能部门或岗位，并对公司内部自上而下的职能职责进行明确。从架构上，偿二代体系下形成了偿付能力风险管理的“三道防线”。业务部门作为风险管理的第一道防线，对直接面对和承担的风险进行有效筛选和识别，从前端规避重大的风险；风险管理相关部门作为风险管理的第二道防线，从风险组织、风险偏好、风险制度等方面对公司的整体风险进行管控，从而进一步减少公司可能发生的风险；而稽核部门作为第三道防线，对公司的风险管理的执行情况及管理有效性进行审查监督，进而规避公司的剩余风险。通过建立和完善风险管理“三道防线”，保险公司明确风险管理权责的分配，并确保避免职能间的重复与间断，从而建立职能与汇报路线的设置与公司业务战略及风险轮廓相一致的风险治理架构。

长期而言，风险管理逐步向前端投资及业务渗透是风险管理架构进阶的必然趋势，参照国外先进经验，可通过强化集团、高级管理层以及部门层面风险管理职能的方式实现。　是从集团层面把控风险计量的精确性，由集团风险管理部门对精算评估提供独立性意见。二是适当加大首席风险官话语权，其任命可以是由董事长直接委派，或者完全独立于各其他部门的首席执行官直管。由首席风险官领导的风险管理部直接参与前端经营，从风险策略、风险管理目标的角度给出独立评估意见，甚至拥有一票否决权。三是形成风险管理部门与投资、产品开发与定价等前端部门的独立性，强调风险管理部门在投资业务以及日常经营管理的决策作用，同时与第三道防线稽核部门平行。

在建立组织架构体系的基础上，保险公司应建立健全偿付能力风险管理制度，以明确公司的风险管理战略、风险偏好、风险管理组织架构、风险机制等各事项，以及对各专项风险的管理要求。偿二代同时要求保险公司至少每年对偿付能力风险管理制度进行审阅更新，以评估管理制度是否满足现行的管理要求。一般而言，偿二代体系下应涵盖三个层级的制度。首先，保险公司应建立偿付能力风险管理的总体制度作为偿付能力风险管理的总则，规定公司的风险管理组织架构体系、框定总体偿付能力风险管理范围；其次，保险公司应对偿二代下的七大类风险建立专项风险管理制度，以明确各风险的管理内容、各部门职能分工等；最后，对于各专项风险管理下的具体工作制定可落地的细则，包括关键风险控制流程、计量方法等内容。

从行业目前的偿二代建设进展来看，各保险公司已按照监管规定，建立了偿二代风险管理组织架构，并建立起相关的制度体系。但是部分保险公司的制度存在满足监管为主的目的，因此在制度落地性和执行有效性上存在很大程度的不足。在后续的偿二代建设过程中，各保险公司的风险管理部应进一步明确各部门在风险管理上的职责，并在各专项风险管理制度中细化，形成运作流畅并管控有效的风险管理流程。

二、风险偏好体系及风险管理工具

（一）风险偏好体系

1. 总体框架及方法陈述。国际金融协会（IIF）、国际标准化组织（ISO）、国际精算师协会（IAA）、北美精算师协会（SOA）、COSO、国务院国资委、中国保监会等监管机构、学术机构、专业协会以及咨询公司等都对风险偏好有自己的定义，我们认为风险偏好是公司为实现股东提出的愿景和公司的战略目标及满足监管机构、投资者、客户和其他利益相关方的期望，而愿意承受的风险类型和风险水平。风险偏好是公司偿付能力风险管理和日常业务决策的重要工具，通过对风险偏好的设定、执行和监控，使其能够在公司全面预算、战略规划、业务规划、资产负债管理和绩效考核等工作中提供有效指导，以切实提高公司的经营管理水平和风险管理水平，取得风险与收益的最佳平衡。

风险偏好体系建设是偿二代风险管理体系建设的核心内容。《保险公司偿付能力监管规则 11 号文：偿付能力风险管理要求与评估》（以下简称 11 号文）明确要求保险公司建立偿付能力风险偏好体系，制定风险偿付能力风险偏好管理政策，明确风险偏好管理机制，独立审核业务规划和全面预算，确保符合公司既定风险偏好，资产负债管理在风险偏好约束之下，将风险管理要求嵌入公司经营管理流程中。保险公司应采用定性、定量相结合的方式，确定各类风险的风险容忍度和风险限额，并建立超限额处置机制，及时监控和报告风险容忍度和风险限额的执行情况，每年对风险偏好体系进行评估和必要的更新。在 11 号文的评分中，与风险偏好直接相关的评分占比 4.3%，且风险偏好的建设会间接影响到其他工作及相应评分，对公司控制风险的影响较大，进而也会通过最低资本影响到偿付能力。风险偏好需要量化，而各家公司风险管理组织架构大多仍在建设或完善中，风险管理人员大多也在扩大队伍或成长中，量化能力亟待提升，风险偏好体系的建设是中国保险业各家公司当前的重点与难点工作之一。

风险偏好体系的构建应体现战略性、全面性、科学性、系统性、可落地性、常规性和可扩展性。战略性原则是指将公司发展战略贯穿于风险偏好构建过程中；全面性原则是指综合考虑公司各利益相关方的期望，将风险偏好分解并传导成为各职能部门、业务单位和分支机构的经营目标和行为规范，并细化到每一项具体业务之中；科学性原则是指以风险量化为基础，定性分析为辅助，选取对公司战略至关重要的风险偏好指标并设置标准值，同时科学设置风险容忍度和风险限额水平；系统性是指从公司的整体角度来看，风险偏好体系的构建应当在公司的整体存在有效，使公司内部形成既互相制约又具有纵横交错关系的统一整体，确保各部门和各岗位均能按特定的目标相互协调地发挥作用，最终实现风险偏好体系的总体目标；可落地性是指风险偏好体系必须符合公司实际，能够实际指导公司的日常运营决策和战略管理；常规性是指风险偏好体系没有定案，应该是动态检视，通常认为应该每年至少复核一次风险偏好陈述；可扩展性是指风险偏好应该有可扩展性，在监管或利益相关者需求发生变化时，能够灵活变化及扩展。

构建风险偏好体系的方法有“自上而下”法和“自下而上”法。自上而下法的风险偏好由公司董事会确定，逐级分解至各职能部门、业务单位和分支机构。而风险偏好由基层职能部门、业务单位和分支机构分别制定，并逐级合并，最终确定公司总体风险偏好，该种方法被称为“自下而上”法。“自上而下”分析来源于公司董事会的战略和业务规划，并且整合各个外部利益相关者的关注点，包括股东、评级机构、投资机构、再保险公司和监管机构。“自上而下”的方法一般来说更能反映外部利益相关者的观点，并依此建立反映管理层战略目标的风险偏好陈述。“自下而上”的方法能够反映现实的风险特性，从而成为理解现有风险轮廓和风险偏好的关键出发点。

一般是“自上而下”和“自下而上”两者结合，自下而上和自上而下地对风险偏好进行验证，用以确定公司的整体风险偏好。

风险偏好体系的设定一般分为以下几个步骤（见图9－2）。

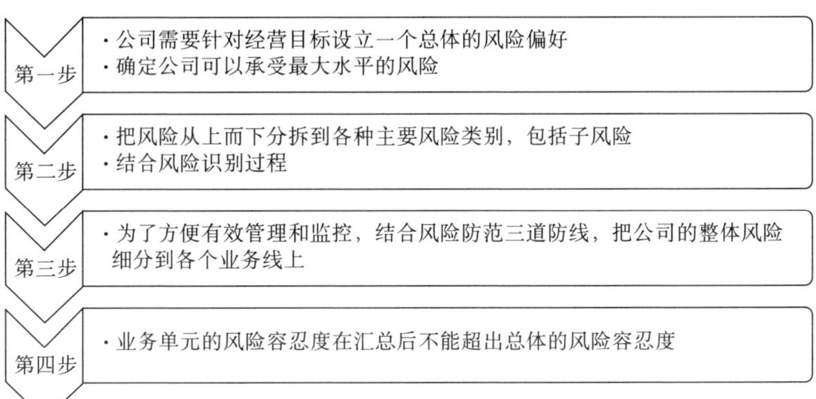

图9－2　风险偏好设定步骤

风险偏好体系的整体运作包括以下几个方面：

第一，制定风险偏好陈述书，需要包括风险偏好、风险容忍度和风险限额，并需经董事会审批通过。

第二，将该风险偏好逐级分解传导至各职能部门和业务单位，各级单位在战略制定、经营计划实施以及资源分配方面都要参考风险偏好陈述书。

第三，各级风险管理部门需要定期和不定期对风险偏好体系的执行情况进行检测，并向上级风险管理部门和本级风险管理委员会报告。

第四，公司每年对风险偏好体系的有效性和合理性进行审查，若不符合公司实际情况和战略规划，则启动风险偏好体系修订程序。

2. 利益关联方及设定维度的考量。风险偏好体系的建设主要是维度的选择、偏好描述、容忍度与限额分解、应用及超限处置与更新，偏好维度选择是偏好建设的基石。

保险公司内部和外部的利益相关者及他们主要的关注点和期望见表 9－3。

表 9－3　　保险公司内外部利益相关注指标及偏好期望

主要外部利益相关方	外部利益相关方对风险偏好的期望	关注的指标
利益相关方（投资者、债权人、投保人等）	利益相关方期望在风险可控的范围内，实现最大的投资回报；关注公司资本充足性以防止违约风险	股本回报率、资产回报率、资本充足率
评级机构	评级机构会将被评机构对风险的容忍度纳入其信用评级中	外部评级、置信度
监管机构	监管机构关注公司的安全性以及业务发展的稳健性	偿付能力充足率、资本充足率
主要内部利益相关方	**内部利益相关方对风险偏好的期望**	**关注的指标**
董事会及高级管理层	董事会及高级管理层希望公司能够在风险可控的范围内，实现最大的利益相关方价值	股本回报率、收益波动性、偿付能力充足率等
风险管理部门	风险管理部门期望能够及时准确地识别和评估风险，更好地管理和控制风险	各类风险的关键风险指标
业务部门	业务部门期望扩大业务规模，提高市场占有率并提高业务收入	市场占有率、业务规模、收入等

保险公司偿二代风险管理主要包括保险、市场、信用、操作、战略、声誉、流动性 7 大类风险，结合内外部利益相关者的关注指标及目前中国保监会对风险种类的划分与认定，目前国内保险公司风险偏好大多从定性与定量两个维度进行

设定，定量维度有资本、盈利、流动性、价值等，定性维度有操作风险、战略风险、声誉风险、公司评级等。操作风险由于有风险控制自我评估（RCSA）、损失数据收集（LDC）、关键风险指标（KRI）三大工具，也有公司将操作风险归在定量维度下，即使选取维度相同，相同维度的风险偏好陈述由于偏好置信度水平、偏好目标的差异而不同。

第一，资本维度。偿付能力充足率是保险公司持续经营、稳定发展的基础，也是监管部门重点的监控对象。一旦资本不足，突破偿付能力监管界限将对公司的业务发展和声誉带来严重的影响。因此行业一般都将偿付能力充足率作为主要的风险偏好陈述目标，并在资本维度进行分解与传导。偿一代下很多公司以偿付能力达到充足II类公司150%的线加一定的边际（20%或30%）作为资本维度的风险偏好，偿二代下由于监管只有100%的要求这一条线，很多公司基于内部压力测试划定一个或两个偿付能力的值作为资本维度的红线与黄线，常见的偏好陈述为“特定压力情景下，偿付能力充足率不得低于X%”，也存在其他不同的描述，如“X年一遇情景下，偿付能力充足率不得低于Y%”、“在X年一遇的情景下，公司符合内部经济资本要求，避免监管机构介入”等。

第二，盈利维度。盈利是各家公司特别关注的点，但由于影响因素众多，且存在管理上人为操控调整的可能性，盈利维度风险偏好的设定有一定难度，常见的可选择指标有EaR、盈利波动率、偿二代下利润最大损失限额、EV、ROE等，其中EV也可以归在价值维度。EaR，即Earings at Risk，表示在一定置信度下利润的预期损失，常见的陈述形式为“在X年一遇情形下，利润不低于Y”，可以采用类似EC的方法计算EaR，按照风险类型进行分解，但风险参数的选择和校验、相关系统矩阵难以确定。盈利波动率，即衡量利润下降情况下的利润波动，公式为：

盈利波动率 = （预期利润 - 实际利润）/预期利润 (1)

常见的陈述形式为“会计利润在X年一遇或一定压力情景下，不低于预期利润的Y%”，一般分解成投资收益和承保利润波动进行监控。ROE，即股东要求回报，公式为：

ROE = 税后净利润/股东权益 (2)

常见的偏好陈述为“ROE在X年一遇情景下不低于Y%”，可设定到法人层面，通常可从杜邦分析角度，向下分解为一些更基本的财务比率，但这种分解是基于实际数据，风险偏好是压力情景下预判的概念，运用杜邦分析分解ROE的偏好值，是否合适有待研究。

第三，价值维度。内含价值在偿一代下可以由有效业务价值与调整后净资产的数据加总得到，但由于偿二代下新业务的利润提前确认，有效业务对价值的贡献主要是风险边际的释放，其计量体系也会发生巨大的变化，也有直接用 MCEV 或 EVA 的角度来描述公司价值，在陈述形式上可以为“在 X 年一遇或一定压力情景下，EV 不低于 Y”，价值维度优点在于可以分解到产品维度，但由于计算时包含了很多假设，也具有一定的管理成分。

第四，流动性维度。流动性维度风险偏好可以根据中国保监会相关流动性风险监管要求，结合公司整体流动性风险管理的实际情况，把公司的目标设定为在压力情景下，需确保有足够的现金和可迅速变现的优质流动性资产满足支付需要。流动性风险偏好陈述可以描述为“压力下剩余流动性不为负”、“压力下净现金流不为负”、“X 年一遇事件下，流动性不利波动不超过 Y”、“流动性管理能够确保稳健的资本充足性，以确保公司业务在不同资本计量情况下都能满足公司长期负债需求”等。

第五，难以量化维度及其他。按偿二代七大类风险的划分，声誉、战略、操作三类风险在资本、价值、流动性等维度中都无法覆盖，往往通过定性描述来明确公司的偏好，也基本不能再向下分解，往往通过选取特定指标作为偏好是否突破的监控。

（1）战略是公司发展的路标，在当前行业竞争进一步加剧的背景下，如何进一步进行渠道拓展、扩大和完善产品类型、优化投资策略及管理，对确保公司行业地位和竞争力，以及公司未来的发展起着至关重要的作用，在战略方面的风险偏好可以描述为“无重大战略风险损失事件发生”等。

（2）公司长期稳定的发展得益于对公司声誉的保护和与客户的良好关系。声誉风险不仅会影响利益相关者对公司的评价，还会引发退保风险、流动性风险等其他因素，声誉方面风险偏好可描述为“无重大声誉损失事件发生”等。

（3）操作风险管控与计量可用于支持资本、盈利维度风险偏好的实现。公司通过建立完善的法人治理结构，完善内部控制制度，提高事前、事中、事后管控手段，加强综合治理和业务规范经营等，避免导致公司遭受重大损失或处罚的风险事件的发生。操作风险偏好可描述为“无重大操作风险损失事件发生”等。

3. 建立传导与应用机制：利用不同的资本分配方法设定容忍度及风险限额。建立有效的风险偏好传导与应用机制，需考虑两个层面的问题：一是风险偏好以何种方案分解；二是如何将风险偏好分解后的结果运用到全面预算、资产配置等不同领域，使风险偏好体系有效嵌入公司前端的经营管理及业务活动中。

第一，风险偏好分解。在风险偏好体系的传导机制中，公司风险偏好中的资本维度能分解至可量化的大类风险（主要包括保险、市场、信用三大类量化风险），以及底层风险因素对应指标（以下称风险偏好指标），设定相应的风险限额和阈值，对公司承担的单个风险和整体风险水平实行实时动态的量化管理、控制、报告与披露，实现风险偏好体系的上下联动，使公司管理层以及各相关职能部门能够有效落实风险偏好的监督和管理工作。

同时，考虑到风险偏好指标不仅囊括可量化分解的三大类风险，还包括难以量化的四大类风险，为保证公司对风险监控范围的全面性，可依据公司历史经验数据、风险分布状况、业务重点关注经营指标、行业数据、业务部门经验和专家判断等，确立不可量化的四大类风险类别（主要包括操作风险、声誉、流动性、战略风险）下的非量化关键指标的指标口径及其风险阈值。

对于可量化的风险偏好指标以及非量化关键风险指标，可建立风险指示灯（RAG）体系用于风险指标的日常监测和预警。风险指示灯（RAG）体系，以红、黄、绿三种不同颜色的指示灯直观反映各大类风险及单个指标的风险水平，其不仅能够反映公司风险偏好体系的实时状态，还能够反映一定时期内的变化趋势，可以为公司进行日常风险评估和风险监控提供工具支持。对于单个风险指标突破阈值及大类风险突破限额，均可设有不同的处置机制和流程用以跟进和管理，目标是确保各关键风险指标恢复至绿色安全区间内。

风险偏好难以量化维度本身就不能够作进一步分解，而目前量化维度能分解主要也就集中在资本维度，资本维度风险偏好限额分解常见的思路是以实际资本预测值、偿二代可量化风险最低资本预测值及目标偿付能力充足率为基础，计算出实际资本溢额，并按照一定的方法将实际资本溢额分摊到各大可量化风险，以覆盖风险偏好下难以预计的损失。通常可以分为以下 4 个步骤：

第一步，确定损失上限。损失上限是限额分解的起点，由下面公式确定：

损失上限 = 预测的实际资本 − 目标偿付能力充足率 × 预测的最低资本 − 预期向股东或集团分红的金额　（3）

预测实际资本为基于业务计划及 SAA 预测的评估年底的实际资本，预测的最低资本要求中需考虑到控制风险的影响，公式可参考偿二代中公式：

$$MC_{控制风险} = Q \times MC_{量化风险} \quad (4)$$

其中 Q 为风险因子，$Q = -0.005S + 0.4$，S 为中国保监会对保险公司偿付能力风险管理能力给出的评估分数。

第二步，计算分配比例。使用预测的年末最低资本报表计算损失分配比例。对于寿险公司而言，在计算损失分配比例时，需考虑分红、万能账户的损失吸收效应，具体需要结合公司的相应政策，依据分红、万能账户的收益（损失）中 X% 由投保人获得（承担），并考虑到当分红特储与万能平滑未被击穿时，分红特储和万能平滑可以完全用于吸收账户损失；当分红特储与万能平滑被击穿时，公司将承担经营产生的损失。所以在实务中，可能存在两套分配比例：一是依据最低资本比例组成确定的限额分配比例，二是考虑损失吸收后的限额分配比例，分别在损失额度超过一定限额和未超过时使用。对于产险公司而言，可以通过比例法、协方差法、边际法等方法将实际资本溢额分摊到保险风险、市场风险及信用风险。在此基础上，保险风险限额还可根据各产品线特点再进一步分摊到不同的业务条线，并选择风险敏感度较高的指标作为保险风险限额，如综合成本率、准备金偏差率等。

第三步，计算损失限额。计算损失限额前，可先用单变量分析计算出损失吸收的临界值，实际资本损失在临界值以下时采用考虑损失吸收后的限额分配比例，对于实际资本在临界值以上的采用最低资本比例的限额分配比例。

第四步，按资产类别重新计算损失限额。将风险类别计量的损失限额转换为以资产类别计量的损失限额，资产类别看公司管理要求，一般来说可以分为四类：权益类资产（国内和海外投票、基金等）、房地产价格、AFS 债券、HTM 固收类资产。

第二，风险偏好应用及明细问题。偿二代 11 号文 28 条要求"保险公司风险管理部门应当对业务规划和全面预算进行独立的风险评估，确保其符合公司既定风险偏好"；31 条要求"保险公司应当健全资产负债管理机制，建立资产负债管理重大事项审议制度，确保资产和负债的互动在风险偏好约束之下"；59 条要求"结合自身风险偏好，综合评估境外资产价格风险，并根据需要选取合适的风险管理工具，进行风险对冲"；79 条规定"保险公司应当根据保监会有关规定，建立战略风险管理的组织架构和工作程序，在充分考虑公司的市场环境、风险偏好、资本状况等因素的基础上，制定战略规划"。这些规定都指导性地给出了风险偏好可应用维度，包括业务规划、全面预算、资产负债管理、资产价值管理、战略规划。除此之外，风险偏好还可以应用到业绩衡量、激励考核等方面，是公司风险管理能力更高阶段水平的体现。风险偏好对公司管理价值提升的关键在于"风险偏好渗透到每一个决策环节中"。

4. 风险偏好在全面预算、资产负债管理、流动性管理中的应用。

首先，风险偏好在全面预算中的应用。为确保风险偏好与全面预算、压力测试工作的有效融合，在公司内部先要建立整体风险偏好与压力情景的设定流程及职责分工，由企划部、财务部等预算相关部门，根据预算流程和职责分工，将业务计划和相关数据提供给风险管理部和精算部，风险管理部基于公司业务计划，与相关部门讨论并确定压力情景与约束条件。涉及的压力情景包括业务压力和经济压力，精算部和投资部门基于业务计划及确定的压力情景，测算整体压力情景下偿付能力充足率。风险管理部根据测算结果，在与相关部门沟通后，确定公司的风险偏好及陈述，以及各大类风险的风险限额，并确保公司的风险偏好与年度预算协调一致。

国内某大型保险集团风险偏好嵌入预算及资本规划流程见图 9 -3。

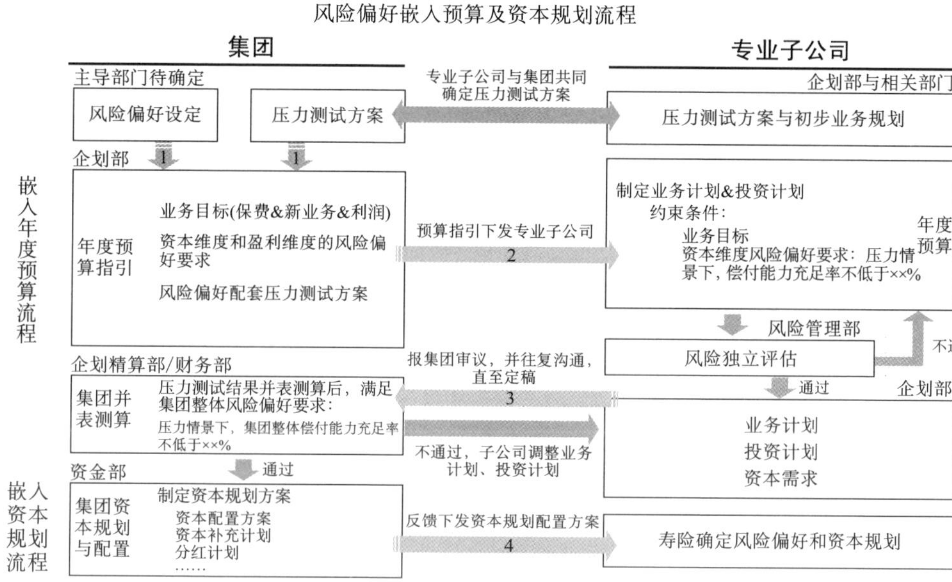

图 9 -3　风险偏好嵌入预算及资本规划流程

其次，风险偏好在资产负债管理中的运用。年度最优资产配置方案的确定是资产负债管理的重要环节，需要在风险偏好的框架下进行，一般可由投资管理部发起战略资产配置流程，风险管理部基于公司的风险偏好设立约束条件并通知投资管理部，后者借助投资系统分析工具建立有效前沿并提出战略资产配置备选方案，当资产配置方案均能满足风险管理部设定的风险偏好设定压力条件要求时，由投资管理部根据收益情境判断，选定最优资产配置方案，保持投资的主动灵活性。可参考的战略资产配置流程见图 9 -4。

最后，风险偏好在流动性管理中的运用。流动性是指公司为了满足支付和投资需要筹措现金的能力，流动性风险衡量公司的现金头寸不足以满足现在或将来的现金需求的可能性。当流动性风险事件发生时，公司将从交易成本、借款的利息支出和市场抛售压力及评级下降中遭受财务损失，负债结构与外部市场的变化也可能造成新的流动性风险出现。流动性风险的特征决定了其风险管理与其他风

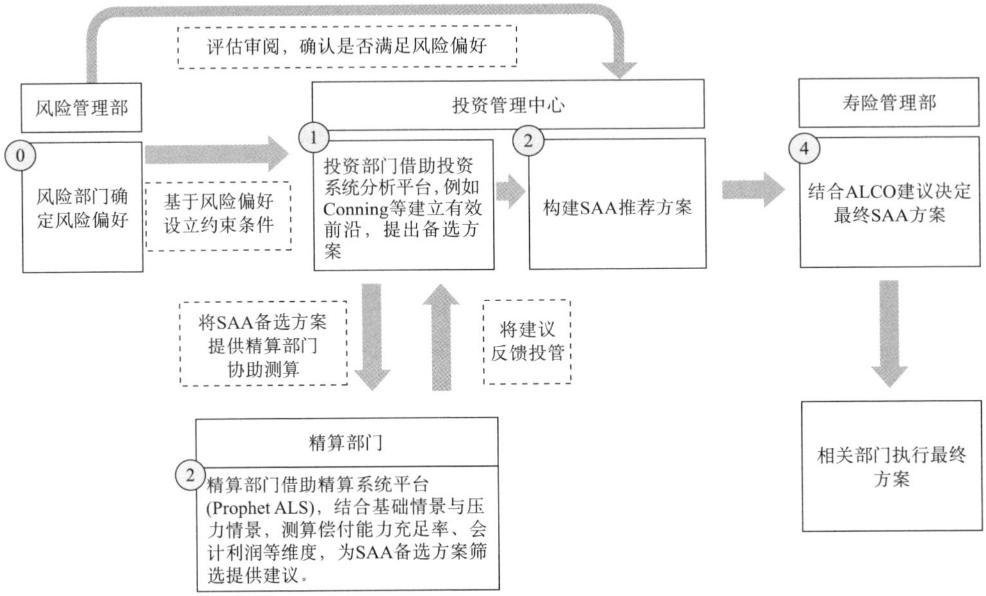

图 9－4　战略资产配置建议流程

险的不同，流动性风险偏好的制定也更多地着眼于保险公司应具备多少潜在的资金来源以覆盖潜在流动性支出需求，并同时考虑到风险控制和收益目标之间的平衡。

公司内部除监控偿二代流动性指标等，可考虑把压力测试作为流动性风险偏好的工具，设置压力下剩余流动性或压力净现金流作为偏好载体进行管理，可参考的压力测试逻辑与流程说明见图 9－5。

5. 风险偏好设定流程。对于集团公司，集团需要先设立风险偏好，到专业公司层级，也需要建立风险偏好，把风险偏好的设定建议与预算结合起来。

集团层面设定参考流程如下：

在集团建立风险管理执行委员会或风险管理委员会，可以下设秘书处，负责启动集团整体风险偏好的回顾与设定，根据风险偏好拟设定的维度及内部职能分工，牵头组织各职能部门的具体工作，相应的职能部门依据风险偏好工作指引，完成各自维度的风险偏好的设定，并协同开展压力测试，由精算产品部门负责业务端压力情景和测试，投资部门负责投资端压力情景，资金部或财务部门负责流动性压力情景，合规、品宣部门分别设定操作、声誉维度底线，维度和分工也依赖于维度的选取及内部的职能分工，整个情景、参数和维度选取，风险管理部门都要参与并出具意见。

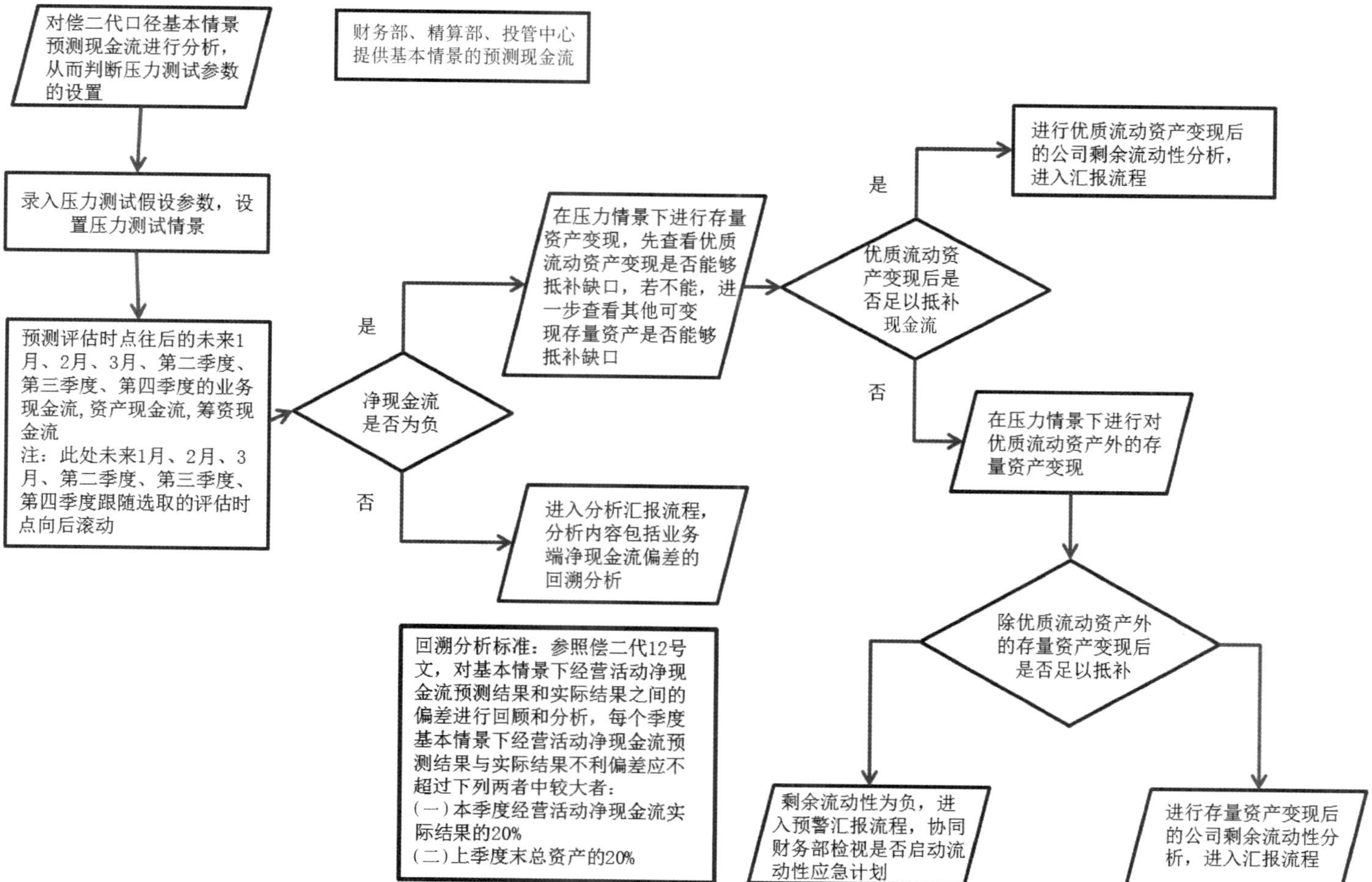

图9－5　现金流压力测试逻辑与流程说明

集团风险管理执行会秘书处负责汇总集团各部门压力情景、偏好设定，也包括各部门参数设置，并将最终定稿下发专业公司企划部门，专业公司可同时启动预算工作。

专业公司设定流程如下：

由专业公司企划、财务等预算相关部门，依据预算流程和职责分工开展。

精算部门基于业务计划，确定基础情景假设，进行负债端压力测试，涉及情景可以包括新业务保费增长率、退保率、保险合同准备金计量基准收益率等，将压力情景下认可负债和负债端最低资本、现金流等结果反馈给投资部门。

投资部门基于负债端数据及风险管理部最低要求，进行资产端偿付能力压力测试，压力情景可以考虑市场参数、大类资产收益率假设等，测试出资产端压力情景下认可资产、最低资本、利润、现金流动等结果，同时反馈给精算部门。

精算部门测算出压力情景下偿付能力及利润等，同时把所有的假设情景、基础与压力下偿二代偿付能力报表、会计利润、现金流等反馈给风险管理部门，风险管理部门检视测算结果，与相关部门沟通，确定风险偏好及限额等。

风险偏好一般是年度对维度选取和限额的设定情况进行审核和更新。风险管理部门确定风险偏好和限额的具体流程为：

第一，风险管理部门负责根据公司年度业务计划确定风险偏好、各大类风险的关键风险指标以及风险限额，包括各类指标和限额阈值的初稿。

第二，风险管理部门将各大类风险的关键风险指标以及风险限额，包括各类指标和限额阈值，发送给各大类风险的统筹管理部门供审核。

第三，各大类风险的统筹管理部门需在规定时间内对风险管理部门提供的关键风险指标和风险限额及其阈值等信息进行反馈，对不同意见进行讨论和协商，达成一致。

第四，将风险偏好及风险限额等信息报风控会审核。若风控会对此有疑义，则风险管理部门和相关大类风险的统筹部门负责解释、协商和修改，直至风控会审核通过。

第五，风控会审核无误后，应提交风险偏好和风险限额的相关信息至董事会下设的风险管理委员会审批。

6. 风险偏好监测、超限额处置及定期调整检视机制。风险管理部门应持续对公司偿付能力充足率、关键风险指标及风险限额的执行情况进行追踪，并在每月提交的月度报告中呈现相关变动情况。根据监测到的公司偿付能力充足率、关键风险指标及风险限额的不同结果，风险管理部门及相关大类的统筹管理部门应采取不同的处置措施。

下面以偿付能力为例来介绍，可以区分出绿色区域、黄色区域、红色区域，分别代表公司的目标经营区域、预警区域、危险区域，甚至可以对预警区域进一步细分为橙、黄两级，不同情况可采取不同的处理机制。

情况一，偿付能力处于绿色区域，且细分限额也未突破，表示公司正常经营，风险管理部门持续关注和监控偿付能力。

情况二，偿付能力处于绿色区域，但细分限额中有某一个或几个突破，则风险管理部应立即向相关风险的统筹管理部门发出风险提示函，要求相关部门开展原因检视、影响评级及是否持久的活动。由于偿付能力整体充足，可以由相关风险的统筹管理部门根据专业判断和成本效益自行决定是否需要实施改进方案，并将上述分析以正式报告的形式发送给风险管理部门。

情况三，偿付能力处于黄色区域，风险管理部门需要向相关风险的统筹部门发出风险提示函，除情况二中要求相关部门开展原因检视、影响评级及是否持久的活动外，需预测评估超限原因导致的下一步影响，原则上必须制定合适的改进方案，把正式报告发送给风险管理部门，视情况可以由风险管理部门牵头组织临时风控会或在季度常规的风控会中对超限情况在领导层作汇报，并由风控会成员对改进方案进行讨论和审核。常见措施包括但不限于调整业务结构、调整投资计划、停止分红、发资本补充债、集团或股东注资等。如果将黄色区域分成两级的话，往往区别在于是否要上升到管理层决策改进方案、是否要采取短期内提升偿付能力的管理动作。

情况四，偿付能力处于红色区域，除情况三中的要求及管理行为，应立即启动偿付能力应急预案，并提高偿付能力监测的频率，如按天或周进行。

风险偏好的监控、处置流程见图9－6。

公司发生下列情况时，风险管理部门应考虑启动风险限额的年中检视（见图9－7）：

（1）公司的业务计划发生重大调整，重启预算流程；

（2）公司的投资计划发生重大调整，导致公司的最低资本产生重大变化，并对公司的风险限额产生实质性影响；

（3）突发紧急事件，市场大幅波动或监管巨变，对公司风险偏好产生重大冲击，造成风险偏好及限额的大幅突破；

（4）其他管理层或风险管理部认为必要的情形。

图 9-6　风险偏好预警

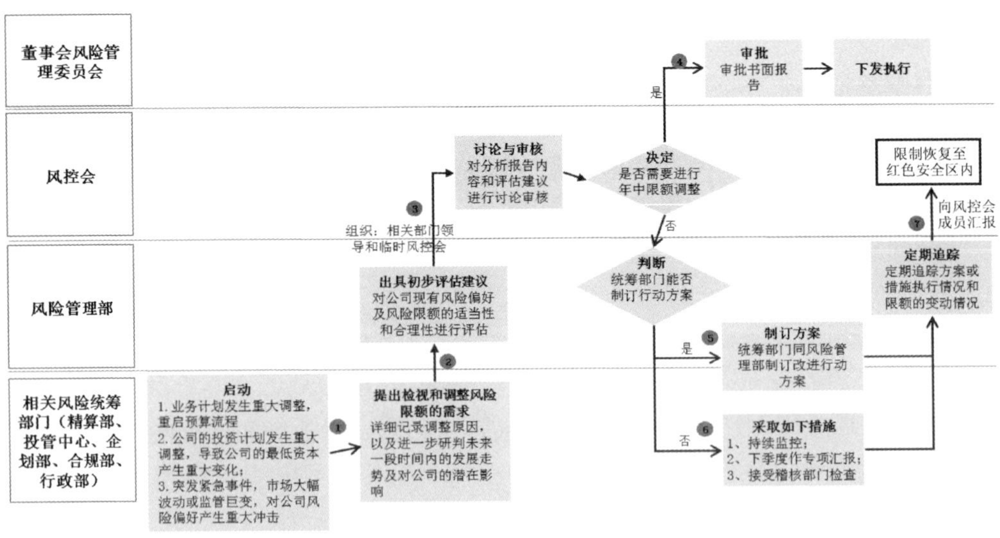

图 9-7　风险限额年中检视与调整工作步骤

（二）风险管理工具

1. 压力测试。传统上所谓压力测试是指将整个金融机构或资产组合、业务等置于某一特定的（主观想象的）极端市场情况下，测试该金融机构或资产组合、业务在这些关键市场变量突变的压力下的表现状况，看是否能经受得起这种市场的突变。压力测试中常见的极端市场情况包括：

（1）市场风险情景：假设利率骤升 100 个基本点，某一货币突然贬值 30%，股价暴跌 20% 等；

（2）寿险保险风险情景：新业务减少 80%，退保增大 2 倍；

（3）产险保险风险情景：保费增速为正常情景的 130%，费用及赔付为正常情景的 106% 等异常的市场变化。

压力测试是敏感性测试的补充，或者说敏感性测试是只有一个变量的压力测试。

压力测试是保险公司偿付能力风险管理体系的重要组成部分，在情景上包含多个参数，通过一系列压力情景、测试流程和方法论，反映现实状况，充分了解各业务之间的相关性和风险的传染性，通过选取合适的风险情景及提出前瞻性和具备可操作性的风险缓释计划，促使相关部门分析自身业务所面临的风险，加深对实际不利情景下公司潜在影响的理解，对制定业务计划提供参考价值，把风险缓释计划纳入业务运作之中，管理层通过极端情景对公司的影响，主动管理及应对公司所面对的风险，从全盘角度来管理各业务线。如保险公司制定业务规划与全面预算时，应当结合压力测试结果，分析不利情景下公司面临的重要风险及其影响，最终确定业务规划与全面预算。

中国保监会对压力测试有特定的要求。如偿二代《保险公司偿付能力监管规则第 9 号：压力测试》中要求按年度进行偿付能力压力测试，在基本与压力情景下对未来一段时间内偿付充足率状况的预测和评价，识别和预警导致偿付能力不达标的主要风险因素，及时采取相应的管理和监管措施。如偿二代《保险公司偿付能力监管规则第 11 号：偿付能力风险管理要求与评估》要求按 9 号文建立压力测试制度，明确压力测试的管理架构、职责分工、流程、方法和结果的应用，在系统中支持压力测试等，同时也提及通过压力测试评估房地产价格风险、资产的利率敏感性和利率风险、流动性风险，并在偿二代《保险公司偿付能力监管规则第 12 号：流动性风险》中对流动性风险压力测试提出了一些具体要求。

压力测试作为重要的风险管理工具，公司内部可以做的远不止中国保监会要求必须做的这些，常见还可以做的压力测试有：利率下降对偿付能力影响压力测试，权益下跌对偿付能力影响压力测试，针对权益的偿付能力逆向压力测试，针对利率的偿付能力逆向压力测试，宏观经济下滑压力测试，影子银行压力测试，流动性压力测试（退保增大、新业务下降、信用资产违约、费用率上升、赔付上升、变现能力减弱等压力情景），减值压力测试，保险资产配置压力测试，高现价产品压力测试等。压力测试有些是监管要求，有些是内部管理要求，由于未规定情景和参数的压力测试，在情景和参数、传导逻辑及输出指标选择上的灵活性与不确定性，使得压力测试工作不仅仅是一种量化的工具，更像是一种艺术。

压力测试是一个重要的压力工具，有的也历时较长，需有较为明确的流程。下面以宏观经济下滑压力测试实例作简要介绍。

第一步，压力情景选取分析。

宏观经济对寿险保险业务的重要影响包括但不限于：

（1）受 GDP 增速放缓影响，人均可支配收入减少，保险支出减少，市场保费总规模增速下降，市场竞争加剧，业务开拓难度加大，保费增长率下降，续期保单的续缴率下降，退保率上升。

（2）市场竞争加剧，成本管控难度加大，费用投入加大，综合成本率上升，盈利水平下降。

（3）权益投资浮亏加大，投资收益率下降，资本缺口上升，融资需求加大。偿付能力充足率下降，导致低于监管要求，从而影响正常业务的开展。

（4）从操作风险看，销售压力可能会增加不当销售和欺诈的案件，尤其在当前放宽代理人资格考试之际，销售压力、非法集资等都是特别需关注的问题。

宏观经济对财产险保险业务的重要影响包括但不限于：

（1）保费增长率上升，因为产险保险风险最低资本主要取决于保费收入，保费收入越高，最低资本越高，而保费带来的利润不足在更高最低资本的情况下维持偿付能力充足率，故偿付能力充足率下降。

（2）市场竞争加剧，成本管控难度加大，费用投入加大，综合成本率上升，盈利水平下降。

（3）权益投资浮亏加大，投资收益率下降，资本缺口上升，融资需求加大。偿付能力充足率下降，导致低于监管要求，从而影响正常业务的开展。

（4）房地产价格下降。房地产市场波动幅度显著，若下降则降低持有房地产的账面价值，降低净资产。

（5）利差上升，持有 AFS 类资产的公允价值下降，降低净资产，偿付能力充足率下降。

（6）交易对手违约率上升，资产损失，净资产下降，偿付能力充足率下降。

宏观经济对资本市场投资业务产生的影响包括但不限于：

（1）股票市场：宏观经济衰退，市场将出现信心或流动性危机，避险情绪高涨，股票市值缩水，增大了投资业务的市场风险。

（2）债券市场：经济下滑导致实体经济盈利能力恶化，负面评价行动次数增多，信用违约风险增大，引发市场的恐慌心理，加剧债券市场的波动。

（3）外汇市场：当前人民币汇率存在进一步贬值预期，海外资产属于不错的投资方向和标的，但在出口萎缩、宏观经济衰退时，中国政府通常会采用调控和刺激手段维持人民币汇率水平的基本稳定，着力稳定出口增长，减轻汇率风险对出口企业造成的负面影响，海外投资也存在不确定性风险。

（4）从操作风险角度看，市场交投量下滑、市场价格波动引起损失。交易员为掩盖损失，进行内部欺诈的可能性增加，因而出现人员欺诈事件。

基于以上分析，我们认为靠保费和投资双轮驱动的保险公司，进行宏观经济情景下滑的压力测试是非常有意义，也是十分必要的。

第二步，压力情景描述与细化。

如在当前时点可以把情景选择为“中国经济在2016年出现硬着陆，伴随着全球经济危机”。这个粗略的情景还需在情景细化中进一步明确压力情景的严重程度和持续区间，可在考虑到公司业务计划、资本规划、风险缓释行动制定时有实际意义等因素，结合参考同业或银行等压力测试时所选择的经济下滑情景的基础上，把情景细化为“十年一遇，持续三年，期间宏观经济逐步恢复到接近长期预期”。

第三步，压力因子与传导逻辑确定。

长期预期的值可参考政府目标和主流观点得出，十年一遇数据以GDP增长率为例，可从公共渠道较容易获取最近30年中国经济增长数据，从而得出十年一遇的GDP年增长率，可以得出在5.8%左右，那么5.8%即可以作为压力下的GDP增长率。由于持续时间为三年，假定主流观点是中国GDP维持6.7%的增长率，可简化认为GDP在三年时间中由5.8%线性增长到6.7%，相当于每年以0.3%增长，从压力下恢复。根据国内外最近数十年历史数据分析，GDP的显著放缓将导致CPI上涨减慢、利率下滑、失业率上升、股市大幅下跌。以CPI设定测算为例，依据历史GDP与CPI数据的相关性分析可以得出压力下CPI数值，这样压力情景数据即可确定。

第四步，其他参数确定。

压力情景及因子确定下来后，接下来便可依据公司内部各相关部门意见，参考行业经验及量化方法建议，确定最终情景参数和计量模型的各种具体假设，如比较常见的投资收益率、保费增长率、退保率、费用率等。

第五步，输出指标确定。

确定压力测试输出的财务指标非常重要。对于寿险公司而言，宏观经济情景压力测试，可选择净利润、偿付能力充足率、一年新业务内含价值和业务净现金流等作为输出指标；对于财产险公司而言，可选择净利润、偿付能力充足率、准备金提转差等作为输出指标。

第六步，压力测试结果分析与风险缓释。

压力测试结果出来，需进行分析，找出对输出指标最大的影响因素，依据主要的驱动因素，制定风险缓释计划。如投资收益是主要的驱动因素，可以针对投资收益波动制定风险缓释与应对措施如下：

（1）结合长期收益预期、保险资金的最低收益率要求以及风险偏好，合理配置保险资金长期战略资产，同时针对配置结果进行偿付能力、EaR、CaR 等关键风险指标压力测试，从而在战略资产配置层面保障投资收益波动处于可承受范围内。

（2）在投资策略上持续加强固定收益资产投资，提升保险资金 NII，以提高投资资产内部吸收权益资产波动的能力。

（3）针对偿付能力指标建立监测管理机制，及时监测保险账户偿付能力变化，针对偿付能力下降风险，从投资管理、精算评估与财务管理等多个方面采取措施予以综合应对，以更好地平衡投资收益提升与风险底线管理。

2. 全面预算。全面预算一般是指关于企业在一定的时期内（一般为一年或一个既定期间内）各项业务活动、财务表现等方面的总体预测。它包括经营预算（如开发预算、销售预算、销售费用预算、管理费用预算等）和财务预算（如投资预算、资金预算、预计利润表、预计资产负债表等）。风险管理部门关注的全面预算更多的是考虑基于风险，与公司业务、财务预算同步开展的风险预算，是风险偏好嵌入预算的一种体现。

中国保监会偿二代《偿付能力监管规则第 11 号：偿付能力风险管理要求与评估》中第 28 条要求，保险公司风险管理部门应当对业务规则和全面预算进行独立的风险评估，确保其符合公司既定风险偏好，业务规划和全面预算在提交董事会审批之前，需经首席风险官审批。第 29 条要求保险公司制定业务规划与全面预算时，应当结合压力测试结果，分析不利情景下公司面临的重要风险及其影响，并相应调整业务规划和全面预算，相关分析底稿和调整方案应留档备查。

在偿二代要求之前，业内保险公司预算一般由企划、财务等职能部门完成，风险管理部门参与较少。在偿二代风险偏好体系建立以后，由于风险偏好是偿付能力风险管理体系的战略层面核心内容，与公司的业务战略相一致，并通过传导机制与公司的诸多管理决策和业务活动相联系，且中国保监会又有风险管理嵌入预算方面要求，因此，行业内各家保险公司都在尝试整合风险管理与预算。

风险预算与公司业务、财务预算同步开展，一般基于良好的全面预算管理体系，可采用自上而下和自下而上两种方法，在集团公司内部实现集团与子公司之间的协调一致、总公司与分公司之间的协调一致。战略、风险、财务使用不同的语言，但都在寻求“风险与回报平衡”的共同点，预算与风险管理存在整合考虑的必要性和可能性。

以下介绍预算与风险管理整合过程中可参考的分工：

第一，预算规划认证及目标研究职能分工。在规划认证及预算目标研究中，除考虑市场增长、盈利波动、偿付能力、投资风险及考核激励等因素，还需考虑风险偏好的导向和限制、风险计量的结果、战略风险、保险风险及市场风险监测指标的历史数据，运用压力测试进行测算。风险管理职能部门参与规划论证、年度经营及预算目标制定的方式应包括加入相关项目小组、专题会议讨论、定期及日常沟通、共同参与对高管或董事会的重要汇报。

第二，预算制定和审批职能分工。在预算制定和审批中，由企划、财务等相关部门按管理职能分工发起并主导相关工作，如主导业务规划、年度经营计划及预算的编制，发起、协调相关部门、高级管理层、董事会的业务规划、年度经营计算、预算确认与审核等工作，必要时进行适当的调整。风险管理部门通过测评是否符合风险偏好及容忍度的要求、风险指标阈值的限制要求，对业务规划、年度经营计划及预算进行评议与会签。

第三，预算的执行和分析职能分工。在预算的执行和分析中，企划、财务等相关部门定期对经营情况及预算执行情况进行跟踪与分析，关注是否符合计划预期及偏离原因，风险管理部门分析实际经营情况、预算执行情况是否符合风险偏好及容忍度管理要求，监测风险指标阈值的约束、考虑压力情景的变化和影响，必要时对管理层及其他相关部门提供必要的风险管理专业意见，通过风险管理部门与其他相关职能部门的工作沟通、协调配合，保证管理目标的实现。

3. 资本规划与配置。保险公司的业务主要在和各种不同的风险打交道。比如为了满足股东方的盈利收益要求，资产端要追寻一定的收益率。而投资的风险主要来自市场的波动，预期盈利性大，其波动性相对更高，该交易对手违约的可能性也随之上涨；而负债端，为了保证收入的保费能够在将来的各个时点完成到期的责任给付，要在作各类准备金计提假设时，充分考虑未来产生不利偏差的可能性；而在常规准备金基础之上所需要测算的风险资本，更是要对不同业务进行差异化测算，以求最大程度反映其风险特征来匹配公司的偿付能力。

从监管角度看，偿付能力是其评估保险公司对于保单持有人到期给付的重要评判依据。可保险公司的资源也是有限的，特别是综合型的保险集团，其业务结构会随着规模的扩大而变得更为复杂。如何在满足监管的基础上，更加合理地按风险来分配资源，对于每个保险公司尤其重要。

一般而言，资本分配的原则是要满足风险偏好。从公司层面出发，在法人层面测算出需要多少风险资本，然后比对公司实有资本，在满足既定的偿付能力容忍度下对实有资本展开分配。一般根据管理层的不同要求，可以对不同条线业务进行不同的分配方法，如按业务规模来分配的比例法、考虑各个业务条线之间相关性的协方差法、抑或是单一业务条线对整体业务影响测算的边际法，并考虑如何将资本溢额结构化处理，来应对不同层级的风险等级。

基于风险资本的资源分配给管理层提供了一种优化公司资源发展的新思路。保险公司的业务特殊性注定了其关注公司的日常运营与风险的挂钩。而基于风险的资本分配则是从根本上解决了满足自身稳定发展及符合监管要求的资源分配。考虑风险的广义含义，风险另一面是价值，规避风险的同时，也是忽略了价值，基于风险的资本分配给管理层提供了以价值为核心的管理理念，特别是在作决策方面，综合考虑了风险可能带来的价值效益，那相对多的投入也就有据可循，满足风险偏好对于盈利性的要求。

4. 资产负债管理。资产负债管理是银行、养老基金、保险公司等为管理与资产负债相关的风险而进行的资产配置、负债评估及资产负债匹配，从而有效规避金融风险的重要管理手段。具体说，资产负债管理是在一定的风险限额下，为实现金融机构的经营目标而对资产负债结构进行全面的、动态的、前瞻性的协调管理。保险公司资产负债管理的涵盖层面相当广泛，从负债面所考虑的产品差异、利率对负债现金流的影响等，到资产面考虑市场利率、股价波动、汇率浮动、流动性风险、投资收益要求等，直接涉及保险风险、市场风险、信用风险、流动性风险等，是将一个保险公司的资产和负债之间的复杂关系概括成一系列的指标，使公司能有一个反应迅速和有效的风险缓释过程，是当前及未来各家保险公司风险管理的重要内容。对于人寿保险公司来说，资产负债管理的主要关注点是通过降低利率风险的影响来实现资产负债的匹配，所以也有狭义的资产负债管理特指利率风险的管理。对于非寿险公司来说，资产负债管理的主要关注点是通过降低资产负债中各种风险的影响来实现盈余价值的最优化。

资产与负债管理能力包括有组织的安排管理资源和相应的过程，以及复杂的风险度量工具和明确的目标。在不同规模的公司及公司的不同发展阶段，可以结合自身状况制定合理可行的资产负债管理目标，常见的资产负债管理目标包括投资策略目标、资本需求目标、盈余管理目标、现金流控制目标以及产品设计和定价的指导方针。

投资策略目标。资产负债管理最直接的途径是通过投资策略的运用达到资产负债协调的目标。其基本思路是从现有的负债结构出发，根据负债特点在可选择的资产范围内寻找最佳的投资组合策略，要求对负债和资产的内在动态变化关系详细透彻地了解，一旦公司确定了合适的投资策略及资产负债计量方法，并且利用有效的工具进行计算和控制，则投资风险就可以被控制在可以接受的范围内并达到预期的投资目标。

资本需求目标。公司要实现正常的经营战略目标，必须统筹当年及未来一定期间内的资本需求及配置，使资本配置符合监管及内部管理要求。而资本需求与公司资产、负债状况紧密相关，目前偿二代监管政策及国际流行的风险资本偿付能力监管政策都与资产、负债及投资策略、投资效益有密切关系，通过资产负债管理可以在综合考虑公司的负债规模、特点及投资风险等基础上，预测未来年度公司的资本需求，尽早做好资本管理。另外，通过预测未来年度资本需求并分析满足资本需求的途径，可以进一步分析资产风险、负债风险、资产负债不匹配风险，针对公司的负债策略、投资策略提出建议。

盈余管理目标。公司的盈余依赖于其资产收益与其负债所要求收益的差额。资产负债管理的最终目标是通过增加资产收益超过其负债支出的部分来增加公司盈余，因此，盈余管理目标是资产负债管理的主要目标之一。资产负债管理可以根据不同投资策略和不同投资风险假设下的资产与准备金变化，来进一步分析利润的变化，从而优化公司的资产配置和负债业务结构。资产负债管理也可以通过预测业务发展及判断宏观投资环境，分析公司未来的年度盈余状况，对每种预估的假设进行敏感性测试，针对各因素对公司盈余的影响做出定量分析，寻找影响公司盈余的关键风险因素。此外，资产负债管理还可以通过分账户、分销售渠道的预测，分析不同业务类型、不同销售渠道的盈余状况，为公司业务类型和业务渠道提供支持。

现金流控制目标。现金流管理是实现资产负债管理的重要途径之一，现金流管理将检验业务现金流入和现金流出之间的关系，进而分析那些假设的影响因素将如何改变预期现金流的状况。通过对负债现金流的分析可以得到较为充分的负债现金流信息，可以帮助在制定投资策略和投资组合时充分考虑负债现金流量的支出时点及支出规模，形成更加符合公司实际状况的资产现金流，有效规避流动性风险及再投资风险。现金流管理目标还可以基于对利率敏感的现金流进行合理度量，从而有效地监测、分析、规避资产和负债结构中的内含选择权对公司未来现金流的影响。

产品设计和定价的指导方针。产品销售必须具有足够的规模才能满足公司自身的经营和发展要求，所以，在产品设计和定价时在一定程度上考虑了竞争因素，而不只是经济因素。为了使业务规模不断扩大，公司需要在产品的成本、风险以及对公司贡献之间寻找平衡点，基于资产负债管理来制定产品设计和定价的指导方针将充分考虑产品的收益和可接受的风险。

目前，保险公司资产负债管理的主要方法包括以下三类模型（见表9－4）。

表9－4　　资产负债管理模型

性质＼模型	免疫方法： 现金流匹配 久期匹配	最优化方法： Markowitz Kahane/Nye	动态财务分析： DFA
时间区间	多期	单期	多期
随机性要求	基本上没有要求	要求方差和协方差	要求分布函数、随机过程
主要目的	流动性管理和利率风险管理	风险与收益同时进行优化	整个时间区间的财务状况分析

免疫技术通过现金流匹配来处理流动性风险，久期匹配来控制利率风险。现金流匹配是一种对未来给定时点的确定现金流的分析方法，首先展开现有资产负债头寸的未来现金流，然后根据负债的现金流支出来调整资产的现金流以达到匹配，通过这种方法，流动性风险可以完全识别并得到控制。久期匹配是只按照负债的久期来设计和调整资产的久期以达到完全的匹配，并考虑进一步的盈余正凸性，实现对一类利率变化的彻底免疫，但完全的免疫也就意味着失去因利率变化而可能盈利的机会。免疫技术更多适用于固定收益类资产和负债的管理，也是目前保险公司实务中比较常见的方法，在资产和负债具有更多随机性的情况下，该方法可能表现出一定的不适用性。

最优化主要考虑风险－收益的最优化，也是古典的资产组合理论主要考虑的问题，将负债的随机性以及其资产的相关性进行综合考虑，基于一定的优化目标（如某种期望效用）进行优化配置，典型的有 Markowitz、Kahane/Nye。

不同于前两种方法，动态财务分析技术考虑了多期和各种随机影响因子，使得使用者可以较为充分地了解未来各种资产、负债的轨道，并进而得到各个轨道的资产负债表，动态财务分析将对利率、股票和负债进行建模，还可以同时生成保险公司经营环境的模型（包括竞争情况、监管变化等外部环境，再保险、对冲策略等内部管理)。动态财务分析的模拟指标可以是财务指标，也可以是一些风险管理指标，如破产概率、最低偿付能力等。

当前宏观经济下行，偿二代新规实施初期，保险公司资产负债管理需关注以下几个问题：

第一，明确公司资产负债管理内部分工职责及 SAA 制定流程。公司要做好资产负债管理。资产负债管理内部分工非常重要，目前大多保险公司的内部分工和职责有待进一步清晰，ALCO 委员会、投资策略团队、ALM 报告团队、产品部、精算部、风险管理部等是公司资产负债管理的主要职能部门，可以参考以下职能分工（见表 9 - 5）。

表 9 - 5　　公司内部资产负债管理职责分工示例

主要职能部门	具体职责
ALCO 委员会	• 资产负债管理的最高决策机构，由投资、精算、财务、风险管理高管构成 • 审批风险偏好，确认 SAA • 通过资产管理委托合同（Investment Mandates） • 对宏观投资策略提出意见，并审议重大投资决策
投资策略团队	• 通过 SAA，执行投资决策 • 根据实际宏观经济情况和市场变化执行 TAA • 建议 SAA，并对新投资计划提供分析和建议 • 监控委托资管的执行情况 • 参与直接投资
ALM 报告团队	• 每月向 ALCO 汇报最新资产负债管理情况（特别是 IFRS 利润） • 资产和负债建模 • 执行策略团队要求的测试 • 提供 ALM 考核结果
精算与产品部门	• 根据资本市场情况确定定价利率 • 对于大规模的 NB，在投资策略团队和资管团队确定好投资方案后计算定价利率 • 根据风险限额确定定价边际 • 对 NB 规模和负债现金流进行测算并通知 ALM 报告团队
风险管理部	• 通过压力测试确定资产端和负债端风险限额并报送 ALCO 审批 • 风险限额与内部模型计算的资本相关 • 向 ALCO 报告风险资本状况 • 确定风险限额预警机制

SAA是公司风险偏好落地的重要应用，好的SAA也是资产负债管理的重要基石，在偿二代下公司SAA制定的可参考流程如下（见图9－8）。

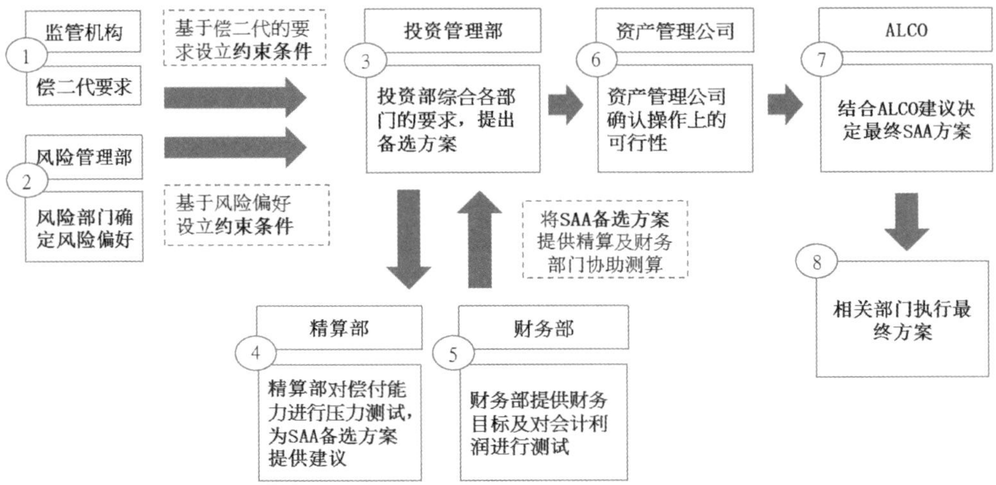

图9－8　SAA制定参考流程

第二，对于寿险公司而言，需关注利率下行风险，利率下行再投资承压，资产负债不匹配敞口变大，警惕出现新一轮“利差损”。寿险公司普遍负债久期相对较长，资产与负债存在较大的缺口，在投资渠道放宽的背景下，股票、证券投资基金以及其他投资占比上升较快，久期相对有所改善，但固收类资产占比仍较大，资产负债不匹配的问题并没有明显改善。央行已多次下调人民币存贷款基准利率和人民币存款准备金率，后续中国经济面临增长新常态，市场利率仍有下行趋势。市场利率持续下行，一方面，在偿二代体系中，由于负债受利率曲线影响较大，利率下行面临增提负债压力，使负债价值的上升将超过资产价值的上升，资产负债金额久期的缺口进一步增大；另一方面，大额协议存款到期续存难，各类债券发行利率均大幅下降，再投资风险压力较大。与此同时，由于市场份额竞争，主动或被动的高利率定价、高水平分红等使负债成本居高不下，随着市场利率水平不断下移，宏观经济放缓又造成“资产荒”，使再投资承压，资产负债不匹配，投资收益率不足以覆盖之前的保险预定利率，可能出现新一轮“利差损”。

公司需不断优化产品结构，提高投资收益，加强资产负债管理，对公司资产负债情况进行严密监控，做好风险防范。可采取的改善措施及预期效果包括以下几方面。

产品开发：细分市场，深挖市场卖点，创新产品满足客户新型或潜在保险需求。产品开发考虑到市场份额影响、产品市场竞争力、负债成本，尽量避免主动或被动简单开发高利率定价产品来提升市场份额，适时开发资产驱动负债型产品，不断优化产品结构。

资产管理：在公司风险偏好体系下，优化公司资产结构，改善资产久期，严密监控资产负债久期缺口和金额久期缺口，确保缺口不突破公司设置阈值，不呈恶化趋势；同时利用杠杆，在利率进一步下降前，提前锁定相对高收益的固收类产品。

资产负债联动：建立资产负债内部模型，进一步明确资产负债管理内部职责分工，优化资产负债管理 ALCO 运营流程，资产与负债实现联动，提升资产负债管理能力。

第三，对于财产险公司而言，由于国内财产保险公司负债期限较短，普遍对于利率不敏感，管理层需根据公司整体业务成分制定不同的资产负债管理策略。

对于车险占比较高的财险公司而言，由于风险较为分散，集中爆发可能性低，相比之下资产负债错配风险并不显著，在资源投放上可适当侧重于对收益率的考虑，特别是商车费改的影响，可能对于各地区之间的差异化分析更为重要，避免因过于追求市场份额、投放资源而介入过多资质较差的业务。

对于以除车险外的财产险为主要业务的财险公司而言，由丁具有较大的风险聚集效应，巨灾情形下流动性风险较高，需确保有一定的变现能力强的资产应对巨灾风险及流动性风险。

5. 风险管理信息系统。风险管理信息系统，发端于中国保监会对于保险公司的全面风险管理要求，后续的偿二代监管规则体系又将其作为保险公司风险管理工具的一项要求进行了明确和细化。在符合监管要求的同时，风险管理信息系统也将通过自身不断发展，逐步提升公司的风险管理能力水平，满足公司内部管理的需要。

保险公司风险管理信息系统的概念最初出现于中国保监会 2010 年印发的《人身保险公司全面风险管理实施指引》（保监发［2010］89 号）中。该文明确提出了保险公司应将信息技术应用于风险管理的各项工作，包括信息的采集、存储、加工、分析、测试、传递、报告、披露等，建立涵盖风险管理基本流程和内部控制各环节的风险管理信息系统。另外，该文也对风险管理系统的主要功能进行了初步界定，要求风险管理信息系统应能够实现信息在各职能部门和业务单位之间的集成与共享，充分满足对风险进行分析评估、计量、报告管理、监控预警和信息披露的各项要求，既能够符合单项业务风险管理的需要，也能够符合公司整体和跨职能部门、业务单位的风险管理综合需要。

在 2012 年发布的《人身保险公司年度全面风险管理报告框架》（保监发

［2012］193 号）中，公司风险管理信息系统建设情况被列为年度全面风险管理报告的主要内容之一。

在中国保监会于 2015 年 2 月发布的中国风险导向偿付能力体系（偿二代监管制度）中，风险管理信息系统的概念再次被提出。偿二代监管制度将风险管理信息系统作为风险管理的一项重要工具，从系统功能、数据要求、内控评估的角度分别对风险管理信息系统提出了更为具体的要求。根据偿二代的要求，在系统功能方面，保险公司应当建立满足自身风险管理要求的风险管理信息系统，至少应当实现以下功能：与业务、财务等相关系统对接，实现风险管理相关数据的采集、加工，关键风险指标的计算、存储、查询和导出；以关键风险指标为基础，对保险风险、市场风险、信用风险、操作风险、战略风险、声誉风险和流动性风险的风险状况进行列示、分析和预警；支持在系统中进行压力测试；风险管理报表与报告的生成和传递，并留档备查；风险管理信息在各级分支机构、各职能部门之间的汇总和共享，并能够按照不同访问权限区分风险信息列示的内容。偿二代也对系统提出了数据质量要求：风险管理信息系统的数据应当符合时效性、准确性、一致性和完整性的要求。偿二代还对风险管理信息系统的内控评估提出了要求：保险公司应当定期评估风险管理信息系统的有效性，并根据风险管理以及内部控制的变化进行适当的调整。

更为重要的是，偿二代监管制度通过偿付能力风险管理能力评估对风险管理信息系统的制度健全性和遵循有效性进行定期评估，有力推动了保险行业风险管理信息系统建设工作的开展。在 SARMRA 评分中，涉及风险管理信息系统的评估项分数共计 1.52 分（满分 100 分）。

在满足监管要求的同时，风险管理信息系统也将在保险公司内部管理中逐步体现出其意义和重要性。保险行业由于其经营模式和市场环境的复杂性和多变性，相较其他行业更为重视风险管理。风险管理工作的目的是平衡公司的风险与收益，为了实现此目的，需要定期、准确、及时地收集处理风险数据以量化分析公司风险状况。因此，保险公司就需要具备风险管理信息系统这一重要的风险管理工具，作为风险管理工作的平台来收集风险数据、执行风险管理各项职能和产出风险报告。

风险管理信息系统是保险公司风险管理信息采集、存储、加工、分析、测试、传递、报告、共享的数据平台。风险管理信息系统的最低目标是符合监管机构对于系统的要求，最高目标是通过将风险管理各项工作系统化、规范化来切实提升公司的风险管理能力。

为实现以上目标，风险管理信息系统需具备以下特征：

（1）全面性。风险管理信息系统应全面体现保险公司所面临的主要风险点和风险流程。因此，风险管理信息系统的信息与功能应全面涵盖保险公司的所面临的保险风险、市场风险、信用风险、操作风险、战略风险、声誉风险、流动性风险的主要风险管控点。

（2）敏感性。风险管理信息系统应当能敏感反映公司风险水平的状况及变化。这首先要求系统中的数据具有较高的时效性和准确性，在此基础上还要求系统中的风险指标与风险模型能精确衡量相关风险的水平与程度。

（3）可扩展性。出于风险管理技术不断发展和系统持续优化升级的需要，风险管理信息系统中的数据与功能应具有较好的可扩展性，具体体现为系统数据应格式规范、口径明确且包含底层数据，系统数据库应便于开发、适应大数据处理需求。

从系统框架结构上看，风险管理信息系统可由下至上分为数据层、计算层、报告层三大层面。其中数据层实现风险数据的存储、传输与交互，计算层实现风险管理各项功能中对数据的处理与计算，报告层实现风险管理各项功能计算结果的制式呈现、分析与导出。

从风险管理功能上看，风险管理信息系统应包含风险偏好设定、风险指标管理、压力测试、资产负债管理、项目产品风险评估、风险管理内控评估、风险报告、风险数据管理等风险管理功能。

（1）风险偏好设定功能。实现公司风险偏好目标的制定、审批和分解流程，与公司全面预算、资本规划配置流程相结合，得出公司整体风险偏好目标以及各类风险指标限额。

（2）风险指标管理功能。建立起涵盖公司各风险类别和各业务条线的风险指标体系，对风险指标设定阈值，并定期获取指标数据进行监控和预警。

（3）压力测试功能。通过量化模型模拟各种特定压力环境下公司的核心风险指标的变化情况，揭示公司潜在的风险。

（4）资产负债管理功能。通过模型和指标动态展现保险公司资产负债的匹配情况，并对缺口进行监控。

（5）项目产品风险评估功能。用于通过系统对保险产品或是资金运用项目的风险情况进行评估，既包含其对于偿付能力、风险偏好等风险指标的定量影响，也包含定性风险分析。

（6）风险管理内控评估功能。通过公司各部门、各分支机构的定期自查与检视，展现公司风险管理的制度与执行情况，揭示风险管理中存在的不足之处与改进方向，并在此基础上对各部门和各分支机构进行风险管理绩效考核。

（7）风险报告功能。是各项风险管理功能产出结果的集中汇总，以制式报告的形式定期展现风险偏好、风险指标、压力测试、资产负债管理、风险管理内控评估等情况。

（8）风险数据管理功能。贯穿于各项风险管理功能中，实现各项功能所使用的基础数据、中间数据、结果数据的定期储存、定制化查询与导出。

风险管理信息系统的属主和主要使用者是公司风险管理工作的主要负责部门，如风险管理部。风险管理部在公司董事会下设的风险管理专业委员会的领导下，负责风险管理信息系统的建设和维护，以风险管理信息系统为工作平台统筹组织各项风险管理职能工作的开展、制作风险管理报告并向公司董事会和管理层汇报。

风险管理信息系统的主要参与者是与风险管理工作相关的公司各部门和各分支机构，主要包含精算企划部门、投资部门、财务部门、内控合规部门、宣传部门、分支机构的风险管理部门或岗位等。各部门和各分支机构向风险管理信息系统定期提供基础数据，对系统的风险预警信号进行分析、追踪与整改，并从系统获取各种风险管理功能的结果数据用于自身的专项风险管理报告。此外，各部门和各分支机构也应从自身专业性的角度，对风险管理信息系统提出优化建议，参与系统的建设与完善。

以国内某大型寿险公司为例，该公司目前已建立风险管理信息系统并投入运营，该风险管理系统具体包含风险指标、风险偏好、监管评价、压力测试、风险报告、数据录入、系统管理七大功能模块。

风险指标模块可查看公司风险指标体系结构分类、查询导出风险指标历史数据及其底层基础数据、查看风险指标阈值设定情况。风险偏好模块可查看公司风险偏好体系框架和分解传导过程、根据偿付能力目标自动计算各类风险限额并展现各期数据超出限额情况。监管评价模块可在系统中进行风险管理评估和风险综合评级难以量化风险评价、依据材料管理和评估结果对比分析。压力测试模块可通过设置压力情景参数，运用系统中基础数据自动进行流动性压力测试和偿付能力充足率压力测试，计算得出特定压力情境下的现金流情况和偿付能力情况。风险报告模块可编辑、生成、查询、导出各月度、季度、年度的风险管理报告。报告包含风险偏好监控、风险指标体系监控、偿付能力压力测试、流动性压力测试等内容。数据录入模块可供模板数据的上传部门定期在此下载、填写、上传手工模板，并对已上传的历史模板进行查询。系统管理模块是该公司风险管理部人员对系统数据、报告进度、风险管理评估进度进行管理、对首页消息资讯和系统操作手册进行修改发布的平台。

风险管理信息系统建设过程大致分为三个阶段：第一阶段聚焦于风险数据，搭建风险管理指标体系，并以此为基础开发了风险指标、数据录入和系统管理模块；第二阶段聚焦于风险应用，开发了压力测试、风险报告、风险指标阈值和指示灯等风险管理功能；第三阶段聚焦于偿二代优化，基于偿二代监管规则的新特点，加入了风险偏好和监管评价模块，并对风险指标、压力测试、风险报告等模块进行了重新优化和完善。

在风险管理信息系统建设和运营过程中，遇到的主要问题包括风险数据需求梳理、系统的使用参与程度以及系统后期维护更新。

第一，风险数据需求梳理。风险数据是风险管理信息系统的核心，有了数据才能执行系统中的各种风险管理应用。因此，梳理整合风险数据需求是系统开发前的一项重要工作，需要系统设计人员与相关业务人员事前充分沟通，从名目、口径繁多的业务数据中选择确定风险管理应用所需要的数据，明确数据的来源、口径、底层明细数据与联系人，作为系统的风险数据需求。

第二，系统的使用参与程度。风险管理是一项需要全员参与的工作，而除风险管理部门经常使用风险管理信息系统外，公司其他业务部门对于系统的使用参与程度并不高，往往仅限于单向向系统提供风险数据。系统使用参与程度低削弱了风险管理信息系统对公司的整体效用，且存在风险信息流通不畅的隐患。为解决此问题，首先需要加强公司风险管理体系对业务流程的嵌入，其次需要从业务部门视角出发在系统中增加相应的风险管理信息和功能。

第三，系统后期维护更新。开发风险管理信息系统投入运营，只是完成了系统运作的第一步。由于风险管理信息系统的开放性和初创性，很多完善、优化、创新的观点和建议会在使用过程中逐步出现，因此系统后期的维护更新不可忽视，需要相应的人力和资源。

6. 基于风险偏好的风险绩效考核机制来确保落地的可操作性。在建立实施风险绩效考核机制以前，保险公司一般会面临以下问题：

第一，在绩效考评指标设置上，考评指标较侧重规模扩张与短期效益。多数指标则是倾向于财务指标，对风险与质量指标、管理指标相对重视不够。在单纯追求规模扩张和当期经营利润的过程中，忽略了业务盈利性和风险性的平衡。

第二，在绩效考评计划制定上，缺乏对公司实际情况和长远发展的深入思考。对绩效考评的理解，简单地认为是对部门、分支机构、员工计划指标完成情况的考核，如此导致盲目地自上而下制定计划，并将计划指标层层分解、层层加码，严重脱离现实。

第三，在绩效考评激励机制上，片面通过员工利益的最大化来体现绩效的激励作用。激励手段变成单纯的收入奖励和职务升迁，没有将个人利益和公司长远发展相结合。考核结果与员工绩效工资奖金直接挂钩，激励方法手段简单、刚性强、弊端多，员工缺乏不断开拓创新的动力，极不利于提升公司可持续的竞争力。

RORAC，Risk Adjusted Return on Capital，即风险调整资本收益，是一种全新的考虑到风险调整后收益的管理理念和方式，计算公式如下：

RAROC =（净收益 - 预期损失）/经济资本

或：

RAROC =（收益 - 经营成本 - 预期损失 + 资本收益）/经济资本

RORAC 的主要目的是风险管理和绩效度量，从风险管理的角度看，为业务分配资金，刚性确定银行的最优结构，这个过程计量每笔业务的风险对银行总体风险的影响。从绩效管理的角度看，RORAC 分配资金的过程就是风险调整收益率，最终确定每笔业务需要附加多少经济价值的过程，每笔业务附加的经济价值就是业务单位调整后的净收益，减去资本费用（分配给业务单位的股权资本数量乘以股权要求的收益），这样做可以度量业务单位对股东价值的贡献，并且在业务单位水平层面上提供有效的资本预算基础和激励性补偿。商业银行的实践充分表明，采用 RORAC 的管理方式，可以实现资源在战略业务单位、利润中心、金融工具之间的有效分配，在每项投资使用资本的基础上对股权成本收费以及比较风险收益的客观决策，分割目标收益，并根据经济收益实施以股东为基础的激励体系，RORAC 考核思路打破了以利润最大化的企业发展思路，考虑风险与收益的平衡。

中国保险行业起步晚，且经营模式和主要风险与银行业有很大不同，在风险绩效管理上可借鉴银行业的管理经验。中国保监会在《保险公司偿付能力监管规则第 11 号：偿付能力风险管理要求与评估》中规定：“保险公司应当在偿付能力风险管理制度中明确偿付能力风险管理考核评价方法，将风险管理制度健全性和遵循有效性纳入对部门及高级管理人员的绩效考核体系，增强各级管理人员的风险意识和责任。”其中，I 类保险公司风险管理制度健全性、遵循有效性相关指标的权重应当符合以下要求：在产品销售、产品管理等业务部门及分管该部门的公司高级管理人员的考核指标中，风险管理制度健全性、遵循有效性相关指标的权重不应低于 20%；在财会、投资、精算等职能部门及分管该部门的公司高级管理人员的考核指标中，风险管理制度健全性、遵循有效性相关指标的权重不应低于 30%；在风险管理部门及分管该部门的公司高级管理人员的考核指标中，风险管理制度健全性、遵循有效性相关指标的权重不应低于 60%；其他与风险管理有关的职能部门及分管该部门的公司高级管理人员的考核指标中，风险管理制度健全性、遵循有效性相关指标的权重不应低于15%。保险公司应当以本规则第十一章所规定的偿付能力风险管理的监管评分，作为风险管理制度健全性和遵循有效性的重要衡量指标。II类保险公司可根据该原则，结合公司自身管理实际情况设置风险指标考核权重，但不得为零。

以上硬性的监管条件表明，监管愈发重视保险公司所面临的风险，引导保险公司从“冲规模，做业绩”的粗放型发展模式向风险与收益并重的精益发展模式转变。在这个转变过程中，落实实施风险绩效考核机制是从根本上改变保险公司管理层发展思路的强大推动力量。除满足以上要求外，保险公司需要细化完善风险绩效考核机制，构建科学合理的保险公司绩效考评体系的基本思路，需要从以下几方面着手：

第一，完善法人治理结构和内部组织结构，构建科学合理的绩效考评体系的基础。保险公司应积极探索理顺委托代理关系，逐步解决保险公司内部人控制、保险公司经营者个人利益短期化和经营者利益高于保险公司法人利益的问题。保险公司董事会在战略决策上应将短期效益与长远发展相结合，引导保险公司稳健经营、可持续发展，同时董事会应排除外来干扰，严格按照《中华人民共和国公司法》的要求任命高级管理人员。高级管理人员应相对稳定，以减少其在任期内对政绩的追求以及急于扩大保费规模、追求短期效益等非理性行为。保险公司监事会应对保险公司绩效考评体系进行监督检查，对有损保险公司稳健经营、可持续发展的绩效考评体系要及时制止。在各层级管理层，应明确风险责任人，构建完善的公司风险管理组织架构体系。

第二，建立完善的风险偏好体系。保险公司应将公司发展战略与风险偏好相结合，构建科学合理的绩效考评体系。将风险限额逐级分解，落实到公司各业务条线和管理部门，落实到人，使风险管理真正切入公司经营管理中。

第三，引进先进的绩效考评技术方法和技术支持，构建科学合理的绩效考评体系的信息支撑。通过完善信息管理系统，为绩效考评机制的有效推行提供强有力的信息支持。

在绩效考评技术和方法方面，可以构建以风险调整后的资本收益为核心效益的考核指标，实现风险控制与效益增长平衡的绩效考评指标设置。风险调整后资本收益率（Risk Adjusted Return on Capital，RAROC）指标计算将风险（未来可预期的损失）量化为当期成本，直接对当期盈利进行调整，衡量经过风险调整后的收益大小，并考虑了为可能发生的非预期损失所需要做出的资本储备，进而衡量资本的使用效率，使保险公司的收益与所承担的风险直接挂钩。

保险公司 RAROC 可简化，按如下公式计算：

RAROC = 投资收益率 - 资本要求 × 资本成本

或选用下面公式计算：

$$\text{RAROC} = \frac{(\text{本年末净利润} - \text{LDC} - \text{资本要求} \times \text{资本成本})}{(\text{上年末经济资本总量} + \text{本年末经济资本总量}) \div 2}$$

从公式可以看出，对绩效考核来说，RAROC 风险管理技术克服了传统绩效考核目标中盈利目标与风险成本在不同时期反映的相对错位问题，实现了经营目标与业绩考核的统一。保险公司通过 RAROC 指标的应用，既考察了业务条线的盈利能力，又充分考虑了该盈利能力背后所承担的风险水平。在合理计算经济资本的基础上，引入 RAROC 方法，制订业务部门和个人的业绩考核方案；以风险调整后收益为决策依据，改革绩效考核机制，建立科学的激励机制，强化经济资本的风险约束机制和回报约束机制，引导各条线效益、质量和规模协调发展，实现精细化管理、集约化经营的模式，促进公司整体经营管理水平的提高。这样，管理者可以采取有效的奖罚措施引导各级分支机构、业务管理部门的正确行为，激励他们自觉追求风险可接受情况下盈利最大化的目标，追求长期稳定的收益，而不是短期的高收益。

第四，引入资本约束下的理性发展机制，树立管理出效益和风险补偿的理念，完善绩效考评激励约束机制，构建科学合理的绩效考评体系的激励机制。保险公司应将股东价值最大化作为绩效考评的最终目标，将利润最大化作为绩效考评的中间目标，将提供有竞争力、高质量的金融产品与服务作为绩效考评的操作目标。保险公司应在绩效考评中引入资本约束下的理性发展机制，强化资本观念，树立资本占用、资本制约规模扩张和资本覆盖风险等经营理念。树立管理出效益和风险补偿的理念，绩效考评指标内容和权重向经营效益、资产质量和内部管理等方面的指标倾斜，效益指标应体现风险调整后的资本收益情况。制定绩效考评计划时应注重协调与沟通，实现自上而下和自下而上的有机结合，确保指标计划符合公司的经营发展战略目标。在考评计划制定和执行过程中，要建立全员参与制，增强员工对绩效考评的认同感。在完善绩效考评激励约束机制时，应将个人利益和保险公司长远发展相结合，在给予被考评对象当期物质奖励报酬的同时，应关注员工长远利益和个人发展。

第五，加强绩效考评的反馈工作是构建科学绩效考评体系的重要工作。保险公司应从单一的绩效考核向包括绩效计划、绩效辅导、绩效评估、绩效回报和绩效改进的全过程转变，重视绩效管理前期规划、绩效偏差的过程控制以及考核之后的反馈与改进。通过绩效考评的反馈工作，对今后的绩效考评体系不断改进和完善，发挥其真正的激励机制与效力。

三、专项风险管理

由于固有风险中各类专项风险具有不同的特征，保险公司应在全面风险管理框架的基础上，运用风险管理工具对各类专项风险采取不同的管理手段。对于所有风险而言，最枢纽且最具共性的地方在于风险监测体系以及风险评估报告机制的搭建，包括关键风险指标体系设计及阈值测算、风险管理报告要素及维度等。以上两项内容在偿二代 11 号文专项风险管理相关模块中均有所体现。据此，本部分将对关键风险指标体系及风险管理报告体系单独展开描述，包括指标及报告体系搭建方法、相关管理流程、更新机制等，全面了解偿二代专项风险管理体系。

（一）关键风险指标体系建设

1. 关键风险指标定义及偿二代相关要求。关键风险指标（Key Risk Indicators，简称 KRI）是指用于监测可能造成损失事件的潜在风险及其控制措施、作为反映风险变化情况的一系列风险预警指标。就管理意义而言，从自下而上的角度，关键风险指标的核心要义在于公司风险预警，即针对公司在管理及经营过程中已经暴露或潜伏的各种风险因素，使用特定的方法进行监测、分析、评估，并根据设定的标准提出警示，以帮助公司提早采取针对性措施，尽可能地预防风险事故的发生或者降低风险损失；从自上而下的角度，关键风险指标同时也是公司风险偏好体系传导的最终结果，通过将风险偏好体系中的风险限额进一步拆分及细化，促使公司的风险偏好最终落实到具体的风险监测标准及风险管理目标，从而推动公司总体风险偏好的达成。

偿二代明确要求公司应制定适当的专项风险监测标准，明确专项风险监测指标，建立专项风险监测报告机制，并按一定的频率将风险监测结果向高级管理层汇报。此外，偿二代要求公司建立满足自身风险管理需要的风险管理信息系统，并至少实现包括关键风险指标、压力测试、风险报表及报告在内的各项功能。据此，可明确偿二代监管制度关于关键风险指标体系构建有以下三点要求：

（1）保险公司关键风险指标体系应覆盖战略风险、保险风险、信用风险、市场风险、操作风险、流动性风险、声誉风险七大类风险领域，并以基于科学测算方法设定的阈值作为指标的监测标准。

（2）指标的监测情况及不利变动分析应作为风险报告的主体内容。

（3）指标的计算、存储、查询和导出需最终实现系统化，并支持各类专项风险状况的列示、分析和预警。

2. 关键风险指标库的构建方法。关键风险指标体系的构建需体现重要性、敏感性、可靠性、有效性等原则。首先，关键风险指标要提示重点业务、关键环节的风险隐患，重点监测公司业务和流程中的关键风险领域，揭示公司各类风险的主要特征；其次，关键风险指标应与风险事件密切相关，并能够及时预警风险变化，有助于实现对风险的事前和事中控制；再次，关键风险指标监测应保证基础数据的真实性、准确性和可操作性，保证监控工作的透明性、及时性及全面性；最后，关键风险指标应根据经营发展和风险管理战略不断发展和完善，保证监控工作持续有效。

关键风险指标的开发包括关键风险领域识别，指标设计（监管指标、指标层级、指标监测主体），指标评估和筛选，阈值设置，指标验证等关键步骤（见图9－9）。

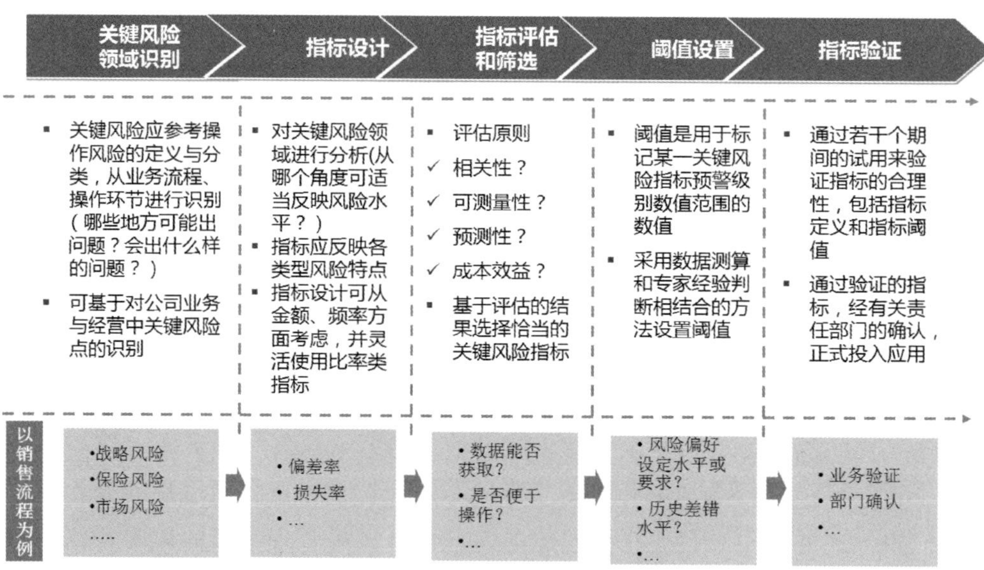

图9－9 关键风险指标开发流程

关键风险指标的开发应根据相应的风险维度，并包含指标属性、（是否）监管指标、适用层级、监测频率、指标涉及管理部门、指标计算公式、指标口径注释等内容（见表9－6）。

3. 关键风险指标阈值测算方法。根据关键风险指标是否可从风险限额拆分，可以将关键风险指标分为“风险偏好传导类指标”以及“非风险偏好传导类指

表 9－6 关键风险指标内容

关键风险指标内容	备注
指标属性	关键风险指标总体分为指令性、指导性、观察性三个主要属性，并对相应的管理、业务进行具体的监测、监督和管理
（是否）监管指标	该指标是否属于监管机构要求设定的指标
适用层级	该指标适用的监控层级。总公司层级指对全公司（包括所有机构）的相关风险水平进行总体监控；分公司层级指针对每家机构分别进行风险监控
监测频率	应用该指标进行风险监控、分析与报告的频率
指标涉及管理部门	该指标所监控风险对应的业务或管理部门，也即未来部门可应用该等指标进行相关风险监测、分析与报告等
指标计算公式	计算该指标的一组数学表达式
指标口径与核算说明	结合该指标所需数据的采集标准

标”两种类型。根据风险指标的单调性，可以将关键风险指标分为“风险单调型指标”及“非风险单调型指标”两种类型。风险单调型指标，即风险状态随着指标值的增加而呈现单一性质变化；非风险单调型指标，即指标值在某一区间内是安全的，而在其两侧随着远离该区间，风险程度增加。

对于非风险偏好传导类指标，有百分位数法、正态分布法、监管限额法、专家咨询法、回归模型法、同业数据法等阈值测算方法。

参考行业的实务操作，建议指标阈值首先需要参考监管限额，满足监管规定。在历史数据充足的情况下，如历史数据满足正态分布，选用正态分布法为佳，否则选用百分位数法为佳；在历史数据不充足的情况下，如同业数据可以合理反映公司的实际情况，则选用同业数据法，否则选用专家咨询法。

考虑到公司可能面临指标历史数据不充足的问题，在测算出指标阈值后，建议使用专家咨询法对指标阈值进行合理性检验（见图 9－10）。

（1）百分位数法。

①方法介绍：百分位数法是一种将历史数据从小到大排序（可根据实际情况去除极值），按照选定的百分范围计算相应的百分位数作为取值范围的界值的统计方法。分位值的选取可以根据公司的实际情况确定或调整。

②计算步骤：确定百分位范围，如 90%、95% 或 99.5% 等；确定指标的类别，风险单调型或非风险单调型；风险单调型对应表 9－7 中单侧值，非风险单调型对应表 9－7 中双侧值。

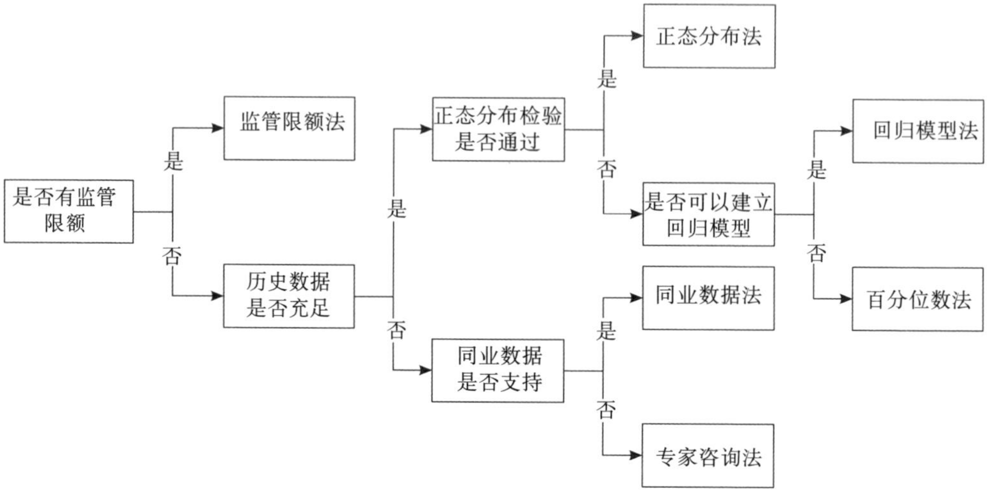

图 9－10　阈值设定方法

表 9－7　　百分位法阈值表

百分范围（%）	百分位数法	
	双侧	单侧下限（或上限）
90	P5 及 P95	P10（或 P90）
95	P2.5 及 P97.5	P5（或 P95）
99	P0.5 及 P99.5	P1（或 P99）
99.5	P0.25 及 P99.75	P0.5（或 P99.5）

③适用情况：在历史数据量不能满足正态分布检验时，这种方法是最为普遍的阈值测算方法；关键风险指标的历史数据量较多，大于 50 个；历史数据的趋势和特点可以作为阈值测算的参考。

④使用限制：需要考虑极值对百分位数计算的影响；在历史数据不够多时，计算出的百分位数的合理性有待进一步验证；完全依赖于历史数据，未考虑公司未来经营的趋势和预期。

（2）正态分布法。

①方法介绍：在某指标的历史数据通过正态分布检验或假设服从正态分布的前提下，可根据指标的历史数据计算出正态分布函数的参数（均值和方差），再利用函数找到不同分位点所对应的值，即可作为设置预警值和限额值的依据。

②计算步骤：对历史数据进行正态分布检验或有充足理由假设历史数据服从正态分布；确定分位点范围，如 90%、95% 或 99%；确定指标的类别，为风险

单调型或非风险单调型；风险单调型对应表 9－8 中单侧值，非风险单调型对应表 9－8 中双侧值。

表 9－8　　正态分布法阈值表

百分范围（%）	百分位数法	
	双侧	单侧下限（或上限）
90	$\overline{X}\pm1.645\sigma$	$\overline{X}-$（或＋）1.282σ
95	$\overline{X}\pm1.960\sigma$	$\overline{X}-$（或＋）1.645σ
99	$\overline{X}\pm2.576\sigma$	$\overline{X}-$（或＋）2.326σ
99.5	$\overline{X}\pm2.807\sigma$	$\overline{X}-$（或＋）2.576σ

③适用情况：在历史数据符合正态分布和数据量足够时，是最科学合理的统计学计量方法；关键风险指标的历史数据量较多，大于 50 个；历史数据的趋势和特点可以作为阈值测算的参考。

④使用限制：在历史数据不够多时，历史数据是否确实满足正态分布有待进一步验证；历史数据需要以通过正态分布检验为前提；完全依赖于历史数据，未考虑公司未来经营的趋势和预期。

⑤常用的正态性检验法：Shapiro－Wilk 检验（W 检验）：基于相关性的正态性检验法，更适用于小样本数据的正态性检验，是统计软件常用的正态性检验法。Kolmogorov－Smirnov 检验（K－S 检验）：基于 ECDF（empirical cumulative distribution function）的正态性检验法，也是统计软件常用的正态性检验法。

（3）监管限额法。

①方法介绍：如果公司将监管指标作为关键风险指标，参考监管文件中关于各监管指标的阈值要求，将监管指标的阈值作为关键风险指标的阈值。

②计算步骤：将监管指标作为关键风险指标；选取监管文件中关于此监管指标的阈值作为关键风险指标的阈值。

③适用情况：将监管阈值作为公司指标监控的标准，同时满足监管的要求；当公司的历史数据缺失或不充足时，并不依赖于历史数据；不需要进行进一步的阈值测算。

④使用限制：完全出于满足监管规定的角度，是否真实反映指标监控需要和目标进一步验证；无法反映出指标数据的历史特点和未来的变化趋势；监管指标的口径可能并不是公司理想中关键风险指标需要的口径。

⑤参考监管文件：《非寿险业务准备金回溯分析管理办法规定》；《关于加强和改进保险资金运用比例监管的通知》等。

（4）专家咨询法。

①方法介绍：为了使指标可以反映出因监管环境、公司运营变化而引发的变化趋势和公司未来的战略目标，利用业务专家和公司管理层的个人经验以及对各种风险、市场环境的理解来确定关键风险指标的阈值。

②计算步骤：确定参与指标阈值判断的专家团队；计算各个关键风险指标的历史数据和重要统计参考值；各位专家根据指标历史数据及相关统计参考值，确定指标阈值。

③参考方法：德尔菲专家咨询法，是一种以书面调查问卷的形式，背对背、分轮次地征集和反馈专家意见，从而得出数据预测结论的方法。主要流程见图9－11。

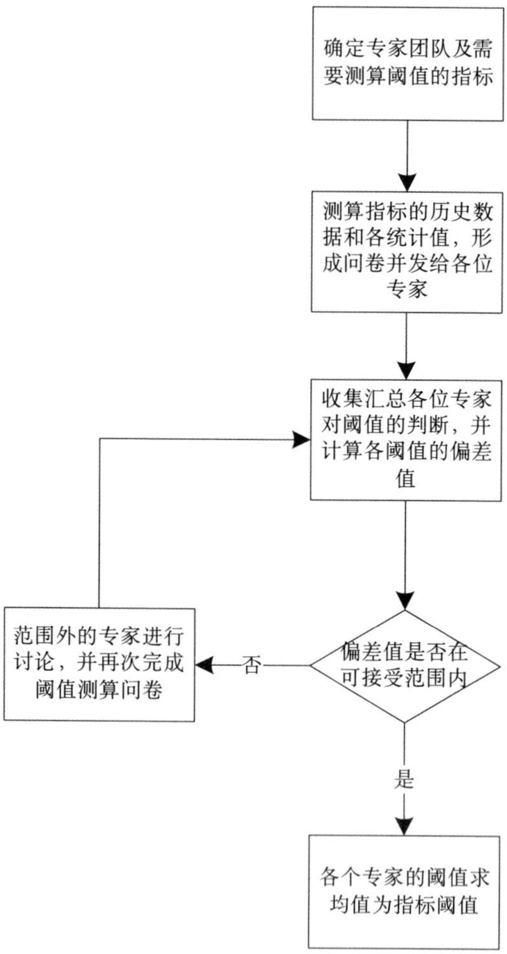

图9－11　德尔菲专家咨询法

④适用情况：关键风险指标反映出未来公司运营和监管的趋势以及公司的战略目标；历史数据量不足以满足使用历史数据法（百分位数法、正态分布法、回归模型法）的要求；对其他方法测算的阈值进行合理性检验。

⑤使用限制：阈值结果取决于被选专家的专业性和主观性；无法反映出指标数据的历史特点；对专家的预测结果缺乏科学的分析，可能造成"随大流"的情况。

（5）回归模型法。

①方法介绍：计算出某一维度的指标值和指标阈值后，在这一维度的指标值与另一维度指标值之间相关性充分的条件下（如互相关的指标、险种、业务条线等），建立回归模型，从而得出另一维度指标的阈值。

②计算步骤：计算指标 A 的指标值和阈值，以及指标 B 的指标值；证明指标 A 指标值与指标 B 指标值的相关性充分（$>80\%$）；建立回归模型；根据相关性方程计算出指标 B 的阈值。

③适用情况：两个维度的指标之间存在充分的相关性，避免重新选择其他阈值计算方法；充分了解指标之间、险种之间和业务条线之间的内在联系；历史数据值较为充分，大于 50 个。

④使用限制：可能难以确定两组数据的相关性，如在一个时间区间内的相关性可能因为时间的推移而改变；在历史数据不充分的情况下，相关性的充分程度有待进一步验证；需要确定回归模型的复杂程度。

（6）同业数据法。

①方法介绍：参考同行业中与指标所涉及的业务相近似公司的历史数据（如公开信息披露数据、财报数据及公开信息等）作为阈值测算的参考和依据。

②计算步骤：确定与指标所涉及的业务相近似公司，并获得历史数据；确定阈值测算的方法；根据各阈值测算的方法进行阈值测算。

③适用情况：公司自身数据量较小或缺失；指标值可以通过公开信息计算得出；与目标公司的业务之间有相似性或关联性。

④使用限制：可能无法快速有效地获取有用的信息；需要公司额外研究与另一家公司在数据上的相似性和关联性；在一个时间区间内的类似性受到公司运营、市场环境、时间推移的变化而变化。

4. 关键风险指标管理机制。关键风险指标应契合公司的实际管理情况，并包括开发、应用及回顾等管理活动（见图 9 - 12）。

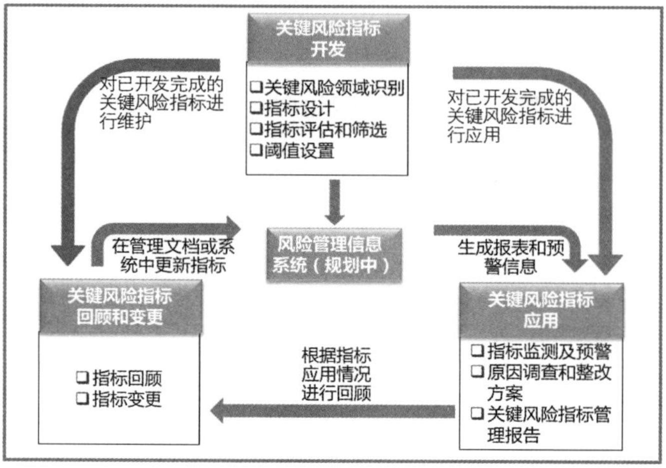

图 9－12　关键风险指标管理机制

公司可运用关键风险指标，对各项管理及业务风险的风险水平进行有效的监控、预警和报告，并能及时对超额风险事项进行原因调查并制订整改方案等（见图 9－13）。

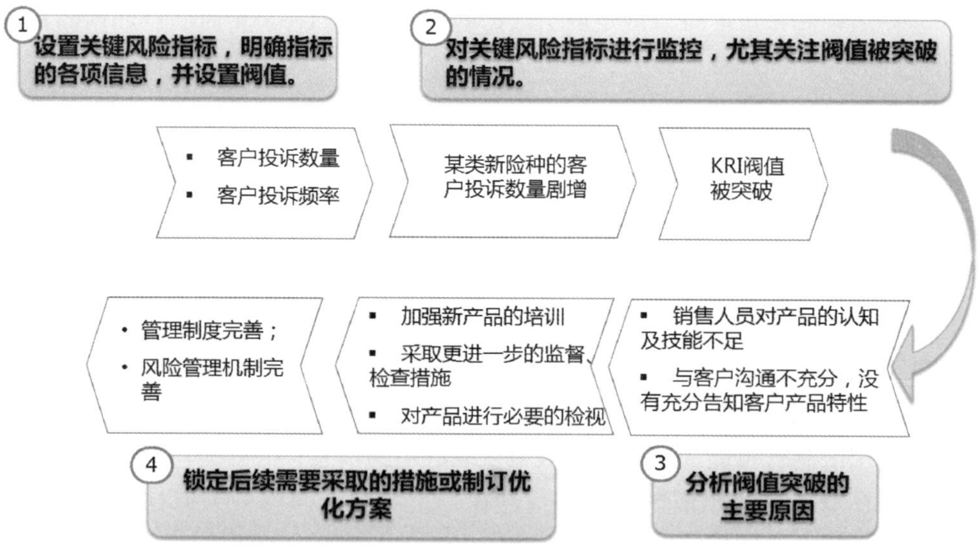

图 9－13　关键风险指标应用

在一般情况下，风险管理部门应组织相关职能部门根据最新管理及业务实际情况，对关键风险指标及其阈值设置进行评估及更新（见图 9－14）。

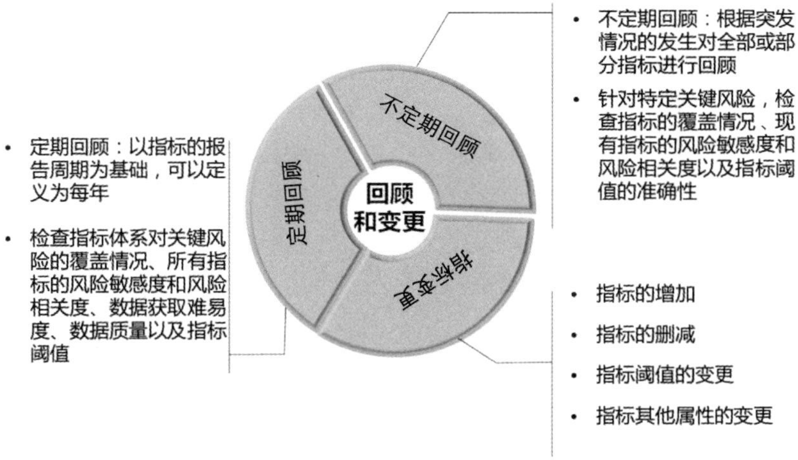

图 9－14　关键风险指标的定期更新机制

在总体管理框架下，总公司各相关部门及分公司的职能职责分工应明确界定，从而保证各部门及各分公司可根据相应的职能开展具体风险监测与预警管理工作（见表9－9）。

表 9－9　关键风险指标职能分工

管理部门/分公司	风险管理定位	具体职能
风险管理部	组织和牵头部门	• 制定风险预警管理制度、流程 • 制定和修订风险预警指标 • 收集、管理风险数据和信息 • 负责风险预警、提示并提出针对性整改建议 • 撰写风险预警管理报告并向高级管理层及董事会报告
总公司相关部门	工作及实施落实部门	• 协助制定并确认风险预警指标 • 负责报送各类风险信息和指标计算结果 • 负责提供相关指标计算所需的基础数据 • 制定风险事项整改计划并组织进行整改 • 指导分公司对口部门的整改工作
省级分公司	工作及实施落实机构	• 收集本级公司各相关部门的风险信息和指标计量结果，并上报总公司 • 组织实施分公司整改工作；指导、监督辖区分支机构开展风险整改

（二）风险管理报告

1. 风险管理报告的背景与意义。保险公司编制风险管理报告，既是保险监管机构对保险公司风险管理工作的要求，也是保险公司内部进行风险识别和风险管理的重要工具。

2012 年 2 月，中国保监会制定发布《人身保险公司年度全面风险管理报告框架》，将编制年度全面风险管理报告作为一项监管要求提出，统一了国内保险行业各公司年度全面风险管理报告的基本内容和要素，提高了保险公司向董事会和监管部门披露公司风险状况信息的质量，促进了各人身保险公司全面风险管理工作的推动。在全面风险管理报告中，保险公司需报告公司全面风险管理概况、公司的总体风险战略、公司当前面临的前五大风险事件、公司的资本充足性、公司面临的各类风险及相应的定性和定量披露、下年度重要风险管理工作这六个方面的工作情况。值得注意的是，全面风险管理报告框架中已出现了风险偏好、风险监测指标、压力测试、经济资本这些风险管理的重要工具，使风险管理的工作模式更加全面、更加量化。

偿二代监管制度也与风险管理报告有着密不可分的关系。首先，偿二代监管制度的风险管理能力要求与评估中对保险、市场、信用、操作、战略、声誉、流动性七大类风险管理都提出了编制专项风险管理报告的要求，并将报告频率限定为至少半年一次。其次，偿二代监管制度的报告——偿付能力报告也可看作是一种广义的风险管理报告。偿付能力报告中的各项因素：偿二代最低资本可看作对保险公司风险预期损失的计量，偿付能力充足率可看作是对保险公司承担抵御风险能力的量化，风险管理能力是对保险公司整体风险管理水平的量化评分，风险综合评级更是对保险公司各类风险的风险水平、风险管理水平的综合计量。从本质上看，偿二代下的偿付能力报告就是一份以偿付能力充足率为核心抓手的风险管理报告。

风险管理报告对保险公司内部管理的意义主要在于为稳定经营与盈利提供工具，为资源合理配置提供依据。在精确识别、计量和预测公司经营中的风险水平的基础上，风险管理报告使公司管理层能对公司的或有损失进行精准有效的预防和准备，从而避免利润的大幅波动，稳定公司的经营状况和盈利能力。通过将业务与投资的收益水平和风险水平进行匹配，风险管理报告能提出对公司资源合理化配置的优化建议，在符合风险偏好的前提下实现公司收益的最大化。

2. 风险管理报告的定义、目标与特征。

（1）定义：风险管理报告，是保险公司阐述公司风险管理状况、展现公司存在的风险点、计量风险水平、按风险偏好进行风险判断评价、提出风险管控措施的平台。

（2）目标：风险管理报告的目标在于向公司管理层、监管机构、公司股东或客户等报告使用者全面、精准地揭示公司在特定时点所面临的风险水平和应对策略，为报告使用者的决策提供客观的参考依据。

（3）特征：为达到以上目标，风险管理报告内容须具有结构完整、信息准确、评判明确、易于比较、时效性强等特点。

3. 风险管理报告的维度与要素。从报告范围上看，风险管理报告可分为整体风险管理报告和专项风险管理报告。整体风险管理报告旨在体现公司的整体风险状况，通过风险偏好监控、压力测试等工具对公司整体风险水平进行评判，在报告形式上较为规范一致。专项风险管理报告专注于对特定的某类风险或某项重大风险事件进行报告，报告内容更加详细深入。

从报告时期上看，风险管理报告可分为定期报告和临时报告。定期报告是基于信息披露要求或内部风险管理工作章程要求定期制作发布。定期报告在频率上又有年度、季度、月度、周度、日度等区分。频率较高的定期报告侧重于动态监测影响较大、变化较快的风险信息，时效性较强；频率较低的定期报告倾向于在充分收集信息的基础上对风险状况进行全面翔实的分析评判，但时效性较弱。临时报告是基于特定情形下的工作需要而临时制定发布，因此具有针对性强、时效性强的特点。

风险管理报告的内容主要包含以下五要素：风险管理工作形式、风险数据和现象、风险成因分析、风险评判、风险应对措施与改善计划。

风险管理工作形式部分描述公司风险管理的组织架构、工作流程、改进完善情况等内容，体现了公司风险管理的基础环境和风险管理报告的形成过程。如果风险管理工作形式存在较多问题，就难以保证风险管理报告的全面性和准确性。

风险数据和现象部分展现报告期内公司的风险指标、风险预测模型、重大风险事件的结果数据、情况和变化趋势。其中，风险数据主要用于计量可量化的风险，应当满足全面性、相关性和准确性的要求；风险现象主要用于描述难以量化的风险，应当满足代表性、客观性、完整性的要求。

风险成因分析部分是对报告中的风险数据和现象的变化和成因进行深入分析的过程。需要收集获取风险数据的底层基础数据、历史经验数据、行业市场的相关信息和数据，从明细归因角度、往期对比角度、同业对比角度进行综合分析。

风险评判部分是基于既定的评判标准和原则对公司风险水平进行的最终评价，是风险管理报告的结论，因此具有重要意义。风险评判需要事先建立客观、公允、量化的风险评判标准和原则，比如公司的风险偏好、风险容忍度和风险限额，以之作为准绳来评判公司的风险数据和现象，从而判断公司风险水平是否处于可承受范围内。

风险应对措施与改善计划部分是针对风险评判中提出的风险点制定相应的应对措施与改善计划。此部分需结合风险成因分析的结果，提出内容具体、职责明确、具备可执行性的方案。

4. 风险管理报告的数据要求。风险数据是风险管理报告的重要内容和形式，风险成因分析和风险评判都是基于风险数据进行的。为保证风险管理报告的质量，报告中的数据需满足准确性、完整性、时效性和一致性的要求，为达到这些要求，需要保险公司对风险管理报告的数据采集流程进行规范和完善。

为确保风险管理报告数据的准确性，制度上需建立数据谁提供谁负责的问责机制，将责任落实到具体提供人员；流程上需定期组织数据提供人员对数据进行检视；方式上可通过风险管理信息系统的形式对接获取数据，以避免数据报送中的操作失误。

为确保风险管理报告数据的完整性，需在制订报告模板之初就与数据提供部门沟通，明确数据的具体计算逻辑、总分维度和时期时点类型，并在每期报告制作过程中对数据及其基础明细进行核对检视。

为确保风险管理报告数据的时效性，首先需建立定期数据采集的工作流程，并可采用系统对接的方式获取数据，使数据能在第一时间汇集到风险管理报告编制人员手中；其次需通过风险管理信息系统建立自动化的风险指标计算、风险模型运行机制，提高风险数据的处理速度和效率。

为确保风险管理报告数据的一致性，需对其中广泛使用的数据在公司层面建立统一的数据出口和获取渠道，避免不同的数据来源造成的数据口径不一致问题。例如，可建立公司各部门共用的信息数据库，为各部门、各用途提供统一、公信的数据来源。

5. 风险管理报告的工作机制与职责划分。对于整体风险管理报告，由于其体现的是公司整体的风险水平，且是对公司经营情况的监督，因此报告工作适宜由董事会下设的风险管理专业委员会统筹开展，由公司风险管理部门负责具体组织执行。同时，由于其内容涉及保险公司的方方面面，报告工作需秉持公司全员参与的原则，涉及报告内容的公司各部门和人员都应参与到报告编制工作中来。具体而言，风险管理专业委员会应当责成具体部门（如风险管理部门）负责风险管理报告编制工作，并审议风险管理报告。风险管理部门应当制定风险评判标准原则，组织督促各相关部门和人员参与风险报告工作，对风险数据进行分析，编写完成风险管理报告各要素。风险报告相关部门和人员应当及时准确提供风险数据和信息，协助进行风险成因分析和整改措施制定。

对于专项风险管理报告，由于其主要用于特定业务工作的风险分析研判，因此适宜由该项业务风险的所属部门主导进行，同时由风险管理部门提供支持协助。具体而言，专项风险的所属部门应当组织风险数据的收集和分析，编写专项风险管理报告，并将报告提供给风险管理部门以资参考；风险管理部门应当在风险评判标准原则的制定上提供协助，并确保专项风险管理报告和整体风险管理报告的关联性和互通性。

6. 风险管理报告的实践探索。以国内某寿险公司为例，该公司目前的风险管理报告体系主要包含公司层面的定期整体风险管理报告、大类风险层面的定期专项风险管理报告、临时的专项风险管理报告。

定期整体风险管理报告由风险管理部负责编制，频率为月度，包含风险偏好监控、风险指标体系监控、偿付能力压力测试、流动性压力测试等内容。值得一提的是，该公司的整体风险管理报告工作是以风险管理信息系统为平台进行的：通过系统收集数据、计算数据，在系统上进行分析，最后由系统自动导出制式报告。

定期专项风险管理报告有操作风险、流动性风险的月度监测分析报告，由该类风险的统筹部门负责编制。操作风险报告包含操作风险关键风险指标监测、操作风险损失事件分析、内控自评分析等内容。流动性风险报告包括流动性指标监控、预测和分析解读等内容。

该公司在风险管理报告运作中曾遇到的问题和经验包括以下几点。

第一，风险评判标准的公允性需重视。风险评判标准直接决定风险管理报告的结论，如果评判标准本身存在不合理和不一致之处，就会使风险管理报告的结论受到质疑。因此，需要设立公允性较高、公司各部门充分认同的风险评判标准作为风险报告的核心和准绳。在偿二代体系下，该公司按照偿二代规定设计了整套风险偏好、容忍度和限额体系，并以之作为风险管理报告的评判标准，使得报告的合理性得到提升。

第二，风险管理报告的时效性需要加强。由于风险管理报告特别是整体风险管理报告涉及公司各方面的众多数据，且指标、模型计算过程复杂，实际工作中在收集整合、处理计算数据方面将消耗大量时间，将大大影响风险管理报告的时效性。为解决这一问题，该公司将风险管理报告工作融入风险管理信息系统平台，实现数据收集、数据处理的自动化，为提升报告时效性提供了可能。

（三）可量化风险管理

1. 保险风险管理。偿二代建设的目标是要科学准确地计量保险公司所面临的风险并提高公司对风险的敏感度依据偿二代规定，寿险公司保险风险最低资本要求分三类计量，包括损失发生风险最低资本、费用风险最低资本、退保风险最低资本，其中损失发生风险包括死亡发生率风险、死亡巨灾风险、长寿风险、疾病发生率风险、医疗及健康赔付损失率风险、其他损失发生率风险六类。财产险公司保险风险分为保费风险、准备金风险和巨灾风险三类，其中拆分成了七大类——即车险、财产险、船货特险、责任险、农业险、信用保证险和短期意健险。偿二代框架对各险类按照因子法分别计算其保费风险、准备金风险及巨灾风险的最低资本，首先通过嵌套式线性相关系数矩阵聚合风险子类，再聚合，最终得到非寿险业务的保险风险最低资本。

对于财产保险公司而言，公司保险风险通常会有如下特征①：部分业务难以刻画的预期损失发生率及预期个案损失波动；未满期保险责任准备金的波动与或有不利发展；承保单位风险的异质性；绝大部分业务续保的非强制性；承保单位间的相关性；不可忽视的巨灾风险及再保安排的重要性；传统保险产品与传统金融市场的相对独立性；部分新型保险产品模式与对冲基金模式的趋同性。

尽管根据行业提供的代表性大数据及相关专家的测算分析，基于因子法的监管框架已可充分刻画行业整体的保险风险状况，但是对于个体保险公司承保业务来说，由于或多或少地存在不同于行业平均风险水平的地方，基于行业整体保险风险状况的因子并不能完美指导公司在内部管理与决策时的实际风险状况。为了在满足监管要求的同时更好地落实偿二代“风险导向”的核心风险管理理念，从刻画公司真实风险水平的角度，建议保险公司在运用偿二代第一支柱基本规则计量保险风险的同时，积极探索一套用于内部管理的高级风险计量方法，为实现资本分配、再保安排等奠定量化基础。

寿险与产险很大的一个区别点，是偿二代下寿险公司保险风险对利率变化特别敏感，利率变动对偿付能力的影响也更直接、更敏感，寿险公司传统险负债的折现率依赖于过去三年的平均国债收益率，分红、万能的准备金折现率同样采用国债收益率曲线，公司业务规模越大，久期越长，对利率变化就越为敏感。利率下行背景下，负债的增提将直接导致公司利润下降。

除利率对负债是重要影响风险点，退保及定价也是保险风险中重要的关

① International Actuarial Association, *A Global Framework For Insurer Solvency Assessment*, 2004.

注点。

（1）退保风险：高现价产品退保及集中退保对公司利润影响及流动性冲击，需控制高现价产品体量，发展保障类产品，提前预估退保现金流需求。

（2）定价风险：行业竞争性的高利率定价，面临利润空间压缩风险，利率下行可能带来“利差损”，需注重业务质量，新产品开发时考虑利率下行的影响，管控好资本结构，通过降低单位资产的风险资本要求来提升利润空间。

2. 市场风险管理。按照偿二代 11 号文定义，市场风险是指由于利率、权益价格、房地产价格、汇率等不利变动导致保险公司遭受非预期损失的风险。根据引发市场风险的不同因素，市场风险主要可以分为利率风险、权益价格风险、房地产价格风险、境外资产价格风险和汇率风险等。

市场风险管理是识别、计量、监测和控制市场风险的全过程，公司的市场风险管理目标一般包括：根据与公司的业务性质、规模和风险特征相适应的市场风险的风险偏好和容忍度，将市场风险控制在公司可以承受的合理范围内，并与总体业务发展战略、资本实力和能够承担的总体风险水平相一致；根据有效的市场风险管理体系和管理流程，提高公司市场风险管理能力。

对于财产险公司而言，从最低资本的角度，行业内普遍市场风险及其子类风险对公司集中于权益类投资工具的价格波动风险，占最低资本影响相对保险风险较小；对寿险公司而言，市场风险管理的重要性更为显著，以下将重点讲述寿险市场风险管理。

对寿险业来说，市场风险影响最大、最重要的首先是利率风险，其次是权益风险，管理好这两类风险非常重要。

（1）利率风险。当前保险公司的市场风险面临一系列挑战：宏观经济不景气，市场“资金荒”及“资金慌”，前所未有的股票市场波动，债券市场刚性对付下隐藏的巨大危机传导风险，利率下行的大背景下使保险公司面临资产、负债两头压力。资产与负债不匹配是行业普遍问题，对于寿险公司而言，常见的两种问题是“长债短投”、“短债长投”。

在当前低利率环境的情况下，利率下降风险是偿付能力最大的风险，低利率环境的应对是当前寿险公司市场风险管理的重点和难点工作。利率对保险公司影响重大，在资产端，利率水平直接影响保险公司投资资产的收益率，利率水平的变化会造成资产价格波动，影响保险公司以公允价值计量资产的账面价值，从而影响公司的利润及股东权益；在负债端，在费率市场化的背景下，社会利率水平作为决定保险产品定价最主要的因素，直接影响公司产品竞争力，也会直接影响准备金的计量，从而影响公司利润、股东权益及偿付能力。

低利率对寿险业财务影响主要包括净资产、利差、偿付能力、资产配置等方面。

第一，净资产面临下降压力。当利率长时间处于下降通道，保险公司资产负债同时增加，但由于负债久期远远大于资产久期，导致负债准备金上升比资产价值快，使公司净资产下降。

第二，利差面临下降压力。对于存量保险合同，低利率下投资收益率下降，导致利差下降，甚至倒挂，降低公司的利润水平；再者，低利率下，公司为了抵御利差损风险，往往增加对激进资产的投资，当市场出现波动，公司的财务状况也会有很大的波动。

第三，偿付能力面临下降及波动压力。首先，在风险利率下降的情况下，由于资产负债存在久期缺口，负债上升比资产多，导致实际资本下降；其次，在低利率下，保险公司为了保持一定的收益率，增加股票等权益投资，大大增加了偿付能力波动的风险；最后，利率下降，公司再投资承压，投资收益预期下降，偿付能力面临下降压力。

第四，在利率风险下，资产负债久期缺口越大，当利率下降时，利率风险最低，资本增加也越大，导致最低资本增加。

公司可以从资产端和负债端双管齐下来应对低利率的挑战。

资产端的投资策略包括：增加以收取租金为目的的房地产投资，增加海外优质房地产投资；投资长久期固定收益，优化资产久期，降低投资债券的信用评级，增加国外固收类资产的配置尤其是美元债券；将股票和基金投资维持在合理比例以内，侧重高分红权益类资产投资，建立完善的绩效考核体制，选取优秀的基金经理；增加非流动固收类资产，例如基础设施债权计划、不动产债权计划，增加非控股直接股权投资，增加海外优质另类投资项目。

负债端可采取的应对策略包括：定价利率方面，逐步调整定价利率，在保持产品市场竞争力的同时获得稳定利差；产品创新，量身定制产品，满足目标客户需求，保持业务规模稳定增长；加强保障型寿险及健康险产品开发，提升保障类产品占比；提升内部管理水平，开发公司与客户共同承担投资风险的保障产品，如分红或万能产品。

另外，公司也要建立统一的资产负债管理平台，满足偿二代下资产负债的测算及内部管理需求。由于权益资产波动对偿二代的影响程度有所下降，公司应警惕权益资产过高配置的市场风险。

（2）权益风险。偿二代下行业公司的实际资本和最低资本规模均较偿一代大幅提升。权益资产波动主要影响实际资本，其在偿一代和偿二代下对实际资本的影响是一致的，偿二代的最低资本显著高于偿一代，可以摊薄实际资本变动的影响，偿二代的偿付能力充足率受权益波动影响变小。行业某家大型寿险公司偿一代下权益波动带来偿付能力的影响大致为偿二下波动的 3—4 倍，而权益资产的风险本质并无变化，只是偿付能力计量规则改变导致影响不同。

当前资本市场波动较大，从稳健经营角度看，不能抱侥幸心理而承受保险资金无法承受的风险，权益资产配置过高，面临较大权益价格下跌风险，不利于投资收益的稳定性，也容易导致公司突破偿付能力的风险偏好。

3. 信用风险管理。根据偿二代下监管规则 8 号文定义，信用风险，是指由于交易对手不能履行或不能按时履行其合同义务，或者交易对手信用状况的不利变动，导致保险公司遭受非预期损失的风险。

（1）保险公司面临的信用风险包括利差风险和交易对手违约风险。由于利差风险与国家经济环境、产业政策存在高度相关性，保险公司需密切结合宏观经济形势制定合理的利差风险管理策略。目前，在国家政策助力金融创新的大背景下，个人及小微企业消费信用保证保险成为国内财产保险公司的又一创新性尖刀产品，并且一经推出就迎来了行业保费规模的快速发展。但是与传统保险产品与金融市场相对独立的特点不同，此新型消费类信用保证保险与宏观经济情景及金融产品市场存在着高度的相关性。尤其需要注意的是，此类产品的目标客户往往是在银行无法获得融资需求的次级个人及小微企业，在经济下行压力的背景下叠加行业的快速发展，该业务对保险公司零售类信用风险的筛选、定价与管理能力提出了较高要求。

伴随着中国经济进入新常态，国内债券市场上出现了越来越多的违约情况。自保定天威债开央企违约第一例以来，央企信用债已不再是无风险的代名词。国际重要评级机构于 2016 年纷纷下调中国主权评级展望，也给尚处于起步阶段的中国债券市场定价体系与风险管理带来了极大的挑战。从海外发达市场经验看，在 2015 年美联储强烈加息预期下的美国垃圾债市场，一度呈现出强烈的违约潮以及收益率剧烈波动情形。尽管中国央行一贯秉持稳健的货币政策以助力中国经济转型，但资金在边际效用上的递减也无疑会对高风险债券造成显著压力。保险公司需要在债券市场流动性仍旧充裕、风险事件尚未大量爆发之时，即开始考量压力情景下高收益债券的回报情况，并对关注类标的进行持续跟踪或及时进行资产配置置换。

在经济下行压力下，即使是有政府背书的高信用国企也存在着另类违约的动能。如“经济海南交投 MTN001 力债”，地方政府曾一度考虑提前偿还全部债务，并一度导致市场上城投债类产品出现集中抛售，利差出现显著不利变动。该早偿风险会显著地干扰保险公司在既定投资策略下的资产负债久期匹配，并且提升保险公司再投资风险。虽然政府已经承诺维持原有合同履约，但未来债券发行方在低利率环境下的早偿风险将会是保险公司进行债券风险管理时必须额外考量的一个重要因素。又如，一向被视为央企的中城建在 2016 年 4 月突然宣布其最终实际控制人由中国城市发展研究院有限公司变更为北京惠农基金，在中国特有的社会主义市场经济体制下，一个企业是否具有中央政府的信用背书会显著地影响其偿债能力与风险评估。对于风险偏好审慎的保险公司来说，在进行债券类投前风险评估时，会仔细考量发债企业的政府背景并据此评估该标的的资产质量与配置额度。此次央企背景突然变更事件，不仅会加剧新常态下债券市场的负面情绪，也警示保险公司在评估债券风险时，不可在投前对标的国企身份盲目信任而在投后管理上缺乏配套体系。

信用违约事件的不断爆发，虽然在短期内会提升债类产品集中赎回的可能性并导致债券市场流动性风险上升，但长期看有助于保险公司从既有市场数据中构建可靠的内部信用风险评估与定价模型，并从企业资质、盈利能力和偿债能力等基本面去评估与管理债券发行方的真实信用风险。整体来说，在传统再保人信用风险评估的基础上，保险公司面临着日益严峻的投资端交易对手信用风险、负债端个人及小微企业信用风险。并且，新型保险业务下负债端与资产端在经济基本面上的联动，更是给保险公司带来了新常态下的管理挑战。

相比之下，再保信用风险受外部因素影响较小，保险公司通常可通过事前风险筛选程序以及事中风险监测与控制加强再保险信用风险管理水平。总体而言，为加强再保险交易对手信用风险管理和保险公司内部控制，适应国内外迅速变化发展的保险和再保险市场，防范由于全球金融动荡和公司经营不善引起的再保险公司偿付能力不良造成的损失，应从定性与定量两个方面对再保险交易对手的信用风险进行识别、计量、监控。

保险公司应结合风险偏好和业务需求，对再保险接收人和再保险经纪人的选择标准、管理规则和信用风险管理等制定相应的公司制度，并在再保险相关经营管理中执行，同时需要对制度进行更新。

（2）保险公司应建立信用风险管理制度。根据《保险公司偿付能力监管规则第 11 号：偿付能力风险管理要求与评估》，保险公司应当建立信用风险管理制度，至少包括：内部信用评级制度、信用风险限额管理制度、交易对手管理制度以及信用风险内部管理报告制度。保险公司通过上述符合监管要求的制度的建立实现以下管理目标：建立有效的信用风险管理体系和管理流程，保障管理资金的安全性、流动性和收益性；建立科学的交易对手授信管理体系和内部信用评级体系，健全公司资产管理运作体系，有效提高公司的整体投资能力；促进公司完善风险管理体系，强化员工的信用风险意识和相关职业素养。

第一，保险公司应当建立内部信用评级制度，规范内部信用评级的方法和流程，以及外部信用评级的运用，合理使用信用评级结果。保险公司可以根据实际业务模式和投资标的建立相应的内部评级体系，运用科学的指标体系和信用评级模型，分析发行主体的偿债能力、偿债意愿和影响评级的风险因素，根据发行主体信用状况，结合债项特点和相关合同，进行信用评级。保险公司内部应规范管理和使用评级信息，逐步完善评级信息数据库，持续累积违约事件、违约率、违约回收率、信用稳定性等信息和数据，并作为经营管理资源长期保存。

第二，保险公司应建立投资交易对手库，对投资交易对手实行准入管理。投资交易对手需要从公司确定的投资交易对手池中选取，与库外的投资交易对手进行交易应经过流程审批；应对投资交易对手池内的交易对手设定授信额度，实行集中管理；应分析并更新投资资产的内部评级和外部评级的合理性及结果。

第三，保险公司应建立再保险交易对手库，对再保险交易对手实行准入管理。再保险交易对手需要从公司确定的再保险交易对手池中选取，与库外的再保险交易对手进行交易应经过流程审批；应对再保险人接受份额进行额度管理，控制再保险信用风险集中度，提高再保险业务安全性；应建立再保险交易对手的资信预警机制，对再保险交易对手的信用风险进行动态跟踪和管理。

偿二代体系中信用风险分成利差风险和交易对手违约风险来计量最低资本要求，偿二代体系实施后，信用风险的计量也可以用利差风险、交易对手违约风险的最低资本要求，但由于业务量和资产的上升，本身就会呈现一定的上升趋势，横向比较指标意义不大，利差风险和交易对手违约风险的最低资本占比这个比值更具有意义，并可以按偿二代规则计量利差风险及交易对手违约风险底层不同因子资产的分布占比。偿二代体系下可以观测的信用风险指标有：信用风险、利差风险、交易对手违约风险的最低资本要求及占比，利差风险、交易对手违约风险的资产分布占比，债券及另类投资的评级下调情况等。

偿二代体系为保险公司计量信用风险提供了方法，但毕竟是行业采用统一的因子，没有对信用风险有更细的计量要求，为了更真实、更贴合公司实情计量信用风险，需在公司内部成立信用评级团队，对公司固定收益资产（含存款、一般债券、债权计划及信托计划等）进行内部评级，并定期在内部汇报评级下调的债券和另类金融产品。同时建立内外部评级映射标尺卡，设定各类评级下对应的违约概率及违约损失率。如果违约损失率各类资产的计量比较困难，可以简化统一采用某一测定的违约损失率，通过违约概率、预期违约损失、非预期损失评估公司信用风险状况。公司内部还可以把信用风险计量与风险偏好体系结合，在风险偏好体系中分解出信用风险未来一年的可损失资本上限，用计量出的预期违约损失、非预期违约损失，每月追逐预期损失的数据同否突破偏好上限损失。

（四）操作风险管理

1. 操作风险定义及特点。操作风险作为金融业最古老的一种风险，早就被纳入监管框架，从银行业监管的标杆巴塞尔新资本协议，到欧盟 Solvency II，均将操作风险纳入金融机构的风险管理体系，要求公司依据监管既定计量方法或通过建立内部模型的方式计提操作风险最低资本。我国偿二代监管框架首次将操作风险纳入偿付能力风险管理体系，主要通过 SARMRA 和 IRR 的相关要求对保险公司的操作风险管理能力以及操作风险大小进行监管，但并未列入第一支柱最低资本计量的范围，客观上更符合国内保险公司操作风险管理普遍处于初级阶段、数据普遍缺失的现实情况。根据《保险公司偿付能力监管规则第 11 号：偿付能力风险管理要求与评估》定义，操作风险是指由于不完善的内部操作流程、人员、系统或外部事件而导致直接或间接损失的风险，包括法律及监管合规风险，但由此引发的战略风险和声誉风险并不包含其中。

操作风险共包含内部程序风险、人员风险、信息科技系统风险以及外部事件风险四个子类风险。

内部程序风险是指因业务流程、制度管理存在不当或偏差而没有及时完善，导致操作或执行困难，甚至给蓄意不法者留漏洞而导致损失的风险。包括流程规范化缺乏、流程设计不当、流程欠缺风险控制、基础设施不当等。例如，新渠道投保单异地配送及回收无有效管控机制。

人员风险源于主观和客观因素。主观因素为员工不遵守职业道德，违法、违规或违章操作，单独或参与欺骗；客观因素为人员数量配备不足或员工的自身能力与岗位对人员素质要求不符而导致损失的风险。人员风险总体上包括人员内部欺诈、操作失误、违法行为、违反用工法、关键人员流失、关键岗位空缺等。例如，业务员未向客户充分披露保单除外责任。

信息科技系统风险是指 IT 技术系统、机器设备因技术故障，设备失灵造成系统服务中断或错误服务，以及由于系统数据风险影响业务正常运行而导致损失的风险。例如，系统向客户重复发送推广短信。

外部事件风险是指由于外部主观或客观的破坏性因素导致损失的风险。外部事件既包括外部人员的主观行为（欺诈、抢劫等），又包括外部环境造成的客观事件（工作场所安全性、自然灾害、政策、监管环境等）。例如，客户伪造现场骗保、骗赔等。

操作风险管理作为公司持续经营的基本保障，如执行不当，将对战略风险、声誉风险、流动性风险等产生极强的传染性，从而给公司带来巨大的经济损失。例如，不严格执行核保政策导致被保险标的出险、内部人员长期从事非法交易等风险累积到一定程度，将导致直接经济损失，对公司造成毁灭性打击。而对上市公司而言，由操作风险导致的直接损失将使投资者对公司管理者的能力产生怀疑，产生声誉风险，继而引发股价暴跌，对公司造成间接经济损失。麦肯锡对北美和欧洲上市金融机构的研究表明：当公司风险形成损失的信息传递到市场时，短期到中期内将导致股价下跌，股票市值损失高达实际损失的 12 倍；中长期内将引发公司声誉受损。严谨细致、审慎规范是公司公众形象的底线，操作风险过大将损害公司的形象，从而影响客户对公司的信心。

2. 偿二代操作风险管理要求及一般实践。偿二代监管制度从以下两方面对保险公司操作风险进行监管与规范。一是采取分类监管评价的方式来考察保险公司所面临的风险水平，风险综合评级的结果（A、B、C、D）会使公司面临不同的监管措施；二是通过 SARMRA 评分考察保险公司的风险管理能力，依据五大评分标准对操作风险管理的制度健全性及遵循有效性分别评分。在操作风险评分模块中，"基本要求"方面占比 30%，重点考察公司操作风险管理的总体架构、流程及机制的完善程度；"识别与分析"方面占比 10%，考察公司对可能出现操作风险的各个因素（业务流程、人员、系统和外部事件等）的识别与分析能力，包括公司管理流程与体系发生重大变化时的及时"反应"；"管理与防范"方面占比 35%，重点考察保险公司在管理业务与人员时是否有完善的制度及有效的系统与管理工具；"信息披露"方面占比 20%，主要考察对《保险公司偿付能力监管规则第 13 号：偿付能力信息公开披露》规定的达标程度；"内部报告"占比 5% 的。

一般而言，公司使用风险控制与自我评估（Risk Control Self - Assessment，简称 RCSA）、关键风险指标（Key Risk Indicator，简称 KRI）以及损失数据收集（Loss Data Collection，简称 LDC）三大工具对操作风险进行管控。其中，RCSA 是事前对机构内部风险和控制因素的前瞻性评估，公司管理层及员工事前对操作风险相关损失事项的发生可能性和严重性进行评估，并将调查结果与后续预计损失进行匹配，由此，业务条线级人员充分参与到事前风险识别评估及事后的检验等过程中，提升了业务条线级人员对所辖业务领域操作风险的敏感度及管理的主动性。KRI 是事中对各条线操作风险状况的监测及预警。管理层及员工通过建立企业级及业务条线级操作风险指标体系，包括指标设置及其监测标准的确立，可及时监测到某一风险领域的变化状况。LDC 是事后对各级机构、各业务条线发生的操作风险事件及操作风险隐患损失数据进行收集，从而形成风险数据库，当 LDC 与其他两个工具共用时，可以产生全公司的风险全貌以及发展趋势，彰显出其在操作风险管理中的重要作用。三大工具之间也存在相互联动的关系：LDC 的汇总有助于对内控缺陷的梳理，反之内控缺陷可通过 LDC 量化损失，从而验证缺陷整改是否有效；KRI 有助于分析操作风险趋势，锁定风险高发流程，在梳理内控流程时予以重点关注。

目前国内保险公司操作风险三大工具的运用尚处于起步阶段，其执行的有效性依赖于业务条线级人员的主动评估及识别，易引发道德风险，需通过第三道防线——内部稽核以及相配套的风险绩效考核体系加以完善。但随着数据的积累以及信息系统的不断优化，相信在不远的将来可通过数据挖掘等手段，针对内部欺诈、外部骗保骗赔等操作风险建立风险监测模型，从而提升公司的操作风险管理水平。

（五）流动性风险管理

1. 流动性风险定义及特点。近年来，随着我国金融市场改革的深化，保险行业经营环境、销售模式、资金来源不断变化，当前经济下行，信用违约风险上升或集中爆发传导，部分公司高现价产品的高存量、高退保或高满期给付需求，使流动性风险安全隐患增加，行业和监管面临的流动性管理挑战不断增加。为使流动性管理适应保险行业特有的经营模式和风险状况，中国保监会制定相关的监管标准并纳入偿二代第二支柱予以规范。

流动性是指公司以合理成本获取资金以满足到期支付义务、支持日常经营及业务发展的能力，保险行业流动性风险是指保险公司无法及时获得充足资金或无法及时以合理成本获得充足资金，以支付到期债务或履行其他支付义务的风险。

流动性风险具有“隐蔽性，概率小、影响大，爆发性，间接性”等特点。

隐蔽性。整个市场的流动性风险，往往是由市场中某环节所引发，如货币政策、利率、GDP、市场重大投融资和住房市场等变量引起，当问题发生时不会直接体现为金融机构的流动性缺口变动。公司的流动性在出现前也很难发现问题，良好流动性风险管理为公司创造的效益虽然客观存在，但是难以直接观察，更直观和重要的还是确保公司的流动性充足。

概率小，影响大。流动性风险属于低频高损的事件，难以找出损失分布并刻画置信区间，情景分析（压力测试）是流动性风险有效管理手段之一。

爆发性。流动性风险具有低频率、高冲击、蔓延迅速特性，并受市场参与群体的情绪影响（政府决策者，企业决策者，家庭决策者）。假设市场风险和信用风险像狂风和暴雨，那么流动性风险就像是地震：罕见，突然，难以预测，但是会带来灾难性的影响。

间接性。流动性风险往往是由保险风险、市场风险、信用风险、操作风险、战略风险或声誉风险等其他风险引发。不论是信用风险、市场风险还是操作风险，当其恶化到一定程度后最终都会转化成流动性风险，从而有可能引发公司危机。而局部的流动性风险又会引发信用风险、市场风险甚至更大范围的流动性风险。

现金流量表是公司流动性的晴雨表，保险、市场、信用风险的影响较为直接，操作、战略、声誉风险可能直接或间接通过这三类风险影响到现金流量表，“孤岛式”管理很难真正有效管理好流动性风险。

保险风险对流动性风险的影响包括：公司关于死亡率、疾病发生率、赔付率、退保率、费用率等实际经验与预期发生不利偏离；保费收入减少；集中退保或高额到期给付。

信用风险对流动性风险的影响主要体现为经济下行时，社会及行业信用风险加大，导致公司面临固定收益类产品无法按期还本付息的违约风险，从而直接减少净现金流。

市场风险对流动性影响包括：融资流动性风险可通过流动性储备的减少转化为市场流动性风险，市场流动性风险也可能通过资产抛售行为引发担保融资能力的下降，从而转化为融资流动性风险；投资组合市场价值的不利变化，可能导致利润的波动，市场会对面临高市场风险的公司提高所使用资金的利率，甚至于拒绝在公司危机时候提供资金以应对流动性危机。

其他难以量化风险对流动性的影响包括：声誉风险中的重大声誉风险事件，可能引发公司退保增大及新业务的降低，进而通过保险风险传导至流动性风险；操作风险中收集 LDC 数据库，其中直接损失会直接作用到公司净现金流，体现对公司流动性的影响。

2. 偿二代流动性风险管理要求及实践经验。按偿二代 12 号要求，偿二代下流动性管理有十大重点工作：流动性风险管理架构、现金流压力测试、流动性风险偏好体系、再保险管理、日常现金流管理、业务管理、投资管理、流动性风险监测、流动性应急计划、融资管理。偿二代下的流动性管理宜采用定性与定量相结合的方式，通过现金流压力测试、监测指标定量测试和监管核心标准评估的方法，使得流动性管理制度化、规范化，由静态管理向动态管理转变，有利于保险行业流动性风险管理水平的整体提升，维护保险行业体系的安全稳健发展。

流动性风险主要风险点有以下三方面。

第一，退保与满期给付风险。2016 年是满期给付和退保高峰期，对于“长险短卖”、“短钱长配”的公司，需特别关注流动性风险，控制高现价产品业务结构占比，提高保费继续率，提前做好现金流预测和规划。

第二，信用风险对流动性风险冲击。经济下滑，信用违约风险上升，集中爆发将给流动性带来冲击，需建立和完善交易对手管理、信用评级制度，依据风险偏好和业务特征，确定公司信用风险总体限额，并明确超限额设定方法以及调整超限的审批流程，确保公司信用风险整体可控。

第三，账户管理风险：流动性可能整体充裕，但细化到账户可能存在资产负债不匹配，给流动性带来压力。

在当前实务中，流动性风险管理易面临的共性困难点包括但不限于：较难建立好理解、能分解、有效与业务、投资、融资管理相关联的流动性风险偏好体系；较难制定合理有效能执行的流动性应急计划；较难划分流动性风险事件标准；除监管规定的季度现金流压力测试，如果进行更高频率的现金流压力测试，因子变量选择、参数及逻辑确定具有挑战，结果解释及与业务结合的应用难度较大；公司变现能力计量，尤其是压力下公司变现能力的计量也可能是行业面临的困难。

面对流动性风险的主要风险点和困难点，公司流动性的管理需依据公司现状，参考偿二代及流动性国际领先实践经验，建立“事前防御、事中应对、事后总结”的管理机制，在内部先建立以《流动性风险管理制度》为纲领性原则的流动性管理制度体系，并逐步推进管理细则的制定，同时搭建风险偏好体系。可以结合压力测试应用净现金流或剩余流动性作为偏好语言，压力测试除偿二代规定的季度现金流压力测试，还可在内部系统化实现月度频率的内部现金流压力测试，压力因子、参数及逻辑设定均可结合公司现状进行不同设置，并实现灵活配置。建立定性因素与定量指标相结合、内部指标与外部指标相结合的风险预警与报告机制。常见的监控指标包括流动性覆盖率、综合流动比率、净现金流、剩余流动性、融资回购比率、资产集中度、退保率、质押式回购月平均利率、资产变现能力等，并选出核心指标设置阈值作为流动性风险内部评级的标准，对不同评级现状进行监控和预警，有效规避流动性风险，缓释重大流动性风险的影响，保障流动性的安全稳定。

（六）声誉风险管理

1. 声誉风险概念定义及监管要求。中国保监会于2010 年11 月下发了《人身保险公司全面风险管理实施指引》（保监发［2010］89 号），该指引界定了保险公司面临的七大风险，并且引入了声誉风险及其参考评价指标。此后《中国保监会关于印发〈保险公司声誉风险管理指引〉的通知》、《中国第二代偿付能力监管制度体系整体框架》及《中国保监会关于印发〈保险公司偿付能力监管规则(1—17 号)〉的通知》等监管规则对保险公司声誉风险进一步进行了管理规范。一系列的监管发文表明保险行业愈发重视声誉风险，标志着声誉风险管理已成为保险公司风险管理的重要组成部分。中国保监会对于声誉风险的定义是指由于保险公司的经营管理或外部事件等原因导致利益相关方对保险公司负面评价，从而造成损失的风险。

作为面向普通大众的金融公司，保险公司面临的声誉风险有其自身的特点，其引发声誉风险的主要因素有很多，但对于保险公司而言，业务员（代理人）难以管理是造成保险公司声誉风险的主要因素。由于保险业主要销售渠道是以代理人为主的个险销售，而代理人同保险公司之间是代理销售合同，不同于劳动合同，保险公司业务员确切来说并不是保险公司的员工，不能完全按照内部员工的要求来管理业务员，所以导致一系列的声誉风险。

第一，业务员违规推荐、销售风险。个别业务员借用公司名义，私自违规推荐、销售非公司金融产品，或以"回馈客户"为名组织各种非官方营销活动，易使公司招致客户群诉或公众误解，在发生违约或诈骗后，被引导到保险公司。

第二，产品销售误导风险。保险市场产品种类繁多，个别保险公司和一些营销人员夸大产品功能、掩盖免责条款等内容；回避或故意隐瞒险种存在的风险；售前服务殷勤，售后服务冷淡等。大部分销售误导案件因无证据支持而无法妥善解决，客户转而求助媒体、法院等外部组织，引发声誉风险，扰乱了市场秩序，侵占了广大被保险人的权益，使保险业信誉受到严重损坏。

第三，客户服务风险。由销售误导引发的部分客户对保险产品理解偏差，进而导致客户对保全、理赔等客户服务的纠纷与投诉，引起媒体关注。

第四，行业风险。业内规模较大的保险公司，容易成为第三方公司非法借势宣传甚至侵权的对象，存在误导客户的风险；此外，某些行业性的负面新闻，容易受到波及。

随着中国保监会及行业协会监管规则的强化和细化，保险公司治理日趋完善，由于保险公司内部原因造成的与客户的纠纷、与投资者的纠纷、与员工的纠纷、与监管部门的纠纷等所引发的声誉风险日渐减少，目前保险行业的声誉风险主要是由于代理人违规销售造成，即业务员违规推荐、销售引发的非法集资及诈骗风险等。根据中国保监会的数据，保险业内自 2006 年以来发生司法案件 3 600 多起，从案件数量来看非法集资的案件占比不到 5%，但涉案金额占比超过

90%。2014—2015 年整个行业发生了 57 起非法集资案，2016 年又增加了 10 起，案件增速非常快。特别是 2016 年以来以 P2P 理财公司违约、跑路为主的非法集资案件呈爆发状态，很多案件都有保险代理人的身影。

2. 保险公司声誉风险建议管控措施。面对诱发保险行业声誉风险的各种因素，除一般公司应对声誉风险的管控措施外，还应根据行业特点，针对性设计管控措施。结合行业实践，总结如下：

第一，加强对业务队伍及客户的宣导，注意排查风险隐患，防患于未然。非法集资宣传教育要有针对性，分类施策，对于民众要忌口号，讲实际情况，告诉民众一般产品的正常收益以及过高收益产品可能存在的风险，讲非法集资的三要素，如刚性兑付、高回报、政府背书等。对于业务员，要加强宣导参与非法集资工作的法律责任及后果、起刑标准，如果严重违法会移交司法机关。对于内勤、高管，要落实工作职责，加强责任追究。宣传教育要讲清楚。

保险公司要形成风险排查制度，明确风险排查的运行机制和要求。逐步将风险排查各项要求内化为公司日常风险管控手段，防范风险，提升服务水平，切实保护保险消费者的合法权益。

第二，建立新闻管理制度，严格遵守新闻采访流程，与当地监管机关、主要媒体、公安机关等政府部门建立有效沟通渠道。新闻媒体传播速度快、传播面广、影响力大，它对保险公司的正面宣传，会大大提升寿险公司形象；反之，由于缺乏保险知识、同情弱者、偏听偏信所进行的负面报道，会损害保险公司形象。因此，保险公司必须协调好与新闻媒体的关系，积极邀请新闻界人士参加公司的重大活动与事件，让之了解事情真相，尽量用内行话从保险的角度来报道保险事件。同时保险公司还需要注意竞争对手对自己的评论，并通过合适的方式进行交流，以缓和它们同本公司的关系。可以定期开展同业交流会，交换声誉风险管理经验，同时也可以互相监督，提高整个行业的抗风险能力。

第三，严格遵循危机应对流程，进行危机控制和统一协调管理；对于所制订的应急方案，应不定期地进行演练，提高员工的应变能力和处理危机能力。与此同时，对于原有的应急方案还应定期进行升级管理，及时增加新的处理方案。分公司之间可以进行数据库共享，以应对同类事件在不同地点发生的情况。

第四，建立日常舆情监测机制，对涉及行业、公司的信息进行实时、分类预警，并重点关注新媒体风险。随着微信等新媒体的蓬勃发展，信息的传播方式发生变化，提高了对保险公司公关处理的时效要求。个别业务员出于营销目的，有意或无意利用自媒体对未经证实的消息进行大范围传播，极易构成传播谣言的风险。在当今宣传管理渠道多元化、速度高速化的条件下，风险事件常常会被迅速公开、传播，且保险公司的声誉情况极易成为社会各界关注的焦点和热点，有声誉风险的保险公司必定会成为媒体追踪报道的对象。这就为保险公司恢复声誉的工作增加了难度；严重的，可能因无法恢复声誉宣布破产。声誉风险的这种特性要求保险公司必须具备快速的识别能力和处理水平，积极应对社会化媒体风险：为应对以微信、微博、论坛、贴吧为代表的社会化媒体发展，公司规范各机构社会化媒体及内外勤个人账号的注册、认证、运营、管理工作，明确相关人员的职责、分工、工作流程。

第五，培育保险公司员工的事业心和责任感，关注诚信和道德以及投资声誉建设，积极培养员工的认同感，将声誉风险管理文化渗透到每个工作岗位和环节，把声誉风险管理根植到企业的长远发展之中。作为公司的管理者，应当高度警惕利益驱动、短期行为对公司培训、经营理念和管理制度的冲击，始终如一地坚持最大诚信原则。对于保险代理人，应推行“慈善文化”及“真善美”的中国传统文化教育，规范销售行为、加强销售人员道德教育，营造积极向上的销售团队文化，从根源上解决行业的信任危机，提升客户认同及美誉度，促进业务的可持续成长。

（七）战略风险管理

1. 战略风险概念定义及监管要求。偿二代 11 号文中把战略风险定义为由于战略制定和实施的流程无效或经营环境的变化，而导致战略与市场环境和公司能力匹配的风险。在战略风险的管理上，要求建立公司内部的战略风险管理报告机制，并在充分考虑公司的市场环境、风险偏好、资本状况等因素的基础上，制定战略规划，战略规划中应包括对战略风险的分析。

在公司内部的职责分工上，战略风险工作一般来说由公司企划部门统筹负责，工作主要围绕发展规划展开，在董事会组织下每隔三年制定公司三年或五年发展规划，其中包含公司战略目标、业务发展、机构发展、偿付能力管理、资本管理、风险管理、基础管理、保障措施等规划要素，并包括对战略风险的分析。每年定期对上年度公司规划实施情况进行全面评估，并对三年或五年的发展规划进行检视调整。

2. 保险行业战略风险特点及建议管控措施。公司战略风险管理由于很多工作基于预测，又比较宏观，在实务中易出现以下特点：（1）发展规划中定性的发展策略等规划内容难以与量化要素相结合，难以从对公司盈利水平影响和偿付能力影响角度，对定性的发展策略进行评判，进而难以预测相应的资本需求。（2）由于缺乏更合适的战略风险管理工具，公司的战略风险管理工作往往围绕发展规划展开，使得对于战略风险的全貌不能全面认识，对于战略风险的动态变化不能及时察觉。

对于战略风险的这些特点，可以相应采取下面管控措施：（1）在发展规划工作中，可进一步细化、量化发展规划的具体内容，对规划中的各项计划和方案从盈利、偿付能力的角度进行测算评估。（2）可建立完善战略风险专项定期报告机制，作为战略风险管理工具的补充。战略风险专项定期报告应对宏观经济、市场行业、公司自身的发展形势进行定性定量相结合的分析，为公司管理层提供战略层面决策参考。公司企划部、风险管理部等相关部门应充分参与报告的数据信息收集、分析和撰写，必要时可聘请外部咨询机构或专家提供专业意见。

第三节　挑战与前景

一、偿二代在实施中遇到的挑战

（一）挑战之一：转变经营思路，推行风险管理文化

中国保险业整体起步要晚于欧美市场。在经历了行业快速发展的几十年后，市场也从国有保险企业一家独大的局面发展成为国有控股、商业控股、中外合资等百花齐放的态势，保险产品更丰富，覆盖范围更广，各类资本的参与度也很高。到了"十二五"期间，保险行业更是高速发展，无论人身险还是财产险的保费总规模都已经达到了世界前列。

正如高速发展的中国经济一样，监管方、市场以及主流的公司经营重心还是放在提升规模、占有市场上面。对于初期市场，此类战略确能很快见效，因为保费规模的快速增大掩盖了很多业务品质问题。可是当规模达到一定程度之后，特别是主要产品市场在饱和的趋势下，业务品质的问题将会慢慢暴露出来。当无法继续扩张的时候，调整结构、提升业务品质就成了重点；另外，不同于欧美，中国的保险深度和密度都还处在发展初期，像洪水、地震等灾害，主要是由政府作为强有力的支持，保险行业基本没有经历过很深的痛点。

偿二代正是在此背景下，结合大量欧美经验，释放从规模导向转变为风险导向的信号，提升对于业务品质，特别是长周期产品的重视程度。随着政府职能的导向性改变，无论"十三五"规划，还是偿二代体系建设，都要求行业更积极参与到各类风险保障中来，发挥行业贴近市场、了解需求的优势，更好地服务于整个社会，更深刻地了解自身所面对的专项风险及整体风险架构。积极梳理公司

层面的分散管理、多头管理，更有效、精准地评估风险，并以基于风险绩效来整合公司资源，才是风险管理的真正价值所在。

如何形成主动风险管理，特别是将风险管理流程更多地嵌入业务经营，需要董事会、管理层建立一种强势的风险管理文化，即以此文化为基础，来主导、影响其他的文化体系建设，风险偏好就是一个很好的影响工具和手段。

（二）挑战之二：风险政策及风险偏好较难落地

作为一个经营风险的行业，公司应该对整体的风险有一定的实施偏好倾向性。对于各类专项风险，都应该有一个明确的限额，才能以此为据，制定风险政策，对各类相关业务的开展做到心中有数，风险可控。

然而在偿二代推行之前，国内有明确风险偏好的保险公司不多，鉴于监管要求，目前各家公司正积极搭建和完善风险偏好体系，夯实了风险偏好基础，提升了管理层对于风险的理解，加强了风险管理部门与董事会、管理层的沟通汇报，逐渐规划风险偏好设定、追踪和应用流程。一片向好的同时，我们也要关注到风险偏好代表公司对风险的容忍程度，真正的应用与落地是嵌入经营管理中。就现阶段而言，大多数公司还处于基于偿二代要求及内部管理需求，正在持续搭建和优化风险偏好体系的初级阶段。

就产险公司而言，2016 年第一季度结果显示，行业绝大多数可量化风险主要还是集中在保险风险中。如何将整体的风险偏好量化目标分解到各经营部门，就成为传导分解的重点。比较容易开展的一般在资本维度进行分解监控。然而偿二代给出的标准度可能并不能达到实际落地的要求：大公司的产品条线远远比偿二代的分类要求精细，而中小公司的实际业务水平却和偿二代的相关因子相去甚远，在开展指标及限额确认过程会遇到核保部门、业务部门的诸多挑战，投资端如何与业务经营端的结合更是无从下手，建立一套平行于偿二代标准因子法的内部模型法更能满足公司的实际风险管理需求。

对于寿险公司，部分超前的公司已将年度风险偏好作为约束条件影响 SAA 的设定，并在流动性维度采用压力测试工具来量化。但风险偏好融入经营决策的程度、资产与负债在风险偏好约束下互动还需完善；很多公司，如果直接运用偿二代的方法，其偿付能力充足率具有利率敏感性，且当前规则较为宽松，规则中存在资产负债会计不匹配及偿付能力溢额较高易引起公司配置较高权益等特点，在内部风险管理中存在一定的局限性，有能力的公司可以探索建立满足自身风险管理需求的内部模型。内部模型可基于外部监管模型，对公司面临主要风险的计量方法或参数进行适度调整，构建包含所有风险维度的风险偏好体系，全面衡量公司经营过程中面临的实际风险，进一步扩展风险偏好的工作内涵，真正将风险偏好应用于公司经营、预算、战略、流动性和资产负债管理等环节。

二、前景展望：期待偿二代的自我更新调节

偿二代规则的创新之处，在于提出了控制风险打分的概念。将不可量化风险以一套规则变成可量化的同时，也有机地连接了第一和第二支柱。正因为这种联动，保险公司也提高了二支柱关于风险管理体系建设的关注度，并期待能在一支柱的量化模型中找到某种内在的数理逻辑方法来支持二支柱的各类要求。

关于偿二代的整套因子测算及方法论的确定，是基于历史数据到2014年确定的。在此之后，无论是商车费改，还是经济下行，利率水平持续下降带来的影响，可能并没有反映在当时的实测结果里面。对于反映行业及公司的实际风险水平，该套因子的使用会有部分偏差。我们建议在偿二代的实际运行过程中，能建立起一套沟通机制，并在合适的时间段对方法及因子进行更新。

（一）建立定期反馈机制，应对行业的变革发展

在行业面临持续变革的背景下，建议监管机构建立定期的反馈机制，并对监管规则进行持续更新、细化。建议从量化及非量化角度对监管体系进行更新。

1. 量化部分未来可考虑更新点包括以下几点：

（1）风险因子的更新。最低资本要求计算各项因子均是固定的，在外部宏观经济环境、资本市场及公司条件发生变化时，因子可能需要更新调整。

（2）相关性矩阵的更新。当前汇总资本要求时的相关性矩阵是固定的，在外部宏观经济环境、资本市场及公司条件发生变化时，各类相关性矩阵因子可能需要更新调整。比如，权益和利率风险资本要求负相关，降低了公司风险要求资本，使公司权益资产对偿付能力敏感性下降；又因为偿二代下偿付能力溢额较高，易引导公司配置较高的权益资产，可能面临较大权益价格下跌风险。另外建议对压力情景下的相关性系数进行调整。

（3）偿二代监管规则持续细化：①进一步明确分红、万能特储吸收作用。在公司分红万能的特别储备为正时，公司在不利情景下对红利分配的水平具有一定的调整空间，对利率风险最低资本要求也有一定调整空间。②细化境外资产风险因子。目前，境外资产价格风险仅分为固定收益类资产和境外权益类资产两种，如高风险股票、货币基金、混合基金等仍使用同一风险因子。随着境外投资渠道的放开、品种的多样化，建议对境外资产有更多风险因子的考虑。

2. 非量化部分考虑更新点包括：

(1) 行业非量化部分也是管理的重要组成部分，当前10号文风险综合评级的评估细则暂未明确，实施后预计也会有来自各方的建议反馈，可择优更新。

(2) 11号文从制度健全性和遵循有效性两个角度评估公司风险管理能力，目前健全性和有效性的占比分别是60%、40%，行业有很多公司为拿到风险管理能力评估得分，侧重于制度的建设，甚至是简单复制监管要求下发制度，不能有效执行制度。制度健全性评分占比较高不利于行业真正意义上提升风险管理水平，建议调低制度健全性占比，相应调高遵循有效性占比，如制度健全性占比40%，遵循有效性占比60%。

（二）内部模型探究

1. 行业建立内部模型的必要性。从宏观层面来看，欧洲的标准模型也是经历了五轮的测算才最终定稿，而其适用性也一直在讨论论证和反复校验中。内部模型的开发，由于是从行业自身出发，公司无论在参与的积极性及支持的力度方面，肯定比标准模型高，由此取得的数据更多元，更详细。监管者可以借鉴内部模型的思想去影响现有的标准模型，来不断完善现有的模型设置。

而从微观角度来看，主要还是针对外部模型在风险管理中存在的局限性，公司有必要创建一套满足自身风险管理需求的内部模型。内部模型可基于外部模型，对公司面临的主要风险的计量方法或参数进行适度调整，全面衡量公司经营过程中面临的实际风险：改善模型受制于部分风险因子，如利率的波动性，降低利率周期性影响；消除外部模型中的规则约束，更好地反映公司风险；优化风险资本配置，特别是对权益类资产的风险管控；管控新产品开发风险，确保公司长期稳健发展。

以下就各类可量化风险的模型建立提出一些理论参考意见，以期给行业带来参考及更多深入的探讨。

2. 寿险相关的内部模型优化建议。

(1) 采用平准利率曲线（无溢价及终极利率调整），更加直观地体现负债成本：可考虑传统账户评估利率为5%，其余账户评估利率为3%—3.5%。

(2) 分别设定，传统账户和其他账户评估利率有利于为新产品设定合适的评估基准，避免新产品的评估基准被变相拉高；对于传统账户，当前可采用相对高些的评估利率，视公司资本情况在未来逐步消化其影响。

(3) 除利率风险外，其他风险采用外部模型相关性聚合，利率风险与聚合后结果完全正相关。其他风险单独聚合，可更好地反映其对公司资本的影响，避免利率风险占比过高对其影响的稀释；利率风险为长期风险，其他为短期风险，两者应采用正相关矩阵体现风险叠加。

（4）内部模型下其他可优化模块。后续可根据影响程度及复杂程度对内部模型进行进一步优化，如负债匹配调整法（LMA）、TVOG、协方差矩阵、分红万能损失吸收的调整等。

优化后，对于公司更加复杂的再保安排及由此带来的动态财务分析能够更精确。

3. 财产险公司承保风险的建模探究。在构建内部经济资本模型负债端测算保险风险时，既可结合公司最佳实务重新设计测算逻辑，也可完全参考偿二代的大框架逻辑，再应用内部模型参数替换其标准因子公式。以下简述一种介于完全重建与完全沿袭的负债端逻辑：即首先按照公司实际业务规模将全部风险拆分成若干风险子类，并分别对各子类测算其保费风险、准备金风险和巨灾风险，再通过相关性矩阵或者耦合机制（COPULAS）从底层向上聚合各子类损失，最后将各子类再保前赔付模拟结果输入到公司下年度实际再保合约逻辑中，依托蒙特卡罗法模拟得到承保端净保险风险的情况。

在拆分业务维度时，需要充分考虑公司在各产品线上的风险暴露规模，在历史数据的完备性与子类风险一致性的平衡之间，确定一种符合公司实际承保风险水平的业务划分方式。比如，对于国内财产险公司而言，车险业务均占比显著，对于大部分保险公司，可将车险大类业务继续细化为交强险、第三者责任险、车损险等，在保证子类数据完备性的基础上，尽量减少子类业务下的风险异质性，减少底层产品分布变化导致子类风险特征变化的程度，以求更精确地反映公司实际风险水平及变化情况。

在测算保费风险时，可根据不同业务的风险特性，将整体的保费风险继续拆分至更细的“常规损失风险”和“大案损失风险”。其中，常规损失即正常经营下可预期的赔付，指发生概率高且赔付款较小的个案。实务上可将参数模型拟合至各子类业务的历史赔付数据和风险暴露数据之中，并最终确定一个能较好反映历史数据及未来预期的模型，据此来描述未来赔付率的预期及波动。常见的用于拟合财产险常规赔付率的参数分布包括：正态分布、对数正态分布、伽马分布及贝塔分布等。

大案损失通常是指超过一定额度的赔案，其特征是发生概率低且赔付额度大。针对不同的业务子类，需参考超额数据充足性、额度占保额比、内部专家意见等信息设定合理的超额标准。由于超额标准的存在，未超额部分将会在原始数据清洗阶段被剔除，被剔除的赔付数据并不意味着风险刻画的缺失，而是为了避免风险被重复计量，因为未超额部分理论上已被常规风险损失所充分刻画。对于拟合个案严重性的模型，我们需要对传统的概率统计模型进行修正。适用于财产险的常见调整后模型包括截断式（Truncated）参数分布、平移式（Shifted）参数分布、矫正式（Transformed）参数分布以及极值理论（Extreme Value Theory）下的 Pareto 型分布、Gumbel 型分布及 Weibull 型分布。实务建模中，通过对某一业务子类大案的发生频率及赔付额度应用并对比多种聚合模型（如复合 Poisson - Pareto 模型），最终确定一个能较好反映历史数据及未来预期的模型及参数，据此来描述未来大案赔付频率和烈度的预期及波动。

在测算准备金风险时，可使用随机准备金评估方法替代偿二代下的标准公式法。常见的随机准备金评估方法可大致划分为参数化随机准备金方法和非参数化随机准备金方法。比如，对于参数化 Mack 方法，需首先清洗数据库提取出来的原始三角形数据，并根据调整后的赔付三角测算历史加权平均发展因子，可通过基于链梯法的 MACK 方法估计模型参数，套用常见双参数分布（如正态、对数正态及伽马等）进行随机准备金评估。最终通过对比多种随机准备金方法，选取合适的模型及参数，并采用蒙特卡罗法随机模拟出公司各风险子类准备金的预期水平与波动情况。

值得注意的是，在测算保费风险及准备金风险时，需要综合各方面信息确定最终模型。相较财产险评估或定价下传统的精算最优估计原则，风险管理角度下的精算估计需要站在一个更“全息”的视野——从是否无偏、是否充分刻画波动性水平、是否足够描述尾部情形以及是否合理审慎等多方面选取、调整并确定量化模型。同时，不仅需参考常规模型统计检验图表（如 Mean Excess Plot）和统计检验指标（如 Chi - square test）的输出结果，还需结合当前环境因素参考业务专家预期及意见对量化模型结果进行校准，充分保证模型再保前保费风险结果的代表性与合理性（如车险费改后，基于过往非费改数据的模型，无法充分反映未来费改后车险赔付频率降低及案均赔案提高的预期趋势）。

对于巨灾风险，可根据灾因，将其划分为自然灾害及人为灾害两类。其中自然灾害涵盖了地震、台风、洪水、雪灾及泥石流等自然因素为诱因的灾害；人为灾害则包括军事冲突、恐怖袭击及传染病等人为因素为诱因的灾害。根据财产险公司的主营业务结构及风险敞口特点，其巨灾风险主要来源于自然灾害引致的损失。由于巨灾风险具有发生频率极低、发生时影响范围极广和损失程度极大的特点，且在国内公司及行业提供的历史数据不充足的背景下，传统精算方法在测算巨灾风险时存在着较大的不可靠性。偿二代下的情景假设法虽可满足基本的风险评估要求，但也受限于情景集的数量及静态情景集原理而无法确切刻画公司当前动态的真实巨灾风险水平。鉴于此，以下将简述一种国际上广为推崇的量化巨灾风险评估方法——巨灾模型。

巨灾模型通常被分为危险性模块、脆弱性模块及金融模块三个模块。保险公司首先将详细的承保清单信息录入至巨灾模型系统，模型可根据其写入的科学理论及地理信息，详细评估承保对象所处的物理环境及标的本身的物理性质，真正做到风险的精密、实时与动态的评估。其中，危险性模块首先通过历史巨灾数据及地球物理学理论估计自然灾害的特征及致灾因子参数，再根据模型参数模拟或有自然灾害，最终得到未来某时段可能产生的或有巨灾情景集。脆弱性模块则根据危险性模块生成的未来某时段发生的巨灾情景的物理性质与保险标的的物理特性和地理位置，评估保险公司标的的损失发生概率及严重性。金融模块则根据已得到的标的损失情况结合保险业务实际情况（保险额度、保险责任范围、自留保额和限额等），逐单计算出每巨灾、每标的给公司带来的损失赔付情况。通过多次模拟，巨灾模型最终可生成一系列用于评估损失的详细损失清单和汇总后业务子类下的区间累计事件集（AEP）或最大单一事件集（OEP）等核心估损信息。

在分别测算出各风险子类下保费风险、准备金风险及巨灾风险的损失分布后，通过逐级向上汇总便可得到所需业务大类（如偿二代八类）乃至公司整体的保险风险水平。对于任何保险公司来说，被保险标的在客观事实上均存在或多或少的关联，将模型从底层业务条线独立测算结果向上汇总的过程中，必须考虑到损失间相互影响的可能性及程度。偿二代提供了一种参考行业平均水平的线性相关性（矩阵）来进行风险子类的嵌套汇总。然而实务上由于财产险公司的业务特征，尤其是在自然巨灾下多业务线损失高度趋同的事实下，线性假设并不能很好地描述财产险公司的业务间相关性。在经济资本模型框架下，推荐使用类如 Kendall's TAU 或者 Spearman's RHO 的秩相关系数（矩阵），以合理描述财产险公司损失间的非线性联动关系。同时，对于易受同因素影响的业务子类，可使用风险耦合（COPULAS）以一种更为审慎的方式进行尾部刻画。比如，对于企业财产险和工程险来说，在损失的右尾部通常存在明显的趋同性，而在其余部分则并未有显著的关联。公司可依据实际承保结果，按照尾部一致性由低至高的情况，依次进行如 Frank、Student – t 及 Gumbel 的耦合，以更精确地刻画风险的联动方式。对于种植险及养殖险，可对划分地域后的风险子类应用型，如 HRT 或者 Joint Burr 等在右尾部极度相关的耦合方式，来充分体现自然因素对两业务子类在同地域的显著协同影响。

经过秩相关系数（矩阵）或者风险耦合的方式逐级嵌套及考虑各类再保合约逻辑之后，便可得到考虑了相关性之后的保险风险全景信息，选取合适的风险测度，以不同维度去观测该信息，即可评估各层级下的保险风险水平。一般来说，风险测度可划分为基于矩阵的风险测度（如分布偏度）、基于尾部的风险测度（如加权尾部在险价值 WTVaR）和转换分布后的风险测度（如比例风险转换 PHT）。在现代风险管理理论下，理想的风险测度应满足单调性、一次齐次性、平移不变性及次可加性。偿二代选择以 VaR 作为风险测度，并以 99.5% 分位点较均值的偏离情况作为风险评估基准。VaR 虽有其优点及广泛应用，但其本身并不满足一致风险测度（Coherent Risk Measure）的四项标准。在经济资本模型框架下，除了使用类比偿二代的 99.5% VaR 之外，还可以选用多种一致风险测度去测算不同阈值下的风险水平。需要注意的是，每个风险测度均有其应用上的优劣，在应用经济资本模型时，需尽可能选取多种风险测度去评估全景信息，从多角度审视量化风险情况，以一个更全面、更准确的视角去审视并评估公司风险子类、大类及整体的保险风险水平。

4. 信用风险内部模型建立的一般方法探讨。寿险公司与产险公司面临的信用风险均包括利差风险及交易对手信用风险两大部分，其中交易对手信用风险又可进一步分解为投资交易对手信用风险及再保交易对手信用风险。因此，寿险公司和产险公司可采用同一套方法建立信用风险内部模型。

信用风险常见的计量角度包括损失计量角度和价值计量角度。价值计量角度一般用于已获得评级机构评级、市场价值一贯反映在价格上的流动金融工具，比如固定收益证券；损失角度主要反映由于交易对手的信用风险而导致损失的风险，其传统的两个计量指标是预期损失（EL）和非预期损失（UL）。相对而言，损失角度的计量通常比价值角度的计量所考虑因素要直接，风险管理一般是从损失角度考虑信用风险。预期损失是指某信用质量的信用敞口的期望信用损失，可以利用三个组成部分加以定义——违约概率（PD）、违约风险暴露（EAD）和违约损失率（LGD），EL = PD × EAD × LGD，这个公式从概率的角度衡量违约风险。非预期损失是指由于经济周期波动等原因而导致的信用损失的波动性，即反映预计偏离长期平均值（以预期损失数据表示）的波动情况。

信用风险的计量可以归为两类计算方法：情景法和分布法。在情景法中，信用风险的大小根据预先设定的信用风险情景的影响来分析计算得出，一般计算步骤见图 9 - 15。

分布法中，我们利用解析或者模拟的方法来得出信用风险的损失或价值分布，然后利用特定置信区间的损失或价值分布计量信用风险，而置信区间则是由目标严重程度决定的。无论是情景法还是分布法，从计量层级的角度，都可以分为自上而下和自下而上的方法。自上而下指在汇总的层级上进行计算，自下而上指从底层开始计算，然后汇总得出整体的结果。不过这都是相对而不是绝对的，

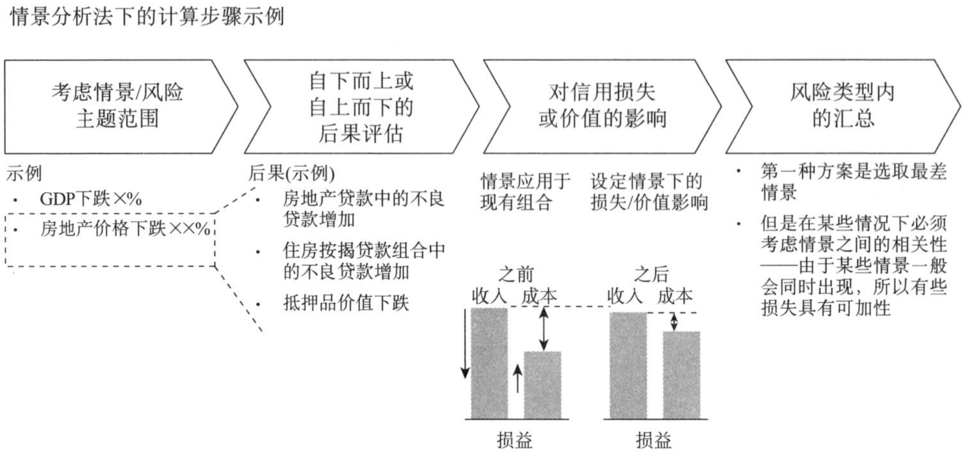

图9－15　情景分析法信用风险计算

即“底层”可以细化到某条款，也可以是某个账户或组合。

而对于再保信用风险而言，可以“偿二代”测算方法为主，结合内部经济资本模型综合分析。对于再保资产交易对手违约风险，采用蒙特卡洛模拟的算法，对未决再保摊回赔款和未来一年发生的再保部分摊回赔款，模拟再保交易对手发生违约的损失分布。每次模拟都会分为三个步骤：

步骤一，模拟再保交易对手的违约。设定每个再保交易对手的当前信用评级、转移概率矩阵和各评级对应的违约概率，模拟测算再保交易对手一年后违约的概率。在模型中，可以设定再保交易对手违约的概率与巨灾发生的损失大小的相关性，来进一步模拟现实情况。

步骤二，调整再保交易对手的份额。公司可以根据风险偏好，设定再保交易对手的最低可接受评级，当步骤一中模拟的再保交易对手评级比设定最低可接受评级低时，将会假设采取管理行动，将该再保交易对手从公司的再保交易对手池中剔除，其份额将假设被其他再保交易对手接收。

步骤三，基于违约的追偿金额测算。当模拟的再保交易对手发生违约，假设违约的追偿率服从贝塔分布，分布的参数与合约久期有关。由于再保对手的违约导致的信用风险资本可以由以上三个阶段的结果综合得到，并根据风险偏好（99.5% VaR）得到公司的再保交易对手违约最低风险资本。同时，对再保交易对手接受份额进行限额测算，控制再保险信用风险集中度，提高再保险业务安全性。

量化工具存在缺少公开的违约信息和违约数据、偏态的损失分布、相关性设定等不足，可能会影响量化模型的效果，因此，在使用量化模型时应该结合定性分析和历史数据综合考量。

第四节　结　　语

偿二代监管制度自2015年试运行以来，引起了行业的高度重视，各大保险公司在稳步落实偿二代各项规则的同时，也在积极探索一套适合于公司自身发展的风险管理框架建设方案。目前虽各家公司进度不一，但总体而言，随着风险管理理念和风险管理技术的普及，越来越多的公司意识到实施偿二代监管制度对于保险公司经营，特别是提高资本效益、提升风险管理水平的重要性。

本文基于偿二代监管规则，结合行业发展远景，从实施的角度提供了偿付能力风险管理体系建设的一套参考方法，同时就行业共性问题进行探讨。

风险管理的深化和细化是保险业发展变革的必然趋势。各大保险公司应借助偿二代契机，提升公司层面的风险管理意识，根本性扭转经营思路，从跟风式的追求规模转化到价值管理上来，运用风险管理工具优化前端投资及业务经营决策，进行市场的差异化发展，最终真正实现经营管理的精耕细作。

参考文献

中文参考文献

[1] 奥斯特罗姆：《公共事物的治理之道：集体行动制度的演进》，余逊达、陈旭东译，上海三联书店2000年版。

[2] 波特：《国家竞争优势》，李明轩、邱如美译，华夏出版社2007年版。

[3] 陈立敏、谭力文：“评价中国制造业国际竞争力的实证方法研究——兼与波特指标及产业分类法比较”，《中国工业经济》2004年第5期。

[4] 陈卫平：《中国农业国际竞争力：理论，方法与实证研究》，中国人民大学出版社2005年版。

[5] 郭亚军：《综合评价理论、方法及应用》，科学出版社2007年版。

[6] 林新奇：《绩效管理》，东北财经大学出版社2013年版。

[7] 陆明涛、袁富华、张平：“经济增长的结构性冲击与增长效率：国际比较的启示”，《世界经济》2016年第1期。

[8] 毛艳华、李敬子：“中国服务业出口的本地市场效应研究”，《经济研究》2015年第8期。

[9] 苏为华：“对数型功效系数法初探”，《统计研究》1993年第3期。

[10] 王浦劬：“国家治理、政府治理和社会治理的基本含义及其相互关系辨析”，《社会学评论》2014年第3期。

[11] 王恕立、胡宗彪：“中国服务业分行业生产率变迁及异质性考察”，《经济研究》2012年第4期。

[12] 项俊波、周延礼、李扬、陈文辉、姚庆海、王力：《中国保险业竞争力报告（2014）：建设世界保险强国新方位》，社会科学文献出版社2014年版。

[13] 许召元、胡翠：“成本上升的产业竞争力效应研究”，《数量经济技术经济研究》2014年第8期。

[14] 袁富华：“长期增长过程的‘结构性加速’与‘结构性减速’：一种解

释”，《经济研究》2012 年第 3 期。

[15] 卓志、孙正成：“现代保险服务业：地位、功能与定位”，《保险研究》2014 年第 11 期。

[16] 江小娟：“服务业增长：真实含义、多重影响和发展趋势”，《经济研究》2011 年第 4 期。

[17] 裴长洪：“中国经济转型升级与服务业发展”，《财经问题研究》2012 年第 8 期。

[18] 张平：《中国经济转型与全球互联网下的服务贸易突破》，http://www.cnii.com.cn/informatization/2016-06/14/content_ 1740166.htm。

[19] 胡宁生：“国家治理现代化：政府、市场和社会新型协同互动”，《南京社会科学》2014 年第 1 期。

[20] 项俊波：“做好新时期保险监管工作实现‘十三五’保险业发展的良好开局”，《保险研究》2016 年第 2 期。

[21] 项俊波：“‘十三五’保险业发展脉络”，《中国金融》2016 年第 3 期。

[22] “巴塞尔协议Ⅲ对我国保险监管的借鉴和启示”课题组（2012）：“保险监管核心原则的新变化及其启示”，《金融发展评论》。

[23] 蔡秋杰：“加快费率市场化步伐，提高中资保险公司竞争力”，《保险研究》，2003 年第 1 期。

[24] 陈恳：《迷失的盛宴——中国保险产业 1919—2009》，浙江大学出版社 2009 年版。

[25] 高西有：《保险监管的成本收益分析》，北京大学 2003 年博士论文。

[26] 刘京生：《知识经济与保险》，中国社会科学出版社 2001 年版。

[27] 李良温：“寿险预定利率市场化分析”，《保险研究》2010 年第 9 期。

[28] 李杨琴：《预定利率市场化及其对我国寿险业的影响研究》，复旦大学 2011 年硕士论文

[29] 孟昭亿：《国际保险监管文献汇编（专题卷）》，中国金融出版社 2008 年版。

[30] S. EHaington & GR. Nihans 著，陈秉正等译：《风险管理与保险》，清华大学出版社 2010 年版。

[31] 孙祁祥：《中国保险市场热点问题评析（2005—2006）》，北京大学出版社 2008 年版。

[32] 魏华林、李开斌：《中国保险产业政策研究》，中国金融出版社 2002 年版。

［33］魏华林、王文祥：《保险业的世贸规则及国际惯例》，中国启言实出版社2001年版。

［34］魏燕慎：《国际金融体制与监管变革》，社会科学文献出版社2011年版。

［35］王稳、王东："寿险费率市场化改革"，《中国金融》2013年第16期。

［36］王正茂：《金融监管的国际比较》，国家行政学院出版社2011年版。

［37］袁成：《中国保险监管制度研究》，南京大学出版社2011年版。

［38］张庆洪：《保险经济学导论》，经济科学出版社。

［39］祝向军："寿险费率市场化的国际经验"，《中国金融》2014年第9期。

［40］卓志：《保险经营风险防范机制研究》，西南财经大学出版社1998年版。

［41］中国保险行业协会：《互联网保险行业发展报告》，中国财政经济出版社2014年版。

［42］中国精算师协会：《资产负债管理》，中国财政经济出版社2011年版。

［43］裴光："用制度创新推进上海国际保险中心建设"，《中国保险报》2015年1月28日。

［44］王国刚："经纪人机制与多层次股票市场"，《财贸经济》2006年第10期。

［45］李林："瑞士的立法体制"《人大研究》2006年第4期。

［46］裴光等：《从保险大国迈向保险强国：上海国际保险中心建设研究报告》，上海人民出版社2016年版。

［47］巴曙松：《离岸金融市场发展研究：国际趋势与中国路径》，北京大学出版社2008年版。

［48］刘建辉："承保了世界上最复杂和最特殊的风险：不怕任何风险的劳合社"，《英才》2008年第2期。

［49］张虹："中、英、美保险经纪人制度比较"，《上海保险》2002年第6期。

［50］虞琤："英国劳合社模式的解析及借鉴"，《上海保险》2013年第1期。

［51］朱正："新加坡的保险监管运作机制"，《中国金融》2002年第10期。

［52］新加坡《联合早报》：《新加坡新分红寿险业务监管与披露制颁布》，2007年6月30日，http：//insurance. jrj. com. cn/2007/07/000000142644. shtml。

[53] 王向楠："英国保险监管和消费者权益保护的启示"，《保险职业学院学报》2015 年第 3 期。

[54] 游桂云、张连勤："伦敦再保险市场组织变化与业务发展研究"，《上海保险》2007 年第 5 期。

[55] 公力："伦敦劳合保险社研究"，《学理论》2013 年第 24 期。

[56] 李画："中再辛迪加转型成功并在劳合社正式运营"，《中国保险报》2014 年 11 月 24 日。

[57] 李金辉："百慕大保险市场监管机制"，《中国保险报》2005 年 10 月 31 日。

[58] 裴长洪、付彩芳："上海国际金融中心建设与自贸区金融改革"，《国际经贸探索》2014 年第 11 期。

[59] 苏立峰、雷强："国际金融中心演进影响因素的实证检验"，《世界经济研究》2009 年第 7 期。

[60] 姜淮："我国国际金融中心构建研究"，《国际经济合作》2009 年第 5 期。

[61] 高山："国际金融中心竞争力比较研究"，《南京财经大学学报》2009 年第 2 期。

[62] 王倩、薛波："香港、新加坡和上海国际金融中心的比较研究"，《亚太经济》2007 年第 6 期。

[63] 刘刚："上海国际金融中心建设的进程判断——基于与主要国际金融中心的比较分析"，《现代经济探讨》2007 年第 4 期。

[64] 屠彦彬："金融中心的国际比较与借鉴——兼论国际角逐中的上海金融中心的建立和发展"，《华东师范大学学报》（哲学社会科学版）1994 年第 6 期。

[65] 刘刚："上海国际金融中心建设的进程判断——基于与主要国际金融中心的比较分析"，《现代经济探讨》2007 年第 4 期。

[66] 华民、曹宏成："构建国际金融中心的路径"，《南京大学学报》（哲学·人文科学·社会科学版）2007 年第 1 期。

[67] 殷剑峰、朱进元：《转型与发展：中国经济与中国保险业》，中国社会科学出版社 2014 年版。

[68] 朱进元、殷剑峰：《转型与发展：从保险大国到保险强国》，社会科学文献出版社 2015 年版。

[69] 刘小微："梁涛：相互保险有望成为保险业增长新引擎"，《金融时报》

2015 年 11 月 20 日。

［70］方国春：“相互制保险公司治理的逻辑与价值”，《保险研究》2015 年 7 月。

［71］黄延：《大环境下类保险互助平台发展探讨》，http：//www. weiyangx. com/172605. html。

［72］江生忠、邵全权：“保险企业组织形式的制度变迁研究”，《保险职业学院学报》2006 年第 3 期。

［73］李国炜：“相互保险：我国医疗责任保险的发展取向”，《法律与医学杂志》2006 年第 1 期。

［74］李茜：“保监会推动相互保险健康发展”，《上海金融报》2015 年 11 月 27 日。

［75］刘敬元：“阿里发起设立信美相互人寿工商总局预核准名称现 12 家准相互保险公司”，《证券日报》2015 年 10 月 22 日。

［76］刘欣琦、耿艳艳，孔祥：“借产品之优，起‘相互’之风——我国相互保险发展展望”，载于国泰君安证券：《证券研究报告》2015 年 9 月 9 日。

［77］刘燕：“国外相互保险公司的发展路径及影响”，《保险研究》2006 年 10 月。

［78］毛军华：“相互保险：分享保险行业成长性机会的切入口”，《证券研究报告》2015 年 7 月 28 日。

［79］缪若冰：“相互保险公司的理念与特色”，《中国保险》2016 年 3 月。

［80］秦嘉敏：“保监会重申：互助计划非保险产品”，《中国保险报》2014 年 5 月 14 日。

［81］宋占军、陆彦婷：“金融危机以来相互保险发展动态评析”，《中国保险》2015 年 12 月。

［82］石东洋、袁冰、陈忱：“相互保险公司的种类及特性”，《福建法学》2013 年第 3 期。

［83］苏向杲：“‘相互保险’借互联网平台升温理赔和财务不透明引发投保者‘骗保’担忧”，《证券日报》2015 年 7 月 30 日。

［84］庹国柱、朱俊生：“相互制与股份制保险公司差异何在”，《中国保险报》2007 年 9 月 17 日。

［85］庹国柱：“相互制保险监管的破冰之举”，《中国保险报》2014 年 5 月 15 日。

［86］庹国柱：“对于发展我国相互保险的一些认识”，《中国保险》2015 年

12 月。

［87］王国军："相互保险互助者天助"，《中国保险》2015 年 12 月。

［88］缴文超、陈雯："'相互保险，行进在路上'保险行业专题报告"，《证券研究报告》2015 年 9 月 8 日。

［89］杨锦銮："相互保险在近代的早期形态"，《上海保险》2015 年 12 月。

［90］易辉、郝演苏："共享经济背景下的众筹相互保险"，《中央财经大学学报》2016 年 4 月。

［91］张楠楠："相互保险：经济学角度的再观察"，《中国保险》2015 年 12 月。

［92］中国保险行业协会：《2014 互联网保险行业发展报告》，中国金融出版社 2015 年版。

［93］朱俊生、庹国柱："相互保险公司面临监管难题"，《中国保险报》2007 年 11 月 19 日。

［94］保监发［2010］89 号：人身保险公司全面风险管理实施指引。

［95］中国保监会［2012］193 号：人身保险公司年度全面风险管理报告框架。

［96］中国保监会［2015］22 号：保险公司偿付能力监管规则（1—17 号文）。

［97］吴岚主编，利明光主审：《资产负债管理》，中国财政经济出版社 2016 年版。

英文参考文献

［1］Acemoglu, D., *Introduction to Modern Economic Growth*. Princeton, NJ: Princeton University Press, 2009.

［2］Bayoumi, T.; Saito, M. and Turunen, J., "Measuring Competitiveness: Trade in Goods or Tasks?", *IMF Working Papers*, 2013, Washington, DC: The International Monetary Fund, No. 13/100.

［3］Brelin, H. K., "Benchmarking: The change agent", *Marketing Management*, 1993, 2 (3), 32.

［4］Enz, R., "The S - Curve Relation Between Per - Capita Income and Insurance Penetration", *The Geneva Papers on Risk and Insurance. Issues and Practice*, 2000, 25 (3), 396 - 406.

［5］Ericson, R. V.; Doyle, A. and Barry, D., *Insurance as governance*. University of Toronto Press, 2003.

[6] Herrendorf, B. ; Rogerson, R. and Valentinyi, Á. , "Chapter 6 – Growth and Structural Transformation", in Aghion, P. and Durlauf, S. N. (eds.), *Handbook of Economic Growth*, 2B, Amsterdam, The Netherlands: Elsevier, B. V. , 2014, 855 – 941.

[7] Lloyd'S, *LLOYD'S GLOBAL UNDERINSURANCE REPORT*. London, UK: Lloyd's, 2012.

[8] OECD, *OECD Insurance Statistics 2013*. Paris, France: The Organization for Economic Cooperation and Development, 2014.

[9] Prachowny, M. F. J. , *The goals of macroeconomic policy*. London; New York: Routledge, 1994.

[10] Schwab, K. , *The Global Competitiveness Report 2014 – 2015*. Geneva, Switzerland: The World Economic Forum, 2015.

[11] Shapiro, H. , "32. Industry and Industrial Policy", inDutt, A. K. and Ros, J. (eds.), *International Handbook of Development Economics*, Cheltenham, UK: Edward Elgar, 2008.

[12] Berthold Herrendorf, Richard Rogerson, Ákos Valentinyi. 2013. "GROWTH AND STRUCTURAL TRANSFORMATION" . NBER WORKING PAPER. http://www.nber.org/papers/w18996.

[13] Patrick M Liedtke 2007. "What's Insurance to a Modern Economy", The Geneva Papers (2007) 32, 211 – 221. http://www.palgrave – journals.com/gpp/journal/v32/n2/pdf/2510128a.pdf

[14] LMG BCG 2014: London Matters The competitive position of the London Insurance Market www.londonmarketgroup.co.uk. pp18 – 19.

[15] AXCO. 2015a. LONDON MARKET REPORT: NON – LIFE (P&C) . pp6.

[16] AXCO. 2015b. BERMUDA (INTERNATIONALMARKET): NON – LIFE (P&C), pp3.

[17] Robert&Peter, 2009. "The British Insurance Industry Since 1900: the Era of Transformation", Palgrave Macmillan Press.

[18] Bermuda Business Development Agency 2015. Bermuda Market Solutions: A Guide to the World's Risk Capital 2014 – 2015 Edition bermudabda.com.

[19] BERMUDA MONETARY AUTHORITY 2015. "Bermuda Insurance – Linked Securities (ILS) Market Report. Q4 – 2014 (VOL. 2, NO. 4)" . MARCH

2015.

[20] AXCO. 2011a. LONDON MARKET REPORT: NON – LIFE (P&C).

[21] AXCO. 2011b. BERMUDA (INTERNATIONAL MARKET): NON – LIFE (P&C).

[22] AXCO. 2011c. Singapore NON – LIFE (P&C).

[23] AXCO. 2011d. INSURANCE MARKET INFORMATION: HONG KONG NON – LIFE (P&C).

[24] AXCO. 2015a. LONDON MARKET REPORT: NON – LIFE (P&C).

[25] AXCO. 2015b. BERMUDA (INTERNATIONAL MARKET): NON – LIFE (P&C).

[26] AXCO. 2015c. Singapore NON – LIFE (P&C).

[27] LMG BCG 2014: London Matters The competitive position of the London Insurance Market www. londonmarketgroup. co. uk.

[28] Peter H. Bickford. 2004. WHAT EVER HAPPENED TO THE NEW YORK INSURANCE EXCHANGE (AND WHY DO WE CARE)? www. pbnylaw. com/articles/newyorkinsuranceexchange... 2012 – 7 – 2.

[29] ICMIF (2015): "*Protecting lives and livelihoods——The ICMIF Global Manifesto 2015*". http://www. icmif. org/.

[30] ICMIF (2015): "*Global Mutual Market Share 2014*", http://www. icmif. org/.

[31] ICMIF (2014):《认识相互保险实用手册》, http://www. icmif. org/.

[32] Swiss Re. (1999): "*Are Mutual Insurance an endangered Species?*", Sigma.

[33] North American CRO Council (2013): Establishing and Embedding Risk Appetite Practitioners' View.

[34] Tsuyoshi Oyama (2013): Risk Appetite Framework Challenges, Global Association of Risk Professionals.

[35] Adrian T. and Brunnermeier M. K. (2008): *CoVaR*. Federal Reserve Bank of New York.

[36] ABI (2012).: *UK Insurance Key Facts [EB/OL]*. Association of British Insurers: http://abi. bcis. co. ul/.

[37] Brunermeier M. K and Pedersen L H. (2008): "Market Liquidity and Funding Liquidity," *Review of Financial Studies*, 6, 418 – 437.

[38] Borch K. (1961): *The Utility Concept Applied to the Theory of Insurance. ASTIN Bull*, 1961, 245 –255.

[39] Cao Y and Wan N. (2009): “Optimal proportional reinsurance and investment base on Hamilton – Jacobi – Bellman equation,” *Insurance: Mathematics and Economic*, 157 – 162.

[40] Commins J. and David (2002): “Deregulating Property – liability Insurance: Restoring Competition and Increasing Market Efficiency,” *Joint Center for Regulatory Studies.*

[41] Connor, Philips. and Eugene. (2001): *Modernizing Insurance Rate Regulation: a Teking to the Winds of Change*, A Report Delivered to the National Conference of Insurance Legislators.

[42] FSB, IMF, BIS. (2011): *Macro – prudential Policy Tools and Framework.*

[43] Hart O. and Zingales L. (2009): *How to Avoid a New Financial Crisis.* Working Paper.

[44] Hipp C. and Plum M. (2000): “Optimal investment for insurers,” *Insurance: Mathematics and Economics*, 215 –228.

[45] Lin F., Lin T M. and Wu H J. (2003): “Comparison of the impact of mortality improvement trends on annuity pricing among Taiwan Japan and Sweden,” *Demography*, 27, 37 –66.

[46] Korn R. (2005): “Worst – case scenario investment for insurers,” *Insurance: Mathematics and Economics.*

[47] Mao H., Krzysztof M., Ostasewski K M, et al. (2008): *Risk analysis of mortality improvement: the case of Chinese annuity markets.* The Geneva Papers on Risk and Insurance: Issues and Practice, : 234 –249.

[48] The Geneva Association. (2010): *Anatomy of the Credit Crisis: An Insurance Reader from the Geneva Association.*

[49] Young V R. (2003): “Equity – indexed life insurance: pricing and reserving using the principle of equivalent utility, “*North America Actuarial Journal*, 9, 68 –86.

[50] Zanjani G. (2002): “Pricing and capital allocation in catastrophe insurance,” *Financial Economics*, 283 –305.